So löst du die Arbeitsaufträge in diesem Buch:
(Fortsetzung auf der hinteren Umschlagklappe)

Arbeitsauftrag = Operator (alphabetisch) AFB	Das tust du:	Tipps und Formulierungsvorschläge:
analysieren II, III	Du untersuchst einen historischen Sachverhalt oder eine Quelle, indem du gezielt Fragen stellst und Materialien auswertest.	**Tipp:** Nutze die Methodentabellen im Buch, z. B. Sachtext, S. 331 Bildquelle, S. 333 Textquelle, S. 332 Statistik, S. 335 Karte, S. 334 Schaubild, S. 335.
begründen II	Du führst Argumente und Quellenzitate an, die deine Aussage untermauern. Wenn du eine Aussage oder das Handeln einer anderen Person begründen sollst, führst du Motive und passende Quellenzitate der Person an.	*Die Aussage in Zeile xy zeigt, dass …* *Seine politische Einstellung änderte sich, weil …*
belegen II	siehe **begründen**	
beschreiben I	Du gibst den Inhalt eines Materials (z. B. Bild, Text, Karte) mit eigenen Worten schlüssig wieder.	*Es zeigt …/In der Mitte sieht man …* *Mir fällt auf, …* *Hier wird deutlich, …*
beurteilen III	Du schätzt die Aussagen, Maßnahmen oder Vorschläge einer Person/Personengruppe in ihrem historischen Zusammenhang ein. Berücksichtige dafür die unterschiedlichen Sichtweisen und den Kenntnisstand der Personen. Auf dieser Grundlage formulierst du ein begründetes „**Sachurteil**".	*Die eigentliche Absicht des Redners war es, …* *Diese Sichtweise führte dazu, dass, …* *Diese Entscheidung hatte negative Folgen: …*
bewerten III	Du entwickelst zu einem historischen Sachverhalt oder Ereignis eine eigene Meinung und formulierst aus dem Blickwinkel heutiger Maßstäbe und Werte ein begründetes „**Werturteil**".	*Aus meiner Sicht …* *Nach heutigen Maßstäben (z. B. demokratisch, christlich, muslimisch) …* *Andere sind möglicherweise der Ansicht, dass …*
charakterisieren III	Du bestimmst einen historischen Sachverhalt oder eine Situation in ihren Grundzügen und nennst die typischen Merkmale.	*Ein typisches Kennzeichen für …* *Allgemeine Merkmale waren …*
darstellen II	Du verdeutlichst einen historischen Sachverhalt oder ein historisches Ereignis und zeigst dessen Zusammenhänge in chronologischer Reihenfolge auf.	*Es ging um die Frage …* *Daraus entwickelte sich …* *Die Folgen waren …*

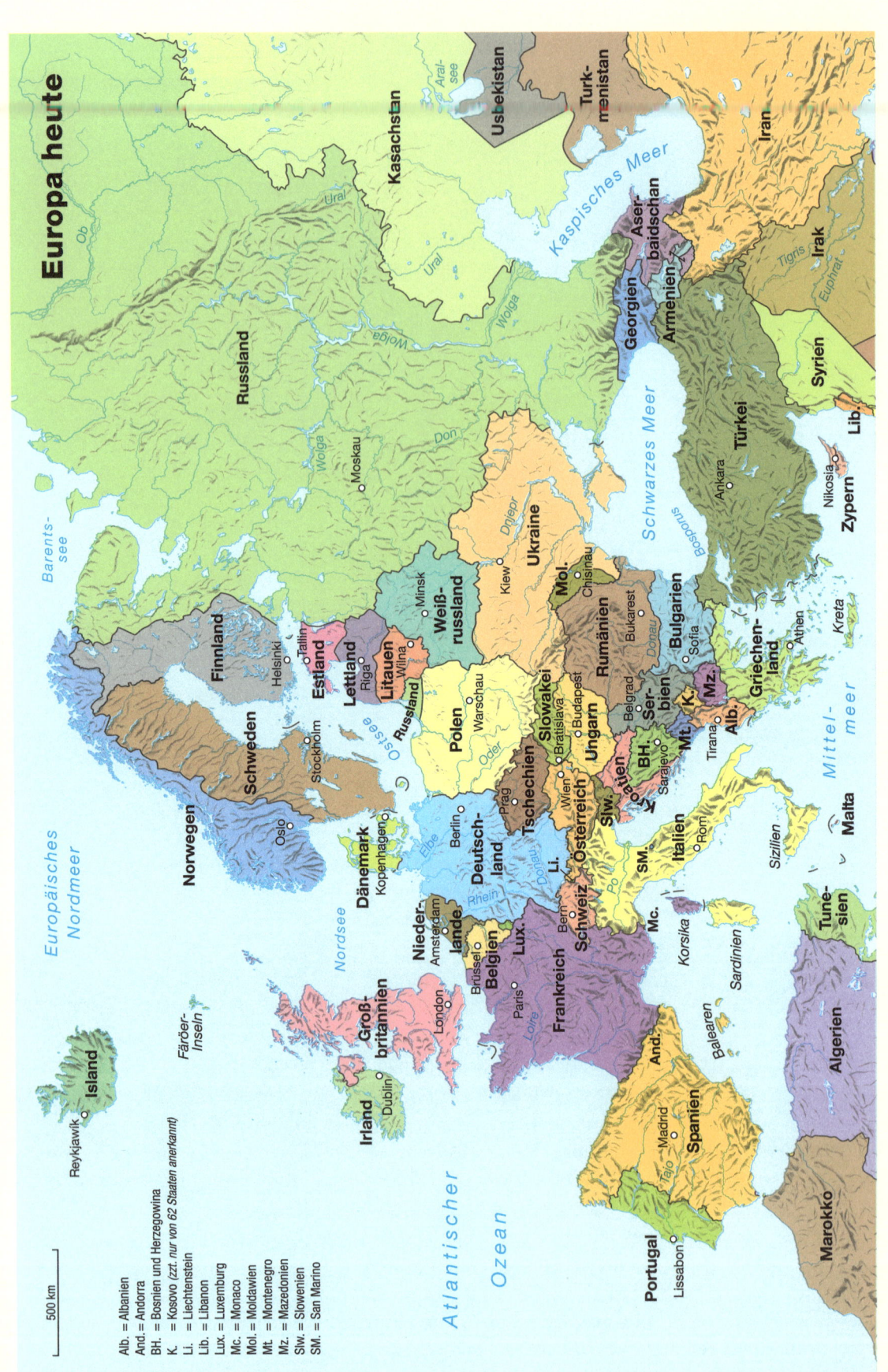

Karte 2

Forum Geschichte

9/10

Niedersachsen

Vom Ende des Ersten Weltkrieges
bis zur Gegenwart

 Dein Online-Angebot zum Lehrwerk findest du hier: www.cornelsen.de/webcodes

Impressum

Forum Geschichte

Band 4 wurde erarbeitet von:
Dagmar Bäuml-Stosiek, Timo Berghoff, Hans-Joachim Cornelißen, Irene Hufschmid, Jens Langbein, Robert Quast, Miriam Schüer, Dr. Matthias Steinbrink, Dr. Sonja Tophofen, Dirk Urbach

Redaktion: Matthias Vogel
Bildassistenz: Anne-Katrin Dombrowsky
Grafik: Erfurth Kluger Infografik GbR, Berlin
Karten: Carlos Borrell Eiköter, Berlin
Technische Umsetzung: zweiband.media, Berlin
Layoutkonzept und Umschlaggestaltung: Ungermeyer – grafische Angelegenheiten, Berlin
Umschlagbild: East-Side-Gallery an der ehemaligen Berliner Mauer, © Ulf Böttcher/Look-foto, 2011.

www.cornelsen.de

Die Webseiten Dritter, deren Internetadressen in diesem Lehrwerk angegeben sind,
wurden vor Drucklegung sorgfältig geprüft. Der Verlag übernimmt
keine Gewähr für die Aktualität und den Inhalt dieser Seiten oder solcher, die mit ihnen
verlinkt sind

1. Auflage, 1. Druck 2017

Alle Drucke dieser Auflage sind inhaltlich unverändert
und können im Unterricht nebeneinander verwendet werden.

© 2017 Cornelsen Verlag GmbH, Berlin

Das Werk und seine Teile sind urheberrechtlich geschützt.
Jede Nutzung in anderen als den gesetzlich zugelassenen Fällen bedarf
der vorherigen schriftlichen Einwilligung des Verlages.
Hinweis zu den §§ 46, 52a UrhG: Weder das Werk noch seine Teile dürfen ohne eine
solche Einwilligung eingescannt und in ein Netzwerk eingestellt oder sonst öffentlich
zugänglich gemacht werden.
Dies gilt auch für Intranets von Schulen und sonstigen Bildungseinrichtungen.

Druck: Mohn Media Mohndruck, Gütersloh

ISBN 978-3-06-245009-9 (Schülerbuch)

ISBN 978-3-06-245010-5 (E-Book)

PEFC zertifiziert
Dieses Produkt stammt aus nachhaltig
bewirtschafteten Wäldern und kontrollierten
Quellen.

www.pefc.de

Inhaltsverzeichnis

6 So arbeitest du erfolgreich mit Forum Geschichte

1 Neue Weltmächte – neue Gesellschaftsordnungen

14 **Auftakt**
16 **Orientierung im Kapitel**
18 Gelingt eine Neuordnung Europas nach dem Ersten Weltkrieg?
20 Der Völkerbund: Instrument für den Frieden?
22 Russland unter der Zarenherrschaft
24 Die Russischen Revolutionen 1917
26 Der Weg in die kommunistische Diktatur
28 **Wähle aus:** Leben in der Sowjetunion in den 1930er Jahren
30 **Methode:** Manipulierte Fotos untersuchen
32 **Geschichte kontrovers:** Die Herrschaft Stalins im Blickwinkel der Zeit
34 Der Aufstieg der USA zur Weltwirtschaftsmacht
36 Absturz der Weltwirtschaft: Die Krise von 1929
38 Wie reagierten die USA auf die Krise?
40 **Zusammenfassung**
42 **Kompetenzen prüfen**

2 Die Weimarer Republik (1918–1933)

44 **Auftakt**
46 **Orientierung im Kapitel**
48 1918/19: Welche Staatsform soll Deutschland bekommen?
50 Die politische Ordnung der Weimarer Republik
52 Kriegsniederlage und Friedensbedingungen
54 Wie soll Deutschland die Reparationen bezahlen?
56 Wer bekämpfte die Republik?
58 Deutsche Außenpolitik nach Versailles
60 **Methode:** Propagandaplakate untersuchen
62 Die „Goldenen Zwanziger": Stabilität und Veränderung
64 **Wähle aus:** Mehr Rechte für Frauen?
66 Jugend in der Weimarer Republik: Selbst- oder fremdbestimmt?
68 Börsenkrach in New York: Wie wirkte sich die Krise auf Deutschland aus?
70 Politische Instabilität als Folge der Wirtschaftskrise
72 **Zusammenfassung**
74 **Kompetenzen prüfen**

3 Eine Ideologie setzt sich durch: Der Nationalsozialismus

- 76 **Auftakt**
- 78 **Orientierung im Kapitel**
- 80 NS-Ideologie: Weltanschauung und Ziele der Nationalsozialisten
- 82 **Geschichte kontrovers:** Der 30. Januar 1933: Hitler wird Reichskanzler
- 84 **Methode:** Lebenserinnerungen auswerten
- 86 **Landesgeschichte:** Die „Machtergreifung" in Braunschweig
- 88 **Wähle aus:** Der „Tag von Potsdam"
- 90 Das „Ermächtigungsgesetz": Selbstentmachtung des Reichstags?
- 92 **Landesgeschichte:** Die Emslandlager – Orte des Terrors und der Erinnerung
- 94 Die Errichtung der Diktatur
- 96 **Methode:** Instrumentalisierte Kunst analysieren
- 98 **Zusammenfassung**
- 100 **Kompetenzen prüfen**

4 Leben im Nationalsozialismus

- 102 **Auftakt**
- 104 **Orientierung im Kapitel**
- 106 Die „Volksgemeinschaft": Ein Ideal?
- 108 **Wähle aus:** Frauen in der „Volksgemeinschaft"
- 110 Propaganda im Nationalsozialismus
- 112 **Methode:** Spielfilme untersuchen
- 114 Ideologievermittlung durch Feste und Feiern
- 116 Freizeit im NS-Staat
- 118 Jugend im Nationalsozialismus
- 120 Schule im Nationalsozialismus
- 122 Die Ausgrenzung der Juden bis 1938
- 124 **Landesgeschichte:** Die Reichspogromnacht 1938 in Hannover
- 126 Eugenik und „Euthanasie"
- 128 **Zusammenfassung**
- 130 **Kompetenzen prüfen**

5 Nationalsozialistische Außenpolitik und Zweiter Weltkrieg

132 **Auftakt**
134 **Orientierung im Kapitel**
136 Welche Rolle spielte die Wirtschaft für den NS-Staat?
138 Nationalsozialistische Außenpolitik 1933–1938
140 Der Zweite Weltkrieg in Europa
142 Besatzungspolitik und Vernichtungskrieg im Osten
144 Shoa: Die Ermordung der Juden
146 **Methode:** Historische Ereignisse bewerten
148 Gab es Widerstand gegen die NS-Herrschaft?
150 **Methode:** Eine biografische Recherche durchführen
152 „Totaler Krieg" und Niederlage
154 **Wähle aus:** Bombenkrieg
156 Zwangsarbeit im Dritten Reich
158 Flucht und Vertreibung der Deutschen
160 Die Kultur der Erinnerung an die Shoa
162 Rechtsextremismus heute
164 **Zusammenfassung**
166 **Kompetenzen prüfen**

6 Der Ost-West-Konflikt spaltet die Welt

168 **Auftakt**
170 **Orientierung im Kapitel**
172 Blockbildung im Kalten Krieg
174 Der neue Krieg in einer bipolaren Welt
176 Dekolonisierung: Aus Kolonien werden Staaten
178 Die Kuba-Krise: Die Welt hält den Atem an!
180 **Methode:** Spielfilme auf Feindbilder untersuchen
182 USA und UdSSR : Zwischen Sicherheitsdenken und Entspannung
184 Entspannungspolitik und neue Konfrontationen
186 Wie weit geht die Vereinigung Europas?
188 Deutschland und Frankreich – Motor der EU?
190 **Zusammenfassung**
192 **Kompetenzen prüfen**

7 Deutschland nach 1945: Zwei Staaten, eine Nation?

- 194 **Auftakt**
- 196 **Orientierung im Kapitel**
- 198 Der 8. Mai 1945 – Niederlage oder Befreiung?
- 200 Was wird aus Deutschland?
- 202 **Methode:** Arbeiten im Archiv – Beispiel: Flüchtlinge und Vertriebene
- 204 **Wähle aus:** Gesellschaft und Alltag im Nachkriegsdeutschland
- 206 Entnazifizierung und Nürnberger Prozesse
- 208 Wie entwickelte sich die Ostzone?
- 210 Wie entwickelten sich die Westzonen?
- 212 Die Gründung der Bundesrepublik Deutschland
- 214 Die Gründung der Deutschen Demokratischen Republik
- 216 **Landesgeschichte:** Die Gründung des Landes Niedersachsen
- 218 Plan und Markt: Zwei Wege zum Wohlstand?
- 220 Die Bundesrepublik wird Bündnispartner des Westens
- 222 17. Juni 1953 – Volksaufstand in der DDR
- 224 1961 – Bau der Berliner Mauer
- 226 Neue Ost- und Deutschlandpolitik
- 228 Die deutsch-deutschen Beziehungen nach Unterzeichnung des Grundlagenvertrages
- 230 **Zusammenfassung**
- 232 **Kompetenzen prüfen**

8 Leben im geteilten Deutschland

- 234 **Auftakt**
- 236 **Orientierung im Kapitel**
- 238 Wirtschaft in Ost und West: Mangel gegen Wohlstand?
- 240 **Wähle aus:** Aus Gastarbeitern werden Einwanderer
- 242 Der Alltag in West- und Ostdeutschland
- 244 Die „Stasi" – das Machtinstrument der SED
- 246 Frauenrollen in West und Ost
- 248 Jugend in der DDR
- 250 Jugend in der Bundesrepublik
- 252 „Wir-Gefühl" durch sportliche Großereignisse?
- 254 Die 68er: Ziviler Ungehorsam und Protestbewegung
- 256 **Methode:** Zeitzeugen befragen
- 258 Terrorismus in Deutschland – die RAF
- 260 **Zusammenfassung**
- 262 **Kompetenzen prüfen**

9 Die deutsche Wiedervereinigung

- 264 **Auftakt**
- 266 **Orientierung im Kapitel**
- 268 Umbruch in Osteuropa
- 270 Reformpolitik in der Sowjetunion
- 272 Warum brach die DDR zusammen?
- 274 Die „friedliche Revolution" in der DDR
- 276 Wie gelang die Einigung Deutschlands?
- 278 Folgen der Wiedervereinigung
- 280 **Wähle aus:** Staatliche Einheit – gespaltene Gesellschaft?
- 282 **Geschichte kontrovers:** Die DDR – ein Unrechtsstaat?
- 284 Nationalfeiertage: Warum feiern wir in Deutschland am 3. Oktober?
- 286 **Zusammenfassung**
- 288 **Kompetenzen prüfen**

10 Die globalisierte Welt seit 1990: Eine Welt? Viele Welten?

- 290 **Auftakt**
- 292 **Orientierung im Kapitel**
- 294 Kann die UNO Frieden schaffen?
- 296 Herausforderungen der EU: Vom Kalten Krieg in die globalisierte Welt
- 298 Die NATO-Osterweiterung – ein Vertragsbruch?
- 300 Russland – zwischen Stagnation und neuer Stärke
- 302 China heute – führende Weltwirtschaftsmacht?
- 304 **Wähle aus:** Gelten Menschenrechte überall?
- 306 Warum gibt es Terroranschläge?
- 308 Wohin führte der „Arabische Frühling"?
- 310 Migration: Viele Gründe, viele Grenzen
- 312 Globalisierung – Segen oder Fluch?
- 314 **Zusammenfassung**
- 316 **Kompetenzen prüfen**

Anhang

- 318 Zusatzaufgaben
- 328 Unterrichtsmethoden
- 330 Übersicht der Fachmethoden
- 337 Lösungshilfen zu den Seiten „Kompetenzen prüfen"
- 344 Lexikon
- 352 Register
- 358 Bildquellen

Umschlag

Übersicht über die Operatoren (alphabetisch)
Karte 1: Die Welt heute
Karte 2: Europa heute
Karte 3: Mitteleuropa 1949-1989
Karte 4: NS-Gedenkstätten und Orte jüdischen Lebens in Niedersachsen

1 Neue Weltmächte – neue Gesellschaftsordnungen

|1920 |1930 |1940 |1950 |1960 |

1 Neue Weltmächte – neue Gesellschaftsordnungen

6 Der Ost-West-Konflikt spaltet die Welt

2 Die Weimarer Republik

3 Eine Ideologie setzt sich durch: Der Nationalsozialismus

4 Leben im Nationalsozialismus

5 Nationalsozialistische Außenpolitik und Zweiter Weltkrieg

7 Deutschland nach 1945: Zwei Staaten, eine Nation?

8 Leben im geteilten Deutschland

1 Neue Weltmächte – neue Gesellschaftsordnungen

1918	Oktoberrevolution in Russland
1919	Versailler Vertrag
1920	Gründung des Völkerbundes
ab 1929	Weltwirtschaftskrise
1937–1938	„Großer Terror" unter Stalin

2 Die Weimarer Republik (1918–1933)

1918	Novemberrevolution, doppelte Ausrufung der Republik
1923	Ruhrbesetzung, Hyperinflation, Hitlerputsch
1923–1929	Gustav Stresemann Außenminister
1925	Hindenburg wird Reichspräsident, Konferenz von Locarno
1929	Weltwirtschaftskrise erreicht Deutschland
1930–1933	Präsidialkabinette

3 Eine Ideologie setzt sich durch: Der Nationalsozialismus

ab 1930	Aufstieg der NSDAP
30.01.1933	Hitler wird Reichskanzler
27.02.1933	Reichstagsbrand
März 1933	Neuwahlen, Ermächtigungsgesetz, erste KZs, Gleichschaltung der Länder
Juni 1933	Verbot und Auflösung aller Parteien
02.08.1934	Tod Hindenburgs, Hitler wird „Führer und Reichskanzler"

4 Leben im Nationalsozialismus

1933	Boykott jüdischer Geschäfte
	Entlassung jüdischer Beamter
	Gründung von „Kraft durch Freude"
1935	Nürnberger Gesetze
1936	Hitlerjugend wird Staatsjugend
1938	Ausschluss jüdischer Schüler
	Reichspogromnacht
1939	Beginn der Euthanasie

5 Nationalsozialistische Außenpolitik und Zweiter Weltkrieg

1933	Deutschland verlässt den Völkerbund
1935	Wiedereinführung der Wehrpflicht
1936	Vierjahresplan zur Aufrüstung
1938	Anschluss Österreichs
	Anschluss des Sudentenlandes
1939 März	Besetzung der Rest-Tschechei
August	Hitler-Stalin-Pakt

Zweiter Weltkrieg (1939–1945):

1939 September	Überfall auf Polen
1940–1941	Blitzkriege, Besetzung Europas, Beginn des Holocaust
1942	Wannsee-Konferenz
1943	Niederlage der Wehrmacht in Stalingrad
1945 April	Selbstmord Hitlers, Kapitulation
August	Atombomben auf Japan

6 Der Ost-West-Konflikt spaltet die Welt

1949	Gründung der NATO
1950–1953	Koreakrieg
1955	Warschauer Pakt
1962	Kubakrise
1963	Deutsch-französ. Freundschafts-vertrag
1964–1973	Vietnamkrieg der USA
ab 1969	Abrüstungsgespräche (SALT I + II)
1975	KSZE-Konferenz
1979	NATO-Doppelbeschluss, „zweiter" Kalter Krieg unter US-Präsident Reagan
ab 1985	Entspannung

7 Deutschland nach 1945: Zwei Staaten, eine Nation?

1945 Juni	Potsdamer Konferenz
ab November	Nürnberger Prozesse
1947	Marshallplan der USA
1949 September	Gründung der BRD
Oktober	Gründung der DDR
1953	Volksaufstand in der DDR am 17. Juni
1961	Bau der Berliner Mauer
ab 1969	neue Ostpolitik Willy Brandts
1972	Grundlagenvertrag BRD und DDR

8 Leben im geteilten Deutschland

ab 1950	Wirtschaftswunder im Westen Planwirtschaft im Osten
ab 1955	Anwerbung von Gastarbeitern
1968	Studentenproteste
ab 1971	„Ära Honecker" in der DDR
1977	„Deutscher Herbst": Morde der RAF

9 Die deutsche Wiedervereinigung

ab 1981	Reformbewegungen in Osteuropa, wirtschaftlicher Niedergang der DDR
ab 1985	Glasnost und Perestroika in der UdSSR unter Gorbatschow
1989	Massenflucht aus der DDR, Montagsdemonstrationen, 9. November: Fall der Mauer
1990	Staatsvertrag, 2-plus-4-Vertrag, 3. Oktober: DDR tritt der BRD bei

10 Die globalisierte Welt seit 1990: Eine Welt? Viele Welten?

ab 1979	Aufstieg Chinas zur Wirtschaftsmacht
1991	Zerfall der Sowjetunion, Ende der bipolaren Weltordnung
1991–1999	Bürgerkriege in Jugoslawien
ab 1997	Osterweiterung der NATO
2001	Terroranschlag auf das World Trade Center am 11. September
2011	Arabischer Frühling, Syrienkrieg
2014	Flüchtlingswelle in die EU, Annexion der Krim durch Russland

So arbeitest du erfolgreich mit Forum Geschichte

Hier bekommst du einige Hinweise, wie du dich in Forum Geschichte am besten zurechtfindest: zum Aufbau der Kapitel, zur Bedeutung der Farben, zu Texten, Materialien und Aufgaben.

Fragen stellen und sich orientieren

Jedes Kapitel beginnt mit der **Auftaktseite**. Dort kannst du erfahren, worum es in dem Kapitel geht.

Auf der **Orientierungsseite** erfährst du mehr: Der Zeitstrahl gibt dir den Zeitraum an, mit dem du dich beschäftigen wirst, die Karte zeigt dir den Ort. Der Orientierungstext führt dich in das Kapitelthema ein.

Ein Thema untersuchen

Auf den **Themenseiten** erklärt dir ein kurzer Text unterhalb der Überschrift, um welches Thema es auf der Doppelseite geht. Der Schulbuchtext (= Darstellungstext), die Abbildungen, die blau unterlegten „Quellentexte" oder Begriffserklärungen helfen dir, ein geschichtliches Thema zu untersuchen. Die Arbeitsaufträge sind vielfältig: Oft kannst du eine Aufgabe auswählen oder du findest Hinweise zu Partner- oder Gruppenarbeit. Bei kniffligen Aufgaben findest du Tipps für die Lösung.

Differenzierung: Unterschiedliche Lernwege auswählen

Wähle-aus-Seiten

Historische Fragen lassen sich auf verschiedene Weise beantworten. Auf den orangefarbenen **Wähle-aus-Seiten** ist deine Entscheidung gefragt: Traust du dir zu, eine längere Textquelle zu bearbeiten? Oder arbeitest du lieber mit Bildquellen? Interessieren dich Zahlen und Statistiken? Wähle aus, was zu dir passt! Bei einer abschließenden **Aufgabe für alle** könnt ihr trotz unterschiedlicher Lösungswege zu einem gemeinsamen Ergebnis kommen.

5 Wähle eine Aufgabe aus:
   a) **Recherche:** Rekonstruiere die Geschichte von Prora nach dem Zweiten Weltkrieg.
   b) Nimm kritisch Stellung zum historischen Wert solcher Bauwerke.

Auf vielen Seiten siehst du „**Wähle-aus-Aufgaben**". Wie der Name schon sagt, darfst du hier a, b oder c auswählen. Die Aufgaben sind unterschiedlich, aber sie beziehen sich auf eine gemeinsame Frage.

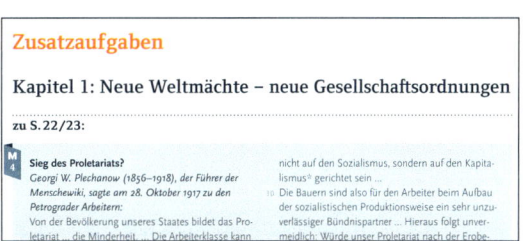

Wenn du dich für weitere Aspekte eines Themas interessierst, findest du im Anhang zu ausgewählten Doppelseiten **Zusatzaufgaben**. Du kannst sie entweder mit dem Inhalt der Doppelseite oder mit anderen Materialien lösen.

Tipp: In der griechischen Mythologie ist Medusa die furchterregende Tochter eines Meeresgottes, bei deren Anblick jeder zu Stein wird.

Bei manchen Aufgaben findest du **Tipps** zur Lösung. Nutze sie, wenn du möchtest.

Mit Methoden arbeiten

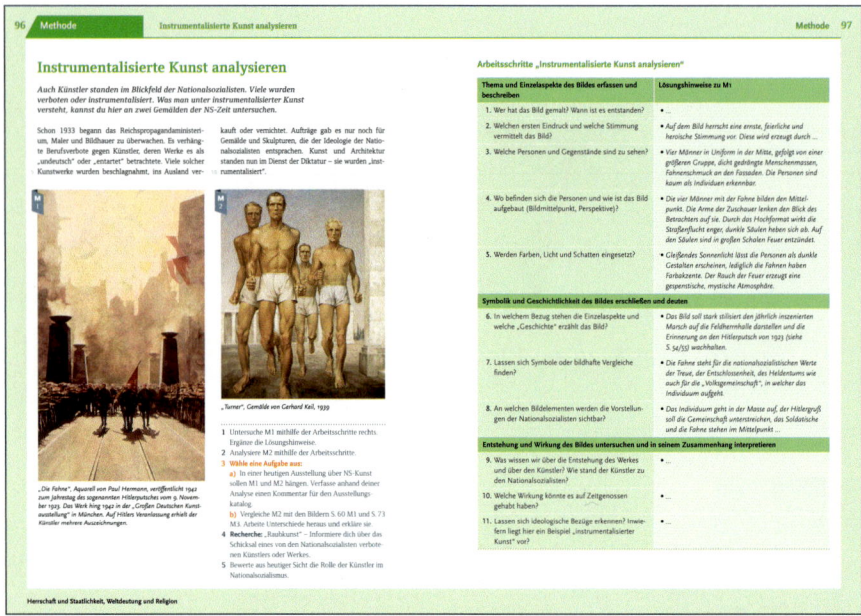

Auf den **Methodenseiten** lernst du z. B. Propagandaplakate und Spielfilme fachgerecht auszuwerten. Du findest auch Tipps, wie du eine Zeitzeugenbefragung oder einen Archivbesuch planen kannst. In der grünen Tabelle stehen links die Arbeitsschritte, nach denen du vorgehst. In der rechten Spalte gibt es Lösungshinweise zu dem Beispiel auf der Seite.

Landesgeschichte: Geschichte der eigenen Region erarbeiten

Der Ort, die Stadt und das Bundesland, in dem du lebst, haben ihre eigene Geschichte. Häufig weisen dich Bilder und Texte darauf hin. Es gibt aber auch besondere **Landesgeschichte-Seiten**, die die Geschichte Niedersachsens als Thema haben. Anhand von Karten, Bildern und Texten kannst du auf diesen Seiten z. B. erarbeiten, wie sich der Absolutismus in Niedersachsen ausgewirkt hat und welche Besonderheiten es dabei gab.

Wiederholen und die eigenen Kompetenzen prüfen

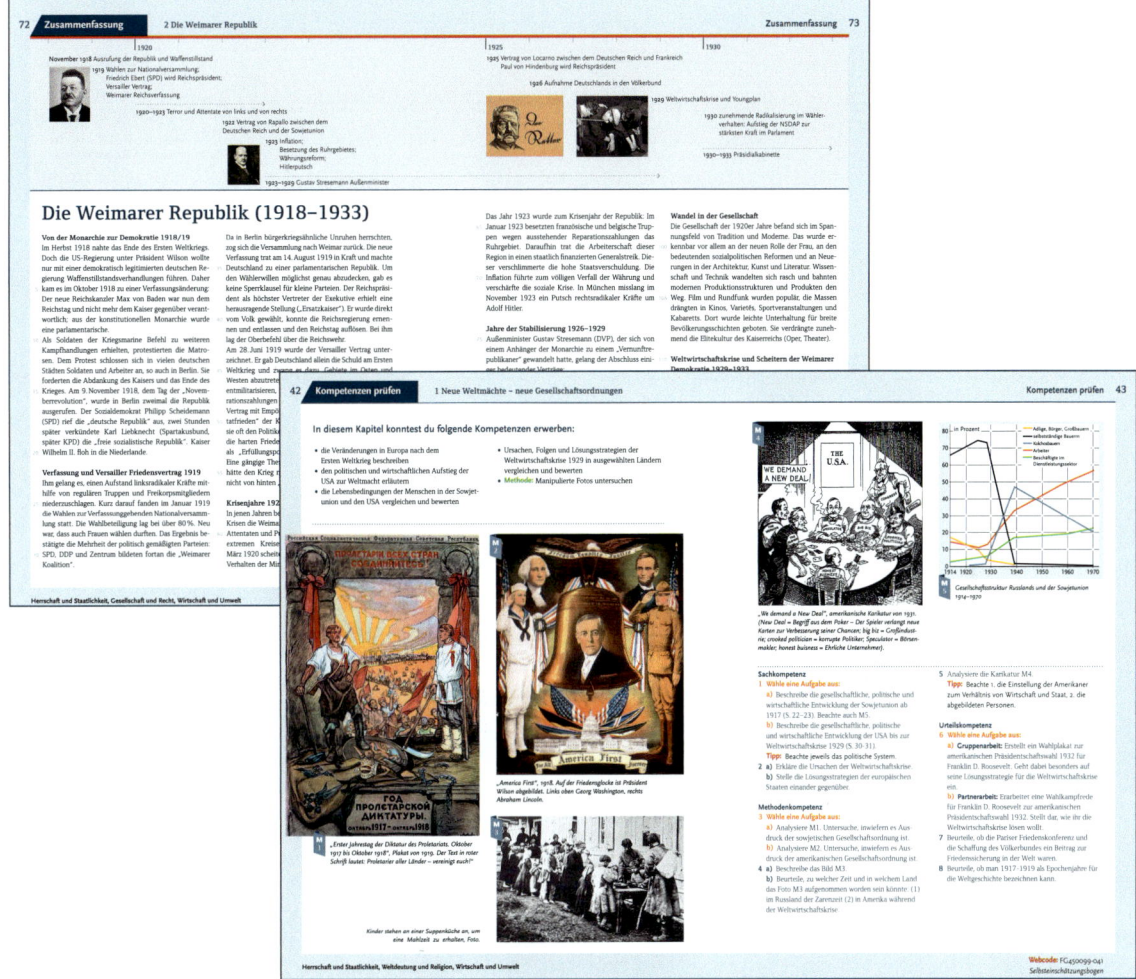

Auf der **Zusammenfassungsseite** am Schluss des Kapitels fasst ein Text den Inhalt noch einmal zusammen. Die Zeitleiste hilft dir, die wichtigsten Daten zu wiederholen. Wenn du wissen möchtest, was du im Kapitel gelernt hast, solltest du die Aufgaben auf der Seite **Kompetenzen prüfen** lösen. Falls du mit einzelnen Aufgaben Schwierigkeiten hast, liest du im Kapitel noch einmal nach. Lösungshilfen findest du im Anhang.

Hilfen im Anhang und im Umschlag

Der **Anhang** unterstützt dich bei der Arbeit.
Hier findest du:
- Zusatzaufgaben
- Lösungshilfen zu den Seiten „Kompetenzen prüfen"
- ein Lexikon mit Erklärungen schwieriger Begriffe
- ein Register zum schnellen Nachschlagen
- eine Übersicht aller Methoden aus Band 5 bis 9/10.

In den Umschlagklappen findest du eine Liste der Operatoren, die in den Arbeitsaufträgen verwendet werden.

Weitere Hilfen
- Auf jeder Doppelseite findest du unten links einen Hinweis darauf, welche Problem- und Fragestellungen im Zentrum stehen (**strukturierende Aspekte**).
- Auf vielen Doppelseiten führt unten rechts ein **Webcode** ins Internet, z. B. FG450099-269.

So geht es:
1. Gehe auf www.cornelsen.de/webcodes
2. Gib dort den Webcode ein und du findest ein passendes Internetangebot.

1
Neue Weltmächte – neue Gesellschaftsordnungen

Mai 1917: In Europa tobt der Erste Weltkrieg. Fabrikarbeiter im russischen Sankt Petersburg hören einem Redner zu. Sein Name ist Wladimir Iljitsch Uljanow, genannt Lenin. Für den Zaren ist Lenin ein Terrorist. Bis vor wenigen Wochen war er deshalb noch im Exil in der Schweiz, doch mitten im Krieg ermöglichten ihm die Deutschen die Rückkehr. Sie hoffen, dass Russland kapituliert, wenn Lenin die Arbeiter von seinen politischen Ideen überzeugen kann.

Was könnte Lenin den Zuhörern sagen? Auf welche Sorgen und Nöte geht er ein?
Formuliere eine kurze Rede oder schreibe Stichpunkte auf.

„Lenin spricht vor den Arbeitern der Putilow-Werke in Petrograd", Gemälde von Isaak Brodskij, nach Augenzeugenberichten 1929 gemalt

Orientierung im Kapitel

1 Neue Weltmächte – neue Gesellschaftsordnungen

1914–1918 Erster Weltkrieg

1917 USA treten in den Weltkrieg ein

Februar- und Oktoberrevolution in Russland

1919/20 Friedenskonferenzen zur Neuordnung Europas; Versailler Vertrag

1920 Völkerbund tritt erstmalig zusammen

1922 Gründung der Sowjetunion

Neue Weltmächte – neue Gesellschaftsordnungen

Heute gilt das Jahr 1917 als „Epochenjahr" und deshalb als der eigentliche Beginn des 20. Jahrhunderts. In diesem Jahr traten die Amerikaner in den Ersten Weltkrieg ein und beeinflussten seinen Ausgang entscheidend. Die Russischen Revolutionen im Februar und Oktober 1917 beendeten die Zarenherrschaft. Lenin und seine Nachfolger errichteten nach einem blutigen Bürgerkrieg die Sowjetunion – den ersten kommunistischen Staat der Geschichte.

In diesem Kapitel beschäftigst du dich mit dem Aufstieg der USA und der Sowjetunion zu Weltmächten. Du findest heraus, warum die europäischen Staaten an Bedeutung verloren und wie die große Wirtschaftskrise am Ende der 1920er Jahre die Welt erneut veränderte.

Folgende Fragen kannst du nach Bearbeitung dieses Kapitels beantworten:
- Warum verloren die europäischen Staaten an Bedeutung, während die USA und die Sowjetunion zu Weltmächten aufstiegen?
- Worin bestanden die politischen, wirtschaftlichen und sozialen Unterschiede in den Gesellschaften der USA und der Sowjetunion?
- Welche Bedeutung hatte die Errichtung eines kommunistischen Staates für die Menschen in der Sowjetunion und in der ganzen Welt?
- Wie veränderte die Wirtschaftskrise 1929 die Welt?

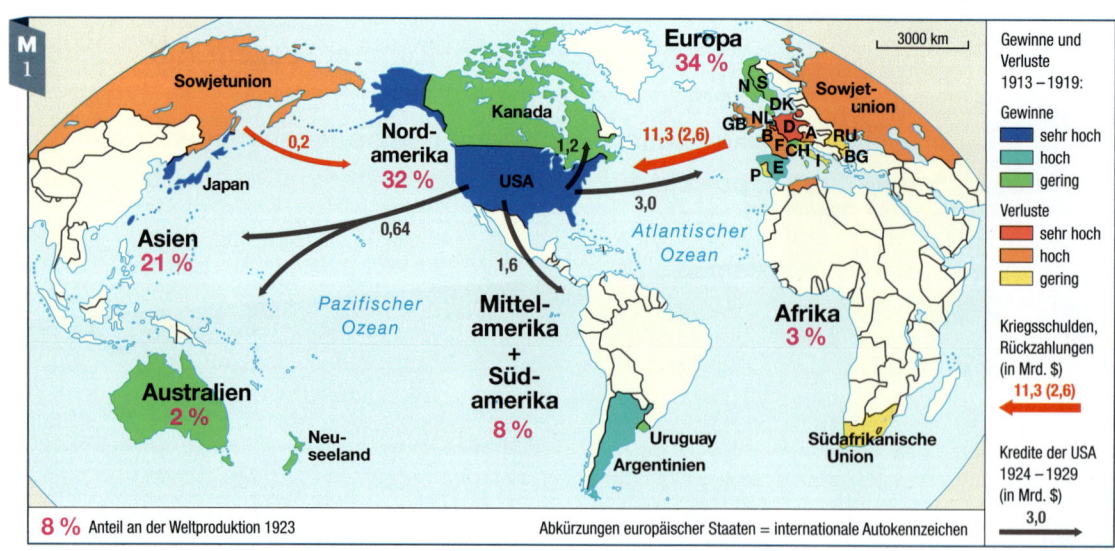

Wirtschaftliche Gewinner und Verlierer des Ersten Weltkrieges

Herrschaft und Staatlichkeit, Weltdeutung und Religion, Wirtschaft und Umwelt

Orientierung im Kapitel 17

| 1925 | 1930 | 1935 | 1940 |

ab 1927 Diktatur Josef Stalins

1929 Weltwirtschaftskrise

1933 Adolf Hitler kommt in Deutschland an die Macht

ab 1933 „New Deal" in den USA – neue Wirtschaftsordnung

1939 Beginn des Zweiten Weltkrieges

Die Freiheitsstatue von New York, Foto, 2011. Sie ist ein Geschenk Frankreichs an die USA anlässlich der Hundertjahrfeier der amerikanischen Unabhängigkeitserklärung von 1776. Sie wurde 1886 eingeweiht und ist heute eine Touristenattraktion.

Arbeiter und Bäuerin, Foto, 1992. Die Bildhauerin Vera I. Muchina entwarf die Statue als Markenzeichen der Sowjetunion für die Pariser Weltausstellung 1937. Die Figurengruppe ist seit 1947 das Kennzeichen aller Filme der Mosfilm-Studios.

1 Notiere deine Eindrücke beim Betrachten der Fotos (M2–M3). Beziehe die Bildunterschriften mit ein.

2 **Partnerarbeit:** Die beiden Statuen stehen für verschiedene Konzepte von Gesellschaft und Politik. Vergleicht eure Eindrücke und notiert offene Fragen.

3 a) Stelle dar, welche Ereignisse sich 1917 bis 1930 abgespielt haben (Zeitstrahl, Darstellungstext).
b) Erkläre: Warum spricht man vom „Epochenjahr" 1917?

4 Liste wirtschaftliche Gewinner und Verlierer des Ersten Weltkrieges auf (M1). Stelle Vermutungen über die Folgen an.

Gelingt eine Neuordnung Europas nach dem Ersten Weltkrieg?

Hunger, Verzweiflung und Trauer bestimmten den Alltag vieler Menschen nach dem Ersten Weltkrieg. Millionen waren umgekommen. Wie sollte es weitergehen? Wer übernahm die Verantwortung? 1919 trafen sich die Siegermächte bei Paris. Russland und die Kriegsverlierer Deutschland und Österreich waren nicht dabei.
- Untersuche die Ergebnisse der Pariser Friedenskonferenzen von 1919.

Webcode:
FG450099-018
Pariser Friedenskonferenz

Ist Europa reif für die Demokratie?
Im Dezember 1918 reiste Woodrow Wilson als erster amerikanischer Präsident nach Europa. An Bord seines Schiffes hatte er zahlreiche Fachleute aus amerikanischen Ministerien und Universitäten. Die Amerikaner hatten klare Vorstellungen, wie sie in Zukunft Kriege in Europa verhindern und den Menschen Wohlstand bringen wollten.

Präsident Wilson wollte die europäischen Nationen „sicher für die Demokratie" machen. Nach amerikanischer Auffassung war das nur möglich, wenn alle Länder sofort demokratische Staatsformen einführten und militärisch abrüsteten. Freier Handel und freies Unternehmertum sollten die Wirtschaft bestimmen (Liberalismus* und Kapitalismus*).

Die Franzosen setzten andere Schwerpunkte: Zuerst einmal sollte Deutschland für die Verwüstung und Zerstörung im Norden und Osten Frankreichs hohe Summen an Kriegsentschädigung leisten. Die Friedenskonferenz erklärte Deutschland zum alleinigen Verursacher des Krieges (siehe S. 52/53).

Neue Staaten entstehen
Alle europäischen Staaten gingen geschwächt aus dem Krieg hervor. Großbritannien und Frankreich blieben demokratisch, verloren aber aufgrund ihrer wirtschaftlichen Probleme ihre Weltmachtstellung. Das deutsche Kaiserreich wurde zu einer parlamentarischen Demokratie*. Österreich-Ungarn und das Osmanische Reich wurden aufgelöst. Auf dem Gebiet dieser beiden Weltmächte entstanden neue Nationalstaaten. Doch in diesen neuen Staaten lebten weiterhin verschiedene Nationalitäten mit unterschiedlichen Sprachen und Religionen zusammen. Die Amerikaner glaubten, künftig Konflikte durch das Selbstbestimmungsrecht der Völker und das Nationalitätenprinzip entschärfen zu können: Jedes Volk und jede Minderheit sollte seinen eigenen Staat gründen und selbst über seine Regierungsform entscheiden dürfen. Daraus entstanden jedoch neue Konfliktzonen.

Opfer des Ersten Weltkrieges
- 8,6 Mio. getötete Soldaten (davon 1,8 Mio. Deutsche, 1,4 Mio. Franzosen, 1,7 Mio. Russen, 900 000 Briten und 50 000 Amerikaner)
- mehrere 100 000 Soldaten aller Nationen an der „Spanischen Grippe"
- 6,5 Mio. Zivilisten vor allem durch Hunger und Krankheit
- 20 Mio. Verwundete, davon 8 Mio. Invalide
- 8 Mio. getötete Pferde

Zahlen zusammengestellt nach Gerhard Hirschfeld u. a., Enzyklopädie Erster Weltkrieg, Paderborn (Schöningh) 2003, S. 921f.

Die von deutschen Truppen zerstörte Stadt Reims, Foto, September 1914. In der Kathedrale wurden im Mittelalter die französischen Könige gekrönt.

Südost- und Ostmitteleuropa vor Kriegsbeginn 1914 und nach den Pariser Friedenskonferenzen 1919/20

M4 Wilsons Friedensprogramm, Januar 1918:

1. Öffentliche Friedensverträge und Abschaffung der Geheimdiplomatie
2. Freiheit der Meere für die Schifffahrt
3. Aufhebung aller wirtschaftlichen Schranken
4. Abrüstung aller Nationen auf ein Mindestmaß
5. Unparteiische Regelung aller Kolonialfragen
6. Räumung Russlands von deutschen Truppen
7. Wiederherstellung eines unabhängigen Belgien
8. Rückgabe von Elsass-Lothringen an Frankreich
9. Grenzen Italiens nach dem Nationalstaatsprinzip
10. Selbstständigkeit der Völker Österreich-Ungarns
11. Wiederherstellung Rumäniens, Serbiens und Montenegros
12. Selbstständigkeit der nicht türkischen Völker des Osmanischen Reichs, freie Durchfahrt durch Bosporus und Dardanellen
13. Gründung eines unabhängigen polnischen Staates mit Zugang zur Ostsee
14. Gründung eines Völkerbundes als Friedensgarant

Zit. nach Bruno Gebhard, Handbuch der deutschen Geschichte, Bd. 4, hg. von Herbert Grundmann, 9. Aufl., Stuttgart (Klett-Cotta) 1978, S. 137. Vom Verf. vereinfacht.

---

1 Erläutere, wie die Amerikaner dauerhaft Frieden und Wohlstand in Europa erreichen wollten (M4, Darstellungstext).

2 Stell dir vor, Bewohner der Stadt Reims (M2) schreiben einen Brief an die französische Delegation bei der Friedenskonferenz. Notiere ihre Forderungen an Deutschland.
Tipp: Berücksichtige auch M1.

3 **Wähle eine Aufgabe aus:**
  a) Welche neuen Staaten entstanden auf dem Balkan aus der Auflösung Österreich-Ungarns und des Osmanischen Reichs (M3)?
  b) Aus welchen Gebieten setzte sich die neue Republik Polen zusammen (M3)?

4 **Recherche:** Die Karte M3 rechts zeigt die Konfliktzonen nach der Friedenskonferenz. Wähle eine aus und zeige Gründe und Verlauf der Krise auf.
Tipp: Suchbegriffe: Südtirol, polnischer Korridor.

Der Völkerbund: Instrument für den Frieden?

Heute versuchen die United Nations (UN) in New York, Konflikte zwischen Staaten zu lösen und das Elend in Kriegsgebieten zu lindern. Vorläufer der UN war der Völkerbund. Seine Gründung wurde auf Initiative der Amerikaner während der Pariser Friedenskonferenz 1919 beschlossen. Er nahm seine Arbeit am 1. Februar 1920 in der Schweizer Stadt Genf auf.
- *Konnte der Völkerbund die erwartete Rolle als Friedensstifter erfüllen?*

Webcode: FG450099-020 *Völkerbund*

Welche Länder bildeten den Völkerbund?

Der amerikanische Präsident Wilson (siehe S. 18) formulierte in seinem 14-Punkte-Programm zwei Maßnahmen, um künftige Kriege zu verhindern: die Abschaffung von Geheimverträgen zwischen Staaten und die Errichtung eines Völkerbundes als überstaatlicher Schiedsrichter. Die Mitglieder des Völkerbundes waren die 32 Siegerstaaten des Ersten Weltkrieges und 13 neutrale Länder. Deutschland durfte als „Kriegsverursacher" dem Völkerbund zunächst nicht beitreten. Österreich, obwohl ebenfalls ein besiegtes Land, wurde aufgenommen. Russland blieb ausgeschlossen, weil die Machtverhältnisse dort durch Revolution und Bürgerkrieg unklar waren; die Sowjetunion trat dem Bund 1934 bei.

In den Vereinigten Staaten waren viele Bürger nicht damit einverstanden, dass ihr Land eine herausragende Rolle als „Weltpolizei" spielen sollte, und lehnten einen Beitritt zum Völkerbund ab. Sie forderten einen Rückzug der USA aus den Streitigkeiten der Europäer. Zahlreiche Amerikaner befürchteten überdies, dass die Europäer die amerikanischen Ideale von Demokratie und Selbstbestimmung nicht übernehmen würden. Während der Pariser Friedenskonferenzen wurden sie nur teilweise umgesetzt. So verbreitete sich in den USA der Isolationismus – eine Denkweise, die das Land aus allen Streitigkeiten der Welt heraushalten will.

Da die neuen Großmächte USA und Sowjetunion nicht im Völkerbund vertreten waren, galt der Bund von Beginn an als politisch geschwächt.

Wie funktionierte der Völkerbund?

Alle wichtigen Entscheidungen beschloss der Rat des Völkerbundes. Dort gaben die Großmächte Großbritannien, Frankreich, Italien und Japan den Ton an. Neun weitere Staaten wurden abwechselnd in den Rat des Völkerbundes gewählt.

Es gelang dem Völkerbund, einige Grenzkonflikte zu lösen. Erfolgreich war er bei der Durchführung einer Reihe von humanitären Aktionen, bei der Bekämpfung der Sklaverei und der Einrichtung eines Internationalen Gerichtshofs. Gegenüber Friedensbrechern blieb sein Handlungsspielraum begrenzt: Er durfte zwar Sanktionen aussprechen (also Strafen androhen), doch fehlten ihm die militärischen Mittel, um sie durchzusetzen.

Der Völkerbund als Verwalter

Nach dem Krieg übernahm der Völkerbund die Oberhoheit („Mandat") über die ehemaligen deutschen Kolonien. Die Verwaltung vergab er dann an andere Nationen wie Frankreich und Großbritannien. Besondere Bedeutung für Deutschland erlangte der Status der Stadt Danzig: Diese von Deutschen und Polen bewohnte Großstadt wurde nach dem Krieg weder deutsch noch polnisch, sondern als „Freie Stadt Danzig" einem Kommissar des Völkerbundes unterstellt. Britische und polnische Truppen garantierten die Sicherheit.

Es gab auch Gebiete, wie Oberschlesien, in denen die Bevölkerung zwischen zwei Staaten wählen konnte (siehe S. 46, M1). Dort organisierte der Völkerbund die Durchführung und Rechtmäßigkeit der Abstimmung.

M1 *Woodrow Wilson und der Völkerbund, amerikanische Karikatur, 1919*

Nationsbildung im Orient: Das Osmanische Reich wurde aufgelöst und die Türkei 1923 zum Nachfolgerstaat. Staatsgründer war Mustafa Kemal Pascha, genannt Atatürk (= Vater der Türken).
- Griechenland versuchte 1919, Teile der Türkei zu erobern, wurde aber zurückgeschlagen. Es kam zum Massenmord und zu Vertreibungen durch die Türken. Der Völkerbund war machtlos.
- Die Armenier wurden 1915 durch die Türken grausam verfolgt (über 300 000 Tote). Später erhielten sie zeitweise einen eigenen Staat.
- Den Kurden versprachen europäische Mächte einen eigenen Staat, den sie aber nie erhielten.

Der Völkerbund, Karikatur aus der englischen Zeitschrift „Punch", 1919. Auf dem Zweig steht „League of Nations".

1 Der Völkerbund begann seine Arbeit mit hohen Ansprüchen. Erläutere, wie die Karikaturen M1 und M3 Ansprüche und Wirklichkeit darstellen.

2 a) Arbeite alle Hinweise für eine positive oder negative Bewertung des Völkerbundes heraus (Darstellungstext, M1–M3).
b) Beantworte die Frage aus der Überschrift mithilfe deiner Stichpunkte.

3 Wähle eine Aufgabe aus:
a) Liste die selbstständigen Staaten auf, die auf dem Boden des Osmanischen Reichs entstanden (M2).
b) Schreibe die Mandatsgebiete des Völkerbundes auf und nenne die europäischen Mächte, denen die Verwaltung dieser Gebiete übergeben wurde (M2).

4 Recherche: Schreibe eine kurze Biografie von Atatürk und finde die Maßnahmen heraus, mit denen er sein Land modernisierte.

Russland unter der Zarenherrschaft

Im Vergleich zu anderen europäischen Großmächten war das Russische Reich 1914 ein wirtschaftlich und gesellschaftlich rückständiges Land. Es gab nur wenige moderne Großstädte und kaum Industrie. Anhänger liberaler und demokratischer Ideen galten als verdächtig.

- Wie führte die anhaltende Reformunfähigkeit Russlands zu einer revolutionären Situation?

Die Wolgatreidler, Gemälde von Ilja Repin (1870–1873). Bis ins 20. Jahrhundert hinein zogen Schlepper Schiffe und Kähne über die vielen Flüsse Russlands, weil die menschliche Arbeitskraft billiger war als Maschinen oder Pferde.

Die rückständige Großmacht

Der russische Zar herrschte absolut, also mit ungeteilter Macht über sein Land. Er war zugleich auch das Oberhaupt der orthodoxen Kirche. Sie war neben der Geheimpolizei die wichtigste Säule seiner Herrschaft. Die Macht des Zaren schien zunächst ungefährdet: Über 80 % der Bevölkerung Russlands waren kirchentreue Bauern. Erst 1861 waren sie aus der Leibeigenschaft entlassen worden, viel später als die Bauern Westeuropas. Da die befreiten Bauern kein Geld hatten, um sich Land zu kaufen, bewirtschafteten sie es gemeinsam als Dorfgemeinschaft. In den Bauernhütten lebten mehrere Generationen zusammen in einem einzigen Raum, oft nur mit einem Tisch, einem Heiligenbild und einem Ofen, auf dem sie schliefen. Veraltete Anbaumethoden und harte klimatische Bedingungen führten regelmäßig zu Hungersnöten. Fast alle Dorfbewohner waren Analphabeten, eine Schulpflicht gab es vor 1917 nicht. Eine weitere Erklärung für die russische Rückständigkeit lag darin, dass sich kein gewinnorientiertes Bürgertum wie in Westeuropa entwickelte. Nur in wenigen Großstädten gab es eine kleine bürgerliche Schicht aus Kaufleuten.

Modernisieren ja – politische Freiheiten nein

Nur allmählich begann in Teilen Russlands in der zweiten Hälfte des 19. Jahrhunderts die Industrialisierung. Das Kapital für den Eisenbahnbau sowie für die Schwer- und Textilindustrie kam vor allem aus Frankreich und Großbritannien. Einheimische Investoren gab es kaum. Die Arbeiter lebten unter katastrophalen Bedingungen wie in der Frühzeit der Industrialisierung in Westeuropa mit Hungerlöhnen, 13-stündigen Arbeitstagen sowie unkontrollierter Kinderarbeit. Politische Parteien und Gewerkschaften waren verboten oder arbeiteten im Untergrund. Alle Zeitungen unterlagen einer strengen Zensur. Im Vielvölkerstaat Russland existierten über einhundert Nationalitäten und Sprachen, doch nur der Gebrauch des Russischen war in Verwaltung und Schulen erlaubt. Der russische Nationalismus diskriminierte auch die Juden. Widerstand gegen das autoritäre* Regime des Zaren kam allein von Studenten, Lehrern und Rechtsanwälten. Die Aussichtslosigkeit auf Veränderung radikalisierte eine ganze Generation: Vor 1917 starben bei politischen Attentaten in nur 20 Jahren über 17 000 Menschen, darunter zwei Ministerpräsidenten.

Die Revolution von 1905

Im Zeitalter des Imperialismus richtete Russland seine Eroberungspläne auch auf Gebiete in China und Korea. Dabei geriet das Russische Reich in Konflikt mit Japan, das ebenfalls Expansionspläne nach Korea verfolgte. Im Russisch-Japanischen Krieg von 1905 erlitt Russland eine unerwartete Niederlage und verlor seine Flotte.
Im Januar 1905 kam es in vielen Betrieben zu Massenstreiks von Arbeitern. In einer Protestdemonstration forderten 200 000 Arbeiter bessere Arbeitsbedingungen, einen Mindestlohn, Reformen zugunsten der Bauern, die Abschaffung der Zensur und mehr Gerechtigkeit. Zar Nikolaus II. ließ auf die Demonstranten schießen; zwischen 130 und 200 Menschen kamen ums Leben. Unter dem Druck der Öffentlichkeit versprach Nikolaus jedoch eine Verfassung und ein Parlament. In diesem Parlament, der Duma, saßen aber vor allem Adlige. Die Duma durfte die Regierung nicht kontrollieren und war vom Zaren abhängig. Parteien blieben weiterhin verboten. Das Vertrauen in den Zaren war erschüttert.

Ministerpräsident Sergej Witte schrieb an den Zaren am 9./22. Oktober 1905[1]:

Der historische Fortschritt ist unaufhaltsam. Entweder wird die bürgerliche Freiheit durch Reformen verwirklicht oder es kommt zu einer Revolution … Die Schrecken einer russischen Revolution werden alles übertreffen … Es ist möglich, dass durch ausländische Einmischung das Russische Reich in Stücke gerissen wird. Man wird versuchen, die Ideale des theoretischen Sozialismus* zu verwirklichen[2]. Diese Versuche werden umsonst sein, aber dennoch von entscheidender Wirkung. Sie werden die Familien zerstören und das religiöse Leben vernichten, das Eigentum zerschlagen und alle Rechtsgrundlagen zerstören. Der Staat muss sich an die Spitze der Freiheitsbewegung stellen. Es bleibt keine andere Wahl.

Zit. nach Wladimir von Korostowetz, Graf Witte, der Steuermann in der Not, Berlin (Brückenverlag) 1929, S. 16.

[1] erstes Datum: Zählung nach dem in Russland beibehaltenen julianischen Kalender
[2] Die Lehren von Marx und Engels waren in Russland trotz Parteienverbots populär. Viele Anhänger des Sozialismus waren nach Sibirien verbannt worden oder lebten wie Lenin im Ausland im Exil.

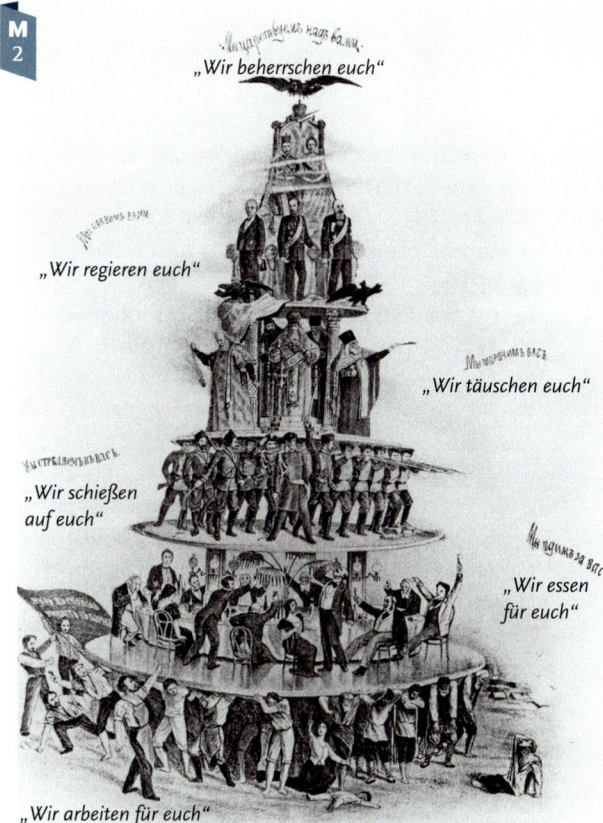

„Wir beherrschen euch"
„Wir regieren euch"
„Wir täuschen euch"
„Wir schießen auf euch"
„Wir essen für euch"
„Wir arbeiten für euch"

Flugblatt der illegalen russischen Sozialdemokraten, 1900

1 In russischen Schulbüchern wird gesagt, M1 symbolisiere die Unterdrückung des Volkes durch die absolute Herrschaft der Zaren. Nenne Hinweise für diese Auffassung.
   Tipp: Nutze die Arbeitsschritte „Eine Bildquelle auswerten" auf S. 333.
2 **Recherche:** Untersuche auf einer Karte Russlands die Lage der damaligen Hauptstadt St. Petersburg. Informiere dich über die Bedeutung der Transsibirischen Eisenbahn.
3 Arbeite die Hindernisse heraus, die einer wirtschaftlichen und gesellschaftlichen Modernisierung des Zarenreichs entgegenstanden (Darstellungstext).
4 Beschreibe M2. Erkläre, wie die russische Sozialdemokratie mit diesem Plakat Stimmung gegen Adel und Zarenherrschaft erzeugen wollte.
5 a) Bewerte sowohl die Lagebeurteilung als auch die Vorschläge von Ministerpräsident Witte (M3).
   b) Schreibe eine Antwort an Witte aus Sicht des Zaren. Begründe deine Sichtweise.

Die Russischen Revolutionen 1917

Der Erste Weltkrieg verschärfte die wirtschaftlichen und sozialen Probleme in Russland. Während des Krieges kam es zu zwei Revolutionen im Februar und Oktober 1917.
- *Untersuche Gründe, Verlauf und Folgen der beiden Revolutionen.*

webcode.
FG450099-024
Russische Revolution

Februarrevolution – das Ende der Zarenherrschaft

Im Weltkrieg konnte Russland anfangs einige Erfolge gegen Deutschland verbuchen, doch bald häuften sich die Niederlagen. Immer mehr Bauern wurden ohne richtige Ausbildung an die Front geschickt, um die Verluste bei der Truppe auszugleichen. Die Produktion landwirtschaftlicher Güter stockte und kleine Unternehmer machten bankrott. Außerdem bewirkten die Kriegskosten eine Geldentwertung, weil der Staat immer mehr Geld druckte. Die Preise für knappe Waren stiegen und die Löhne sanken. Anfang 1917 brach die Versorgung der Städte mit Lebensmitteln und Brennholz zusammen. Viele Menschen gingen auf die Straße, um für Frieden, Brot und gerechte Löhne zu demonstrieren. Diesmal weigerten sich die Soldaten des Zaren, auf die Demonstranten zu schießen. Die Revolutionäre stürmten die staatlichen Waffenkammern, das Staatsgefängnis und den Sitz der Geheimpolizei. Die liberalen Abgeordneten der Duma zwangen den Zaren zum Rücktritt und eine „Provisorische Regierung" übernahm die Amtsgeschäfte der neuen russischen Republik. Ab sofort galten im Land die Grundrechte wie Meinungs-, Presse- und Versammlungsfreiheit.

Die Zeit der Doppelherrschaft

Die „Provisorische Regierung" bestand aus liberalen bürgerlichen Politikern, den „konstitutionellen Demokraten" oder „Kadetten". Eine wichtige Rolle spielte Alexander Kerenski, der Führer der Bauernpartei mit dem Namen „Sozialrevolutionäre". Kerenski war Justizminister und ab Juli 1917 Ministerpräsident. Die Militärführung unterstützte die neue Regierung unter der Bedingung, dass sie den Krieg gegen die Mittelmächte fortsetzte. Doch während der Unruhen hatten sich in vielen Städten Sowjets* (Räte) als zweites Machtzentrum gebildet. In diesen Räten saßen Soldaten, Arbeiter und Bauern. Sie beschlossen neue Gesetze und übernahmen Regierungsaufgaben. Der Sowjet der Stadt Petrograd (heute Sankt Petersburg) forderte einen sofortigen Frieden ohne Gebietsabtretungen und Kriegsentschädigungen. Die „Provisorische Regierung" lehnte das Rätesystem ab, weil es ihrer Meinung nach Russland militärisch und wirtschaftlich schwächte. Die Februarrevolution hatte also zu einer Doppelherrschaft geführt.

„Genosse Lenin reinigt die Erde vom Müll", Plakat, 1920

Die Oktoberrevolution der Bolschewiki*

Im April erreichte der Revolutionär Lenin Petrograd (siehe S. 14/15). Die deutsche Regierung hatte ihm die Rückkehr aus dem Exil in der Schweiz nach Russland ermöglicht. Sie erhoffte sich durch den „Unruhestifter" eine Schwächung des Kriegsgegners Russland. Lenin machte sich zusammen mit Leo Trotzki daran, aus der bis dahin unbedeutenden Gruppierung der Bolschewiki eine schlagkräftige Partei von Revolutionären zu formen. Andere Arbeiterparteien lehnten einen schnellen Umsturz ab, weil sie Russland nach der Theorie von Karl Marx für zu rückständig für eine Revolution hielten.

Die „Provisorische Regierung" verlor zunehmend an Rückhalt in der Bevölkerung, weil sie den Krieg nicht beendete, die Landverteilung an die mittellosen Bauern nicht vorankam und die Versorgungslage katastrophal blieb. Nach wenigen Monaten war die Partei der Bolschewiki auf 500 000 Mitglieder angewachsen. Am 25. Oktober 1917 (bei uns: 7. November) gelang der Aufstand der Bolschewiki gegen die „Provisorische Regierung": Sie wurde für abgesetzt erklärt und die Sowjets übernahmen die Macht. Im November 1917 wurde in ganz Russland die verfassunggebende Versammlung gewählt. Als diese im Januar 1918 zusammentrat, wurde sie von Lenin umgehend wieder aufgelöst. In späteren Jahren wurde der Aufstand als „glorreiche sozialistische Oktoberrevolution" verherrlicht. Zahllose Filme und Bücher verbreiteten diese Sichtweise in der Sowjetunion und im Ausland.

Sozialismus
(von lat. socialis = gemeinschaftlich) Politische Bewegung seit Mitte des 19. Jahrhunderts. Man unterscheidet demokratischen und revolutionären Sozialismus: Gewerkschaften und Arbeiterparteien (z. B. SPD) wollten die Lebensverhältnisse der Menschen schrittweise verbessern. Radikale Sozialisten in Russland wollten sie schnell und gewaltsam umstürzen. Sie verstanden Sozialismus als Übergangsstadium zum Kommunismus.

Kommunismus
(von lat. communis = gemeinsam) Lehre von Karl Marx und Friedrich Engels. Der Kommunismus ist der Endzustand einer sozialistischen Revolution: Produktionsmittel wie Land oder Maschinen gehören allen gemeinsam. Das Produzierte wird gerecht verteilt, damit jeder die gleichen Lebenschancen hat. In vielen kommunistischen Ländern führte diese Idee jedoch zu Unrecht, Terror und Verfolgung.

M2 Wahlergebnisse in Russland 1917/18:
a) Sitzverteilung in der Räteversammlung (2. Allrussischer Sowjetkongress) Oktober 1917:

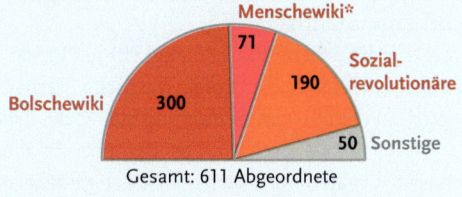

b) Sitzverteilung in der verfassungsgebenden Versammlung, Januar 1918. Die Verteilung gibt den Wählerwillen wieder. Die Versammlung wurde von Lenin mit der Parole „Alle Macht den Räten" aufgelöst.

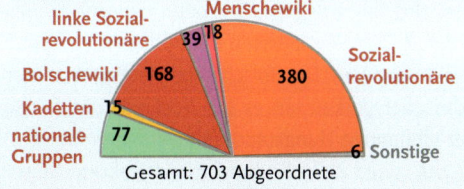

M3 Lenin über die Diktatur des Proletariats, August 1917:
Die Diktatur des Proletariats bringt zunächst eine Reihe von Freiheitsbeschränkungen für die Unterdrücker, die Ausbeuter, die Kapitalisten. Die müssen wir niederhalten, um die Menschheit von der Lohnsklaverei zu befreien. Ihr Widerstand muss mit Gewalt gebrochen werden. Es ist klar, dass es da, wo es Gewalt gibt, keine Demokratie gibt ... Erst in der kommunistischen Gesellschaft, wenn der Widerstand der Kapitalisten endgültig gebrochen ist, wenn es keine Klassen mehr gibt, erst dann hört der Staat auf zu bestehen und kann von Freiheit die Rede sein. Erst dann ist eine vollkommene Demokratie ... möglich.
Zit. nach Oskar Anweiler (Hg.), Die Russische Revolution 1905–1925 (= Quellen und Arbeitshefte für den Geschichtsunterricht), 3. Aufl., Stuttgart (Klett) 1971, S. 39f.

1 Wähle eine Aufgabe aus:
a) Stelle dar, wie sich nach dem Sturz des Zaren eine Zeit der Doppelherrschaft herausbildete und welche Staatsform jeweils angestrebt wurde (Darstellungstext).
b) Erkläre, in welchen Fragen es zum Konflikt zwischen „Provisorischer Regierung" und Lenin kommen musste (Darstellungstext, M1).

2 Vergleiche den Wählerwillen 1918 (M2b) mit der Sitzverteilung 1917 (M2a). Beurteile Lenins Entscheidung, die Versammlung aufzulösen.

3 a) Analysiere Lenins Ziele (M3). Stelle auch eine Verbindung zu M1 her.
b) Blättere zurück auf S. 14/15 und gib eine erneute Antwort auf die dort gestellten Fragen.

Zusatzaufgabe: siehe S. 318.

Der Weg in die kommunistische Diktatur

Aus Revolution und Bürgerkrieg entstand in Russland ein völlig neues Staatswesen. Die 1922 gegründete „Union der Sozialistischen Sowjetrepubliken" (UdSSR) sollte die sozialistische Idee der klassenlosen Gesellschaft verwirklichen.
- *Wie sahen Anspruch und Wirklichkeit der kommunistischen Herrschaft aus?*

Der Frieden von Brest-Litowsk im März 1918

Die erste Sowjetregierung unter Lenins Vorsitz nannte sich „Rat der Volkskommissare". Kommissar (Minister) für Außenpolitik wurde Leo Trotzki, Kommissar für Nationalitätenfragen Josef Stalin. Angesichts der katastro-
5 phalen Lage in Russland schlossen die Revolutionäre sofort Frieden. Deutschland diktierte seine Bedingungen: Russland musste ein Viertel seiner landwirtschaftlichen Anbauflächen abtreten. Es verlor drei Viertel der Eisenindustrie und die Kohlebergwerke in der Ukraine
10 an Deutschland. Durch die deutsche Kriegsniederlage wenige Monate später hatte der Friedensvertrag keine Bedeutung mehr.

Radikaler Staatsumbau und Bürgerkrieg

Die Bolschewiki machten sich daran, einen völlig neu-
15 artigen Staat nach den kommunistischen Ideen zu verwirklichen: Sie schafften das Privateigentum ab, um die Gleichheit aller Menschen zu erreichen. Der Landbesitz von Kirchen und Klöstern fiel ohne Entschädigung an den Staat. Alle ausländischen Investitionen und Beteili-
20 gungen an Bergwerken und Fabriken wurden ohne Entschädigung verstaatlicht. Es gab nur noch eine einzige Staatsbank, die keine Kredite mehr an das Ausland zurückzahlte.

Gegen die Maßnahmen der Bolschewiki bildete sich eine
25 breite Opposition. Adlige, Großgrundbesitzer, Geistliche, Bankiers, Kaufleute, Generäle und Beamte schlossen sich im Bürgerkrieg der „Weißen Armee" an, die von zaristischen Generälen geführt wurde. Sie erhielt Unterstützung von den Regierungen Westeuropas, den USA
30 und Japan. Die „Rote Armee" der Bolschewiki errang unter ihrem Organisator Trotzki den Sieg. Doch der Bürgerkrieg ruinierte die russische Wirtschaft. Zur Versorgung der hungernden Stadtbevölkerung zogen bewaffnete Arbeiter der „Roten Armee" durch die Dörfer
35 und zwangen die Bauern zur Abgabe der wenigen noch vorhandenen Lebensmittel. Während der Zeit des Bürgerkrieges und des „Kriegskommunismus"* floh jeder, der es sich leisten konnte, ins Ausland. Millionen Menschen verhungerten.

Von Lenin zu Stalin

40 Die Jahre nach dem Bürgerkrieg waren eine Blütezeit der künstlerischen Produktion. Die Alphabetisierung der Landbevölkerung schritt rasch voran. Jungen Menschen, die sich für den Aufbau des neuen sozialistischen
45 Staates begeisterten, boten sich Aufstiegsmöglichkeiten und Karrieren in Partei und Staat. Nach dem Tod Lenins 1924 baute Josef Stalin (1878–1953) seine Stellung als Generalsekretär der Kommunistischen Partei zur Alleinherrschaft aus. Bis 1929 besetzte er die Schaltstellen von
50 Partei, Staat und Wirtschaft mit ihm treu ergebenen Personen. Kritiker wurden durch die Geheimpolizei ermordet oder in die überall im Land entstehenden Straflager (Gulags) deportiert.

Die Diktatur Stalins

55 Um die wirtschaftliche Rückständigkeit des Landes zu beseitigen, beschloss die Kommunistische Partei der Sowjetunion (KPdSU) unter Führung Stalins die Errichtung riesiger landwirtschaftlicher Betriebe. In diesen Kolchosen* waren Geräte, Vieh und Boden gemeinsames
60 Eigentum und der einzelne Bauer wurden zum Angestellten. Diesen Prozess nannte man „Kollektivierung der Landwirtschaft". Bauern, die sich weigerten, in die Kolchosen einzutreten, wurden als „konterrevolutionäre Klassenfeinde" oder „Kulaken" (= reiche Bauern) an-
65 geprangert, in entlegene Gegenden deportiert oder ermordet. Außerdem mussten viele Bauern ihr Vieh und Getreide abgeben. Die Bolschewiki versorgten damit die Städte oder verkauften es ins Ausland. Das führte zu einer schlimmen Hungersnot mit Millionen Toten.
70 Das ehrgeizige Ziel, die Industrieproduktion innerhalb weniger Jahre zu vervielfachen, erforderte hohe Investitionen und Arbeitsleistungen nach Plänen, die die Produktion im Voraus festlegten. Unter primitivsten Bedingungen stampften Arbeiter, die in Zeltstädten und
75 Erdlöchern wohnten, riesige Industrieanlagen aus dem Nichts. Wenn nicht alles nach Plan verlief, wurden Menschen willkürlich verhaftet und wegen Sabotage hingerichtet. Ein System von Gewalt und Auszeichnungen („Helden der Arbeit") kennzeichnete die Industria-
80 lisierung. Trotz aller Anstrengungen wurden die Ziele der Fünfjahrespläne von Beginn an nicht erreicht.

Diktatur
(von lat. dictatura) bezeichnet ein Herrschaftssystem, in dem eine einzelne Partei oder eine Person als Führer (Diktator) alles bestimmt. Diktatoren bringen sich meistens selbst gewaltsam an die Macht. In Diktaturen gibt es keine Gewaltenteilung, keine Grundrechte und eine staatliche Überwachung aller Lebensbereiche, oft verbunden mit Einschüchterung und Gewalt. Eine Diktatur ist das Gegenteil einer Demokratie.

Enteignete und nach Auffassung Stalins „reiche" Bauern vor ihrem beschlagnahmten Haus in der Ukraine, Foto, 1930

Folgen der Zwangskollektivierung
Kollektivierung und Zwangsabgaben führten 1932 in der Ukraine zu einer entsetzlichen Hungersnot. Allein in den Dörfern starben vier Millionen Menschen. Die Bolschewiki hinderten die Bauern am Verlassen des Landes. Es kam auch zu Kannibalismus. In einem ukrainischen Kinderlied von 1932 heißt es:

Vater Stalin, welchen Segen
Bringt uns das Kolchosenleben!
Haus und Scheune sind in Trümmern,
Alle Pferde am Verkümmern.
5 Hammer und Sichel leuchten am Haus,
Doch Tod und Hunger schauen heraus.
Die Kühe fort, die Schweine weg,
Ein Stalinbild statt Fleisch und Speck.
Die Eltern zur Kolchose gehen,
10 Das arme Kind muss einsam stehen.
Mit Brot und Fett ist es vorbei,
das ist der Segen der Partei.
Wo Liebe wohl und Güte sind?
Ein Vater fraß das eigne Kind.
15 Die Partei hört jedes Wort
Und schickt uns nach Sibirien fort.

Lidia Kovalenko, Holod 33, zit. nach Timothy Snyder, Bloodlands. Europa zwischen Hitler und Stalin, München (dtv) 2013, S. 57. Übers. v. Martin Richter.

Lenin zum ersten Gesamtwirtschaftsplan, 22. Dezember 1920:

Kommunismus – das ist Sowjetmacht plus Elektrifizierung des ganzen Landes. Sonst wird das Land ein kleinbäuerliches Land bleiben ... Erst dann, wenn das Land elektrifiziert ist, wenn die
5 Industrie, die Landwirtschaft und das Verkehrswesen eine moderne großindustrielle technische Grundlage erhalten, erst dann werden wir endgültig gesiegt haben ... Man muss jedoch wissen und darf nicht vergessen, dass die Elektrifizierung
10 nicht mit Analphabeten durchzuführen ist ... Wir brauchen Menschen, die nicht nur des Lesens und Schreibens kundig sind, sondern kulturell hochstehende, politisch bewusste, gebildete Werktätige ...
15 Wenn Russland sich mit einem dichten Netz von elektrischen Kraftwerken und mächtigen technischen Anlagen bedeckt haben wird, dann wird unser kommunistischer Wirtschaftsaufbau zum Vorbild für das kommende sozialistische Europa
20 und Asien werden.

Wladimir I. Lenin, Werke, Bd. 31, Berlin (Dietz) 1979, S. 513 ff.

---

1 Erstelle eine Zeitleiste mit wichtigen Daten und Ereignissen der sowjetischen Geschichte, die auf dieser Doppelseite erwähnt werden.
2 Erläutere den Plan Lenins zur Modernisierung von Staat und Gesellschaft (M3). Überlege, mit welchen Schwierigkeiten zu rechnen war.
3 Arbeite aus M2 und dem Darstellungstext alle Punkte zu Verlauf und Folgen der Zwangskollektivierung heraus.
4 Beschreibe das Bild M1. Notiere, was möglicherweise zuvor passiert ist und was jetzt geschehen könnte.
5 **Recherche:** Suche Hintergrundinformationen zur Hungerkatastrophe in der Ukraine 1932/33 unter dem Stichwort „Holodomor" und stelle deine Ergebnisse in der Klasse vor.

Webcode: FG450099-027
Kartenanimation: Geschichte der UdSSR

Leben in der Sowjetunion in den 1930er Jahren

Die Diktatur Stalins von 1927 bis zu seinem Tod 1953 war geprägt von Gegensätzen. Noch heute ist in Russland die Erinnerung an diese Zeit gespalten: Wirtschaftliche und militärische Erfolge werden oft glorifiziert, der größte Massenmord der russischen Geschichte dagegen teilweise verschwiegen.
- *Untersucht das Leben in der Sowjetunion unter Stalin anhand der Materialien (A, B, C).*

Fortschritt durch Gewalt?

Unter Stalin wurden vor allem während der „Großen Säuberungen" 1936–1938 Millionen Menschen wegen „konterrevolutionärer Taten" verhaftet. Sie wurden von der Geheimpolizei erschossen oder für Jahre in Arbeitslager (Gulags*) deportiert, wo sie täglich schwere körperliche Arbeit verrichten mussten. Wer sein Soll nicht erfüllte, bekam die ohnehin zu geringen Essensrationen gekürzt.

Gleichzeitig wurden enorme Bauprojekte umgesetzt, um die Industrialisierung des Landes voranzutreiben: Kraftwerke, Fabriken und ganze Städte wurden errichtet, oft unter Teilnahme vieler junger Menschen. Sie waren von der Idee des Kommunismus begeistert oder wurden zur Mithilfe gezwungen. Neue Berufe entstanden, ausländische Experten wurden ins Land geholt. Auch Frauen ergriffen technische Berufe und wurden selbstständiger. Eine starke Urbanisierung* setzte ein. Prestigeprojekte wie die Moskauer Metro (eröffnet 1935) sollten der Welt den Fortschritt der kommunistischen Gesellschaft zeigen. Alle Erfolge und Scheinerfolge waren verknüpft mit der Person Stalins: Durch Propaganda inszenierte er einen künstlichen Kult um sich selbst. Plakate und Feste priesen ihn als „genialen Führer des russischen Volkes".

M1 *Strafgefangene beim Bau des Weißmeer-Ostsee-Kanals, Foto, 1932.*

M2 Der russische Schriftsteller Alexander Solschenizyn schildert seine persönlichen Erlebnisse im Gulag:

Nach Arbeitsschluss bleiben in den Baugruben die Leichen zurück. Bald sind ihre Gesichter vom Schnee verweht. Einer verkroch sich unter dem umgekippten Schubkarren, seine Hände stecken Wärme suchend in den Ärmeln, so liegt er da, erfroren. Ein anderer sitzt starr, den Kopf zwischen den Knien vergraben. ... Zu Abertausenden werden sie zum Kanalbau geschickt; nur darauf wird Acht gegeben, dass keiner mit seinem Vater ins selbe Lager kommt.

Alexander Solschenizyn: Der Archipel Gulag, Bern 1974, S. 17 f.; S. 92 ff.

1 Beschreibe die Arbeitsbedingungen der Strafgefangenen in den Gulags (M1 und M2).
2 Erläutere die Bedeutung der Arbeitslager für die Herrschaft Stalins und das Leben der Menschen.

Zwei Bauarbeiterinnen am Wasserkraftwerk Dnjepr (Ukraine), Foto, 1930.

Entwicklung der Industrie in der Sowjetunion

Industriegüter in Mio. t	1913 (Zarenzeit)	1928	1939
Mineraldünger	k. A.	0,14	3,2
Stahl	4,5	4,3	18,3
Kohle	30	35,5	160
Erdöl	7	10,6	34,2
Elektrizität (in GkW/h)	1,8	5	49,3
Traktoren		1300	30 500
PKW		780	148 000
Konsumgüter	0,6	0,72	2,9

Vom Verfasser zusammengestellt.

1 Analysiere die wirtschaftliche Entwicklung in der Sowjetunion (M4).
2 Untersuche M3. Stelle Vermutungen an, wozu der Fotograf ausgerechnet dieses Motiv gewählt hat.

In einem Lied von 1938 heißt es:

Stalin, Freund, Genosse!
In den weiten, wunderschönen Landen,
Aus der freien Arbeit froh, beschwingt, –
Ist der Freiheit hellstes Lied erstanden,
5 Das vom großen Freund der Menschheit singt:
Stalin führte uns zu Glück und Frieden –
Unbeirrbar wie der Sonne Flug.
Langes Leben sei dir noch beschieden,
Stalin, Freund, Genosse, treu und klug! ...
10 Alle Wüsten werden wir bezwingen,
Alle Not der Welt durch eigne Kraft!
Und die allerschönsten Lieder klingen,
Wo der Mensch auf freier Erde schafft!

Text: A. Surkow (Deutsch von Alexander Ott), zit. nach: http://www.erinnerungsort.de/stalin-2c-freund-2c-genosse-_167.html (Stand: 16.11.2016).

„Lang lebe Stalin, Großer Architekt des Kommunismus", Propagandabild Stalins, 1930er Jahre

1 Arbeite aus M5 die Eigenschaften heraus, die Stalin zugeschrieben werden.
2 Deute die Selbstdarstellung Stalins in M6.

Aufgabe für alle:
Diskutiert die Rolle Stalins in der russischen Geschichte.

Manipulierte Fotos untersuchen

Heute kannst du mit dem Computer jedes Foto beliebig verändern. Auch Anfang des 20. Jahrhunderts gab es schon Techniken, um Bilder zu bearbeiten und zu verfälschen – zum Beispiel Retusche, Montage oder Zuschnitt. Wie du manipulierte Fotos erkennen kannst und wer ein Interesse an der Verbreitung von solchen Fotos hat, kannst du hier untersuchen.

Bild links: Moskau, Swerdlow-Platz am 5. Mai 1920. Lenin hält eine Rede vor Soldaten der Roten Armee. Der Fotograf Grigori Goldstein ist als treuer Anhänger Lenins bei vielen seiner Veranstaltungen dabei. Auf den Stufen des Rednerpodestes stehen zwei Männer. Der vordere ist Leo Trotzki (siehe S. 24), Organisator der Roten Armee und Kriegsminister. Hinter ihm steht Leo Kamenew (1883–1936), treuer Freund Lenins und Parteifunktionär. **Bild rechts:** bearbeitete Fassung des Bildes, seit den 1960er Jahren verbreitet

Original oder Fälschung – wenn Bilder lügen

Zeigen Fotos genau das, was ein Betrachter zum Zeitpunkt der Aufnahme vor sich sehen konnte? Wenn du eine Fotografie als historische Quelle nutzen möchtest, musst du dir einige Fragen stellen. Die Arbeitsschritte auf der nächsten Seite helfen dir dabei.

Schon in der Antike versuchten Pharaonen und römische Kaiser durch die Zerstörung von Statuen Erinnerungen an ihre Gegner zu löschen. Die Diktaturen des 20. Jahrhunderts fälschten in großem Stil Dokumente. In der Sowjetunion verfolgte Stalin seine politischen Gegner erbarmungslos, um sie aus dem „öffentlichen Gedächtnis" zu entfernen. Über 3000 Personen waren auf Befehl Stalins damit beschäftigt, unliebsame Fotos aus Zeitungen, Büchern und Lexika in allen Bibliotheken des Landes herauszuschneiden und retuschierte Fotos mitsamt der Seite wieder einzukleben.

„In Stalins Armen", Foto, 1936. Es zeigt Stalin mit Engelsina Markizova, der Tochter eines Parteifunktionärs. Nachdem ihr Vater 1938 als „Volksfeind" erschossen wurde, zeigte man nur noch den markierten Ausschnitt. Das Bild wurde millionenfach verbreitet.

Herrschaft und Staatlichkeit, Weltdeutung und Religion

Arbeitsschritte „Manipulierte Fotos untersuchen"

Einzelheiten beschreiben	Lösungshinweise zu M1
1. Was ist auf dem Original und dem manipulierten Bild zu sehen?	• Man sieht auf beiden Fotos ein Rednerpodest ...
2. Welche Unterschiede zwischen Original und Fälschung fallen dir auf?	• Im rechten Bild sind viel mehr Zuhörer zu sehen. Die Haltung des Redners ...
3. Welche Personen sind dargestellt?	• ...
Fragen zum Fotografen und zur Bildtechnik	
4. Wer hat das Foto gemacht?	• ...
5. Wann wurde es aufgenommen?	• ...
6. Gab es einen bestimmten Anlass und einen Auftraggeber für das Foto?	• Vermutlich hatte Lenin das Foto bestellt.
7. Welche Bildtechnik wurde gewählt (Figuren, Gegenstände, Blickwinkel, Brennweite, Entfernung, Ausschnitt)?	• Das Foto wurde von einer erhöhten Position heraus gemacht. Der Fotograf G. Goldstein hatte dazu wohl eine Leiter dabei. Auf dem gefälschten Foto ist das Podest mehr zur Mitte des Bildes gerückt, damit ... Die leere Straße hinten rechts ...
8. Wurde das Bild bearbeitet durch Montage, Retusche oder Beschnitt?	• Auf dem rechten Foto sind Trotzki und Kamenew durch Holzstufen ersetzt ...
Weitere Informationen hinzuziehen	
9. Welche Informationen gibt die Bildunterschrift (Hilfe, Beeinflussung, Irreführung)?	• Das Originalfoto trug den Titel „Genosse Lenin redet vor Soldaten der Roten Armee". Es wurde 1927 zum letzten Mal veröffentlicht. In den Jahren danach sah man nur eine Version, in der das rechte Drittel abgeschnitten war, ehe das gefälschte Foto Verbreitung fand.
Gesamtaussage und Deutung	
10. Wozu wurde das manipulierte Bild verbreitet?	• Stalin wollte seine Gegner aus dem Gedächtnis löschen, um seine Macht zu untermauern.
11. Wie kann ich mich über den Zweck der Manipulationen informieren? (z. B. „gelöschte" Personen)	• z. B. durch eine Internetrecherche
12. Welche Fragen bleiben offen?	• ...

1 Untersuche die Bilder M1 mithilfe der Arbeitsschritte. Ergänze die Lösungshinweise.
2 Beschreibe und analysiere das Bild M2
   a) ohne Bildunterschrift
   b) mit Bildunterschrift. Vergleicht eure Eindrücke.
3 Im Jahr 1937 wurden durch den Terror Stalins zehntausend Kinder zu Waisen und kamen in Heime. Der Historiker Karl Schlögel meint: „1937 war die Geburtsstunde einer vaterlosen Generation. Es ist nicht schwer zu verstehen, dass zwischen dem Verlust der Väter und dem Kult um Stalin als Übervater ein Zusammenhang besteht." Erläutere.

Zusatzaufgabe: siehe S. 318.

Die Herrschaft Stalins im Blickwinkel der Zeit

Geschichtsbücher und Darstellungen von Historikern erzählen nicht die „wahre" Geschichte, sondern sind ein Konstrukt. Historiker werten Quellen aus und bewerten anschließend Ereignisse. Zeitumstände und persönliche Haltungen beeinflussen ihren Bewertungsmaßstab.
- Wie können wir die Russische Revolution und die Herrschaft Stalins heute bewerten?

„Russland berauscht sich an seinem größten Mörder"
Die Journalistin Katherine Jacobsen schrieb am 21. 12. 2015 in der Zeitung „Welt":

Angesichts der zunehmenden internationalen Isolation Russlands und seiner wirtschaftlichen Probleme scheint sich das Land immer stärker auf Triumphe der Vergangenheit zu besinnen. Präsident Wladimir
5 Putin verweist regelmäßig auf den sowjetischen Sieg im Zweiten Weltkrieg – Stalins meistgepriesene Errungenschaft ... „‚Wir haben selbstverständlich angefangen, Stalin in einem günstigeren Licht zu betrachten", sagt Sergej Saborowski, der als Reise-
10 leiter für die Militärhistorische Gesellschaft arbeitet. „Warum ausgerechnet jetzt? Vielleicht liegt es daran, dass die Lage in der Welt nicht die beste ist. Wir brauchen Stärke. Wir brauchen etwas, das uns eint."...
15 Die Zahl der Russen, die nach eigenen Angaben ein schlechtes Bild von Stalin haben, geht ständig zurück, von 43 Prozent im Jahr 2001 auf heute nur noch 20 Prozent. Eine wachsende Mehrheit erklärt, sie könne sich kein Urteil über die Amtszeit des
20 Diktators erlauben, dessen Verfolgungen, Säuberungen und Deportationen zwischen neun und mehr als 20 Millionen Menschenleben verschlungen haben. ....
Zwar vermied es der Kreml bisher, Stalin kategorisch
25 zu verurteilen oder auch nur zu dulden. Allerdings versucht die Regierung zunehmend, die Geschichtsschreibung unter ihre Kontrolle zu bringen. Einzelpersonen, Museen und Nichtregierungsorganisationen, die die Geschichte nicht „ordnungsgemäß"
30 interpretieren, müssen mit staatlichen Sanktionen rechnen.
Mit einer Umkehr dieses Trends ist nach Einschätzung von Experten so bald nicht zu rechnen. Ein Ende des Stalin-Kults und das Eingeständnis, dass
35 das sowjetische System kriminell war, würde für viele Russen einem „vollständigen Identitätsverlust" gleichkommen, sagt Lew Gudkow, Direktor des unabhängigen Lewada-Zentrums .... „Sie bestreiten nicht, was Stalin getan hat, aber sie sehen ihn lieber
40 als majestätischen Souverän [= Fürst, Staatsoberhaupt] denn als umstrittenen Herrscher."

Zit. nach: https://www.welt.de/ geschichte/article150183411/ Russland-berauscht-sich-an-seinem-groessten-Moerder.html (Stand: 09. 12. 2016).

Büste Stalins in Mirny, Russland. Sie wurde 2005 zum Gedenken an den Sieg über Nazi-Deutschland auf Initiative von Kriegsveteranen aufgestellt. In vielen Teilen Russland ist heute die Errichtung von Stalin-Denkmälern geplant.

Herrschaft und Staatlichkeit, Weltdeutung und Religion

M3 Die russischen Historiker Wladimir Buldakow und Michail Gorinow diskutierten 2007 im deutschen Magazin „Spiegel":

Gorinow: Stalin war ein Pragmatiker. Gegen Ende der Zwanziger musste die Industrie mit künstlich erzeugtem Massenenthusiasmus und gewaltigem Terror aufgebaut werden. Die ländliche Bevölkerung weigerte sich mitzumachen und ihr Getreide abzuliefern. So wurden die Bauern in Kollektivwirtschaften getrieben und direkter Kontrolle unterstellt. ... Die Zwangsarbeit wurde als Triebkraft der technologischen Erneuerung des Landes genutzt. Das war die Welle von 1929. Die Terrorwellen von 1937 und später hatten andere Ursachen. ...

„Spiegel": Immer wieder diskutiert wird die Frage, ob beim Übergang der Herrschaft von Lenin zu Stalin die Kontinuität oder der Bruch mit der bis dahin praktizierten Politik überwiegt. Wer ist für Sie der „Gute", wer der „Böse"?

Buldakow: Die Gegenüberstellung von Lenin und Stalin hat eine lange Tradition. Im Moment, unter Putin, ist bei uns mal wieder Stalin der gute Onkel – und Lenin der schlechte. ... Lenin funktionierte in jener Phase, in der es um die Zerstörung des Alten ging – obwohl er einen starken staatstragenden Instinkt hatte.

Gorinow: Er war ein genialer Politiker in Krisensituationen.

Buldakow: Lenin war eine große Persönlichkeit – daran führt kein Weg vorbei. Genauso offensichtlich ist, dass Stalin ein erbärmlicher Typ war, freilich mit einem geradezu animalischen Machtinstinkt.

Gorinow: Mit einem großen Willen zur Macht!

Buldakow: Mit einem großen Trieb zur Macht – das ist etwas anderes. Geistig war er eine Null, kleinmütig, schäbig. ...

Gorinow: Wäre Lenin Parteiführer geblieben, hätte es keine Säuberungen gegeben. Doch die Führerpartei stand plötzlich ohne Führer da. ... Stalin war kein geborener Führer und musste deshalb seine Rivalen beiseiteschaffen; Lenin hatte dieses Problem nicht. Aber Stalin war keine schäbige Person, und er war durchaus Marxist. ...

„Spiegel": Eine breite und tiefe Auseinandersetzung mit dem kommunistischen Erbe hat in Russland nie stattgefunden, obwohl fast jede Familie vom Terror betroffen war. Warum dieses anhaltende Schweigen?

Buldakow: ... Wir haben praktisch zwei parallel verlaufende Geschichtsauslegungen der Sowjetzeit. Das Fernsehen erzählt uns einerseits, welche Schrecken damals passiert sind. Auf anderen Sendern erfährt man, was für ein großer Politiker Genosse Stalin war.

Zit. nach: Experiment Kommunismus. Spiegel Special Geschichte 04/2007, S. 138 ff.

Cover eines „Spiegel"-Sonderhefts, 04/2007. Die Person ganz rechts ist Michail Gorbatschow, der letzte Generalsekretär der Sowjetunion vor ihrer Auflösung 1991.

1 **a)** Beschreibe den Umgang mit der Herrschaft Stalins im heutigen Russland (M1 und M2).
  b) Arbeite die Ursachen für diesen Umgang heraus.
2 Stelle die Sichtweisen der beiden russischen Historiker einander gegenüber (M3).
3 **Wähle eine Aufgabe aus:**
  a) Beurteile, inwiefern die Sichtweisen auf die Herrschaft Stalins in M1 – M4 gerechtfertigt sind.
  b) Verfasse einen Leserbrief die Zeitschrift M1 oder M3. Bewerte darin den Umgang mit der Geschichte von Stalins Herrschaft.
  Tipp: Nutze deine Lösungen aus Aufgabe 1 und 2.

Der Aufstieg der USA zur Weltwirtschaftsmacht

Webcode:
FG450099-034
Geschichte der USA

Ausgezeichnete Rahmenbedingungen begünstigten die wirtschaftliche Entwicklung der USA: Riesige Flächen unbebauten Landes, Bodenschätze und Brennstoffe wie Holz und Kohle gab es im Überfluss.
- Wie wurde das Land zur führenden Wirtschaftsmacht der Welt?

Neues Denken, neue Märkte: Die „Market Revolution"

Das Zusammenspiel von Bevölkerungswachstum, Erfindungsreichtum und technischen Neuerungen ließ in den USA ein neues unternehmerisches Denken entstehen. Bereits in der Kolonialzeit suchten Farmer und Handwerker Absatzmöglichkeiten für ihre Produkte über den lokalen und regionalen Markt hinaus. In der Industrialisierung setzte sich die „amerikanische Produktionsweise" allmählich durch: Darunter versteht man die Herstellung industriell gefertigter und standardisierter Massenartikel. Neue Verkehrswege zu Wasser und zu Land förderten die Entstehung eines großen Binnenmarktes ohne Zollschranken. Um 1900 war das Eisenbahnnetz der USA bereits größer als das gesamte europäische Netz. Ein ausgeprägtes Leistungsdenken und grenzenloses Vertrauen in den Fortschritt prägten das Denken der meisten Menschen. Statt in kleinen Läden kaufte man nun in den neuen Warenhäusern mit vielfältigem Angebot, angelockt von den Versprechungen der Werbung. Amerikanische Schulbücher bezeichnen diese Verbindung von unternehmerischem Denken und wirtschaftlichem Aufschwung als „Market Revolution".

Profitieren alle vom Aufschwung?

Die wirtschaftliche Entwicklung vergrößerte die Unterschiede zwischen dem industriell geprägten Norden und den landwirtschaftlich geprägten Südstaaten. Dort herrschten Monokulturen vor, vor allem für die Produktion von Baumwolle. Die Südstaaten wollten für ihre Produktionsweise unbedingt an der Sklaverei festhalten. In einem blutigen Bürgerkrieg setzte sich der Norden durch; die Sklaverei wurde 1865 abgeschafft.

Auch nach dem Bürgerkrieg blieb die wirtschaftliche Bedeutung des „flachen Landes" hinter der der Großstädte zurück. Dort zogen Großindustrie, Banken und Handel Arbeitskräfte an und bestimmten das Wirtschaftsleben. Zum anderen konzentrierte sich der wirtschaftliche Gewinn immer mehr: Unternehmen und Kapital lagen in der Hand von wenigen Großindustriellen („Big Business"). Diese „regierten" nicht nur die US-Wirtschaft, sondern erschlossen auch in Mittel- und Südamerika Rohstoffquellen und Absatzmärkte und machten die dortigen Staaten wirtschaftlich von sich abhängig.

M1 „Prosperity" – Plakat zur Präsidentschaftswahl 1896. Der Kandidat der Republikaner, William McKinley, steht auf einer Dollarmünze.

M2 Zahlen zum Wirtschaftswachstum in den USA und den größten Industriestaaten

a) Beispiele für das Wachstum der US-Wirtschaft 1860–1910

Jahr	Fabrikarbeiter (in Mio.)	Kohle (in Mio. t)	Roheisen (in Mio. t)	Eisenbahngleise (in km)	Weizen (in Mio. Scheffel)	Baumwolle (in Mio. Ballen)
1860	1,3	16	0,8	49 000	173	4,5
1890	4,1	141	8,5	246 000	504	7,1
1910	ca. 7,0	441	28,9	386 000	684	10,0

b) Industrieproduktion 1880–1928 (Großbritannien 1900 = 100 als Vergleichswert)

	1880	1900	1913	1928
Großbritannien	73	100	127	135
USA	47	128	298	533
Deutschland	27	71	138	158
Frankreich	25	37	57	82
Russland	25	48	77	72
Japan	8	13	25	45

a) Zit. nach Erich Angermann, Der Aufstieg der Vereinigten Staaten von Amerika, 1607–1914, Stuttgart (Klett), 1965, S. 37.
b) Zit. nach Paul Kennedy, Aufstieg und Fall der großen Mächte, Frankfurt a. M. (Fischer) 1989, S. 311.

Aussortieren von nicht verwertbarem Gestein durch Kinder und Jugendliche in einem Bergwerk in Pennsylvania, Foto, 1911

1 a) Beschreibe M1 und formuliere die Bildaussage.
  b) Überlege, welche Personen auf M1 fehlen. Stelle Verbindungen zu M3 her.
2 Erläutere die Besonderheiten der amerikanischen Produktionsweise (Darstellungstext).
3 Vergleiche die Industrieproduktion der USA mit der anderer Staaten (M2).
4 Vergleiche die Situation in den USA mit der in Russland und der UdSSR (siehe S. 22–26).
  Tipp: Beachte geografische und politische Faktoren.
5 **Recherche:** Vergleiche die Karriere von Andrew Carnegie (siehe Biografie rechts) mit der von Henry Ford und John D. Rockefeller.

Andrew Carnegie (1835–1919)

„Strebe nach dem Höchsten, gehe nie in eine Bar, rühre keinen Alkohol an außer beim Essen, spekuliere nie, identifiziere dich mit den Interessen deiner Firma." Das gab der Unternehmer A. Carnegie jungen Leuten mit auf den Weg.
1835 wurde Andrew Carnegie als Sohn eines schottischen Webers geboren. Die Familie wanderte 1848 nach Amerika aus. Andrew arbeitete anfangs in einer Baumwollfabrik, später in einem Telegrafenbüro in Pittsburgh. Der tüchtige Jugendliche fiel dem Manager Thomas Scott von der Eisenbahngesellschaft Pennsylvania Railroad auf. Carnegie wurde sein Assistent. Beide machten Karriere bei der Eisenbahn. Mit 24 Jahren war Carnegie Abteilungsleiter. Er investierte seine Ersparnisse in Firmen der Eisen- und Stahlproduktion. Carnegie wagte mit Scotts Unterstützung den Sprung zum Unternehmer. Südlich von Pittsburgh ließ er das größte Stahlwerk des Landes bauen. Subunternehmen förderten die Kohle für seine Stahlwerke und transportierten Rohstoffe und Güter zu Wasser und zu Lande. Die Gewinne und Umsätze explodierten; 1900 war Carnegie Steel das größte Industrieunternehmen der Welt, Carnegie der reichste Mann der Welt zu jener Zeit. Aus seinen Gewinnen sponserte der Unternehmer u. a. Bildungs- und soziale Einrichtungen sowie das nach ihm benannte berühmte Konzerthaus von New York.

Absturz der Weltwirtschaft: Die Krise von 1929

Am 24. Oktober 1929 stürzten die Aktienkurse an der New Yorker Börse ins Bodenlose. An jenem „Schwarzen Donnerstag" wurden Banken zahlungsunfähig und Millionen Menschen waren ruiniert. Am Folgetag, dem „Schwarzen Freitag", erreichte die Krise Europa. Der Absturz der Weltwirtschaft und der dramatische Anstieg der Arbeitslosigkeit erfassten alle Industriestaaten außer der Sowjetunion.
* *Wie kam es zu dieser Krise und wie reagierte die Politik?*

Wie kam es zur Weltwirtschaftskrise*?

Ab 1918 mussten europäische Staaten Kriegskredite zurückzahlen, die die USA ihnen gewährt hatte. Das Geld aus Europa befeuerte die Produktion von Konsumgütern und landwirtschaftlichen Erzeugnissen. Die amerikanische Regierung gewährte hohe Schutzzölle, um die einheimische Wirtschaft vor billigeren ausländischen Anbietern zu schützen. Die Vermögen in den USA blieben allerdings sehr ungleich verteilt. Der größere Teil der Bevölkerung war zu arm, um sich teure Konsumgüter wie Autos, Waschmaschinen, Radios oder Staubsauger kaufen zu können. Daher entstand die Idee, Kredite an Privatleute für den Kauf von Konsumgütern zu vergeben. Zwischen 1919 und 1929 stiegen die von den Banken vergebenen Kleinkredite von 100 Millionen auf über sieben Milliarden Dollar. Dennoch war der Markt rasch gesättigt, weil viele Amerikaner sich diese Anschaffungen einfach nicht leisten konnten. Bald hatten Industrie und Landwirtschaft Schwierigkeiten, ihre Produkte abzusetzen und mussten sie zu Schleuderpreisen abgeben.

Der Wirtschaftsboom der 1920er Jahre ließ die Aktienkurse zunächst explodieren – bald wollten alle Menschen schnell an der Börse Geld verdienen und kauften Aktien sogar auf Kredit. Als sich erste Zeichen der Überproduktion und der Überbewertung der Aktien zeigten und die Firmen das erworbene Geld nicht investierten, kam es zu Panikverkäufen der Anleger. Die Börse brach zusammen. In der Folgezeit schrumpfte die Industrieproduktion drastisch. Massenentlassungen waren an der Tagesordnung, Löhne und Preise fielen. Viele Bauern konnten angesichts sinkender Einnahmen ihre Hypothekenzinsen nicht mehr bezahlen, also die Kredite, die sie für ihr Land aufgenommen hatten. Sie mussten ihre Höfe weit unter Wert verkaufen. Das amerikanische Sozialprodukt, also die Summe aller wirtschaftlichen Leistungen, halbierte sich. Bis 1933 stieg die Arbeitslosigkeit auf das Zehnfache an. Die amerikanischen Banken kündigten die Kredite, die sie den europäischen Ländern gegeben hatten. Damit erfasste die Krise auch Europa.

Die Wallstreet, das Finanzzentrum in New York, am „Black Friday", Foto, 25. Oktober 1929. In der Bildmitte hinten die Börse.

Auswirkungen des Börsenkrachs: Verkauf von Luxusgütern, Foto, New York, 1929

Wie reagierte die Politik weltweit auf die Krise?

Die Weltwirtschaftskrise oder „Great Depression" erschütterte die USA in ihren traditionellen Werten. Denn dort kannte man keine flächendeckende Kranken- oder Arbeitslosenversicherung und für das Alter musste jeder Amerikaner selbst vorsorgen. Nun glaubte plötzlich eine Mehrheit der Amerikaner nicht mehr an die Verheißungen des Wirtschaftsliberalismus, an das „freie Spiel der Kräfte" des Marktes. Wie die amerikanische Regierung die Krise zu lösen versuchte, kannst du auf der nachfolgenden Doppelseite untersuchen.

Eine Gegenposition zum „freien Spiel der Kräfte" vertrat der britische Wirtschaftswissenschaftler John Maynard Keynes. Er war der Auffassung, der Staat müsse in Zeiten der Krise regulierend in die Wirtschaft eingreifen. Dies könne am besten durch Arbeitsbeschaffungsprogramme (Konjunkturprogramme) erfolgen, die möglichst viele Arbeitslose in Lohn und Brot bringen. Bis heute gibt es in vielen Ländern heftige Diskussionen darüber, wie weit der Staat in die Wirtschaft eingreifen darf oder soll.

In **Großbritannien** waren besonders die Industrieregionen durch die Weltwirtschaftskrise betroffen. Die Arbeitslosenzahl stieg auf drei Millionen an. Demonstrationen („Hungermärsche") bestimmten das Bild. Die britische Regierung verzichtete auf einen radikalen Abbau der Sozialleistungen, nahm Schulden zur Finanzierung von Konjunkturprogrammen auf und verhinderte damit eine weitere Radikalisierung der Arbeiter.

In **Frankreich** stieg die Arbeitslosenzahl auf eine Million Menschen. Die geringere Zahl erklärt sich durch die Bedeutung der Landwirtschaft, die von der Krise weniger hart betroffen war. Die 1936 gewählte Regierung der „Volksfront" aus Sozialisten und Kommunisten erhöhte die sozialen Leistungen, darunter erstmals die Neuerung eines „bezahlten Urlaubs" von einer Woche.

Deutschland war durch die Krise besonders hart betroffen, wie du auf S. 68/69 weiterlesen kannst.

In der **Sowjetunion** waren Stalin und die Führungskräfte in der Kommunistischen Partei überzeugt, dass angesichts der Weltwirtschaftskrise der Zusammenbruch des Kapitalismus unmittelbar bevorstünde. Zeigte das Massenelend in den kapitalistischen Staaten nicht, dass die sowjetische Planwirtschaft ihnen überlegen war? Mehrere tausend Fachleute aus den USA und Westeuropa folgten der Aufforderung Stalins, in der Sowjetunion als „bürgerliche Spezialisten" in Bereichen wie Ingenieurwesen, Architektur oder Planung tätig zu werden, um der Arbeitslosigkeit in ihren Heimatländern zu entkommen.

Lesetipp:
John Steinbeck, Früchte des Zorns, München (dtv-TB) 1985. Übers. von Klaus Lambrecht.
Verarmte Landarbeiter finden in Oklahoma kein Auskommen mehr. Da hören sie vom gelobten Land Kalifornien und machen sich durch Hitze und Staub auf den Weg. Doch auch hier erfahren sie die Macht und Unterdrückung durch die Großgrundbesitzer.

---

1 Partnerarbeit: Wählt jeweils einen der Darstellungstexte aus:

Text 1 Wie kam es zur Weltwirtschaftskrise?
a) Gliedere den Text.
b) Arbeite die Gründe für den Ausbruch der Krise heraus. Nutze M1 auf S. 16.
c) Erstelle eine Mindmap zur Weltwirtschaftskrise. Erkläre sie deinem Partner.
Tipp: Nutze S. 329.

Text 2 Wie reagierte die Politik weltweit auf die Krise?
a) Gliedere den Text.
b) Erkläre die unterschiedlichen „Rezepte" der Politik gegen die Krise.
c) Erläutere in einer Mindmap die Folgen der Krise für die Menschen (M1–M3).
Präsentiere deinem Partner deine Ergebnisse.

Farmerfamilie auf dem Weg nach Kalifornien, Foto, 1937

Webcode: FG450099-037
Weltwirtschaftskrise

Wie reagierten die USA auf die Krise?

Die Vereinigten Staaten sahen sich als Hüter des kapitalistischen Systems und des Freihandels. Viele Amerikaner meinten, der Staat dürfe auf keinen Fall in die Wirtschaft eingreifen. Jeder sollte sein Schicksal selbst in die Hand nehmen, ohne auf irgendwelche staatlichen Leistungen Anspruch erheben zu können.
- *Untersuche, wie sich Massenarbeitslosigkeit und Elend auf die Einstellung der Amerikaner auswirkten.*

Die Herausforderung der „Great Depression"

Der 1928 gewählte Präsident aus dem Lager der Republikaner, Herbert Hoover (1874–1964), wollte mit den bewährten Mitteln den Wohlstand der 1920er Jahre ausbauen. Er hielt eisern an dem amerikanischen Grundsatz fest, dass die Wirtschaft auch in Zeiten der Krise aus eigener Kraft wieder auf die Beine kommen müsse. Bald nannten die Amerikaner die neuen Elendsviertel am Rand der Großstädte „Hoovervilles". Zeitungen, mit denen sich obdachlos gewordene Amerikaner zudeckten, hießen „Hoover-Bettdecken". In den Präsidentschaftswahlen des Jahres 1932 wurde Hoover abgewählt. Sein demokratischer Herausforderer Franklin D. Roosevelt (1882–1945) errang einen überwältigenden Sieg. Wie im Wahlkampf versprochen, setzte Roosevelt sofort eine Reihe von neuen Maßnahmen um, die er als „Neuverteilung der Karten" („New Deal") bezeichnete.

Die Politik des „New Deal"

Der Staat garantierte die Einlagen der Sparer bei den Banken. Arbeitslose junge Männer konnten in einem freiwilligen Arbeitsdienst (Civilian Conservation Corps) Beschäftigung finden. Auf den staatlich finanzierten Baustellen entstanden Millionen neuer Arbeitsplätze. Gebaut wurden 122 000 öffentliche Gebäude, rund 800 000 Kilometer neuer Straßen, 77 000 Brücken und 285 Flugplätze sowie Stromtrassen. Das bedeutendste Einzelprojekt war die Wiederaufforstung des durch Umweltschäden ruinierten Tals des Tennessee-Flusses. Hier entstanden zahlreiche Staudämme zur Erzeugung von Elektrizität. Ab 1935 konzentrierte Roosevelt seine Politik auf den allmählichen Aufbau eines Sozialstaates. Alters- und Arbeitslosenversicherungen wurden eingeführt, die jedoch einige Berufsgruppen wie Landarbeiter ausschlossen. Die Gewerkschaften wurden als Interessenvertreter der Arbeiterschaft anerkannt.

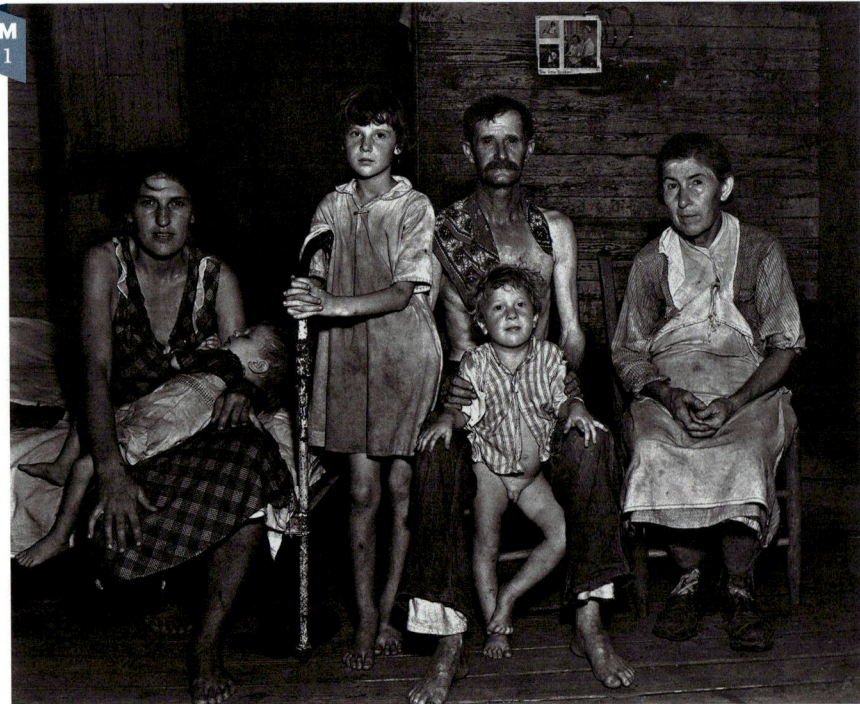

Die Familie des Pächters Bud Fields, Alabama, Foto von Walker Evans, 1936.
Evans erstellte im Auftrag der Zeitschrift „Fortune" eine Text-Foto-Reportage über Pächterfamilien; das Magazin veröffentlichte das Ergebnis jedoch nicht, auch eine selbstständige Veröffentlichung 1941 fand kaum Beachtung. Erst die Neuauflage in den 1960er Jahren brachte hohe Verkaufszahlen.

Radioansprache des amerikanischen Präsidenten Roosevelt vom 17. September 1937:

Meine amerikanische Mitbürger: ... In unserer Generation hat sich ein neuer Grundsatz über die Regierung durchgesetzt, der Grundsatz, dass man den Hilfsquellen der Nation einen weit höheren Lebensstandard für die breite Masse des Volkes abgewinnen kann, wenn die Regierung nur klug und energisch dem wirtschaftlichen Leben die richtige Richtung gibt ... Jener Grundsatz macht die Forderungen der Arbeiterschaft nach kürzerer Arbeitszeit und höheren Löhnen, die Forderungen der Farmer nach einem beständigeren Einkommen, die Forderungen der großen Mehrheit der Geschäftsleute nach Entlastung von zerstörerischen Geschäftspraktiken verständlich ... Ich glaube, dass diese Dinge im Rahmen der Verfassung erreicht werden können, ohne eine einzige der bürgerlichen und religiösen Freiheiten preiszugeben, die sie sichern sollte ... Nichts würde so sicher den Kerngehalt dessen, was die Erklärung der Grundrechte [„Bill of Rights", 1789] schützt, zerstören wie ihr Missbrauch zu Verhinderungen des sozialen Fortschritts ... Toleranz und Fairness würden hier, so wie in einigen anderen Ländern, verschwinden, wenn der großen Mehrheit der Menschen das Vertrauen in ihr Recht, ihre Sicherheit und ihre Selbstachtung verweigert würde. Verzweifelte Menschen in anderen Ländern haben ihre Freiheitsrechte aufgegeben, als Freiheit bloß noch Erniedrigung und Hunger bedeutete.

Zit. nach http://newdeal.feri.org/court/fdr03.htm (Stand: 27. 09. 2016). Übers. v. Michael Tocha.

---

1 Arbeite heraus, worin Roosevelt die Aufgabe seiner Regierung sah (M2, Darstellungstext).
2 Ordne die Maßnahmen Roosevelts den Zielen „Linderung der Not" und „wirtschaftliche Erholung" zu (Darstellungstext).
3 a) **Methode:** Beschreibe das Foto M1.
   Tipp: Nimm die Arbeitsschritte „Eine historische Fotografie analysieren" zu Hilfe (siehe S. 335).
   b) Beurteile mithilfe von M3a die Reformen des „New Deal" aus der Sicht der vielen Landarbeiter.
4 Bewerte den Erfolg des „New Deal" (M3a/b).
5 **Recherche:** Informiere dich über die Weltwirtschaftskrise 2007. Vergleiche die Ursachen und Maßnahmen mit 1929.

War der „New Deal" erfolgreich?

a) Der Historiker Willi Paul Adams, 2000:
Unternehmer, denen die Gewerkschaftsfreundlichkeit der New Dealer zu weit ging, taten sich zu einer Gruppe zusammen, um die Freiheit Amerikas und seiner Unternehmer gegen Roosevelts „Sozialismus" und „Diktatur" zu verteidigen. ... Bis 1939 schafften es Roosevelt und die reformbereiten Demokraten nicht, die Arbeitslosigkeit wirklich zu beseitigen. Zu einem nennenswerten sozialen Wohnungsbau in den Armenvierteln der Großstädte war es ... nicht gekommen. Keine Bodenreform, kein Kreditprogramm hatte den nah am Existenzminimum lebenden Landpächtern im Süden und Westen dauerhaft geholfen und sie aus dem Teufelskreis von Überproduktion und zu niedrigen Preisen für ihre Ernten bei steigenden anderen Preisen befreit. Das Sozialversicherungsgesetz von 1935 war ein Schritt in die richtige Richtung, ließ aber die Vielzahl von Landarbeitern und Pächtern ungeschützt und bot keine allgemeine gesetzliche Krankenversicherung. Die Macht der Großunternehmen war ungebrochen.

Zit. nach Willi Paul Adams, Die USA im 20. Jahrhundert, München (Oldenbourg) 2000, S. 62f.

b) Der Historiker Detlef Junker, 1995:
Roosevelts Grundidee war einfach: Er wollte diejenigen erwerbsfähigen Arbeitslosen von der Straße bringen, die in der privaten Wirtschaft keinen Arbeitsplatz fanden ... und ihnen ihr Selbstwertgefühl durch die Gewissheit zurückgeben, den Lebensunterhalt durch sinnvollen Einsatz für das Gemeinwohl zu verdienen. Rechnet man die Angehörigen hinzu, dann profitierten 25–30 Millionen Menschen von den allerdings bescheidenen Löhnen aus öffentlicher Arbeit. Es ist wahr, dass der New Deal Arbeitslosigkeit und Not zwar lindern, aber nicht beseitigen konnte und die sozialpolitischen Gesetze über bescheidene Anfänge nicht hinauskamen. Erst der Zweite Weltkrieg brachte Vollbeschäftigung und sich überschlagende Produktionsrekorde ... Die sozial benachteiligten Minderheiten, auch die Schwarzen, blieben am Rand des New Deal. Die ungleiche Vermögens- und Einkommensstruktur änderte sich nicht wesentlich.

Zit. nach Detlef Junker, Franklin D. Roosevelt 1933–1945, in: Jürgen Heideking (Hg.), Die amerikanischen Präsidenten, München (Beck) 1995, S. 316.

Zusammenfassung
1 Neue Weltmächte – neue Gesellschaftsordnungen

| 1915 | 1920 | 1925 |

1917 Februarrevolution in Russland: Sturz des Zaren; Oktoberrevolution der Bolschewiki unter Lenin

1918 Präsident Wilsons 14-Punkte-Programm; Frieden von Brest-Litowsk

1918–1921 Bürgerkrieg in Russland

1919/1920 Friedenskonferenzen in Paris zur Neuordnung Europas; Versailler Vertrag

1920 Völkerbund tritt erstmalig zusammen

1922 Gründung der Sowjetunion

ab 1927 Diktatur Stalins

Neue Weltmächte – neue Gesellschaftsordnungen

Die Neuordnung Europas nach 1918

Im Januar 1918 verkündete der amerikanische Präsident Woodrow Wilson sein 14-Punkte-Programm. Darin formulierte er die amerikanischen Vorstellungen für einen dauerhaften Frieden nach dem Ersten Weltkrieg. Auf den Pariser Friedensverhandlungen machte sich die amerikanische Delegation dafür stark, die Welt durch den Aufbau demokratischer Nationalstaaten nach dem Prinzip des „Selbstbestimmungsrechts der Völker" und der Einrichtung eines Völkerbundes sicherer zu machen. Mit diesen Vorstellungen stieß Wilson im eigenen Land auf Vorbehalte. Die USA selbst traten dem Völkerbund nicht bei. In den Folgejahren beschränkten sie sich darauf, Wirtschaftshilfe zu leisten und Kredite zu vergeben.

Der Völkerbund trat 1920 in Genf erstmalig zusammen. Weil einflussreiche Staaten wie die USA ihm nicht angehörten, blieb er von Anfang an eine schwache internationale Organisation.

Die USA: Aufstieg zur Weltwirtschaftsmacht

In den USA herrschten Ende des 19. Jahrhunderts ideale Ausgangsbedingungen für wirtschaftliches Wachstum: Rohstoffe, Verkehrswege und Arbeitskräfte standen der Industrie günstig zur Verfügung. Dazu kam eine Politik, die den Unternehmern große Freiheiten gewährte (Wirtschaftsliberalismus). So entstand eine „amerikanische Produktionsweise": Autos und andere Waren wurden in Fabriken billig und massenweise produziert. Kapital und Wirtschaftsmacht konzentrierten sich bei politisch einflussreichen Großkonzernen. Nach Meinung vieler Amerikaner sollte sich die Wirtschaft selbst regulieren. Jeder war seines Glückes Schmied. Das bedeutete aber auch, dass jeder für sich selbst vorsorgen musste. Kranken- und Rentenversicherungen für die breite Masse gab es nicht.

Nach dem Ersten Weltkrieg (1914–1918) profitierte die amerikanische Wirtschaft zusätzlich von massiven Geldzuflüssen aus Europa. Die USA hatten vielen Ländern Kriegskredite gewährt, die nun zurückgezahlt wurden. Ein regelrechter Wirtschaftsboom entstand. Amerikanische Banken fingen an, auch an Privatpersonen Kredite zu vergeben. Viele einfache Arbeiter und Angestellte, die sich vorher teure Konsumgüter wie Autos oder Elektrogeräte nicht leisten konnten, kauften sie jetzt auf Kredit oder auf Raten. Das führte zu einer kurzzeitigen Überproduktion der Industrie, die ihre Produkte bald gar nicht mehr loswurde. Der Wirtschaftsboom erwies sich als Scheinblüte, die Aktienkurse fielen dramatisch, und der Börsencrash in New York 1929 war der Beginn einer lang dauernden Weltwirtschaftskrise. Die „große Depression" führte in den USA zu Massenarbeitslosigkeit und Verelendung auf dem Land wie in den Städten. Erst Präsident Roosevelts neuer Wirtschaftskurs („New Deal") zeigte Wege aus der Krise. Roosevelt beschloss, dass der Staat in das Banken- und Börsensystem eingreifen musste. Er wollte den Wettbewerb regulieren, der notleidenden Landwirtschaft helfen und zusätzlich die Wirtschaft durch ein Konjunkturprogramm ankurbeln. Der Staat investierte Geld in Bauprojekte, um so Arbeitsplätze zu schaffen.

Herrschaft und Staatlichkeit, Weltdeutung und Religion, Wirtschaft und Umwelt

Zusammenfassung

| 1930 | 1935 | 1940 |

1929 Weltwirtschaftskrise

ab 1929 Zwangskollektivierung der Landwirtschaft unter Stalin

ab 1933 „New Deal" in den USA – neue Wirtschaftsordnung unter Präsident Roosevelt;
In Deutschland übernehmen die Nationalsozialisten die Macht

1937 „Großer Terror" unter Stalin

Diese Maßnahmen retteten Millionen Familien vor dem Hunger. Für viele Berufsgruppen wurden außerdem erstmals Sozialversicherungen eingeführt.

Das Russische Reich – ein rückständiges Land
Russland war Ende des 19. Jahrhunderts ein gesellschaftlich und wirtschaftlich rückständiges Land: Der Zar regierte absolutistisch von Sankt Petersburg aus sein riesiges Reich. Seine Macht stützte er auf die Kirche, die Armee und die Geheimpolizei. Viele Menschen, die Gleichheit und Freiheit forderten, wurden verfolgt, inhaftiert oder verbannt. Ein Großteil der Bevölkerung Russlands waren Bauern, überwiegend Analphabeten, die erst 1861 aus der Leibeigenschaft entlassen worden waren. Gemeinsam bewirtschafteten sie die Felder und lebten oft in äußerster Armut. Die Industrialisierung in Russland hinkte der in Europa um Jahrzehnte hinterher. Rohstoffe und Verkehrswege waren wenig erschlossen, Unternehmer und Fabriken gab es kaum.

Zwei Revolutionen verändern Russland
Der Erste Weltkrieg verschärfte die Probleme in Russland noch. Schlechte Nahrungsversorgung, wachsende Kriegsmüdigkeit und Unzufriedenheit mit den Eigentumsverhältnissen führten zur Februarrevolution im Jahr 1917. Am Ende stand die Abdankung des Zaren. Die demokratische Regierung Kerenskis führte Bürgerrechte ein, vermochte aber die schlechte wirtschaftliche Lage nicht zu verbessern. In dieser Situation ergriffen Lenin und seine Bolschewiki gewaltsam die Macht. Ende 1917 führten sie einen Putsch durch, der als „Oktoberrevolution" in die Geschichtsbücher eingehen sollte (Oktober nach russischem Kalender, November nach unserem). Sie forderten „alle Macht den Räten!" und brachten mit dem Slogan „Frieden, Land und Brot" auch diejenigen hinter sich, die von der „Provisorischen Regierung" ein Ende von Krieg, Hunger und Perspektivlosigkeit erhofft hatten. Die neue Regierung Lenins schloss Frieden mit den Mittelmächten in Brest-Litowsk 1918 und beendete so den Krieg für Russland. Dafür nahm sie riesige Gebietsverluste in Kauf. Gegen die Maßnahmen der Bolschewiki erhob sich eine breite Opposition. Das Land versank in einem blutigen Bürgerkrieg. Schließlich siegte die „Rote Armee" der Bolschewiki unter Leo Trotzki über die „Weiße Armee" der zaristischen Generäle. Währenddessen wurden alle Betriebe verstaatlicht und Bauern gezwungen, ihre letzten Lebensmittel abzugeben („Kriegskommunismus"). Die Folge war eine Hungersnot mit Millionen Opfern.

Die Sowjetunion unter Stalin
Nach dem Bürgerkrieg bestimmte die Kommunistische Partei bald über alle Bereiche in Alltag und Gesellschaft. Kritik war kaum noch möglich. In Städten, Dörfern, Schulen und Betrieben besetzten leitende Mitglieder der Partei („Kader") die Entscheidungspositionen. Nach Lenins Tod 1924 ergriff Josef Stalin (1878–1953) die Macht als Generalsekretär der Partei und baute seine Stellung zu einer Diktatur aus. Er wollte die Entwicklung des Landes gewaltsam beschleunigen: Bauern wurden zu Kolchosen zusammengeschlossen (Zwangskollektivierung) und industrielle Großprojekte zentral gesteuert (Fünfjahrespläne). Unzählige Menschen verschwanden in abgelegenen Arbeitslagern (Gulags). Zwangskollektivierung, Hungersnöte, Industrialisierung und der „Große Terror" forderten 1928 bis 1938 Millionen Menschenleben. Dennoch haben heute viele Russen eine positive Meinung über Stalin, weil sie seine Zeit mit Fortschritt und dem Aufstieg Russlands zur Weltmacht verbinden.

Kompetenzen prüfen — 1 Neue Weltmächte – neue Gesellschaftsordnungen

In diesem Kapitel konntest du folgende Kompetenzen erwerben:

- die Veränderungen in Europa nach dem Ersten Weltkrieg beschreiben
- den politischen und wirtschaftlichen Aufstieg der USA zur Weltmacht erläutern
- die Lebensbedingungen der Menschen in der Sowjetunion und den USA vergleichen und bewerten
- Ursachen, Folgen und Lösungsstrategien der Weltwirtschaftskrise 1929 in ausgewählten Ländern vergleichen und bewerten
- **Methode:** Manipulierte Fotos untersuchen

M1 „Erster Jahrestag der Diktatur des Proletariats. Oktober 1917 bis Oktober 1918", Plakat von 1919. Der Text in roter Schrift lautet: Proletarier aller Länder – vereinigt euch!"

M2 „America First", 1918. Auf der Friedensglocke ist Präsident Wilson abgebildet. Links oben Georg Washington, rechts Abraham Lincoln.

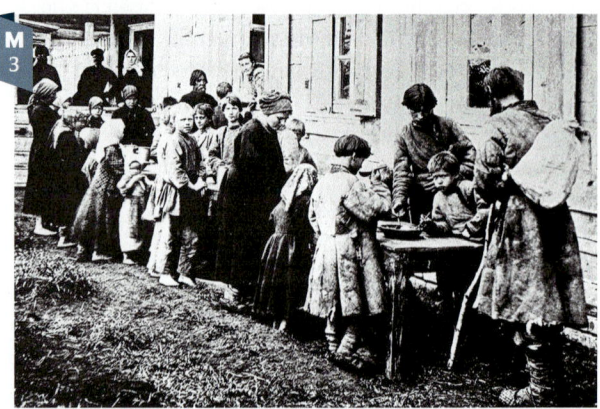

M3 Kinder stehen an einer Suppenküche an, um eine Mahlzeit zu erhalten, Foto.

Kompetenzen prüfen 43

„We demand a New Deal", amerikanische Karikatur von 1931.
(New Deal = Begriff aus dem Poker – Der Spieler verlangt neue Karten zur Verbesserung seiner Chancen; big biz = Großindustrie; crooked politician = korrupte Politiker; Speculator = Börsenmakler; honest buisness = ehrliche Unternehmer).

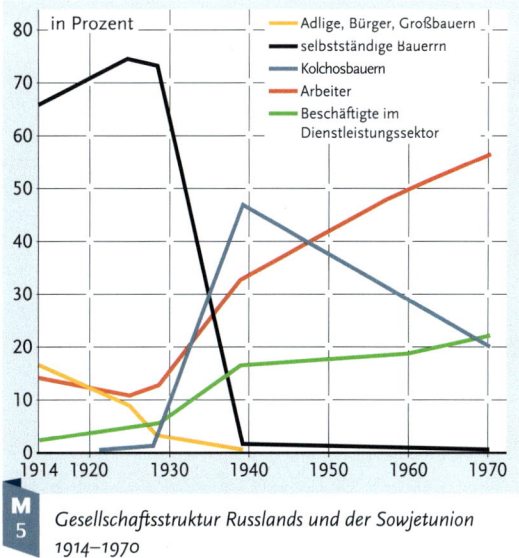

Gesellschaftsstruktur Russlands und der Sowjetunion 1914–1970

Sachkompetenz

1 **Wähle eine Aufgabe aus:**
   a) Beschreibe die gesellschaftliche, politische und wirtschaftliche Entwicklung Russlands und der UdSSR ab 1917 (S. 24–25). Beachte auch M5.
   b) Beschreibe die gesellschaftliche, politische und wirtschaftliche Entwicklung der USA bis zur Weltwirtschaftskrise 1929 (S. 32–33).
   Tipp: Beachte jeweils das politische System.
2 **a)** Erkläre die Ursachen der Weltwirtschaftskrise.
   b) Stelle die Lösungsstrategien der Staaten einander gegenüber.

Methodenkompetenz

3 **Wähle eine Aufgabe aus:**
   a) Analysiere M1. Untersuche, inwiefern es Ausdruck der sowjetischen Gesellschaftsordnung ist.
   b) Analysiere M2. Untersuche, inwiefern es Ausdruck der amerikanischen Gesellschaftsordnung ist.
4 **a)** Beschreibe das Bild M3.
   b) Beurteile, zu welcher Zeit und in welchem Land das Foto M3 aufgenommen worden sein könnte: (1) im Russland der Zarenzeit, (2) in Amerika während der Weltwirtschaftskrise.

5 Analysiere die Karikatur M4.
   Tipp: Beachte 1. die Einstellung der Amerikaner zum Verhältnis von Wirtschaft und Staat, 2. die abgebildeten Personen.

Urteilskompetenz

6 **Wähle eine Aufgabe aus:**
   a) **Gruppenarbeit:** Erstellt ein Wahlplakat zur amerikanischen Präsidentschaftswahl 1932 für Franklin D. Roosevelt. Geht dabei besonders auf seine Lösungsstrategie für die Weltwirtschaftskrise ein.
   b) **Partnerarbeit:** Erarbeitet eine Wahlkampfrede für Franklin D. Roosevelt zur amerikanischen Präsidentschaftswahl 1932. Stellt dar, wie ihr die Weltwirtschaftskrise lösen wollt.
7 Beurteile, ob die Pariser Friedenskonferenz und die Schaffung des Völkerbundes ein Beitrag zur Friedenssicherung in der Welt waren.
8 Beurteile, ob man 1917 bis 1919 als Epochenjahre für die Weltgeschichte bezeichnen kann.

Webcode: FG450099-043
Selbsteinschätzungsbogen

2 Die Weimarer Republik (1918–1933)

Eine Großstadtszene in Deutschland zu Beginn der 1930er Jahre: Demonstranten protestieren mit roten Fahnen gegen Not und Elend. Durch das große Fenster des Cafés blicken Zuschauer. Der Maler setzt bewusst Licht- und Farbakzente.

Beschreibe die Menschen auf dem Bild. Lassen sie sich bestimmten gesellschaftlichen Schichten zuordnen?
Überlege mit deinem Nachbarn, warum der Künstler dem Café den Namen „Republik" gab.

„Hungermarsch", Gemälde von Hans Grundig, 1932

2 Die Weimarer Republik (1918–1933)

- 1915
- 1920
- Nov. 1918 Ausrufung der Republik
- Januar 1919 Aufstände in Berlin; Weimarer Reichsverfassung
- Juni 1919 Versailler Vertrag
- 1920–1923 politische Morde und Aufstände von rechts und links, u. a. Hitlerputsch
- 1922–25 außenpolitische Annäherung zwischen dem Deutschen Reich, der Sowjetunion und Frankreich
- 1914–1918 Erster Weltkrieg
- 1923 Inflation

Die Weimarer Republik (1918–1933)

Nach dem Ersten Weltkrieg sehnten sich die Menschen nach Sicherheit und Wohlstand. Doch welche Staatsform konnte ein besseres Leben ermöglichen? Da gab es das amerikanische Modell der liberalen parlamentarischen Demokratie und das sowjetische Modell des Kommunismus. Beide standen in schroffem Gegensatz zueinander. Ein drittes Modell übte bald große Anziehungskraft auf viele Menschen aus: der Faschismus*. Er entstand 1922 in Italien und vereinte extremen Nationalismus und Militarismus mit dem Kult um einen „Führer". So bekämpften sich nach Ende des Krieges in den meisten europäischen Ländern „linke", „rechte" und „liberale" Kräfte. In Deutschland standen Anhänger einer demokratischen Ordnung jenen gegenüber, die eine autoritäre Staatsführung oder auch die Rückkehr zur Monarchie forderten.

Im Kapitel findest du Antwort auf folgende Fragen:
- Welche Gruppen strebten im Deutschen Reich nach einer demokratischen, welche nach einer autoritären Herrschaftsform? Wie sollte sie funktionieren?
- Wie bewältigten der Staat und die Menschen wirtschaftliche Krisen?
- Welche Vorstellungen entwickelten die Menschen über ein Leben in Freiheit und Selbstbestimmung? Wie drückten sie diese aus?
- Wie wandelte sich die Demokratie und bereitete der Diktatur den Boden?

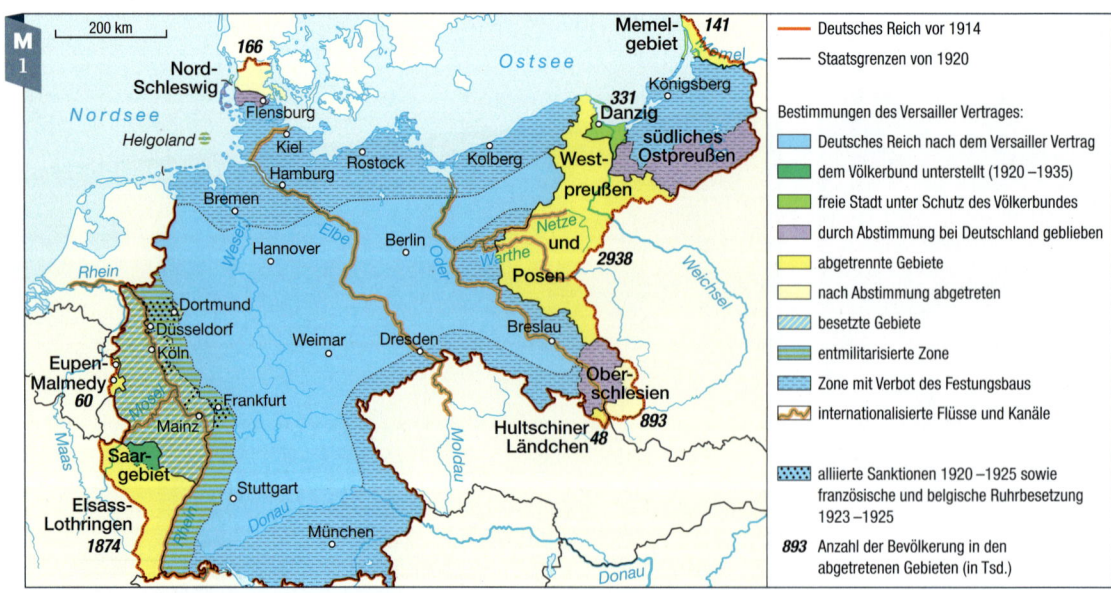

Deutschland nach dem Versailler Vertrag 1919

Herrschaft und Staatlichkeit, Gesellschaft und Recht, Wirtschaft und Umwelt

Orientierung im Kapitel 47

1925	1930	1935	1940

1925 Paul von Hindenburg wird Reichspräsident

1939–1945 Zweiter Weltkrieg

1926 Deutschland wird Mitglied im Völkerbund

1929 Weltwirtschaftskrise

1930–1933 Präsidialkabinette

Januar 1933 Adolf Hitler wird Reichskanzler

M2 Streikende und Demonstranten während der Novemberrevolution 1918 in Berlin Unter den Linden, Foto, 1918

Plakat anlässlich der Reichstagswahl im November 1932

1 Teile die Weimarer Republik in folgende Phasen ein: Krisenjahre, Stabilisierung, wirtschaftliche und politische Erschütterungen (Zeitleiste).
2 Beschreibe die Entwicklung des Deutschen Reichs zwischen 1914 und 1920 (M1).
3 M2 und M3 beziehen sich jeweils auf ein Ereignis zu Beginn und am Ende der Weimarer Republik:
a) Wähle ein Bild aus, das dich interessiert, und begründe dein Interesse.
b) Beschreibe die Personen in M2. Ziehe Rückschlüsse auf die Zusammensetzung der revolutionären Bewegung.
Tipp: Achte auf Kleidung und Symbole.
c) Beschreibe das Wahlplakat M3. Stelle Vermutungen an, wer hier wirbt und wen das Plakat ansprechen soll. Notiere dir Fragen dazu.

1918/19: Welche Staatsform soll Deutschland bekommen?

1918 endete nicht nur der Erste Weltkrieg, sondern auch die Monarchie in Deutschland. Aber wer sollte in Zukunft die Politik bestimmen? Vor allem bürgerliche und linke Kräfte diskutierten nun über die Politik.

- Untersuche, wie Deutschland zu einer Republik wurde und welche Vorstellungen sich dabei durchsetzten.

Webcode: FG450099-048
Kriegsende und Revolution

Kaiser Wilhelm II. geht ins Exil nach Holland. „Wir weinen ihm keine Träne nach, er hat uns keine zu weinen übrig gelassen." Karikatur aus dem „Simplicissimus", 3. Dezember 1918

Die revolutionären Ereignisse 1918/19

24.–28. Oktober 1918 Der Reichskanzler ist nicht mehr vom Kaiser, sondern vom Parlament abhängig.

28. Oktober Matrosen meutern gegen das Auslaufen ihrer Schiffe zum weiteren Kriegseinsatz.

9. November doppelte Ausrufung der Republik durch SPD und Spartakusbund, Bildung des „Rates der Volksbeauftragen."

16.–20. Dezember Der Kongress aller Räteversammlungen beschließt Wahlen zur Verfassunggebenden Nationalversammlung.

30. Dezember Gründung der Kommunistischen Partei Deutschlands (KPD) in der Nachfolge des Spartakusbundes.

5.–16. Januar 1919 Bewaffnete Aufstände von KPD- und USPD-Anhängern in Berlin. Die Reichsregierung lässt sie durch Soldaten niederschlagen; die KPD-Führer Rosa Luxemburg und Karl Liebknecht werden von Soldaten ermordet.

19. Januar Wahlen zur Nationalversammlung.

Kriegsende und Revolution in Deutschland

Am 9. November 1918 herrschte in Berlin und vielen anderen Städten in Deutschland Aufruhr. Der Kaiser hatte abgedankt, Soldaten meuterten und ein Generalstreik legte das Land lahm. In vielen Städten bildeten Arbeiter und Soldaten Räte, die die Verwaltung übernahmen und eine völlige Abkehr von der bisherigen Politik forderten. Wie war es dazu gekommen?

Im Herbst 1918 stand fest, dass der Krieg für Deutschland militärisch nicht mehr zu gewinnen war. Die Oberste Heeresleitung (OHL) stimmte daher einer Übergabe der Macht an einen Reichskanzler zu, der vom Parlament und nicht mehr vom Kaiser abhängig war. Damit gab die OHL die eigene Verantwortung für die militärische Niederlage an eine Zivilregierung ab. Die neue Regierung handelte mit den USA, Großbritannien und Frankreich einen Waffenstillstand aus, der am 11. November 1918 in Compiègne nördlich von Paris unterschrieben wurde.

Revolution oder Reform?

In der revolutionären Situation übernahm Friedrich Ebert, Vorsitzender der SPD und damit der stärksten Partei im Reichstag, das Amt des Reichskanzlers. Er bildete eine provisorische Regierung mit dem Namen „Rat der Volksbeauftragten" aus Mitgliedern der SPD und der USPD. Die neue Regierung musste drängende Fragen lösen, darunter die Organisation der Rückkehr der deutschen Soldaten, die Umstellung der Wirtschaft von Kriegs- auf Friedensproduktion und die Sicherung der Lebensmittelversorgung. Zur Wiederherstellung der öffentlichen Ordnung verbündete sich die revolutionäre Regierung mit den alten Führungsschichten des Kaiserreichs aus Militär, Verwaltung und Wirtschaft. Am 10. November vereinbarte Ebert mit den Militärs, gemeinsam die innere Ordnung aufrechtzuerhalten. Der Gewerkschaftsführer Carl Legien und der Großindustrielle Hugo Stinnes schlossen einen Pakt. Darin stand,

dass das Privateigentum nicht angetastet werde. Im Gegenzug wurden die Gewerkschaften als Vertreter der Arbeiterschaft anerkannt und der Achtstundentag eingeführt. Die extreme Linke um die KPD und Teile der
40 USPD-Anhänger wollten diese Kompromisse nicht hinnehmen.

„Es lebe die deutsche Republik!"
Philipp Scheidemann ruft am 9. November 1918, 14 Uhr die Republik aus:
Arbeiter und Soldaten! ... Der unglückselige Krieg ist zu Ende. Das Morden ist vorbei. Die Folgen des Kriegs, Not und Elend, werden noch viele Jahre lang auf uns lasten. Die Niederlage, die wir
5 unter allen Umständen verhüten wollten, ist uns nicht erspart geblieben. Unsere Verständigungsvorschläge wurden sabotiert, wir selbst wurden verhöhnt und verleugnet. Die Feinde des werktätigen Volkes, die wirklichen inneren Feinde, die
10 Deutschlands Zusammenbruch verschuldet haben, sind still und unsichtbar geworden ... Prinz Max von Baden hat sein Reichskanzleramt dem Abgeordneten Ebert übergeben. Unser Freund wird eine Arbeiterregierung bilden, der alle sozia-
15 listischen Parteien angehören werden ... Unerhörtes ist geschehen. Große und unübersehbare Arbeit steht uns bevor. Alles für das Volk. Alles durch das Volk ... Das Alte und Morsche, die Monarchie ist zusammengebrochen. Es lebe das
20 Neue. Es lebe die deutsche Republik.
Zit. nach https://www.dhm.de/?id=11843 (Stand: 27. 09. 2016).

Ausrufung der Republik durch Philipp Scheidemann vom Balkon des Reichstags, nachgestellte Aufnahme (1920er Jahre)

„Ich proklamiere die freie sozialistische Republik!"
Karl Liebknecht am 9. November 1918, 16 Uhr:
Der Tag der Revolution ist gekommen. Wir haben den Frieden erzwungen ... Das Alte ist nicht mehr ... Parteigenossen, ich proklamiere die freie
5 sozialistische Republik Deutschland, in der es keine Knechte mehr geben wird, in der jeder ehrliche Arbeiter den ehrlichen Lohn seiner Arbeit finden wird. Die Herrschaft des Kapitalismus, der Europa in ein Leichenfeld verwandelt hat, ist ge-
10 brochen. Wir müssen alle Kräfte anspannen, um die Regierung der Arbeiter und Soldaten aufzubauen und eine neue staatliche Ordnung des Proletariats zu schaffen ...
Zit. nach http://www.novemberrevolution.de/dokument. php?key=liebkrepublik (Stand: 27. 09. 2016).

---

1 **a)** Beschreibe die Situation Deutschlands bei Kriegsende (Darstellungstext).
 b) Erkläre und bewerte die Aussage von M1.
2 Erstelle eine Zeitleiste mit allen wichtigen Ereignissen (Kasten links, M2 und Darstellungstext).
 Oktober 1918 ... Januar 1919
3 Analysiere die jeweilige Bedeutung der einzelnen revolutionären Ereignisse. Welche erscheinen dir davon am wichtigsten für einen Übergang zur Demokratie (Kasten links, Darstellungstext)?

4 Arbeite aus den Reden von Scheidemann (M3) und Liebknecht (M4) heraus,
 a) an welche Bevölkerungsgruppen sie sich wenden,
 b) wie sie den vergangenen Krieg und die Monarchie beschreiben,
 c) welche Erwartungen und Absichten sie haben.
5 Beantworte die Fragen in der Überschrift und im Moderationstext. Begründe deine Antworten.

Zusatzaufgabe: siehe S. 319.

Die politische Ordnung der Weimarer Republik

Im November 1918 beauftragte Reichskanzler Friedrich Ebert den liberalen Staatsrechtler Hugo Preuß, eine demokratische Verfassung auszuarbeiten. Aufgrund von Straßenkämpfen in Berlin zog die Verfassunggebende Nationalversammlung in die Stadt Weimar in Thüringen um, daher der Name „Weimarer Republik".

- Wie sah die neue Verfassung aus? Welche Parteien bestimmten nach den ersten demokratischen Wahlen die Politik?

Wie sah die Verfassung aus?

Am 19. Januar 1919 fanden die Wahlen zur neuen Nationalversammlung statt; am 6. Februar 1919 traten die Abgeordneten erstmals zusammen. Die Regierung bestand aus einer Koalition von Sozialdemokraten, Liberalen und Zentrumspartei.

Erstmals waren Frauen in Deutschland politisch gleichberechtigt. Weil der Reichstag den Volkswillen exakt abbilden sollte, gab es keine Sperrklausel. So konnten anders als heute auch Parteien ins Parlament einziehen, die weniger als 5% der Stimmen erhalten hatten. Die Verfassungsgeber fanden diesen Wahlmodus besonders gerecht und demokratisch. Das Recht auf Volksbegehren und Volksentscheid sollte zu unmittelbarer Mitbestimmung führen.

Friedrich Ebert (SPD) wurde mit über 70 Prozent aller Stimmen zum ersten Reichspräsidenten gewählt. Die Verfassung wurde am 31. Juli 1919 mit 262 Stimmen gegen 75 Stimmen der USPD, DVP und DNVP angenommen.

Friedrich Ebert (1871–1925)

stammte aus einer Schneidermeisterfamilie. Nach seiner Sattlerausbildung engagierte er sich in der SPD, wurde Redakteur der „Bremer Bürgerzeitung" und war seit 1912 Reichstagsabgeordneter, ab 1913 Parteivorsitzender. Ebert trat für die Gründung einer parlamentarischen Demokratie ein. Am 9. November 1918 wurde er Reichskanzler. Um den Weg zur parlamentarischen Republik zu sichern, verbündete er sich mit der Führung der Reichswehr (Ebert-Groener-Pakt*). Von Februar 1919 bis zu seinem Tod am 28. Februar 1925 war er Reichspräsident. Seine Leistung bestand darin, einen Ausgleich zwischen dem gemäßigten Teil der Arbeiterbewegung und bürgerlichen Parteien herbeigeführt zu haben. Kritiker warfen Ebert und seiner Partei vor, sich zu stark auf die alten Führungskräfte des Kaiserreichs aus Militär, Verwaltung und Wirtschaft verlassen zu haben, statt diese auszutauschen.

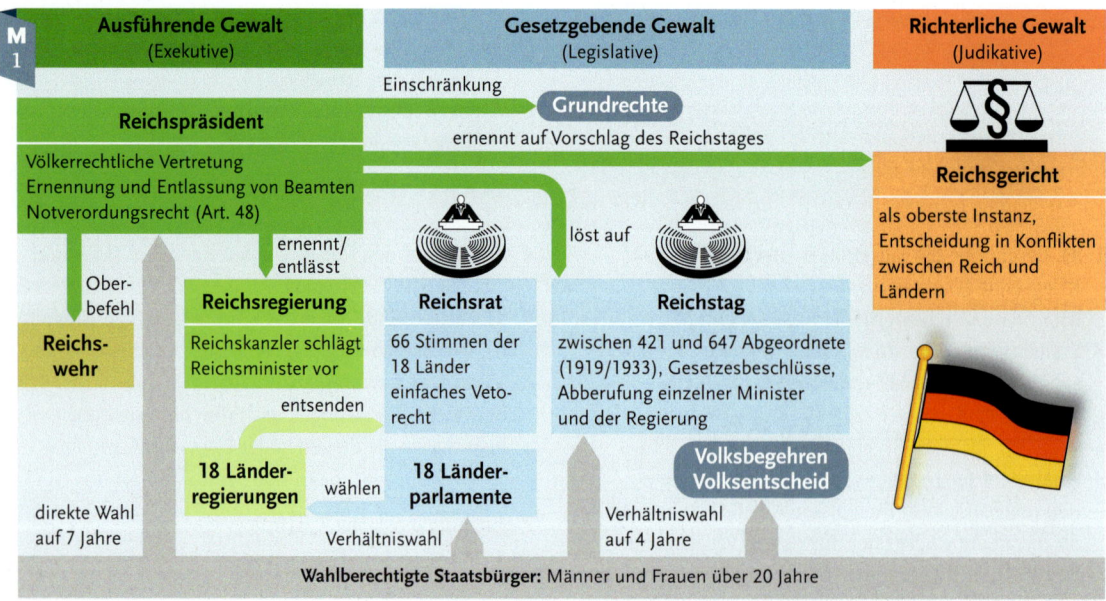

Die Weimarer Verfassung 1919

Die Parteien in der Weimarer Republik:
Sozialdemokratische Partei Deutschland (SPD)
- Bekenntnis zur parlamentarischen Demokratie
- gegen Einfluss monarchistischer und militaristischer Kreise
- Räte nur im wirtschaftlichen Bereich (Betriebsräte)
- für staatliche Schulen (keine Konfessionsschulen)

Unabhängige Sozialdemokratische Partei Deutschlands (USPD)
- 1917 als Abspaltung der SPD erstanden; 1920 trat ein Teil der USPD-Mitglieder der KPD bei, ein anderer Teil 1922 der SPD
- Spaltung in Befürworter einer Rätedemokratie und einer parlamentarischen Demokratie

Kommunistische Partei Deutschlands (KPD)
- Ablehnung der parlamentarischen Demokratie
- für eine Rätediktatur nach sowjetischem Vorbild
- Aufbau des Sozialismus (Enteignung von Großgrundbesitz, Banken und Privatunternehmen)

Zentrum
- Bekenntnis zur parlamentarischen Demokratie
- Schutz des Privateigentums
- für nach Konfessionen getrennte Schulen

Deutsche Demokratische Partei (DDP)
- Bekenntnis zur parlamentarischen Demokratie
- für Privatwirtschaft (gegen Verstaatlichung)
- für das Selbstbestimmungsrecht Deutschlands

Deutsche Volkspartei (DVP)
- Ablehnung der parlamentarischen Demokratie, aber verantwortliche Mitarbeit im Parlament
- für eine gesetzmäßig einzurichtende Monarchie

Deutschnationale Volkspartei (DNVP)
- Ablehnung der parlamentarischen Demokratie
- für eine Monarchie mit starker Exekutive
- für ein „starkes deutsches Volkstum"

Nationalsozialistische Deutsche Arbeiterpartei (NSDAP), seit 1920
- gegen Demokratie; Aufbau eines „Führerstaates"

Vom Autor zusammengestellt.

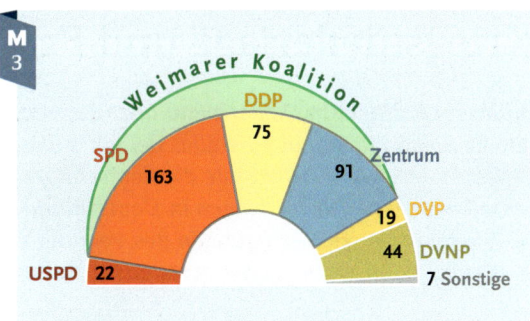

Sitzverteilung nach der Wahl zur Nationalversammlung am 19. Januar 1919

Auszüge der Weimarer Verfassung (1919):
Art. 1 Das Deutsche Reich ist eine Republik. Die Staatsgewalt geht vom Volke aus.
Art. 21 Die Abgeordneten sind Vertreter des ganzen Volkes. Sie sind nur ihrem Gewissen unterworfen und an Aufträge nicht gebunden.
Art. 22 Die Abgeordneten werden in allgemeiner, gleicher, unmittelbarer und geheimer Wahl von den über zwanzig Jahre alten Männern und Frauen nach den Grundsätzen der Verhältniswahl gewählt …
Art. 48 Der Reichspräsident kann, wenn … die öffentliche Sicherheit und Ordnung erheblich gestört oder gefährdet wird, … Maßnahmen treffen, erforderlichenfalls mithilfe der bewaffneten Macht einschreiten. Zu diesem Zwecke darf er vorübergehend die … Grundrechte … außer Kraft setzen … Die Maßnahmen sind auf Verlangen des Reichspräsidenten oder des Reichstags außer Kraft zu setzen. Das Nähere bestimmt ein Reichsgesetz.
Art. 109 Alle Deutschen sind vor dem Gesetz gleich. Männer und Frauen haben grundsätzlich dieselben staatsbürgerlichen Rechte und Pflichten.

Zit. nach http://www.documentarchiv.de/wr/wrv.html (Stand: 27. 09. 2016).

---

1 **Methode:** Erläutere die Machtverteilung und Kontrolle zwischen den Verfassungsorganen (M1). Siehe dazu auch die Arbeitsschritte auf S. 333.
2 Belege die herausragende Position des Reichspräsidenten (M1, M4). Bewerte die Aussage von Zeitgenossen, der Reichspräsident sei ein „Ersatzkaiser".
3 Überprüfe die Einstellungen der Parteien (M2) zur Weimarer Demokratie und erläutere Möglichkeiten einer Zusammenarbeit/Koalitionsbildung.
4 Erörtere die These, die Politik Eberts sei zugleich eine Politik der Kontinuität und der Revolution gewesen (M1, M3, Biografiekasten, Darstellungstext).

Webcode: FG450099-051
Die Weimarer Verfassung 1919

Kriegsniederlage und Friedensbedingungen

Während Politiker in Deutschland über die neue Verfassung berieten, verhandelten die Siegermächte in Versailles bei Paris über die Forderungen an den Kriegsverlierer. Im Juni 1919 musste die deutsche Delegation einen Vertrag unterschreiben, dessen Bedingungen in Deutschland heftige Empörung auslösten.

- Wie lauteten die Bedingungen des Versailler Vertrages?
- Welche politischen Folgen hatte er für Deutschland?

„Schandfrieden" oder Chance für einen Neuanfang?

Der Versailler Vertrag forderte von Deutschland Gebietsabtretungen (siehe Karte S. 46, M1), Reparationszahlungen, Sachleistungen und eine deutliche Reduzierung der Truppenstärke. Die Luftwaffe wurde ganz verboten. Begründet wurden diese Maßnahmen damit, dass man dem Deutschen Reich und seinen Verbündeten die alleinige Kriegsschuld zuwies (Artikel 231). Die für den Krieg verantwortliche Monarchie war zusammengebrochen und der Kaiser geflohen. Die Verantwortung für die Folgen der Kriegsniederlage mussten jetzt die demokratischen Politiker übernehmen. Die deutsche Delegation unterschrieb den Vertrag, nachdem die Alliierten gedroht hatten, Deutschland zu besetzen. Reichsministerpräsident Philipp Scheidemann (SPD) kommentierte bereits im Mai 1919 die Situation, in der sich die deutsche Delegation befand: „Welche Hand müsste nicht verdorren, die sich und uns in Fesseln legte?"

Auch wenn die Fläche des Reichs beschnitten worden war, so blieb Deutschland als souveräner Staat erhalten. Damit setzten sich Briten und Amerikaner gegen die Forderungen der Franzosen durch, ihr Land bis an den Rhein auszudehnen und Deutschland mit noch höheren Zahlungen für die Kriegsverwüstungen zu belasten. Wenige Jahre später war das Vertrauen des Auslands in die deutsche Republik bereits so gewachsen, dass sie 1926 dem Völkerbund beitreten konnte. Im Jahr 1932 wurden die Reparationszahlungen stark vermindert.

Das politische Klima der folgenden Jahre war daher von zwei Hauptproblemen geprägt: die Auseinandersetzung um die Höhe und Dauer der Reparationsleistungen und die Forderung nach Räumung des besetzten Rheinlandes. In der deutschen Bevölkerung herrschte jedoch bei Anhängern aller politischen Richtungen das Gefühl vor, durch die Bedingungen des Versailler Vertrages betrogen worden zu sein. Damit wurden die Chancen, die dieser Frieden auch bot, nicht wahrgenommen.

Wer trägt die Schuld an der Kriegsniederlage?

Noch bevor der Friedensvertrag in Kraft trat, sorgte eine Äußerung Paul von Hindenburgs für Unruhe. Der frühere Chef der Obersten Heeresleitung behauptete, das deutsche Heer sei „im Felde unbesiegt". Schuld an der Niederlage sei allein die Zivilbevölkerung – besonders die Sozialdemokraten. Sie wären dem Heer in den Rücken gefallen und hätten es durch Hetzaktionen und Streiks „von hinten erdolcht". Deutschland hätte den Krieg noch gewinnen können, doch die Demokraten hätten das durch Friedensgespräche zunichte gemacht. Obwohl diese „Dolchstoßlegende" nicht den Tatsachen entsprach, beeinflusste sie die politische Stimmung in Deutschland enorm.

Medusenhaupt und Matrosenmütze: General von Hindenburgs Version der deutschen Kriegsniederlage, Karikatur von Werner Hahmann, Januar 1919

Die Folgen des Versailler Vertrages in einem zeitgenössischen Plakat um 1919, vielfach abgedruckt in Schulbüchern der Weimarer Republik

Aus dem Versailler Friedensvertrag (1919):
Art. 42 Es ist Deutschland untersagt, auf dem linken Ufer des Rheins und auf dem rechten Ufer westlich einer 50 km östlich des Stroms verlaufenden Linie Befestigungen beizubehalten oder anzulegen ...
Art. 51 Die ... 1871 an Deutschland abgetretenen Gebiete sind mit Wirkung vom Zeitpunkt des Waffenstillstands, vom 11. November 1918 an, wieder unter die französische Staatshoheit getreten ...
Art. 160 Spätestens am 31. März 1920 darf das deutsche Heer ... die gesamte Iststärke des Heeres der Staaten, die Deutschland bilden, nicht einhunderttausend Mann überschreiten ...
Art. 231 Die alliierten und assoziierten Regierungen erklären und Deutschland erkennt an, dass Deutschland und seine Verbündeten als Urheber für die Verluste und Schäden verantwortlich sind, die die alliierten und assoziierten Regierungen ... infolge des ihnen durch den Angriff Deutschlands und seiner Verbündeten aufgezwungenen Krieges erlitten haben ...

Zit. nach http://www.versailler-vertrag.de/vv-i.htm (Stand: 27. 09. 2016).

1 Fasse die Verpflichtungen des Versailler Vertrages zusammen (M3 und S. 46, M1).
   Tipp: Strukturiere deine Zusammenfassung nach passenden übergeordneten Gesichtspunkten.
2 **a)** Analysiere die Aussage des zeitgenössischen Plakats (M2). Stelle Vermutungen an, warum auch Österreich einbezogen ist.
   b) Bewerte die Aussage von M2.
3 Untersuche die Karikatur M1 und erläutere ihre Aussage. Analysiere den Standpunkt des Zeichners.
   Tipp: In der griechischen Mythologie ist Medusa die furchterregende Tochter eines Meeresgottes, bei deren Anblick jeder zu Stein wird.

Wie soll Deutschland die Reparationen bezahlen?

Die genaue Höhe der Kriegsentschädigungen legten die Alliierten erst 1921 fest. Deutschland musste den Zahlungsplan innerhalb von sechs Tagen annehmen, anderenfalls drohte die sofortige Besetzung des Ruhrgebietes, des wichtigsten Industrierreviers.
- *Woher sollte die deutsche Regierung die geforderten 132 Milliarden Goldmark für Reparationen nehmen?*
- *Wie konnte sich die Wirtschaft angesichts dieser Belastungen erholen?*

Webcode: FG450099-054
Hyperinflation

Die Folgen des Weltkrieges

Der Erste Weltkrieg kostete Deutschland über 160 Milliarden Mark. Den größeren Teil dieser Summe hatte sich der Staat bei seinen Bürgern durch Anleihen besorgt. Nach einem gewonnenen Krieg sollten die Anleihen dann mit Zinsen zurückgezahlt werden. Nun war aber der Krieg verloren, die Wirtschaft lag am Boden, und die Steuereinnahmen deckten nur noch 14% der staatlichen Ausgaben.

Bei Kriegsende musste die Wirtschaft von Kriegs- auf Friedensproduktion umgestellt werden. Sieben Millionen Soldaten kehrten aus den Kriegsgebieten zurück und wollten wieder ihre Berufe aufnehmen. Viele von ihnen hatten schlimme Verletzungen davongetragen und waren nicht mehr oder nur noch eingeschränkt arbeitsfähig und auf Versorgungsleistungen angewiesen.

Der Wegfall wichtiger Industrie- und Rohstoffgebiete im Saarland und in Oberschlesien nach den Bestimmungen des Versailler Vertrages erschwerte den wirtschaftlichen Wiederaufbau. Viele Sachgüter wie Schiffe, Maschinen und Waggons mussten abgeliefert werden.

In dieser Situation schien den Deutschen die Summe von 132 Milliarden Goldmark viel zu hoch. Den Franzosen hingegen schien sie nur gerecht, da weite Landesteile durch vier Jahre Krieg völlig verwüstet worden waren und mit deutschen Mitteln wieder aufgebaut werden sollten. Die deutschen Goldreserven waren schnell aufgebraucht. Als Deutschland 1922 mit Sachlieferungen von Kohle und Holz an Frankreich in Rückstand geriet, besetzten französische und belgische Truppen das Ruhrgebiet als „produktives Pfand" für ihre Forderungen.

Ruhrbesetzung und Hyperinflation

Aus Protest gegen die Ruhrbesetzung trat die Arbeiterschaft des Ruhrgebietes in den Streik, und die Streikenden wurden finanziell aus deutschen Steuermitteln unterstützt. Die deutsche Regierung reagierte auf Schulden, Kosten und Zahlungsforderungen, indem sie die umlaufende Menge des Geldes durch den Druck von mehr Geld erhöhte, ohne dass ein entsprechender Gegenwert – etwa gesteigerte Produktion oder Goldreserven – vorhanden gewesen wäre. Da der erhöhten Geldmenge kein entsprechendes Angebot an Waren gegenüberstand, verteuerten sich die Produkte. Es kam zu einer Hyperinflation. Noch mehr Geld wurde gedruckt und sein Wert verfiel immer schneller (vgl. M4). Durch die Geldentwertung waren die Guthaben der Sparer bald wertlos, die Besitzer von Sachwerten und ausländischem Geld Gewinner. Der Staat zahlte seine Schulden mit wertlosem Papiergeld zurück.

Die Hyperinflation wurde durch die Einführung einer neuen Währung, der Rentenmark, am 15. November 1923 beendet. Zugleich führten drastische Sparmaßnahmen zu einer Stabilisierung des Finanzsystems und einer allmählichen Erholung des Wirtschaftslebens.

Inflation/Hyperinflation

Steigende Entwertung des Geldes durch Erhöhung der Geldmenge. Messbar am Anstieg des Preisniveaus von Waren. Steigt der Preis mehr als 50% im Jahr, spricht man von einer Hyperinflation. Folgen: Flucht der Anleger in Sachwerte (Gold, Immobilien).

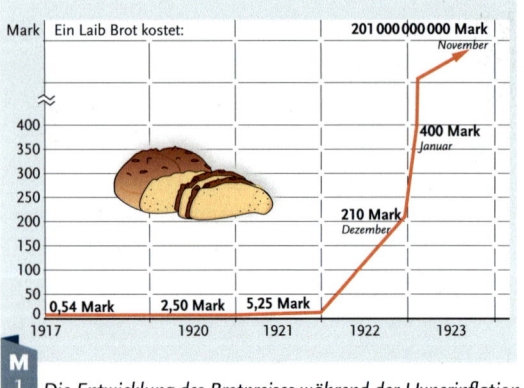

M1 *Die Entwicklung des Brotpreises während der Hyperinflation*

Deutsches Plakat von 1923, Zeichnung von Theo Matejko

M3 Der Schriftsteller Stefan Zweig beschrieb die Inflation:

Man zahlte in der Straßenbahn mit Millionen, Lastwagen karrten das Papiergeld von der Reichsbank zu den Banken, und vierzehn Tage später fand man Hunderttausendmarkscheine in der
5 Gosse: Ein Bettler hatte sie verächtlich weggeworfen. Ein Schuhsenkel kostete mehr als vordem ein Schuh ... ein zerbrochenes Fenster zu reparieren mehr als früher das ganze Haus, ein Buch mehr als vordem die Druckerei mit ihren Hunderten
10 von Maschinen ... Fabriken kosteten umgerechnet nicht mehr als früher ein Schubkarren ... Die Arbeitslosen standen zu Tausenden herum und ballten die Fäuste gegen die Schieber [Geschäftemacher] und Ausländer in den Luxusautomobi-
15 len, die einen ganzen Straßenzug aufkauften wie eine Zündholzschachtel; jeder, der nur lesen und schreiben konnte, handelte und spekulierte, verdiente und hatte dabei das geheime Gefühl, dass sie alle sich betrogen und betrogen wurden von
20 einer verborgenen Hand, die dieses Chaos sehr wissentlich inszenierte, um den Staat von seinen Schulden und Verpflichtungen zu befreien ... Alle Werte waren verändert und nicht nur im Materiellen; die Verordnungen des Staates wurden ver-
25 lacht ... keine Moral respektiert.

Stefan Zweig, Die Welt von Gestern. Erinnerungen eines Europäers, Frankfurt a. M. (Fischer) 1998 (Erstausgabe 1944), S. 355ff.

Eine Frau heizt mit Geld, Foto, Berlin 1923. Ein Dollar war damals 800 Millionen Mark wert.

1 Fasse die finanziellen Belastungen der jungen Republik zusammen (Darstellungstext).
2 **Wähle eine Aufgabe aus:**
   a) Beschreibe die Entwicklungen, die aus M1 und M3 hervorgehen. Nutze den Begriffskasten.
   b) Stelle ausgehend von M1, M3 und M4 Vermutungen darüber an, welche Bevölkerungsgruppen die Inflation besonders traf.
3 a) Erstelle ein Schaubild zu den Gründen und Auswirkungen der Ruhrbesetzung (Darstellungstext).
   b) Deute M2. Zeige auf, wie die öffentliche Meinung beeinflusst werden sollte.

Zusatzaufgabe: siehe S. 319.

Wer bekämpfte die Republik?

Auf die Phase der Revolution von 1918/19 folgten vier weitere Krisenjahre. Es gab Umsturzversuche radikaler Gruppen von rechts und links.
- *Informiere dich über die Gegner der Weimarer Republik und untersuche, wie der Staat mit ihnen umging.*

Der Kapp-Lüttwitz-Putsch 1920
Gemäß dem Versailler Vertrag musste Deutschland sein Heer auf 100 000 und seine Marine auf 15 000 Mann reduzieren (siehe S. 52). Rund 300 000 Angehörige der Reichswehr waren deshalb von der Entlassung bedroht. Sie klammerten sich genau wie viele Freiwilligenverbände (Freikorps*) an das Militär, das ihnen Halt bot. Als einer dieser Freiwilligenverbände aufgelöst werden sollte, besetzten seine Mitglieder auf Befehl des Generals von Lüttwitz am 13. März 1920 das Regierungsviertel in Berlin. Ein hoher Beamter und Politiker der äußersten Rechten, Wolfgang Kapp, ernannte sich zum Reichskanzler und General von Lüttwitz zum Reichswehrminister. Die rechtmäßige Regierung wich nach Stuttgart aus, da der Oberbefehlshaber der Reichswehr, General von Seeckt, sich weigerte, auf die ehemaligen Kameraden in den Freiwilligenverbänden schießen zu lassen. Der Putsch scheiterte, als auf Initiative der Gewerkschaften und der SPD die Reichskanzlei zum Generalstreik aufrief.

Aufstände von links
Aus dem Generalstreik* entwickelte sich eine mächtige linksextreme Bewegung an Rhein und Ruhr, die weit über die Anhängerschaft der KPD hinausreichte. Ihre Anhänger organisierten „Arbeiterwehren". Ein Teil davon formierte sich zu einer etwa 50 000 Mann starken revolutionären „Roten Ruhrarmee", die zeitweise die Kontrolle über das wichtigste Industriegebiet des Deutschen Reichs ausübte. Die Aufständischen ließen sich nicht durch Zusagen politischer Reformen zum Aufgeben bewegen. Am Ende der Kämpfe waren mehr als 1000 Tote zu beklagen, der Großteil davon auf Seiten der Arbeiter. Auch in Sachsen und Thüringen kam es zu Aufständen, die gleichfalls mit großer Härte von Reichswehr und Freikorps niedergeschlagen wurden.

Politische Morde und die Justiz
In den ersten Jahren der Weimarer Republik schlossen sich viele rechtsextreme Kämpfer in geheimen Organisationen zusammen. Ihre Mitglieder ermordeten bekannte deutsche Politiker, weil sie in den Augen der Rechten für die Annahme des Versailler Vertrages verantwortlich waren. Zu den Ermordeten gehörten 1921 Matthias

M1 Adolf Hitler, Erich Ludendorff und weitere Putschisten am Tag der Urteilsverkündung. Aufnahme von Heinrich Hoffmann, dem bevorzugten Fotografen Hitlers, 1. April 1924.

Erzberger (Zentrum), der den Waffenstillstandsvertrag unterzeichnet hatte, und 1922 Außenminister Walther Rathenau.

Zur Wiederherstellung des inneren Friedens hatte der Reichstag bereits im August 1920 ein großzügiges Amnestiegesetz verabschiedet. Die von links und rechts verübten Straftaten sollten nur bestraft werden, wenn sie aus „niederen Beweggründen" erfolgt seien.

Der Hitlerputsch 1923
In der bayerischen Landeshauptstadt bildete sich noch in den ersten Monaten nach Kriegsende eine neue antisemitische Partei, die den Vorrang der deutschen „Volksgemeinschaft" gegenüber „Fremdrassigen" betonte. Ihre Führung übernahm 1920 der Kriegsfreiwillige Adolf Hitler aus dem österreichischen Braunau. Auch ein Vertreter der alten Eliten, der ehemalige Weltkriegsgeneral Erich Ludendorff, gehörte zu dieser rechtsradikalen Gruppe, die am 8. November 1923 im Münchner Bürgerbräukeller die Regierungen des Reichs und Bayerns für abgesetzt erklärten und Hitler zum Reichskanzler ernannten. Der Putsch wurde von der bayerischen Polizei niedergeschlagen, die Verantwortlichen inhaftiert und vor Gericht gestellt.

Auszug aus Hitlers Schlussrede vor Gericht am 27. März 1924:

Deutschlands Schicksal liegt nicht in der Republik oder in der Monarchie. Was ich bekämpfe, ist nicht die Staatsform als solche, sondern der schmähliche Inhalt. Wir wollen in Deutschland
5 die Voraussetzungen dafür schaffen, die allein es möglich machen, dass die eiserne Faust unserer Feinde von uns genommen wird ... Und da frage ich Sie: Ist das, was wir gewollt haben, Hochverrat? Endlich: Wir wollten, dass unser Volk zum
10 Aufbäumen gebracht werde gegen die drohende Versklavung ... Wir sind der Strafe verfallen, weil das Unternehmen misslungen ist. Die Tat des 8. November ist nicht misslungen. Sie wäre misslungen dann, wenn eine Mutter gekommen wäre
15 und gesagt hätte: Herr Hitler, Sie haben auch mein Kind am Gewissen. Aber das darf ich Ihnen versichern, es ist keine Mutter gekommen. Im Gegenteil. Tausende anderer sind gekommen und haben sich in unsere Reihe gestellt.

Zit. nach Fridolin Wimmer, Der Hitler-Ludendorff-Putsch, in: Geschichte lernen, Heft 77, 2000, S. 42.

Aus der Urteilsbegründung gegen Hitler vom 1. April 1924:

Auch das Gericht ist zu der Überzeugung gelangt, dass die Angeklagten bei ihrem Tun von rein vaterländischem Geiste und edelstem Willen geleitet waren. Alle Angeklagten, die in die Ver-
5 hältnisse genaue Einblicke hatten – und die übrigen ließen sich von den Mitangeklagten als ihren Führern und völkischen Vertrauensmännern leiten –, glaubten nach bestem Wissen und Gewissen, dass sie zur Rettung des Vaterlandes han-
10 deln müssten und dass sie dasselbe täten, was kurz zuvor noch die Absicht der leitenden bayerischen Männer gewesen war. Das rechtfertigt ihr Vorhaben nicht, aber es gibt den Schlüssel zum Verständnis ihres Tuns.

Zit. nach Otto Gritschneder, Bewährungsfrist für den Terroristen Adolf H. Der Hitlerputsch und die bayerische Justiz, München (C. H. Beck) 1990, S. 92.

Der britische Historiker Ian Kershaw über das Urteil vom 1. April 1924 gegen Hitler (2008):

Wegen Hochverrats verurteilte das Gericht Hitler ... zu einer Haftstrafe von nur fünf Jahren ... Juristisch gesehen war das Urteil skandalös. Mit keinem Wort erwähnte das Urteil die vier Polizisten,
5 die von den Putschisten erschossen worden waren ... Die Geiselnahme einiger sozialdemokratischer Ratsherren legten die Richter nicht Hitler zur Last; und mit keinem Wort gingen sie auf den Text einer neuen Verfassung ein, den die Polizis-
10 ten in der Hosentasche des toten Putschisten gefunden hatten ...
Die Entschlossenheit der bayerischen Gerichte, auch gegen die überzeugende Argumentation der Münchner Polizei und der Staatsanwaltschaft auf
15 Hitlers frühzeitiger Entlassung zu bestehen, ist allein durch politische Voreingenommenheit zu erklären. Am 20. Dezember 1924 ... wurde Hitler entlassen. Aus Berechnungen der Staatsanwaltschaft geht hervor, Hitler habe noch drei Jahre,
20 333 Tage, 21 Stunden und 50 Minuten seiner kurzen Strafe abzusitzen gehabt. Wie wäre die Weltgeschichte verlaufen, wenn er sie hätte verbüßen müssen?

Ian Kershaw, Hitler 1889–1945. Englische Ausgabe 2008, deutsche Ausgabe 2009 (Pantheon Verlag), S. 155f. und S. 164. Übers. v. Jörg W. Rademacher.

---

1 Gestalte aus den Informationen auf dieser Doppelseite ein Schaubild zu den Gegnern der Weimarer Republik, ihrem Vorgehen und ihren Zielen.
Tipp: Nimm S. 51, M2 zu Hilfe.
2 Erkläre die Hintergründe des Kapp-Putsches (Darstellungstext).
3 Bewerte die Darstellung der Angeklagten durch den sympathisierenden Fotografen (M1). Berücksichtige dabei die Informationen über den Putsch aus M4.
4 **a)** Fasse anhand von M2 die Argumentation Hitlers für seinen Putschversuch zusammen.
b) Bewerte die Urteilsbegründung des Gerichts (M3).
c) Vergleiche M3 mit der Aussage des Historikers (M4).
5 **Recherche:** Historiker sprechen oft von „politischer Justiz" in der Weimarer Republik. Rechtsradikale Täter hätten viel mildere Strafen bekommen als linksradikale. Kläre diesen Sachverhalt und zeige Beispiele.

Webcode: FG450099-057
Hitlerputsch 1923

Deutsche Außenpolitik nach Versailles

Der Versailler Vertrag hatte die Rückkehr Deutschlands in die internationale Gemeinschaft erschwert, aber nicht unmöglich gemacht.
- *Welche außenpolitischen Chancen boten sich der deutschen Regierung und wie wurden sie genutzt?*

Stresemann als Retter Deutschlands und Schutzengel des deutschen Michel: „Er schaut nach rechts, er schaut nach links – er wird mich retten." Titelblatt der Satirezeitschrift „Simplicissimus" vom 14. Mai 1923, Karikatur von Karl Arnold

Rückkehr in die Völkergemeinschaft

Ziel der deutschen Außenpolitik nach 1919 war es, die Friedensbedingungen von Versailles abzumildern. Sie wurden von der Bevölkerung als zu hart empfunden (siehe S. 52/53). Auch Politiker im übrigen Europa erkannten, dass es keinen dauerhaften Frieden geben konnte, wenn sie gegenüber Deutschland auf reine Machtpolitik setzten – wie etwa 1923 bei der Besetzung des Ruhrgebiets. Auf deutscher Seite engagierte sich Gustav Stresemann (Außenminister 1923–1929) für eine Annäherung der Kriegsgegner Deutschland und Frankreich.

Stresemann wollte, dass Deutschland wieder ein gleichberechtigter Partner unter den europäischen Mächten werde. Dazu war es notwendig, die Reparationsleistungen zu senken, militärische Gleichberechtigung durchzusetzen und Grundlagen für einen wirtschaftlichen Wiederaufstieg zu schaffen. Mit der Beendigung der Ruhrkrise und der Einführung der Rentenmark hatte Stresemann erste Erfolge erzielt. Seine Bemühungen führten zur Erholung des Wirtschaftslebens.

Als Außenminister war er um eine Aussöhnung mit Frankreich bemüht. Diese Annäherung war wichtig für die Neuregelung der Höhe der Reparationsleistungen ab 1924, die Deutschland wirtschaftlich tatsächlich verkraften konnte. Schwierig blieb das Verhältnis zur neu entstandenen Republik Polen. Deutschland verzögerte die Anerkennung der polnischen Grenzen mit der Begründung, dass sonst hunderttausende Mitglieder der deutschsprachigen Minderheit Polen verlassen würden.

Deutsche Außenpolitik 1922–1929:

16. April 1922 Vertrag von Rapallo zwischen Deutschland und Sowjetrussland: außenpolitische und wirtschaftliche Annäherung; gegenseitiger Verzicht auf Ersatz von Kriegsschäden.

29. August 1924 Dawesplan (nach dem amerikanischen Banker Dawes): Festlegung von Höhe und Laufzeit der deutschen Reparationen; damit verbunden frühzeitige Räumung des Rheinlandes.

5. bis 16. Oktober 1925 Konferenz von Locarno: Anerkennung der Grenzen von Frankreich und Belgien durch Deutschland, wie in Versailles festgelegt; Verzicht auf Gewalt; keine außenpolitische Isolierung.
Aufgrund des Vertrages mit Frankreich stieg das internationale Ansehen Deutschlands.

8. September 1926 Beitritt zum Völkerbund.

21. August 1929 Youngplan (nach dem amerikanischen Unternehmer Young): Neuregelung der Reparationen. Durch Gewährung eines Zahlungsaufschubes vonseiten des US-Präsidenten Hoover (1931) und das Lausanner Abkommen (1932) wurden die Zahlungen ausgesetzt.

Vom Autor zusammengestellt.

Gustav Stresemann (1878–1929)

geboren in Berlin, studierte dort Volkswirtschaft. Mit 24 Jahren wurde er Jurist im „Verband sächsischer Industrieller", 1903 folgte der Eintritt in die Nationalliberale Partei, die Mitgliedschaft im Dresdener Stadtrat und ab 1907 die Abgeordnetentätigkeit im Reichstag. Im Ersten Weltkrieg unterstützte Stresemann die deutsche Eroberungspolitik. 1917 wurde er Parteivorsitzender der DVP und gehörte nach 1918 zu den Gründerfiguren der Nationalliberalen Partei. Stresemann war Mitglied der Verfassunggebenden Nationalversammlung und des Reichstags seit 1919. Zunächst stand er der jungen Demokratie eher ablehnend gegenüber. Vom 13. August bis 23. November 1923 war er Kanzler einer Großen Koalition von SPD, Zentrum, DDP und DVP. In dieser Zeit trug der Politiker maßgeblich zur Beendigung der Ruhrkrise und der Hyperinflation bei. Entscheidend geprägt hat Stresemann die Außenpolitik der Weimarer Republik. Als Außenminister (1923–1929) gelang es ihm, einige für Deutschland wichtige Verträge zu schließen und die junge Demokratie in die Gemeinschaft des Völkerbundes zu führen. Für seine Bemühungen um Aussöhnung erhielt er gemeinsam mit seinem französischen Kollegen Aristide Briand 1926 den Friedensnobelpreis.

M3 Der Historiker Heinrich August Winkler urteilte 1993:

Die Westmächte hatten Deutschland Zugeständnisse gemacht, weil sie sich von seiner vertraglichen Einbindung mäßigende und friedensfördernde Wirkungen versprachen. Die
5 Mitgliedschaft im Völkerbund erschien ihnen als ein besonders geeignetes Mittel, um den deutschen Revisionismus[1] zu zügeln … Auch aus Stresemanns Sicht trug Locarno dazu bei, den Frieden sicherer zu machen. Aber zugleich waren
10 die Verträge für ihn doch nur eine Etappe auf dem Weg zu einer umfassenden Abkehr von der Nachkriegsordnung. Das Vertragswerk vom Oktober 1925 bedeutete für Stresemann die Erreichung eines Nahziels: Den Handlungsspielraum
15 Deutschlands durch Verständigung mit dem Westen so zu erweitern, dass es, trotz verbleibender Beschränkungen seiner Souveränität, wieder die Politik einer Großmacht betreiben konnte. Dazu gehörte auch eine härtere Gangart gegen-
20 über Polen, das seine Forderung nach einem „Ost-Locarno" nicht durchsetzen konnte.

Heinrich August Winkler, Weimar 1918–1933, München (C. H. Beck) 1993, S. 308.

[1] *Streben nach Änderungen der Bedingungen von Versailles*

M4 Wahlplakat der DNVP, 1928. Der Vertrag von Locarno spaltete die deutsche Öffentlichkeit zutiefst: Für die Konservativen und Nationalisten war er eine „Unterwerfung unter Frankreich". Der abgebildete Soldat spielt auf die Tatsache an, dass in der französischen Armee viele Soldaten aus den afrikanischen Ländern Dienst taten.

---

1 Nenne die Ziele der deutschen Außenpolitik nach Versailles (Darstellungstext).

2 a) **Methode:** Interpretiere die Karikatur M1 (siehe Arbeitsschritte „Eine Karikatur analysieren" auf S. 334).
b) Überprüfe die Aussage der Karikatur M1 mit Blick auf die Politik Stresemanns im Jahr 1923 (Darstellungstext, Biografiekasten).

3 Gestalte einen Ausstellungstext über Gustav Stresemann. Charakterisiere und beurteile seine Persönlichkeit (Berufsweg, Parteizugehörigkeit, politische Position) und seine Leistungen (M2, M3, Darstellungstext, Biografiekasten).

4 Erarbeite die Motive für die Gegnerschaft der DNVP gegen das Vertragswerk von Locarno (M4 und Darstellungstext).

Webcode: FG450099-059
Deutsche Außenpolitik

Propagandaplakate untersuchen

Politische Plakate, insbesondere bildhaft gestaltete Wahlkampfplakate, erlebten in der jungen deutschen Demokratie eine erste Blüte. Erstmalig unterlag diese Werbung keiner Zensur. Der politische Wettbewerb sorgte seit 1918 für die zugespitzte Darstellung politischer Positionen. Hier kannst du Propagandaplakate zur Reichspräsidentenwahl 1925 analysieren. Die Arbeitsschritte auf der rechten Seite helfen dir dabei.

Wer wurde 1925 Reichspräsident?
Als Reichspräsident Ebert im Februar 1925 starb, wurde sein Nachfolger erstmalig direkt vom Volk gewählt. Für die Wahl eines neuen Reichspräsidenten war im ersten Wahlgang die absolute Mehrheit nötig. Diese erreichte keiner der sieben Kandidaten. Es folgte ein zweiter Wahlgang, in dem die einfache Mehrheit genügte.
- SPD, DDP und Zentrum einigten sich auf den gemeinsamen Kandidaten Wilhelm Marx von der Zentrumspartei.
- DNVP und DVP unterstützten den 78-jährigen Generalfeldmarschall Hindenburg* (siehe M1, M2).
- Die katholische Bayerische Volkspartei (BVP) unterstützte nicht den rheinischen Katholiken Wilhelm Marx, sondern den Protestanten Hindenburg. Das trug entscheidend zum Ausgang der Wahl bei.

Am 26. April 1925 votierte eine Mehrheit von 14,6 Millionen Stimmen für Hindenburg. Wilhelm Marx erreichte 13,7 Millionen und der KPD-Kandidat Ernst Thälmann erhielt 1,9 Millionen Stimmen.

Welche Rolle spielen Wahlplakate?
Auf Bildplakaten werden die politischen Standpunkte der Parteien und Kandidaten verkürzt und plakativ dargestellt. Die Botschaft soll ins Auge springen, schnell zu verstehen sein und möglichst lange in Erinnerung bleiben. Neben der älteren Form des Schriftplakats setzten die neueren Bildplakate moderne Mittel der Werbepsychologie ein. Farbgebung, Symbolik und vereinfachte Texte suchten die Wahrnehmung des Betrachters zu lenken.

Wahlplakat für den Zentrumskandidaten Wilhelm Marx, Plakat von Walter Riemer, 1925

„Der Retter", Wahlplakat für Paul von Hindenburg, 1925

Arbeitsschritte „Propagandaplakate untersuchen"

Ersten Eindruck festhalten	Lösungshinweise zu M1
1. Wie wirkt das Plakat?	• Notiere Ideen und Gedanken, die dir spontan einfallen.
Einzelheiten beschreiben	
2. Welche Personen und Gegenstände erkennst du? Achte auf die Art ihrer Darstellung (groß, klein, im Vordergrund, im Hintergrund, Position im Bild, farbliche Gestaltung) und auf den Zusammenhang zwischen Text und Bild.	• Bildmitte: Hindenburgs Kopf als „Maske" (Text); dahinter: stramm marschierende Personen (NS-Vertreter mit Hakenkreuz und Pistole), … auf der linken Seite … Text oben und unten …
Zusätzliche Informationen heranziehen	
3. Wie heißt der Grafiker?	• …
4. Aus welchem Anlass ist das Plakat entstanden?	• …
5. Lässt sich über die dargestellten Personen etwas herausfinden?	• Zu Hindenburg siehe Seite 52/53 und Lexikon hinten im Buch.
6. Wer oder was verbirgt sich hinter den Anspielungen im Text?	• Recherchiere zu Wilhelm Marx: Zentrumsabgeordneter, Jurist, 1926–1928 Reichskanzler.
Aussage des Plakates formulieren	
7. Welche Bedeutung hat die Anordnung der dargestellten Figuren und Gegenstände?	• Hinter der großen Hindenburg-Maske schreiten rechtskonservative und rechtsextreme Kräfte im Gleichschritt. Die Gegenstände (…) stellen alle Attribute einerseits der alten Eliten aus Militär, Beamten- und Unternehmerschaft und andererseits der neuen rechtsextremen Kräfte dar.
8. Welchen Zweck verfolgt der Text zum Bild?	• Die Frage soll verblüffen; Begriff „Maske" deutet auf den Vorwurf hin, dass …
9. Welche Akzente werden durch die Farbgebung gesetzt?	• Bildhintergrund: Schwarz-Weiß-Rot (Farben des Kaiserreichs)
Aussage des Plakates beurteilen	
10. Welche Botschaft enthält das Plakat?	• …
11. Welche Wirkung soll erzielt werden?	• Der Wähler soll auf einen „Betrug" aufmerksam gemacht werden und den Gegenkandidaten wählen.

1 Untersuche das Plakat M1 mithilfe der Arbeitsschritte. Ergänze die Lösungshinweise.
2 Analysiere M2 mithilfe der dir jetzt bekannten Arbeitsschritte.

3 **Partnerarbeit:** Diskutiere auf der Basis von M1 und M2 mit deinem Banknachbarn die folgende Behauptung: Ein guter Blickfang ist dem Plakatgestalter wichtiger als die politische Aussage.

Zusatzaufgabe: siehe S. 319.

Webcode: FG450099-061
Propgagandaplakate

Die „Goldenen Zwanziger": Stabilität und Veränderung

„Goldene Zwanziger" – so nennt man heute das Jahrzehnt nach dem Ersten Weltkrieg. Damals entstand in Deutschland eine moderne Massenkultur: Kino und Sportveranstaltungen wurden beliebte Treffpunkte für alle. Neue künstlerische Ausdrucksweisen setzten sich durch.
- *Welche Veränderungen prägten die Zwanzigerjahre?*

„Großstadt", Triptychon (dreigeteiltes Bild nach dem Vorbild von Kirchenaltären) von Otto Dix, 1927/28

Wirtschaft und Alltag nach 1923

Die deutsche Wirtschaft erholte sich von den Kriegsfolgen dank der ausländischen Kredite. Technische Fortschritte in der Autoindustrie und Kommunikationstechnik veränderten Arbeitsprozesse und Infrastruktur. Der Staat investierte viel Geld in die Forschung, aber auch in die Modernisierung des Verkehrswesens. In vielen Bereichen erlangten deutsche Produkte wieder die Spitzenposition aus der Zeit vor dem Krieg. Viele Investitionen flossen in den Bau neuer Wohnungen. Staatliche Maßnahmen verbesserten die sozialen Leistungen für die Arbeiter und versuchten, die rechtliche Gleichstellung der Frauen durchzusetzen (siehe S. 64/65).

In der Kunst entstanden neue Ausdrucksweisen: der Architekturstil des Bauhaus und der Malstil der „Neuen Sachlichkeit". Telefon und Radio wurden zu Massenmedien, Schallplatte und Tonfilm erlebten ihren Durchbruch. Rund zwei Millionen Menschen strömten täglich in die Kinos. Es entstanden Varietés und Tanzlokale; neue Tänze wie der Charleston und neue Musikrichtungen wie Jazz wurden populär.

Viele Menschen drückten aber auch ihr Unbehagen angesichts der neuen Wirtschaftsblüte aus. Experten warnten vor einer Scheinblüte durch weitgehend auf Kredit finanzierte Ausgaben.

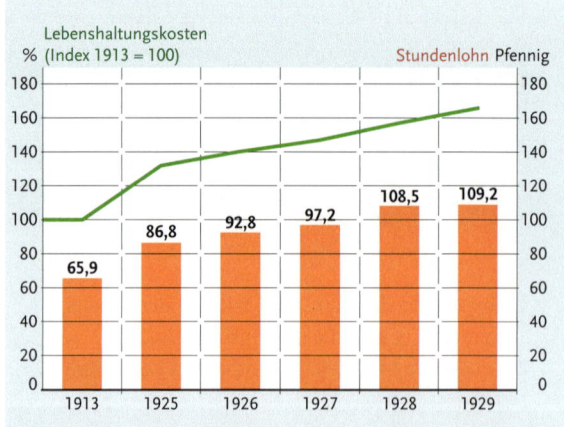

Löhne und Lebenshaltungskosten 1913 bis 1929

In den 1920er Jahren erlebte die zivile Luftfahrt in Deutschland ihren Aufschwung. 1926 wurde die Deutsche Lufthansa gegründet. Hier Ankunft der Passagiere eines Linienfluges in Berlin-Tempelhof, Foto, um 1928

M4 Sozialpolitische Maßnahmen der Weimarer Republik:

1918 Der Achtstundentag wird eingeführt.
1919 Die Gewerkschaften werden als gleichberechtigte Tarifpartner der Arbeitgeber anerkannt.
1920 Das Betriebsrätegesetz regelt die Mitsprache der Arbeitnehmer in Betrieben mit mehr als 20 Beschäftigten.
1923 Das Mieterschutzgesetz schützt vor Kündigungen.
1924 Die staatliche Fürsorge ersetzt die Armenpflege der Städte und Gemeinden.
1926 Neue Arbeitsgerichte regeln Streitigkeiten zwischen Arbeitgebern und Arbeitnehmern.
1927 Die Arbeitslosenversicherung wird zur Pflichtversicherung. Werdende Mütter erhalten Arbeits- und Kündigungsschutz.
Vom Autor zusammengestellt.

Weißenhofsiedlung in Stuttgart, erbaut unter der Leitung von Ludwig Mies van der Rohe und 17 führenden Architekten des „Neuen Bauens", Foto, 1927

Radiohören im Jahr 1925. Übertragungen wurden sehr populär. 1924 gab es in Deutschland 10 000 Geräte, 1928 bereits zwei Millionen, Foto, 1925

1 Fasse anhand des Darstellungstextes und der Materialien die Veränderungen in Wirtschaft und Alltagsleben nach 1923 zusammen.
2 Vergleiche die Lohnentwicklung in der Weimarer Republik mit den Löhnen der Vorkriegszeit. Erläutere die Lohnentwicklung im Verhältnis zur Preisentwicklung (M2).
3 **Methode:** Beschreibe die einzelnen Elemente im Bild M1. Zeige auf, inwiefern der Begriff der „Goldenen Zwanziger" nur für einen Teil der Gesellschaft Gültigkeit hatte.
Tipp: Nimm die Arbeitsschritte „Ein Kunstwerk entschlüsseln" auf S. 333 zu Hilfe.
4 **Wähle eine Aufgabe aus:**
Recherchiere zu einem der folgenden Begriffe. Erläutere, inwiefern er Ausdruck des modernen Lebensstils der Zwanzigerjahre war:
a) Bauhaus **b)** Neue Sachlichkeit **c)** Neue Frau.

Mehr Rechte für Frauen?

Im Ersten Weltkrieg hatten Frauen die Arbeit von Männern übernommen, zum Beispiel in Fabriken oder auf dem Feld. 1919 durften sie erstmals wählen. Doch war damit die Gleichberechtigung verwirklicht?
- Entscheide dich für A, B oder C und untersuche, wie sich das Leben der Frauen seit 1918 veränderte.

Aufgabe für alle:
Wiederholt die Rolle der Frauen im Kaiserreich. Diskutiert dann: Hatten Frauen in der Weimarer Republik mehr Freiheit und Selbstbestimmung?

Im Kaiserreich (1871–1918) waren Frauen nicht gleichgestellt. Ihr Ehemann durfte rechtlich über sie bestimmen, in der Arbeit wurden sie schlechter bezahlt. Auch die Mode entsprach der starren Gesellschaftsordnung (z. B. Korsetts). Gegen Ende des Jahrhunderts bildeten sich viele Frauenvereine mit dem Ziel, die Lage zu verbessern. Sie erreichten z. B. den Zugang für Mädchen zu Abitur und Studium.

Alltag einer 23-jährigen Textilarbeiterin, 1928:
Wenn sie um sieben Uhr zur Arbeit kommt, hat sie schon eineinhalb Stunden Hausarbeit hinter sich. Eigentlich dürfte sie ihren Beruf aus gesundheitlichen Gründen nicht mehr ausüben, sieht aber keine andere Möglichkeit, ihr Leben zu fristen. Wenn sie um 17.15 h nach Hause kommt, muss sie der ebenfalls Vollzeit tätigen Mutter erst noch bei der Hausarbeit helfen, ebenso am Wochenende. Nicht einmal die Mittagspause hat sie für sich, denn da muss sie den Brüdern das Mittagessen richten: „Diese haben es schöner als ich. Sie setzen sich an den vollen Tisch und wenn sie satt sind, verlassen sie ihn und lassen alles stehen und liegen. Ich dagegen muss Tisch und Bänke abputzen und das Geschirr zusammenstellen. Jetzt muss ich mich schon wieder hetzend zur Arbeit begeben, denn gleich wird die (Fabrik-)Sirene wieder heulen."
Zit. nach Alf Lüdtke, Mein Arbeitstag – mein Wochenende. Arbeiterinnen berichten von ihrem Alltag 1928, Hamburg (Ergebnisse Verlag) 1991, S. 34f.

Eine Ärztin erinnerte sich an die Probleme in den 1920er Jahren
Rahel Straus (1880–1963) studierte ab 1900 als erste Frau an der Universität Heidelberg Medizin. Noch vor dem Ersten Weltkrieg eröffnete sie eine Praxis in München, zog zugleich fünf Kinder groß und engagierte sich als Sozialarbeiterin und Frauenrechtlerin:
Noch war es auf Schritt und Tritt zu spüren, dass vier Jahre Krieg hinter uns lagen, dass wir noch immer hungerten. Ich sah es bei meinen Patientinnen, dass Schweres auf ihnen lastete. Die Männer, die zurückkamen, waren anders als die, die vor vier Jahren ausgezogen waren. Sie waren erschöpft, nervös, reizbar, nicht mehr an eine stetige Berufsarbeit gewöhnt. Aber auch die Frauen, die sie bei ihrer Heimkehr wiederfanden, waren anders als die, die sie vor vier Jahren verlassen hatten. Die Frauen, die so plötzlich die Arbeit ihres Mannes hatten übernehmen müssen, die sie vier Jahre getan und sehr gut getan hatten, waren selbstständige Persönlichkeiten geworden, die sich nicht mehr nur in Haus und Küche zurückschicken ließen. So mussten Ehetragödien entstehen, und eine ... Welle von Ehescheidungen setzte ein, ... und das gerade in den unteren Schichten, wo man trotz aller Zwistigkeiten beieinander ausgeharrt hatte.
Rahel Straus, Wir lebten in Deutschland. Erinnerungen einer deutschen Jüdin 1880–1933, Stuttgart (Deutsche Verlags-Anstalt) 1961, S. 238f.

1 Vergleiche die beiden Frauen in M1 und M2 in Bezug auf ihre berufliche Tätigkeit und ihre gesellschaftliche Stellung.
2 Erläutere die Meinung der Ärztin über die Rolle der Frauen und das Verhältnis zwischen den Geschlechtern nach dem Ersten Weltkrieg (M2).

Wahlplakat 1919, Grafik von Fritz G. Kirchbach

„Mädels von heute". Foto aus „Das Magazin", Berlin, Oktober 1925

1 Analysiere das Plakat (M3) mithilfe der Arbeitsschritte „Propagandaplakate untersuchen" auf Seite 61 sowie das Pressefoto (M4).

2 Erläutere, welches Bild die Presse (M4) und welches die Sozialdemokratische Partei (M3) von „der Frau" entwirft.

Wandel der Erwerbstätigkeit von Frauen (in Prozent)

	1882	1907	1925	1933
Anteil der erwerbstätigen Frauen an der Gesamtzahl der Frauen	33,8	31,2	35,6	34,2
davon tätig als mithelfende Familienangehörige	40,7	35,2	36,0	36,1
Dienstmädchen/Hausangestellte	17,9	16,1	11,4	10,5
Arbeiterinnen in Industrie und Handel	11,8	18,3	23,0	22,9
in der Landwirtschaft	15,5	14,5	9,2	7,5
Angestellte und Beamtinnen	1,7	6,5	12,6	14,8
Selbstständige	12,3	9,2	7,7	8,0

Zusammengestellt nach Ute Frevert, Frauen-Geschichte zwischen bürgerlicher Verbesserung und neuer Weiblichkeit, Frankfurt a. M. (Suhrkamp) 1986, S. 290.

1 Untersuche die Statistik (M5) und stelle fest, in welchen Bereichen sich die meisten Veränderungen für die Frauen ergaben.

2 Setze M5 in Bezug zur alltäglichen Lebenswirklichkeit der Textilarbeiterin (M1).

Webcode: FG450099-065
Frauen in der Weimarer Republik

Jugend in der Weimarer Republik: Selbst- oder fremdbestimmt?

Politische Krisen und wirtschaftliche Not bestimmten nach 1918 auch den Alltag der Jugendlichen.
- *Welche Erwartungen hatten die Erwachsenen an die Jugend?*
- *Wie gelang es Jugendlichen trotz Not und Geldmangel, Freiräume zu finden?*

„Jugendkult" um 1900

Zu Beginn des 20. Jahrhunderts war „Jugend" ein Modewort, mit dem vielfache Hoffnungen auf eine tief greifende Reform der Gesellschaft und die Abschaffung des Obrigkeitsstaates verbunden waren. Ein internationaler Stil der Jahrhundertwende in Malerei, Architektur und Grafik nannte sich „Jugendstil". Im Jahr 1891 erschien Frank Wedekinds Theaterstück „Frühlings Erwachen", in dem erstmals auf deutschen Bühnen die Themen Pubertät und Sexualität von Jugendlichen behandelt wurden. 1896 wurde in Berlin der „Wandervogel" gegründet, der bis in die Zeit der Weimarer Republik viele Jugendliche anzog. Seine Mitglieder waren vorwiegend protestantische Schüler von Gymnasien. Sie verbanden Kameradschaft und Naturerlebnis auf Fahrten am Wochenende und in den Ferien.

Wie waren Jugendliche organisiert?

In der Weimarer Republik waren etwa 40 Prozent aller Jugendlichen Mitglieder einer Organisation, meist in Sport- oder anderen Freizeitvereinen. Die Aktivitäten bestanden aus Wanderungen, Ausflügen, Lagerfeuerabenden und gemeinsamem Musizieren. In jüdischen, evangelischen und katholischen Jugendbewegungen versammelten sich religiös gebundene junge Menschen. Um 1925 gehörten rund 20 000 Jugendliche den „Wandervögeln" an, ein Viertel davon waren Mädchen. An die 80 000 Jugendliche waren in katholischen Jugendvereinen („Pfadfinder") organisiert. In der „Bündischen Jugend" trafen sich Söhne und Töchter aus dem Bürgertum. Wie die Pfadfinder- und „Wandervogel"-Bewegung bot auch die „Bündische Jugend" gemeinschaftliche Freizeiterlebnisse, Naturbegegnung und selbstbestimmtes Miteinander fern von bürgerlichen Zwängen.

Neben den Kirchen entdeckten auch die Parteien Jugendliche als wertvolle Zielgruppe. Rechte Parteien warben mit antidemokratischem und militärischem Geist. Die Sozialdemokratie strebte mit einer Fülle von Angeboten danach, die Jugendlichen an die Partei zu binden. Die Kommunistische Partei versuchte, die Jugendlichen für den Klassenkampf zu gewinnen.

Wirtschaftliche Not und politische Konflikte

Äußerlich unterschied sich der Alltag der Jugendlichen während der Weimarer Republik jedoch wenig von dem der Vorkriegszeit. Strenge Disziplin und Kontrolle in Schule und Lehrwerkstatt hatten aus der Kaiserzeit überlebt. Seit 1919 war die allgemeine Schulpflicht in der Verfassung festgeschrieben. Der Staat versuchte mithilfe von neuen Institutionen (Jugendämtern, Jugendgerichten, Jugendfürsorgeeinrichtungen), stärker auf die Jugendlichen einzuwirken, insbesondere in den unteren Schichten. Viele Lehrer, Erzieher, Juristen und Geistliche arbeiteten daran, wie man jugendlichen Revolten und unangepasstem Verhalten begegnen könne. Angesichts der hohen Arbeitslosigkeit nach dem Krieg hatten die meisten Jugendlichen wenig Chancen auf einen Ausbildungs- oder Arbeitsplatz. Ab 1930 verschärfte sich diese Situation noch erheblich.

M1 *Erziehungsmaßnahme des Berliner Jugendamtes: Kinder tauschen „Schundhefte" gegen „gute" Literatur, Foto, 1922*

Aus einem Artikel in der Zeitschrift „Freideutsche Jugend"[1] unter dem Titel „Wir Jungen" (1919):

Wer ist denn ursprünglich für unser Schicksal, unsere Zukunft verantwortlich und deshalb berechtigt, bestimmend, urteilend auf diese einzuwirken, so wird zur klaren Antwort, dass wir Jungen selbst
5 es sind, die diese Riesenaufgabe, die gigantische Verantwortung zu tragen haben. Doch nie und nimmer jene Generation, die ... selbst noch in den siebziger, achtziger Jahren des vorigen Jahrhunderts wurzelt ...
10 Wie können diese Ideengreise, wie sie die deutsche Nationalversammlung bevölkern, sich erdreisten, für unsere Zukunft, für Deutschlands Werden zu sprechen und zu handeln. Wenn die „Gesetze", „Reformen", die sie schaffen, ihre Lebensunfähigkeit, ihre
15 Unzulänglichkeit beweisen werden an der heranwachsenden Generation, in uns und in denen nach uns, sind jene Phrasenmumien längst ihrer Verantwortung entronnen durch den Tod ... Weg damit, da doch alle Kraft, alles wühlende, brausende Leben,
20 Keimende, Werdende im Frühling durch die Welt pulst, zur Jugendzeit der Erde.

Zit. nach Thomas Koerber, Rolf-Peter Janz, Frank Trommler (Hg.), „Mit uns zieht die neue Zeit". Der Mythos Jugend, Frankfurt am Main (Suhrkamp) 1985, S. 187f.

---

[1] Unter der Bezeichnung „Freideutsche Jugend" sammelten sich Jugendgruppen unterschiedlicher Ausrichtung.

Bericht aus der Pfadfinderzeitschrift „Das Lagerfeuer" (1932):

Kriegsspiel! Wir balgen uns nicht untereinander und zerfetzen unsere Kluften. Kriegsspiel! Nur mit den Gegnern. Der erste Anblick des Feindes jagt mir das Blut gegen die Schläfen, und ich
5 stürze mich drauf mit Gebrüll, während ich das Chaos noch vor den Augen habe und die Feindesstärke nicht kenne. Und nun brechen die Buben durchs Gehölz, balgen sich, und ich rase zähneknirschend auf den Ersten los, um den Bann los-
10 zukriegen.

Zit. nach Harry Pross, Jugend, Eros, Politik. Die Geschichte der Jugendverbände, Bern u. a. (Scherz Verlag) 1964, S. 267.

„Wandervogel"-Gruppe, Foto, 1932

---

1 **a)** Arbeite aus M2 und M4 die Ziele und Kritiken junger Menschen in den 1920er Jahren heraus.
b) Vergleiche die in M2 und M4 ausgedrückten Ziele mit der Alltagswirklichkeit (M1, Darstellungstext).

2 M4 ist ein Beispiel für die Vereinnahmung der Jugendlichen in eine bestimmte Richtung. Führe Belege dafür an.

3 **Methode:** Beschreibe M3. Welches „Lebensgefühl" kommt hier zum Ausdruck?
Tipp: Nimm die Arbeitsschritte „Eine Bildquelle auswerten" zu Hilfe (siehe S. 333).

4 Beurteile die Wirksamkeit von staatlichen Maßnahmen wie in M1.

Börsenkrach in New York: Wie wirkte sich die Krise auf Deutschland aus?

Im Oktober 1929 kam es in den USA zu Panikverkäufen von Aktien und zum Zusammenbruch der Börse. Über 10 000 Banken wurden zahlungsunfähig. Millionen Amerikaner verloren durch die schlimmste Wirtschaftskrise des 20. Jahrhunderts ihre Arbeit und oft auch ihren Halt im Leben.
- *Welche wirtschaftlichen und sozialen Folgen hatte die Krise für Deutschland?*

Die deutsche Wirtschaft nach 1923

Nach dem Ende der französischen Besetzung des Ruhrgebiets und der Währungsreform (siehe S. 54) erholte sich die deutsche Wirtschaft rasch. Dazu trugen in erheblichem Maße amerikanische Kredite bei. Die deutsche Industrieproduktion wuchs schnell an. Insbesondere die Chemie- und Elektroindustrie entwickelten sich zu Motoren des Wachstums. Dennoch wurden mehr Waren nach Deutschland importiert als aus Deutschland ins Ausland verkauft (siehe M2). Die Zahl der Arbeitslosen sank in Deutschland nur wenig. Darunter litt die Kaufkraft im Inland, weil den Menschen wenig Geld für Konsum übrig blieb.

Die amerikanische Krise erreicht Deutschland

Die amerikanischen Banken forderten in der Zeit der Not eine kurzfristige Rückzahlung der Kredite, die sie deutschen Unternehmen und Institutionen gewährt hatten. Damit gerieten auch weite Teile der deutschen Wirtschaft in eine tiefe Krise: Viele Absatzmärkte brachen weg, die Produktion wurde eingeschränkt, weitere Kredite zur Abzahlung der Schulden mussten aufgenommen werden. Massenentlassungen waren die erste Folge der Krise in Deutschland. 1932 betrug die Zahl der Arbeitslosen an die fünf Millionen Menschen. Deren Ersparnisse waren rasch verbraucht, und bald wussten Hunderttausende nicht mehr, wie sie ihre Miete bezahlen oder Lebensmittel für den Tag kaufen sollten. Viele hungerten, saßen buchstäblich „auf der Straße" und hofften auf die öffentliche Fürsorge. Wem es gelang, unter Hunderten von Bewerbern eine freie Arbeitsstelle zu ergattern, der arbeitete für sehr wenig Geld. Die Unterstützung durch die Arbeitslosenversicherung war gering, und nur wenige erhielten sie.

Hart betroffen war auch der gewerbliche Mittelstand. Vor allem Ladenbesitzer, Möbelhändler, Bauunternehmer und Landwirte wurden ihre Erzeugnisse kaum noch los, verkauften diese unter Wert und konnten die Produktionskosten nicht mehr decken. In der Landwirtschaft kam es zwischen 1930 und 1932 zur Versteigerung von 4700 Betrieben.

Bankzusammenbrüche vernichteten die Spareinlagen der Privatkunden und das Kapital der Gewerbebetriebe – eine staatliche Sicherung der Einlagen gab es nicht.

„Erst Essen – dann Miete". Aufschrift in einem Hinterhof in Berlin. Aus den Fenstern hängen Fahnen der NSDAP und der KPD. Foto, 1932

M2 Welthandel 1930 bis 1932 (in Mrd. Reichsmark)

	Einfuhr		Ausfuhr	
	1930	1932	1930	1932
Deutsches Reich	10,4	4,7	12,0	5,7
Frankreich	8,6	4,9	7,0	3,3
Großbritannien	21,3	10,4	11,6	5,4
USA	12,8	5,6	16,1	6,8
Welthandel insg.	120,0	57,8	108,7	52,0

Zusammengestellt nach Statistisches Jahrbuch für das Deutsche Reich, Bd. 52, 1933, S. 107 ff.

M3 Arbeitslosigkeit in Deutschland 1923 bis 1933 (in 1000)

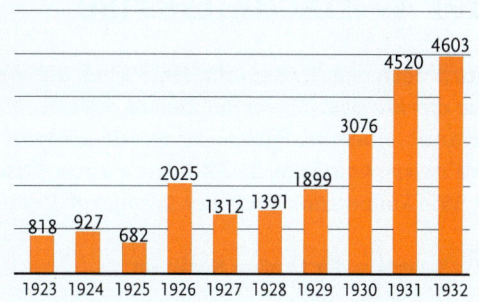

1923	1924	1925	1926	1927	1928	1929	1930	1931	1932
818	927	682	2025	1312	1391	1899	3076	4520	4603

Nach: Dietmar Petzina u. a., Sozialgeschichtliches Arbeitsbuch, München (Beck) 1978, S. 119.

M4

Arbeitslose in Hamburg, Foto, Januar 1931. In einer billigen Unterkunft schlafen Arbeitslose für wenige Pfennige „an der Leine"; nur auf ein Seil gestützt, um sich wenigstens vor der Witterung zu schützen.

M5 Ein junger Arbeitsloser erzählt von seiner Arbeitslosigkeit (1932):

Der Hunger ist noch lange nicht das Schlimmste. Aber seine Arbeit verlieren, bummeln müssen und nicht wissen, ob man jemals wieder in seine Arbeit kommt, das macht kaputt. Man ist rumge-
5 laufen nach Arbeit, Tag für Tag. Man ist bekannt bei den einzelnen Fabriken, und wenn man dann immer das eine hört: Nichts zu machen – da wird man abgestumpft.
Ich hasse diesen Staat und habe als Arbeitsloser
10 das Recht und die Pflicht, den deutschen Besitzenden zu hassen.

„Der Wiener Tag" vom 22. September 1932.

M6 Folgen der Arbeitslosigkeit für Kinder (1931):

Die Arbeitslosigkeit der Eltern verursacht bei den Kindern Unterernährung, Häufung von Krankheiten, Gleichgültigkeit gegenüber hygienischen Anforderungen. Die Kinder- und Erkältungskrankhei-
5 ten häufen sich, da oft der Arzt zu spät oder gar nicht aufgesucht wird, weil für Arztschein und Medizin die notwendigen Gebühren nicht aufzubringen sind oder kein Fahrgeld vorhanden ist. Bei Nachforschungen in den Haushalten hat sich
10 herausgestellt, dass die Ernährung völlig unzureichend ist, Vitamine ganz fehlen, weil die Mittel nicht vorhanden sind.

Zit. nach Deutschland in der Weltwirtschaftskrise in Augenzeugenberichten, hg. von Wilhelm Treue (= Allgemeine Reihe Nr. 1161), München 1976, S. 246 ff. © Rauch Verlag, Düsseldorf 1967.

---

1 Erstelle eine Mindmap zu den Auswirkungen der Weltwirtschaftskrise auf Deutschland (Darstellungstext).

2 Erläutere die Handelsbilanz des Deutschen Reichs und vergleiche die Zahlen mit denen von Frankreich, Großbritannien und den USA (M2).
Tipp: In welchem Verhältnis stehen Einfuhren zu Ausfuhren?

3 Analysiere M3 und stelle einen Bezug zu M1 her.

4 **Wähle eine Aufgabe aus:**
 a) Fasse die Inhalte von M4–M6 zusammen und überprüfe die Aussage anhand des Darstellungstextes und M1.
 b) **Partnerarbeit:** Erörtert die Folgen von Arbeitslosigkeit für den Einzelnen, den Staat und die Gesellschaft. Nutzt dazu M1, M4–M6 und den Darstellungstext.

Politische Instabilität als Folge der Wirtschaftskrise

Auch nach dem Krisenjahr 1923 blieb die Weimarer Republik politisch nicht stabil. Die direkte Bedrohung der Demokratie durch Gewalt von rechts und links nahm zwar ab, aber das Parlament wurde achtmal in 14 Jahren neu gewählt. Auf die Weltwirtschaftskrise 1929 folgte eine politische Krise.

- Wie kam es zum Ende der Weimarer Republik?

Das Scheitern der Großen Koalition

Als die Arbeitslosenzahlen 1929 explodierten, waren die Kassen der Sozialversicherungen schnell leer. Wie sollte der Staat die Bedürftigen weiter versorgen? Über diese Frage geriet die Regierung des Reichskanzlers Hermann Müller (SPD) in Streit. Seine Koalition* aus SPD, Zentrum, Bayerischer Volkspartei, DDP und DVP konnte sich nicht darüber einigen, ob man die Beiträge zur Arbeitslosenversicherung erhöhen und sie durch Steuern mitfinanzieren sollte. Der Streit führte schließlich zum Bruch der Koalition. Am 27. März 1930 trat die Regierung zurück.

Der Weg in den autoritären Staat

Gewinner der Reichstagswahlen vom September 1930 waren die extremistischen Kräfte. Sie verhinderten demokratische Mehrheiten im Reichstag. Die folgenden Regierungen waren deshalb von der Unterstützung des Reichspräsidenten Hindenburg abhängig. Er berief sich auf Artikel 48 der Verfassung, wonach er mit Notverordnungen ohne die Beteiligung des Parlaments regieren konnte (siehe S. 50/51). Zudem wendete er den Artikel 25 an, der es ihm erlaubte, den Reichstag aufzulösen.

Straßenkämpfe bestimmen die Tagespolitik

Die wirtschaftliche Not belastete die unteren und mittleren Schichten. Besonders der Mittelstand, also kleine Unternehmer, Beamte oder Angestellte, fürchteten den gesellschaftlichen Abstieg. Sie gaben der Republik die Schuld für die Krise und wandten sich immer mehr von ihr ab. Wahlkämpfe in rascher Folge und Parteiaufmärsche trieben auch die Bürger auf die Straße. Die Kampfverbände der Nationalsozialisten SA* (Sturmabteilung) und SS* (Schutzstaffel) lieferten sich blutige Kämpfe mit dem kommunistischen Rotfrontkämpferbund. Eine Folge der Straßenkämpfe war die Verunsicherung der Bevölkerung. Ihr Vertrauen in die Autorität des Staates schwand. Das entsprach der Strategie der Radikalen, die sich vom politischen Chaos Erfolge erhofften.

Warum gewinnt die NSDAP an Stimmen?

Nach dem gescheiterten Hitlerputsch (siehe S. 56/57) verlegten sich die Nationalsozialisten darauf, mit legalen Mitteln die Macht zu erlangen. Dazu schufen sie eine straff organisierte Partei und richteten sie auf den „Führer" Adolf Hitler aus. Durch ausgefeilte Propaganda sollte Hitler als Retter Deutschlands erscheinen. Er absolvierte unzählige Auftritte unter dem Schutz der gewalttätigen SA und SS. In seinen Reden nutzte er geschickt die Vorurteile und Ängste seiner Zuhörer aus und missbrauchte ihre wirtschaftliche Not für die Zwecke der NSDAP. Gleichzeitig erhielt die NSDAP aber auch die Unterstützung hoher Wirtschaftsfunktionäre, was sie als seriöse politische Kraft erscheinen ließ.

M1 Karikatur von E. Schilling aus dem „Simplicissimus", 1931. Text darunter: „Notverordnung: Nach den Erfahrungen der letzten Wochen ist verfügt worden, dass jeder Demonstrationszug seinen eigenen Leichenwagen mitzuführen hat."

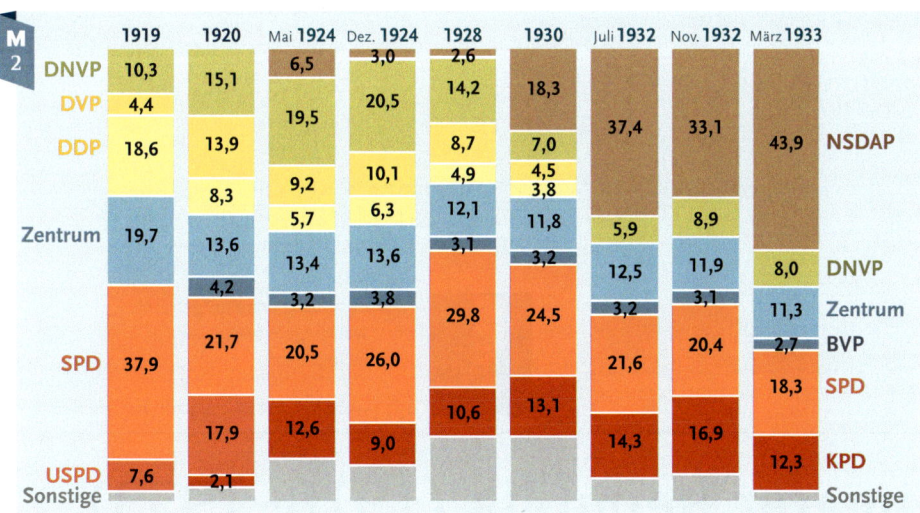

Ergebnisse der Reichstagswahlen 1919 bis 1933

Politik der Präsidialkabinette

- *Reichskanzler Heinrich Brüning (Zentrum), April 1930 bis Mai 1932:*
Vom Reichspräsidenten eingesetzte Regierung mit einer Parlamentsmehrheit nur bei Tolerierung durch die SPD. Sparmaßnahmen in den öffentlichen Haushalten, Senkung der Beamtengehälter, Erhöhung von Steuern; duldet Verschärfung der Wirtschaftskrise. Sturz durch Hindenburg nach politischen Intrigen von Interessenverbänden.

- *Reichskanzler Franz von Papen (Zentrum), Juni bis November 1932:*
„Kabinett der Barone" (so genannt wegen zahlreicher adliger Minister); Aufhebung des SA-Verbots; dadurch Zunahme blutiger Straßenkämpfe; 20. Juli 1932 „Preußenschlag": Sturz der von der SPD geführten Koalitionsregierung in Preußen, einer starken Stütze der parlamentarischen Demokratie, durch Verordnung des Reichspräsidenten; Ernennung von Papens zum Reichskommissar für Preußen; Scheitern der Politik mit Notverordnungen; Entlassung Papens durch Hindenburg.

- *Reichskanzler General Kurt von Schleicher (parteilos), Dezember 1932 bis Januar 1933:*
Ziel: Spaltung der NSDAP und Herstellung einer parlamentarischen Mehrheit durch die bürgerlichen Parteien und die SPD. Rücktritt nach Scheitern der Pläne. Hindenburg ernennt am 30. Januar 1933 Adolf Hitler zum Reichskanzler.

Vom Autor zusammengestellt.

1 a) Arbeite die Faktoren heraus, die das Ende der Weimarer Republik begründeten (Darstellungstext).
  b) **Partnerarbeit:** Sucht weitere Gründe für das Scheitern der Republik auf S. 52/54 und 56/57.

2 a) Erläutere, wie die Anwendung von Art. 25 und 48 einer autoritären Führung der Weg bereitete (M3, Darstellungstext).
  b) Stelle die Maßnahmen der Präsidialkabinette (M3) den Forderungen der Bevölkerung (S. 68, M1) gegenüber und beurteile, in welchem Maße sie der wirtschaftlichen und politischen Situation nach 1929 gerecht wurden.

3 Wähle eine Aufgabe aus:
  a) Analysiere die Wahlergebnisse zwischen 1930 und 1933 (M2).
  b) Spekuliere: Was wäre geschehen, wenn die Große Koalition unter Hermann Müller nicht 1930 zerbrochen wäre, sondern bis Ende 1932 weiterregiert hätte (M3)?

4 a) Diskutiert gemeinsame Anliegen und Unterschiede der Rechts- und Linksextremen in der Weimarer Republik (M1, M2, Darstellungstext).
  b) Nimm begründet Stellung: Welchen Anteil hatten die Krise der politischen Führung und die Radikalisierung am Scheitern der Weimarer Republik?
  Tipp: Welchem Faktor misst du mehr Gewicht zu?

Webcode: FG450099-071
Aufstieg der Nationalsozialisten

Zusammenfassung — 2 Die Weimarer Republik (1918–1933)

| 1920
November 1918 Ausrufung der Republik und Waffenstillstand
1919 Wahlen zur Nationalversammlung;
Friedrich Ebert (SPD) wird Reichspräsident;
Versailler Vertrag;
Weimarer Reichsverfassung

1920–1923 Terror und Attentate von links und von rechts

1922 Vertrag von Rapallo zwischen dem Deutschen Reich und der Sowjetunion

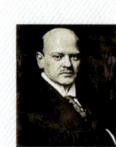

1923 Inflation;
Besetzung des Ruhrgebietes;
Währungsreform;
Hitlerputsch

1923–1929 Gustav Stresemann Außenminister

Die Weimarer Republik (1918–1933)

Von der Monarchie zur Demokratie 1918/19

Im Herbst 1918 nahte das Ende des Ersten Weltkrieges. Doch die US-Regierung wollte nur mit einer demokratisch legitimierten deutschen Regierung Waffenstillstandsverhandlungen führen. Daher kam es im Oktober 1918 zu einer Verfassungsänderung: Der neue Reichskanzler Max von Baden war nun dem Reichstag und nicht mehr dem Kaiser gegenüber verantwortlich; aus der konstitutionellen Monarchie wurde eine parlamentarische.

Als Matrosen der Kriegsmarine den Befehl zum Weiterkämpfen erhielten, protestierten sie. In vielen deutschen Städten schlossen sich Soldaten und Arbeiter ihnen an. Sie forderten die Abdankung des Kaisers und das Ende des Krieges. Am 9. November 1918, dem Tag der „Novemberrevolution", wurde in Berlin zweimal die Republik ausgerufen. Der Sozialdemokrat Philipp Scheidemann (SPD) rief die „deutsche Republik" aus, zwei Stunden später verkündete Karl Liebknecht (Spartakusbund, später KPD) die „freie sozialistische Republik". Kaiser Wilhelm II. floh in die Niederlande.

Verfassung und Versailler Friedensvertrag 1919

Seit 9. November 1918 stellte die SPD mit Friedrich Ebert den Reichskanzler. Sie bildete mit der USPD eine Übergangsregierung, den „Rat der Volksbeauftragten". Ihm gelang es, einen Aufstand linksradikaler Kräfte mithilfe von regulären Truppen und Freikorpsmitgliedern niederzuschlagen. Kurz darauf fanden im Januar 1919 die Wahlen zur Verfassunggebenden Nationalversammlung statt. Neu war, dass auch Frauen wählen durften. Das Ergebnis bestätigte die Mehrheit der politisch gemäßigten Parteien: SPD, DDP und Zentrum bildeten fortan die „Weimarer Koalition".

Da in Berlin bürgerkriegsähnliche Unruhen herrschten, zog sich die Versammlung nach Weimar zurück. Die neue Verfassung trat am 14. August 1919 in Kraft und machte Deutschland zu einer parlamentarischen Republik. Um den Wählerwillen möglichst genau abzudecken, gab es keine Sperrklausel für kleine Parteien. Der Reichspräsident als höchster Vertreter der Exekutive erhielt eine herausragende Stellung („Ersatzkaiser"). Er wurde direkt vom Volk gewählt, konnte die Reichsregierung ernennen und entlassen und den Reichstag auflösen. Bei ihm lag der Oberbefehl über die Reichswehr.

Am 28. Juni 1919 wurde der Versailler Vertrag unterzeichnet. Er gab Deutschland allein die Schuld am Ersten Weltkrieg und zwang es dazu, Gebiete im Osten und Westen abzutreten. Deutschland musste das Rheinland entmilitarisieren, sein Heer stark reduzieren und Reparationszahlungen leisten. Viele Deutsche nahmen den Vertrag mit Empörung auf und empfanden ihn als „Diktatfrieden" der Kriegsgegner. Fälschlicherweise gaben sie oft den Politikern der jungen Republik die Schuld. Sie beschimpften sie als „Erfüllungspolitiker" und „Novemberverbrecher". Eine gängige These lautete damals: Das deutsche Heer hätte den Krieg noch gewonnen, wenn die Politiker es nicht von hinten „erdolcht" hätten (Dolchstoßlegende).

Krisenjahre 1920–1923

In jenen Jahren belasteten politische und wirtschaftliche Krisen die Weimarer Demokratie. Es kam zu zahlreichen Attentaten und Putschversuchen von rechts- und linksextremen Kreisen. Der rechte Kapp-Lüttwitz-Putsch vom März 1920 scheiterte am Generalstreik und am passiven Verhalten der Ministerialbürokratie.

Herrschaft und Staatlichkeit, Gesellschaft und Recht, Wirtschaft und Umwelt

Zusammenfassung

| 1925 | | 1930 |

1925 Vertrag von Locarno zwischen dem Deutschen Reich und Frankreich
Paul von Hindenburg wird Reichspräsident

1926 Aufnahme Deutschlands in den Völkerbund

1929 Weltwirtschaftskrise und Youngplan

1930 zunehmende Radikalisierung im Wählerverhalten: Aufstieg der NSDAP zur stärksten Kraft im Parlament

1930–1933 Präsidialkabinette

Das Jahr 1923 wurde zum Krisenjahr der Republik: Im Januar 1923 besetzten französische und belgische Truppen wegen ausstehender Reparationszahlungen das Ruhrgebiet. Daraufhin trat die Arbeiterschaft dieser Region in einen staatlich finanzierten Generalstreik. Dieser verschlimmerte die hohe Staatsverschuldung. Die Inflation führte zum völligen Verfall der Währung und verschärfte die soziale Krise. In München misslang im November 1923 ein Putsch rechtsradikaler Kräfte um Adolf Hitler.

Jahre der Stabilisierung 1926–1929

Außenminister Gustav Stresemann (DVP) gelang der Abschluss einiger bedeutender Verträge:
- Vertrag von Rapallo (1922)
- Dawesplan (1924)
- Konferenz von Locarno (1925)
- Aufnahme Deutschlands in den Völkerbund (1926)
- Youngplan (1929): Neuregelung der Reparationen.

Im Vertrag von Locarno 1925 erkannte Deutschland seine Westgrenzen zu Frankreich und Belgien an. Stresemann erreichte außerdem, dass Frankreich seine Truppen aus dem Ruhrgebiet abzog. Die Anerkennung der Ostgrenzen ließ er dagegen offen. Das bedeutete Unsicherheit für Polen.

Die Währung konnte Stresemann durch Einführung einer Rentenmark sanieren, die von Immobilien gedeckt war. Das stellte die Kreditwürdigkeit Deutschlands wieder her. Zudem flossen mit dem Dawesplan 1924 hohe US-Kredite nach Deutschland, die die Wirtschaft stärkten.

Wandel in der Gesellschaft

Die Gesellschaft der 1920er Jahre befand sich im Spannungsfeld von Tradition und Moderne. Das zeigte sich vor allem an der neuen Rolle der Frau, an den bedeutenden sozialpolitischen Reformen und an Neuerungen in der Architektur, Kunst und Literatur. Wissenschaft und Technik wandelten sich rasch und bahnten modernen Produktionsstrukturen und Produkten den Weg. Film und Rundfunk wurden populär, die Massen drängten in Kinos, Varietés, Sportveranstaltungen und Kabaretts. Dort wurde leichte Unterhaltung für breite Bevölkerungsschichten geboten. Sie verdrängte zunehmend die Elitekultur des Kaiserreichs (Oper, Theater).

Weltwirtschaftskrise und Scheitern der Weimarer Demokratie 1929–1933

Ab 1924 erholte sich Deutschland zwar wirtschaftlich, aber die Arbeitslosigkeit blieb hoch. 1925 wurde Paul von Hindenburg zum Reichspräsidenten gewählt: Er war der ranghöchste Offizier aus dem Ersten Weltkrieg und gehörte zur Führungsschicht des Kaiserreichs. Die Weltwirtschaftskrise ab 1929 offenbarte schlagartig die Schwäche der Weimarer Demokratie. Über zwei Jahre hinweg regierten Präsidialkabinette unter wechselnden Kanzlern, gestützt auf die Macht des Reichspräsidenten. Die parlamentarische Verfassung war damit in wichtigen Teilen außer Kraft gesetzt. Gewaltanwendung auf der Straße galt zunehmend als Mittel zur Lösung der Probleme. KPD und NSDAP erhielten starken Zulauf, die Koalition der demokratischen Parteien zerbrach 1930. Die Wahlergebnisse von 1930 und 1932 offenbarten eine zunehmende Radikalisierung im Wählerverhalten. Ab Juli 1932 wurde die NSDAP die stärkste Kraft im Parlament und erhob Anspruch auf die Kanzlerschaft.

2 Die Weimarer Republik (1918–1933)

Kompetenzen prüfen

In diesem Kapitel konntest du folgende Kompetenzen erwerben:

- Entwicklungen in Politik, Wirtschaft und Gesellschaft der ersten deutschen Republik erkennen, verstehen und verknüpfen
- die Rolle und Bedeutung von politischen Akteuren erkennen und einschätzen (Gustav Stresemann, Friedrich Ebert, Paul von Hindenburg)
- Chancen und Belastungen der Weimarer Republik benennen und beurteilen (Politik, Wirtschaft, Gesellschaft)
- Wandel von Frauenrollen und Erziehungsmustern der Jugend verstehen und beurteilen
- **Methode:** Propagandaplakate untersuchen

„Was wir verlieren sollen!" Plakat der DNVP zu den im Versailler Vertrag festgelegten Gebietsabtretungen und Reparationen Deutschlands, Farblithografie, 1919, nach einem Entwurf von Louis Oppenheim

Franzosen an der Ruhr, Titelblatt der Beilage des „Petit Journal" vom 28. Januar 1923:
„Damit Deutschland zahlt ... an den Türen aller öffentlichen Gebäude und Fabriken erinnern die blauen Mäntel unserer Soldaten die vergesslichen Deutschen an die rechtmäßigen Forderungen und den entschlossenen Willen Frankreichs."

Herrschaft und Staatlichkeit, Gesellschaft und Recht, Wirtschaft und Umwelt

Kompetenzen prüfen 75

Otto Dix, Bildnis der Journalistin Sylvia von Harden, 1926

Eine Republik ohne Republikaner?
Heinrich August Winkler (geb. 1938) war bis 2007 Professor für Geschichte in Berlin:
Die Demokratie erschien nach 1918 vielen Deutschen, vor allem auf der Rechten, als die Staatsform der Siegermächte. Sie konnte also leicht mit der Niederlage gleichgesetzt und verteufelt wer-
5 den. Zugleich gab es den Teilhabeanspruch der Massen durch das allgemeine gleiche Wahlrecht. Als dann in der Zeit der Präsidialkabinette zwischen 1930 und 1933 der Reichstag ausgeschaltet wurde, war das ein Trumpf für die antiparlamen-
10 tarischen Kräfte, allen voran für die Nationalsozialisten, die sich nun als Repräsentanten des entmachteten Volkes aufspielen konnten. Hätte Hitler nicht auf der einen Seite an die Ressentiments [Vorbehalte] gegen die Demokratie und auf
15 der anderen auf den verbrieften Teilhabeanspruch der Massen appellieren können, wäre die NSDAP wohl nicht zur stärksten Partei aufgestiegen.
Heinrich A. Winkler im Interview mit Christian Staat und Volker Ullrich, Das Versagen der Eliten, in: ZEIT Geschichte – 1918. Aufbruch in die Weimarer Republik, Hamburg (Zeitverlag Gerd Bucerius) 2008, S. 38 f.

Der Karikaturist Fritz Behrendt stellte 1970 in einer deutschen Tageszeitung das Ende der Weimarer Republik in dieser Zeichnung dar.

Methodenkompetenz
1 Analysiere M1.
   Tipp: Nutze die Arbeitsschritte S. 61.
2 Vergleiche das Titelblatt der französischen Zeitschrift (M2) mit der deutschen Postkarte S. 55 M2.
3 Deute M5 und überprüfe die Aussage mit Blick auf die Ereignisse 1930–1932.

Sachkompetenz
4 Nenne Bereiche, in denen die Weimarer Republik modern war. Lies nach auf S. 62/63.
5 **Vorschlag für eine Gruppenarbeit:**
   a) Sammelt in kleinen Gruppen die Ursachen für das Ende der Weimarer Republik.
   b) Erläutert eure Ergebnisse und begründet, welchen Faktoren ihr größere Bedeutung einräumt.
   Tipp: Ihr könnt auch ein Placemat gestalten (siehe S. 329).
6 Erkläre den Begriff „Hyperinflation" und verbinde ihn mit der Besetzung des Ruhrgebietes (M2). Lies nach auf S. 54/55.
7 Fasse die Aussage von Heinrich August Winkler zusammen (M4).

Urteilskompetenz
8 **Wähle eine Aufgabe aus:**
   Einige Historiker gehen von der Vorstellung aus, dass Menschen „Geschichte machen". Erläutere diese Sichtweise am Beispiel von a) Friedrich Ebert b) Gustav Stresemann c) Paul von Hindenburg.
9 Untersuche M3. Diskutiere, ob du das Bild als Aufmacher für eine Ausstellung über Frauen in der Weimarer Republik verwenden würdest.

Webcode: FG450099-075
Selbsteinschätzungsbogen

3
Eine Ideologie setzt sich durch: Der Nationalsozialismus

Feststimmung: Über 700 000 Menschen sind gekommen, darunter 3000 geladene Gäste aus Wirtschaft und Politik. Seit Stunden warten sie auf den „Führer" Adolf Hitler. Er wird das Fest nutzen, um seine politischen Ideen zu verbreiten.
Ein Jahr zuvor, am 30. Januar 1933, wurde Hitler zum Reichskanzler ernannt. Innerhalb weniger Monate haben die Nationalsozialisten die Demokratie radikal beseitigt. Jetzt gilt das Wort des „Führers".

Beschreibt, wie das Foto auf euch wirkt.
Sammelt Fragen und besprecht sie in der Klasse.

Reichserntedankfest auf dem Bückeberg in der Nähe von Hameln im heutigen Niedersachsen, September 1934. Es handelt sich bei dem Foto um eine beabsichtigte und gezielt erstellte Aufnahme von Heinrich Hoffmann, Hitlers „Privatfotografen".

Orientierung im Kapitel

3 Eine Ideologie setzt sich durch: Der Nationalsozialismus

1933

1930–1933 Präsidialkabinette

- 30. Januar: Hitler wird Reichskanzler; Beginn der NS-Diktatur
- 1. Februar: Auflösung des Reichstags
- 27. Februar: Reichstagsbrand
- 5. März: Neuwahlen zum Reichstag
- 23. März: „Ermächtigungsgesetz" – Ausschaltung des Reichstags als Gesetzgeber

Eine Ideologie setzt sich durch: Der Nationalsozialismus

Als die Nationalsozialisten 1933 in Deutschland an die Regierung kamen, hatten sich im übrigen Europa bereits mehrere Demokratien und Monarchien in Diktaturen verwandelt. Vor diesem Hintergrund erschien es zunächst nichts Besonderes, dass die erste deutsche Demokratie endete und eine Diktatur Hitlers folgte.
Kein Zeitraum der Geschichte ist in der Wissenschaft so intensiv untersucht und in der Öffentlichkeit diskutiert worden wie die zwölf Jahre der NS-Herrschaft von 1933 bis 1945. Dabei vernachlässigten die Historiker oft die Gründe für den Beginn und die Festigung der Diktatur. Sie sahen 1933–1939 nur als Vorgeschichte zum Weltkrieg und Völkermord, der später von Deutschland begangen wurde. In jüngster Zeit werden vor allem der Beginn der Herrschaft Hitlers und der Übergang von der Demokratie zur Diktatur intensiv untersucht; viele neue Bewertungen sind hinzugekommen.

- Wie haben die Zeitgenossen die Entwicklung seit Hitlers Ernennung zum Reichskanzler erlebt und bewertet?
- Mit welchen Mitteln gelang es den Nationalsozialisten, die Demokratie binnen weniger Monate in eine Diktatur zu „verwandeln"?
- Welche Weltanschauung vertraten die Nationalsozialisten?
- In welchem Maße konnte sich das NS-Regime auf Zustimmung der deutschen Bevölkerung stützen?
- Gab es anfangs schon Widerstand?

Antworten darauf findest du in diesem Kapitel.

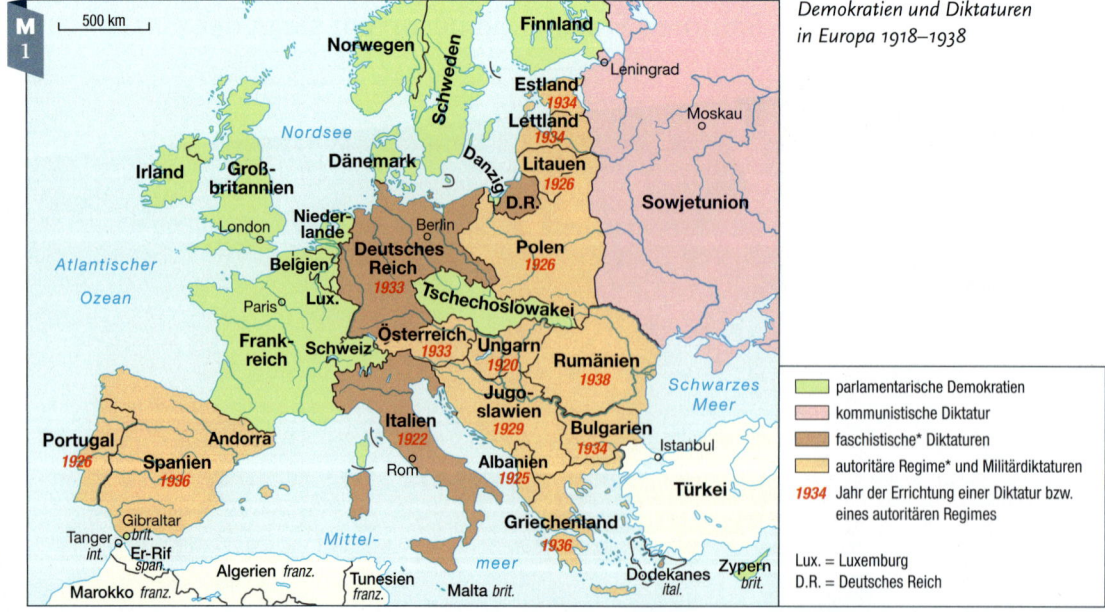

Demokratien und Diktaturen in Europa 1918–1938

Herrschaft und Staatlichkeit, Weltdeutung und Religion

Orientierung im Kapitel 79

| 1934

2. Mai: Zerschlagung der Gewerkschaften

Juni–Juli: Verbot der SPD und Auflösung der anderen Parteien

2. August 1934: Tod Hindenburgs; Hitler wird „Führer und Reichskanzler"

 Für einen NS-Film nachgestellte Szene des Fackelzugs der SA durch das Brandenburger Tor, mit dem die Nationalsozialisten am 30. 01. 1933 die Machtübernahme feierten, Berlin, Foto 1933

 *Preußischer Landtag bei seiner letzten Sitzung, Foto, 18. Mai 1933. Am Rednerpult der neue preußische Ministerpräsident Hermann Göring (NSDAP). In der Sitzung stimmte der Landtag mehrheitlich dem „Ermächtigungsgesetz" und damit seiner Auflösung zu.*

1 Beschreibe mithilfe von M1 die politische Entwicklung in Europa zwischen 1918 und 1938.
2 a) Untersuche M2–M4. Formuliere Vermutungen und Fragen zur Errichtung der NS-Diktatur. Beziehe die Zeitleiste mit ein. Vergleicht eure Ergebnisse.
 b) Diskutiert, inwiefern man anhand von M2–M4 Aussagen über die historische Wirklichkeit 1933 treffen kann.

 Verhaftung von Kommunisten durch die Kampftruppe der Nationalsozialisten, die SA (= Sturmabteilung), am Tag nach den Reichstagswahlen, Foto, 6. März 1933

NS-Ideologie: Weltanschauung und Ziele der Nationalsozialisten

Das Handeln der Nationalsozialisten kann man nur verstehen, wenn man ihre politischen Überzeugungen, Ideen und Ziele kennt. Adolf Hitler und seine Weltanschauung nehmen dabei eine zentrale Stellung ein.
- *Was waren die Kernideen und Schlüsselbegriffe der nationalsozialistischen Ideologie?*

Die Partei und ihr „Führer"

Bis 1930 hatte die NSDAP nur etwa 130 000 Mitglieder. Im Mai 1933 waren es bereits über 1,6 Millionen. Hitlers Weltanschauung und die Ziele der Nationalsozialisten lassen sich aus zwei zentralen Quellen herausarbeiten. Eine dieser Quellen ist das Parteiprogramm der NSDAP. Die 25 Punkte des Programms, die Hitler schon im Februar 1920 im Münchener Hofbräuhaus verkündete, wurden bis zum Ende der Partei 1945 nicht mehr verändert.

Die zweite Quelle ist Hitlers Buch „Mein Kampf", das er hauptsächlich während seines Gefängnisaufenthaltes verfasst hatte. In dem Buch legte Hitler dar, wie er sich die Zukunft Deutschlands vorstellte. Seine Ideen waren die Grundlage der nationalsozialistischen Ideologie und sie bestimmten im Wesentlichen die NS-Politik. Die Auflage des Buches lag bis 1933 bei 290 000 Exemplaren und schnellte bis Ende 1933 um rund eine Million in die Höhe. Die Gewinne aus dem Buchverkauf machten Hitler zu einem wohlhabenden Mann.

M1 Aus dem Parteiprogramm der NSDAP (1920):

2. Wir fordern die Gleichberechtigung des deutschen Volkes gegenüber anderen Nationen, Aufhebung der Friedensverträge von Versailles und Saint-Germain[1].

3. Wir fordern Land und Boden (Kolonien) zur Ernährung unseres Volkes und Ansiedlung unseres Bevölkerungsüberschusses.

4. Staatsbürger kann nur sein, wer Volksgenosse ist. Volksgenosse kann nur sein, wer deutschen Blutes ist ... Kein Jude kann daher Volksgenosse sein.

20. Um jedem fähigen und fleißigen Deutschen das Erreichen höherer Bildung ... zu ermöglichen, hat der Staat für einen gründlichen Ausbau unseres gesamten Volksbildungswesens Sorge zu tragen ... Das Erfassen des Staatsgedankens muss bereits ... durch die Schule erzielt werden.

21. Der Staat hat für die Hebung der Volksgesundheit zu sorgen und durch den Schutz der Mutter und des Kindes, durch Verbot der Jugendarbeit, durch Herbeiführung der körperlichen Ertüchtigung mittels Festlegung einer Turn- und Sportpflicht ...

23. ... Zeitungen, die gegen das Gemeinwohl verstoßen, sind zu verbieten. Wir fordern den gesetzlichen Kampf gegen eine Kunst und Literaturrichtung, die einen zersetzenden Einfluss auf unser Volksleben ausübt.

25. Zur Durchführung alles dessen fordern wir: die Schaffung einer starken Zentralgewalt des Reichs.

Zit. nach http://www.documentarchiv.de/wr/1920/nsdap-programm.html (Stand: 30. 09. 2016).

[1] *einer der Pariser Friedensverträge; er regelte die Auflösung Österreich-Ungarns*

NS-Propagandaplakat „Es lebe Deutschland!", Entwurf von Karl Stauber, 1930er Jahre

Aus Adolf Hitlers „Mein Kampf" (1924/26):

A Demgegenüber erkennt die völkische Weltanschauung die Bedeutung der Menschheit in deren rassischen Urelementen ... Sie glaubt, somit keineswegs an eine Gleichheit der Rassen[1], sondern erkennt mit ihrer Verschiedenheit auch ihren höheren und minderen Wert und fühlt sich durch diese Erkenntnis verpflichtet, ... den Sieg des Besseren, Stärkeren zu fördern, die Unterordnung des Schlechteren und Schwächeren zu verlangen ... Sie sieht nicht nur den verschiedenen Wert der Rassen, sondern auch den verschiedenen Wert der Einzelmenschen ... Menschliche Kultur und Zivilisation sind auf diesem Erdteil unzertrennlich gebunden an des Vorhandensein des Ariers[2]. Sein Aussterben oder Untergehen wird auf diesen Erdball wieder die dunklen Schleier einer kulturlosen Zeit senken.

B ... Wo immer wir in der Welt über Angriffe gegen Deutschland lesen, sind Juden ihre Fabrikanten, gleich wie ja auch im Frieden und während des Krieges die jüdische Börsen- und Marxistenpresse den Hass gegen Deutschland planmäßig schürte ... Die Gedankengänge des Judentums sind klar. Die Bolschewisierung Deutschlands, d. h. die Ausrottung der nationalen völkischen Intelligenz und die dadurch ermöglichte Auspressung der deutschen Arbeitskraft im Joch der jüdischen Weltfinanz, ist nur als Vorspiel gedacht für die Weiterverbreitung dieser jüdischen Welteroberungstendenz.

C ... Die Außenpolitik des völkischen Staates hat die Existenz der durch den Staat zusammengefassten Rasse auf diesem Planeten sicherzustellen ... Nur ein genügend großer Raum auf dieser Erde sichert einem Volk die Freiheit des Daseins ... Damit ziehen wir Nationalsozialisten bewusst einen Strich unter die außenpolitische Richtung unserer Vorkriegszeit. Wir setzen dort an, wo man vor sechs Jahrhunderten endete. Wir stoppen den ewigen Germanenzug nach dem Süden und Westen Europas und weisen den Blick nach dem Land im Osten. Wir schließen endlich ab die Kolonial- und Handelspolitik der Vorkriegszeit und gehen über zur Bodenpolitik der Zukunft. Wenn wir aber heute in Europa von Grund und Boden reden, können wir in erster Linie nur an Russland und die ihm untertanen Randstaaten denken ...

D Die junge Bewegung ist ihrem Wesen und ihrer inneren Organisation nach antiparlamentarisch, d. h., sie lehnt im Allgemeinen wie in ihrem eigenen inneren Aufbau ein Prinzip der Majoritätsbestimmung[3] ab, in dem der Führer nur zum Vollstrecker des Willens und der Meinung anderer degradiert[4] wird. Die Bewegung vertritt im Kleinsten wie im Größten den Grundsatz der unbedingten Führerautorität, gepaart mit höchster Verantwortung ... Der völkische Staat hat ... keinen Vertretungskörper ..., sondern nur Beratungskörper, die dem jeweilig gewählten Führer zur Seite stehen.

A und C zit. nach Walter Hofer (Hg.), Der Nationalsozialismus, Frankfurt a. M. (Fischer) 1957, S. 31f. und 175.
B und D zit. nach Adolf Hitler, Mein Kampf, 11. Aufl., München (Franz Eher Nachfolger) 1932, S. 702f., 378 und 501f.

[1] unwissenschaftliche Anwendung biologischer Erbmerkmale (z. B. Hautfarbe) auf das gesellschaftliche Leben
[2] Völker der indoeuropäischen Sprachfamilie
[3] Mehrheitsprinzip
[4] degradieren: herabsetzen

---

1 Im Zentrum von Hitlers Weltanschauung standen die Rassenideologie, der Antisemitismus, die Lebensraumideologie und das „Führerprinzip". Ordne diese Begriffe den jeweiligen Stellen in M1 und M3 zu.

2 **Partnerarbeit:** Verfasst einen Lexikonartikel zur „Ideologie der Nationalsozialisten", in dem ihr die Begriffe „Rasse", „Lebensraum", Antisemitismus und „Führer" verwendet.
Tipp: Nutzt auch das Lexikon hinten im Buch.

3 a) **Methode:** Analysiere M2 nach den Arbeitsschritten „Propagandaplakate untersuchen" auf S. 61.
b) Erläutere, inwiefern die Darstellung die Ideologie der Nationalsozialisten widerspiegelt. Beziehe auch die Bildunterschrift mit ein.

Zusatzaufgabe: siehe S. 320.

Webcode: FG450099-081
NS-Ideologie

Der 30. Januar 1933: Hitler wird Reichskanzler

Die Ernennung Hitlers zum Reichskanzler markierte den Beginn der nationalsozialistischen Herrschaft.
- Welche Umstände führten zur Ernennung Hitlers?
- Wie ist das Ereignis rückblickend zu bewerten?

Webcode: FG450099-082
„Machtergreifung"

Hitler wird an die Macht gebracht

Bei den Parlamentswahlen am 31. Juli 1932 erlangte die NSDAP 37 % der Stimmen und 230 Sitze im Reichstag (siehe S. 71). In der Partei gab es jedoch Streit über den politischen Kurs und finanzielle Probleme. Hitler musste
5 deshalb seinen Anhängern dringend Erfolge vorweisen und strebte nach dem Posten des Reichskanzlers. Die Berater des Reichspräsidenten – darunter Franz von Papen – überzeugten Hindenburg davon, Hitler auf der Grundlage des Artikels 48 der Weimarer Verfassung zum
10 Kanzler zu ernennen, da er ein Drittel der Wählerschaft hinter sich habe. Minister aus Wirtschaft, Militär und Adel sollten den Führer der NSDAP „einrahmen", um seine extremen Ansichten und Pläne unter Kontrolle zu halten. Die Männer der nationalkonservativen alten
15 Elite glaubten, mit Hitlers Anhang und Hindenburgs Autorität regieren und den Staat in ihrem Sinne umbauen zu können. Der spätere Propagandaminister der Nationalsozialisten, Joseph Goebbels, notierte am 31. Januar 1933 in sein Tagebuch: „Hitler ist Reichskanz-
20 ler. Wie im Märchen! … Der Alte hat nachgegeben … Jetzt müssen wir ihn ganz gewinnen. Uns allen stehen die Tränen in den Augen."
Reichspräsident Hindenburg löste den Reichstag am 1. Februar auf und setzte Neuwahlen für den 5. März an.

Aus dem Bericht des Oberstleutnants Duesterberg über die Vorgänge in der Reichskanzlei:
Papen begrüßte … Hitler als neuen Reichskanzler. Hitler dankte und erklärte zur sichtlichen Überraschung …, dass nunmehr das deutsche Volk durch allgemeine Wahlen die vollzogene Kabi-
5 nettsbildung bestätigen müsse … Hugenberg[1] widersprach in großer Entschiedenheit. Die letzten Novemberwahlen hätten die derzeitigen Parteistärken ergeben, und die heutige Regierungsbildung sei die zwangsläufige demokratische Folge.
10 Neuwahlen wären deshalb nicht nötig. Es entspann sich eine immer heftiger werdende Auseinandersetzung. Hugenberg blieb bei seinem „Nein"… Die Lage stand auf des Messers Schneide … Plötzlich stürzte Meißner [Leiter des Büros
15 des Reichspräsidenten] mit der Uhr in der Hand in den Raum: „Meine Herren, die Vereidigung … war um 11 Uhr angesetzt. Es ist 11.15 Uhr. Sie können den Herrn Reichspräsidenten nicht länger warten lassen." Und nun, von Hitler, Papen, Gö-
20 ring und den anderen bestürmt, gab Hugenberg nach. Hitler hatte gewonnen.

Zit. nach Herbert Michaelis/Ernst Schraepler (Hg.), Ursachen und Folgen. Vom deutschen Zusammenbruch 1918 und 1945 bis zur staatlichen Neuordnung Deutschlands in der Gegenwart, Bd. 8: Die Weimarer Republik. Das Ende des parlamentarischen Systems, Berlin (Dokumentenverlag H. Wendler), S. 761f.

[1] *Alfred Hugenberg (1865–1951) besaß den größten Medienkonzern der Weimarer Republik und war Abgeordneter der DNVP. Etwa die Hälfte aller deutschen Tageszeitungen erschienen in seinem Konzern und unterstanden daher dem politischen Einfluss rechtskonservativer Kräfte.*

Mit einem Fackelzug feierten die Nationalsozialisten die Ernennung Hitlers zum Reichskanzler. Die Vorbeimarschierenden als auch die Zuschauer blicken zu Hitler, der am Balkon der Reichskanzlei steht. Foto, 30. Januar 1933

Geschichte kontrovers

M3 Aus einem Artikel der konservativen „Deutschen Allgemeinen Zeitung" (DAZ), die der Großindustrie nahestand, 30. Januar 1933:

Eine gewagte Entscheidung ist es, ... und kein verantwortungsbewusster Politiker wird zum Jubel geneigt sein ... Die Zusammenarbeit mit den Nationalsozialisten wird voraussichtlich schwierig, und das vielleicht recht lange dauernde Regierungsexperiment wird manche Erschütterung mit sich bringen. Einmal musste aber dieser Sprung ins Dunkle gewagt werden, weil das deutsche Volk in den Wahlen die Hitlerregierung zum bei
10 Weitem stärksten Faktor des politischen Lebens gemacht hatte ...
Obwohl in der „Deutschen Allgemeinen Zeitung" seit Jahren dieser Versuch mit allen Bedenken, die er hat, empfohlen wurde, können wir uns unmöglich in einen Rausch der Begeisterung versetzen. Aber wir halten die Ernennung Hitlers unter den gegebenen Umständen für richtig. Der nationalsozialistische Führer wird uns nun zu zeigen haben, ob er das Zeug zum Staatsmann besitzt.

Zit. nach Wieland Eschenhagen (Hg.), Die Machtergreifung. Tagebuch einer Wende nach Presseberichten vom 1. Januar bis 6. März 1933, Darmstadt/Neuwied (Luchterhand) 1982, S. 96.

M4 Der Historiker Eberhard Kolb über die Ernennung Hitlers zum Reichskanzler (1984):

Mit dem Übergang zum Präsidialsystem wurde eine Abwendung von der parlamentarischen Regierungsweise vollzogen und die Position der republiktreuen und staatsbejahenden Kräfte empfindlich geschwächt ... Die NSDAP war nur siegreich, weil die alten Eliten in Großlandwirtschaft und Industrie, Militäraristokratie und Großbürgertum zur autoritären Abkehr von Weimar entschlossen waren und glaubten, die nationalsozialistische Bewegung für sich benutzen zu können. Zwar erstrebten sie nicht eine totalitäre Diktatur, wie sie seit dem 30. Januar 1933 Wirklichkeit wurde, aber im Kampf gegen Demokratie, Parlamentarismus und organisierte Arbeiterschaft war die NSDAP ein akzeptabler Bundesgenosse. Nicht der Arbeiterschaft ... und der schrumpfenden Gruppe der republiktreuen bürgerlichen Demokraten ist der Untergang der Republik anzulasten, sondern den nationalistischen und autoritären Gegnern der Weimarer Demokratie, die den Staat von Weimar in einer groß angelegten Offensive zertrümmerten.

Eberhard Kolb, Die Weimarer Republik, 7. Aufl., München (Oldenbourg) 2009, S. 152f.

M5 Hitler umringt von Kabinettsmitgliedern, Foto, 30. Januar 1933. Sitzend v. l.: Hermann Göring (Minister ohne Geschäftsbereich, Reichskommissar für den Luftverkehr), Adolf Hitler (Reichskanzler), Franz von Papen (Vizekanzler und Reichskommissar für das Land Preußen); zwischen Göring und Hitler stehend: Wilhelm Frick (Reichsminister des Innern); rechts hinter von Papen stehend: Alfred Hugenberg (Reichsminister für Wirtschaft, Landwirtschaft und Ernährung)

1 Analysiere mithilfe von M1, M5 und des Darstellungstextes die Situation der NSDAP und die Rolle Hitlers bis zu seiner Ernennung am 30. Januar 1933.
2 Der Satz „Wir haben ihn uns engagiert" stammt von Franz von Papen. Überlege, was von Papen damit gemeint haben könnte, und vergleiche mit der Einschätzung von Joseph Goebbels (Darstellungstext).
3 Beschreibe anhand von M2 und M3 die Reaktionen auf die Ernennung Hitlers.
4 Untersuche anhand von M4, wen der Historiker Kolb für den Untergang der Weimarer Republik verantwortlich macht. Lies nach auf S. 70/71.
5 Die NSDAP bezeichnete den 30. Januar als Tag der „Machtübernahme", nicht der „Machtergreifung". Stelle Vermutungen an, warum.

Methode — Lebenserinnerungen auswerten

Lebenserinnerungen auswerten

Schriftliche Erinnerungen von Zeitzeugen sind eine wichtige Quelle, um vergangene Ereignisse aus verschiedenen Perspektiven rekonstruieren zu können. Wie erlebten diese Personen z. B. die Ernennung Hitlers zum Reichskanzler?
Doch worauf muss man achten, wenn man diese Aufzeichnungen als Quellen nutzt? Auf den folgenden Seiten erhältst du eine Anleitung, wie man Lebenserinnerungen auswertet.

M 1 **„Es ging um Leben und Tod"**
Melita Maschmann schrieb in ihrer 1963 veröffentlichten Autobiografie „Fazit. Mein Weg in der Hitler-Jugend" über den 30. Januar 1933:

30. Januar 1933! Wir haben diesen Tag beide in Berlin erlebt, aber damals kannten wir uns noch nicht. Erst an Ostern kamst du in meine Klasse. Welche Erinnerungen du mit dem „Tag der Machtergreifung" ver-
5 binden magst, weiß ich nicht. Sie werden von einer dunkleren Stimmung getönt sein als die meinen, ... ich war damals gerade eben fünfzehn Jahre alt geworden ...
Am Abend des 30. Januar nahmen meine Eltern uns
10 Kinder – meinen Zwillingsbruder und mich – mit in das Stadtzentrum. Dort erlebten wir den Fackelzug, mit dem die Nationalsozialisten ihren Sieg feierten. Etwas Unheimliches ist mir von dieser Nacht her gegenwärtig geblieben.
15 Das Hämmern der Schritte, die düstere Feierlichkeit roter und schwarzer Fahnen, zuckender Widerschein der Fackeln auf den Gesichtern und Lieder, deren Melodien aufpeitschend und sentimental zugleich klangen.
20 Stundenlang marschierten die Kolonnen vorüber, unter ihnen immer wieder Gruppen von Jungen und Mädchen, die kaum älter waren als wir. In ihren Gesichtern und in ihrer Haltung lag ein Ernst, der mich beschämte. Was war ich, die ich nur am Straßenrand
25 stehen und zusehen durfte, mit diesem Kältegefühl im Rücken, das von der Reserviertheit der Eltern ausgestrahlt wurde? Kaum mehr als ein zufälliger Zeuge, ein Kind, das noch Jungmädchenbücher zu Weihnachten geschenkt bekam. Und ich brannte darauf,
30 mich in diesen Strom zu werfen, in ihm unterzugehen und mitgetragen zu werden.
Erinnere dich, mit welcher schmerzhaften Heftigkeit auch du damals
35 nach etwas Wesentlichem suchtest. Später suchten wir in unzähligen Gesprächen gemeinsam danach. In diesem Alter findet man sein Leben ... kümmerlich und arm an Bedeutung. Niemand traut einem zu, dass man sich für mehr interessiert als für
40 diese Lächerlichkeiten. Niemand sagt: Du wirst für Wesentlicheres gebraucht, komm! Man zählt noch nicht mit, wenn es um ernste Dinge geht.
Aber die Jungen und Mädchen in den Marschkolonnen zählten mit: Sie trugen Fahnen, wie die Erwach-
45 senen, auf denen die Namen ihrer Toten standen. Irgendwann sprang plötzlich jemand aus der Marschkolonne und schlug auf einen Mann ein, der nur wenige Schritte von uns entfernt gestanden hatte. Vielleicht hatte er eine feindselige Bemerkung
50 gemacht. Ich sah ihn mit blutüberströmtem Gesicht zu Boden fallen und ich hörte ihn schreien. Eilig zogen uns die Eltern aus dem Getümmel, aber sie hatten nicht verhindern können, dass wir den Blutenden sahen. Sein Bild verfolgte mich tagelang. In dem
55 Grauen, das es mir einflößte, war eine winzige Zutat von berauschender Lust. „Für die Fahne wollen wir sterben", hatten die Fackelträger gesungen. Es ging um Leben und Tod. Nicht um Kleider oder Essen oder Schulaufsätze, sondern um Leben und Tod.
60 Für wen? Auch für mich? Ich weiß nicht, ob ich mir diese Frage damals gestellt habe, aber ich weiß, dass mich ein brennendes Verlangen erfüllte, zu denen zu gehören, für die es um Leben und Tod ging.

Melita Maschmann, Fazit. Mein Weg in der Hitler-Jugend, 3. Aufl., München (dtv) 1980, S. 7 ff.

Arbeitsschritte „Lebenserinnerungen auswerten"

Formale Aspekte	Lösungshinweise zu M1
1. Über welches Ereignis wird berichtet?	• Fackelzug in Berlin anlässlich Hitlers Ernennung zum Reichskanzler am 30. Januar 1933
2. Wer ist die Autorin/der Autor (Familie, Beruf, Biografie)?	• Melita Maschmann, 1918–2010, bürgerlich-konservatives Elternhaus; seit 1933 Mitglied im BDM (Bund Deutscher Mädel) ...
3. In welchem zeitlichen Abstand zum Ereignis steht der Bericht? Wie alt war die Verfasserin/der Verfasser zum Zeitpunkt des Geschehens?	• ... • ...
4. In welcher Form hält sie/er die Erinnerungen fest?	• Sie wählt für ihre Autobiografie die Briefform, wobei sie ihre ehemalige Schulfreundin Marianne Schweitzer anredet, die wegen ihrer jüdischen Abstammung 1939 aus Deutschland emigrierte.
5. Warum hat sie/er diese aufgeschrieben?	• Melita Maschmann könnte ... ... sich bei ihrer jüdisch-stämmigen Jugendfreundin für ihre Hinwendung zum Nationalsozialismus und die folgenden Gräueltaten entschuldigen wollen. ... ihre Verstrickung in das NS-Regime im Nachhinein rechtfertigen wollen.
Inhalte erschließen	
6. Wie beschreibt die Zeitzeugin/der Zeitzeuge das Ereignis? Distanziert sie/er sich, bekundet sie/er Einverständnis?	• Obwohl die Zeitzeugin den Zug aus der Beobachterdistanz schildert („Was war ich, die ich nur am Straßenrand stehen und zusehen durfte..."), fühlt sie sich emotional stark angezogen („ein brennendes Verlangen, ... zu denen zu gehören") und bewundert die ernsten und erwachsenen Jugendlichen in den Kolonnen („Sie trugen Fahnen, wie die Erwachsenen, auf denen die Namen ihrer Toten standen.").
7. Wie versucht sie/er, ihre/seine Sichtweise von damals zu begründen?	• Sie rechtfertigt sich mit ihrer kindlichen Unerfahrenheit („Was war ich ... kaum mehr als ein Kind ...").
8. Hatte das beschriebene Ereignis Folgen für das Leben der Autorin/des Autors?	• Sie tritt nach dem 30. Januar dem BDM bei.
Autobiografische Erinnerungen mit anderen historische Quellen vergleichen	
9. Sind die Aussagen glaubwürdig? Inwiefern lassen sie sich durch andere Quellen stützen oder infrage stellen? Was konnte die Verfasserin/der Verfasser wissen, was nicht?	• Lies nach auf S. 82/83.
10. Wie lässt sich die Erzählung abschließend bewerten?	• ...
11. Gibt es offene Fragen?	• ...

„Kaum eine Chance, lange zu regieren"
Sebastian Haffner (1907–1999) schrieb in seinem 1939 verfassten Manuskript „Geschichte eines Deutschen. Die Erinnerungen 1914–1933":

Hitler wurde Reichskanzler … Verfassungsrechtlich war der Vorgang weit normaler und unrevolutionärer als das meiste, was sich im Jahr zuvor abgespielt hatte. Und äußerlich verlief der Tag ebenfalls ohne
5 alle revolutionären Merkmale – wenn man nicht einen Fackelzug der Nazis durch die Wilhelmstraße und eine belanglose nächtliche Schießerei in einem Vorort als solche gelten lassen will. Für uns andere bestand das Erlebnis des 30. Januar tatsächlich nur
10 in Zeitungslektüre – und den Empfindungen, die sie auslöste.
Morgens hieß die Überschrift: Hitler zum Reichspräsidenten gerufen – und man empfand einen gewissen hilflosen nervösen Ärger: Hitler war im August
15 und war im November zum Reichspräsidenten gerufen worden und hatte den Vizekanzler- und Kanzlerposten angeboten bekommen; jedes Mal hatte er unmögliche Bedingungen gestellt, und jedes Mal war danach feierlich erklärt worden: Nie wieder …
20 Mittags hieß die Überschrift: Hitler verlangt wieder zu viel. Man nickte halb beruhigt. Sehr glaubhaft …

Gegen 5 Uhr dann waren die Abendzeitungen da. Kabinett der nationalen Konzentration gebildet – Hitler Reichskanzler. Ich weiß nicht genau, wie die
25 allgemeine erste Reaktion war. Die meine war etwa eine Minute lang richtig: Eisiger Schreck. Gewiss, es war „drin" gewesen, schon lange. Man hatte damit rechnen müssen. Dennoch, es war so phantastisch. So unglaubhaft … Hitler – Reichskanzler … Einen
30 Augenblick spürte ich fast körperlich den Blut- und Schmutzgeruch um diesen Mann Hitler, und ich empfand etwas wie die zugleich bedrohliche und ekelerregende Annäherung eines mörderischen Tieres, eine schmutzige scharfkrallige Pfote an meinem
35 Gesicht. Dann schüttelte ich das ab, versuchte zu lächeln, versuchte nachzudenken, und fand in der Tat viel Grund zur Beruhigung. Am Abend diskutierte ich die Aussichten der neuen Regierung mit meinem Vater, und wir waren uns einig darüber, dass sie
40 zwar eine Chance hatte, eine ganz hübsche Menge Unheil anzurichten, aber kaum eine Chance, lange zu regieren. Eine schwarz-reaktionäre Regierung im Ganzen, mit Hitler als Mundstück. Bis auf diesen Zusatz unterschied sie sich wenig von den beiden
45 letzten, die [Reichskanzler] Brüning gefolgt waren.

Sebastian Haffner, Geschichte eines Deutschen. Die Erinnerungen 1914–1933, Freiburg (dva) 2000, S. 103 ff.

1 Untersuche M1 mithilfe der Arbeitsschritte auf Seite 85. An einigen Stellen sind Teillösungen vorgegeben, an manchen musst du sie noch finden.
   Tipp: Erstelle vorab eine Kurzbiografie zu Melita Maschmann.
2 Nutze deine Methodenkenntnis und bearbeite M2.
   Tipp: Auch hier lohnt es sich, zuerst eine Biografie mit den wichtigsten Lebensstationen zu erstellen.
3 Vergleiche die Ergebnisse aus M1 und M2 miteinander: Welche Unterschiede stellst du fest und worauf könnten sich diese zurückführen lassen?
4 Beziehe dein Wissen von den Seiten 82/83 mit ein: Welche neuen Sichtweisen auf den 30. Januar 1933 hast du gewonnen? Welche neuen Fragen oder Vermutungen ergeben sich?

Sebastian Haffner (rechts) wird in Würdigung seines schriftstellerischen Lebenswerkes von dem damaligen Regierenden Bürgermeister Berlins, Eberhard Diepgen, eine Ehrenurkunde verliehen. Foto, 1988

Landesgeschichte

Die „Machtergreifung" in Braunschweig

Im September 1930 gab es eine Landtagswahl im Freistaat Braunschweig. Die NSDAP erreichte zusammen mit der Bürgerlichen Einheitsliste eine Mehrheit und löste die SPD-Regierung ab. Erstmals war sie an einer Landesregierung beteiligt – ein wichtiger Schritt auf dem Weg zur Macht im ganzen Reich.
- Wie verlief die Machtübernahme der NSDAP in Braunschweig?
- War sie vergleichbar mit der Machtübernahme im Reich?

Daten zur nationalsozialistischen Herrschaft in Braunschweig

1930 Landtagswahl am 14. September: Mehrheit für die NSDAP und die Bürgerliche Einheitsliste (DNVP, DVP, Zentrum u.a.); Koalitionsregierung, die NSDAP stellt einen Minister

1931 Dietrich Klagges (NSDAP) wird Innen- und Bildungsminister: behindert Verfahren gegen straffällige Nationalsozialisten; Einschränkung der Pressefreiheit; Entlassung missliebiger Lehrer, Professoren, Richter und Polizisten

10./11. Oktober Harzburger Front: Bündnis von NSDAP und Deutschnationalen bei einer Kundgebung in Bad Harzburg im Harz; von der NSDAP als Zweckbündnis gesehen

17./18. Oktober Straßenkämpfe mit Kommunisten, zwei Tote; SA-Aufmarsch („Marsch der 100 000") vor dem Braunschweiger Schloss

25. Februar 1932 Hitler wird braunschweigischer Regierungsrat und damit deutscher Staatsbürger

09. März 1933 Sturm auf das Volksfreund-Haus der SPD, Terror gegen SPD-Mitglieder

11. März Schaufenstersturm auf jüdische Geschäfte in der Stadt

12./13. März Oberbürgermeister Ernst Böhme (SPD) wird aus dem Amt entfernt, gefoltert und eingesperrt

25. April Gleichschaltung; DNVP-Landesverband tritt zur NSDAP über, die DVP löst sich auf

29. April Erster rein nationalsozialistischer Landtag tritt zusammen, nachdem alle politischen Gegner unter Druck oder Misshandlungen auf ihr Landtagsmandat verzichtet haben

6. Mai Klagges lässt sich vom vorgesetzten Reichsstatthalter Loeper zum Ministerpräsidenten des Landes Braunschweig ernennen

4. Juli Neue Terrorwelle zur Ausmerzung politischen Widerstands

20. September Massenverhaftung von 140 Kommunisten im Landkreis Blankenburg, Massenprozesse gegen politische Gegner

30. Januar 1934 Der Freistaat Braunschweig verliert wie alle Länder der Republik seine politische Eigenständigkeit.

Zusammengestellt nach Ernst-August Roloff, Wie braun war Braunschweig?, Braunschweiger Zeitung Spezial Nr. 3, 2003, S. 58/1.171, S. 197–205.

1. Erarbeite mithilfe der Zeitleiste die Merkmale des nationalsozialistischen Vorgehens bei der Machtübernahme in Braunschweig.
2. Überprüfe folgende These: „Die Machtüberahme der NSDAP in Braunschweig war ein erfolgreicher Probelauf für das ganze Reich."
3. **Recherche:** Informiere dich, wie die Nationalsozialisten in deinem Heimatort die politische Macht erlangten.

„Marsch der 100 000" auf dem Braunschweiger Schlossplatz, Propagandafoto (nachkoloriert), Oktober 1931

Herrschaft und Staatlichkeit

Der „Tag von Potsdam"

Anfang 1933 häuften sich die Ereignisse: Am 27. Februar wurde der alte Reichstag durch Brandstiftung zerstört, am 5. März gab es Neuwahlen, und am 21. März eröffnete Hitlers Regierung den neuen Reichstag. Sie inszenierte die Eröffnung in Potsdam als feierliches Spektakel.

- Welche Botschaft sollte der „Tag von Potsdam" vermitteln? Arbeite mit Material A, B oder C.

Die Vorbereitungen

Das Reichstagsgebäude war Ende Februar 1933 zerstört worden (siehe S. 90). Deshalb verlegte man die Eröffnungszeremonie des neu gewählten Reichstags in die Potsdamer Garnisonkirche. Dort befanden sich die Gräber der preußischen Könige. Am 21. März 1871 hatte Kaiser Wilhelm I. am gleichen Ort die erste Sitzung des neu gegründeten Reichstags eröffnet. Die Kirche bot Platz für rund 2000 Ehrengäste. Zehntausende Zuschauer versammelten sich auf den im kaiserlichen Schwarz-Weiß-Rot und mit Hakenkreuzfahnen beflaggten Straßen und Plätzen, um den anschließenden Militärparaden zuzujubeln. Der kurz zuvor ernannte Propagandaminister Joseph Goebbels sorgte dafür, dass die Feier zu einem nationalen Ereignis wurde: In Zeitungen und im Radio hatte er zur Beflaggung von Wohnhäusern und zu lokalen Festakten mit Fackelzügen aufgerufen. Per Kamera und Mikrofon wurde die Veranstaltung festgehalten und im Radio übertragen.

A

M1 Protokoll für den Ablauf der Feier:
- Evangelischer Gottesdienst für Hindenburg und die evangelischen Abgeordneten in der Nikolaikirche, katholischer Gottesdienst in der Stadtpfarrkirche
- Stadtrundfahrt Hindenburgs bis zum Schloss Sanssouci und zurück, Ankunft in der Garnisonkirche
- Zusammentreffen in der Garnisonkirche, Hitler führt den Zug der Abgeordneten, Hindenburg schreitet die Ehrenkompanie auf dem Weg in die Kirche ab
- Festakt in der Kirche, Ansprache Hindenburgs, Regierungserklärung Hitlers, Kranzniederlegung auf den Gräbern der Preußenkönige
- Abnahme der Militärparade durch Hindenburg auf einer Tribüne vor der Kirche
- Abfahrt Hitlers und der Abgeordneten nach Berlin, Reichstagssitzung in der Kroll-Oper

Vom Autor zusammengestellt.

Postkarte zum „Tag von Potsdam", 1933. Unter der Garnisonkirche von links: Hitler, Friedrich der Große, Hindenburg.

1. Erläutere, welche Botschaft der „Tag von Potsdam" transportieren sollte (M1, Darstellungstext).
2. Überprüfe anhand von M2, inwiefern sich diese Botschaft in der Darstellung wiederfinden lässt.

Hindenburg schreitet nach dem Festakt zur Ehrentribüne.

Schutzpolizisten und Angehörige von SA und SS versuchen, die Menschenmassen zurückzuhalten. Foto, 21. März 1933

1 Betrachte die Fotos (M3 und M4). Notiere deine Eindrücke zur Stimmung.

2 Stelle dir vor, du wärst als Zuschauer dabei gewesen. Verfasse einen Brief an eine(n) Verwandte(n), in dem du von den Erlebnissen und deinen Erwartungen berichtest.

Aus der Rundfunkübertragung des Reporters Eberhard Freiherr von Medem (1933):

(Glockenläuten) ... Deutsche Hörer an allen Stellen des Reiches! Ich stehe jetzt mit Euch zusammen an einem hohen Fenster am Südportal der Garnisonkirche ... (Orgelspiel) Wir treten ein in die Kirche ...
5 Hört, was das neue Deutschland in Ehrfurcht und Selbstbesinnung am Grabe Friedrichs des Großen der Welt zu sagen hat.
Reichspräsident Generalfeldmarschall von Hindenburg: ... Der Ort, an dem wir uns heute versammelt
10 haben, mahnt uns zum Rückblick auf das alte Preußen, das in Gottesfurcht durch pflichttreue Arbeit, nie verzagenden Mut und hingebende Vaterlandsliebe groß geworden ist und auf dieser Grundlage die deutschen Stämme geeint hat. Möge der alte
15 Geist dieser Ruhmesstätte auch das heutige Geschlecht beseelen, möge er ... in nationaler Selbstbestimmung und seelischer Erneuerung zusammenführen zum Segen eines in sich geeinten, freien, stolzen Deutschlands!
20 Reichskanzler Adolf Hitler: ... Diesem jungen Deutschland haben Sie, Herr Generalfeldmarschall, am 30. Januar 1933 in großherzigem Entschluss die Führung des Reiches anvertraut ... Wir erheben uns vor Ihnen ... Sie erlebten einst des Reiches Werden,
25 sahen vor sich noch des großen Kanzlers [Bismarck] Werk, den wunderbaren Aufstieg unseres Volkes ... Heute lässt Sie die Vorsehung Schirmherr sein über die neue Erhebung unseres Volkes.

Zit. nach Michael Sauer (Hg.), Geschichte lernen, Sammelband Nationalsozialismus, Velber (Friedrich Verlag) 2000, S. 12.

1 a) Mache dir Notizen zur Stimmung und zu den inhaltlichen Aussagen der verschiedenen Sprecher (M5).
b) Stell dir vor, eine Familie (Vater, Mutter, Jugendliche/r) verfolgt gemeinsam die Radioübertragung. Entwirf ein Gespräch, in dem unterschiedliche Sichtweisen auf das Ereignis deutlich werden.

Aufgabe für alle:
Ihr seid ausländische Diplomaten. Schreibt einen Bericht über den „Tag von Potsdam" an eure Regierung.

Das „Ermächtigungsgesetz": Selbstentmachtung des Reichstags?

Am 23. März 1933 erlebte das deutsche Parlament seinen „schwärzesten Tag" – so formulierte es der Historiker Norbert Frei. An diesem Tag stimmten die Abgeordneten für das „Gesetz zur Behebung der Not von Volk und Reich", besser bekannt als „Ermächtigungsgesetz". Tagungsort war die Kroll-Oper in Berlin.
- *Was ereignete sich am 23. März 1933 im Parlament?*
- *Welche Folgen hatte das „Ermächtigungsgesetz"?*

Von den Notverordnungen zum „Ermächtigungsgesetz"

Seit März 1930 wurde in Deutschland mit Notverordnungen regiert (siehe S. 70/71). Als am 27. Februar 1933 der Reichstag brannte, beschuldigte Hitler zielgerichtet die Kommunisten der Brandstiftung. Der junge Sozialist
5 Marinus van der Lubbe wurde verhaftet, ohne gesetzliche Grundlage zum Tode verurteilt und hingerichtet. Bis heute ist die Tat nicht vollständig aufgeklärt. Mit bereits vorbereiteten Gesetzen gegen einen „kommunistischen Umsturz" sollte Reichspräsident Hindenburg die Politik
10 Hitlers durchsetzen. Die Notverordnung „Zum Schutz von Volk und Staat", („Reichstagsbrandverordnung") hob alle demokratischen Grundrechte auf. Nun konnte jeder unter dem Vorwurf des „Hochverrats am deutschen Volk" willkürlich verhaftet und ohne Gerichtsurteil
15 eingesperrt werden. Allein in Preußen inhaftierten und folterten die Nationalsozialisten bis April 1933 rund 35 000 Gegner, vor allem Kommunisten, aber auch Sozialdemokraten und Gewerkschafter. Viele von ihnen wurden ermordet.

20 Diese Umgehung des Parlaments ging den Nationalsozialisten noch nicht weit genug. Am 23. März legte Hitler den Abgeordneten das „Ermächtigungsgesetz"* zur Abstimmung vor. Zur Verabschiedung des Gesetzes mussten mindestens zwei Drittel der 647 Reichstags-
25 mitglieder anwesend sein. Die 81 KPD-Abgeordneten wie auch 26 Sozialdemokraten waren entweder in „Schutzhaft"* genommen worden oder untergetaucht und daher nicht anwesend. Die Zustimmung des katholischen Zentrums und der ihm nahestehenden Bayeri-
30 schen Volkspartei (BVP) hatte sich Hitler gesichert. Hitlers Annährung an die katholische Kirche gab trotz innerer Zerrissenheit der Fraktionen und grundsätzlicher Vorbehalte gegenüber der Hitler-Regierung den entscheidenden Ausschlag. Das Gesetz wurde mit 444
35 Ja-Stimmen gegen 94 Nein-Stimmen der Sozialdemokraten angenommen. Es trat unverzüglich für die Dauer von vier Jahren in Kraft. Durch Verlängerungen galt es bis zum Ende der NS-Herrschaft.

Aus dem Gesetz zur Behebung der Not von Volk und Reich („Ermächtigungsgesetz"), 24. März 1933:

Reichsgesetze können außer in dem in der Reichsverfassung vorgesehenen Verfahren auch durch die Reichsregierung beschlossen werden. Dies gilt auch für die in den Artikeln 85 II und 87 der Reichsverfas-
5 sung bezeichneten Gesetze.

Die von der Reichsregierung beschlossenen Reichsgesetze können von der Reichsverfassung abweichen, soweit sie nicht die Einrichtung des Reichstags und des Reichsrats als solche zum Gegenstand
10 haben. Die Rechte des Reichspräsidenten bleiben unberührt.

Die von der Reichsregierung beschlossenen Reichsgesetze werden vom Reichskanzler ausgefertigt und im Reichsgesetzblatt verkündet ...
15 Verträge des Reichs mit fremden Staaten, die sich auf Gegenstände der Reichsgesetzgebung beziehen, bedürfen für die Dauer der Geltung dieser Gesetze nicht der Zustimmung der an der Gesetzgebung beteiligten Körperschaften. Die Reichsregierung erlässt
20 die zur Durchführung dieser Verträge erforderlichen Vorschriften.

Dieses Gesetz tritt mit dem Tage seiner Verkündung in Kraft. Es tritt mit dem 1. April 1937 außer Kraft; es tritt ferner außer Kraft, wenn die gegenwärtige
25 Reichsregierung durch eine andere abgelöst wird.

Zit. nach http://www.documentarchiv.de/ns/ermaecht.html (Stand: 30. 09. 2016).

M2 Der SPD-Abgeordnete Wilhelm Hoegner (1887–1980) berichtet über die Stimmung am 23. März 1933:

Wilde Sprechchöre empfingen und begleiteten uns: „Wir wollen das Ermächtigungsgesetz, sonst gibt es Feuer!" In der Kroll-Oper wimmelte es von SA und SS ... Der Sitzungssaal war mit riesigen Hakenkreuzfahnen ... ausgeschmückt ... Als wir sie [die Plätze] eingenommen hatten, stellten sich SA- und SS-Leute an den Eingängen und Wänden hinter uns im Halbkreis auf. Ihre Mienen ließen nichts Gutes erwarten."

Wilhelm Hoegner, Flucht vor Hitler. Erinnerungen an die Kapitulation der ersten deutschen Republik 1933, München (Ullstein) 1977, S. 130.

SA- und SS-Einheiten vor der Kroll-Oper rücken am Tag der Verabschiedung des „Ermächtigungsgesetzes" als „Saalschutz" ein, Foto, 1933.

M4 Auszug aus der Rede des SPD-Vorsitzenden Otto Wels (1873–1939) in der Reichstagssitzung am 23. März 1933:

Nach den Verfolgungen, die die Sozialdemokratische Partei in der letzten Zeit erfahren hat, wird billigerweise niemand von ihr verlangen oder erwarten können, dass sie für das hier eingebrachte Ermächtigungsgesetz stimmt. Die Wahlen vom 5. März haben den Regierungsparteien die Mehrheit gebracht und damit die Möglichkeit gegeben, streng nach Wortlaut und Sinn der Verfassung zu regieren. Wo diese Möglichkeit besteht, besteht auch die Pflicht ... Noch niemals, seit es einen Deutschen Reichstag gibt, ist die Kontrolle der öffentlichen Angelegenheiten durch die gewählten Vertreter des Volkes in solchem Maße ausgeschaltet worden, wie es jetzt geschieht, und wie es durch das neue Ermächtigungsgesetz noch mehr geschehen soll ... Die Herren von der Nationalsozialistischen Partei nennen die von ihnen entfesselte Bewegung eine nationale Revolution, nicht eine nationalsozialistische. Das Verhältnis ihrer Revolution zum Sozialismus beschränkt sich bisher auf den Versuch, die sozialdemokratische Bewegung zu vernichten ... Zerstörung von Bestehendem ist aber noch keine Revolution. Das Volk erwartet positive Leistungen ... Wir deutschen Sozialdemokraten bekennen uns in dieser geschichtlichen Stunde feierlich zu den Grundsätzen der Menschlichkeit und der Gerechtigkeit, der Freiheit und des Sozialismus ... Wir grüßen die Verfolgten und Bedrängten. Wir grüßen unsere Freunde im Reich. Ihre Standhaftigkeit und Treue verdienen Bewunderung. Ihr Bekennermut, ihre ungebrochene Zuversicht verbürgen eine hellere Zukunft.

Zit. nach Herbert Michaelis/Ernst Schraepler, Ursachen und Folgen. Vom deutschen Zusammenbruch 1918–1945 bis zur staatlichen Neuordnung Deutschlands in der Gegenwart, Bd. 9, Berlin (Dokumentenverlag Wendler) 1964, S. 147f.

---

1 Hitlers Regierung setzte die Politik der Notverordnungen fort. Belege mithilfe des Darstellungstextes, wie sich die Aufhebung von Grundrechten auswirkte.
2 Arbeite aus M1 heraus, welche Folgen das Gesetz für die Parteien des Reichstags hatte und welche Möglichkeiten es der Regierung Hitler eröffnete.
3 Überprüfe mithilfe des Grundgesetzes der Bundesrepublik, ob heute ein ähnliches Gesetz möglich wäre.
4 Analysiere die Rede von Otto Wels (M4).
5 Allein die Sozialdemokraten widersetzten sich und stimmten unter Bedrohung gegen das Gesetz (M2, M3). Verfasse eine Rede, in der du diese Leistung aus heutiger Sicht würdigst.

Zusatzaufgabe: siehe S. 320.

Webcode: FG450099-091 *Film: 1933 – Der Weg in die Diktatur*

Die Emslandlager
Orte des Terrors und der Erinnerung

Den Begriff „Konzentrationslager" (KL, KZ) verbindet man meist mit Auschwitz, wo ab 1941 systematisch Juden ermordet wurden. Doch die Nationalsozialisten errichteten bereits unmittelbar nach ihrer Machtübernahme 1933 überall im Reich Konzentrationslager. Drei davon entstanden im Emsland, im Nordosten Niedersachsens.

- Welche Funktion hatten die Konzentrationslager?
- Wer war dort unter welchen Bedingungen inhaftiert?

Häftlinge eines Emslandlagers bei der Arbeit im Moor, Foto, 1935

Die Konzentrationslager im Emsland

Im heutigen Landkreis Emsland wurden unter dem Kommando der SA und SS einige der ersten Konzentrationslager im Deutschen Reich errichtet, und zwar in Neusustrum, Börgermoor und Esterwegen. Die „frühen" Lager, in denen ungefähr viertausend Menschen inhaftiert waren, dienten dazu, durch sogenannte Schutzhaft Regimegegner festzusetzen und umzuerziehen. In mindestens 26 Fällen wurden Inhaftierte auch umgebracht. Bei den Schutzhäftlingen handelte es sich anfangs um Kommunisten und Sozialdemokraten, doch noch im Jahr 1933 kamen Mitglieder anderer Parteien oder Gewerkschaften, Intellektuelle, Zeugen Jehovas, Homosexuelle und Juden hinzu. Die Inhaftierten wurden aufgrund der Zwangsarbeit, die sie zur Kultivierung des Moores im Emsland verrichten mussten, „Moorsoldaten" genannt. Zusätzlich zu dieser anstrengenden Arbeit waren sie den Schikanen, Erniedrigungen und der Gewalt der Wärter ausgesetzt. Ab 1936 wurden die meisten politischen Häftlinge in andere Lager verlegt, Strafgefangene und später Kriegsgefangene nahmen ihren Platz ein.

Besondere Lagerordnung für das KL Esterwegen, 1. August 1934:

Es bleibt jedem Schutzhaftgefangenen überlassen, darüber nachzudenken, warum er in das Konzentrationslager gekommen ist. Hier wird ihm Gelegenheit geboten, seine innere Einstellung gegen Volk und Vaterland zu Gunsten einer Volksgemeinschaft auf nationalsozialistischer Grundlage zu ändern. …
Kein Gefangener darf im Lager Zivilkleidung tragen. … Allen Neuzugängen sind die Kopfhaare radikal zu scheren….
Alle SS-Männer bis zum Kommandanten des Konzentrationslagers sind Vorgesetzte der Gefangenen; ihren Befehlen ist unverzüglich und ohne Widerrede Folge zu leisten. …
Die Gefangenen sind ausnahmslos zur körperlichen Arbeit verpflichtet. Stand, Beruf und Herkommen bleiben außer Betracht. … Die Arbeitszeit im ganzen Lager bestimmt ausschließlich der Lagerkommandant. Beginn und Ende der Arbeit wird durch Hornsignal oder durch die Werkstattglocke bekanntgegeben. …
Johlen, Schreien und überlautes Rufen ist im Lager untersagt. Die Baracken und Unterkünfte dürfen nur durch die vorgeschriebenen Eingänge betreten und verlassen werden. Wer bei Tag oder Nacht durch ein Barackenfenster steigt, sich ohne Auftrag auf Barackendächer begibt, Steine über die Lagermauer wirft, während der Nacht – zwischen Zapfenstreich und Wecken – die Baracke verlässt, wird ohne Aufruf erschossen.

Abgedruckt bei Kosthorst/Walter: Konzentrations- und Strafgefangenenlager im Dritten Reich, Bd. 1, Düsseldorf, 1983, Dok.-Nr. B/1.71, S. 197–205.

M3 Wolfgang Langhoff berichtet im Schweizer Exil aus seiner Haftzeit im KL Börgermoor 1933/34:

Der Baracke 10 gegenüber stand die Arrestbaracke. Wir nannten sie die „Baracke 11". Sie war gebaut wie die anderen Baracken, nur drinnen war sie eingeteilt in 30 kleine, enge Zellen. ... Könnten
5 diese Wände erzählen von den Folterungen, den täglichen Prügeln, den Selbstmordversuchen, aufgeschnittenen Pulsadern, vom tägliche Stöhnen und Schreiben der Gequälten: alle Schilderungen menschlichen Leiden müssten verblassen! Wie oft
10 haben wir morgen oder abends, wenn wir angetreten vor der Baracke standen, das Jammern gehört durch die dünnen Holzwände, die flehentlichen Bitten um aufzuhören! ...
Monatelang stehen wir im Moor, oft versacken
15 wir bis zu den Knien im Sumpf, oft kommen unsere Spaten kaum durch die riesigen Wurzeln und Baumstümpfe der versunkenen Wälder, die es in diesem Moor gibt, oft treten wir auf Kreuzottern, die im heißen Heidekraut züngeln, oft
20 bricht einer von uns zusammen und wird von einem von uns ins Lazarett gebracht. Und ewig die Antreiberei, die demütigenden Beschimpfungen, das peinigende Gefühl kein Mensch mehr – irgendein Tier zu sein, das in Scharen zusam-
25 mengetrieben, in zehn langen Ställen untergebracht, mit Nummern versehen, gejagt und geprügelt, je nach Bedarf, den Launen seiner Viehtreiber ausgesetzt sind.

Wolfgang Langhoff: Die Moorsoldaten, 13 Monate Konzentrationslager, München 1946 [Erstscheinung 1935], S. 146, 179.

M4 „Wir sind die Moorsoldaten" (1933 von Häftlingen in Börgermoor komponiert)

Wohin auch das Auge blicket,
Moor und Heide nur ringsum.
Vogelsang uns nicht erquicket,
Eichen stehen kahl und krumm.
5 Wir sind die Moorsoldaten
und ziehen mit dem Spaten ins Moor ...
Morgens ziehen die Kolonnen
in das Moor zur Arbeit hin.
Graben bei dem Brand der Sonnen, doch zur
10 Heimat steht der Sinn. [Refrain] ...
Auf und nieder gehn die Posten,
keiner, keiner kann hindurch.
Flucht wird nur das Leben kosten,
vierfach ist umzäumt die Burg. [Refrain]
15 Doch für uns gibt es kein Klagen,
ewig kann's nicht Winter sein,
einmal werden froh wir sagen:
Heimat, du bist wieder mein!
Dann ziehn die Moorsoldaten
20 nicht mehr mit dem Spaten ins Moor!

Zit. nach: Dirk Luerßen: „Wir sind die Moorsoldaten!": die Insassen der frühen Konzentrationslager im Emsland 1933 bis 1936, Diss. Universität Osnabrück, 2001, S. 496 f.

---

1 Gruppenarbeit: Untersucht M1–M5 und gestaltet einen Kurzvortrag zu den frühen Konzentrationslagern im Emsland.
  • Geht auf die Leitfragen im Moderationstext ein.
  • Entwickelt weitergehende Fragen, die sich anhand der Materialien nicht beantworten lassen.
2 **Wähle eine Aufgabe aus:**
  Recherche:
  a) Der bekannteste Häftling in Esterwegen war Carl von Ossietzky (M5). Erstelle eine Kurzbiografie.
  b) Otto Eggerstedt war Inhaftierter im KL Esterwegen. Stelle seinen Lebensweg zusammen.
  c) Informiere dich über SS-Führer Hans Loritz und stelle seine Vita vor.
3 **Exkursionstipp:** Bereitet euch mithilfe eurer Arbeitsergebnisse und Fragen auf einen Besuch der Gedenkstätte der Emslandlager in Esterwegen vor.

M5 *Carl von Ossietzky (1889–1938) als Häftling im KL Esterwegen, Foto, 1933*

Webcode: FG450099-093
Konzentrationslager

Die Errichtung der Diktatur

Unmittelbar nach dem 30. Januar 1933 begannen die Nationalsozialisten, die politischen Institutionen und das gesellschaftliche Leben in ihrem Sinne umzubauen. Diesen Prozess bezeichneten sie als „Gleichschaltung".

- *Wie gelang es den Nationalsozialisten, die Demokratie innerhalb weniger Monate in eine Diktatur zu verwandeln?*

Die Zerstörung der demokratischen Ordnung

Die Nationalsozialisten brachten mithilfe des „Ermächtigungsgesetzes" ab März 1933 alle staatlichen Einrichtungen unter ihre Kontrolle (siehe S. 92). So wurden mit dem „Gesetz zur Gleichschaltung der Länder mit dem Reich" die Länderregierungen beseitigt und „Reichsstatthalter" eingesetzt, die Hitler unmittelbar unterstanden. Das im April 1933 erlassene „Gesetz zur Wiederherstellung des Berufsbeamtentums" bot die Grundlage für die Entlassung politisch andersdenkender sowie jüdischer („nichtarischer") Beamter.

Der 1. Mai wurde zum „Tag der nationalen Arbeit" erklärt und mit Massenaufmärschen und Großkundgebungen als Feiertag inszeniert. Am 2. Mai 1933 besetzten völlig überraschend SA, SS und Polizei Gewerkschaftshäuser im ganzen Reich. Freie Gewerkschaften wurden verboten, ihre Vermögen beschlagnahmt, zahlreiche Gewerkschaftsfunktionäre verhaftet und in Konzentrationslager gebracht. Nachdem alle Parteien verboten worden waren oder sich selbst aufgelöst hatten, erklärte sich die NSDAP im Juli zur alleinigen Staatspartei.

Für eine positive Berichterstattung in der Presse wie auch die Gleichschaltung der Literatur und Kunst sorgten das „Reichsministerium für Volksaufklärung und Propaganda" und die „Reichskulturkammer" unter Joseph Goebbels. Kritische Journalisten wurden auf Druck der Nationalsozialisten entlassen. Missliebige Künstler und Schriftsteller erhielten Berufsverbote, viele von ihnen emigrierten. Am 10. Mai wurden in vielen deutschen Städten Bücher verbotener Autorinnen und Autoren öffentlich verbrannt.

Die Nationalsozialisten trafen auf keinen nennenswerten Widerstand gegen diese tief greifenden Veränderungen. Viele Menschen waren wohl auch deshalb bereit, die Maßnahmen hinzunehmen, weil die Nationalsozialisten nach den Krisenzeiten der Weimarer Republik politische Stabilität versprachen und es ihnen zumindest kurzfristig gelang, die Arbeitslosigkeit zu beseitigen.

Festigung der Macht

Anhaltende Unruhen, eine scharfe Konkurrenz zwischen der immer mächtiger werdenden SA und der Reichswehr sowie parteiinterne Macht- und Richtungskämpfe belasteten das Hitler-Regime zunehmend. Im Sommer 1934 wurden die gesamte SA-Spitze um Ernst Röhm sowie etliche konservative Regimekritiker auf Befehl Hitlers entmachtet und hingerichtet.

Nach dem Tod des Reichspräsidenten Hindenburg am 2. August 1934 ergriff Hitler auch den Posten des Staatsoberhauptes und ließ sich nachträglich durch Volksentscheid als „Führer* und Reichskanzler" in diesem Amt bestätigen. Damit besaß er die uneingeschränkte Gewalt in Deutschland.

M1 „1. Mai 1933", Tag der Arbeit, Postkarte, 1933

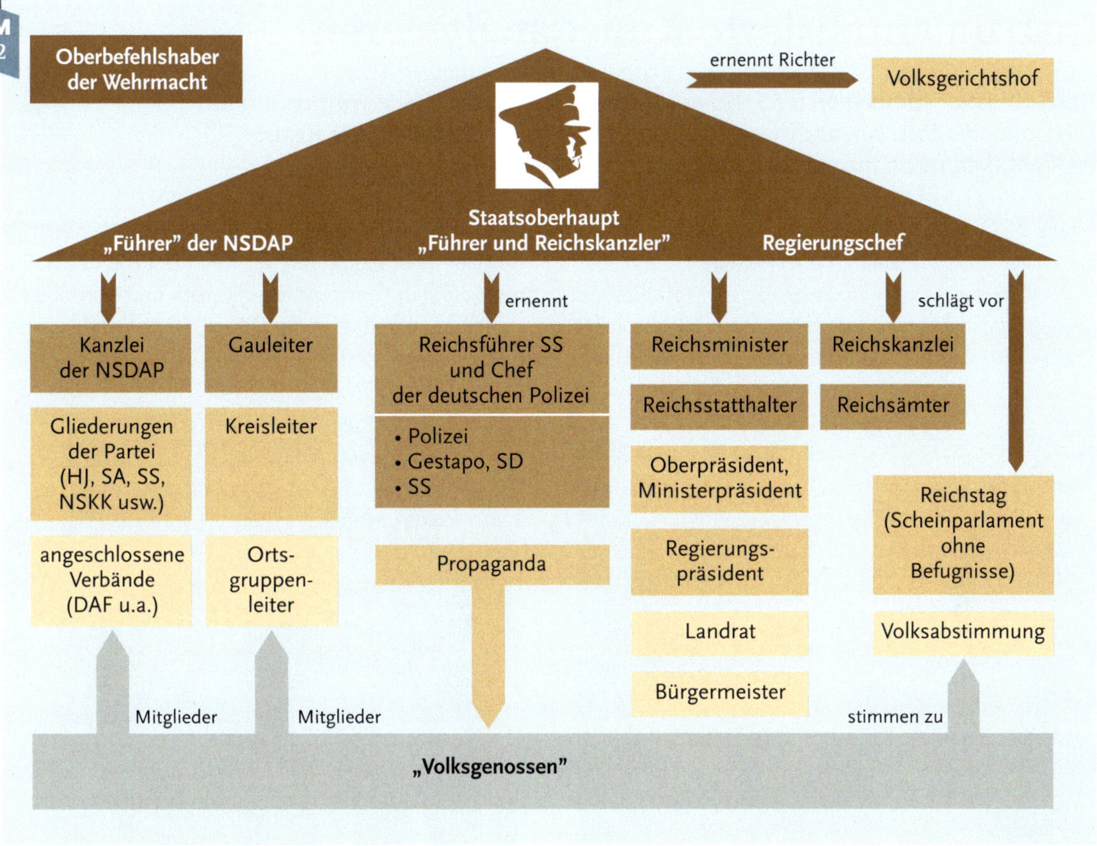

Machtstruktur der NS-Diktatur

Reichpropagandaminister Goebbels notierte in seinem Tagebuch, 17. April 1933:

Ich habe mit dem Führer die schwebenden Fragen eingehend durchgesprochen ... Den 1. Mai werden wir zu einer grandiosen Demonstration des deutschen Volkswillens gestalten. Am 2. Mai
5 werden dann die Gewerkschaftshäuser besetzt. Gleichschaltung auch auf diesem Gebiet. Es wird vielleicht ein paar Tage Krach geben, aber dann gehören sie uns. Man darf hier keine Rücksicht mehr kennen ... Sind die Gewerkschaften in unse-
10 rer Hand, dann werden sich auch die anderen Parteien und Organisationen nicht mehr lange halten können.

Zit. nach Herbert Michaelis/Ernst Schraepler (Hg.), Ursachen und Folgen: Vom deutschen Zusammenbruch 1918 und 1945 bis zur staatlichen Neuordnung Deutschlands in der Gegenwart, Berlin (Wendler) 1964, S. 628.

Gleichschaltung
Nationalsozialistischer Begriff: Vereinnahmung von Institutionen und Organisationen für die Ziele der NSDAP (z. B. Schulen, Zeitungen ...). Abschaffung der Meinungsfreiheit und Vielfalt durch Verbote oder Eingliederung in NS-Organisationen.

1 Erläutere den Begriff „Gleichschaltung" an den Beispielen aus dem Darstellungstext.
2 Untersuche M1 und M3. Zeige am Beispiel der Gewerkschaften und Arbeiter, wie die Nationalsozialisten bei der Gleichschaltung vorgingen.
3 Werte M2 aus:
   a) Kläre unbekannte Begriffe und Abkürzungen.
   b) Beschreibe anschließend die Organisation und Struktur der NS-Diktatur.
4 Erstelle anhand der Doppelseite ein Schaubild zur Errichtung der NS-Diktatur.

Instrumentalisierte Kunst analysieren

Auch Künstler standen im Blickfeld der Nationalsozialisten. Viele wurden verboten oder instrumentalisiert. Was man unter instrumentalisierter Kunst versteht, kannst du hier an zwei Gemälden der NS-Zeit untersuchen.

Schon 1933 begann das Reichspropagandaministerium, Maler und Bildhauer zu überwachen. Es verhängte Berufsverbote gegen Künstler, deren Werke es als „undeutsch" oder „entartet" betrachtete. Viele solcher
5 Kunstwerke wurden beschlagnahmt, ins Ausland verkauft oder vernichtet. Aufträge gab es nur noch für Gemälde und Skulpturen, die der Ideologie der Nationalsozialisten entsprachen. Kunst und Architektur standen nun im Dienst der Diktatur – sie wurden „inst-
10 rumentalisiert".

„Die Fahne", Aquarell von Paul Hermann, veröffentlicht 1942 zum Jahrestag des sogenannten Hitlerputsches vom 9. November 1923. Das Werk hing 1942 in der „Großen Deutschen Kunstausstellung" in München. Auf Hitlers Veranlassung erhielt der Künstler mehrere Auszeichnungen.

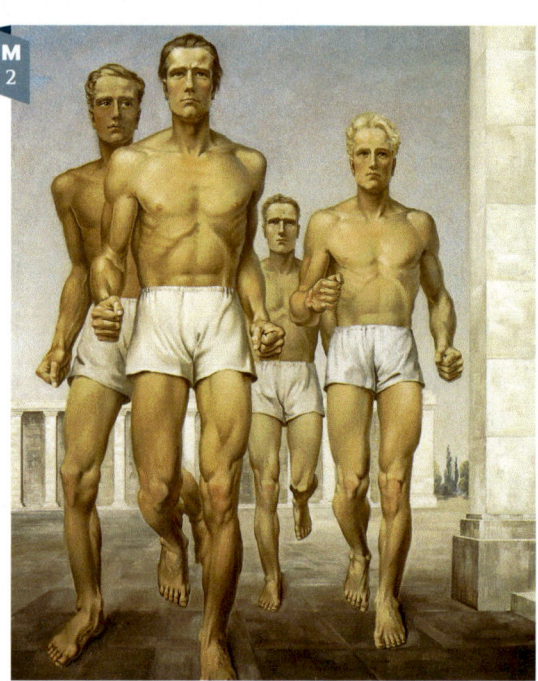

„Turner", Gemälde von Gerhard Keil, 1939

1 Untersuche M1 mithilfe der Arbeitsschritte rechts. Ergänze die Lösungshinweise.
2 Analysiere M2 mithilfe der Arbeitsschritte.
3 **Wähle eine Aufgabe aus:**
   a) In einer heutigen Ausstellung über NS-Kunst sollen die Bilder M1 und M2 hängen. Verfasse anhand deiner Analyse einen Kommentar für den Ausstellungskatalog.
   b) Vergleiche M2 mit den Bildern S. 62 M1 und S. 75 M3. Arbeite Unterschiede heraus und erkläre sie.
4 **Recherche:** „Raubkunst" – Informiere dich über das Schicksal eines von den Nationalsozialisten verbotenen Künstlers oder Werkes.
5 Bewerte aus heutiger Sicht die Rolle der Künstler im Nationalsozialismus.

Methode

Arbeitsschritte „Instrumentalisierte Kunst analysieren"

Thema und Einzelaspekte des Bildes erfassen und beschreiben	Lösungshinweise zu M1
1. Wer hat das Bild gemalt? Wann ist es entstanden?	• ...
2. Welchen ersten Eindruck und welche Stimmung vermittelt das Bild?	• Auf dem Bild herrscht eine ernste, feierliche und heroische Stimmung vor. Diese wird erzeugt durch ...
3. Welche Personen und Gegenstände sind zu sehen?	• Vier Männer in Uniform in der Mitte, gefolgt von einer größeren Gruppe, dicht gedrängte Menschenmassen, Fahnenschmuck an den Fassaden. Die Personen sind kaum als Individuen erkennbar.
4. Wo befinden sich die Personen und wie ist das Bild aufgebaut (Bildmittelpunkt, Perspektive)?	• Die vier Männer mit der Fahne bilden den Mittelpunkt. Die Arme der Zuschauer lenken den Blick des Betrachters auf sie. Durch das Hochformat wirkt die Straßenflucht enger, dunkle Säulen heben sich ab. Auf den Säulen sind in großen Schalen Feuer entzündet.
5. Werden Farben, Licht und Schatten eingesetzt?	• Gleißendes Sonnenlicht lässt die Personen als dunkle Gestalten erscheinen, lediglich die Fahnen haben Farbakzente. Der Rauch der Feuer erzeugt eine gespenstische, mystische Atmosphäre.
Symbolik und Geschichtlichkeit des Bildes erschließen und deuten	
6. In welchem Bezug stehen die Einzelaspekte und welche „Geschichte" erzählt das Bild?	• Das Bild soll stark stilisiert den jährlich inszenierten Marsch auf die Feldherrnhalle darstellen und die Erinnerung an den Hitlerputsch von 1923 (siehe S. 56/57) wachhalten.
7. Lassen sich Symbole oder bildhafte Vergleiche finden?	• Die Fahne steht für die nationalsozialistischen Werte der Treue, der Entschlossenheit, des Heldentums wie auch für die „Volksgemeinschaft", in welcher das Individuum aufgeht.
8. An welchen Bildelementen werden die Vorstellungen der Nationalsozialisten sichtbar?	• Das Individuum geht in der Masse auf, der Hitlergruß soll die Gemeinschaft unterstreichen, das Soldatische und die Fahne stehen im Mittelpunkt ...
Entstehung und Wirkung des Bildes untersuchen und in seinem Zusammenhang interpretieren	
9. Was wissen wir über die Entstehung des Werkes und über den Künstler? Wie stand der Künstler zu den Nationalsozialisten?	• Paul Hermann genoss das Vertrauen Hitlers, der seine Werke persönlich kaufte. Er galt als überzeugter Nationalsozialist und wurde 1941 zum Professor ernannt.
10. Welche Wirkung könnte es auf Zeitgenossen gehabt haben?	• ...
11. Lassen sich ideologische Bezüge erkennen? Inwiefern liegt hier ein Beispiel „instrumentalisierter Kunst" vor?	• ...

Zusammenfassung

3 Eine Ideologie setzt sich durch: Der Nationalsozialismus

1933

- 30. Januar Hitler wird zum Reichskanzler ernannt
- 1. Februar Reichspräsident Hindenburg löst den Reichstag auf
- 27./28. Februar Reichstagsbrand und „Reichstagsbrandverordnung"
- 5. März Neuwahlen zum Reichstag
- März erste Häftlinge in Konzentrationslagern
- 21. März „Tag von Potsdam"
- 23. März Reichstag stimmt dem „Ermächtigungsgesetz" zu
- 31. März „Gleichschaltung" der Länder
- 2. Mai Zerschlagung der Gewerkschaften
- 22. Juni–5. Juli Verbot der SPD und Auflösung der anderen Parteien

Eine Ideologie setzt sich durch: Der Nationalsozialismus

Hitler wird Reichskanzler

Die Zerstörung der Weimarer Demokratie begann nicht erst 1933. Bereits ab 1930 regierten von Reichspräsident Hindenburg eingesetzte Kabinette mit Notverordnungen am Parlament vorbei. Außerdem strebten deutschnationale und konservative Kreise seit Ende der 1920er Jahre danach, eine autoritäre Regierung und Verwaltung zu schaffen. Sie wollten das Parlament entmachten. In diesem Zusammenhang stand auch die Ernennung Adolf Hitlers zum Reichskanzler am 30. Januar 1933. Viele Zeitgenossen hielten seine Regierung zunächst nur für ein weiteres „Präsidialkabinett" – doch das war eine Fehleinschätzung. Der Irrtum wurde bald jenen zum Verhängnis, die Hitler zur Macht verholfen hatten. Obwohl im Kabinett Hitlers die Nationalsozialisten gegenüber den Deutschnationalen in der Minderheit waren, nutzten sie ihre Chance rücksichtslos aus und rissen innerhalb weniger Monate die ganze Macht an sich.

Die NS-Propaganda stilisierte den 30. Januar im Nachhinein zum Beginn einer „nationalen Revolution". Historiker sprachen lange Zeit von der „Machtergreifung", doch tatsächlich wurde Hitler die Macht friedvoll übertragen. In jedem Fall markiert der 30. Januar einen Wendepunkt in der deutschen Geschichte, weil er eine zwölfjährige Diktatur einleitete.

Die Errichtung des NS-Herrschaftssystems

Die Nationalsozialisten sicherten ihre Macht gleich zu Beginn mit einschneidenden Maßnahmen:

1. „Reichstagsbrandverordnung" (28. Februar 1933):
Am 27. Februar 1933 brannte der Reichstag. Mutmaßlicher Brandstifter war der junge Sozialist Marinus van der Lubbe. Obwohl er beteuerte, allein und aus Protest gehandelt zu haben, erklärte die NS-Propaganda die Tat zu einem kommunistischen Umsturzversuch. Die Nationalsozialisten drängten Reichspräsident Hindenburg dazu, tags darauf die „Reichstagsbrandverordnung zum Schutz von Volk und Staat" zu erlassen. Die Notverordnung setzte wichtige Grundrechte außer Kraft, wie die persönliche Freiheit, die Meinungs- und Versammlungsfreiheit und das Postgeheimnis. Aufgrund dieser Verordnung konnten tausende politische Gegner verhaftet und ohne Gerichtsurteil eingesperrt werden.

2. „Ermächtigungsgesetz" (23. März 1933):
Das „Ermächtigungsgesetz" wurde von der NSDAP vorgeschlagen und im Reichstag verabschiedet. Die bürgerlichen Parteien stimmten dafür, nur die SPD widersetzte sich. Allerdings konnten viele Abgeordnete der SPD und KPD wegen Verfolgung, Verhaftung oder Flucht gar nicht an der Abstimmung teilnehmen. Die Verbliebenen wurden während der Wahl eingeschüchtert. Das Gesetz ermöglichte es der Regierung, ohne Zustimmung des Reichstags Gesetze zu erlassen und verlieh ihr damit diktatorische Vollmachten.

Die Gleichschaltung und Propaganda

In den folgenden Wochen und Monaten versuchten die Nationalsozialisten, alle gesellschaftlichen Bereiche nach ihren Vorstellungen umzugestalten.
Diesen Prozess bezeichneten sie als „Gleichschaltung".

1934 | 1935

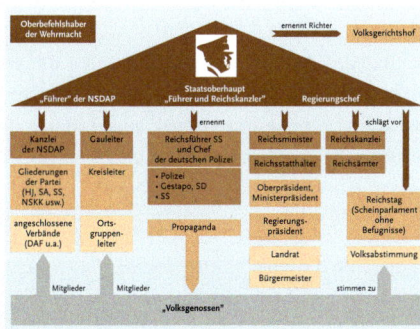

30. Juni–2. Juli Ermordung etlicher SA-Eliten und konservativer Regimekritiker auf Anordnung Hitlers

2. August Tod Hindenburgs: Hitler „Führer und Reichskanzler"

Die Gewerkschaften wurden aufgelöst, die SPD wurde verboten, die bürgerlichen Parteien gezwungen, sich selbst aufzulösen. An ihre Stelle traten die „Deutsche Arbeitsfront" (DAF) als Einheitsgewerkschaft und die NSDAP als Einheitspartei. Die Länderregierungen wurden bereits im April 1933 per Gesetz aufgelöst und durch „Reichsstatthalter" ersetzt. Sie unterstanden Hitler unmittelbar. Auch die Bevölkerung sollte durch Propaganda gleichgeschaltet werden. Dazu inszenierte Joseph Goebbels, der „Reichsminister für Volksaufklärung und Propaganda", am 21. März 1933 den „Tag von Potsdam". Mithilfe neuer Medien wie Film und Radio gestaltete er die Eröffnung des neuen Reichstags zu einem nationalen Großereignis. Er sorgte auch für die Gleichschaltung von Presse und Rundfunk: Entlassungen, Verbot und Zensur nötigten die Medien dazu, NS-Gesetze und Terror positiv darzustellen. Die Bevölkerung sollte glauben, die Maßnahmen seien notwendig, um die staatliche Ordnung aufrechtzuerhalten. Die Propaganda war ein wichtiges Mittel der Nationalsozialisten, um ihre Doppelstrategie zu verschleiern: Scheinlegalität auf der einen Seite, Gewalt und Einschüchterung auf der anderen.

Die Zensur erstreckte sich auch auf Kunst und Kultur. Eine „Reichskulturkammer" unter Goebbels verbot „entartete" Kunst und Literatur und förderte Künstler, die die NS-Ideologie unterstützten.

Die Ausschaltung politischer Gegner und die Machtsicherung durch Terror

Die Nationalsozialisten duldeten keinen Widerstand. Bald nach dem 30. Januar 1933 entstanden im gesamten Reich Konzentrationslager. Dort wurden anfangs vorrangig regimekritische Politiker und Gewerkschafter inhaftiert (in „Schutzhaft" genommen). Gedächtnisstätten wie die des ehemaligen Konzentrationslagers Esterwegen erlauben Einblicke in die Lebens- und Arbeitsbedingungen der Häftlinge jener Zeit.

Zu einem Problem für die Nationalsozialisten entwickelte sich die SA. Sie war unter der Führung Ernst Röhms auf eine zwei Millionen Mann starke Armee angewachsen, die immer schwerer zu kontrollieren war und in scharfer Konkurrenz zur Reichswehr stand. Die Krise löste sich ein Jahr später, als Hitler in einer dreitägigen Mordaktion vom 30. Juni bis zum 2. Juli 1934 große Teile der SA-Führung sowie Regimekritiker aus den konservativen Kreisen, darunter auch den ehemaligen Reichskanzler Kurt von Schleicher, verhaften und hinrichten ließ. Hitler begründete die Aktion mit einem drohenden Putsch gegen das Regime und erließ im Nachhinein ein Gesetz, das die Morde als „Staatsnotwehr" legitimierte.

Mit dem Tod Hindenburgs am 2. August 1934 ließ Hitler das Amt des Reichspräsidenten auflösen und seine Amtsgewalt auf sich übertragen. Ab sofort leitete er als „Führer und Reichskanzler" allein den Staat.

Die Ideologie der Nationalsozialisten

Im Zentrum der Ideologie, die Hitler „Weltanschauung" nannte, standen Rassismus, Antisemitismus und das Streben nach mehr „Lebensraum im Osten" für das deutsche Volk. Hitler formulierte seine Ziele im Buch „Mein Kampf" (1925). Er bediente sich scheinwissenschaftlicher Begriffe wie „Rasse", „Arier" und „Nichtarier" und behauptete, „arische" Menschen seien anderen überlegen. Ein wichtiges Element der Ideologie war das „Führerprinzip": Politische Entscheidungen sollten von einem starken „Führer" gefällt werden (also Hitler selbst), nicht durch Wahlen und demokratische Abstimmungen.

3 Eine Ideologie setzt sich durch: Der Nationalsozialismus

In diesem Kapitel konntest du folgende Kompetenzen erwerben:

- die Schritte zur Zerstörung von Demokratie und Rechtsstaatlichkeit ab 1933 benennen und erläutern
- Ziele, Maßnahmen und Auswirkungen der „Gleichschaltung" erklären
- die Elemente der nationalsozialistischen Ideologie beschreiben und ihre Anziehungskraft erklären
- **Methode:** Lebenserinnerungen auswerten
- **Methode:** Instrumentalisierte Kunst analysieren

M1

„Der 30. Januar 1933", Gemälde von Arthur Kampf (1864–1950), 1938

Der Historiker Volker Ullrich über den 30. Januar 1933 (2013):

Tatsächlich war Hitlers Weg zur Macht kein unaufhaltsamer Siegeszug, sondern eine Hängepartie, die auch anders hätte ausgehen können. ... Hitlers Triumph war keineswegs ein „Betriebsunfall" der deutschen Geschichte, aber er war auch nicht das unvermeidliche Resultat der Weimarer Staatskrise. Noch Ende Januar 1933 gab es die Möglichkeit, ihn von der Macht fernzuhalten.

http://www.zeit.de/2013/04/Hitler-Machtuebernahme-Reichskanzler-1933 (Stand: 05.10.2016).

Aus der Rede des Abgeordneten Reinhold Maiers (DDP / Deutsche Staatspartei) vom 23. März 1933 zum „Ermächtigungsgesetz":

Wir verstehen, dass die gegenwärtige Regierung weitgehende Vollmachten verlangt, um ungestört arbeiten zu können. Wenn wir gleichwohl in dieser so ernsten Stunde uns verpflichtet fühlen, Besorg-
5 nisse zum Ausdruck zu bringen ... Wir vermissen in dem vorliegenden Gesetzentwurf, dass den verfassungsmäßigen Grundrechten ... keine ausdrückliche Sicherung vor Eingriffen gegeben wurde. Unantastbar müssen vor allem bleiben die Unabhängigkeit
10 der Gerichte, das Berufsbeamtentum und seine Rechte, ... die staatsbürgerliche Gleichberechtigung, die Freiheit von Kunst und Wissenschaft wie ihre Lehre [sein]. Diese Werte sind Grundelemente jedes Gemeinschaftslebens in einem geordneten Rechts-
15 staat ... Im Interesse von Volk und Vaterland und in Erwartung einer gesetzmäßigen Entwicklung werden wir unsere ernsten Bedenken zurückstellen und dem Ermächtigungsgesetz zustimmen.

Zit. nach Josef u. Ruth Becker (Hg.), Hitlers Machtergreifung, München (dtv dokumente) 1992, S. 177.

Der amerikanische Historiker William Allen über die „Machtergreifung" in kleineren Städten (1966):

Den einen Tag gab es Verhaftungen und den nächsten einen großen jubelnden Umzug ... Zuerst hörte der Gesangverein mit alter Tradition und hohem Ansehen auf zu existieren, und dann kam die messing-
5 schimmernde SA-Kapelle. Aufzuckende Bilder von schwarz-weiß-roten Fahnen, brennenden Büchern, blechernen Rundfunkreden, Schulkindern mit Hakenkreuzen, gestiefelte SA-Männer, die einen Mann ins Gefängnis schleppten, Fackelzügen, auf denen
10 heisere Stimmen Lieder sangen ... Gerüchte über die Gestapo, Hämmern, die bei der Instandsetzung von Wohnhäusern dröhnten, rhythmische Siegheil-Salven – das alles vermischte sich, ... und Ende des Sommers 1933 befand sich [die Stadt] ... so fest im Griff
15 der Nationalsozialisten, dass es keine Möglichkeit mehr gab, den Prozess umzukehren.

Zit. nach William Allen, „Das haben wir nicht gewollt." Die nationalsozialistische Machtergreifung in einer Kleinstadt 1930–1935, Gütersloh (S. Mohn) 1966, S. 240f. Übers. von Jutta und Theodor Knust.

Methodenkompetenz

1 Die Nationalsozialisten haben den 30. Januar 1933 im Nachhinein zum „Tag der nationalen Erhebung" erklärt und vielfältig inszeniert. Interpretiere M1 mithilfe der Arbeitsschritte auf S. 97. Vergleiche auch mit M2 auf S. 82 und M1 auf S. 84.

2 Lebenserinnerungen von Zeitzeugen liefern interessante Sichtweisen auf historische Ereignisse. Erläutere kritisch, inwiefern sie als authentische Quellen gelten können.
Tipp: Nutze deine Ergebnisse von S. 84–85.

Sachkompetenz

3 Wiederhole die wichtigsten Begriffe der NS-Ideologie. Zeige auf, welche Ziele damit verbunden waren.
Tipp: Lies nach auf S. 79/80.

4 Erläutere, wie es den Nationalsozialisten gelang, die Demokratie bis zum Sommer 1933 in eine Diktatur zu verwandeln. Berücksichtige dabei den Begriff der „Gleichschaltung" wie auch M4.

Urteilskompetenz

5 a) Führe M2 fort, indem du Ullrichs These mit Argumenten belegst.
b) Diskutiert, inwiefern es aus eurer Sicht möglich war, die NS-Diktatur im Januar 1933 zu verhindern.
Vorschlag: Ihr könnt darüber auch ein Schreibgespräch führen (siehe S. 329).

6 a) Beschreibe die politische Haltung, die in der Rede Maiers' (M3) sichtbar wird.
b) Beurteile die Entscheidung des DDP-Abgeordneten (M3) aus der historischen Perspektive der Situation am 23. März 1933.
c) Bewerte sie aus heutiger Sicht.

7 a) Erläutere, was man unter einem „totalitären Staat" versteht (Lexikon).
b) Stelle dar, inwiefern diese Bezeichnung auf das NS-Regime zutrifft.
Tipp: Lies nach auf S. 80/81 und S. 88–95.

4 Leben im Nationalsozialismus

„Führer befiehl, wir folgen! Alle sagen Ja!"
Sagten wirklich alle „Ja", wie auf dem Transparent zu lesen ist?
Am 19. August 1934 gab es eine Volksabstimmung. Sie sollte legitimieren, dass Hitler das Amt des Reichskanzlers und des Reichspräsidenten auf sich vereinte. Auch die Hitlerjugend war auf der Straße, um dafür zu werben. Die Faszination des Regimes hatte sie gebannt, der Mechanismus der Verführung hatte gegriffen.

Beschreibe die Stimmung im Bild.
Überlege, warum die Jugendlichen so überzeugt für den „Führer" Propaganda betrieben.

Propagandawagen der Hitlerjugend, Berlin, Foto, 1934

Orientierung im Kapitel — 4 Leben im Nationalsozialismus

| 1930 | 1935 |

ab 1933 Aufbau nationalsozialistischer Massenorganisationen; Beginn der Verdrängung der Juden aus dem Berufs- und Wirtschaftsleben

1935 Nürnberger Gesetze: Juden sind keine Staatsbürger mehr

1930–1933 Präsidialkabinette

1918–1933 Weimarer Republik

30. Januar 1933 Hitler wird Reichskanzler

Leben im Nationalsozialismus

Das Alltagsleben der Menschen veränderte sich im Nationalsozialismus gravierend. Verbände und Vereine wurden verboten oder gingen in neuen Massenorganisationen der NSDAP auf, Rituale wie der Hitlergruß wurden zur Normalität. Hakenkreuze dominierten das Alltagsbild. Ob im Beruf oder in der Freizeit, die Deutschen wurden gleichgeschaltet und im Sinne der nationalsozialistischen Ideologie beeinflusst.

Dennoch herrschte bei vielen Deutschen eine Aufbruchsstimmung. Steigender Lebensstandard, aber auch gezielte Propaganda verankerten im öffentlichen Bewusstsein das Bild einer Staatsführung, die sich scheinbar intensiv um das Wohlergehen der Bevölkerung kümmerte. Dabei bezweckte die NSDAP durch Fürsorgeeinrichtungen wie das Winterhilfswerk oder die Deutsche Arbeitsfront, die Deutschen gezielt zu beeinflussen und zu kontrollieren. Gestärkt durch ein „Wir-Gefühl" sollte der Einzelne in der „Volksgemeinschaft" aufgehen. Besonderes Augenmerk legten die Nationalsozialisten auf die Erziehung von Kindern und Jugendlichen in den Organisationen der Partei.

Allerdings war die Gemeinschaft nur für diejenigen gedacht, die dem ideologischen Schema der Nationalsozialisten entsprachen. „Nichtarische" Minderheiten und Regimegegner wurden systematisch ausgeschlossen und terrorisiert.

- Wie gelang es der NS-Diktatur, weite Teile der Bevölkerung für sich zu gewinnen?
- Wie veränderte sich das Leben der Einzelnen und der Gesellschaft?
- Auf welche Weise wurden Menschen systematisch ausgegrenzt, diskriminiert, entrechtet und verfolgt?

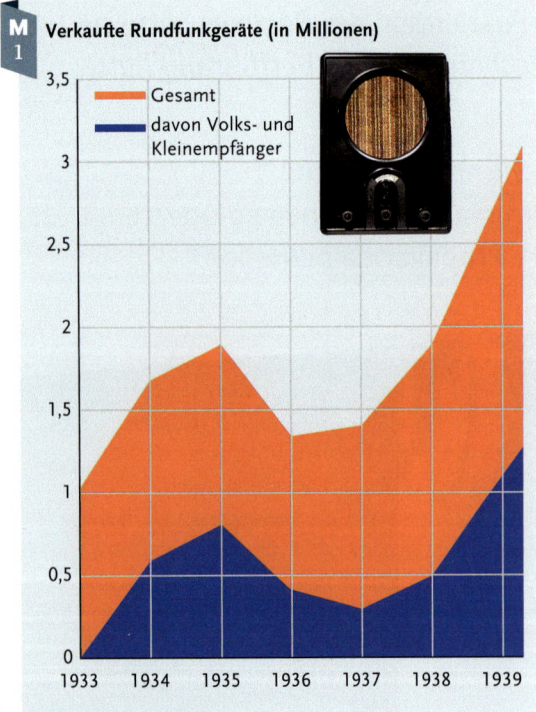

M1 Verkaufte Rundfunkgeräte (in Millionen)

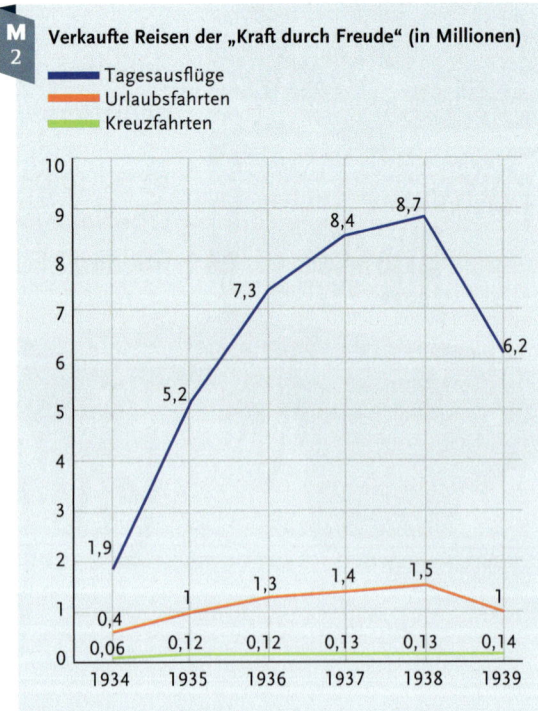

M2 Verkaufte Reisen der „Kraft durch Freude" (in Millionen)

Orientierung im Kapitel 105

1936 Hitlerjugend (HJ) und Bund Deutscher Mädel (BDM) einzige erlaubte Jugendorganisationen

1940

9. November 1938 Reichspogromnacht: Zerstörung jüdischen Eigentums und vieler Synagogen

Oktober 1939 Beginn der Mordaktion an behinderten Menschen

1945

1939–1945 Zweiter Weltkrieg

Ausgabe von Kleidung an Bedürftige durch das „Winterhilfswerk des deutschen Volkes", einer NS-Organisation, Foto, Berlin 1935

Angehörige des Jungvolks der HJ (10–14 Jahre) bei der Einführung zum Luftgewehrschießen, Ostsee, 1937

Drei Frauen bekommen öffentlich die Haare abgeschnitten. Auf den Schildern steht: „Ich bin aus der Volksgemeinschaft ausgestoßen", Foto, Linz/Österreich, November 1938

---

1 Stelle mithilfe der Materialien Hypothesen auf, warum das NS-System so große Zustimmung erreichen konnte.
   Tipp: Überprüfe deine Vermutungen am Ende des Kapitels.

2 **a) Recherche:** Informiere dich über die sozialen Organisationen im Nationalsozialismus und ihre Aufgaben (z. B. Winterhilfswerk, Kraft durch Freude).

   b) Die NS-Propaganda versprach „Reisen für jedermann". Überprüfe mithilfe von M2 und deiner Recherche, ob sich dieser Anspruch erfüllte.

3 Entwickle Erklärungen dafür, dass die Nationalsozialisten die deutschlandweite Verbreitung von Radios förderten (M1).

4 Versetze dich in eine Person aus M5 und formuliere mögliche Gedanken und Gefühle.

Die „Volksgemeinschaft": Ein Ideal?

Die Nationalsozialisten versprachen den Deutschen eine große „Volksgemeinschaft" ohne Klassengegensätze. Das trug wesentlich zur Attraktivität ihrer Politik bei. Doch was genau verstanden sie darunter?
- *Erforsche, wie die nationalsozialistische „Volksgemeinschaft" im Alltag umgesetzt und gelebt wurde.*
- *Untersuche, wer Teil der „Volksgemeinschaft" war – und wer ausgeschlossen.*

„Berlin isst heute sein Eintopfgericht", Foto, 1935. Solche öffentlichen Eintopfessen fanden jeweils am ersten Sonntag der Monate Oktober bis März statt. Von jedem Teilnehmer wurde eine großzügige Spende für Bedürftige erwartet. Auch der „Führer" und andere NS-Größen nahmen regelmäßig daran teil.

„Gemeinnutz geht vor Eigennutz"

Mit solchen und ähnlichen Parolen schufen die Nationalsozialisten ein Zusammengehörigkeitsgefühl in der Bevölkerung. In der „Volksgemeinschaft"* sollten alle Unterschiede in Herkunft, Beruf, Vermögen und Bildung
5 aufgehoben sein und sich jeder als Teil eines großen Ganzen fühlen. Bei inszenierten Massenveranstaltungen verschmolzen die Menschenmengen scheinbar zu einem festen Block. Sie spiegelten die „Volksgemeinschaft" optisch wider (siehe S. 76/77). Sammelaktionen für das
10 „Winterhilfswerk" (WHW) oder die „Eintopfsonntage" vermittelten Solidarität und stifteten eine gemeinsame Identität. Die nationalsozialistische Propaganda unterstützte solche Maßnahmen mit Schlagworten wie „Du bist nichts, dein Volk ist alles!". Damit beschworen sie
15 die Eingliederung des Einzelnen in eine opferbereite Volks- und Leistungsgemeinschaft.

Während des Zweiten Weltkrieges erfuhr die Idee ihre äußerste Steigerung in der propagierten „Schicksalsgemeinschaft des deutschen Volkes" – nach dem Willen
20 Hitlers sollten alle auf Leben und Tod miteinander verschworen sein.

Wer gehörte nicht zur „Volksgemeinschaft"?

Alle Bürger, die nicht bereit waren, blinden Gehorsam gegenüber dem Führer zu akzeptieren oder für seine
25 Politik Opfer zu bringen, galten als „Volksschädlinge". Gegner des Regimes wie Sozialdemokraten und Kommunisten, aber auch Juden, Sinti und Roma, Behinderte, Homosexuelle und weitere Gruppen wurden von der „Volksgemeinschaft" ausgeschlossen, diskriminiert* und
30 brutal verfolgt (siehe S. 124).

Plakat von René Ahrlé, zwischen 1933 und 1939

Mitglieder der „Deutschen Arbeitsfront" am Deutschen Eck in Koblenz mit dem Kaiser-Wilhelm-Denkmal, Foto, 1933

Auszug aus dem Programm der NSDAP (1920):

4. Staatsbürger kann nur sein, wer Volksgenosse ist. Volksgenosse kann nur sein, wer deutschen Blutes ist, ohne Rücksichtnahme auf Konfession. Kein Jude kann daher Volksgenosse sein.
5. Wer nicht Staatsbürger ist, soll nur als Gast in Deutschland leben können und muss unter Fremdengesetzgebung stehen …
10. Erste Pflicht jedes Staatsbürgers muss sein, geistig oder körperlich zu schaffen. Die Tätigkeit des Einzelnen darf nicht gegen die Interessen der Allgemeinheit verstoßen, sondern muss im Rahmen des Gesamten und zum Nutzen aller erfolgen.

Zit. nach Walther Hofer (Hg.), Der Nationalsozialismus, Dokumente 1933–1945, 49. Aufl., Frankfurt a. M. (Fischer Verlag) 2004, S. 28f.

---

1. Beschreibe M1. Erkläre den Sinn von Veranstaltungen wie dem „Eintopfessen".
2. Erstelle eine Mindmap zum Begriff „Volksgemeinschaft" (Darstellungstext, M4).
3. Notiere die NS-Parolen aus dem Darstellungstext. Erläutere ihre Folgen für das Leben des Einzelnen.
4. Analysiere das Plakat (M2) und arbeite seine Botschaft heraus.
5. a) **Recherche:** Informiere dich mittels Internet über die „Deutsche Arbeitsfront" (DAF).
   b) Finde heraus, weshalb die DAF den in M3 abgebildeten Versammlungsort ausgesucht hatte.
6. **Wähle eine Aufgabe aus:**
   Nimm Stellung zur Kapitelüberschrift aus der Sicht
   a) eines Mitgliedes der „Volksgemeinschaft",
   b) eines von den Nationalsozialisten als „Volksschädling" Bezeichneten.

Webcode: FG450099-107
„Volksgemeinschaft"

Frauen in der „Volksgemeinschaft"

Bis heute ist die Rolle der Frauen im Nationalsozialismus umstritten.
- *Spielten sie nur als Hausfrauen und Mütter eine aktive Rolle, so wie die NS-Ideologie dies vorsah? Wähle ein Material (A, B, oder C) und finde eine Antwort auf diese Frage.*

Aufgabe für alle:
Überprüft, in welchen Bereichen sich das Leben der Frauen in der „Volksgemeinschaft" gegenüber der Weimarer Republik veränderte. Nutzt S. 64/65.

Frauen zurück an den Herd?

Die „Gleichschaltung" erfasste auch die Frauen. Frauenvereine wurden in das „Deutsche Frauenwerk" und in den Parteiverband „NS-Frauenschaft" eingegliedert. Durch gezielte Propaganda verbreiteten die Nationalsozialisten ihr Frauenbild. Gleichzeitig versuchten sie, Frauen durch gemeinnützige Aktivitäten für die „Volksgemeinschaft" zu mobilisieren.

Das ideologische Ziel war zunächst, Frauen „zurück an den Herd" zu schicken. Doch mit Beginn des Zweiten Weltkrieges geriet dieses Vorhaben immer mehr in den Hintergrund. Frauen mussten nun nicht nur für die Familie sorgen, sondern oft auch die Arbeit der Männer übernehmen. Allerdings erhöhten sich dadurch ihre Karrierechancen in der Wirtschaft und an Universitäten. Während des Krieges waren Frauen auch in den besetzten Gebieten im Einsatz. Dort beteiligten sie sich an rassistischen Diskriminierungen und Verbrechen. Ihre Mittäterinnenschaft bei Gewalttaten blieb aber beschränkt.

A

„Muttertag 1939", Titelbild der Zeitschrift „NS-Frauen-Warte", 1939

Verleihung des Mutterkreuzes in Hamburg, Foto, 1940. Das „Ehrenkreuz der deutschen Mutter", wie es offiziell hieß, wurde seit 1938 als ordensähnliche Auszeichnung an Mütter mit vier oder mehr Kindern verliehen.

1. Beschreibe die Bilder (M1, M2) und die von ihnen ausgehenden Stimmungen.
2. Erkläre, was sie dem Betrachter vermitteln sollen.
3. Erfinde zu den Bildern jeweils einen kurzen inneren Monolog, in dem die Mutter ihre Rolle darlegt.

Heiratsanzeigen in der Parteizeitung „Völkischer Beobachter", 12. August 1934:

1A SA-Scharführer, Anfang 30, Blutordensträger, blonder Vollgermane, kernig und erbgesund, sucht auf diesem Weg die Mutter seiner kommenden Kinder und Wahrerin seines Hortes. Selbe muss Garantin rassischer Vollwertigkeit kommender Geschlechter sein. Stattliche Blondine bevorzugt, nachgedunkelte Schrumpfgermanin unerwünscht. Eigenes Heim vorhanden.

1B Deutsche Minne, blondes BDM-Mädel, gottgläubig, aus bäuerlicher Sippe, artbewusst, kinderlieb, mit starken Hüften, möchte einem deutschen Jungmann Frohwalterin seines Stammes sein (niedere Absätze – kein Lippenstift). Nur Neigungsehe mit zackigem Uniformträger.

Zit. nach Wochenschau I, Nr. 2: Der NS-Staat, März/April 1995, S. 74.

1 Arbeite aus M3 die Rolle der Frau in der NS-Ideologie heraus.
2 Untersuche die Heiratsanzeigen auf Merkmale der typischen NS-Sprache. Erkläre den Sprachgebrauch.

3 Vergleiche die Heiratsanzeigen mit den Aussagen von M2 auf S. 107 und M2 auf S. 108.

Zeitungsartikel über eine BDM-Haushaltsschule (1934):

Wir erlebten einmal eine Zeit, da sich die Frau emanzipierte, alle Berufe ergriff und die natürlichen Aufgaben einer Frau und Mutter vernachlässigte. Diese Seuche griff verheerend um sich, und viele deutsche Frauen waren von ihr ergriffen, bis zu der Stunde, da das Lebensgesetz wieder in seine richtige Bahn gelenkt wurde und die Familie wieder zur lebenswichtigen Zelle des Staates erhoben wurde. Heute wissen wir, dass alles unnütz ist, wenn wir kein kinderreiches Land werden, wenn unsere Mädel nicht zu guten Müttern und Hausfrauen erzogen werden ... Aus diesem Grund werden auch BDM-Haushaltsschulen gegründet, die es jedem Mädel ermöglichen, eine praktische und weltanschauliche Ausbildung zu bekommen, damit den Schülerinnen bewusst wird, dass ihr Einsatz ... zum Segen der Volksgemeinschaft gefordert wird.

NSZ-Rheinfront vom 16. Juni 1937.

Zeitungsartikel zum Kriegseinsatz von Frauen (1943):

Die Mädel haben sich freiwillig schon im Kriegseinsatz betätigt und wollen, bei der verstärkten Heranziehung von Frauen für Rüstungsaufgaben, dieses Gebiet ihrer Kriegsarbeiten ausbauen. Aus ihrer Initiative erwächst laufend ein weiterer Kriegseinsatz: Soldatenbetreuung, Hilfe für Soldatenkinder und Hinterbliebene, erweiterte Nachbarschaftshilfe für berufstätige Frauen, Hilfe in Krankenhäusern, im Ernteeinsatz. In Saarbrücken konnten Soldaten abgelöst werden, indem Mädel sich zum Dienst in Wehrmachtsküchen zur Verfügung stellten. In Neunkirchen ist die erste Feuerwehrschar des BDM ausgebildet. Im Bann [Bezirk] Neustadt kochten Mädel ländlicher Arbeitsgemeinschaften zum Teil als Ertrag der eigenen bewirtschafteten Bauerngärten 1973 Gläser Obst und Gemüse ein. Im gleichen Bann hat ein Rekordnähen für die Wehrmacht eingesetzt.

NSZ-Rheinfront vom 7. April 1943.

1 Arbeite anhand von M4 heraus, wie bereits die Mädchen auf ihre Rolle als Frau vorbereitet wurden.
2 Erkläre mithilfe von M4 und M5 die Veränderungen der Frauenrolle, die durch den Weltkrieg eintraten. Zähle einige Bereiche auf.

3 Suche aus M5 heraus, wer der Urheber dieser neuen Ausrichtung von Frauenarbeit war. Bewerte M5 vor dem Hintergrund des Einleitungstextes.

Propaganda im Nationalsozialismus

Der Nationalsozialismus war eine Herrschaft des Terrors, der Ausgrenzung und Verfolgung. Dennoch haben viele Zeitzeugen positive Erinnerungen an diese Zeit. Warum ist das so? Wie beeinflussten die Nationalsozialisten die öffentliche Meinung?

- *Hier erhältst du Einblicke in den riesigen Propaganda-Apparat der Nationalsozialisten und kannst dir ein Urteil über seine Wirksamkeit bilden.*

Massenmedien als Propagandainstrumente

Bereits bei ihrem Aufstieg nutzten die Nationalsozialisten neue Medien, um die Bevölkerung für sich zu gewinnen. Der Einsatz von Lautsprecheranlagen, Plakaten und Parteizeitungen zeigte Wirkung. Außerdem unternahm Hitler 1932 zahlreiche Wahlkampfreisen per Flugzeug. Die NS-Propaganda titelte: „Hitler über Deutschland". Nie zuvor war ein Politiker so präsent gewesen. Bei vielen Menschen entstand der Eindruck, Hitler sei eine besonders moderne und dynamische Person.

Später nutzte die NS-Führung Rundfunk und Film, um die breite Masse zu erreichen. Der Rundfunk wurde zum wichtigsten Massenmedium. Volksempfänger waren günstig zu kaufen (siehe S. 104, M1) und erlaubten es dem „Führer", immer mehr Hörer mit seinen Reden zu erreichen.

Unter Aufsicht des NS-Propagandaministers Joseph Goebbels entstand auch ein breites Angebot an Filmen. Es umfasste politisch-propagandistische Filme, aber auch zahlreiche Unterhaltungsfilme. Insgesamt entstanden in der NS-Zeit rund 1200 Spielfilme, zahllose Wochenschauen und „Kulturfilme". Der Staat förderte Propaganda unter dem Deckmantel der „Dokumentation", zum Beispiel Leni Riefenstahls Filme über die Reichsparteitage oder die Olympischen Spiele 1936. Hetzfilme wie „Jud Süß" und „Der ewige Jude" vermittelten einen aggressiven Antisemitismus. Während des Krieges sollten Unterhaltungsfilme die Bevölkerung von ihren Problemen ablenken. Ab 1934 war es allen Kinobesitzern vorgeschrieben, im Vorprogramm wenigstens einen „Kulturfilm" und die „Wochenschau" zu zeigen. Die „Kulturfilme" präsentierten scheinbar objektiv und sachlich Themen wie die Rassenlehre. Die „Wochenschau" war eine Nachrichtensendung, in der besonders die Leistungen des NS-Regimes gewürdigt wurden. Das eigens geschaffene „Ministerium für Volksaufklärung und Propaganda" sorgte dafür, dass sämtliche Massenmedien die Vorgaben der Nationalsozialisten einhielten.

Plakat zur Rundfunkausstellung in Berlin, 1936

Funkausstellung in Berlin 1939. Goebbels (Bildmitte) auf seinem Rundgang mit Reichsintendant Dr. Glasmeyer (rechts)

Hitler mit Goebbels und dessen Tochter am Strand, Foto, 1935

M4 Hitler schreibt in „Mein Kampf" über das Wesen der Propaganda:

Gerade darin liegt die Kunst der Propaganda, dass sie, die gefühlsmäßige Vorstellungswelt der großen Masse begreifend, in psychologisch richtiger Form den Weg der Aufmerksamkeit und wei-
5 ter zum Herzen der breiten Massen findet. Versteht man aber die Notwendigkeit der Einstellung der Werbekunst der Propaganda auf die breite Masse, so ergibt sich weiter: Es ist falsch, der Propaganda die Vielseitigkeit geben zu wollen.
10 Die Aufnahmefähigkeit der großen Masse ist nur sehr beschränkt, das Verständnis klein, dafür jedoch die Vergesslichkeit groß. Aus diesen Tatsachen heraus hat sich jede wirkungsvolle Propaganda auf nur sehr wenige Punkte zu beschrän-
15 ken und diese schlagwortartig so lange zu vertreten, bis auch bestimmt der Letzte ... das Gewollte sich vorzustellen vermag.

Adolf Hitler, Mein Kampf, 220./224. Auflage, München (Eher) 1936, S. 197.

M5 Reichssendeleiter Eugen Hadamovsky über Grundsätze der Propaganda (1933):

Propaganda und abgestufte Gewaltanwendung [müssen] in ganz besonders kluger Form zusammenwirken ... Die Gewaltanwendung kann ein Teil der Propaganda sein. Dazwischen gibt es alle Arten
5 der wirksamen Beeinflussung von Menschen und Massen, angefangen von der blitzartigen Erregung der Aufmerksamkeit, der gütlichen Überredung des Einzelnen bis hin zur trommelnden Massenpropaganda, von der losen Organisation der Gewonnenen
10 bis zur Schaffung staatlicher oder halbstaatlicher Institutionen, vom individuellen bis zum Massenterror, von der legitimierten Gewaltanwendung des Stärkeren, Stand, Klasse, Staat, bis zur militärischen Erzwingung von Gehorsam und Disziplin im Stand-
15 recht.

Eugen Hadamovsky, Propaganda und nationale Macht, Oldenburg (Gerhard Stalling) 1933, S. 22 und 39.

---

1 Erkläre den Begriff „Propaganda". Erstelle eine Mindmap (Darstellungstext).
 Tipp: Hilfe findest du auf S. 329.
2 Bei besonders wichtigen Ereignissen und Reden wurde „Gemeinschaftsempfang" verordnet (M1): Firmen und Geschäfte mussten für die Dauer der Rundfunkübertragung eine Pause einlegen. Erläutere die Absicht dahinter.
3 Betrachte M1 und M2. Erörtere das Verhältnis zwischen NS-Staat und Medien.
 Tipp: Nutze den Darstellungstext und S. 104.
4 Beschreibe M3 und lege dar, warum es sich bei dem Foto um Propaganda handelt.
5 Notiere in Stichpunkten, durch welche Medien die Nationalsozialisten die Bevölkerung beeinflussten und lenkten (Darstellungstext und Quellen).
6 Arbeite Wesen und wesentliche Ziele von Propaganda heraus (M4 und M5).

Zusatzaufgabe: siehe S. 321.

Webcode: FG450099-111
NS-Propaganda

Spielfilme untersuchen

Ein Spielfilm verfolgt wie ein Buch oder Theaterstück meist zwei Ziele: Er will unterhalten und eine Botschaft vermitteln. Hier kannst du untersuchen, wie Spielfilme aus der NS-Zeit geschickt Unterhaltung und Spannung mit politischer Propaganda verbanden.

Filme in der NS-Zeit

„Auch die Unterhaltung ist heute staatspolitisch wichtig, wenn nicht sogar kriegsentscheidend", erklärte Propagandaminister Goebbels 1942. Das Kino hatte sich in der Diktatur zu einem sehr populären Medium entwickelt und wurde genutzt, um die Bevölkerung von Alltagssorgen und Bombardierungen abzulenken und politisch zu beeinflussen. Bei den über tausend Filmen, die zwischen 1933 und 1945 entstanden, handelte es sich überwiegend um Unterhaltungsfilme, die unterschwellig die Zuschauer beeinflussen sollten. Zu dieser Kategorie gehörte der Film „Quax, der Bruchpilot" aus dem Jahre 1941.

Ein Fliegerfilm mitten im Krieg

Der Film erzählt von Otto Groschenbügel (Heinz Rühmann), der als kleiner Angestellter eines Verkehrsbüros in dem Ort Dünkelstätt bei einem Wettbewerb eine kostenlose Ausbildung zum Sportflieger gewinnt. Obgleich von Natur aus ängstlich, macht ihn die plötzliche Berühmtheit im Ort zum Angeber. Dieses Verhalten wird jedoch nicht in der Fliegerschule akzeptiert. Er lernt im Lauf der Handlung durch den disziplinierten und engagierten Ausbilder Hansen (Lothar Firmans), der für ihn gleichsam eine Vaterfigur verkörpert, sich in die Gemeinschaft der Flugschüler einzugliedern. Schließlich erobert er mit Charme und Witz auch das Herz Mariannes (Karin Himboldt), die aus vermögendem Elternhaus stammt und wird selbst Fluglehrer. Seine ersten Flugschüler begrüßt er am Ende des Films mit den Worten: „Fliegerische Zucht und Ordnung steht über allem."

Der Film erfreute sich wegen der spektakulären Flugszenen, die alle von Rühmann geflogen wurden, ungewöhnlich großer Beliebtheit und brachte hohe Gewinne ein. Die Nationalsozialisten brauchten im Jahr der Produktion dringend fliegerischen Nachwuchs. Sie wollten mit diesem Film aufzeigen, dass auch ein kleiner Mann zum Helden werden kann. Nach dem Zweiten Weltkrieg verboten die Alliierten zunächst die Vorführung des Films, bis er in der jungen Bundesrepublik wieder sehr beliebt wurde.

„Quax, der Bruchpilot", Filmplakat, 1941

Otto Groschenbügel alias Heinz Rühmann im Gespräch mit seinem Ausbilder Fluglehrer Hansen (Lothar Firmans), Szenenfoto

Arbeitsschritte „Spielfilme untersuchen"

Formale Betrachtung	Lösungshinweise
1. Wer ist der Regisseur?	• Kurt Hoffmann (1910–2001)
2. Wer hat das Drehbuch geschrieben?	• Robert Adolf Stremmle nach einer Idee des Fliegermajors Hermann Grote
3. Was war der Anlass für die Filmproduktion?	• Heinz Rühmanns Wunsch, einen Film zu drehen, in dem sein Hobby (das Fliegen) im Mittelpunkt steht
4. Welche Schauspieler sind beteiligt?	• …
5. Drehort	• Außenaufnahmen u. a. bei Prien am Chiemsee
Handlungsablauf untersuchen	
6. Lassen sich unterschiedliche Handlungsebenen erkennen?	a) Haupthandlung: ein Angeber und Angsthase lernt fliegen b) Entwicklung einer Vater-Sohn-ähnlichen Beziehung zwischen dem Flugschüler und seinem Lehrer c) Liebesgeschichte zwischen Marianne und Otto
7. Worin besteht der Höhepunkt? Gibt es mehrere Höhepunkte?	• Ballonfahrt Ottos und Mariannes, in deren Verlauf sich der Angeber zum Retter wandelt
Figurenkonstellation analysieren	
8. In welcher Beziehung stehen die Filmfiguren zueinander?	• Otto Groschenbügel und Fluglehrer Hansen in einer Vater-Sohn-Beziehung; Otto Groschenbügel als Angeber und Knecht Alois als Spaßmacher
9. Werden Typen oder Charaktere dargestellt?	• Mischung aus Typen (Knecht Alois) und Charakteren (Groschenbügel): Komödie
10. Welche Entwicklung erfährt die Hauptfigur?	• Wandel …
Technische Gestaltungsmittel auf ihre Wirkung hin überprüfen	
11. Kameraführung und Kameraeinstellungen, Musik, Licht, Farbe	• spektakuläre Flugszenen (Loopings u. a.), Installation von Kameras vor dem Cockpit • bekannter Schlager „Heimat, deine Sterne"
Botschaft des Films erfassen	
12. Welche Wertung ist erkennbar?	• Disziplin, Gehorsam, Anpassung an die Gemeinschaft, Orientierung an der Abenteuerlust der Zuschauer und dem Wunsch, die eigenen Grenzen auszuloten
13. Wozu fordert der Film auf (Appell, Unterhaltung)?	• …

1 Charakterisiere die Filmfigur Otto Groschenbügel entsprechend der Darstellung in M1 und M2.
2 Seht euch den Film an, sucht Szenen aus, die die in den Arbeitsschritten aufgezeigten Informationen widerspiegeln. Ergänzt die fehlenden Informationen in der Tabelle. Lest dazu auch den Darstellungstext.
3 Analysiere M1 mithilfe der Methode „Propagandaplakate untersuchen" (siehe S. 61). Beziehe dabei die Frage mit ein, an welches Publikum sich der Film aus dem Jahr 1941 richten sollte.
4 **Recherche:** Präsentiere deiner Klasse einen weiteren Spielfilm aus der NS-Zeit. Nutze die Arbeitsschritte.

Ideologievermittlung durch Feste und Feiern

Perfekt organisierte Massenveranstaltungen, Faszination für das Publikum …
- *Wie schafften es die Nationalsozialisten, das Publikum durch Feste und Feiern anzulocken und zu begeistern?*
- *Welche politischen Absichten verfolgten sie dabei?*

Reichsparteitag in Nürnberg 1933, Einmarsch der NS-Führungsspitze, Foto, 1933

„Du bist nichts, dein Volk ist alles!"
An keinem Ort wurde diese Parole der NS-Ideologie so deutlich wie auf den Festveranstaltungen der NSDAP. Wie große kirchliche Feiertage waren sie fest in den Jahreskalender des NS-Regimes integriert: Angefangen am
5 30. Januar mit der Feier des Tages der „Machtübernahme", über den 1. Mai (den Tag der Arbeit), Muttertag (Verleihung des Mutterkreuzes), das Erntedankfest (Anfang Oktober) bis hin zum Gedenktag für die „Märtyrer der Bewegung" aus Anlass des Hitlerputsches am 9. No-
10 vember 1923. Sie bildeten feste Rituale, die mit Aufmärschen, Paraden und Wehrmachtsvorführungen zigtausender Soldaten zelebriert wurden. Mit dieser Feierkultur sollte das Zusammengehörigkeitsgefühl der „Volksgemeinschaft" gefördert werden. Höhepunkt im Jahresab-
15 lauf war die Selbstdarstellung der NSDAP auf den perfekt geplanten Reichsparteitagen. Sie fanden immer Anfang September in Nürnberg statt und standen jeweils unter einem Motto wie „Sieg des Glaubens" (1933) oder „Triumph des Willens" (1934).

20 **Das Reichserntedankfest**
Bäuerinnen und Bauern bildeten in der NS-Ideologie eine zentrale Stütze des deutschen Volkes. Hitler strebte „angesichts der feindlichen Nachbarn" nach einer von Importen unabhängigen Lebensmittelversorgung
25 Deutschlands. In der Propaganda hieß die Bauernschaft „Reichsnährstand"*. Ein Beispiel inszenierter Feier-Propaganda waren die Reichserntedankfeste auf dem Bückeberg bei Hameln an der Weser. Zum ersten Mal wurde das Fest am 1. Oktober 1933 mit etwa 500 000
30 Menschen veranstaltet. Das deutsche Bauerntum – so die offizielle Losung – sollte an diesem Tag ein Bekenntnis zum neuen Reich ablegen.

Auszug aus dem Programmheft zum Erntedankfest auf dem Bückeberg am 6. Oktober 1935:

7 Uhr: Beginn des Aufmarsches der Teilnehmer. Ab 8 Uhr: Darbietungen durch Volkstanzgruppen, Sing- und Spielgruppen, Massenchöre und Musik; 8000 bäuerliche Trachtenträger, Träger von
5 Feldzeichen und Fahnen rücken zur Spalierbildung vor. Gegen 12 Uhr: Eintreffen des Führers auf dem Kundgebungsgelände; Abfeuern von 21 Schuss Salut. 12.19 Uhr: 3 Knallbomben als Zeichen zur Eröffnung der Kundgebung; Über-
10 reichung einer Erntekrone an den Führer. Chor „Segnung". 12.25 Uhr: Eröffnungsansprache Reichsminister Dr. Goebbels. Begrüßungsflug von 7 Staffeln der Luftwaffe; Beginn der Gefechtsübung der Wehrmacht. 13.25 Uhr: Rede des Füh-
15 rers; danach Deutschland-Lied, Horst-Wessel-Lied; Abfahrt des Führers; Abschuss von 200 Fallschirmbomben (mit Hakenkreuzfähnchen); Beginn des Abmarsches der Teilnehmer. 19 Uhr bis 7. Okt., 7 Uhr: Abfahrt der Sonderzüge.
20 20 Uhr: Empfang der Bauernabordnungen durch den Führer in der Kaiserpfalz Goslar. 21.15 bis 21.25 Uhr: großes Feuerwerk.

Zit. nach Bernhard Gelderblom, Die Reichserntedankfeste auf dem Bückeberg, Hameln (Niemeyer) 1998, S. 16 f.

Rede Hitlers anlässlich des Reichserntedankfestes auf dem Bückeberg (1937):

Glauben Sie: Wir stehen schwereren Aufgaben gegenüber als andere Staaten und andere Länder: Zu viele Menschen auf einem zu kleinen Lebensraum, es mangelt an Rohstoffen, mangelt an An-
5 baufläche, und trotzdem: Ist Deutschland nicht schön? Ist Deutschland nicht trotzdem wunderbar? Lebt unser Volk nicht trotzdem so anständig? Mögen Sie alle mit irgendetwas anderem tauschen? (stürmische „Niemals"-Rufe der Mas-
10 sen) ...
Wir haben keine Lust, mit irgendjemandem Händel anzufangen. Aber es soll auch jeder wissen: Den Garten, den wir uns bestellt haben, den ernten wir auch allein ab, und niemand soll sich ein-
15 bilden, jemals in diesen Garten einbrechen zu können! Das können sich die internationalen jüdischen Bolschewistenverbrecher gesagt sein lassen: Wo immer sie auch hingehen – an der deutschen Grenze stoßen sie auf ein eisernes Stopp!
20 (lang anhaltende begeisterte Zustimmung)

Völkischer Beobachter vom 4. Oktober 1937, S. 3.

---

1 Wähle eine Aufgabe aus:
   a) Beschreibe die Stimmung, die das Bild M1 vermittelt.
   b) Vergleiche M4 mit dem Bild auf S. 76/77.
   Tipp: Wie wird der „Führer" jeweils dargestellt?
2 Partnerarbeit: Erörtert, wie es die Nationalsozialisten schafften, die Bevölkerung in Massen zu verführen (M1–M2, M4 und Darstellungstext).
3 a) Recherchiere die Ursprünge des Erntedankfestes (Lexikon, Internet).
   b) Erläutere, wie es den Nationalsozialisten gelang, dieses Fest zu instrumentalisieren (Darstellungstext, M4).
   c) Nimm Stellung zu dieser Instrumentalisierung.
4 a) Untersuche M3. Notiere, welche rhetorischen Mittel Hitler einsetzte, um seine Zuhörer zu beeinflussen.
   Tipp: Lies die Rede laut vor.
   b) Bewerte das Bild, das Hitler von Deutschland als Raum zeichnet (Z. 12 ff.).

Reichserntedankfest auf dem Bückeberg bei Hameln, Foto, Oktober 1937

Webcode: FG450099-115-
Reichsparteitagsgelände

Freizeit im NS-Staat

Gehe ich mit Freunden ins Kino oder chatte ich lieber? Wie wir unsere Freizeit verbringen und wohin wir in Urlaub fahren, bestimmen wir weitgehend selbst.
- *Wie sah die Freizeitgestaltung im Nationalsozialismus aus?*
- *Gab es attraktive Freizeitangebote?*

Begib dich auf Spurensuche.

„Kraft durch Freude"

Im Mai 1933 waren im Zuge der nationalsozialistischen Gleichschaltungspolitik die Gewerkschaften aufgelöst worden. An ihre Stelle trat die NS-Organisation „Deutsche Arbeitsfront" (DAF), die vorgab, die Interessen der Arbeiter zu vertreten. Dazu gehörte auch die Frage des Urlaubsanspruchs. Im November 1933 wurde als Unterorganisation der DAF die „Kraft durch Freude" (KdF) gegründet. Sie organisierte ein umfangreiches Freizeitangebot für die Bevölkerung. Neben „Bunten Abenden", Gymnastikkursen, Schwimmlehrgängen, Nähkursen oder Schachturnieren gab es auch ein umfangreiches kulturelles und touristisches Freizeitangebot. Theateraufführungen, Konzerte, Kunstausstellungen oder Vorträge wurden bis 1938 von über 38 Millionen Menschen besucht.

Mit ihren Aktivitäten unterstützte die KdF den Gedanken der „Volksgemeinschaft". Damit sollte die Arbeiterschaft für die Weltanschauung der Nationalsozialisten gewonnen werden. Die vielfältigen Angebote der KdF-Organisation dienten allerdings auch der Erhöhung der Arbeitsleistung.

Der Beginn des Massentourismus

Kurz mal einen All-inclusive-Urlaub zu buchen, ist heute fast schon selbstverständlich. Die Organisation der KdF ermöglichte erstmals auch dem „kleinen Mann" und seiner Familie den Luxus größerer Reisen. Sie war der größte Reiseveranstalter im Dritten Reich. 43 Millionen Reisen verkaufte die KdF bis 1939, der überwiegende Teil davon waren Tagesausflüge (siehe S. 104, M2). Besonders beliebt waren Urlaubsziele zu Schiff nach Norwegen, Madeira oder Italien. Die Preise lagen zwischen einer und fünf Reichsmark für Kurzreisen und 120 Reichsmark für eine Schiffsreise nach Madeira. Das durchschnittliche Monatseinkommen eines Arbeiters lag bei 150 Reichsmark.

Das „KdF-Seebad der Zwanzigtausend"

Das Seebad Prora an der Ostsee sollte für den neuen Massentourismus Maßstäbe setzen. Robert Ley, Chef der DAF, begründete den Bauplan des Großprojektes: „Wir verloren den Krieg [Ersten Weltkrieg], weil wir die Nerven verloren haben ... Deshalb will der Führer, dass die Nerven des Volkes gesund und stark bleiben."

1936 wurde mit dem Bau einer 4,5 Kilometer langen Badestadt begonnen. Die Anlage mit Meeresterrassen sollte ein Theater, mehrere Kinos, Kuranlagen, Läden, zwei Schwimmhallen, Schule, Krankenhaus, Parkhaus sowie einen Festplatz von 40 000 Quadratmetern umfassen. Bis zu 20 000 Menschen und 2000 Beschäftigte sollte das riesige Bauprojekt beherbergen. Prora wurde nie ganz fertiggestellt. Während des Zweiten Weltkrieges diente Prora als Arbeitsstätte für Zwangsarbeiter und Kriegsgefangene, später als Notunterkunft für Ausgebombte und als Krankenstation für Flüchtlinge aus dem Osten.

M1 Betriebssport, NS-Gemeinschaft „Kraft durch Freude", Plakat, 1934/39

Plakat der Organisation „Kraft durch Freude", 1939

Prora, Blick in eine Wohn-Schlaf-Einheit, Foto, undatiert

Prora, Foto, 2012

1. Arbeite aus dem Darstellungstext und den Materialien die Ziele der Organisation „Kraft durch Freude" heraus.
2. Stelle dar, worin die Faszination der KdF-Plakate bestand (M1, M2, M5).
   Tipp: Nutze die Arbeitsschritte „Propagandaplakate untersuchen" (S. 61).
3. Erläutere die Aussage: „Die KdF war die totale Inbesitznahme der Menschen durch die Nationalsozialisten."
4. **Recherche:** „5 Mark die Woche musst du sparen – willst du im eigenen Wagen fahren."
   Finde heraus, was aus der propagandistisch versprochenen Mobilisierung wurde (M5). Präsentiere deine Ergebnisse vor der Klasse.
5. **Wähle eine Aufgabe aus:**
   a) **Recherche:** Rekonstruiere die Geschichte von Prora nach dem Zweiten Weltkrieg.
   b) Nimm kritisch Stellung zum historischen Wert solcher Bauwerke.

Plakatentwurf von Atelier Brach, 1939

Webcode: FG450099-117
Das „KdF-Seebad" Prora

Jugend im Nationalsozialismus

1926 wurde die Hitlerjugend (HJ) gegründet. Der erwartete Ansturm blieb zunächst aus: Bis Ende 1932 waren nur 100 000 Jugendliche eingetreten. Doch zwei Jahre später waren es bereits 3,5 Millionen.
- *Was machte die HJ für Jugendliche so spannend und attraktiv?*
- *Welche Ziele verfolgten die Nationalsozialisten mit der HJ?*

Hitlerjugend beim Appell, Foto, 1936

Mitgliederwerbung für den Bund Deutscher Mädel (BDM), Plakat, 1937

Die HJ als wachsende Organisation

Seit der Weimarer Republik gab es in Deutschland eine Vielzahl von Jugendverbänden (siehe S. 66). Das änderte sich 1933. Die NSDAP versuchte zunächst durch eine gewaltige Werbekampagne, Jugendliche für die HJ zu begeistern. Sie warb mit Zeltlagern, Ausflügen und Abenteuern. Daneben gab es auch Angebote für technisch interessierte, künstlerisch begabte oder sportliche Jugendliche, etwa eine Flieger-, Reiter- oder Nachrichten-HJ, Fanfarenzüge und Theaterspielscharen. In einer Zeit, in der es gerade auf dem Land an solchen Freizeitangeboten mangelte, war das für viele Jugendliche attraktiv. Neben der Werbekampagne sorgte die NSDAP für die Auflösung aller konkurrierenden Jugendverbände. Einige wurden verboten, andere in die HJ eingegliedert und gleichgeschaltet. 1936 wurde erstmals ein Jahrgang zu fast 100 Prozent erfasst, weil die Mitgliedschaft per Gesetz verpflichtend war.

„Jugend muss von Jugend geführt werden"

Die Hitlerjugend war hierarchisch aufgebaut. Jugendliche standen Jugendlichen als „kleine" Führer vor. An oberster Stelle stand der Reichsjugendführer Baldur von Schirach. Die HJ gliederte sich in das Deutsche Jungvolk (DJ), die Hitlerjugend (HJ) für die männlichen Jugendlichen sowie die Jungmädel (JM) und den Bund Deutscher Mädel (BDM) für die weiblichen Jugendlichen. Im Jungvolk und bei den Jungmädel waren die 10- bis 14-Jährigen organisiert, in HJ und BDM die 14- bis 18- bzw. bis 21-Jährigen.

Ideologische Schulung der Jugend

Die HJ war seit ihrer Gründung rassistisch ausgerichtet. Antisemitische Parolen und Lieder wurden in den sogenannten Heimabenden vermittelt. Jüdischen Jugendlichen war der Beitritt in die HJ verwehrt.
Bei allen Aktivitäten der HJ spielte vor allem das Leitbild des Soldaten eine wichtige Rolle. Die soldatischen Tugenden – Disziplin, Gehorsam und Opferbereitschaft – sollten während Wochenendfahrten spielerisch geübt werden. Die vormilitärische Ausbildung, die auch Schießübungen umfasste, galt als Vorbereitung der Jungen auf den Krieg.
Der BDM bereitete die Mädchen auf ihre Rolle als Ehefrau und Mutter vor. Neben hauswirtschaftlichen Aufgaben und Leibesübungen wurden sie auch in „Rassenhygiene" geschult. Ihre Aufgabe war es, später „erbgesunde" Kinder zur Welt zu bringen.

Ausschnitt aus einem Zeitungsartikel über ein Führerlager der HJ (1937):

Das beste Mittel, um unsere Jugend zur Kameradschaft zu erziehen, ist das Lager. Hier sind sie aufeinander angewiesen, hier sind sie eine Mannschaft, die Freud und Leid miteinander teilt, hier ist das
5 Leben nur bei strengster Disziplin möglich und hier lernt derjenige gehorchen, der einst befehlen wird. Nirgends lässt sich die weltanschauliche Grundlage, die allein zur wahren Kameradschaft und Schicksalsgemeinschaft führen, besser schaffen. Am Samstag-
10 nachmittag marschierten ungefähr 400 Hitlerjugend-Führer hinaus ... , wo auf der Wiese vor dem Weiher die schönen weißen Zelte aufgeschlagen waren.

Am Sonntagmorgen saß man um die lustig im Win-
15 de flatternde HJ-Fahne. Der Gebietsführer hielt an die Hitler-Jungen eine Ansprache, in der er sich über den Sinn der Kameradschaft und der Pflicht gegenüber Deutschland ausließ, denn alle die jungen Führer haben Vorbild zu sein und ihrer Gefolgschaft den
20 Weg zu zeigen, der gegangen werden muss, um das große Werk des Führers zu vollenden. Man konnte die Jungen bei schönen sportlichen Spielen beobachten. Mit Fäusten gingen die Gegner aufeinander los, Mut und Tapferkeit im Kleinen beweisend. Unter
25 großem beipflichtendem Hallo der Zuschauer schlugen die gepolsterten Fäuste auf den Gegner ein, von denen keiner sich allzu schnell ergab. Wer Lust hatte, schwamm in dem schon 18 Grad warmen Wasser.

NSZ-Rheinfront vom 18. Mai 1937.

Eine Tochter berichtet über die Ausgrenzung ihres Vaters (1995):

Mein Vater berichtete, dass er wochenlang im Sommer 1933 auf der Suche nach einer Lehrstelle war. Der Grund für die Nichteinstellung war immer derselbe: Nichtmitglied der HJ. Es war ihm
5 schließlich möglich, eine Lehrstelle bei einer jüdischen Firma zu bekommen. Nach und nach wurde in den einzelnen Provinzen der katholischen Jugend verboten, Uniformen zu tragen, das Christusabzeichen zu zeigen oder Wanderungen zu
10 unternehmen. Man ließ sich dadurch nicht entmutigen, man trug das Christuszeichen unter dem Jackenaufschlag oder man nagelte es sogar unter die Schuhe.

Zit. nach Eva Wetzler, Die Katholische Kirche und der Nationalsozialismus in Ludwigshafen 1933–1945, Bd. 2: Die Laien, hg. vom Archiv des Bistums Speyer, Speyer (Pilger Verlag) 1995, S. 97f.

Der Schriftsteller Max von der Grün (1926–2005) erinnert sich an einen Vorfall in der HJ:

Es war die Pflicht, die Fahne mit erhobenem Arm zu grüßen. Er [ein Schulkamerad] vergaß es. Daraufhin rannte der Fähnleinführer aus der Kolonne und streckte den Jungen mit zwei Fausthieben
5 nieder, sodass er aus Mund und Nase blutete. Kein Wunder, denn der Fähnleinführer war 18 Jahre alt und stark, mein Schulkamerad gerade 13 und schmächtig. Nirgendwo konnte er sich darüber beschweren, geschweige denn den Fähn-
10 leinführer wegen Körperverletzung anzeigen. Niemand hätte dem Jungen Recht gegeben ... Die Fahne im Dritten Reich nicht zu grüßen, war kein Vergehen, es war ein Verbrechen.

Max von der Grün, Wie war das eigentlich? Kindheit und Jugend im Dritten Reich, Darmstadt 1979, S.141ff.

---

1 Untersuche mittels M1, M2 und M3, was die Jugendlichen damals an der Hitlerjugend fasziniert haben könnte.
2 Fasse zusammen, zu welchen Eigenschaften die Jugendlichen in der HJ und im BDM erzogen werden sollten (M1, M3, M5 und S.109 M4, M5).
3 Erläutere, was es für Jugendliche bedeutete, wenn sie sich nicht der HJ anschlossen (M4).
4 Arbeite aus dem Darstellungstext die Ziele der nationalsozialistischen Jugendorganisationen heraus.
5 Nimm Stellung zum Umgang des NS-Staats mit seiner Jugend. Vergleiche mit unserer heutigen Demokratie.

Webcode: FG450099-119
Jugend im Nationalsozialismus

Schule im Nationalsozialismus

An keinem anderen Ort lassen sich Kinder und Jugendliche besser beeinflussen als in der Schule. Neue Unterrichtsfächer und Rituale gehörten nach 1933 zum Schulalltag im nationalsozialistischen Deutschland.
- Welche Konflikte ergaben sich für Lehrer und Schüler aus dem Druck der rassistischen Ideologie?
- Was geschah mit Verweigerern?

Schule als gleichgeschaltete Institution

Die nationalsozialistische Propaganda und der „Führerkult" waren auch in der Schule präsent. Hitlerporträts und Hakenkreuzfahnen hingen in jedem Klassenzimmer, gegrüßt wurde mit dem Hitlergruß. Außerdem gab es regelmäßig Fahnenappelle. Die Lehrkräfte wurden gleichgeschaltet, indem man sie zwang, dem NS-Lehrerbund beizutreten. Viele taten das aber auch freiwillig. Jüdische Lehrkräfte wurden ausgeschlossen: Sie durften nach der Machtergreifung nicht mehr unterrichten. Ab 1936/37 wurde der Schulunterricht noch mehr im Sinne des NS-Rassismus umgestaltet. Das betraf besonders die Fächer Biologie und Geschichte, die sich für die Einflussnahme durch NS-Gedankengut eigneten. Der Geschichtsunterricht beschränkte sich auf die deutsche Geschichte und die der „nordischen Rasse". Im Biologieunterricht wurden „Vererbungslehre" und „Rassenkunde" eingeführt. Das Fach Sport erhielt eine erhöhte Stundenzahl, um das nationalsozialistische Ideal der körperlichen Ertüchtigung umzusetzen.

Schulen für den NS-Führungsnachwuchs

Trotz aller Maßnahmen des NS-Staats blieb die Schule in ihren Grundzügen weitgehend bestehen. Deshalb schufen die Nationalsozialisten neben den herkömmlichen Schulen „Eliteschulen" wie die Adolf-Hitler-Schulen (AHS), die Nationalpolitischen Erziehungsanstalten (Napola) und die sogenannten Ordensburgen.
Die AHS waren Internate, die die Schüler fünf Jahre lang besuchten. Der Eintritt erfolgte im Alter von 12 bis 13 Jahren nach einer genau festgelegten Prüfung und unter Einhaltung bestimmter Vorgaben, wie einem einwandfreien Ahnennachweis. Weitere Grundvoraussetzungen der Aufnahme waren die Erbgesundheit der Familie sowie ein Engagement in der NSDAP oder ihren angeschlossenen Verbänden. Die Schulzeit endete mit dem Erwerb des „Diploms der Adolf-Hitler-Schulen", welches mit dem staatlichen Abitur gleichgesetzt war. Den Absolventen stand damit jede Laufbahn innerhalb der NSDAP und des Staates offen. Die AHS galten als Vorstufe für die Partei-Ordensburgen.

Die Nationalpolitischen Erziehungsanstalten unterstanden dem „Reichsministerium für Wissenschaft, Erziehung und Volksbildung". Wie auch die AHS waren sie kostenlose Internatsschulen, welche begeisterte und fähige Nationalsozialisten erziehen sollten. Die Absolventen der „Napola" sollten weiterstudieren oder einen Beruf ergreifen.

M1 Schulunterricht, Foto, 1941

Filmtipp:

„Napola – Elite für den Führer", Deutschland 2004; Regie: Dennis Gansel.
Film über die Freundschaft zweier Jugendlicher während ihrer Ausbildung in einer Napola.

M2 Otto Jehuda Reiter über seine Zeit als jüdischer Schüler im Nationalsozialismus (1983):

[1933] kam es an meiner Schule zu ersten antijüdischen Ausschreitungen. In der Pause rotteten sich die Schüler auf dem Schulhof zusammen, und unter den Augen des aufsichtführenden Lehrers gelang es meinen Mitschülern, mich in einen der Papierkörbe zu stecken und mich mit viel Geschrei zu umtanzen. Schlagartig setzte nun eine Veränderung auf fast allen Gebieten des Schulbetriebs ein. Die Lehrer wurden aufgefordert, beim Betreten der Klasse den deutschen Gruß zu grüßen, und die Schüler antworteten im Chor. Nur einige Mitschüler wagten es noch, mit mir überhaupt zu reden. In den kommenden Jahren war eine besondere Schulbank an der Seite des Klassenzimmers für mich bestimmt. In den Jahren 1933 bis 1937 wurden viele Unterrichtsstunden gleichgeschaltet .... In den Turnstunden wurde fast nur Wehrsport getrieben. Aber trotz aller Versuche, alles durchzustehen: ... blieb mir nichts anderes übrig, als 1937 auf eine jüdische Schule überzuwechseln. Am 9. November 1938 wurde das Seminar [die Schule] während der sogenannten Kristallnacht zerschlagen, wir Schüler mit den Lehrern zusammen verhaftet und in die KZs überführt.

Zit. nach Geert Platner (Hg.), Schule im Dritten Reich. Erziehung zum Tod? Eine Dokumentation, München (dtv) 1983, S. 145ff.

Ordensburg Sonthofen, Oberallgäu/Bayern, Modell, ca. 1934

M4 Helmut Steiner will Priester werden (1995):

Schulleiter Grassl kam mehrmals in der Woche in meine Klasse und brüllte mich an: „Ich dulde keine Kommunisten an meiner Schule." ...
1938 wurde ein Verfahren gegen mich eingeleitet wegen „Politischer Umtriebe". Wir wurden von der Gestapo rigoros verhört. Ich ... kam in das Ludwigshafener Gefängnis in Einzelhaft kurz vor dem Abitur. Während der Verteilung der Abiturzeugnisse warf Grassl mir das Zeugnis vor versammelter Lehrerschaft, Elternschaft und Schülerschaft vor die Füße, da ich bei der Verteilung nicht mit dem „Deutschen Gruß" grüßte, sondern mich nur verneigte ... Später erfuhr mein Vater, auf Anordnung von Grassl seien meine Noten herabgesetzt worden ... Ich bekam vom Sondergericht ... die Mitteilung, dass ich unter die Amnestie [Straferlass] falle, dass eine Strafe unter zehn Monaten Gefängnis zu erwarten sei. Mein Vater ... wurde nicht mehr befördert mit der Begründung, die Tatsache, dass ich katholischer Priester werden wolle, beweist, dass er nicht in der Lage gewesen sei, seine Familie im NS-Geist zu erziehen.

Zit. nach Eva Wetzler, Die Katholische Kirche und der Nationalsozialismus in Ludwigshafen 1933–1945, Bd. 2: Die Laien, hg. vom Archiv des Bistums Speyer, Speyer (Pilger Verlag) 1995, S. 175f.

---

1 Arbeite heraus, wie sich die Schule unter dem NS-Regime veränderte (M1, Darstellungstext).
2 Erörtere, aus welchen Gründen sich Schüler und Eltern um die Aufnahme in NS-„Eliteschulen" bemühten (Darstellungstext).
3 Fasse zusammen, wie der NS-Staat mit jüdischen Lehrern und Schülern umging (M2, Darstellungstext).
4 a) Beschreibe die Architektur der Ordensburg Sonthofen (M3).
  b) **Recherche:** Informiere dich über die NS-Ordensburgen. Schreibe einen kurzen Beitrag über die Ergebnisse deiner Nachforschungen.
5 **Recherche:** Finde heraus, wo es in Norddeutschland NS-Eliteschulen gab. Berichte.
6 Gib die Vorwürfe wieder, die gegen Helmut Steiner erhoben werden (M4). Bewerte diese.

Zusatzaufgabe: siehe S. 321.

Die Ausgrenzung der Juden bis 1938

Nach 1933 setzte die NSDAP ihre judenfeindlichen Ziele in die Praxis um.
- *Mit welchen Maßnahmen gelang es ihr, die Juden innerhalb weniger Jahre systematisch aus dem öffentlichen und politischen Leben zu verdrängen?*

Ein „Paar" wird öffentlich gedemütigt, Foto, Cuxhaven 1933. Beide wurden zuvor misshandelt. Der Mann war jüdischer Herkunft, verheiratet und betrieb ein Kino. Die Frau, seine angebliche Geliebte, galt als „arische Deutsche".

Juden in Deutschland vor 1933

Während der Weimarer Republik lebten die deutschen Juden mit allen Bürgerrechten unter dem Schutz der demokratisch liberalen Verfassung. Dennoch kam es – wie schon im Kaiserreich – immer wieder zu antisemitischer Propaganda und Übergriffen auf Juden durch die politische Rechte. Die wenigsten machten sich allerdings wegen der antisemitischen Haltung Hitlers und der Drohungen seiner Parteigenossen große Sorgen. Auch jüdische Organisationen konnten sich nicht vorstellen, dass das antisemitische Parteiprogramm der NSDAP jemals zur staatlichen Politik erhoben würde. Kaum einer ahnte, wie schnell und unmenschlich das NS-Regime den Hass auf Juden in Gesetze und Verfolgungen umwandeln würde.

Entrechtet, diskriminiert, beraubt

Unmittelbar nach der Machtergreifung begannen spontane Übergriffe von Nationalsozialisten gegen die jüdische Bevölkerung. Die erste geplante Aktion war der am 1. April 1933 inszenierte Boykott-Tag. Überall hingen Schilder mit der Aufschrift „Deutsche, kauft nicht bei Juden!". Der Aufruf galt auch für die Konsultation von jüdische Ärzten und Rechtsanwälten. Mit der Gleichschaltung (siehe S. 94/95) wurden jüdische Funktionäre und Mitglieder aus den meisten Vereinen hinausgeworfen. Mit dem „Gesetz zur Wiederherstellung des Berufsbeamtentums" 1933 verloren alle jüdischen Beamten ihren Posten, darunter viele Lehrerinnen und Lehrer, Beamte in Verwaltungen und jüdische Ärzte im Gesundheitswesen und in Krankenhäusern. Die Krankenkassenzulassung wurde ihnen entzogen; sie konnten nur noch Privatpatienten betreuen.

Die „Nürnberger Gesetze" vom September 1935 bildeten die Grundlage zur weiteren Entrechtung und Ausgrenzung der Juden aus der „Volksgemeinschaft". Juden verloren das Wahlrecht und durften keine politischen Ämter mehr bekleiden. Eheschließungen zwischen Deutschen und Juden waren als „Rassenschande" verboten. Ab 1935 häufte sich die Aufschrift „Juden unerwünscht" an Ortseingängen, Restaurants sowie bei Sportvereinen. Weitere Berufsverbote nahmen immer mehr Juden ihre Existenzgrundlage. Ab 1938 war jüdischen Schülern und Studenten der Besuch von Schulen und Universitäten untersagt. Jüdische Ladeninhaber mussten ihre Geschäfte aufgeben. Weitere Verbote betrafen das Auto- und Motorradfahren. Führerscheine wurden entzogen. Ab dem Sommer 1938 wurden Juden gezwungen, die Zwangsvornamen „Israel" bzw. „Sara" zu führen. Den vorläufigen Höhepunkt dieser Serie von Diskriminierungen stellte die Pogromnacht vom 9./10. November dar (siehe S. 124/125).

A: Victor Klemperer war bis zu seiner Entlassung durch die Nationalsozialisten 1935 Professor in Dresden. In seinen Tagebüchern schreibt er:

30. März 1933

Stimmung wie vor einem Pogrom* im tiefsten Mittelalter ... . Am Tage war der Boykott-Aufruf der Nationalsozialisten herausgekommen. Wir sind Geiseln. Es herrscht das Gefühl vor, ... daß diese Schreckensherrschaft kaum lange dauern, uns aber im Sturz begraben werde. ... Ich empfinde eigentlich mehr Scham als Angst, Scham um Deutschland. Ich habe mich wahrhaftig immer als Deutscher gefühlt. Und ich habe mir immer eingebildet: 20. Jahrhundert und Mitteleuropa sei etwas anderes als 14. Jahrhundert und Rumänien. Irrtum.

31. März 1933

Immer trostloser. Morgen beginnt der Boykott. Gelbe Plakate, Wachen. Zwang, christlichen Angestellten zwei Monatsgehälter zu zahlen, jüdische zu entlassen. ... Es wird „kein Haar gekrümmt" – man lässt nur verhungern. ... – Niemand wagt sich vor. ... In München sind jüdische Dozenten bereits am Betreten der Universität gehindert worden. Der Aufruf und Befehl des Boykottkomitees ordnet an: „Religion ist gleichgültig", es kommt nur auf die Rasse an.

7. April 1933

Es lastet ein stärkerer Druck auf mir als im Kriege, und zum erstenmal in meinem Leben habe ich einen politischen Haß gegen das Kollektivum [= die Gesamtheit] einer Gruppe ..., einen tödlichen. Im Krieg stand ich unter Militärgesetz, aber doch unter Gesetz; jetzt bin ich der Willkür ausgeliefert. Heute ... bin ich wieder weniger gewiß, daß die Katastrophe bald eintreten wird. ... Ein Tier ist nicht rechtloser und gehetzter.

10. April 1933

Das neue Beamten-„Gesetz" läßt mich als Frontkämpfer im Amt – wahrscheinlich wenigstens und vorläufig. ... Aber ringsum Hetze, Elend, zitternde Angst. Ein Vetter Dembers [eines Freundes], Arzt in Berlin, aus der Sprechstunde geholt, im Hemd und schwer mißhandelt ins Humboldtkrankenhaus gebracht, dort, 45 Jahre alt, gestorben. Frau Dember erzählt es uns flüsternd bei geschlossener Tür.

B: 1942 notiert Klemperer:

1) [Verbot,] nach acht oder neun Uhr abends zu Hause sein. Kontrolle!
2) Aus dem eigenen Haus vertrieben
3) Radioverbot, Telefonverbot
4) Theater-, Kino-, Konzert-, Museumsverbot
5) Verbot, Zeitschriften zu abonnieren oder zu kaufen ...
8) Verbot, Zigaretten zu kaufen oder irgendwelche Rauchstoffe
9) Verbot, Blumen zu kaufen
10) Entziehung der Milchkarte
11) Verbot, zum Barbier zu gehen
12) Jeder Art Handwerker nur nach Antrag bei der Gemeinde bestellbar
13) Zwangsablieferung von Schreibmaschinen,
14) von Pelzen und Wolldecken,
15) von Fahrrädern – zur Arbeit darf geradelt werden (Sonntagsausflug und Besuch zu Rad verboten),
16) von Liegestühlen,
17) von Hunden, Katzen, Vögeln.
18) Verbot, die Bannmeile Dresdens zu verlassen,
19) den Bahnhof zu betreten ...

A: Victor Klemperer, Ich will Zeugnis ablegen bis zum letzten. Tagebücher 1933-1945, Bd. 1, Berlin 1995, S. 15ff.

B: ebd., Tagebücher 1942–1945, hg. von Walter Nowojski, Berlin (Aufbau Taschenbuch) 1995, S. 107f.

---

1 Beschreibe das Foto M1. Begründe die Motive für die Verbreitung durch die Nationalsozialisten.

2 **Methode:** Untersuche die Tagebucheinträge Viktor Klemperers (M2). Ordne sie in den historischen Zusammenhang ein.
Tipp: Nutze die Arbeitsschritte auf S. 85.

3 **a)** Gestalte anhand der Doppelseite einen Zeitstrahl zum Thema „Entrechtung der Juden 1933–1938".

b) Erläutere die Folgen der Maßnahmen für die Betroffenen.

c) Recherche: Suche im Internet unter „Entrechtung der Juden" weitere rassistische Maßnahmen der Nationalsozialisten.

4 Viele Deutsche verharmlosten das Vorgehen gegen die Juden. Stelle Vermutungen zu den möglichen Reaktionen an. Welche Fragen ergeben sich?

Webcode: FG450099-123
Film: Ausgrenzung der Juden

Die Reichspogromnacht 1938 in Hannover

In der Nacht vom 9. auf den 10. November 1938 brannten überall in Deutschland Synagogen. Menschen wurden misshandelt, jüdische Geschäfte und Wohnungen demoliert. Auch in Niedersachsen gab es in vielen Städten Verfolgung und Terror. Wie konnte das geschehen? Begib dich auf Spurensuche.
- *Wie gingen die Täter in der Reichspogromnacht vor?*
- *Welche Folgen hatte das Pogrom für die jüdische Bevölkerung?*

Die Reichspogromnacht

Der Höhepunkt der Judenverfolgungen vor dem Zweiten Weltkrieg war das Jahr 1938. Als Vorwand für gewalttätige Aktionen in ganz Deutschland diente ein Attentat des Juden Herschel Grynszpan, der aus Hannover stammte. Er ermordete in Paris den deutschen Gesandtschaftsrat Ernst vom Rath. Grynszpans Eltern waren zuvor aus Deutschland nach Polen ausgewiesen worden. Die NS-Führung nahm das Attentat zum Anlass, um antijüdische Maßnahmen in Deutschland durchzuführen. Örtliche Parteigruppen der NSDAP, die SA und die SS inszenierten einen reichsweiten Pogrom. In der Nacht vom 9. auf den 10. November 1938 wurden in Deutschland fast alle noch genutzten Synagogen in Brand gesteckt, jüdische Friedhöfe geschändet, jüdische Wohnungen und Geschäfte zerstört und rund 30 000 Juden, sogenannte „Aktionsjuden", verhaftet. An die 100 jüdische Bürger wurden an diesen beiden Tagen ermordet, viele misshandelt und schikaniert. Die tatsächliche Opferzahl ist noch viel höher, da zahlreiche Verhaftete in den Konzentrationslagern starben.

Als „Sühneleistung" für die entstandenen Schäden wurde den deutschen Juden zudem die Zahlung von einer Milliarde Reichsmark auferlegt. Ferner enteigneten die Nationalsozialisten zahlreiche jüdische Betriebe zugunsten von Nichtjuden („Arisierung"). Außerdem zwangen sie die Juden, ihren Besitz zu verkaufen und ihre Bankkonten offenzulegen.

Das Schicksal der Juden in Hannover

Die jüdische Gemeinde in Hannover existierte seit dem 13. Jahrhundert. Nach der Machtübernahme der Nationalsozialisten war auch sie der rechtlichen und sozialen Ausgrenzung, Drangsalierung und Verfolgung ausgesetzt. Die Ereignisse am 9. November 1938 bedeuteten jedoch eine neue Form der Gewalt. Nachdem die reichsweiten Gewaltexzesse angelaufen waren, übernahm die SS die zentrale Organisation des Pogroms in Hannover. Eine fertige Liste von Adressen möglicher Ziele lag schon vor. Zerstört wurde unter anderem die Synagoge in der Bergstraße (M2), in der Innenstadt wurden jüdische Geschäfte und Wohnungen demoliert und jüdisches Eigentum geraubt. Im Regierungsbezirk Hannover wurden im Rahmen des Novemberpogroms 300 Menschen verhaftet und ins Konzentrationslager Buchenwald verschleppt. 94 jüdische Geschäfte und 27 Häuser und Wohnungen wurden verwüstet.

M1 *Synagoge an der Bergstraße in Hannover, Foto, 10. November 1938*

M2 *Geplündertes jüdisches Geschäft in Hannover, Foto, 10. November 1938*

Lagebericht der Schutzpolizei Hannover vom 10. November 1938:

Im Bereich des Abschnittkommando II¹ sind folgende Schadensstellen festgestellt:
1. Brand der Synagoge in der Bergstraße ...
2. In den Revieren 9, 12, und 13 zusammen
5 14 jüdische Geschäfte.
Sämtliche Schadensstellen sind mit Posten besetzt. Alle Zugänge zu dem Synagogenplatz sind durch Schutzpolizei und SA gesperrt. In der Nähe der Synagoge hat sich eine Menschenansammlung
10 von etwa 300 Personen gebildet. An den anderen Schadensstellen sind nur kleinere Ansammlungen festgestellt worden. Alle Leute verhalten sich ruhig.
Um 2.35 Uhr wurde von der Staatspolizei – Assistent
15 Westermann – Feueralarm durchgegeben. Die äußere Absperrung wurde an der Synagoge zunächst von der SS vorgenommen. Die Feuerlöschpolizei war zu Stelle. Die anliegenden Häuser der Brandstelle wurden von den Bewohnern
20 geräumt. ... Gegen 5 Uhr wurde die Absperrung der SS durch Arbeitsdienst abgelöst. Um 5.30 Uhr übernahm die Schutzpolizei neben der Verkehrsregelung die gesamte äußere Absperrung an der Brandstelle.
25 Um 7.25 Uhr wurde von der Technischen Nothilfe die Kuppel der Synagoge gesprengt.
Der Brand wurde bis 8 Uhr von der Feuerlöschpolizei gelöscht.

Zit. nach: „Reichskristallnacht" in Hannover, hg. vom Historischen Museum am Hohen Ufer, Hannover 1978, S. 119 f.

¹ *Bereich, der einer Polizeidienststelle zugeordnet war.*

1 Erläutere mithilfe der Materialien das Vorgehen der Nationalsozialisten bei den Pogromen in Hannover und die Auswirkungen für die Juden.
2 Die Nationalsozialisten bezeichneten die Ereignisse als „Ausbruch des spontanen Volkszornes". Nimm Stellung zu dieser Bewertung.
3 **Wähle eine Aufgabe aus:**
Gestalte einen Kurzvortrag über
a) die Pogromnacht in deinem Heimatort,
b) die Erlebnisse der in der Pogromnacht verhafteten Juden in Dachau oder Buchenwald.
Tipp: Hilfe findest du auf S. 328.

Irene Mierzinsky, Sekretärin des jüdischen Nervenarztes Joseph Loewenstein:

Am Tag vor der Kristallnacht wurde Dr. L anonym gewarnt, die kommende Nacht nicht zu Hause zu verbringen. Er verbrachte sie mit seiner Frau im Hause von deren Mutter ....
5 Als ich am Morgen das Haus wie gewöhnlich betreten wollte, floß mir schon außen auf der breiten Steintreppe ein Strom von zerbrochenen Eiern, zerbrochenen Gläsern mit Eingemachtem usw. entgegen. Im Inneren der Wohnung ein
10 unbeschreibliches Chaos: Teppiche und Wandbilder zerschnitten, der Flügel zerschlagen, die Federbetten aufgeschlitzt, so daß man der im ganzen Haus herumfliegenden Federn kaum Herr werden konnte. Es gab kein heiles Möbel-
15 stück mehr. Silbersachen, selbst kleinste, waren nicht mehr aufzufinden. ... Selbst meine Schreibmaschine und die Geräte zur Behandlung der Patienten waren unbrauchbar gemacht.

Quellenangabe siehe M1, S. 130.

Rechtsanwalt Horst E. Berkowitz aus Hannover erinnert sich an den 10. November 1938:

Gegen 1 Uhr morgens wurde mehrfach geklingelt, und es erschienen zwei Gestapo-Beamte, die mich verhafteten und aufforderten, mich anzuziehen und mitzukommen. ... Ich wurde zu ei-
5 nem offenen Lastwagen geführt, auf dem schon mehrere jüdische Herren standen, und nun ging es von Haus zu Haus jüdischer Mitbürger, die aus ihrer Wohnung geholt und ebenfalls auf dem Lastwagen abtransportiert wurden.
10 Die Fahrt endete in der Hardenbergstraße beim Polizeipräsidium. Wir kamen zunächst in einen großen Raum, dann, je etwa 12 bis 15 Personen in eine Zelle, wo wir eingeschlossen wurden. ... Es mag gegen 9 Uhr morgens gewesen sein, als wie-
15 derum die Zellentüren geöffnet wurden. Wir wurden zum Hauptbahnhof gebracht, wo außerhalb der großen Halle einige Waggons bereitstanden, mit denen wir abtransportiert wurden. ...
Anhand einer Eisenbahnnetzkarte, die im
20 Waggon aushing, konnten wir dann feststellen, daß man die Strecke nach Dachau verließ, so daß also Buchenwald Bestimmungsort war.

Quellenangabe siehe M1, S. 130.

Eugenik und „Euthanasie"

Bereits Jahrzehnte vor der Zeit des Nationalsozialismus hatten Wissenschaftler in vielen Ländern Überlegungen angestellt, wie sich die Gesellschaft im Industriezeitalter fortentwickeln würde. Ihr Hauptaugenmerk richteten sie dabei vorrangig auf die „Volksgesundheit" und die „Vererbungs- und Rassenlehre" (Eugenik*).

- Wie setzten die Nationalsozialisten die Rassen- und Vererbungslehre in ihrer Bevölkerungspolitik um?

Rassenkunde in der Schule, Foto, 1943. Die Szene wurde für die Propaganda nachgestellt.

Die Behandlung behinderter Menschen durch die Nationalsozialisten

Nach der Machtübernahme Hitlers wurden Menschen mit körperlichen und geistigen Behinderungen registriert und „ausgesondert". Auch Personen mit erblichen Krankheiten wurden als Bedrohung für die „Volksgesundheit" angesehen und erlitten dasselbe Schicksal. Davon betroffen waren z. B. auch nervenkranke Veteranen des Ersten Weltkrieges. Nahezu 400 000 Deutsche wurden zwischen 1933 und 1945 zwangssterilisiert. Das „Ehegesundheitsgesetz" von Oktober 1935 verbot Ehen zwischen „erbgesunden" und „erbkranken" Menschen. 1936 wurde die „Reichszentrale zur Bekämpfung der Homosexualität und Abtreibung" ins Leben gerufen. Die Nationalsozialisten wollten damit gegen sinkende Geburtenzahlen vorgehen.

Ins Visier der Programme zur „Rassenhygiene" gerieten neben den Juden auch Minderheiten wie die Sinti und Roma, die als „fremdrassig" galten.
Zwischen 1939 und 1945 wurden mehr als 5000 körperlich und geistig behinderte Neugeborene und Kinder in Kliniken als „lebensunwert" ermordet.

Das „Euthanasie"-Programm

Im Oktober 1939 autorisierte Hitler in einem Schreiben die „Euthanasie"* als „Gnadentod" für „unheilbare" Patienten. Mehr als 70 000 Menschen kamen zwischen 1940 bis zum August 1941 in den eingerichteten „Euthanasie"-Zentren zu Tode. Unter Aufsicht von Ärzten, Krankenschwestern und Pflegern wurden sie in Gaskammern ermordet, die als Duschräume getarnt waren. Ärzte wählten die für den Tod bestimmten Patienten aus. Die Tötungsmaßnahmen erregten mit der Zeit öffentliches Aufsehen und Proteste, sodass die Ermordung mit Gas eingestellt wurde. In zahlreichen Krankenhäusern und Einrichtungen für psychisch Kranke starben Patienten an Unterernährung oder medikamentöser Überdosierung. Insgesamt wurden etwa 200 000 Menschen durch die NS-„Euthanasie" getötet.

Denkmal „Grauer Bus" von Horst Hoheisel zur Erinnerung an die „Euthanasie"-Opfer, hier: Berlin, Foto, 2008.

Brief eines Vaters an die Anstaltsleitung in Haar-Eglfing (1940):

Wir möchten Sie bitten, uns zu berichten, warum unser Sohn Alois R. so schnell gestorben [ist] ... und was fehlte ihm? Sie schreiben uns, dass er Nierenentzündung und Harnvergiftung hatte und
5 warum ist er verbrannt worden und wie war er zuletzt ... Ich lege Ihnen eine Briefmarke bei und sind Sie so gut und berichten Sie uns das.

Zit. nach Gerhard Schmidt, Selektion in der Heilanstalt 1933–1945, Stuttgart (Springer) 1965, S. 89.

Auszug aus einem Brief eines Körperbehinderten aus der Anstalt Stetten-Waiblingen:

In diesem jammervollen Gefühl völliger Wehrlosigkeit klagte immer wieder R. W., der mit seinen lahmen Beinen im Selbstfahrerstuhl saß: „Wohin soll ich fliehen und wer will mich verste-
5 cken, wer kann für mich Einspruch einlegen? Bei mir sieht man ja schon von Weitem, dass ich ein unnützer Brotesser bin und zu nichts tauge."

Zit. nach Ludwig Schlaich, Lebenswert? Kirche und Innere Mission Württembergs im Kampfe gegen die „Vernichtung lebensunwerten Lebens", Stuttgart (Quellverlag der Evangelischen Gesellschaft) 1947, S. 76.

Schreiben des Bischofs von Limburg an den Reichsminister der Justiz vom 13. August 1941:

Etwa 8 km von Limburg entfernt ist in dem Städtchen Hadamar ... eine Anstalt, in der nach allgemeiner Überzeugung oben genannte Euthanasie seit Monaten ... planmäßig vollzogen wird ...
5 Öfter in der Woche kommen Autobusse mit einer größeren Anzahl Opfer ... an ... Nach der Ankunft solcher Wagen beobachten dann die Hadamarer Bürger den aus dem Schlot aufsteigenden Rauch ... Alle gottesfürchtigen Wesen empfinden diese
10 Vernichtung hilfloser Wesen als himmelschreiendes Unrecht ... Es ist in der Bevölkerung unfasslich, dass planmäßige Handlungen vollzogen werden, die nach § 211 StGB[1] mit dem Tode zu bestrafen sind!

Zit. nach Wolfgang Michalka (Hg.), Das Dritte Reich, Bd. 2, München (dtv) 1985, S. 236 f.

[1] *Strafgesetzbuch*

Der Journalist Klaus Franke schrieb 2001:

Warum regte sich im ärztlichen Kollegenkreis kein Widerstand gegen das „Euthanasie"-Programm? Kein einziger deutscher Psychiater protestierte; kaum einer zögerte, die ihm anvertrauten Patien-
5 ten ... zu selektieren und an die Tötungsanstalten auszuliefern ... 23 Angeklagte, darunter 20 Mediziner, standen 1946 im Nürnberger Ärzteprozess vor Gericht. Sieben von ihnen ... wurden gehängt, neun erhielten langjährige Freiheitsstrafen, sieben
10 wurden freigesprochen ... Nur ein Industriestaat mit seiner komplexen Infrastruktur konnte ... den reibungslosen Lauf der Mordmaschinerie gewährleisten, eine Erkenntnis, die kaum hilft, die Furcht vor einer Wiederholung des Horrors zu
15 dämpfen – zumal die moderne Gentechnik, wie ihre Kritiker warnen, eine Rückkehr eugenischer Zuchtfantasien fördere.

Klaus Franke, Reine Rasse, in: Spiegel spezial, Nr. 1, 2001, S. 133 ff.

---

1 Arbeite Motive, Ziele und Methoden der nationalsozialistischen „Euthanasie" heraus (M1 und Darstellungstext). Stelle deine Ergebnisse in einer Tabelle dar. Beziehe auch S. 120 ein.

2 Untersuche und bewerte die Auswirkungen der NS-„Euthanasie" auf die Betroffenen, ihre Angehörigen und die Öffentlichkeit (M3–M5).

3 Gib die Aussagen des Journalisten Franke wieder (M6). Erläutere und bewerte seine Schlussbemerkung.

4 **Wähle eine Aufgabe aus:**
   Recherchiere:
   a) Welche Funktion hatten die „Grauen Busse"?
   b) Was verbarg sich hinter der Bezeichnung „Aktion T4"?

Zusatzaufgabe: siehe S. 321.

Webcode: FG450099-127
„Gedenkort T4"

Zusammenfassung 4 Leben im Nationalsozialismus

|1932 |1933 |1934 |1935 |1936 |1937

1933
März Gründung des „Reichsministeriums für Volksaufklärung und Propaganda"
April Aufruf zum Boykott jüdischer Geschäfte; Beginn der Ausgrenzung und Verfolgung der jüdischen Bevölkerung in Deutschland
Juli „Gesetz zur Verhütung erbkranken Nachwuchses"
November Gründung der „Deutschen Arbeitsfront" und der Organisation „Kraft durch Freude" (KdF)

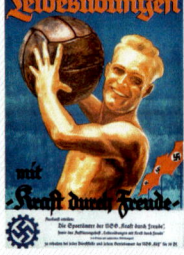

1935
„Nürnberger Gesetze" („Gesetz zum Schutz des deutschen Blutes und der deutschen Ehre" sowie „Reichsbürgergesetz"), „Ehegesundheitsgesetz"

1936
Hitlerjugend und Bund Deutscher Mädel wird „Staatsjugend"

Leben im Nationalsozialismus

Die Gesellschaft im NS-Staat

Nach der Machtübernahme im Januar 1933 bauten die Nationalsozialisten den Staat nach ihren Vorstellungen um. Sie propagierten eine „Volksgemeinschaft", in der angeblich alle sozialen Gegensätze und gesellschaftlichen Unterschiede überwunden waren. Ausgeschlossen von dieser „Volksgemeinschaft" waren politische Gegner, Juden, Sinti und Roma, Homosexuelle sowie körperlich und geistig Behinderte. Diese Gruppen wurden systematisch diskriminiert, entrechtet und vielfach ermordet. Die Rollen von Jungen und Mädchen, Männern und Frauen waren nach der NS-Ideologie klar definiert: Auf der einen Seite stand der kämpfende, heldenhafte Mann, auf der anderen Seite die Frau als Mutter und „Erhalterin des Volkes". Frauen, die diese Rolle verweigerten, liefen ebenfalls Gefahr, aus der „Volksgemeinschaft" ausgeschlossen zu werden. Das vorgegebene Rollenbild entsprach jedoch nie der Realität. Denn mit dem Kriegsbeginn 1939 wurde die Arbeitskraft der Frauen gebraucht. Sie besetzten nun viele Positionen in Wirtschaft und Verwaltung, die vorher Männern vorbehalten waren.

Propaganda und Inszenierung

Massenveranstaltungen wie die Reichserntedankfeste dienten der Selbstinszenierung des NS-Herrschaftssystems. Das neue Medium Rundfunk wurde geschickt für Propagandazwecke eingesetzt. Der preiswerte „Volksempfänger" war als Radiogerät bald in allen Familien und Betrieben vorhanden. Die Produktion von Spielfilmen und Wochenschauen diente der Festigung der NS-Propaganda und wurde finanziell gefördert.

Das Regime nutzte alljährliche Feiern zur Inszenierung seiner Macht, wie den 30. Januar als „Tag der Machtergreifung", den 20. April als Geburtstag des „Führers" und den 1. Mai als „Tag der nationalen Arbeit". Höhepunkt des Veranstaltungsjahres waren die Reichsparteitage, die immer im September in Nürnberg stattfanden.

Freizeitgestaltung durch den Staat

Wie jeder totalitäre Staat diktierte auch das NS-Regime die Freizeitaktivitäten seiner Bevölkerung. Um die Leistungsbereitschaft der Arbeitnehmerschaft zu fördern, wurde 1933 die NS-Organisation „Kraft durch Freude" (KdF) gegründet. Sie war als Sonderorganisation der „Deutschen Arbeitsfront" (DAF) mit der Organisierung und Durchführung von Freizeitangeboten beauftragt. Die Veranstaltungen der KdF umfassten neben Erholungsangeboten auch Vorträge und Schulungen zur Festigung der nationalsozialistischen Weltanschauung. Die Bürger wurden somit auch in ihrer Freizeit überwacht und gleichgeschaltet. Propagandistisch in Szene gesetzte Großprojekte wie die „KdF-Flotte", das „KdF-Seebad" und der „KdF-Wagen" sollten die Attraktivität des Regimes steigern. Nach Kriegsbeginn wurden diese Programme allmählich eingestellt.

Jugend und Schule im NS-Staat

Die Nationalsozialisten unternahmen große Anstrengungen, um die Jugendlichen für ihre Ansichten zu gewinnen. Nach dem Verbot aller anderen Jugendorganisationen wurde die bereits vor 1933 gegründete Hitlerjugend 1936 zur „Staatsjugend" erklärt. Mädchen und Jungen konnten ab dem 14. Lebensjahr in den Bund

Zusammenfassung 129

| 1938 | 1939 | 1940 | 1941 | 1942 | 1943 |

1938
9./10. November von den Nationalsozialisten gesteuerte Pogrome in ganz Deutschland („Reichspogromnacht"), Synagogen brennen, Juden werden verhaftet und ermordet;
in der Folge: Enteignung von jüdischen Betrieben, Juden müssen ihren Besitz verkaufen und Bankkonten offenlegen

1939 Beginn der Tötung behinderter Menschen („Euthanasie")

Juli 1940/August 1941
Proteste aus Kirchenkreisen gegen das „Euthanasie"-Programm der Nationalsozialisten

---

Deutscher Mädel (BDM) bzw. in die Hitlerjugend (HJ) eintreten.
Die 10- bis 14-Jährigen konnten als „Jungmädel" oder „Pimpfe" Mitglied im „Deutschen Jungvolk" werden. Eltern, deren Kinder der Organisation nicht beitraten, wurden bestraft und benachteiligt. Dies traf auch auf Kinder und Jugendliche zu.
Auch im Schulwesen trieben die Nationalsozialisten ihre Politik der Diskriminierung voran: Jüdische Lehrkräfte, Schülerinnen und Schüler wurden ebenso vom Unterricht an öffentlichen Schulen ausgeschlossen wie Kinder deutscher Sinti und Roma. Christliche Konfessionsschulen mussten Ende 1939 schließen. In nationalsozialistischen Internatsschulen, den „Napolas" und „Adolf-Hitler-Schulen", sollte eine neue Elite von Nationalsozialisten herangezogen werden.

Entrechtung und Verfolgung der Juden
Die rassistische Politik der Nationalsozialisten wurde sofort nach der Machtübernahme umgesetzt. Sie begann mit einschneidenden Maßnahmen wie dem Aufruf zum Boykott jüdischer Geschäfte im April 1933. Zwischen 1933 und 1939 führte sie über die systematische Aberkennung der Bürgerrechte („Nürnberger Gesetze", 1935) zur offenen Verfolgung. Das „Gesetz zum Schutz des deutschen Blutes und der deutschen Ehre" stellte „rassische Mischehen" sowie sexuelle Kontakte zwischen Juden und „Staatsangehörigen deutschen oder artverwandten Blutes" unter Strafe.

Das Jahr 1938 brachte einen weiteren Höhepunkt der NS-Judenpolitik: Juden, die mehr als 5000 Reichsmark besaßen, mussten dies bei den Behörden anmelden. Jüdische Ärzte und Rechtsanwälte durften ihren Beruf nicht mehr ausüben. Alle Juden mit nichtjüdischen Vornamen hatten den Zwangsvornamen „Sara" oder „Israel" zu tragen. Die Ausreise und Flucht für Juden aus Deutschland wurde erschwert, indem die Behörden ihre Reisepässe einzogen und ein großes „J" in die Dokumente stempelten. Die von der NS-Führung inszenierte Judenverfolgung (Reichspogromnacht vom 9. zum 10. November 1938) zeigte die Brutalität des NS-Herrschaftsregimes und die Bereitschaft zur Mittäterschaft vieler Deutscher: Synagogen wurden in Brand gesteckt, jüdische Friedhöfe geschändet, Wohnungen von jüdischen Bewohnern zerstört und an die 100 Juden ermordet. Etwa 26 000 männliche Juden kamen in Konzentrationslager.

Eugenik und „Euthanasie"
Die nationalsozialistische „Vererbungs- und Rassenlehre" nutzte bestimmte Vorstellungen der Eugeniker vom Anfang des 20. Jahrhunderts in menschenverachtender Weise: Mit dem „Ehegesundheitsgesetz" von 1935 wurden Zwangssterilisationen legalisiert, damit keine „erbkranken" Kinder auf die Welt kämen. Der von den Nationalsozialisten angeordneten Tötung von „lebensunwertem Leben" („Euthanasie") fielen etwa 200 000 Menschen zum Opfer. Wegen anhaltender Proteste aus Kirchenkreisen wurden die Morde eingestellt.

4 Leben im Nationalsozialismus

In diesem Kapitel konntest du folgende Kompetenzen erwerben:

- die Lebensbedingungen für den Einzelnen in einer Diktatur darlegen und bewerten
- den nationalsozialistischen „Griff nach der Jugend" erklären und die Instrumentalisierung der Jugendlichen für die NS-Ideologie beurteilen
- Fakten benennen, die die Menschenverachtung der nationalsozialistischen Ideologie belegen
- Bedeutung und Wirkung von Propaganda beschreiben und erklären
- Lebenssituationen im Nationalsozialismus mit denen in einer heutigen Demokratie vergleichen und beurteilen
- **Methode:** Spielfilme untersuchen

M1 Der Historiker Michael Wildt über die „Volksgemeinschaft" (2011):

Die Verheißung von sozialer Gemeinschaft und nationalem Wiederaufstieg, von Überwindung der Klassengesellschaft und politischer Einheit trug ganz wesentlich zur Attraktivität des Nationalsozialismus bei …

Nicht so sehr die Frage, wer zur „Volksgemeinschaft" gehörte, beschäftigte die Rechte als vielmehr, wer nicht zu ihr gehören durfte, eben jene bereits sprachlich ausgegrenzten „Gemeinschaftsfremden", allen voran die Juden. Der Antisemitismus spielte dabei eine entscheidende Rolle. Denn in der außerstaatlichen Konstruktion des Volkes als „natürliche Blutsgemeinschaft", die zu ihrer politischen Ordnung – die eben nicht der bürgerliche Nationalstaat war – finden müsse, war die rassistische, antisemitische Grenzlinie untrennbar eingelassen …

Der Nationalsozialismus bot Möglichkeitsräume, nicht nur der Macht als vielmehr auch der Gewalt. Nationalsozialistische Politik war von Anfang an stets gewalttätige Praxis: Antisemitismus der Tat.

Michael Wildt, „Volksgemeinschaft" als Selbstermächtigung, in: Hitler und die Deutschen. Volksgemeinschaft und Verbrechen, Katalog einer Ausstellung des DHM 2011, hg. von Hans-Ulrich Thamer und Simone Erpel, Dresden (Sandstein-Verlag) 2011, S. 90 f.

„Reichsparteitag der Einheit und Stärke", Nürnberg, Foto, 1934

Szene aus dem Spielfilm „Napola – Elite für den Führer", Deutschland, 2004

Der Historiker Wolfang Benz (1988):
Der Novemberpogrom, als „Reichskristallnacht"[1] im Umgangston verniedlicht, bedeutete den Rückfall in die Barbarei, in einer Nacht wurden die Errungenschaften der Aufklärung, der Emanzipation, der Gedanke des Rechtsstaates und die Idee von der Freiheit des Individuums zuschanden. Seit dem 15. Jahrhundert hatte es in Mitteleuropa solche Judenverfolgung nicht mehr gegeben, aber nicht nur dies, denn die mittelalterlichen Pogrome fanden statt als unkontrollierte Aggressionen zusammengelaufener Volkshaufen, in denen sich soziale und wirtschaftliche Spannungen auf dem Hintergrund religiös motivierter Judenfeindschaft entluden. Regelrecht programmiert und in Szene gesetzt von staatlichen Instanzen war vor dem 9. November kein einziger solcher antisemitischer Aufruhr gewesen.

Wolfgang Benz (Hg.), Die Juden in Deutschland 1933 bis 1945, 4. Aufl., München (C. H. Beck), S. 499.

[1] Bezeichnung der Nationalsozialisten für die Reichspogromnacht

„60 000 RM" (= Reichsmark), Propagandaplakat, um 1938.

Methodenkompetenz
1 **Gruppenarbeit:**
   a) Schaut euch den Spielfilm „Napola" an (M3).
   b) Untersucht den Film mithilfe der Arbeitsschritte „Spielfilme untersuchen" auf S. 113.
2 Analysiere M2 im Hinblick auf die Wirkung, die die Nationalsozialisten mit den Massenkundgebungen erzielen wollten.
   Tipp: Achte auch auf die Bildunterschrift.
3 Nimm Stellung zu Form und Inhalt des Plakats (M5). Nimm die Arbeitsschritte auf S. 61 zu Hilfe.

Sachkompetenz
4 Fasse kurz zusammen, warum es deiner Meinung nach den Nationalsozialisten gelang, in kurzer Zeit so viele Anhänger zu gewinnen. Beziehe auch M1 mit ein.
5 **Partnerarbeit:** Erklärt euch gegenseitig die folgenden Begriffe: „Volksgemeinschaft", „Deutsche Arbeitsfront", „Kraft durch Freude", „Hitlerjugend", „Reichspogromnacht" und „Euthanasie."

6 Erstelle ein Kurzreferat, in dem du über die ideologischen Werte und Ideale, die an einer „Napola" vermittelt wurden, berichtest (siehe S. 120 und die Ergebnisse der Filmanalyse).
   Tipp: Gehe dabei besonders darauf ein, wie die Jugendlichen von dieser Ideologie vereinnahmt wurden.
7 Erläutere die Stufen der Diskriminierung deutscher Juden bis 1939. Beurteile die persönlichen und wirtschaftlichen Folgen dieser Diskriminierungen für die Betroffenen. Lies nach auf S. 122–125.

Urteilskompetenz
8 Das NS-System setzte auf totalen Einsatz von Propaganda. Diskutiert vor diesem Hintergrund, ob die Deutschen „verführte Opfer" dieser Propaganda und Manipulation waren.
9 Nimm Stellung zu der These, der Pogrom am 8./9. November 1938 sei ein Wendepunkt in der Judenverfolgung gewesen (M4).
10 Begründe, warum die „Euthanasie"-Politik der Nationalsozialisten gegen Bürger- und Menschenrechte verstieß.

Webcode: FG450099-131
Selbsteinschätzungsbogen

5 Nationalsozialistische Außenpolitik und Zweiter Weltkrieg

2. Mai 1945: Auf dem Berliner Reichstag weht die rote Fahne, ein Symbol des Sieges über den Nationalsozialismus.
Von der Erstürmung des Reichstages durch sowjetische Soldaten zwei Tage zuvor gibt es keine Fotos. Deshalb kletterte der 28-jährige Kriegsfotograf Jewgeni Chaldej mit drei jungen Soldaten auf das Dach. Dort entstand eine Fotoserie, die um die Welt gehen sollte.
Im Moskauer Labor fügte man später Rauchwolken hinzu, bauschte die Flagge auf und entfernte erbeutete Uhren vom Handgelenk des Soldaten.

Beschreibe die Stimmung, die das Bild vermittelt. Was könnte Chaldej dazu veranlasst haben, dieses Bild nachzustellen?

Berlin, 2. Mai 1945, Flaggenhissung auf dem Reichstag. Fotograf: Jewgeni Chaldej

5 Nationalsozialistische Außenpolitik und Zweiter Weltkrieg

1930		1935	
		1933 Austritt Deutschlands aus dem Völkerbund	
		1935 Wiedereinführung der allgemeinen Wehrpflicht	
		1936 Vierjahresplan zur Wiederaufrüstung; Olympische Spiele in Berlin	
		1938 Anschluss Österreichs; Münchner Abkommen: Tschechoslowakei tritt das Sudetengebiet an das Deutsche Reich ab	
1930–1933 Präsidialkabinette	1933 Hitler wird Reichskanzler		

Nationalsozialistische Außenpolitik und Zweiter Weltkrieg

Die NS-Propaganda hatte schon seit 1933 mehr „Lebensraum im Osten" für die Deutschen gefordert. Hitler war es seither gelungen, die europäischen Mächte von seinen „friedlichen" Absichten zu überzeugen und dennoch Gebietsgewinne zu machen. Doch als er 1939 Polen überfiel, gaben England und Frankreich nicht mehr nach. Der Zweite Weltkrieg begann. Das Deutsche Reich musste seine Industrie in kürzester Zeit auf Kriegswirtschaft umstellen.

Mit dem Krieg begann auch eine gnadenlose deutsche Vernichtungspolitik in Osteuropa. Schätzungen zufolge starben rund 80 Millionen Menschen durch die Kämpfe, Verbrechen und Kriegsfolgen. Ebenfalls zum Zweiten Weltkrieg gehört die Ermordung der europäischen Juden, die die Nationalsozialisten als „Endlösung der Judenfrage" bezeichneten. Nicht alle fügten sich ihrem Schicksal: Es gab auch einzelne Menschen und Gruppen, die sich unter Lebensgefahr gegen die Nationalsozialisten stellten.

Dieses Kapitel hilft dir, die folgenden Fragen zu beantworten:
- Wie bereiteten die Nationalsozialisten den Krieg wirtschaftlich vor?
- Wie konnte Hitler das Ausland so lange von seinen angeblich friedlichen Absichten überzeugen?
- Welche Länder waren am Zweiten Weltkrieg beteiligt, wo lagen die Hauptkriegsschauplätze?
- Welche Auswirkungen hatte die deutsche Besatzungs- und Vernichtungspolitik und wie kam es zum Massenmord an den Juden?
- In welcher Form leisteten Menschen Widerstand gegen das NS-Regime?
- Wie können wir heute an den Holocaust erinnern und Rechtsextremismus bekämpfen?

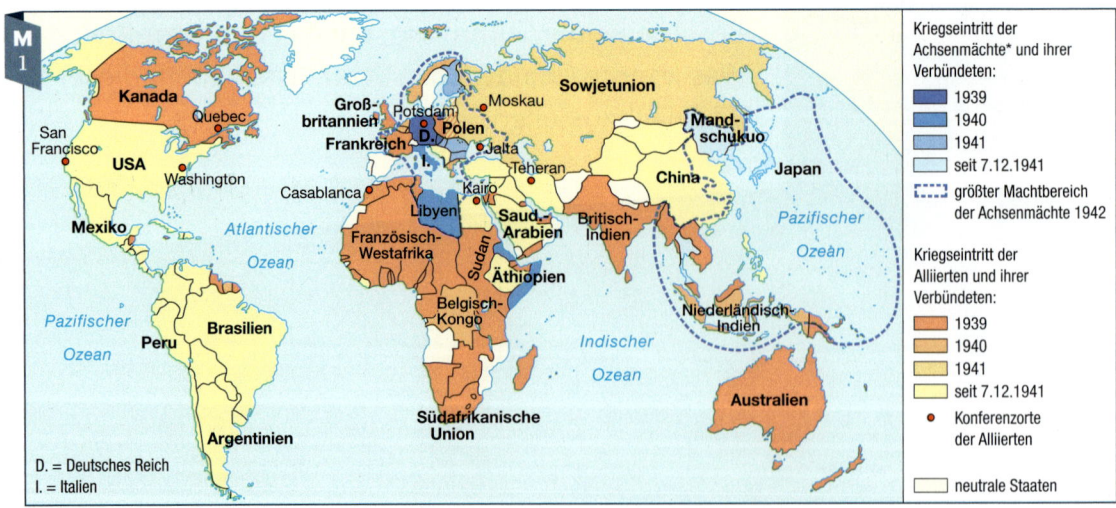

Zweiter Weltkrieg 1939–1945: Bündnisse und größte Ausdehnung des Machtbereichs der Achsenmächte (Deutschland, Italien, Japan)

Herrschaft und Staatlichkeit, Transkulturalität

Orientierung im Kapitel 135

1939	1940			20. Juli 1944	1945
März: Deutsche Truppen marschieren in die Tschechoslowakei ein				Attentat auf Hitler	Flucht und Vertreibung der Deutschen aus dem Osten
September: deutscher Überfall auf Polen; Beginn des Zweiten Weltkrieges					1945 Mai: Kapitulation der Wehrmacht
		Juni 1941: deutscher Überfall auf die Sowjetunion			Juni: Deutschland in Besatzungszonen aufgeteilt
		ab Herbst: Deportation der europäischen Juden aus allen Gebieten unter deutscher Kontrolle in die Konzentrationslager			August: Atombomben auf Hiroshima und Nagasaki

Kritische Schrift zu den Olympischen Spielen in Berlin, Paris, 1936

Einmarsch deutscher Truppen in Prag am 15. März 1939, Foto

Ankunft und „Selektion" ungarischer Juden im Konzentrationslager von Auschwitz-II-Birkenau, Foto, 1944

1 Ziehe aus M1 Schlüsse über den Kriegsverlauf und Deutschlands Lage im Zweiten Weltkrieg.
   Tipp: Achte auf die verschiedenen Bündnisse.
2 Betrachte M2. Worauf verweist der Zeichner mit seiner Darstellung? Gib ihr eine passende Bildunterschrift.
3 Ordne die Abbildungen M3 und M4 in die Zeitleiste ein und formuliere erste Eindrücke über die Ereignisse vor und während des Zweiten Weltkrieges. Welche Fragen stellen sich dir? Schreibe sie auf und versuche, sie am Ende der Einheit zu beantworten.

Welche Rolle spielte die Wirtschaft für den NS-Staat?

Die Nationalsozialisten erkannten früh, dass die Industrie eine maßgebliche Rolle für ihre Eroberungspläne spielen würde. Für ihre Wirtschaftspolitik brauchten sie auch den Rückhalt der Bevölkerung.

- Untersuche den Zusammenhang zwischen militärischer, wirtschaftlicher und gesellschaftlicher Entwicklung im NS-Staat.

Überwindung der Wirtschaftskrise

Hitler hatte vor der Wahl versprochen, die Arbeitslosigkeit zu senken. Das gelang ihm auch: 1933 gab es noch fast sechs Millionen Arbeitslose, 1938 herrschte Vollbeschäftigung. Wie war dieses „Wirtschaftswunder"
5 möglich? Einerseits gab es staatlich finanzierte Arbeitsbeschaffungsprogramme. Der Straßen- und Häuserbau, vor allem aber die militärische Aufrüstung ließ die Zahl der Arbeitslosen sinken. Die Wehrpflicht wurde wieder eingeführt und der Reichsarbeitsdienst* beschäftigte
10 Hunderttausende. Andererseits verschwanden viele Frauen aus der Arbeitslosenstatistik: Gemäß der NS-Propaganda kümmerten sie sich um Kinder und Haushalt (siehe S. 108/109). Unter Historikern ist zudem umstritten, ob Hitlers Wirtschaftspolitik überhaupt erfolgreich
15 gewesen wäre, wenn sich die Weltwirtschaft nicht ab 1932 erholt hätte.

Wirtschaft im Zeichen des Krieges

1936 verkündete Hitler den ersten Vierjahresplan. Er sollte fortan die Aufrüstung bestimmen. Ziel war es,
20 Deutschland wirtschaftlich autark* und „kriegsfähig" zu machen. Sogar ausländische Rohstoffe wollte man durch deutsche Produkte ersetzen. Allerdings konnte Deutschland die angestrebte Unabhängigkeit nie erreichen. Finanziert wurde die Aufrüstung durch Kredite in
25 zweistelliger Milliardenhöhe. Den Ausgaben standen Gesamteinnahmen von nur sechs Milliarden Reichsmark gegenüber. Fast von Anfang an drohte dem „Dritten Reich" also der Staatsbankrott. Erst der Weltkrieg brachte die Wende: Deutschland stahl die Goldreserven be-
30 setzter Länder und plünderte Europa systematisch aus.

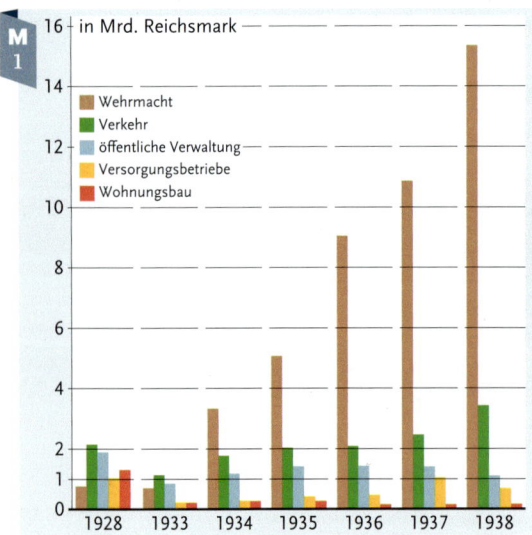

Die öffentlichen Ausgaben im Deutschen Reich. Die NS-Regierung gab zwischen 1933 und 1938 mehr Geld für Rüstung aus als Frankreich, Großbritannien und die USA zusammen.

Propagandistischer Sonderdruck über die Wirtschafts- und Rüstungserfolge des Deutschen Reichs im Rahmen des „Vierjahresplanes", 1941

Aus der geheimen Denkschrift Hitlers zum Vierjahresplan vom 6. August 1936:

Deutschland wird wie immer als Brennpunkt der abendländischen Welt gegenüber den bolschewistischen Angriffen anzusehen sein ...
Wir können uns aber diesem Schicksal nicht entziehen. Unsere politische Lage ergibt sich aus Folgendem: Europa hat zurzeit nur zwei dem Bolschewismus gegenüber als standfest anzusehende Staaten: Deutschland und Italien. Die anderen Länder sind entweder durch ihre demokratische Lebensform zersetzt, marxistisch infiziert und damit in absehbarer Zeit selbst dem Zusammenbruch verfallen oder von autoritären Regierungen beherrscht, deren einzige Stärke die militärischen Machtmittel sind ... Alle diese Länder wären unfähig, jemals einen aussichtsvollen Krieg gegen Sowjetrussland zu führen. Wie denn überhaupt außer Deutschland und Italien nur noch Japan als eine der Weltgefahr gegenüber standhaltende Macht angesehen werden kann ... Denn ein Sieg des Bolschewismus über Deutschland würde nicht zu einem Versailler Vertrag führen, sondern zu einer endgültigen Vernichtung, ja Ausrottung des deutschen Volkes ... Gegenüber der Notwendigkeit der Abwehr dieser Gefahr haben alle anderen Erwägungen als gänzlich belanglos in den Hintergrund zu treten! ... Wenn es uns nicht gelingt, in kürzester Frist die deutsche Wehrmacht ... zur ersten Armee der Welt zu entwickeln, wird Deutschland verloren sein! ...
Wir sind übervölkert und können uns auf der eigenen Grundlage nicht ernähren ... Die endgültige Lösung liegt in einer Erweiterung des Lebensraumes bzw. der Rohstoff- und Ernährungsbasis unseres Volkes ...
Ich stelle damit folgende Aufgabe:
Die deutsche Armee muss in 4 Jahren einsatzfähig sein.
Die deutsche Wirtschaft muss in 4 Jahren kriegsfähig sein.

Zit. nach Wolfgang Michalka (Hg.), Das Dritte Reich. Dokumente zur Innen- und Außenpolitik, Bd. 1: „Volksgemeinschaft" und Großmachtpolitik 1933–1939, München (dtv) 1985, S. 188–190.

Lohnentwicklung in den Kruppschen Gussstahlfabriken:

	1929/30	1930/31	1933/34	1934/35	1935/36
Werkzeugmacherei					
Monatslohn[1]	173,4	136,9	142,0	158,6	172,8
Stundenlohn	0,91	0,83	0,75	0,86	0,86
Wochenstunden	44,0	38,1	43,7	45,6	46,3
mech. Werkstatt					
Monatslohn	209,2	172,4	162,9	180,0	191,5
Stundenlohn	1,04	0,96	0,84	0,89	0,91
Wochenstunden	46,1	41,3	44,3	46,8	48,8

Zusammengestellt nach HA Krupp WA 41/3-807, 812 (Betriebsberichte)

[1] *einschließlich Prämien und Zulagen, z. B. Staubzulage*

---

1 Methode: Analysiere mithilfe der Arbeitsschritte auf S. 335 die wirtschaftliche Situation in Deutschland (Statistiken M1 und M4).
  a) Welche Schwerpunkte lassen sich bei der Verteilung der Gelder in M1 erkennen?
  b) Untersuche M4 vor allem hinsichtlich des Verhältnisses zwischen Arbeitszeit und dem dafür erhaltenen Lohn.

2 Methode: Erläutere anhand des Plakats (M2) die Idee des Vierjahresplans (siehe Arbeitsschritte auf S. 61).

3 a) Erkläre mithilfe von M3 Hitlers Sichtweise auf die weltpolitische Lage.
  b) Arbeite die sich daraus ergebenden politischen und wirtschaftlichen Ziele heraus.

Webcode: FG450099-137
Industrie und Wirtschaft im Nationalsozialismus

Nationalsozialistische Außenpolitik 1933–1938

Hitler hatte seine radikalen Vorstellungen von Außenpolitik bereits 1925 in „Mein Kampf" ausformuliert. Ab 1933 begann er sie Schritt für Schritt umzusetzen. Dabei entschied er sich für eine zweigleisige Taktik.
- **Welche außenpolitischen Ziele verfolgte das NS-Regime und wie konnte es sie verwirklichen?**

Amerikanische Karikatur zur Rede Hitlers am 17. Mai 1933

Friedensbeteuerungen nach außen, Kriegsvorbereitungen im Inneren

Die Ziele der nationalsozialistischen Außenpolitik waren durch die Ideologie geprägt. Im Vordergrund standen die Revision des Versailler Vertrages und die Expansion durch Krieg. Auch wenn die meisten seiner Zeitgenossen dies nicht erkennen konnten, trieb Hitler die Eskalation der politischen Verhältnisse bereits seit seiner Machtübernahme voran. Den Krieg, den er bereits in „Mein Kampf" als „normales politisches Mittel" bezeichnet hatte, plante er über Jahre hinweg. Dabei folgte Hitler dem Leitgedanken, dass Deutschland entweder als Weltmacht oder gar nicht existieren werde.

Bereits im Oktober 1933 trat Deutschland aus dem Völkerbund aus. Begründet wurde dies damit, dass die Genfer Abrüstungskonferenz Deutschlands militärische Gleichberechtigung nicht anerkannte.

Nach dem Austritt konnte das Reich seine Aufrüstung ohne Beschränkungen vorantreiben. Zwei Jahre später, 1935, die Wehrmacht zählte inzwischen ca. 300 000 Mann, wurde die allgemeine Wehrpflicht wieder eingeführt. Trotzdem waren die meisten ausländischen Diplomaten immer noch von Hitlers angeblich „friedlichen Absichten" überzeugt. Ein weiterer Triumph für die Nationalsozialisten war die Volksabstimmung im Saargebiet, bei der ca. 90 % der Wahlberechtigten für eine Rückkehr nach Deutschland stimmten.

Das Ausland zeigte auch keine Reaktion, als die Wehrmacht 1936 das Rheinland besetzte, obwohl es laut Versailler Vertrag eine entmilitarisierte Zone war. Die Angst vor einem Krieg gegen Deutschland war zu groß.

Im gleichen Jahr kam es zum Bündnis zwischen Deutschland und dem faschistischen Italien: Es entstand die „Achse Berlin-Rom".

Die Olympischen Spiele 1936 in Berlin waren propagandistisch im Inland wie im Ausland sehr wirksam. Sie wurden perfekt vorbereitet: Antisemitische Parolen verschwanden, und die Hetze gegen Juden war für die Dauer der Spiele verboten. Zur Besänftigung des Auslands starteten für Deutschland zwei jüdische Sportler, der Eishockeyspieler Rudi Ball und die Fechterin Helene Mayer.

Der nächste Schritt in der NS-Außenpolitik erfolgte 1938 mit dem Anschluss Österreichs, der von der Mehrheit der dortigen Bevölkerung sehr begrüßt wurde.

Adolf Hitler in Wien, Foto, 1938

Das Münchner Abkommen

Mit den außenpolitischen Erfolgen Hitlers wuchsen auch seine Forderungen. Er verlangte nun das Selbstbestimmungsrecht für die Sudetendeutschen, die in den Randgebieten der Tschechoslowakei lebten. Als seine Forderungen nicht erfüllt wurden, drohte er mit Krieg. Daraufhin trafen sich im September 1938 der italienische Diktator Mussolini, der britische Premierminister Chamberlain und der französische Ministerpräsident Daladier mit Hitler in München. Im Münchner Abkommen stimmten sie der Abtretung des Sudetenlandes an Deutschland zu. Tschechoslowakische Vertreter waren nicht anwesend. Großbritannien und Frankreich erhofften sich von diesem Zugeständnis, dass Deutschland nun keine weiteren Gebietsansprüche mehr erheben würde. Man nennt diese Politik des Auslands gegenüber dem NS-Staat 1933–1939 Appeasement* (engl. Beschwichtigung). Die Appeasement-Politik war angesichts der fortdauernden Aggression des Deutschen Reichs erfolglos.

Erste außenpolitische Rede Hitlers vor dem Reichstag am 17. Mai 1933:

Wir haben aber keinen sehnlicheren Wunsch, als den, beizutragen, dass die Wunden des Krieges und des Versailler Vertrages endgültig geheilt werden, und Deutschland wird dabei keinen anderen Weg gehen als den, der durch die Verträge selbst als berechtigt anerkannt wird. Die deutsche Regierung wünscht, sich über alle schwierigen Fragen politischer und wirtschaftlicher Natur mit den anderen Nationen friedlich und vertraglich auseinanderzusetzen. Sie weiß, dass jede militärische Aktion in Europa auch im Falle seines vollständigen Gelingens, gemessen an seinen Opfern, in keinem Verhältnis steht zum möglichen endgültigen Gewinn.

Zit. nach Paul Meier-Benneckenstein (Hg.), Dokumente der deutschen Politik, Bd. I, 2. Aufl., Berlin (Junker u. Dünnhaupt) 1937, S. 83 ff.

Rede Hitlers vor der deutschen Presse am 10. November 1938:

Die Umstände haben mich gezwungen, jahrzehntelang fast nur vom Frieden zu reden.
Nur unter der fortgesetzten Betonung des deutschen Friedenswillens und der Friedensabsichten war es mir möglich, dem deutschen Volk Stück für Stück die Freiheit zu erringen und ihm die Rüstung zu geben, die immer wieder für den nächsten Schritt als Voraussetzung notwendig war. Es ist selbstverständlich, dass eine solche jahrzehntelange betriebene Friedenspropaganda auch ihre bedenklichen Seiten hat; denn es kann nur zu leicht dahin führen, dass sich in den Gehirnen vieler Menschen die Auffassung festsetzt, dass das heutige Regime an sich identisch sei mit dem Entschluss und dem Willen, den Frieden unter allen Umständen zu bewahren ... Es war nunmehr notwendig, das deutsche Volk psychologisch allmählich umzustellen und ihm langsam klarzumachen, dass es Dinge gibt, die, wenn sie nicht mit friedlichen Mitteln durchgesetzt werden können, mit Mitteln der Gewalt durchgesetzt werden müssen. Dazu war es aber notwendig, nicht etwa nun die Gewalt als solche zu propagieren, sondern es war notwendig, dem deutschen Volk bestimmte außenpolitische Vorgänge so zu beleuchten, dass die innere Stimme des Volkes selbst langsam nach der Gewalt zu schreien begann.

Zit. nach Wilhelm Treue (Hg.), Rede Hitlers vor der deutschen Presse am 10. November 1938, in: Vierteljahreshefte für Zeitgeschichte, Jg. 6, 1958, S. 175 ff.

---

1 a) **Methode:** Analysiere M1. Nutze die Arbeitsschritte „Eine Karikatur analysieren" auf S. 334.
b) Erkläre anhand des Darstellungstextes, inwiefern die Aussage der Karikatur zutrifft.
2 Untersuche M2 auf seine propagandistische Wirkung. Vergleiche mit M3 auf S. 135.
3 a) Fasse den Inhalt der beiden Redeausschnitte (M3, M4) in eigenen Worten zusammen.
b) Vergleiche M3 mit M4. Welche Unterschiede ergeben sich hinsichtlich der Redeabsicht?
c) Welche Rückschlüsse lassen sich auf Hitlers Außenpolitik ziehen?
4 **Wähle eine Aufgabe aus:**
Erstelle eine Kurzbiografie zu
a) dem Eishockeyspieler Rudi Ball
b) der Fechterin Helene Mayer.

Der Zweite Weltkrieg in Europa

Das „Dritte Reich"* existierte zwölf Jahre, sechs davon herrschte Krieg. Dieser Krieg lässt sich mit keinem anderen in der Menschheitsgeschichte vergleichen. Die Deutschen versuchten rücksichtslos, „neuen Lebensraum" zu erobern, und stellten dabei das Existenzrecht ganzer Völker infrage.
- *Wie kam es zum Ausbruch des Zweiten Weltkrieges?*
- *Welchen Verlauf nahm er in den ersten Kriegsjahren?*

Der Weg in den Krieg

Nach seinem außenpolitischen Erfolg auf der Konferenz in München 1938 fühlte sich Hitler ermutigt, seine Lebensraumpolitik weiter voranzutreiben.

Im März 1939 marschierten deutsche Truppen in die sogenannte „Rest-Tschechei" ein und gliederten diese als „Protektorat Böhmen und Mähren" in das Deutsche Reich ein (siehe S. 137, M3). Dies war ein Bruch des Münchner Abkommens und machte deutlich, dass Hitlers Bestrebungen weit über die Revision des Versailler Vertrages hinausgingen. Auch gegenüber Polen hatte das Deutsche Reich bereits unannehmbare territoriale Forderungen gestellt. Großbritannien setzte nun seine Appeasement-Politik nicht mehr fort und gab gemeinsam mit Frankreich eine Garantieerklärung für den Bestand Polens ab.

Hitler nahm dies zum Anlass, am 28. April den Nichtangriffspakt mit Polen von 1934 zu kündigen. Er war entschlossen, in Polen einzumarschieren. Um Konflikte mit der angrenzenden Sowjetunion zu vermeiden, schloss er am 23. August 1939 ein Abkommen mit Stalin. Dieser „Hitler-Stalin-Pakt"* war geheim verhandelt worden und kam für Außenstehende völlig überraschend. Deutschland und die Sowjetunion vereinbarten darin, sich gegenseitig nicht anzugreifen. Hitler wollte so einen Zweifrontenkrieg vermeiden. Doch der wichtigste Bestandteil des Vertrages war ein geheimes Zusatzabkommen, in dem beide Großmächte ihre Gebietsinteressen in Polen und im Baltikum absteckten. Neben dem Pakt mit der Sowjetunion sicherte sich Hitler auch das Wohlwollen Italiens („Achse Berlin-Rom").

Kriegsbeginn in Polen – die „Blitzkriege"

Am 1. September 1939 griffen Truppen der Wehrmacht ohne vorherige Kriegserklärung Polen an. Rund drei Wochen nach dem Überfall war das militärisch deutlich unterlegene Polen besiegt. Gleichzeitig war die Sowjetunion am 17. September in Ostpolen einmarschiert. Das Land wurde aufgeteilt und der polnische Staat hörte auf zu existieren. Großbritannien und Frankreich hatten Deutschland zwar den Krieg erklärt, aber nicht aktiv eingegriffen.

Bis zum Sommer 1941 verlief der Krieg für das NS-Regime sehr erfolgreich. Die Strategie Hitlers, andere Staaten nach einem rasch erfolgten Angriff zu besetzen, ohne dem Gegner Zeit für eine gezielte Gegenwehr zu geben, wird als „Blitzkrieg" bezeichnet. Grund für dieses schnelle und offensive Vorgehen war die Tatsache, dass die deutsche Rüstungsindustrie einem längeren Krieg nicht gewachsen war. Es fehlte sowohl an Rohstoffen als auch an ausreichenden Produktionsstätten. Aus diesem Grund besetzte Deutschland im April und Juni 1940 Dänemark und Norwegen. Die Deutschen sicherten sich die Erzzufuhr aus Schweden und hofften auf eine bessere Ausgangsbasis für den Krieg gegen Großbritannien. Es folgten Angriffe auf Holland, Belgien, Luxemburg und Frankreich. Die französische Regierung war im Juni 1940 gezwungen, ein Waffenstillstandsabkommen zu unterzeichnen. Ein großer Teil Frankreichs wurde von deutschen Truppen besetzt. Hitler war auf dem Höhepunkt seiner Macht.

Die darauf folgenden Luftangriffe gegen England vom Sommer 1940 bis Anfang 1941 führten zu schweren Zerstörungen (vor allem in London, Birmingham und Coventry), dennoch gelang es nicht, die durch die USA unterstützte Inselmacht wesentlich zu schwächen.

Der „Russlandfeldzug" und andere Kriegsschauplätze

Am 31. Juli 1940 kündigte Hitler den Oberbefehlshabern der Wehrmacht die baldige Zerschlagung der Sowjetunion an. Eingeleitet wurde sie durch den Überfall deutscher Soldaten auf russische Gebiete am 22. Juni 1941. Dieser Vernichtungskrieg wurde unter dem Decknamen „Unternehmen Barbarossa" vorbereitet. Parallel dazu fanden Kämpfe im Mittelmeerraum, auf dem Balkan und in Afrika statt, größtenteils gemeinsam mit den verbündeten Truppen des italienischen Diktators Mussolini.

Herrschaft und Staatlichkeit

Obdachlos gewordene Kinder vor den Trümmern ihres Wohnhauses in einer östlichen Vorstadt Londons, Foto, 1940

Europa unter der Herrschaft Deutschlands und seiner Verbündeten 1942

Aus dem Befehl Hitlers zum Angriff auf Polen vom 31. August 1939:

1. Nachdem alle politischen Möglichkeiten erschöpft sind, um auf friedlichem Wege eine für Deutschland unerträgliche Lage an seiner Ostgrenze zu beseitigen, habe ich mich zur gewaltsamen Lösung entschlossen.
2. Der Angriff gegen Polen ist nach den für den Fall „Weiß" [Polen] getroffenen Vorbereitungen zu führen mit Abänderungen, die sich beim Heer durch den inzwischen fast vollendeten Aufmarsch ergeben. Aufgabenverteilung und Operationsziel bleiben unverändert.

Angriffstag: 1. September 1939.
Angriffszeit: 4.45 ...
3. Im Westen kommt es darauf an, die Verantwortung für die Eröffnung der Feindseligkeiten eindeutig England und Frankreich zu überlassen. Geringfügigen Grenzverletzungen ist zunächst rein örtlich entgegenzutreten.
Die von Holland, Belgien, Luxemburg und der Schweiz zugesicherte Neutralität ist peinlich zu achten.

Zit. nach Walter Hofer, Nationalsozialismus. Dokumente 1933–1945, Frankfurt a. M. (Fischer) 1957, S. 232f.

---

1 Beschreibe den Verlauf des Zweiten Weltkrieges bis 1941 (Darstellungstext, M2).
Tipp: Erstelle dazu einen Zeitstrahl und schreibe stichwortartig die wichtigsten Ereignisse auf.

2 Diskutiert in der Klasse die Frage, ob die deutsche Außenpolitik von 1919 bis 1939 mehr durch Kontinuität oder eher durch Brüche gekennzeichnet ist.
Tipp: Lest noch einmal auf den Seiten 58/59 und 138/139 nach.

3 a) Stellt euch vor, ihr wärt eines der Kinder auf dem Bild M1. Schreibt einen Tagebucheintrag, in welchem ihr eure Hoffnungen und Ängste bezüglich des Krieges schildert. Beschreibt eure eigene Situation und berichtet vielleicht auch über eure Familie.
b) Lest euch gegenseitig eure Texte vor.

4 Belegt mithilfe von M3, mit welchen Äußerungen Hitler versucht, seinen Angriff auf Polen nach außen hin abzusichern.

Webcode: FG450099-141
Der Zweite Weltkrieg

Besatzungspolitik und Vernichtungskrieg im Osten

Der Krieg gegen die Sowjetunion unterschied sich von allen bisherigen Kriegen. Er richtete sich nicht nur gegen eine andere Armee, sondern auch gegen die Zivilbevölkerung und war von Kriegsverbrechen gekennzeichnet. Unter Kriegsverbrechen versteht man Verstöße gegen das Kriegs- und Völkerrecht wie Mord, Terror, Misshandlung und Massentötung von Zivilisten und Kriegsgefangenen.
- *Welche Verbrechen werden den Deutschen zur Last gelegt?*

Gewaltherrschaft in Polen und in der Sowjetunion
Bereits während des Krieges gegen Polen kam es zu brutalen Übergriffen gegen die Zivilbevölkerung. Bis Ende 1939 wurde auf Befehl Hitlers die polnische Führungsschicht ermordet – rund 60 000 Ärzte, Politiker, Lehrer
5 und Geistliche, aber auch Arbeiter und Gewerkschafter. Um „Lebensraum" für die Deutschen in den polnischen Westgebieten zu gewinnen, wurden hunderttausende Polen umgesiedelt.
Am 22. Juni 1941 überfiel das Deutsche Reich die
10 Sowjetunion. Mit der kommunistischen Sowjetunion bekämpften die Nationalsozialisten den aus ihrer Sicht „jüdisch-bolschewistischen" Hauptfeind. In den besetzten Gebieten Polens und der Sowjetunion setzten die Nationalsozialisten ihre rassistische und antisemitische
15 Politik radikal um: So genannte Einsatzgruppen* folgten dem kämpfenden deutschen Heer. Sie bestanden aus Angehörigen der SS, des SD* und der deutschen Polizei. In den besetzten Ostgebieten ermordeten sie systematisch die jüdische Bevölkerung, Sinti und Roma, sowje-
20 tische Kriegsgefangene und die kommunistische Führungsschicht der Sowjetunion. Auch die Wehrmacht beteiligte sich an diesen Verbrechen. Im Kampf gegen Partisanen, also irreguläre, bewaffnete Widerstandskämpfer, löschte sie ganze Dörfer aus und entvölkerte
25 vor allem in Weißrussland komplette Landstriche.
Ab 1943 wurden immer mehr Zwangsarbeiterinnen und Zwangsarbeiter aus den besetzten Gebieten ins Deutsche Reich deportiert (siehe S. 155/156).
Durch Krieg und Besatzung starben 1941 bis 1944 etwa
30 27 Millionen Sowjetbürger. Historiker bezeichnen den Krieg gegen die Sowjetunion auch als „Weltanschauungs- und Vernichtungskrieg".

Deutsche Besatzungspolitik im Osten
A *Aus dem Erlass Hitlers über „Die Ausübung der Kriegsgerichtsbarkeit im Gebiet ‚Barbarossa' [Unternehmen Barbarossa = Russlandfeldzug] und besondere Maßnahmen der Truppe", 13. Mai 1941:*
Freischärler [=Partisanen] sind durch die Truppe im Kampf oder auf der Flucht schonungslos zu erledigen … Auch alle anderen Angriffe feindlicher Zivilpersonen gegen die Wehrmacht … sind … auf der
5 Stelle mit den äußersten Mitteln bis zur Vernichtung des Angreifers niederzukämpfen … Für Handlungen, die Angehörige der Wehrmacht … gegen feindliche Zivilpersonen begehen, besteht kein Verfolgungszwang, auch dann nicht, wenn die Tat zugleich ein
10 militärisches Verbrechen oder Vergehen ist.

Zit. nach Hamburger Institut für Sozialforschung (Hg.), Verbrechen der Wehrmacht. Dimensionen des Vernichtungskrieges 1941–1944, Hamburg (Hamburger Edition) 2002, S. 46ff.

B *Aus den Richtlinien für die Behandlung „politischer Kommissare". Darunter fielen höherrangige Beamte der Roten Armee, die nicht als Soldaten anerkannt wurden (6. Juni 1941):*
Im Kampf gegen den Bolschewismus ist mit einem Verhalten des Feindes nach den Grundsätzen der Menschlichkeit oder des Völkerrechts nicht zu rechnen … Die Truppe muss sich bewusst sein:
5 1. In diesem Kampfe ist Schonung und völkerrechtliche Rücksichtnahme diesen Elementen gegenüber falsch. Sie sind eine Gefahr für die eigene Sicherheit und die schnelle Befriedung der eroberten Gebiete.
2. Die Urheber barbarisch asiatischer Kampfmetho-
10 den sind die politischen Kommissare … Sie sind daher, wenn im Kampf oder Widerstand ergriffen, grundsätzlich sofort mit der Waffe zu erledigen.

Der Obergefreite Müller erzählt von seinen Erlebnissen an der Ostfront:

In einem Dorf in Russland waren Partisanen. Da ist es klar, man muss das Dorf dem Erdboden gleichmachen, ohne Rücksicht auf Verluste. Da hatten wir einen … Brosicke, ein Berliner; jeden, den er im Dorf sah, führte er hinters Haus und hat ihm einen Genickschuss gegeben. Dabei war der Kerl damals zwanzig Jahre oder neunzehneinhalb. Es hieß, jeder zehnte Mann ist zu erschießen in dem Dorf. „Ach, was heißt hier jeder zehnte Mann? Das ist doch klar", sagen die Kumpels, „das ganze Dorf muss ausgerottet werden." Da haben wir Bierflaschen mit Benzin gefüllt auf den Tisch gestellt und beim Rausgehen so ganz lässig Handgranaten dahinter geworfen. Da brannte gleich alles lichterloh – Strohdächer. Man hat Frauen und Kinder, alles niedergeschossen; die wenigsten davon waren Partisanen. Ich habe bei so was nie geschossen, wenn ich nicht ganz genau gewusst habe, dass das überhaupt Partisanen waren. Aber es gab viele Kumpels, denen machte das ungeheuren Spaß.

Zit. nach Sönke Neitzel und Harald Welzer, Soldaten. Protokolle vom Kämpfen, Töten und Sterben, 5. Aufl., Frankfurt a. M. (S. Fischer) 2011, S. 124 f.

Deutsche Truppen beschlagnahmen Getreide. Foto, Smolensk (heute Zentralrussland) 1942

Aus dem Bericht der Einsatzgruppe A über Hinrichtungen, 15. Oktober 1941:

	Juden	Kommunisten	zusammen
Litauen	80311	860	81171
Lettland	30025	1843	31868
Estland	474	684	1158
Weißruthenien	7620	–	7620

Zit. nach Wolfgang Michalka (Hg.), Das Dritte Reich, Bd. 2, München (dtv) 1985, S. 191.

Hinrichtung von Partisanen im Kreis Smolensk durch die deutsche Wehrmacht, Foto, 1942

1 Analysiere M1 hinsichtlich der Vorgaben für die deutschen Soldaten.
2 a) Untersuche anhand von M2, wie sich der Obergefreite Müller selbst darstellt.
   b) **Partnerarbeit:** Diskutiert, ob er die Taten der Wehrmacht als Kriegsverbrechen bezeichnen würde.
3 **Wähle eine Aufgabe aus:**
   a) Stelle anhand von M2–M5 dar, wie der Krieg gegen die Sowjetunion geführt wurde.
   b) Erläutere den Begriff „Vernichtungskrieg" (M1–M5).
4 **Recherchiere:** „Saubere Wehrmacht".

Webcode: FG450099-143
Vernichtungskrieg im Osten

Shoa: Die Ermordung der Juden

Bereits im vorangegangenen Kapitel hast du von der Ausgrenzung der deutschen Juden und der Reichspogromnacht erfahren. Genau sechs Jahre nach seinem Amtsantritt drohte Hitler vor dem Reichstag „die Vernichtung der jüdischen Rasse in Europa" an.
- *Wie konnten die Nationalsozialisten die Shoa planen, anordnen und umsetzen?*
- *Wie veränderten Krieg und deutsche Besatzung die Situation der europäischen Juden?*

Beispiele für Kennzeichnung der KZ-Häftlinge durch die NS-Bürokratie

Deportation und Selektion

Millionen Juden und weitere Angehörige sogenannter „minderwertiger Rassen" gerieten unter deutsche Herrschaft, als die Wehrmacht ihre Heimatländer besetzte. Damit verschlechterte sich ihre Situation dramatisch. In den besetzten Gebieten zwangen die Deutschen die jüdische Bevölkerung zum Umzug in spezielle „Judenbezirke" (Gettos), wo sie verstärkt der Kontrolle und dem Terror des deutschen Regimes ausgesetzt waren. Dort starben bereits Tausende durch Hunger und Krankheiten. Aus den Gettos wurden die Juden, zusammengepfercht in Viehwaggons, zu den Vernichtungslagern in abgelegenen Gegenden Polens transportiert. In Auschwitz begutachteten SS-Ärzte die Angekommenen und „selektierten", d. h. sie sonderten die zur Schwerstarbeit in den benachbarten Fabriken vorgesehenen Menschen von den anderen aus (siehe S. 135, M4). Die nicht Arbeitsfähigen, etwa vier Fünftel der Menschen eines Transportzuges, wurden sofort in den Gaskammern ermordet.

Wannseekonferenz – Planung der „Endlösung"

Der Völkermord an den europäischen Juden hatte bereits im Juni 1941 mit dem Überfall auf die Sowjetunion begonnen. Ab Oktober 1941 kam es auch zu Massendeportationen deutscher Juden in die Gettos im Osten. Reinhard Heydrich, Leiter des Reichssicherheitshauptamtes (RSHA) und stellvertretender Reichsprotektor in Böhmen und Mähren, wurde 1941 von Hermann Göring mit der „Endlösung der Judenfrage" beauftragt. Er berief am 20. Januar 1942 eine Konferenz am Berliner Wannsee ein, auf der die Koordination eines systematischen Mordes an allen Juden Europas abgesprochen wurde. Zum Zeitpunkt der Konferenz am Wannsee waren bereits über eine halbe Million Menschen ermordet worden.

Mittäterschaft

Insgesamt fielen der Shoa ca. sechs Millionen europäische Juden zum Opfer, darunter ca. 1,5 Millionen Kinder. Nur ca. 10 000 deutschen Juden gelang es, sich zu verstecken oder zu fliehen. Viele, die von den Verbrechen an den Juden wussten oder etwas ahnten, schwiegen. Auch wenn es Menschen gab, die sich gegen die NS-Regierung stellten, erfuhren die Juden insgesamt nur wenig Hilfe aus der Bevölkerung. Die Planung und Durchführung der sogenannten „Endlösung" wäre nicht möglich gewesen, hätten sich daran nur die NS-Spitzen beteiligt. Eine solche Unternehmung erforderte auch die Mithilfe der mittleren und unteren Führungsebenen, also der Männer und Frauen, die in den Kommunen, Behörden, Polizeidienststellen und Verkehrsbetrieben des Deutschen Reichs sowie in den Konzentrations- und Vernichtungslagern arbeiteten. Auch die Vertreter der katholischen und evangelischen Kirchen protestierten nur in wenigen Fällen gegen die Verfolgungen und den Massenmord.

Misshandlung eines Juden. Straßenszene im Getto Litzmannstadt (Lodz), Foto, 1942

Die Ermordung der europäischen Juden

Shoa (Holocaust)

Auf die Phase der Entrechtung und Verfolgung (z. B. Nürnberger Gesetze 1935, Pogromnacht 1938) folgte die Ermordung von Millionen Juden in Vernichtungslagern. Sie war die konsequente Umsetzung der NS-Rassenideologie. Das Lager Auschwitz wurde als Ort des „industriellen" Mordens zum Symbol für die Unmenschlichkeit des NS-Regimes. Die Deportation der Juden, Sinti und Roma in die Vernichtungslager begann 1941, die Massenvergasungen 1942. Den Völkermord an den Juden verschleierten die Nationalsozialisten mit dem Begriff „Endlösung". Die Geschichtsschreibung spricht vom Holocaust (griech. „totale Verbrennung"). Überlebende Juden nennen die Ereignisse meist Shoa (hebr. „Katastrophe"). Sie gilt als Zivilisationsbruch, weil sie die Grundlagen des sozialen Handelns außer Kraft setzte und das Vertrauen in die Vernunft des Menschen aufhob.

M4 Rudolf Höß (1900–1947), Kommandant des Konzentrationslagers Auschwitz, sagte vor dem Nürnberger Kriegsverbrecherprozess (1946):

Die „Endlösung der Judenfrage" bedeutete die vollständige Ausrottung aller Juden in Europa. Ich hatte den Befehl, Ausrottungserleichterungen in Auschwitz im Juni 1942 zu schaffen … Als ich das Vernichtungsgebäude in Auschwitz errichtete, gebrauchte ich also Zyklon B, eine kristallisierte Blausäure … Es dauerte 3 bis 15 Minuten, … um die Menschen in der Todeskammer zu töten … Nachdem die Leichen fortgebracht waren, nahmen unsere Sonderkommandos die Ringe ab und zogen das Gold aus den Zähnen der Körper.

Zit. nach Léon Poliakov/Josef Wulf, Das Dritte Reich und die Juden, Berlin (Arani) 1955, S. 128f.

---

1 Belege, wodurch die menschenverachtende Einstellung der Nationalsozialisten offensichtlich wird (M1, M2).
2 Werte M3 aus. Welche Rückschlüsse lassen sich über die Vernichtung der Juden im Nationalsozialismus ableiten? Nimm den Darstellungstext zur Hilfe.
3 **Recherche:** Untersuche, warum in M3 bei Ländern wie Bulgarien oder Dänemark keine Opferzahlen genannt werden.
4 Analysiere M4. Achte vor allem auf die Sprache.
5 **Wähle eine Aufgabe aus:**
Recherchiere und berichte darüber vor der Klasse:
a) Leben in einem Arbeitslager
b) Leben in einem Getto.
6 Die Auseinandersetzung mit der Frage nach Schuld und Verantwortung ist auch für die heutige Generation eine Aufgabe. Diskutiert darüber in der Klasse.

Zusatzaufgabe: siehe S. 322.

Historische Ereignisse bewerten

Der Holocaust wäre nicht ohne die Beteiligung zahlreicher Menschen möglich gewesen. Welche Schuld trifft dabei den Einzelnen? Wie gelangt man zu einem qualifizierten Urteil? Untersuche Urteile von Historikern und übe, Ereignisse und Handlungen zu bewerten.

Der amerikanische Historiker Christopher Browning (1993):

In aller Frühe wurden die Männer des Reserve-Polizeibataillons 101 am 13. Juli 1942 aus ihren Betten geholt ... Die Männer ... waren Familienväter mittleren Alters und kamen aus kleinbürgerlichen Verhältnissen ... [Sie] sammelten sich ... um Major Wilhelm Trapp ... Das Bataillon stehe vor einer furchtbar unangenehmen Aufgabe, erklärte er mit tränenerstickter Stimme. Ihm selbst gefalle der Auftrag ganz und gar nicht, ... aber der Befehl komme von ganz oben ... Das Bataillon habe nun den Befehl, diese Juden zusammenzutreiben. Die Männer im arbeitsfähigen Alter sollten ... in ein Arbeitslager gebracht werden, während Frauen, Kinder und ältere Männer vom Polizeibataillon auf der Stelle zu erschießen seien. Nachdem Trapp seinen Männern auf diese Weise erklärt hatte, was ihnen bevorstand, machte er ein außergewöhnliches Angebot: Wer von den Älteren sich dieser Aufgabe nicht gewachsen fühlte, könne beiseite treten ...
Warum entwickelten sich die meisten Männer des Reserve-Polizeibataillons 101 zu Mördern ...? Für die Herausbildung eines solchen Verhaltens sind ... schon eine Reihe von Erklärungen angeboten worden: Brutalisierung in Kriegszeiten, Rassismus, ... besondere Selektion der Täter, Karrierismus, blinder Gehorsam und Autoritätsgläubigkeit, ideologische mögliche Indoktrinierung und Anpassung ... Ein weiterer entscheidender Aspekt war das gruppenkonforme Verhalten. Den Befehl, Juden zu töten, erhielt das Bataillon, nicht aber jeder einzelne Polizist. Dennoch machten sich 80 bis 90 Prozent der Bataillonsangehörigen ans Töten, obwohl es fast alle von ihnen – zumindest anfangs – entsetzte und anwiderte. Die meisten schafften es einfach nicht, aus dem Glied zu treten und offen nonkonformes Verhalten zu zeigen. Zu schießen fiel ihnen leichter ... Doch jene, die getötet haben, können nicht aus der Vorstellung heraus freigesprochen werden, dass in ihrer Situation jeder Mensch genauso gehandelt hätte. Denn selbst unter ihnen gab es ja einige, die sich von vornherein weigerten zu töten oder aber ab einem bestimmten Punkt nicht mehr weitermachten. Die Verantwortung für das eigene Tun liegt letztlich bei jedem Einzelnen. ...
In jeder modernen Gesellschaft wird ... das Gefühl für die persönliche Verantwortung geschwächt, ... übt die Gruppe, der eine Person angehört, gewaltigen Druck auf deren Verhalten aus und legt moralische Wertmaßstäbe fest. Wenn die Männer des Reserve-Polizeibataillons 101 unter solchen Umständen zu Mördern werden konnten, für welche Gruppe von Menschen ließe sich dann noch Ähnliches ausschließen?

Christopher R. Browning, Ganz normale Männer. Das Reserve-Polizeibataillon 101 und die „Endlösung" in Polen, Reinbek (rororo TB) 1993, S. 21 f., 208, 246 und 341. Übers. v. Jürgen Peter Krause.

---

1 Untersuche M1 und M3 mithilfe der Arbeitsschritte. Ergänze die Lösungshinweise.
2 Vergleiche die Darstellungen beider Autoren vor allem hinsichtlich deren Meinung über die Schuld einzelner Personen.

Männer des Polizeibataillons 101, privates Foto nach 1939. Auf dem Schild: „Parole für heute: Jetzt geht's los im Trapp und alles fühlt sich Wohlauf".

Herrschaft und Staatlichkeit, Transkulturalität

Der amerikanische Politologe Daniel J. Goldhagen (1996):

Letztlich ist es nicht wirklich relevant, ob die Männer in allen Polizeibataillonen wussten, dass sie eine direkte Mitwirkung an den Morden ohne ernsthafte Nachteile verweigern konnten; denn auch die Deut-
5 schen, die es wussten, töteten wie die mindestens 4500 Mann aus den genannten neun Polizeibataillonen. Es ist auffallend, dass acht dieser Bataillone überwiegend ... aus Reservisten bestanden. Deshalb liegt die Vermutung nahe, dass auch die Angehöri-
10 gen anderer Polizeibataillone, unabhängig davon, ob sie von der möglichen Freistellung Kenntnis hatten, gemordet hätten. Es gibt keinen Beweis für das Gegenteil. Die Stichprobe reicht aus, um ... sagen zu können: Indem sie sich dafür entschieden, sich nicht
15 vom Völkermord an den Juden freistellen zu lassen, machten die Deutschen selbst deutlich, dass sie Vollstrecker des Völkermords sein wollten.

Daniel Jonah Goldhagen, Hitlers willige Vollstrecker. Ganz gewöhnliche Deutsche und der Holocaust, Berlin (Siedler) 1996, S. 252–255 und 330. Übers. v. Klaus Kochmann.

Arbeitsschritte „Historische Ereignisse bewerten"

Themenstellung formulieren	Lösungshinweise zu M1 und M3
1. Was genau soll beurteilt werden? Eine Person, eine Epoche, ein Ereignis, ein Konflikt, eine Aussage etc.	• die Mitschuld Einzelner an der Shoa
Voraburteil fällen	
2. Was hast du bisher über diese Thematik erfahren? Halte kurz deinen ersten spontanen Eindruck fest.	• Lies nach auf S. 144f. • ...
Ein begründetes Sachurteil treffen	
3. Unter welchen sozialen, wirtschaftlichen und politischen Voraussetzungen handelten die Beteiligten?	• Familienväter mittleren Alters aus einfachen Verhältnissen; Polizisten, keine Mitglieder der SS
4. Welche Interessen verfolgten sie?	• gesund heimkehren, Ausschluss vermeiden ...
5. Welche Handlungsmöglichkeiten hatten sie?	• Befehl befolgen oder aus der Gruppe heraustreten
6. Wie beurteilten die Zeitgenossen die Situation?	• zusätzliche Recherche notwendig
7. Haben die Beteiligten ihre möglicherweise gesetzten Ziele erreicht? Wäre dies möglich gewesen?	• ...
8. Welche Aussagen sind belegbar, welche nur Vermutungen?	• Die Ausführungen stützen sich auf Aussagen der Bataillonsmitglieder.
Ein begründetes Werturteil formulieren	
9. Welchen Einflüssen unterliegt der Urteilende?	• heutige Moral- und Wertvorstellungen
10. Wie sind die vergangenen Ereignisse aus heutiger Perspektive zu beurteilen?	• Browning betont, ähnliche Ereignisse seien auch in anderen modernen Gesellschaften denkbar, weil ... • Goldhagen meint, die Täter wollten sich aktiv beteiligen, denn...
11. Kann eine positive oder negative Wertung vorgenommen werden?	• Beachte den Handlungsspielraum zur damaligen Zeit • ...
12. Ist das Handeln der Beteiligten aus eurer Perspektive gerechtfertigt? Würdet ihr ebenso handeln?	• ...

Gab es Widerstand gegen die NS-Herrschaft?

Trotz der ungeheuren Verbrechen der Nationalsozialisten bildete sich in Deutschland kein breiter Widerstand. Waren damals wirklich alle Menschen Anhänger der NSDAP?
- *Untersuche, welche Formen und Motive des Widerstands es im Dritten Reich gab.*

Formen und Motive des Widerstands

Hitlers außenpolitische und wirtschaftliche Erfolge ab 1933 führten dazu, dass ein Großteil der Bevölkerung seiner Herrschaft zustimmte. Das erschwerte für Andersdenkende die Möglichkeit zum Widerstand. Zugleich unterdrückte das NS-Regime jede Auflehnung mit brutaler Gewalt. Die Geheime Staatspolizei (Gestapo) ging rücksichtslos gegen vermeintliche und echte Oppositionelle vor. Alle anderen, die dem Regime ganz oder teilweise zustimmten, berührte das kaum. Es bestand immer die Gefahr, von den Nachbarn oder Kollegen verleumdet zu werden. Mit der Einführung des Volksgerichtshofs* konnten „politische Straftäter" ohne förmliche juristische Verfahren verurteilt werden. Dennoch fanden sich stets Mutige in der Bevölkerung, die trotz der Gefahr für ihr Leben Widerstand als Einzelner oder in Gruppen leisteten.

Der Widerstand äußerte sich in unterschiedlicher Weise. Es gab den bewussten politischen Kampf gegen die NS-Herrschaft, aber auch Formen des zivilen Ungehorsams. Dazu gehörte, den Hitlergruß zu verweigern, Kontakte zu Juden aufrechtzuerhalten oder Zwangsarbeiter heimlich mit Essen zu versorgen. Die Gründe für den Widerstand der Andersdenkenden waren verschieden: politische Überzeugung, christlicher Glauben oder Entsetzen über die Verbrechen des NS-Staates.

Wer leistete Widerstand in Deutschland? – Beispiele

- **Kommunisten, Sozialdemokraten und Gewerkschafter:** von Anfang an Gegner der NS-Herrschaft; sie wurden massiv verfolgt; gründeten Untergrundorganisationen; arbeiteten im Exil, verteilten Flugblätter, die zum Widerstand aufriefen.
- **Widerstand vonseiten der Kirche:** Gründung der „Bekennenden Kirche" mit den Pfarrern Martin Niemöller und Dietrich Bonhoeffer; öffentliche Predigten gegen „Euthanasie"; Protestschreiben beider Kirchen an Hitler wegen Verfolgung der Kirchen und Missachtung der persönlichen Freiheiten; christliches Bekenntnis nicht mit NS-Ideologie vereinbar (Rassismus, kriegerischer Nationalismus).
- **militärischer Widerstand:** missglücktes Attentat auf Hitler am 20. Juli 1944 durch Oberst Graf Schenk von Stauffenberg und andere Offiziere
- **Jugend- und Studentengruppen:** „Weiße Rose" (siehe S. 150), Kritik an der Missachtung von Menschenrechten und an menschenverachtender Kriegsführung; „Swing-Jugend": hörte den aus den USA stammenden Swing, der vom NS-Staat als undeutsch diffamiert wurde; zunächst unpolitische Treffen, im Laufe der Zeit jedoch immer regimekritischer; „Edelweißpiraten": vornehmlich Jugendgruppen aus dem rheinisch-westfälischen Industriegebiet, meist aus Arbeiterfamilien kommend; gegen Militarisierung in der HJ; Suche nach Freiraum; anfangs unpolitisch, nach Verfolgung stärkere Proteste und Widerstand.
- **bürgerlicher Widerstand:** „Kreisauer Kreis"; Militärs, Beamte, Geistliche, Sozialdemokraten; erstellten Pläne zur politisch-gesellschaftlichen Neuordnung nach dem angenommenen Zusammenbruch der Hitler-Diktatur; Umsturz aus ihrer Sicht nur mithilfe der Militärs möglich.
- **Einzelkämpfer:** Georg Elser; fehlgeschlagener Sprengstoffanschlag auf Hitler am 8. November 1938 im Münchner Bürgerbräu-Keller.

M1 Hitler und Mussolini besichtigen wenige Stunden nach dem gescheiterten Attentat die Zerstörungen im Konferenzraum des Führerhauptquartiers, Foto, 1944

Widerstand in den besetzten Gebieten

Auch in den besetzten Gebieten setzten sich die Menschen gegen die Nationalsozialisten zur Wehr. In Frankreich und Belgien gab es zahlreiche Bewegungen gegen die Besatzungsmächte, die unter dem Namen Résistance zusammengefasst werden. Im besetzten Osteuropa kämpften Partisanengruppen gegen die Wehrmacht. Im Warschauer Getto gab es vom 19. April bis 16. Mai 1943 einen bewaffneten Aufstand. Die „Jüdische Kampforganisation" kämpfte dabei zusammen mit der „Polnischen Heimatarmee" gegen die Deportation der Gettobewohner in die Vernichtungslager. Fast alle noch im Getto verbliebenen ca. 50 000 Juden wurden während der Kämpfe bzw. danach in den Vernichtungslagern von den SS-Truppen getötet.

M2 Urteil des Volksgerichtshofes gegen Karl Friedrich Stellbrink, Pastor in Lübeck (1943):

In dem Gespräch [mit dem Vater eines Täuflings] führte er dann aus, der Führer habe den Krieg auf dem Gewissen, jedermann in Deutschland müsse dazu beitragen, den heutigen Staat zu Fall zu bringen, daran könne jeder zu seinem kleinen Teile mitwirken, indem man z. B. Kupfermünzen nicht abliefere, Altpapier vernichte und Lebensmittelreste beseitige und dadurch kriegsnotwendiges Material der Verwendung entziehe. Wenn jeder so mitarbeite, würde die Regierung in 14 Tagen erledigt sein, sie müsse Frieden machen und würde dann gestürzt werden. ... „Diese" Regierung müsse verschwinden, damit die Kirche zu ihrem Recht komme. ...

Der Angeklagte setzte seine staatsfeindliche Betätigung sogar noch in der Haft fort, indem er unter Mitgefangenen Gerüchte über militärische und politische Ereignisse aussprengte ... Als Strafe kam allein die Todesstrafe in Frage.

Zit. nach http://www.luebeckermaertyrer.de/-de/geschichte/urteile/urteil-stellbrink.html (Stand: 01.12.2016).

Oberst Stauffenberg (1907–1944)

M3 Aus dem Aufruf der Widerstandskämpfer vom 20. Juli 1944, der nach dem Anschlag auf Hitler verbreitet werden sollte:

Deutsche! Hitler ... hat die göttlichen Gebote verhöhnt, das Recht zerstört, den Anstand verfemt, das Glück von Millionen vernichtet. Er hat Ehre und Würde, Freiheit und Leben anderer für nichts erachtet. Zahllose Deutsche, aber auch Angehörige anderer Völker schmachten seit Jahren in Konzentrationslagern ... Durch grausame Massenmorde ist unser guter Name besudelt ... Unser Ziel ist die wahre, auf Achtung, Hilfsbereitschaft und soziale Gerechtigkeit gegründete Gemeinschaft des Volkes. Wir wollen Gottesfurcht anstelle von Selbstvergottung, Recht und Freiheit anstelle von Gewalt und Terror, Wahrheit und Sauberkeit anstelle von Lüge und Eigennutz ... Wir wollen mit besten Kräften dazu beitragen, die Wunden zu heilen, die dieser Krieg allen Völkern geschlagen hat, und das Vertrauen zwischen ihnen wieder neu beleben.

Zit. nach Bodo Scheurig (Hg.), Deutscher Widerstand 1938–1944, 2. Aufl., München (dtv) 1984, S. 278 ff.

---

1 **Vorschlag für eine Gruppenarbeit:**
 Erarbeitet in Gruppen anhand des Darstellungstextes und der Quellen:
 a) die Gründe für den Widerstand,
 b) die verschiedenen Formen des Widerstands.
 Fasst eure Ergebnisse in einer Mindmap zusammen.
2 Diskutiert, wovon es abhängt, ob man ein Vorgehen gegen den Staat als Widerstand bezeichnen kann.
 Tipp: Recherchiert dazu Grundgesetz Art. 20, Abs. 4.
3 Ordne die Beispiele für Widerstand von dieser Doppelseite auf dem Stufenmodell ein (M4).
4 Erkläre mithilfe des Darstellungstextes, warum sich kein breiter Widerstand in Deutschland bildete.
5 Diskutiert, ob ihr selbst Widerstand geleistet hättet.

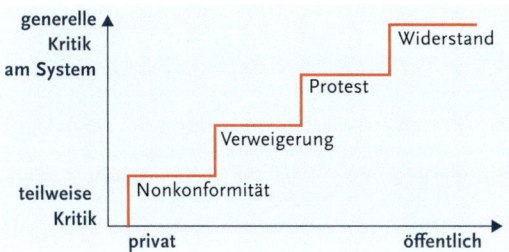

M4 *Stufen abweichenden Verhaltens nach Historiker Detlev Peukert (1981)*

Webcode: FG450099-149
Widerstand gegen das NS-Regime

Eine biografische Recherche durchführen

Es gibt verschiedene Möglichkeiten, etwas über das Leben eines Menschen zu erfahren, zum Beispiel mündliche Erzählungen, Fotografien oder schriftliche Quellen. Dazu gehören Briefe, Tagebücher und Lebenserinnerungen (siehe S. 84–86). Doch wie führt man eine biografische Recherche richtig durch? Hier erhältst du Tipps.

Webcode:
FG450099-150
Film: Weiße Rose

Aus dem letzten Flugblatt der „Weißen Rose", Februar 1943:

Erschüttert steht unser Volk vor dem Untergang der Männer von Stalingrad ... Wollen wir den niederen Machtinstinkten einer Parteiclique den Rest der deutschen Jugend opfern? Nimmer mehr!
5 Der Tag der Abrechnung ist gekommen, der Abrechnung der deutschen Jugend mit der verabscheuungswürdigsten Tyrannis, die unser Volk je erduldet hat. Im Namen der deutschen Jugend fordern wir vom Staat Adolf Hitlers die persön-
10 liche Freiheit, das kostbarste Gut der Deutschen, zurück, um das er uns in der erbärmlichsten Weise betrogen [hat].

Zit. nach https://www.dhm.de/lemo/bestand/objekt/manifest-der-weissen-rose-als-englisches-abwurfflugblatt-1943.html (Stand: 30. 03. 2017).

Mitglieder der „Weißen Rose": Hans (links) und Sophie Scholl mit Christoph Probst, Foto, 1942

Filmtipp:
Seht euch gemeinsam den 2005 erschienenen Film „Sophie Scholl – die letzten Tage" an. Untersucht einzelne Szenen des Films mithilfe der Methode auf S. 112/113 und geht dabei vor allem darauf ein, inwiefern der Film die historische Realität abbildet.

Aus den Verhörprotokollen von Sophie Scholl am 18. Februar 1943:

Es war unsere Überzeugung, dass der Krieg für Deutschland verloren ist, und dass jedes Menschenleben, das für diesen verlorenen Krieg geopfert wird, umsonst ist.
Nach vielen und langen Unterredungen über dieses Thema zwischen meinem Bruder und mir reifte im Dezember 1942 bei uns der Entschluss, ein Flugblatt zu verfassen, in größerer Zahl herzustellen und zu verbreiten. Schmorell hat wohl um diese Zeit von unserem feststehenden Plan gewusst, trat jedoch aktiv nicht in Erscheinung, sondern war vielmehr zuerst Mitwisser und Zuhörer ... Der Student Willi Graf ... war an der Herstellung und Verbreitung der Flugblätter in keiner Weise beteiligt ... In meinem Übermut oder meiner Dummheit habe ich den Fehler begangen, etwa 80 bis 100 solcher Flugblätter vom 2. Stock der Universität in den Lichthof herunterzuwerfen, wodurch mein Bruder und ich entdeckt wurden ...

20 Ich war mir ohne Weiteres im Klaren darüber, dass unser Vorgehen darauf abgestellt war, die heutige Staatsform zu beseitigen und dieses Ziel durch geeignete Propaganda in breiten Schichten der Bevölkerung zu erreichen ...
25 [Schlussfrage der Gesamtvernehmung] Sind Sie nach diesen Aussprachen nun nicht doch zu der Auffassung gekommen, dass man Ihrer Handlungsweise ... gerade in der jetzigen Phase des Krieges als ein Verbrechen gegenüber der Gemeinschaft insbe-
30 sondere aber unserer im Osten hart kämpfenden Truppen anzusehen ist, das die schärfste Verurteilung finden muss?
Antwort: Von meinem Standpunkt muss ich diese Frage verneinen. Ich bin nach wie vor der Meinung,
35 das Beste getan zu haben, was ich gerade jetzt für mein Volk tun konnte.

Zit. nach http://www.bpb.de/geschichte/nationalsozialismus/weisse-rose/61044/verhoerprotokoll-sophie-scholl?p=1 (Stand 13. 01. 2017).

Arbeitsschritte „Eine biografische Recherche durchführen"

Suche vorbereiten/Thema festlegen	Lösungshinweise
1. Über welche Person möchte ich mich informieren? Soll ein bestimmter Aspekt oder eine bestimmte Lebensphase berücksichtigt werden?	• z. B. über Sophie Scholl, eine Widerstandskämpferin während der NS-Zeit; spezieller Lebensabschnitt: Flugschriftenaktion und Gerichtsurteil
2. Welche Medien kommen als Informationsquelle infrage?	• Sachbücher, Autobiografie, Zeitzeugenaussagen, Tondokumente, Kino- und Dokumentarfilm
Eine Gliederung erstellen	
3. Wie baue ich mein Referat oder meine Präsentation auf (Text-, Bild-, evtl. auch Tonquellen)?	*Eine Biografie enthält meist Informationen zu:* • *Elternhaus, Geschwister, Kindheit* • *Schulzeit, evtl. Studium und Berufsausbildung* • *ggf. Familiengründung* • *berufliche Erfolge, Werdegang* • *Interessen, Leidenschaften* • *besondere Leistungen, Erfolge oder Ereignisse* • *Tod*
4. Welche Schwerpunkte möchte ich beim Inhalt und der Quellenart (Quellenauswahl) setzen?	
5. Habe ich auch die historische Zeit berücksichtigt, in der die beschriebene Person gelebt hat?	
Informationen sammeln, Recherche durchführen	
6. Gibt es in der Bibliothek Informationen?	• im Bibliothekskatalog recherchieren; sich mithilfe eines Bibliothekars informieren
7. Gibt es aussagekräftige Quellen im Internet?	• *Quellen und Fundstelle speichern, stichwortartige Notizen machen*
8. Kann ich Orte besuchen, die für die Person wichtig waren, z. B. Ort ihres Wirkens?	• *die Ludwig-Maximilians-Universität (z. B. Denkmal für die „Weiße Rose", Lichthof)*
Ergebnisse auswerten	
9. Sind meine Quellen glaubwürdig, objektiv und vielfältig? Enthalten sie unterschiedliche Sichtweisen aus verschiedenen Zeiten?	• *Hinweis zu M3: Bei der Interpretation der Quellen ist zu beachten, dass es sich um Aufzeichnungen von Gestapo-Mitarbeitern handelt und sich in ihnen keine Hinweise finden, unter welchen Bedingungen diese Aussagen gemacht oder ob sie manipuliert wurden. Auch gilt zu bedenken, was Sophie mit ihrer Aussage erreichen wollte, z. B. die Entlastung ihrer Mitstreiter.*
10. Haben sich bei meinen Recherchen Widersprüche ergeben?	
Biografie vorstellen	
11. In welcher Form und wo sollen meine Ergebnisse präsentiert werden?	• *Plakat, Referat, Power-Point-Präsentation vor der Klasse, auf der Homepage der Schule etc.*

1 Gib mit eigenen Worten den Inhalt des Flugblattes (M1) wieder. Was wirft die Gruppe Hitler vor?
2 Analysiere M3 und gehe dabei vor allem darauf ein, wie Sophie Scholl ihre Taten rechtfertigt und wie sie sich über ihre Mitverschwörer äußert.
3 **Vorschlag für Gruppenarbeit:** Recherchiert in kleinen Gruppen über die Mitglieder der Widerstandsgruppe „Weiße Rose", z. B. über Sophie Scholl und Kurt Huber. Nutzt dazu die Arbeitsschritte oben.
Tipp: Untersucht dabei vor allem, was die einzelnen Mitglieder zum Widerstand bewog.
4 Diskutiert, wie ihr euch in der Zeit des Nationalsozialismus verhalten hättet, und bewertet die Haltung der Mitglieder der „Weißen Rose".

„Totaler Krieg" und Niederlage

Am 8. Mai 1945 war der Zweite Weltkrieg zu Ende. In vielen Ländern begeht man diesen Tag heute noch als hohen Feier- und Gedenktag. Bei uns diskutierte man lange darüber, ob man ihn als „Tag der Befreiung" bezeichnen soll.
- *Wie verliefen die letzten Kriegsjahre und wie kam es zum Ende des Krieges?*
- *Endete der Krieg auf der ganzen Welt gleichzeitig?*

Die Ausweitung zum Weltkrieg

Der Angriff der deutschen Truppen auf die Sowjetunion kam Ende 1941 zum Stillstand. Im selben Jahr entwickelten der amerikanische Präsident Roosevelt und der britische Premierminister Churchill mit der „Atlantik-
5 Charta"* vom 14. August 1941 die Vorstellung von einer künftigen Weltordnung: Zu dieser gehörten Verzicht auf Annexionen und Gewalt, das Selbstbestimmungsrecht der Völker, Freiheit des Handels und der Meere sowie die Gründung einer Weltsicherheitsorganisation.
10 Japan strebte nach der Vorherrschaft im pazifischen Raum. Deshalb attackierte es am 7. Dezember 1941 den amerikanischen Flottenstützpunkt auf Hawaii, Pearl Harbor. Auch Deutschland erklärte daraufhin den USA den Krieg. Ziel der deutsch-japanischen Allianz war es,
15 die amerikanischen Kräfte durch zwei Kriegsschauplätze in Europa und Asien zu schwächen. Dies erwies sich als Fehleinschätzung, denn Churchill und Roosevelt schlossen sich zur Anti-Hitler-Koalition zusammen und richteten ihre Anstrengungen gegen Deutschland.

Die letzte Mobilisierung – der „totale Krieg"*
20
Zur Kriegswende kam es im Januar/Februar 1943, als die 6. deutsche Armee in Stalingrad von sowjetischen Truppen eingekesselt und unter großen Verlusten zur Kapitulation gezwungen wurde. Von 250 000 Soldaten
25 kamen 90 000 um, von den übrigen kehrten nur etwa 6000 nach langer Kriegsgefangenschaft in die Heimat zurück. Dennoch rief Reichspropagandaminister Joseph Goebbels am 18. Februar 1943 im Berliner Sportpalast unter dem Jubel der Anhänger des NS-Regimes zum
30 „totalen Krieg" auf. Entgegen der NS-Ideologie wurden immer mehr Frauen zu Verwaltungsaufgaben, bei der Flugabwehr oder in der Rüstungsindustrie dienstverpflichtet. An der „Heimatfront" sollten sie für den „Endsieg" mitkämpfen. Jugendliche und ältere Männer
35 schickte man als „Volkssturm" schlecht ausgebildet in den Kampf. In der Landwirtschaft und Industrie wurden an die zehn Millionen Zwangsarbeiter, KZ-Häftlinge und ein Großteil der Kriegsgefangenen eingesetzt (siehe S. 156/157).

Gefallene Angehörige der Hitlerjugend, die als Soldaten in Nordfrankreich kämpften, Foto, 1944/45

Bombenkrieg und Kapitulation
40
1944 zeichnete sich ein Ende des Krieges ab: Die sowjetische Armee rückte immer weiter nach Westen vor, und am 6. Juni („D-Day") starteten amerikanische und britische Truppen eine Invasion in der Normandie. Die deut-
45 sche Zivilbevölkerung litt unter den Bombenangriffen der Briten und Amerikaner (siehe S. 154/155). Zum Jahreswechsel 1944/45 standen die Truppen der drei Alliierten an den Reichsgrenzen. Im Osten begann die Flucht von Millionen Deutschen aus Angst vor Rache
50 der Roten Armee. Nach erbitterten Kämpfen erreichten amerikanische und sowjetische Truppen am 25. April 1945 die Elbe bei Torgau.
Am 30. April beging Hitler Selbstmord in seinem „Führerbunker" in Berlin, während die Rote Armee in
55 die Hauptstadt einrückte. Kurz darauf, am 7. Mai, unterzeichnete die Wehrmachtsführung im US-Hauptquartier in Reims die bedingungslose Kapitulation. In der Nacht vom 8. auf den 9. Mai wurde dies im sowjetischen Hauptquartier wiederholt.

Krieg in Asien

Nach zahlreichen Zusammenstößen hatte Japan 1937 China den Krieg erklärt. Durch die Ausweitung der japanischen Macht im Pazifikraum wurden jedoch auch die Interessen der USA berührt. Diese nutzten die Abhängigkeit Japans vom Erdöl und anderen Rohstoffen, sperrten im Juli 1941 die Erdölausfuhr nach Japan und forderten einen Rückzug der Japaner aus China. Japan antwortete mit dem Überraschungsangriff auf Pearl Harbor. In einem verlustreichen Seekrieg errang das amerikanische Militär entscheidende Siege. Am 6. und 9. August 1945 warfen amerikanische Flugzeuge über den japanischen Städten Hiroshima und Nagasaki jeweils eine Atombombe ab. Über 100 000 Tote und langfristig zehntausende Opfer durch Verstrahlungen und Verbrennungen waren die Folge. Wenige Tage später kapitulierte die japanische Regierung.

Das von der Atombombe zerstörte Hiroshima, Foto, August 1945

Ein Überlebender des KZ Buchenwald hat von seinen Befreiern, US-amerikanischen Soldaten, Essen erhalten. Foto, 1945

Die Toten des Zweiten Weltkrieges (Auswahl), in Klammern: Anteil der Zivilisten

Gesamtverluste: ca. 65 Millionen Tote	
Deutschland	6 350 000 (1 170 000)
Sowjetunion	27 000 000 (14 000 000)
China	13 500 000 (10 000 000)
USA	407 316
Frankreich	360 000 (150 000)
Polen	6 000 000 (5 700 000)
Ungarn	950 000 (590 000)
Jugoslawien	1 690 000 (950 000)
Niederlande	220 000 (198 000)
Griechenland	180 000 (160 000)
Japan	3 760 000 (1 700 000)

Zusammengestellt nach Rolf-Dieter Müller (Hg.), Das Deutsche Reich und der Zweite Weltkrieg, Bd. 10: Der Zusammenbruch des Deutschen Reiches 1945, Halbband 2: Die Folgen des Zweiten Weltkrieges, München (Deutsche Verlags-Anstalt) 2008, Die Menschenverluste im Zweiten Weltkrieg (Karte mit Grafik/Tabelle), ohne Seitenangabe.

---

1 Beschreibe den Eindruck, den die Fotos M1–M3 bei dir hinterlassen. Inwiefern versinnbildlichen sie den „totalen Krieg"?

2 Analysiere M4 und ziehe dabei Rückschlüsse auf die Hauptkriegsschauplätze.

3 Diskutiere, ob sich der Kriegseinsatz von Frauen mit der NS-Ideologie in Einklang bringen ließ.
Tipp: Nutze die Seiten 108/109.

4 Schreibe einen Zeitungsbericht über das Ende des Zweiten Weltkrieges mithilfe des Darstellungstextes und der Materialien auf dieser Doppelseite.

5 Der amerikanische Präsident Truman äußerte sich 1965 im Rückblick auf seine Entscheidung, Atombomben auf japanische Städte abwerfen zu lassen: „Ich betrachte die Bombe als militärische Waffe und hatte nie den geringsten Zweifel, dass sie eingesetzt werden sollte." Diskutiert diesen Standpunkt in der Klasse.

Webcode: FG450099-153
„Totaler Krieg"

Bombenkrieg

Anfang 1940 begannen die Alliierten, deutsche Städte großflächig zu bombardieren. Sie unterschieden dabei nicht zwischen militärischen und zivilen Zielen. Das führte zu vielen Opfern unter der Bevölkerung und großer Obdachlosigkeit. Wähle A, B oder C und untersuche:
- *Welche Rolle spielte der Bombenkrieg im Kriegsverlauf?*
- *War er gerechtfertigt?*

Aufgabe für alle: Diskutiert, ob man den Bombenkrieg als Kriegsverbrechen bezeichnen sollte.

Gelingt die Demoralisierung der Deutschen?

Der Bombenkrieg war eine neue Erscheinung im Zweiten Weltkrieg. Zunächst war es die Absicht beider Gegner, die Lufthoheit über dem feindlichen Gebiet zu erlangen und militärische Ziele zu zerstören. Doch die deutsche Luftwaffe ging schon zu Kriegsbeginn dazu über, auch Zivilisten anzugreifen. Sie bombardierte 1939 bis 1941 feindliche Städte wie Rotterdam, Coventry und Warschau schwer. Seit Frühjahr 1942 griffen dann die britische Luftwaffe (Royal Air Force) und amerikanische Bomberflotten deutsche Städte mit massiven Flächenbombardements an. Sie sollten die Zivilbevölkerung demoralisieren und zum Aufgeben zwingen („moral bombing"). Das gelang jedoch nicht – im Gegenteil: Der Krieg radikalisierte sich weiter. Insgesamt starben im Bombenkrieg 600 000 deutsche Zivilisten. Zahllose Innenstädte wurden zu Ruinenlandschaften, so auch in Niedersachsen.

M1 Helga Stadler (*1925) erinnert sich an einen Luftangriff auf Osnabrück 1945:

Morgens gegen acht, als der Vollalarm gegeben wurde, mussten wir alle runter in den Luftschutzraum der Kaserne. Als Entwarnung kam, bin ich wieder hoch und durch das Toilettenfenster rausgeklettert. …. Ich ging durch die brennende Stadt, kam auch an der Brinkstraße vorbei und sah da am Bunkereingang viele Menschen stehen. Später erfuhr ich, dass es dort die meisten Toten gegeben hatte, weil eine Bombe in den Eingang geschlagen war. Ich hörte nur die Schreie, es war furchtbar. Man konnte nur auf den Bürgersteigen gehen, weil da Steinplatten lagen. In der Mitte auf der Fahrbahn, wo Asphalt war, da brannte alles.

Regionale Reportage: Inferno am Palmsonntag 1945, Neue Osnabrücker Zeitung, 21.03.2015, S. 1.

Zerstörte Eisenbahnstraße in Osnabrück, Foto, 1945

M3 Daten zum Bombenkrieg in Osnabrück:
Anzahl der Luftangriffe: 79
Spreng- und Brandbomben: 123 000
zerstörtes Stadtgebiet: 65 % (6000 Wohnhäuser)
Tote: 1434, davon 268 Zwangsarbeiter
Verletzte: 1964
Obdachlose: 90 000

Vom Autor zusammengestellt.

1 Beschreibe die Auswirkungen des Bombenkrieges auf die Bevölkerung in Osnabrück (M1–M3).
2 Stell dir vor, du erlebst 1944 einen Bombenangriff in einem Bunker. Verfasse einen Tagebucheintrag.
3 **Recherche:** Informiere dich über Luftangriffe in deiner Heimatgemeinde.

B

M4 **Der Autor Thomas Mann (1875–1955) hielt 1942 diese Radioansprache aus dem Exil:**

Zum ersten Mal jährt sich der Tag der Zerstörung von Coventry durch Görings Flieger – einer der schauderhaftesten Leistungen, mit denen Hitler-Deutschland die Welt belehrte, was der totale Krieg
5 ist ... Hat Deutschland geglaubt, es werde für die Untaten, die sein Vorsprung in der Barbarei ihm gestattete, niemals zu zahlen haben? ... Beim jüngsten britischen Raid über Hitlerland hat das alte Lübeck zu leiden gehabt. Das geht mich an, es ist
10 meine Vaterstadt ... Aber ich denke an Coventry – und habe nichts einzuwenden gegen die Lehre, dass alles bezahlt werden muss. Es wird mehr Lübecker geben, ... die dagegen auch nichts einzuwenden haben und, wenn sie das Dröhnen der RAF über
15 ihren Köpfen hören, ihr guten Erfolg wünschen ... Hitler-Deutschland hat weder Tradition noch Zukunft. Es kann nur zerstören, und Zerstörung wird es erleiden. Möge aus seinem Fall ein Deutschland erstehen, ... dem Liebe gegeben ist rückwärts zum
20 Gewesenen und vorwärts in die Zukunft der Menschheit hinaus. So wird es, statt tödlichen Hasses, die Liebe der Völker gewinnen.

Zit. nach http://www.cicero.de/berliner-republik/ich-habe-nichts-einzuwenden/36748 (Stand: 22. 02. 2017).

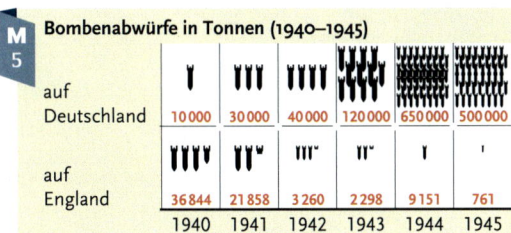

M5 Bombenabwürfe in Tonnen (1940–1945)

	1940	1941	1942	1943	1944	1945
auf Deutschland	10 000	30 000	40 000	120 000	650 000	500 000
auf England	36 844	21 858	3 260	2 298	9 151	761

1 a) Gib wieder, wie Thomas Mann (M4) den Bombenkrieg beurteilt.
b) Nimm Stellung, ob man eine Tat mit einer anderen aufwiegen kann (M4, M5).

C

M6 **Der Historiker Jörg Friedrich löste eine Debatte über den Bombenkrieg aus:**

Es gibt zutiefst verstörende Aufnahmen aus Kassel nach dem Angriff im Oktober 1943 – Bilder von Leichenbergen, aus denen Rümpfe und Köpfe herausragen. Waren das Massaker? ...
5 Der Luftkrieg war eine präzedenzlose [= beispiellose] Marter, die einer Zivilbevölkerung Nacht für Nacht von einer fürchterlichen Vernichtungsapparatur auferlegt wurde. ... Inzwischen sind sämtliche Luftstreitkräfte von der Idee des „moral bom-
10 bing" abgerückt, weil es nie funktioniert hat. ... Die Vorstellung, man könne eine städtische Bevölkerung durch extreme Qualen in eine Revolution hineinbombardieren, ist längst widerlegt.

Zit. nach http://www.spiegel.de/ sptv/special/a-237918.html (Stand: 30. 03. 2017).

M7 **Der Historiker Volker Ullrich antwortete:**

Friedrich verschweigt nicht, dass die Strategie des area bombing von den Briten nicht erfunden, sondern bereits von Hitlers Luftwaffe praktiziert worden war ... Doch diese Vorgeschichte rechtfer-
5 tigt in den Augen des Autors nicht die rücksichtslose alliierte Luftkriegführung. ... Der Autor selbst hat ... auf die Frage, ob er den alliierten Bombenkrieg als Kriegsverbrechen gewertet wissen möchte, geantwortet: „Ich beziehe dazu keine
10 Stellung." Doch indirekt, ... vor allem durch wiederkehrende sprachliche Wendungen, tut er dies durchaus. ... Mehr noch: Indem der Autor Keller als „Krematorien", Bombenopfer als „Ausgerottete" und die Bomber Group Number 5 als „Ein-
15 satzgruppe"* bezeichnet, rückt er den alliierten Luftkrieg ... in die Nähe des Holocaust.

Die Zeit, 49/2002

1 Vergleiche die Positionen in M6 und M7.

2 Nimm Stellung zur Gleichsetzung von Holocaust und Bombenkrieg (M7).

Zwangsarbeit im Dritten Reich

Überall in Deutschland beschäftigte man während des Krieges gefangene Soldaten, KZ-Häftlinge und ausländische Zivilisten als Zwangsarbeiter. Man missbrauchte sie als billige Arbeitskräfte, um die Rüstungs- und Lebensmittelindustrie aufrechtzuerhalten. Die meisten von ihnen kamen aus Osteuropa, wo man sie zusammentrieb und verschleppte.

- *Unter welchen Bedingungen lebten Zwangsarbeiterinnen und Zwangsarbeiter in Deutschland?*

Zwangsarbeiterinnen in einer Wäscherei, Deutschland, Foto, 1942

Zwangsarbeiter räumen Bombentrümmer, Osnabrück 1942

Lebensumstände der Zwangsarbeiter

Ende 1944 gab es über zehn Millionen Zwangsarbeiter in Deutschland, darunter fast zwei Millionen Russen und 850 000 Polen – mehr als die Hälfte von ihnen Frauen. Wie die Zwangsarbeiter behandelt wurden, hing stark
5 von ihrem Einsatzgebiet in Industrie und Landwirtschaft ab. Während den Arbeitern auf dem Land häufig ein Rest von Menschlichkeit begegnete, fristeten diejenigen in den Rüstungsbetrieben meist ein Leben unter unzumutbaren Bedingungen. Bereits bei geringen Verstößen
10 gegen die zahlreichen Regelungen waren sie drastischen Strafen ausgesetzt, z. B. Essensentzug, Strafarbeit oder Prügel. Öffentliche Einrichtungen wie Kinos oder Schwimmbäder durften sie nicht betreten. Auf Liebesverhältnisse mit Deutschen stand die Deportation in ein
15 KZ oder sogar die Todesstrafe. Aufgrund der mangelnden Hygiene in den Unterkünften litten die Bewohner der Lager zudem häufig unter Ungezieferplagen.
Neben ihrem Einsatzort war vor allem die Herkunft der Zwangsarbeiter für die Lebens- und Arbeitsbedingun-
20 gen von zentraler Bedeutung. Die aus Westeuropa stammenden Zivilarbeiter wurden deutlich besser behandelt, wenngleich auch sie kaum Rechte hatten. Die als „artfremde Untermenschen" geltenden „Ostarbeiter" aus Polen, der Ukraine und Russland waren der Ausbeutung
25 ihrer Arbeitskraft jedoch fast schutzlos ausgeliefert und gesellschaftlich isoliert. Somit hatte die Zwangsarbeit nicht nur eine wirtschaftliche Funktion, sondern war auch Teil der rassistischen NS-Gesellschaftsordnung.

Kennzeichen für „Ostarbeiter" aus der Sowjetunion, Foto, undatiert

M4 Häftlinge des KZ Dachau bei der (Zwangs-)Arbeit in einem Rüstungsbetrieb, Foto, 1943

Zwangsarbeit in Niedersachsen

Auch auf dem Gebiet des heutigen Niedersachsen lebten tausende Zwangsarbeiter. Allein in den Kreisen Northeim und Göttingen waren es rund 60 000 Menschen aus 16 Nationen. Man traf sie fast in allen Lebens- und Wirtschaftsbereichen: in Krankenhäusern, bei der Müllentsorgung oder in privaten Haushalten. In Göttingen waren besonders viele bei der Reichsbahn tätig, wo sie schwere körperliche Arbeit leisten mussten, z. B. Schienen verlegen. Auch bei Volkswagen in Wolfsburg arbeiteten KZ-Häftlinge. VW profitierte wie andere Firmen in hohem Maße von den Zwangsarbeitern und errichtete sogar Zweigstellen in der Nähe großer Konzentrationslager.

Entschädigung

Deutsche NS-Opfer erhielten ab den späten 1940er Jahren Zahlungen als „Wiedergutmachung". Die von ausländischen Mächten und ehemaligen Opfern geforderten Wiedergutmachungszahlungen gestalteten sich zunächst schwierig. Deutschland erklärte ihre Ansprüche für abgegolten, weil die Bundesrepublik bereits Reparationen an die zuvor besetzten Länder gezahlt hatte. Angesichts einer Fülle von Sammelklagen aus den USA beschloss der Bundestag 1998 die Einrichtung einer Stiftung zur Entschädigung ehemaliger Zwangsarbeiter unter finanzieller Beteiligung der Unternehmen, die von Zwangsarbeit profitiert hatten.

M5 Ein Gedicht der ukrainischen Zwangsarbeiterin Elena Bogomaz, die von 1942 bis 1945 in einer Malzfabrik in Deutschland arbeiten musste:

Der Winter ist vergangen, der Sommer ist gekommen.
In den Gärten blühen wieder Blumen.
Mich – ein junges Mädchen – hat man nach
5 Deutschland ins Lager verschleppt.
Die Kerze brennt mit einer zitternden Flamme,
In den Baracken schlafen alle fest,
Um die Baracke sind die Aufseher,
Sie gehen wachend durch die Gegend.
10 ...
Ich träume von meinem Heimatland,
Ich Arme kann nicht schlafen.
Warum gebarst du mich, meine Mutter?
Warum zwangst du mich, hier zu leben?
15 Du schenktest mir mein armseliges Schicksal.
Du ließest zu, dass man mich in dieses „Kulturland" verschleppte.
In diesem „Kulturland" hasst man uns,
Nirgendwo sind wir willkommen,
20 Man nennt uns „Russenschwein",
Man schickt uns ins Konzentrationslager.
Schwere Klötze erdrücken unsere Füße,
„OST" steht auf unserer Brust,
Sperren, Stacheldrahtzäune und Aufseher
25 Haben uns unserer Freiheit beraubt.
Lass' diese Wälder verbrennen
Lass' dieses Lager verschwinden,
Wir möchten so gern in der heimatlichen Ukraine bei unseren Familien leben und wieder froh sein.

Zit. nach http://www.zwangsarbeit.rlp.geschichte.uni-mainz.de/F_Bruechert_d8.htm (Stand: 14. 10. 2016).

---

1 Fasse zusammen, wie die Schreiberin von M5 ihre Zeit in Deutschland schildert. Welche Gefühle werden deutlich?
2 Beschreibe auf Grundlage der Materialien (M1–M5) und des Darstellungstextes die Lebensumstände der Zwangsarbeiter. Unterscheide dabei zwischen Arbeitern aus West- und Osteuropa.
3 **Recherche:** Informiere dich über die Stiftung „Erinnerung, Verantwortung und Zukunft" und berichte über Aufgaben und Ziele der Organisation.
Tipp: Nutze die Methode „Kurzvortrag" (S. 328).
4 Diskutiert, ob wir nach so langer Zeit noch etwas zur „Wiedergutmachung" beitragen können.

Zusatzaufgabe: siehe S. 322.

Webcode: FG450099-157
Zwangsarbeit

Flucht und Vertreibung der Deutschen

Am Ende des Zweiten Weltkrieges wurde die deutsche Bevölkerung in den östlichen Teilen des Reichs vom Krieg bedroht. Viele flohen unter katastrophalen Umständen, andere wurden später aus ihrer Heimat vertrieben.
- *Wie erlebten die Menschen die Flucht aus ihrer Heimat?*
- *Wie gingen die Vertreibungen von Deutschen vonstatten?*

Flucht vor der Roten Armee

Die deutsche Verteidigung im Osten brach 1945 in kurzer Zeit zusammen, sodass die russischen Truppen im März die Oder erreichten. Begleitet war dieser schnelle Vormarsch von der Flucht von sechs Millionen Deutschen, die in den Ostprovinzen des Landes lebten und sich vor der Roten Armee in Sicherheit bringen wollten. Die meisten Flüchtlinge, in der Regel Frauen, Kinder und Alte, konnten erst im letzten Moment vor der Ankunft der Roten Armee aufbrechen, da sie sonst bestraft worden wären. Schlechte Versorgung, Angriffe auf Trecks und Eisenbahnzüge, Massenvergewaltigungen und Morde bedeuteten Leid und Tod für Hunderttausende. Aus Ostpreußen versuchten viele per Schiff zu fliehen, wurden aber häufig von russischen U-Booten angegriffen. Bekannt wurde das Unglück der „Wilhelm Gustloff", die am 30. Januar 1945 versenkt wurde. 9000 Menschen starben.

Die Vertreibung der Deutschen

Häufig kehrten die Flüchtlinge wieder in ihre Heimat zurück, da sie von der Front überholt wurden. Sie hofften, bleiben zu dürfen, sodass im Sommer 1945 noch fünf Millionen Deutsche in den Ostgebieten lebten. Allerdings gab es Gewaltakte in jenen Gebieten, die nun polnisch oder tschechisch wurden. Eine „wilde" Vertreibung von über einer Million Menschen setzte ein, die äußerst brutal vor sich ging. Auf der Potsdamer Konferenz im Juli 1945 einigten sich die Siegermächte dann, die deutsche Bevölkerung „ordnungsgemäß und human" zu überführen, um Konflikte in Zukunft auszuschließen. Aber auch diese „regulierte" Form der Vertreibung war in der Realität oft gewaltsam.

Insgesamt wurden 12,5 Millionen Deutsche aus den Ostgebieten vertrieben, etwa zwei Millionen überlebten dies nicht. Die jahrhundertealte Geschichte und Kultur der Deutschen in Osteuropa endete auf diese Weise.

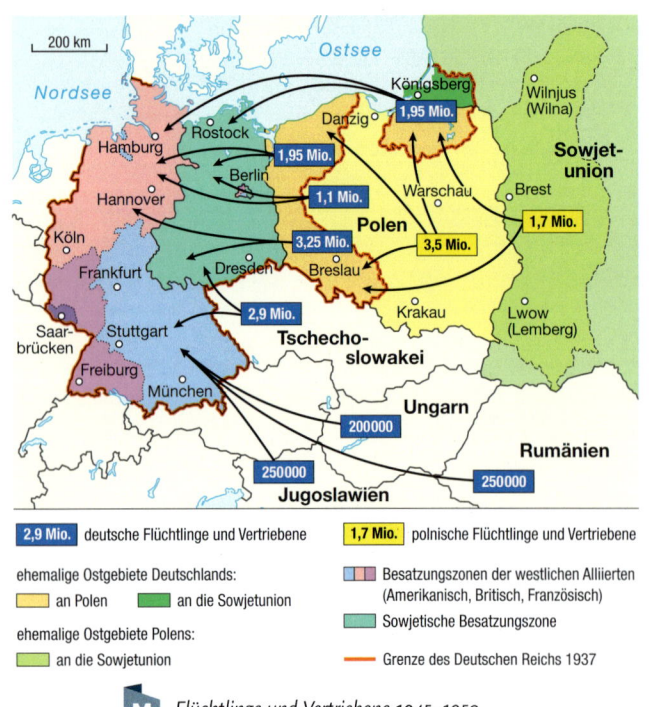

Flüchtlinge und Vertriebene 1945–1950

Flüchtlinge in Ostpreußen, 1945

Berichte ostpreußischer Flüchtlinge

Gertrud Dannowski über ihre Flucht über das Frische Haff, einen abgetrennten Teil der Ostsee:
Wir hatten die Absicht, mit dem Treck nach dem Westen zu fahren. Dann kam eine stockfinstere, grausige Nacht, dauernd Bordwaffenbeschuß. Die Geschosse und Eisstücke krachten auf das Blechdach des Wagens. Schießen, Schreien und Gekreische durchbrach die Stille der Nacht. ... Es war sich immer jeder selbst der Nächste, um so schnell wie möglich das brüchige Eis verlassen zu können. ... Im Morgengrauen kam nun der erste fürchterliche Anblick; Leichen über Leichen, Menschen und Pferde. Oft stachen nur die Wagendeichsel aus dem Eis, der Tod hatte reiche Ernte gehalten.

Elle Knobbe über ihre Erlebnisse:
Auf einem Bauernhof in der Nähe von Elbing [Polen] erlebte ich die ersten russischen Truppen. Der Hofinhaber wurde von den Russen herausgeschafft, weil man in seiner Wohnung ein E. K. II [Eisernes Kreuz] gefunden hatte. Er wurde sofort mit seiner Frau, die ihm nachgestürzt war, im Pferdestall erschossen. Ich versuchte nun, zu meiner Mutter nach Stobnitt zu gelangen. Auf meiner dreiwöchentlichen Wanderung dorthin war ich der Willkür der russischen Sodateska ausgeliefert. In Wiese hatte ich die furchtbarste Nacht zu durchstehen. Die Russen hatten sich aus den Vorräten eines Proviant-Depots betrunken. Fast alle Männer des Dorfes wurden erschossen, die Frauen bestialisch vergewaltigt. Ich selbst wurde in dieser Nacht etwa zwanzigmal vergewaltigt. Mitte Februar langte ich auf dem Hof meiner Eltern an, um festzustelllen, dass es die Russen in meinem Heimatort nicht minder schlimm trieben. Die Behausungen wurden demoliert, Mobiliar und Hausgeräte verschleppt oder zerschlagen. Auch hier wurden viele männliche Einwohner erschossen.

Zit. nach J. Henke: Exodus aus Ostpreußen und Schlesien. Vier Erfahrungsberichte, in: W. Benz (Hg.): Die Vertreibung der Deutschen aus dem Osten. Ursachen, Ereignisse, Folgen, Frankfurt a. M. 1995, S. 118ff.

Sonderbefehl für die Stadt Bad Salzbrunn (heute in Polen):

1. Am 14. Juli ab 6 bis 9 Uhr wird eine Umsiedlung der deutschen Bevölkerung stattfinden.
...
3. Jeder Deutsche darf höchstens 20 kg Reisegepäck mitnehmen.
4. Kein Transport (Wagen, Ochsen ...) erlaubt.
5. Das ganze lebendige und tote Inventar in unbeschädigtem Zustande bleibt als Eigentum der Polnischen Regierung. ...
7. Nichtausführung des Befehls wird mit schärfsten Strafen verfolgt, einschließlich Waffengebrauch.

Zit. nach http://www.oestlichenachbarn.bayern/wett02/UE_HS.htm (Stand: 30. 03. 2017).

Der Historiker Johannes Hürter über die Ursachen der Vertreibung:

Kein Verbrechen geschieht zwangsläufig, und ein Unrecht rechtfertigt nicht das andere. Allerdings muss bei den Verbrechen gegen die deutsche Bevölkerung in Rechnung gestellt werden, welchen Hass zuvor die nationalsozialistische Besatzungsherrschaft ... geschürt hatte. Das „Lebensraum"-Konzept Hitlers sah eine beispiellose Gewaltpolitik vor, die auf der Grundlage einer rassistischen Hierarchisierung ganze Nationen und ethnische Gruppen entweder zu den Herren Europas machen oder unterdrücken, deportieren und auslöschen wollte .... Umso heftiger schlug die Gewalt auf die Deutschen zurück.

Zit. nach J. Hürter: Nationalsozialistisches Besatzungsregime und rassistischer Vernichtungskrieg im Osten, in: Stiftung Haus der Geschichte (Hg.): Flucht, Vertreibung, Integration, Bonn 2006, S. 47.

---

1 Erkläre mithilfe von M1 die Flucht- und Vertreibungsbewegungen.
2 Beschreibe die Bedingungen der Flucht (M2, M3).
3 Stelle Motive der Ausweisung zusammen (M4).
4 Arbeite Gründe für die Vertreibung heraus (M5).
Tipp: Nutze auch S. 142/143.
5 **Wähle eine Aufgabe aus:**
  a) Vergleiche die Migration der Deutschen am Kriegsende mit aktuellen Flüchtlingswanderungen.
  b) Recherchiere nach Vertriebenenschicksalen in deiner Familie oder deiner Heimatgemeinde.

Die Kultur der Erinnerung an die Shoa

1945 endete der Zweite Weltkrieg und die Diktatur. Das wahre Ausmaß der nationalsozialistischen Verbrechen kam jetzt erst ans Licht. Nun begann eine „zweite Geschichte" des Nationalsozialismus: Sie war und ist geprägt von der Auseinandersetzung mit dem Holocaust.

- Wie veränderte sich die Erinnerung an den Holocaust nach 1945?
- Wie sollten wir uns heute an den Nationalsozialismus erinnern?

Das Erinnern an die Shoa

Nach dem Sieg über das nationalsozialistische Deutschland interessierten sich die Alliierten vor allem für die Aufklärung der schrecklichen Verbrechen. Doch bald entwickelte sich zwischen den Siegermächten USA und
5 UdSSR eine heftige Konkurrenz und Feindschaft. Sie wurde wichtiger als die Verfolgung der NS-Täter. Außerdem brauchte Deutschland alle verfügbaren Kräfte beim Wiederaufbau. Aus diesem Grund wurden viele nationalsozialistische Verbrecher in den 1950er Jahren
10 wieder in die Gesellschaft integriert. Sie machen sogar Karriere in Wirtschaft und Politik.

Die Verbrechen an den Juden wurden in den ersten Jahren der Bundesrepublik weitgehend beschwiegen. Erst eine Reihe von Gerichtsprozessen in den 1960er Jahren
15 brachte den Holocaust in die Öffentlichkeit. Besonders der Ausschwitzprozess 1963–65 erreichte große Aufmerksamkeit in Zeitung und Fernsehen.

Spätestens mit der Rede Richard von Weizsäckers vor dem Deutschen Bundestag am 8. Mai 1985, vierzig Jah-
20 re nach Kriegsende (M1), wurde die Erinnerung an den Holocaust Teil der politischen Kultur der Bundesrepublik. Mittlerweile gedenkt man auch weiterer Opfergruppen im öffentlichen Raum. So führte Bundespräsident Roman Herzog 1996 den 27. Januar als „Tag des Geden-
25 kens an die Opfer des Nationalsozialismus" ein. Er wird auch international als „Holocaust Remembrance Day" begangen.

Da es jedoch immer weniger lebende Opfer und Zeitzeugen des Nationalsozialismus gibt, stellt sich die
30 Frage, wie wir eine „Kultur der Erinnerung" an das Geschehen lebendig halten können. Die öffentliche Erinnerung erfolgt in erster Linie durch Gedenktage, Gedenkstätten, Museen und Ausstellungen. Aber auch im Fernsehen und Internet erinnert man an den Holocaust.
35 Gleichzeitig fordern rechte Politiker immer wieder, einen „Schlussstrich" zu ziehen und die „positiven Seiten" der deutschen Geschichte zu betonen.

Webcode: FG450099-160
„Erinnerung an die Shoa"

Richard von Weizsäcker sagte 1985 anlässlich des 40. Jahrestages des Kriegsendes:

Der 8. Mai war ein Tag der Befreiung. Er hat uns alle befreit von dem menschenverachtenden System der nationalsozialistischen Gewaltherrschaft. ...
5 Wir gedenken heute in Trauer aller Toten des Krieges und der Gewaltherrschaft. Wir gedenken insbesondere der sechs Millionen Juden, die in deutschen Konzentrationslagern ermordet wurden.
10 Wir gedenken aller Völker, die im Krieg gelitten haben, vor allem der unsäglich vielen Bürger der Sowjetunion und der Polen, die ihr Leben verloren haben.

Als Deutsche gedenken wir in Trauer der eigenen
15 Landsleute, die als Soldaten, bei den Fliegerangriffen in der Heimat, in Gefangenschaft und bei der Vertreibung ums Leben gekommen sind. Wir gedenken der ermordeten Sinti und Roma, der getöteten Homosexuellen, der umgebrachten
20 Geisteskranken, der Menschen, die um ihrer religiösen oder politischen Überzeugung willen sterben mußten. ...

Jüngere und Ältere müssen und können sich gegenseitig helfen zu verstehen, warum es
25 lebenswichtig ist, die Erinnerung wachzuhalten. Es geht nicht darum, Vergangenheit zu bewältigen. Das kann man gar nicht. Sie läßt sich ja nicht nachträglich ändern oder ungeschehen machen. Wer aber vor der Vergangenheit die Augen ver-
30 schließt, wird blind für die Gegenwart. Wer sich der Unmenschlichkeit nicht erinnern will, der wird wieder anfällig für neue Ansteckungsgefahren.

http://www.bundespraesident.de/SharedDocs/Reden/DE/Richard-von-Weizsaecker/Reden/1985/05/19850508_Rede.html (Stand: 22. 02. 2017)

M2 Der Sozialpsychologe Harald Welzer über die Erinnerungskultur:

Immer noch werden Kinder auf „Spurensuche" geschickt, und immer noch hält man es für eine bedeutsame und gedenktafelrelevante Erkenntnis, wenn man dabei feststellt, dass auch an Ort x
5 oder y Juden oder Zwangsarbeiter verfolgt, getötet und verscharrt worden sind. Da genau das überall in Deutschland und in den besetzten Gebieten der Fall war, geht der Erkenntniswert des einzelnen Falles inzwischen gegen Null. Aber
10 die Beschilderung der Republik mit Tafeln, die an die Untaten des nationalsozialistischen Regimes erinnern, verleiht diesem auf paradoxe Weise noch Jahrzehnte danach eine historische Bedeutung, die ihm nicht zukommt. ... Es ist heute
15 nicht mehr nötig, zu fordern, dass an den Holocaust zu erinnern und der Opfer zu gedenken sei – daran hat gesamtgesellschaftlich außer ein paar Neonazis niemand auch nur den geringsten Zweifel und die geringste Kritik. Gleichwohl geht
20 das Pathos der erinnerungskulturellen Redeformeln, Jahrestage, Gedenkveranstaltungen etc. auf die längst gegenstandslos gewordene Behauptung zurück, man müsse „gegen das Vergessen" ankämpfen. Das ist ... längst obsolet [überflüs-
25 sig], und gerade deshalb wirken die Rituale der Holocausterinnerung inzwischen merkwürdig abgestanden und gerade für Jüngere kaum anschlussfähig – man weiß gar nicht recht, wogegen eigentlich anerinnert wird.

H. Welzer: Für eine Modernisierung der Erinnerungs- und Gedenkkultur, Gedenkstättenrundbrief 162 (8/2011), S. 3 ff.

Denkmal für die ermordeten Juden Europas in Berlin, eröffnet im Mai 2005 nach elfjähriger Debatte und zweijähriger Bauzeit. Es besteht aus 2700 Betonstelen und einem Infozentrum.

Schüler putzen Stolpersteine, Berlin 2016. Sie erinnern an verfolgte Personen der NS-Zeit. Die Messingtafeln sind ein Projekt des Künstlers Gunter Demnig und werden seit 1992 am letzten Wohnort der Opfer verlegt. Mittlerweile gibt es über 60 000 in Deutschland.

Schüler beim 65. Jahrestag der Befreiung des KZ Bergen-Belsen (Niedersachsen), Foto, 2010.

1 Gib die zentralen Aussagen von M1 wieder und ordne die Rede mithilfe des Darstellungstextes in den historischen Kontext der Erinnerung ein.
2 **a)** Stelle anhand von M3–M5 die Formen des Umgangs mit der Erinnerung an den Holocaust dar.
  b) Vergleiche sie mit den Thesen von Welzer (M2).
3 Diskutiert, inwiefern die Kritik von Harald Welzer zutrifft (M2).
4 **Wähle eine Aufgabe aus:**
  a) Recherchiere zur Erinnerungskultur in deinem Heimatort.
  b) Entwickle Vorschläge für eine Gedenkstunde zum 27. Januar an deiner Schule.

Rechtsextremismus heute

Noch immer gibt es Menschen, die den Nationalsozialismus verharmlosen, rechtfertigen oder sogar verherrlichen. Manche Rechtsextreme scheuen auch nicht vor Anschlägen und Morden zurück, wie zum Beispiel der „Nationalsozialistische Untergrund" (NSU).

- Welche Ursachen hat Rechtsextremismus heute und wie soll die Gesellschaft mit ihm umgehen?

Ein Erbe des Nationalsozialismus?

In der Bundesrepublik galten Rechtsextreme seit den 1970er Jahren als kleine Randgruppe von Unbelehrbaren. Rechtsradikale wollten durch Geschichtsfälschung den Blick auf das Dritte Reich beschönigen. Sie bezeich-
5 neten Auschwitz als „Lüge" und versuchten, den Holocaust abzustreiten oder die Opferzahlen herunterzurechnen. Das Leugnen des Holocaust steht mittlerweile in mehreren Staaten unter Strafe.

Zusätzlich verübte die rechtsextreme Szene immer
10 wieder Gewalt und Terror. Ein Beispiel war das Attentat auf das Münchener Oktoberfest 1980 – der schwerste Terrorakt der deutschen Nachkriegsgeschichte. Seit den 1990er Jahren gibt es immer wieder Anschläge auf Flüchtlingsheime. In jüngerer Zeit schockierte besonders
15 die Mordserie des Nationalsozialistischen Untergrundes (NSU).

Auffällig ist, dass es der rechtsextremen Szene in den letzten Jahren gelang, bis in die Mitte der Gesellschaft zu wirken. Früher galten Parteien wie die NPD als Auf-
20 fanglager der „Neonazis". Heute agieren diese in Parteien und Organisationen, die scheinbar zur „demokratischen Mitte" gehören, also sich äußerlich harmlos geben. Rechte Positionen erhalten Zuspruch aus der Mitte der Gesellschaft – ein Trend, der international zu beobachten ist.

25 Rechtsextreme treten aus taktischen Gründen nicht mehr offen antisemitisch auf, geben sich äußerlich „hip" und nutzen moderne Kommunikationswege (M3). An ihren Inhalten hat sich jedoch wenig geändert: Sie kämpfen z.B. für eine „ethnisch reine Volksgemeinschaft",
30 gegen demokratische Gewaltenteilung und gegen die Gleichberechtigung von Frauen und Homosexuellen. Besorgniserregend ist die zunehmende Radikalisierung im Internet. Aufrufe zum Hass, persönliche Beleidigungen und das Verbreiten von Falschmeldungen (z. B. über
35 kriminelle Flüchtlinge) fordern den Rechtsstaat und die Zivilgesellschaft zum gemeinsamen Widerstand heraus.

M1 Ein Aussteiger berichtet, wie er Teil der rechtsradikalen Szene wurde (2006):

Wie jeder Jugendlicher war ich in einem ständigen Findungsprozess, der zwischen Anderssein, Provokation und Rebellion schwankte und vor allen Dingen habe ich immer etwas Anderes,
5 Neues gesucht. In meinem früheren Umfeld waren viele verschiedene Subkulturen, darunter Hip-Hopper, Sprayer, Punks ... Ich wollte etwas radikal Anderes darstellen. Einerseits wollte ich kein Außenseiter sein, andererseits suchte ich die
10 Konfrontation. Ich verspürte eine Faszination an Gewalt, Hass auf alles Andere. So wurde für mich zunächst die Fußballszene attraktiv und wichtig. Außerdem spielte auch dort schon Kameradschaft und dieses Wir-Gefühl eine große Rolle.
15 Antisemitismus und Rassismus waren in diesem Umfeld eine gängige Umgangsform. Auch wenn es etwas klischeehaft klingt, aber bei mir war es auch eine Provokation gegen meine Mutter und ihr soziales Umfeld. Ich wollte sie herausfordern
20 .... Später habe ich mich aber bewusst immer tiefer in die rechte Szene begeben, mir Dinge angeeignet. Ich lehnte den Staat ab, hatte Hass auf Polizei und Sicherheitskräfte und habe meine Antwort auf Frust und Perspektivlosigkeit im
25 Nationalsozialismus gefunden. Als Kind habe ich keine Ablehnung gegenüber dem Nationalsozialismus empfunden, habe nie einen kritischen Umgang gelernt. In meiner Kindheit bin ich zum großen Teil bei meinen Großeltern aufgewachsen.
30 Mein Opa war Hitlerjunge und später Wehrmachtssoldat, war stolz darauf und lebte auch noch nach dem Ende des Dritten Reichs in dieser Zeit. Für mich war mein Opa eine Orientierungsfigur.

http://www.hagalil.com/archiv/2006/05/neo-nazi.htm (Stand: 23. 02. 2017)

Umfrageergebnisse zu rechtsextremen Einstellungen in Deutschland (2016):

	Gesamt	Ost (504)	West (1907)
Wir sollten einen starken Führer haben.	10,6 %	12,8 %	10,0 %
Wir brauchen ein starkes Nationalgefühl.	35,4 %	31,9 %	36,4 %
Deutschland ist durch Ausländer gefährlich überfremdet.	33,8 %	35,2 %	33,5 %
Der Einfluss der Juden ist zu groß.	10,9 %	10,7 %	11,0 %
Deutsche sind anderen von Natur aus überlegen.	12,0 %	11,6 %	12,0 %
Der Nationalsozialismus hatte auch seine guten Seiten.	8,4 %	7,3 %	8,7 %

Die Teilnehmer waren 14 bis 93 Jahre alt, zu 55 % weiblich und überwiegend berufstätig mit mittlerem Einkommen.
Nach Oliver Decker u. a.: Die enthemmte Mitte: Autoritäre und rechtsextreme Einstellung in Deutschland, Leipzig 2016, S. 32ff.

Der Wissenschaftler Kai Brinckmeier über Rechtsextreme im Internet (2013):
Rechtsextreme betreiben Websites und Blogs, nutzen soziale Netzwerke … verbreiten Videos. … Das hat zum einen der Vernetzung innerhalb der Szene enormen Auftrieb gegeben: Durch das
5 Internet wird die rechte Bewegung dauerhaft stabilisiert und gefestigt. Zum anderen lässt sich darüber potenziell ein Massenpublikum erreichen. … Aufmärsche und Demonstrationen werden im Netz vorbereitet, hier erfolgen die
10 Aufrufe, die Mobilisierung, die Agitation. … Inzwischen haben rechte Gruppierungen erkannt, dass man mit modernen Methoden an Jugendliche herangehen muss, sie also über Facebook und andere soziale Netzwerke erreichen muss. …
15 Früher waren die verschiedenen Strömungen sehr zersplittert. Heutzutage gibt es immer noch … Differenzen, aber inzwischen agieren die einzelnen Gruppen viel stärker zusammen. Die ideologischen Gräben werden durch die Kommu-
20 nikation im Internet geringer.
Zit. nach https://www.tagesschau.de/ inland/interview-rechtsextremismus-im-netz100.html (Stand: 23. 02. 2017).

NPD-Demo in Riesa, 2015

Demo gegen Rechts in Berlin, 2015

1 Erarbeite die Motive für den Einstieg der Person in die rechte Szene (M1). Sammle weitere Gründe, die eine Rolle spielen können.
2 **Partnerarbeit:** Analysiert M2. Diskutiert, welche Tendenzen besorgniserregend sind und auf welche Weise man entgegensteuern könnte.
3 Vergleiche die Bildaussagen von M4 und M5. Entwirf ein eigenes Plakat für eine Demo gegen M4.

4 **Wähle eine Aufgabe aus: Recherche:**
a) Informiere dich über den NSU-Prozess. Verfasse aus Perspektive der Opferangehörigen oder Ankläger einen Tagebucheintrag zu einem Prozesstag.
b) Ein zweites NPD-Verbotsverfahren ist 2017 gescheitert. Informiert euch über die Verbotsanträge und diskutiert, ob man verfassungsfeindliche Parteien verbieten sollte.

5 Nationalsozialistische Außenpolitik und Zweiter Weltkrieg

| 1933 | 1934 | 1935 | 1936 | 1937 | 1938 | 1939 |

1933 Austritt Deutschlands aus dem Völkerbund

1934 Nichtangriffspakt mit Polen

1935 Volksabstimmung im Saargebiet; Wiedereinführung der allgemeinen Wehrpflicht

1936 Bündnis mit Italien („Achse Berlin-Rom"); Vierjahresplan zur Wiederaufrüstung

1938 Anschluss Österreichs; Münchner Abkommen

1939
März: Zerschlagung der „Rest-Tschechei"
August: Hitler-Stalin-Pakt
1. September: Überfall auf Polen; Beginn des Zweiten Weltkrieges

Nationalsozialistische Außenpolitik und Zweiter Weltkrieg

Außenpolitisches Vorgehen des NS-Regimes

Die zwei wichtigsten außenpolitischen Ziele der Nationalsozialisten waren die Revision des Versailler Vertrages und die Eroberung von „Lebensraum im Osten". Um diese zu erreichen, verfolgten sie eine Doppelstrategie: Hitler beteuerte in der Öffentlichkeit stets Deutschlands friedliche Absichten, während er gleichzeitig die Aufrüstung vorantrieb. Die staatlichen Investitionen in die Rüstung brachten einen wirtschaftlichen Aufschwung, der auch den Rückhalt der Bevölkerung für die Diktatur stärkte. Hinzu kamen soziale Wohltaten und Arbeitsbeschaffungsmaßnahmen, die das Heer von Arbeitslosen in Beschäftigung brachte (z. B. Autobahnbau).

Hitlers aggressive Außenpolitik zeigte sich bei der Besetzung des entmilitarisierten Rheinlandes 1936 und beim Anschluss Österreichs 1938. Um den Frieden aufrechtzuerhalten, akzeptierten die Westmächte im Münchner Abkommen 1938 auch die Eingliederung des Sudetenlandes in das Deutsche Reich. Doch die Appeasementpolitik der Westmächte endete, nachdem Hitler die restliche Tschechei annektierte.

Vom „Blitzkrieg" zum Vernichtungskrieg

Am 1. September 1939 wurde der Hitler-Stalin-Pakt unterzeichnet. Kurz darauf überfiel die Wehrmacht Polen. Eine Serie von „Blitzkriegen" und der Vernichtungskrieg im Osten begann. Großbritannien und Frankreich hielten sich an die Garantien, die sie Polen gegeben hatten, und erklärten dem Deutschen Reich den Krieg. Mit der Blitzkriegsstrategie konnte das NS-Regime auch Erfolge in Frankreich, Dänemark und auf dem Balkan erzielen. Die Strategie beruhte auf der Erkenntnis, dass Deutschland die Rohstoffe für einen längeren Krieg fehlten. Die deutsche Luftwaffe griff auch England an, doch trotz heftiger Bombenangriffe auf die Städte gelang es ihr nicht, das Land wesentlich zu schwächen. Die USA unterstützten Großbritannien mit umfangreichen Rüstungsgütern.

Am 22. Juni 1941 überfielen die deutschen Truppen die Sowjetunion. Aus dem „Unternehmen Barbarossa" wurde ein beispielloser Vernichtungskrieg gegen die Armee der Sowjetunion und die Zivilbevölkerung.

„Totaler Krieg" und Kapitulation

Mit dem Angriff auf die Sowjetunion und dem Kriegseintritt der USA (1941) entwickelte sich der Krieg zu einem Weltkrieg. In Asien hatte Japan 1937 einen Krieg gegen China begonnen. Bald berührte es auch die Interessensgebiete der USA. Als diese den Rückzug der Japaner aus China forderten und die Erdölausfuhr sperrten, attackierte die japanische Armee Ende 1941 den Hauptstützpunkt der amerikanischen Pazifikflotte Pearl Harbor.

Für Deutschland leitete die Niederlage bei Stalingrad 1943 den Untergang ein. Die alliierte Überlegenheit machte sich nun besonders in der Luft bemerkbar. Die deutsche Luftwaffe hatte dem nichts mehr entgegenzusetzen. Zahlreiche Zivilisten fielen den Bombardements der Briten und Amerikaner zum Opfer. Der Bombenkrieg zerstörte Innenstädte in ganz Deutschland und machte Millionen Menschen obdachlos.

Zusammenfassung 165

| 1940 | 1941 | 1942 | 1943 | 1944 | 1945 |

1940 erfolgreiche „Blitzkriege" gegen Dänemark, Norwegen, die Niederlande und Frankreich

1941
ab Juni: deutscher Überfall auf die Sowjetunion
ab Herbst: Beginn der Deportation von Juden in Konzentrationslager
Dezember: Angriff auf Pearl Harbor (amerik. Flottenstützpunkt im Pazifik); Deutschland erklärt Amerika den Krieg

1942 Januar Wannsee-Konferenz: Organisation der Ermordung der europäischen Juden

1943 Januar/Februar Kapitulation der deutschen Truppen bei Stalingrad, Aufruf zum „totalen Krieg"

20. Juli 1944 Attentat auf Hitler

1945
April: Selbstmord Hitlers
7.–9. Mai: bedingungslose Kapitulation der Wehrmacht
6. und 9. August: Atombomben auf Nagasaki und Hiroshima; Kapitulation Japans

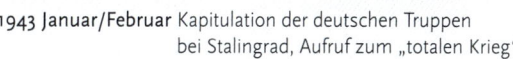

Verbunden mit dem deutschen Rückzug war auch die Flucht von Millionen Bewohnern der deutschen Ostgebiete. Sie erfolgte oft unter katastrophalen Umständen. Die bedingungslose Kapitulation vom 7. bis 9. Mai 1945 besiegelte die totale Niederlage des Deutschen Reichs. In Asien endete der Zweite Weltkrieg mit dem Abwurf zweier Atombomben auf Hiroshima und Nagasaki durch US-Flugzeuge. Japan kapitulierte im August 1945.

Besatzungspolitik und Kriegsverbrechen
Bei den Feldzügen im Osten handelte es sich nicht nur um einen Eroberungskrieg, sondern um einen rassebiologisch begründeten Vernichtungskrieg, der Millionen von Menschen das Leben kostete. Die Wehrmacht und die SS ermordete gezielt die jüdische Bevölkerung, Angehörige der kommunistischen Führungsschicht sowie Sinti und Roma. Sie beging außerdem zahlreiche Kriegsverbrechen wie Morde, Terror und Grausamkeit gegen die Zivilbevölkerung, die Tötung von Gefangenen und Zwangsarbeit.
Kriegsgefangene der Deutschen wurden unter menschenunwürdigen Bedingungen gezwungen, Arbeit im Deutschen Reich oder in den besetzten Gebieten zu leisten. Der Großteil kam dabei ums Leben, vor allen in den Konzentrationslagern. Dort wurde „Vernichtung durch Arbeit" propagiert. Weitere Zwangsarbeiter wurden in vielen Bereichen der Wirtschaft und des öffentlichen Lebens eingesetzt.

Der Mord an den Juden Europas
Mit der Besetzung großer Teile Europas durch die Wehrmacht gerieten etwa sieben von zehn Millionen Juden in Europa in unmittelbare Lebensgefahr. In Deutschland begann die Einrichtung sogenannter Judenhäuser im April 1939. Sie dienten der späteren Deportation nach Osten. Nach der Besetzung Polens wurden dort in größeren Städten Gettos eingerichtet, von denen aus die Juden ab Oktober 1941 in die Vernichtungslager transportiert wurden.
Auf der Wannsee-Konferenz im Januar 1942 wurde die systematische Vernichtung der Juden organisiert. Ab Juni 1942 kam es zu Massenmorden durch Vergasung im Konzentrationslager Auschwitz-Birkenau. Das Vernichtungslager wurde zum Inbegriff der menschenverachtenden Rassenpolitik der Nationalsozialisten und der Ermordung von sechs Millionen Juden. Historiker sehen darin einen Zivilisationsbruch. Sie nennen den Völkermord „Holocaust" (griech. Verbrennung), Überlebende sprechen meist von der Shoa (hebr. „einzigartiges Opfer, totale Zerstörung"). Die Nationalsozialisten verschleierten ihn mit dem Begriff „Endlösung".

Widerstand
Widerstand gegen den Nationalsozialismus gab es schon seit 1933. Er hatte meist politische, religiöse oder ethische Gründe. Das Spektrum reichte von der Verbreitung von Flugblättern über Hilfe für Verfolgte bis hin zu Sabotageakten und Attentatsversuchen. Die Gestapo und der Volksgerichtshof gingen schnell und brutal gegen Verdächtige vor. Bekannte Widerstandskämpfer waren Sophie Scholl und die Mitglieder der „Weißen Rose" und der Kreis um Oberst Stauffenberg, der mit seinem Attentat am 20. Juli 1944 das Regime stürzen wollte. Widerstandsgruppen gab es während des Krieges auch in den besetzten Gebieten, z. B. im Warschauer Getto oder durch Partisanen. Auch hier wurde jeglicher Widerstand brutal unterdrückt.

5 Nationalsozialistische Außenpolitik und Zweiter Weltkrieg

In diesem Kapitel konntest du folgende Kompetenzen erwerben:

- Ziele der nationalsozialistischen Außen- und Wirtschaftspolitik benennen
- Kriegsverlauf, Hauptkriegsschauplätze und die deutsche Besatzungspraxis darstellen
- die Auswirkungen des Bombenkrieges auf die Opfer beschreiben
- den Prozess der Verfolgung und Vernichtung der Juden erfassen
- die Flucht und Vertreibung der Deutschen aus den Ostgebieten darstellen
- Formen des Widerstands erläutern
- das System der Ausbeutung durch Zwangsarbeit erklären
- Formen des Erinnerns an den Nationalsozialismus beschreiben
- die Gefährdung der Demokratie durch Rechtsextreme in der Gegenwart beurteilen
- **Methode:** Historische Ereignisse bewerten
- **Methode:** Eine biografische Recherche durchführen

Handschriftliche Auszüge aus der ersten Ansprache vor Hitlers Generälen:
Ziel der Gesamtpolitik allein: Wiedergewinnung der politischen Macht. Hierauf muss die gesamte Staatsführung eingestellt werden (alle Ressorts!).
1. Im Inneren: Völlige Umkehrung der gegenwärtigen innenpolitischen Zustände in D. Keine Duldung der Betätigung irgendeiner Gesinnung, die dem Ziel entgegensteht (Pazifismus!) ...
2. Nach außen, Kampf gegen Versailles, Gleichberechtigung in Genf; aber zwecklos, wenn Volk nicht auf Wehrwillen eingestellt...
4. Aufbau der Wehrmacht wichtigste Voraussetzung für Erreichung des Ziels ... Allg. Wehrpflicht muss wiederkommen ... wie soll pol. Macht, wenn sie gewonnen ist, gebraucht werden? ... Vielleicht ... Eroberung neuen Lebensraums im Osten u. dessen rücksichtslose Germanisierung.

Zit. nach: http://www.1000dokumente.de/pdf/dok_0109_hrw_de.pdf (Stand: 30. 03. 2017).

Sozialpolitische Maßnahmen der NSDAP
- kostenloser Besuch höherer Schulen (Adolf-Hitler-Schulen, Napola ab 1943)
- Familienbeihilfen für Soldaten
- keine direkten Kriegssteuern für Arbeiter, Bauern, einfache Angestellte, niedere Beamte
- Befreiung von Steuern und Sozialabgaben bei Zuschlägen für Nacht-, Sonn- und Feiertagsarbeit (1940)
- Rentenerhöhung von 15 Prozent (1941)
- Krankenversicherung für Rentner (1941)

Götz Aly: Die Wohlfühldiktatur, in: Spiegel Special 2005, 104–110, S. 106.

„Er hat schon drei kleine Nationen verschluckt, jetzt isst er die ganze (Speise-)karte!", französische Karikatur vom 26. Mai 1939. Die Personen hinten stellen Frankreich und England dar.

Herrschaft und Staatlichkeit, Transkulturalität

Kompetenzen prüfen 167

M4 Zusammenstellung von Stolpersteinen aus Deutschland

M5 **Henning von Tresckow auf die Frage Stauffenbergs, ob ein Attentat auf Hitler nach Landung der Alliierten noch sinnvoll sei (Juni 1944):**
Das Attentat muss erfolgen, coute que coute [um jeden Preis]. Sollte es nicht gelingen, so muss trotzdem in Berlin gehandelt werden. Denn es kommt nicht mehr auf den praktischen Zweck an, sondern
5 darauf, dass die deutsche Widerstandsbewegung vor der Welt und der Geschichte den entscheidenden Wurf gewagt hat. Alles andere ist daneben gleichgültig.
Zit. nach: Fabian von Schlabrendorff: Offiziere gegen Hitler, Frankfurt a. M./ Hamburg, S. 138.

Methodenkompetenz
1 Analysiere die Karikatur M2.
   Tipp: Nutze die Arbeitsschritte auf S. 334.
2 Führe eine biografische Recherche zu Henning von Tresckow durch (M5).
3 **Wähle eine Aufgabe aus:**
   a) **Partnerarbeit:** Entwickelt ein Denkmal für eine Widerstandsgruppe eurer Wahl.
   b) Du bist ein Geistlicher und möchtest deine Gemeinde vor den Nationalsozialisten warnen. Entwirf eine entsprechende Predigt.

Sachkompetenz
4 Stelle unter Bezug auf M1 und M2 die außenpolitischen Ziele der Nationalsozialisten und ihre Umsetzung in einer Tabelle gegenüber.
5 Erkläre die Funktion der im Krieg eingeführten sozialpolitischen Maßnahmen (M3).

6 a) Ordne die Schicksale aus M4 in den historischen Zusammenhang ein.
   b) Benenne ausgehend von M4 zentrale rassepolitischen Vorstellungen der Nationalsozialisten und ihre Umsetzung.

Urteilskompetenz
7 War das Dritte Reich eine „Wohlfühldiktatur"? Beurteile mithilfe von M3 und S. 136.
8 Bewerte, ob Henning von Tresckow (M5) geeignet wäre, um ihn im Rahmen einer Gedenkstunde an deiner Schule zu ehren.
10 **Recherche:** Einige Städte verbieten die Verlegung von Stolpersteinen. Informiere dich über die Gründe und nimm Stellung dazu.
11 Erörtere, inwiefern die Deutschen selbst schuld am Leid waren, das sie durch die Kriegsgegner erlitten haben (z. B. Bombenkrieg, Vertreibung).

Webcode: FG450099-167
Selbsteinschätzungsbogen

6 Der Ost-West-Konflikt spaltet die Welt

Fast fünfzig Jahre lang, von 1945 bis 1990, beherrschte der Konflikt zwischen der UdSSR und den USA die Weltpolitik. Die beiden Supermächte und ihre Bündnispartner rangen um politische und militärische Vormachtstellung. Sie zeigten Stärke durch den Bau von Atomwaffen, schufen Feindbilder und spionierten sich gegenseitig aus. Den Konflikt, der die Welt an den Abgrund führte, nennt man Kalter Krieg. Die Bezeichnung darf nicht darüber hinwegtäuschen, dass viele Menschen darin den Tod fanden und Unsummen in militärische Aufrüstung flossen.

Beschreibe die Wirkung des Fotos auf dich.
Stelle Vermutungen an, welche Gedanken die Soldaten beim Anblick gehabt haben könnten.

Atomwaffentest in der Wüste von Nevada (USA), Foto, 1951. Der Atompilz hatte eine Höhe von 40 km. Fast alle anwesenden Soldaten starben später an den Folgen der Strahlung.

6 Der Ost-West-Konflikt spaltet die Welt

| 1945 | 1950 | 1955 | 1960 | 1965 |

8. Mai 1945 Kriegsende in Europa

1949 Gründung der BRD und der DDR
Gründung der NATO

1964–1973 Vietnamkrieg der USA

1950–1953 Koreakrieg

1962 Kubakrise

1951 Montanunion

1968 Atomwaffensperrvertr

1955 Warschauer Pakt

1957 Römische Verträge

Der Ost-West-Konflikt spaltet die Welt

Aus Verbündeten werden Gegner
Die USA und die Sowjetunion entwickelten sich seit 1917 zu zwei völlig gegensätzlichen Systemen. In den USA gab es Kapitalismus* und Demokratie, in der UdSSR eine kommunistische Parteidiktatur. Dennoch kämpften beide Mächte im Zweiten Weltkrieg gemeinsam gegen Deutschland. Als der Krieg am 8. Mai 1945 in Europa endete, brachen die Gegensätze wieder offen hervor. Beide Supermächte versuchten nun, ihr politisches und wirtschaftliches System auf andere Staaten zu übertragen. Das führte zur Blockbildung: Die Welt wurde in zwei verfeindete, unvereinbare Machtbereiche geteilt, die unter der Vorherrschaft der USA und der UdSSR standen. In Europa durchzog bald ein „Eiserner Vorhang"* den Kontinent und machte die Trennung auch physisch erkennbar. Er verlief mitten durch Deutschland und teilte das Land in zwei neue Staaten.

Der Ost-West-Konflikt der beiden Supermächte wird auch Kalter Krieg genannt. Er verschärfte sich innerhalb kürzester Zeit und beherrschte bis 1991 die Weltpolitik. Wettrüsten und Stellvertreterkriege bestimmten seine Zeit. Mehrmals stand die Welt vor einem Atomkrieg und damit vor der völligen Zerstörung.

Im Kapitel kannst du folgende Fragen untersuchen:
- Was führte zur Teilung der Welt in zwei Blöcke? Wer stand sich gegenüber?
- Welche Phasen der Eskalation und Entspannung gab es im Kalten Krieg?
- Warum konnte ein globaler Krieg verhindert werden?
- Wie kam es zur Abschaffung von Kolonien und welche Folgen hatte das?
- Wie kam es zur Annäherung Europas im Kalten Krieg?

Militärische Blöcke im Kalten Krieg

Herrschaft und Staatlichkeit

Orientierung im Kapitel 171

| 1970 | 1975 | 1980 | 1985 | 1990 | 1995 |

1975 Konferenz für Sicherheit und Zusammenarbeit in Europa (KSZE)

1979 NATO-Doppelbeschluss

1979–1988 Afghanistankrieg der UdSSR

ab 1985 Reformbewegungen in Osteuropa

Wiedervereinigung Deutschlands

1991 Ende der Sowjetunion

 Josef Stalin (UdSSR), Präsident Franklin D. Roosevelt (USA) und Premierminister Winston Churchill (Großbritannien) bei der Konferenz von Teheran 1943, Foto. Sie diskutierten über die Kriegsführung und den Umgang mit Deutschland.

„Entwurf für ein Siegerdenkmal", Schweizer Illustrierte vom 11. April 1945. Die Personen auf dem Pferd entsprechen denen in M2.

„Berlinkrise" 1961: Panzer der UdSSR und USA stehen sich am Checkpoint Charlie in Berlin gegenüber.

1 Vergleiche die Stimmung im Foto M2 mit der Aussage der Karikatur M3 und mit M4.
   Tipp: Beachte die dargestellten Personen in M3.
2 **a)** Beschreibe anhand der Karte M1 die Aufteilung der Welt in Machtblöcke.
   b) Entnimm M1 und der Zeitleiste wichtige Ereignisse und ordne sie in einer Tabelle unter der Überschrift „Kalter Krieg" oder „Entspannung" ein.
3 Definiere den Begriff „Supermacht".
4 **Recherche:** Informiere dich über eine der Krisen des Kalten Krieges (M1, Zeitleiste).

Blockbildung im Kalten Krieg

Ideologische Gegensätze und das Machstreben der Supermächte USA und UdSSR bestimmten das Weltgeschehen nach 1945. Besonders in Europa war die Teilung zu spüren: Hier stießen die beiden Blöcke direkt aufeinander. Als mit der NATO und dem Warschauer Pakt zwei verfeindete Militärbündnisse entstanden, schien die Trennung zementiert zu sein.
- *Wie kam es zur Spaltung der Welt in zwei Blöcke?*

Politisch-militärische Bündnisse 1945 bis 1990

Den Kommunismus eindämmen?

Schon vor dem Ende des Zweiten Weltkriegs wuchs das Misstrauen zwischen der UdSSR und den USA. Nur noch der gemeinsame Feind Hitler hielt die Allianz zusammen. Nach 1945 verbreitete sich in den USA die Furcht, der Kommunismus könnte sich weiter ausbreiten – und in der Sowjetunion, die kapitalistischen USA könnten an Einfluss gewinnen. In Osteuropa (z. B. Polen, Tschechoslowakei) drängten kommunistische Politiker in die Regierungen und errichteten schnell und mitunter gewaltsam sozialistische Systeme. Die Sowjetunion unterstützte sie und half, die Opposition zu unterdrücken und Wahlen zu fälschen. So dehnte sie ihren Einfluss immer weiter aus. In Deutschland, das nach dem Krieg besetzt worden war, entstanden zwei konkurrierende Staaten, die sich nach West und Ost orientierten: die Bundesrepublik und die DDR. Berlin wurde zur geteilten Stadt.

1947 verkündete US-Präsident Harry S. Truman seine neue außenpolitische Strategie („Truman-Doktrin"): Das Ziel der USA wurde die Eindämmung des Kommunismus (engl.: containment*). Neben militärischem Schutz versprach Truman den europäischen Staaten auch finanzielle Hilfe. Der Marshallplan* sollte sie an die USA und ihr politisches System binden. Das Angebot richtete sich an alle Staaten „westlich von Asien", doch Moskau verbot den Ländern in seinem Einflussbereich, die Wirtschaftshilfen anzunehmen.

Die Machtblöcke verfestigen sich

Im Juni 1948 riegelte die Sowjetarmee Westberlin ab, um die Stadt vollständig in ihren Machtbereich zu bringen („Berlinkrise", siehe S. 171). Eine unüberlegte Handlung oder ein einzelner Schuss hätte unter Umständen einen Dritten Weltkrieg ausgelöst. Das Ereignis lieferte einen wichtigen Anstoß zur Bildung eines westlichen Verteidigungsbündnisses: der NATO*. Sie wurde am 4. April 1949 in Washington gegründet. Mitglieder waren zunächst die USA, Kanada und zehn westeuropäische Staaten. 1955 trat auch die Bundesrepublik der NATO bei und wurde ein wichtiger Partner im „Kampf gegen den Kommunismus". Die UdSSR reagierten darauf und gründeten ein eigenes Bündnis: Am 14. Mai 1955 unterzeichneten die Ostblockstaaten die „Warschauer Verträge"*. Die Mitglieder der NATO und des Warschauer Paktes verpflichteten sich jeweils zu gegenseitigem Beistand bei einem Angriff. Die Gründung der Bündnisse war Ausdruck der Blockbildung und gab den Startschuss für ein jahrzehntelanges Wettrüsten.

Neben den beiden Blöcken existierte seit 1945 noch eine weitere Organisation: die UNO*. Dort waren die Mitglieder der NATO und des Warschauer Paktes gleichermaßen vertreten. Der UNO-Sicherheitsrat sollte den Frieden sichern, doch meist blockierten sich die Sowjetunion und USA durch ein Veto gegenseitig.

Der ehemalige britische Premierminister Winston Churchill am 5. März 1946:

Wir können uns vor der Tatsache nicht verschließen, dass die Freiheiten, deren sich der Bürger im ganzen britischen Empire erfreut, in zahlreichen Ländern, von denen einige sogar sehr mächtig sind, nicht bestehen. ... Von Stettin an der Ostsee bis hinunter nach Triest an der Adria ist ein „Eiserner Vorhang"* über den Kontinent gezogen. Hinter jener Linie liegen alle Hauptstädte der alten Staaten Zentral- und Osteuropas ... Alle jene berühmten Städte liegen in der Sowjetsphäre und alle sind ... in ständig zunehmendem Maße der Moskauer Kontrolle unterworfen. ... In fast allen Fällen herrscht eine Polizeiregierung. ... Ich glaube nicht, dass Sowjetrussland den Krieg will. Was es will, das sind die Früchte des Krieges und die unbeschränkte Ausdehnung seiner Macht und die Verbreitung seiner Doktrin [= Lehre]. Was wir aber heute, solange noch Zeit vorhanden ist, in Erwägung ziehen müssen, das sind die Mittel zur dauernden Verhütung des Krieges und zur Schaffung von Freiheit und Demokratie in allen Ländern.

Jürgen Weber (Hrsg.): 30 Jahre Bundesrepublik, Bd. II, München 1979, S. 34 f.

Andrei Schdanow, Sekretär des Zentralkomitees der Kommunistischen Partei der UdSSR, am 22. September 1947:

Die Aufgabe der Sicherung eines gerechten demokratischen Friedens fasste alle Kräfte des antiimperialistischen und antifaschistischen Lagers zusammen. Auf dieser Grundlage wuchs und erstarkte die freundschaftliche Zusammenarbeit der UdSSR und der demokratischen Länder in allen Fragen der Außenpolitik. Diese Länder und vor allem die Länder der neuen Demokratie ... Polen, die Tschechoslowakei, ... Bulgarien, Rumänien, Ungarn ..., die sich der antifaschistischen Front in der Nachkriegsperiode angeschlossen haben, erwiesen sich als standhafte Kämpfer für den Frieden, für die Demokratie und für ihre Freiheit und Unabhängigkeit gegen alle Versuche der USA und Englands, ihre [demokratische] Entwicklung zurückzudrehen. ... Je größer der Abstand von der Beendigung des Krieges trennt, desto schärfer heben sich zwei Grundtendenzen in der Nachkriegspolitik hervor, die der Teilung der politischen Kräfte in zwei Lager entsprechen: in das imperialistische und antidemokratische Lager einerseits und das antiimperialistische und das demokratische Lager andererseits. Die führende Hauptkraft des imperialistischen Lagers sind die USA.

Kessings Archiv der Gegenwart, Jahrgang 1947, S. 128 f.

---

1 Beschreibe die politische und militärische Situation der Welt bis 1968 (Darstellungstext, M1).
2 **Wähle eine Aufgabe aus:**
 Recherchiere und gestalte einen Kurzvortrag über
 a) den Volksaufstand in Ungarn 1956,
 b) den „Prager Frühling" 1968.
3 a) **Partnerarbeit:** Fasst die Einschätzungen zur politischen Situation in M2 und M3 zusammen.
 b) Vergleicht die räumlichen Vorstellungen, Selbst- und Fremdbilder. Nehmt Stellung.
Zusatzaufgabe: siehe S. 323.

Kalter Krieg
Die Zeit von 1947 bis 1989 war geprägt durch Feindseligkeiten der beiden Machtblöcke unter Führung der USA und der Sowjetunion. Merkmale waren die Bedrohung der Welt durch Atomwaffen, Spionage und Wettrüsten. Es kam nie zum direkten Krieg der Supermächte, aber zu blutigen Stellvertreterkriegen.

Der neue Krieg in einer bipolaren Welt

Die Halbinsel Korea war seit 1945 geteilt: Die Sowjetunion unterstützte den kommunistischen Norden, die USA den Süden. Am 25. Juni 1950 überschritt Nordkorea die Grenze und überfiel sein Nachbarland. Es kam zum ersten Stellvertreterkrieg* zwischen den beiden Machtblöcken. Der Kalte Krieg drohte „heiß" zu werden.

- Wie wurden Konflikte in der bipolaren Welt ausgetragen?

M 1 Karikatur aus dem „Simplicissimus", München 1956. Veto = Einspruch. Unterschrift: „Es wird hier dauernd von Frieden gesprochen – meine Herren, der Friede bin ich."

Ein neues Kriegszeitalter

Die Konfrontation der Machtblöcke wurde in den Folgejahren durch neue technische Entwicklungen erschwert. 1938 hatten die deutschen Physiker Otto Hahn und Fritz Straßmann die Kernspaltung entdeckt. Die USA entwickelten daraus unter der Leitung des Physikers Robert Oppenheimer bis 1945 die erste Atombombe. Sie setzt bei der Explosion ein Vielfaches der Sprengkraft konventioneller Bomben frei, zerstört ganze Städte und Landstriche (siehe S. 153). Zum ersten und einzigen Einsatz von Atomwaffen kam es 1945 durch die USA in Hiroshima und Nagasaki, um den Krieg gegen Japan zu beenden. 1949 konnte die Sowjetunion ebenfalls erfolgreich eine Atombombe entwickeln. Dies war der Startschuss zu einem atomaren Wettrüsten. Die Sprengkraft und Anzahl der Atomwaffen steigerte sich in den folgenden Jahren immer weiter. Mit dem Arsenal an Kernwaffen konnte man die Erde rechnerisch mehrmals vollständig zerstören und unbewohnbar machen. Die USA sahen sich zunächst immer noch technisch als überlegen gegenüber der Sowjetunion, was sich aber schnell ändern sollte.

Der „Sputnik-Schock"

Am 4. Oktober 1957 gelang es der Sowjetunion, den ersten Satelliten Sputnik I mit einer Rakete in den Weltraum zu befördern. Damit zeigte sie der Welt, dass sie in der Lage war, auch weit entfernte Städte und Zentren des Gegners mit atomaren Sprengköpfen zu erreichen. Der Westen und insbesondere die USA waren von dieser Erkenntnis zutiefst geschockt und sahen sich gezwungen, zu reagieren. Ab 1958 floss ein Großteil der amerikanischen Rüstungsausgaben in Universitäten und Forschungseinrichtungen. Die neu gegründete NASA sollte die „Raketenlücke" schließen. Nur ein Jahr später konnten die USA ebenfalls die erste Rakete in den Weltraum schicken und erneut eine Pattsituation herstellen. Die Entwicklung neuer Raketen mit immer größerer Reichweite setzte sich bis in die 1970er Jahre fort.

Militärblöcke – Ausdruck des Kalten Krieges

Die USA reagierten sofort auf die Invasion Südkoreas. Sie drängten die UNO-Mitglieder dazu, Truppen zu entsenden und übernahmen selbst das Kommando. Allerdings konnten sie nicht verhindern, dass Nordkorea bis August 1950 weit in den Süden vordrang. Unter General MacArthur konnten die Amerikaner zwar die nordkoreanische Hauptstadt Pjöngjang einnehmen, wurden aber nach dem Eingreifen des kommunistischen Chinas wieder zurückgeworfen. MacArthur drängte US-Präsident Truman zum Einsatz von Atomwaffen, was dieser jedoch ablehnte. Der Krieg dauerte bis zum Waffenstillstand am 27. Juli 1953, bei dem die alte Grenze wiederhergestellt wurde. Millionen Koreaner waren tot, doch keiner der beiden Blöcke hatte Erfolg gehabt.

Friedliche Koexistenz oder „Gleichgewicht des Schreckens"?

Der Führung der USA und der Sowjetunion war klar, dass beide Supermächte in der Lage waren, den Gegner vollständig zu vernichten. Das oberste Ziel der Sicherheitspolitik wurde deshalb, einen Atomkrieg zu verhindern. Die Regierungschefs sprachen zwar von „Atoms for peace" (1954) und „Friedlicher Koexistenz" (1956), doch die Kriegsgefahr blieb allgegenwärtig.

Beide Blockmächte stellten sicher, dass im Fall eines Angriffs die atomare Vergeltung folgen würde. In militärischen Szenarien planten sie die Zerstörung der größten Städte und militärischen Einrichtungen. Atombomben konnten jederzeit aus ihren Raketensilos gestartet werden. Bomber und U-Boote befanden sich unerreichbar für den Gegner an strategischen Punkten der Erde. Das Wettrüsten führte auch zu technischen Neuerungen: Computer und ein Informationsnetz wurden entwickelt – ein Vorläufer unseres heutigen Internets.

M4 Der Bundeskanzler der Bundesrepublik Deutschland, Konrad Adenauer, auf einer Pressekonferenz vom 4. April 1957:

Dass das Vorhandensein dieser Atomwaffen auf dem Boden der Bundesrepublik uns der Gefahr einer atomaren Vergeltung aussetzt, glaube ich nicht aus einem sehr einfachen Grunde, weil auch Sowjetrussland genau weiß, wie das alle anderen Staaten wissen, dass auf eine Vergeltungshandlung ..., d.h. einen Angriff gegen uns, ... dann sofort der Gegenschlag von USA kommen würde. Ich kann nicht verhehlen, dass die außenpolitische Entwicklung in den letzten 12 oder 18 Monaten ernster geworden ist und dass wir hier in Deutschland den Frieden, den wir haben, lediglich der Tatsache verdanken, dass die Atomwaffe der US außerordentlich stark ist.

Klaus-Jürgen Ruhl: „Mein Gott, was soll aus Deutschland werden?" Die Adenauer-Ära 1949–1963, München 1985, S. 408f.

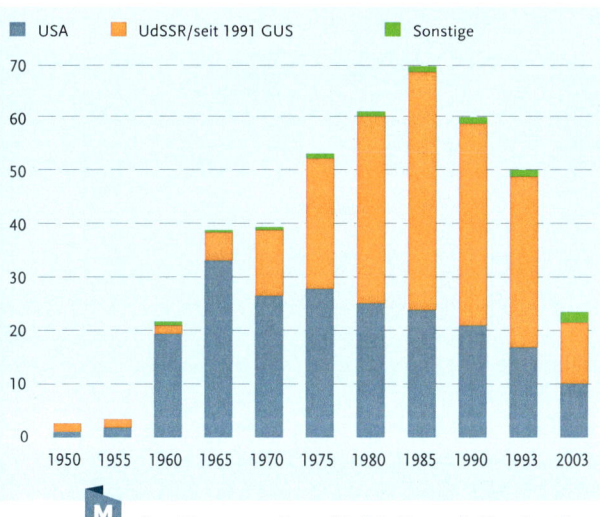

M2 Anzahl atomarer Sprengköpfe in Tausend.. Eine Atombombe konnte bereits eine ganze Stadt vollständig zerstören.

Filmtipp:
„Die Geschichte der Atombombe", Dokumentation, USA 2009. Der Film zeigt die Stationen der Entwicklung von Kernwaffen.

1 a) Beschreibe die Entwicklung in M2.
   b) Erläutere die militärische Strategie im Kalten Krieg (Darstellungstext, M2).
   c) Beurteile, welcher Ausdruck für den Kalten Krieg passender ist: „Friedliche Koexistenz" oder „Gleichgewicht des Schreckens".
2 a) Analysiere M1 und bewerte die Aussage.
   b) Vergleiche die Aussage von M1 mit der Rede Konrad Adenauers (M3).
3 **Wähle eine Aufgabe aus:**
   a) Recherchiere das Funktionsprinzip einer Atombombe.
   Tipp: Verwende dein Physikbuch.
   b) Recherchiere die Folgen eines Atomwaffeneinsatzes für Mensch und Umwelt.

Kindergartenkinder proben für den nuklearen Ernstfall, Foto, USA 1954

Dekolonialisierung: Aus Kolonien werden Staaten

Bis ins 20. Jahrhundert besaßen viele europäische Staaten Kolonien in Afrika und Asien. Doch ab 1945 erkämpften sich die meisten dieser Gebiete die Unabhängigkeit. Diesen Vorgang nennt man Dekolonialisierung. Er lief nicht ohne Probleme ab.

- *Wie kam es zur Dekolonialisierung und welche Folgen hatte sie?*

Dekolonialisierung 1945 bis 1990

Kolonien streben nach Unabhängigkeit

In der Zeit nach dem Ersten Weltkrieg strebten immer mehr Kolonien nach nationaler Unabhängigkeit: Ihre Bewohner hatten im Krieg auf Seiten der Kolonialmächte gekämpft und erhofften sich dafür mehr Rechte. Doch
5 die Europäer waren dazu nicht bereit. Im Zweiten Weltkrieg erlitten die Kolonialmächte Großbritannien und Frankreich jedoch empfindliche Niederlagen, etwa durch Japan in Asien. Sie waren nun militärisch und wirtschaftlich nicht mehr in der Lage, die Kolonien zu erhal-
10 ten und mussten ihnen Zugeständnisse machen. Außerdem hatten die USA und Großbritannien 1941 in der Atlantik-Charta* das Selbstbestimmungsrecht aller Völker festgeschrieben, auf das sich nun viele beriefen.

Auch der Kalte Krieg beeinflusste die Dekolonialisie-
15 rung. Die Sowjetunion und die USA präsentierten sich als antikoloniale Großmächte und unterstützten Unabhängigkeitsbewegungen, aber auch autoritäre Herrscher in Afrika und Asien. Sie leisteten wirtschaftliche und militärische Hilfe und versuchten so ihren Machtbereich
20 auszudehnen – und ihr politisches System zu verbreiten. Beide Blockmächte stellten sich z. B. im Suezkrieg 1956 hinter Ägypten und damit gegen England und Frankreich. Das hatte Symbolwirkung auf andere afrikanische Staaten. Allerdings kam es in den ehemaligen Kolonien
25 auch zu Stellvertreterkriegen zwischen den Blockmächten, wie etwa in Südostasien (1955–1975).

Probleme und Folgen der Dekolonialisierung

Die Wirtschaft der ehemaligen Kolonien blieb von Europa abhängig. Es war schwer für die neuen Staaten, ohne
30 Entwicklungshilfe eine eigene Industrie und Landwirtschaft aufzubauen. Die schlechte Versorgungslage, Korruption und Misswirtschaft, fehlende Bildungssysteme, Gewalt und Kriege führten zu Armut und Hunger. Neben dem Ost-West-Konflikt entwickelte sich ein Nord-Süd-
35 Konflikt* zwischen den reichen Industriestaaten Europas und den Entwicklungsländern* auf der Südhalb-

kugel. Zusammenschlüsse ehemaliger Kolonien wie die „Organization of African Unity" (1963) erwiesen sich als zu schwach, um die eigenen Interessen zu vertreten.

Im Zuge der Dekolonialisierung wurden in Afrika und Asien neue, künstliche Grenzen auf der Landkarte eingezeichnet. Ethnische und religiöse Gruppen wurden getrennt, rivalisierende Stämme zusammengeschlossen. Unzählige Menschen wurden aufgrund ihrer Religion oder Herkunft verfolgt und vertrieben. In Ruanda kam es 1994 zu einem Völkermord mit einer Million Toten. Aus der Zeit der Kolonialherrschaft waren demokratische Prinzipien oft nicht bekannt und Gewalt ein gängiges Mittel der Herrschaft.

Briefmarke der DDR, 1981. Die DDR war als sozialistischer Staat eng mit der Sowjetunion verbunden.

---

1 Beschreibe den Ablauf der Dekolonialisierung (M1).
2 Gestalte eine Mindmap über die Ursachen und Folgen der Dekolonialisierung (Darstellungstext, M4).
3 a) Erarbeite die Perspektive, die Patrice Lumumba für sein Land und Afrika entwickelte (M3).
  b) Überprüfe dein Ergebnis anhand des Darstellungstextes. Recherchiere über Lumumba.
4 **Wähle eine Aufgabe aus:**
  Recherche: Verfasse einen Beitrag für einen Reiseführer:
  a) Südafrika – die Zeit der Apartheid
  b) Vietnam – von der Kolonialzeit bis 1954
  c) Indien – Weg in die Unabhängigkeit.

Patrice Lumumba, erster Ministerpräsident der Demokratischen Republik Kongo, in seiner Rede zur Unabhängigkeit 1960:

Zwar verkünden wir heute diese Unabhängigkeit des Kongo im Einvernehmen mit Belgien, einem Land, mit dem wir befreundet sind ... . Aber kein Kongolese, der dieses Namens würdig ist, wird jemals vergessen können, dass diese Unabhängigkeit im Kampf errungen wurde, ... um die erniedrigende Sklaverei zu beenden, die uns mit Gewalt aufgezwungen worden war. Die Verletzungen, die wir in 80 Jahren Kolonialherrschaft erleiden mussten, sind noch zu frisch und zu schmerzhaft, als dass wir sie aus unserem Gedächtnis verjagen könnten. ... Wir, die an unserem eigenen Körper und mit unserem eigenen Herz die kolonialistische Ausbeutung erlitten haben, wir sagen es euch ganz laut, all dies ist ab jetzt vorbei ... unser geliebtes Land ist nun in den Händen seiner eigenen Kinder.
Zusammen, meine Brüder, meine Schwestern, werden wir einen neuen Kampf beginnen, einen großartigen Kampf, der unser Land zu Frieden, zu Wohlstand und Größe führen wird. Zusammen werden wir soziale Gerechtigkeit verwirklichen und sicherstellen, dass jeder die gerechte Entlohnung für seine Arbeit erhält. Wir werden der Welt zeigen, was Schwarze tun können, wenn sie in Freiheit arbeiten, und wir werden alles tun, damit das, was wir im Kongo leisten, auf ganz Afrika ausstrahlt. ... Wir werden Schluss machen mit der Unterdrückung der Meinungsfreiheit. ... Der Frieden ... soll nicht mit Gewehren und Bajonetten gesichert werden, er soll vielmehr aus dem Herzen und aus dem guten Willen der Menschen kommen. ... Es lebe die Unabhängigkeit und die Afrikanische Einheit. Es lebe der unabhängige und souveräne Kongo!

Zit. nach http://www.tlaxcala-int.org/article.asp?reference=542 (Stand: 06. 02. 2017), übers. v. Jürgen Janz.

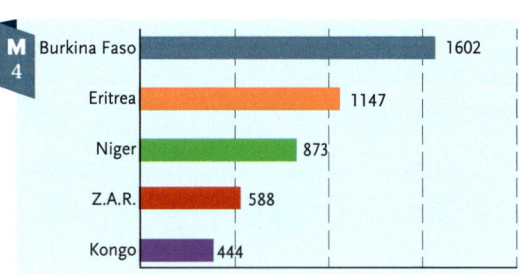

Die ärmsten Länder der Welt 2017, Bruttosozialprodukt* pro Kopf und Jahr in Dollar. Zum Vergleich: in Deutschland: ca. 45 000 $ pro Jahr (Quelle: RP Online).

Die Kuba-Krise: Die Welt hält den Atem an!

Im Oktober 1962 drohte der Kalte Krieg direkt vor der Küste Amerikas zu eskalieren und in einen Atomkrieg zu münden.
* *Wie kam es zu dem Konflikt und wie wurde er in letzter Minute verhindert?*

Filmtipp:
Thirteen Days, 2000, Regie: Roger Donaldson. Die Kuba-Krise aus amerikanischer Sicht.

Sowjetische Atomraketen auf Kuba

1959 übernahmen in Kuba kommunistische Rebellen unter Fidel Castro die Macht. Sie enteigneten die Großgrundbesitzer und verstaatlichten ortsansässige US-Firmen. Die USA wollten dies nicht einfach hinnehmen. Sie versuchten deshalb 1961, Castro mithilfe bewaffneter Exilkubaner zu stürzen („Invasion in der Schweinebucht"). Der Versuch misslang. Anschließend verhängten sie ein Handelsembargo*, das allen westlichen Staaten den Handel mit Kuba verbot. Das Embargo und die Angst vor weiteren Invasionen stärkten den Zusammenhalt zwischen Kuba und der Sowjetunion. Die UdSSR sah in Kuba den idealen strategischen Vorposten gegen die USA. Sie lieferte Kuba neben Erdöl auch Atomraketen zum Schutz des Landes. Zudem wurden 42 000 russische Soldaten in Kuba stationiert. Der sowjetische Regierungschef Nikita Chruschtschow (1894–1971) antwortete damit auf die Stationierung von US-Mittelstreckenraketen in Italien und der Türkei.

Der Konflikt spitzt sich zu

Am 14. Oktober 1962 fotografierte ein US-Aufklärungsflugzeug eine fast fertige sowjetische Raketenbasis auf Kuba. US-Präsident John F. Kennedy (1914–1963) informierte daraufhin die Weltöffentlichkeit in einer Fernsehansprache am 22. Oktober (M3). Die amerikanische Marine sperrte den Seeraum vor Kuba für sowjetische Schiffe, um die Anlieferung weiterer Raketen zu verhindern. Daraufhin zog Fidel Castro Truppen zusammen und die Sowjetunion entsandte Kriegsschiffe. Am 24. Oktober richtete Papst Johannes XXIII. einen Friedensappell an die Supermächte.

Auf beiden Seiten drängten militärische Hardliner die Regierungschefs zum Angriff. Weitere Ereignisse ließen die Lage eskalieren: Am 27. Oktober zwang ein US-Kriegsschiff vor Kuba ein mit Atomwaffen bestücktes sowjetisches U-Boot zum Auftauchen, wenig später wurde ein amerikanischer Aufklärer über Kuba abgeschossen. Die Zeichen standen auf Krieg, die Welt hielt den Atem an! Im letzten Moment einigten sich Kennedy und Chruschtschow geheim auf eine friedliche Lösung des Konflikts. Die UdSSR zog ihre Raketen von Kuba ab, im Gegenzug verpflichteten sich die USA, Kuba nicht anzugreifen und die in der Türkei stationierten Mittelstreckenraketen abzubauen.

M1 Reichweite der sowjetischen Raketen auf Kuba und der amerikanischen Raketen in der Türkei

M2 Ein sowjetischer Frachter (im Bild hinten) verlässt mit Raketen an Bord Kuba, beobachtet von einem Flugzeug und einem Zerstörer der Navy. Foto, 10. November 1962

Folgen der Krise

Die Kuba-Krise machte den Großmächten bewusst, dass ihre Politik der Stärke die Welt an den Abgrund eines Atomkrieges geführt hatte. Statt weiterer Konfrontation mussten sie versuchen, Krieg zu vermeiden und Konflikte diplomatisch zu lösen. Ein erster Schritt auf diesem Weg war der „Heiße Draht": Im Juni 1963 installierte man ein direkte Fernschreiberverbindung zwischen dem Kreml und dem Weißen Haus. Die Kubakrise sorgte also indirekt für eine Entspannung zwischen den Großmächten (siehe S. 182), auch wenn sie immer wieder durch Phasen der Aufrüstung unterbrochen wurde. Zumindest gab es aber keine direkte Konfrontation mehr.

In seiner Fernseh- und Rundfunkansprache an die Nation am 22. Oktober 1962 sagte der amerikanische Präsident John F. Kennedy:

Im Laufe der letzten Woche haben eindeutige Beweise die Tatsache erhärtet, dass momentan auf dieser unterdrückten Insel mehrere Anlagen zum Abschuss von Angriffsraketen errichtet werden. Das Ziel dieser Anlagen ist kein anderes, als die Möglichkeit eines atomaren Angriffs auf die westliche Hemisphäre[1] zu schaffen ... Wir werden weder voreilig noch ohne Not einen weltweiten Atomkrieg riskieren ... Unsere Politik war geduldig und zurückhaltend, wie sie einer friedlichen und starken Nation, die ein weltweites Bündnis führt, ansteht. Wir waren entschlossen, uns davon durch Störenfriede und Fanatiker nicht abbringen zu lassen. Aber jetzt bedarf es weiterer Aktionen, die bereits im Gange sind; und diese Aktionen sind vielleicht nur der Anfang. Wir wollen weder voreilig oder unnötig einen weltweiten Atomkrieg riskieren, aber wir werden auch nicht vor diesem Risiko zurückschrecken, ... falls es zu irgendeinem Zeitpunkt eingegangen werden muss.

Zit. nach https://www.jfklibrary.org/Research/ Research-Aids/JFK-Speeches/Cuba- Radio-and-Television-Report_19621022.aspx (Stand: 28. 03. 2015). Übers. v. Autor.

[1] hier: politisch zur Bezeichnung der Einflusssphäre von USA (West) und Sowjetunion (Ost) im Kalten Krieg

Webcode: FG450099-179
Kuba-Krise;
Film: Die Kuba-Krise 1962

Briefwechsel zur Lösung der Krise

4a *Während der Kuba-Krise kam es zu einem Briefwechsel zwischen Washington und Moskau. Auf die Vorschläge von Chruschtschow antwortete Kennedy am 26. Oktober:*

Wie ich Ihrem Schreiben entnehme, sind die Kernpunkte Ihrer Vorschläge ... die Folgenden: 1. Sie würden der Beseitigung dieser Waffensysteme auf Kuba unter angemessener Beobachtung und Überwachung der Vereinten Nationen zustimmen und sich unter geeigneten Garantien verpflichten, die weitere Einfuhr solcher Waffen nach Kuba zu stoppen.
2. Wir würden unsererseits ... zustimmen: (a) sofort die jetzt bestehenden Sperrmaßnahmen aufzuheben, und (b) Garantien gegen eine Invasion Kubas zu geben.

4b *Chruschtschow antwortete Kennedy am 28. Oktober:*

Ich verstehe sehr wohl Ihre Befürchtung und die Befürchtung des Volkes der USA im Zusammenhang mit der Tatsache, dass die Waffen, die Sie als Angriffswaffen bezeichnen, tatsächlich furchtbare Waffen sind ... Um den gefährlichen Konflikt schneller zu beenden, der Sache des Friedens zu dienen, allen mit Sehnsucht nach dem Frieden erfüllten Völkern mehr Vertrauen zu geben und das Volk Amerikas zu beruhigen, das, dessen bin ich sicher, den Frieden ebenso wünscht wie die Völker der Sowjetunion, hat die sowjetische Regierung den Befehl ... zur Demontage der Waffen ..., zu ihrer Verpackung und Rückführung in die Sowjetunion erlassen.

Zit. nach Archiv der Gegenwart 32/1962, Königswinter (Siegler) 1962, S. 10 200f.

---

1 Erläutere mithilfe von M1, M2 und M3, warum die Militäraktionen auf Kuba fast zu einem Atomkrieg geführt hätten.

2 **Partnerarbeit:** Untersucht anhand des Briefwechsels M4, wie Kennedy und Chruschtschow die Krise lösen konnten.
Tipp: Achtet darauf, wie beide argumentieren.

3 Bewerte die Vorgehensweisen von Kennedy und Chruschtschow. Beziehe auch M3 ein.
Tipp: Überlege auch, warum Kennedy die Weltöffentlichkeit informierte.

Spielfilme auf Feindbilder untersuchen

Im Westen waren die James-Bond-Filme Kassenschlager, im Osten wurden sie verboten. Anhand eines Films um den britischen Geheimagenten kannst du herausfinden, wie während des Ost-West-Konflikts einem breiten Publikum Feindbilder unterhaltsam übermittelt wurden.

Politische Gegner im Film

Die Konflikte zwischen Ost und West wurden nicht nur durch politische Propaganda, sondern auch in Büchern und Spielfilmen verarbeitet. Die jeweils andere Seite wurde dabei in ein möglichst schlechtes Licht gerückt und als „Feind" betrachtet, von dem Gefahr für die eigene Freiheit ausgehe. Oft waren diese Zuschreibungen sehr plakativ und klischeehaft. So wurden in westlichen Filmen die Russen meist als hart und gefühllos dargestellt, während die eigene Seite verständnisvoll und kultiviert erschien. Jenseits des „Eisernen Vorhangs" galt der Westen oft als korrupt und faschistisch.

Besonders geeignet zum Transport dieser Feindbilder waren Spionagefilme mit James Bond. Von 1962 an ermittelte dieser Agent im Auftrag ihrer Majestät an exotischen Orten in der ganzen Welt. Meist musste er die freie Welt vor Bösewichten retten. Die Filmreihe, deren Idee auf den Büchern des britischen Autoren Ian Fleming basiert, übernahm dabei oft aktuelle politische Verhältnisse und zeigte neueste technische Entwicklungen.

James Bond in Istanbul

In dem 1963 erschienenen Film „Liebesgrüße aus Moskau" wird James Bond u. a. nach Istanbul gelockt. Hier nutzt die Verbrecherorganisation „Phantom" das Misstrauen der beiden Blöcke gegeneinander aus und will mit Bonds Hilfe an eine russische Verschlüsselungsmaschine kommen. Dafür setzt die ehemalige Leiterin des russischen Geheimdienstes Rosa Klebb die hübsche Botschaftsmitarbeiterin Tatiana Romanova ein, die, im Glauben, Klebb sei noch immer im russischen Geheimdienst, Bond und die Dechiffriermaschine an das „Phantom" und deren Chef Blofeld ausliefern soll. Bond gelingt es, die Maschine aus der russischen Botschaft zu entwenden und flieht mit Romanova. Doch sie werden von einem Agenten des „Phantoms" verfolgt, Bond kann sich, Romanova und die Maschine nach mehreren Verfolgungsjagden retten. Blofeld schickt daraufhin Klebb, um Bond zu töten, doch er kann mithilfe von Romanova den Angriff erneut abwehren.

Filmszenen aus „James Bond 007 – Liebesgrüße aus Moskau"

1 Stelle Überlegungen an, warum Feindbilder im Ost-West-Konflikt von beiden Seiten eingesetzt wurden (Darstellungstext).
2 **Vorschlag für eine Gruppenarbeit:**
   a) Seht euch den Film an und sucht Szenen heraus, in denen der Ost-West-Konflikt besonders thematisiert wird. Nutzt für die Interpretation auch die Arbeitsschritte rechts.
   b) Ergänzt die fehlenden Informationen in der Tabelle.
3 Analysiere M1 vor dem Hintergrund des Kalten Krieges und der eingesetzten Feindbilder.

Arbeitsschritte „Spielfilme auf Feindbilder untersuchen"

Formale Betrachtung	Lösungshinweise zu „Liebesgrüße aus Moskau"
1. Wer ist der Regisseur?	• Terence Young
2. Wer hat das Drehbuch geschrieben?	• Richard Maibaum, basierend auf einem Roman von Ian Fleming (1908–1964)
3. In welchem Land wurde der Film produziert?	• ...
4. Welche Schauspieler sind beteiligt?	• ...
Handlungsablauf untersuchen	
5. Welche Mächte sind beteiligt?	• ...
6. Welche Ziele verfolgen diese?	• GB: Aneignung einer russischen Dechiffriermaschine • UdSSR: Verhinderung des Diebstahls • „Phantom": ...
Feindbilder untersuchen	
7. Wie werden die beteiligten Personen und Nationen dargestellt?	• UdSSR: hart, skrupellos, emotionslos ... • Großbritannien: ... • Türkei: ...
8. Welchen Einfluss nimmt der Ost-West-Konflikt auf den Ablauf des Filmes und die Charaktere?	• ...
Technische Gestaltungsmittel	
9. Kameraführung und Kameraeinstellungen, Musik, Licht, Farbe	• spektakuläre Verfolgungsjagden, geheimnisvolle Nachtszenen • berühmte Sehenswürdigkeiten steigern Glaubwürdigkeit der Aufnahmen • Musik unterstützt Dramatik oder Romantik der Szenen
Botschaft des Films erfassen	
10. Wie wirkt der Film auf die Betrachter?	• damals: actionreich, übertrieben, aber sehr spannend; Romanvorlage wurde 1961 noch als jugendgefährdend in Deutschland verboten • heute: ...
11. Welche gesellschaftlichen Anschauungen spiegelt der Film aus der Zeit wider, in der er entstanden ist?	• Auseinandersetzung zwischen Ost und West, die jederzeit in einen Krieg ausarten könnte
12. Welche Geschlechterrollen lassen sich im Film erkennen?	• Männer als Gentlemen, Machos, tonangebend • Frauen entweder hübsch, naiv und romantisch oder hart und unweiblich

Webcode: FG450099-181
Spielfilme und Feindbilder

USA und UdSSR: Zwischen Sicherheitsdenken und Entspannung

Die Kuba-Krise zeigte der Welt, wie nahe sie der Ost-West-Konflikt an den Rand der atomaren Vernichtung gebracht hatte. Sowohl die USA als auch die Sowjetunion erkannten die Gefahr und änderten fortan ihre Strategien.
- *Welche Strategien verfolgten die Blockmächte nach 1962?*

Schritte zu neuen Sicherheitsstrukturen

Die Kubakrise war ein Wendepunkt im Kalten Krieg. Beide Supermächte waren im Besitz von Atomwaffen und Langstreckenraketen, ein „Gleichgewicht des Schreckens" war entstanden: Keine Seite konnte die andere angreifen, ohne selbst vernichtet zu werden. So setzte sich die Erkenntnis durch, dass man Wege zur Entspannung suchen musste. Sicherheit und Abrüstung wurden das Ziel.

Neben der Einrichtung des „Heißen Drahts" (siehe S. 179) wurde noch im selben Jahr ein Atomwaffenteststopp-Vertrag abgeschlossen, der Tests über der Erde, im Weltraum und unter Wasser verbot. 1968 folgte ein Atomwaffensperrvertrag zwischen den Nuklearmächten USA, UdSSR, Großbritannien sowie weiteren 40 Staaten, der die Weitergabe von Nuklearwaffen untersagte.

Die starren Fronten zwischen Ost und West gerieten in der Folgezeit zunehmend in Bewegung. 1967 und 1969 vereinbarten die Staaten des Warschauer Pakts „Maßnahmen zur Festigung der Sicherheit in Europa". Die NATO antwortete Ende 1967 mit dem nach ihrem Generalsekretär benannten Harmel-Report, der sich gleichermaßen zur militärischen Verteidigung wie zur politischen Entspannung bekannte. Dabei geriet nie die Forderung nach eigener Sicherheit und Stärke aus dem Blick. So schlug die UdSSR 1968 aufgrund der Breschnew-Doktrin* Reformbemühungen in der Tschechoslowakei unter Alexander Dubček brutal nieder („Prager Frühling").

Vietnamkrieg und weiteres Wettrüsten

1964 bis 1975 lieferten sich die Blockmächte einen blutigen Stellvertreterkrieg in Südostasien (Vietnamkrieg*). Kommunistische Rebellen kämpften gegen Truppen der USA und ihrer Verbündeter. Der Krieg bremste zwar die Entspannungsbemühungen, doch die Verhandlungen brachen nicht mehr gänzlich ab. Parallel dazu füllten die beiden Supermächte ihre Waffenarsenale weiter auf: Sie entwickelten z. B. Raketen mit Mehrfachsprengköpfen und prüften Pläne für die Raketenabwehr. 1972 übertraf die Sowjetunion die USA im Wettrüsten mit der Zahl ihrer Interkontinentalraketen. Da sich Amerika und China zwischenzeitlich etwas annäherten, befürchtete die Sowjetunion Nachteile durch diese Verbindung. Vor diesem Hintergrund kam es 1972 zur Unterzeichnung der Vereinbarung zur Begrenzung der strategischen Rüstung (Strategic Arms Limitation Talks = SALT), in der Obergrenzen der Raketenrüstung festgelegt und der Verzicht auf Raketenabwehrsysteme vereinbart wurden. Dabei handelte es sich weder bei SALT I noch bei dem 1979 formulierten SALT-II-Vertrag um echte Abrüstung, sondern vielmehr um eine Beschränkung der weiteren Aufrüstung. Dennoch führten die fortgesetzten Ausgleichsbemühungen zu einer gewissen Entspannung.

WEIGHT WATCHERS

„Weight Watchers". Abgebildet sind der amerikanische Präsident Jimmy Carter (geb. 1924) und der sowjetische Generalsekretär Leonid Breschnew (1906–1982). Karikatur aus der englischen Zeitschrift „Punch" vom 20. April 1977

Webcode: FG450099-182
Der „Heiße Draht"

Der amerikanische Politiker Henry A. Kissinger (geb. 1923), ab 1969 Sicherheitsberater amerikanischer Präsidenten und Außenminister, schrieb 1969:

Die größte Herausforderung für uns liegt darin, die schöpferischen Kräfte einer pluralistischen [vielfältigen] Welt zu beschwören, um eine Ordnung auf politischer Multipolarität [mehreren
5 Positionen oder Mächten] zu gründen, selbst wenn die beiden Supermächte weiterhin über eine überragende militärische Stärke verfügen ... Die Stärke eines Staates konnte bis zum Zweiten Weltkrieg an der Fähigkeit gemessen werden, seine
10 Bevölkerung vor einem Angriff schützen zu können. Das Atomzeitalter hat diesen traditionellen Maßstab zerbrochen ... Kein denkbarer Rüstungsstand – nicht einmal ein umfassendes Raketenabwehrsystem – kann Schäden verhindern, die die
15 Verwüstung während der zwei Weltkriege weit in den Schatten stellen würden ... Das Widersinnige an der militärischen Stärke heute ist, dass die gewaltige Machtentfaltung in keinem Verhältnis mehr zur Politik steht ... Dieses Dilemma hat das
20 Interesse an Verhandlungen für eine Rüstungskontrolle neu belebt, besonders hinsichtlich strategischer Raketen.

Henry A. Kissinger, Amerikanische Außenpolitik, Düsseldorf/Wien (Goldmann Sachbuch) 1969, S. 80ff. Übers. v. Eduard Linpinsel u. a.

Der sowjetische Generalmajor und stellvertretende Chefredakteur der Armeezeitung „Krasnaya zvezda", Sidelnikov, schrieb 1973:

Die vermehrte Macht der sowjetischen Streitkräfte und der Armeen der übrigen Länder der sozialistischen Gemeinschaft kann nur diejenigen beunruhigen, denen die Interessen des Friedens, des so-
5 zialen Fortschritts und der Sicherheit der Völker fremd sind und die versuchen, die Entspannung zur Schwächung der Positionen des Sozialismus zu missbrauchen. Solange es auf der Erde aggressive, reaktionäre Kräfte des Imperialismus und
10 Abenteurer aller Art gibt, die fähig sind, einen neuen Kriegsbrand zu entfachen, wird die Festigung und Stärkung der Kampfmacht und Kampfbereitschaft der Streitkräfte der UdSSR mit allen Mitteln eine unserer wichtigsten Aufgaben sein und
15 bleiben ...
Nach manchen Artikeln der bürgerlichen Presse zu urteilen, hoffen unsere Klassenfeinde, dass die Entspannung zur Minderung unserer Kampfbereitschaft und Wachsamkeit und zur Abschwä-
20 chung unseres Augenmerks auf die weitere Vervollkommnung der Kampffähigkeit unserer Armee und Flotte führen werde. Das sind unerfüllbare Hoffnungen.

Zit. nach Manfred Görtemaker/Gerhard Wettig, USA–UdSSR. Dokumente zur Sicherheitspolitik, Hannover (Niedersächsische Landeszentrale für politische Bildung) 1986, S. 198.

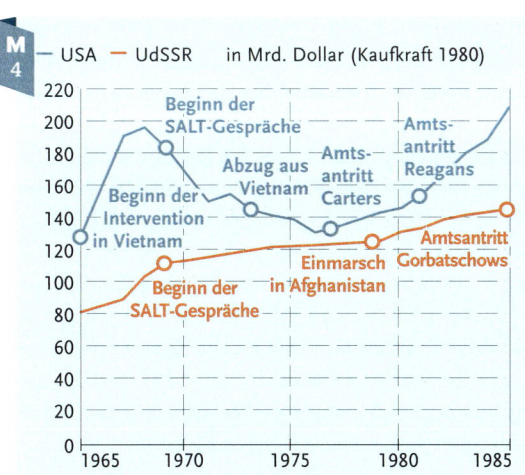

Verteidigungsausgaben der USA und der UdSSR 1965 bis 1985. Ronald Reagan wurde 1981 Präsident der USA, Michail Gorbatschow 1985 Generalsekretär in der UdSSR.

Entspannungspolitik
Bestreben der USA und UdSSR seit den 1960er Jahren, in den Bereichen Rüstungsbegrenzung, Wirtschaft und Kultur zusammenzuarbeiten. Dazwischen gab es immer wieder Phasen der Eskalation. Beide beharrten auf ihren ideologischen Differenzen.

1 Setze M4 in Beziehung zum Darstellungstext.
2 **Partnerarbeit:** Untersucht arbeitsteilig M2 und M3 und vergleicht die beiden Positionen miteinander.
3 **Methode:** Interpretiere die Karikatur M1.
   Tipp: Beziehe auch das Diagramm M4 mit ein.
4 Diskutiert: Warum konnten sich die Supermächte nicht auf eine vollständige Abrüstung einigen?

Zusatzaufgabe: siehe S. 323.

Entspannungspolitik und neue Konfrontationen

Seit Ende der 1960er Jahre entspannte sich das Verhältnis zwischen den USA und der Sowjetunion langsam. Beide bemühten sich um eine friedliche Koexistenz. Davon profitierte besonders Europa. Doch war diese Entwicklung von Dauer?
- *Wie erfolgreich waren die Friedensgespräche zwischen den Supermächten in den 1970er Jahren?*

„Helsinki – Gipfel der Unverbindlichkeiten", Karikatur von Hanns E. Köhler in der „Frankfurter Allgemeinen Zeitung" vom 30. Juli 1975

Eine Schlussakte als Anfang

Während die SALT-Abrüstungsgespräche liefen, kam es ab 1969 zu weiteren Verhandlungen in Europa. Ein wichtiger Schritt war die „Konferenz für Sicherheit und Zusammenarbeit in Europa" (KSZE*) in Helsinki. Nahezu alle europäischen Staaten, die UdSSR, die USA und Kanada nahmen daran teil. Das wichtigste Ergebnis der Konferenz war die Schlussakte, die die Teilnehmer am 1. August 1975 unterzeichneten. Darin formulierten sie ein Programm zur Stabilisierung und zum Ausbau friedlicher Beziehungen.

In der Schlussakte gab es einen Bereich, der die Kontakte zwischen den Staaten regeln und verbessern sollte. Kein Staat sollte mehr fremde Grenzen verletzen und sich in die Angelegenheiten anderer einmischen. Die Aus- und Einreisebedingungen für die Menschen sollten erleichtert werden. Und es sollte regelmäßig diplomatische Konferenzen geben. Besonders wichtig war, dass alle Staaten in der Schlussakte versprachen, die Menschen- und Grundrechte zu wahren. Obwohl die Akte kein völkerrechtlich bindender Vertrag war, verwiesen Bürgerrechtsgruppen in den sozialistischen Ostblockstaaten immer wieder darauf, um ihren Forderungen nach Meinungs- und Pressefreiheit Nachdruck zu verleihen – so etwa die Bürgerrechtsbewegung Charta '77 in der Tschechoslowakei oder die Gewerkschaft Solidarność in Polen.

Erneuter Rüstungswettlauf

Die Hoffnungen auf eine weltweite Abrüstung erfüllten sich nicht. Im Gegenteil: Das Ringen der Supermächte um Einflusszonen verlagerte sich zunehmend auf die Dritte Welt*. Sogenannte Stellvertreterkriege verschärften den Ost-West-Konflikt, z. B. in Afrika (Äthiopien, Angola, Mosambik). Beide Großmächte wollten hier ihren Einfluss ausdehnen. So kam es trotz der SALT-Verhandlungen zu einer erneuten Aufrüstung. Die Sowjetunion stationierte nach Westeuropa gerichtete Mittelstreckenraketen, woraufhin die NATO-Mitgliedsstaaten 1979 mit dem NATO-Doppelbeschluss* antworteten. Dieser sah die Stationierung amerikanischer Raketen in Deutschland vor. Ende 1979 verschärfte sich die ohnehin angespannte Lage zwischen den USA und der Sowjetunion, als sowjetische Truppen in Afghanistan einmarschierten. Sie sollten die kommunistische Regierung des Landes vor islamischen Widerstandskämpfern (Mudschaheddin) beschützen. Die Mudschaheddin wiederum erhielten Waffen und Unterstützung aus den USA. Der blutige Konflikt dauerte bis zum Rückzug der sowjetischen Truppen 1988.

Beide Supermächte wollten in dieser neuen Konfliktphase Stärke beweisen und stoppten ihre Abrüstung. Die USA erhöhten sogar ihre Militärausgaben unter dem neuen Präsidenten Ronald Reagan (1981–1989) und bemühten sich um den Aufbau eines satellitengestützten Raketenabwehrschirms (SDI = Strategic Defense Initiative).

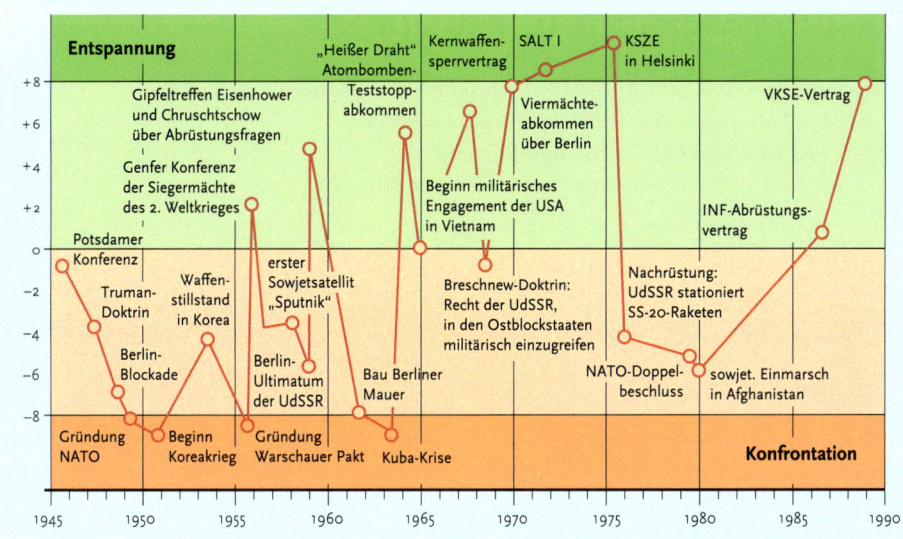

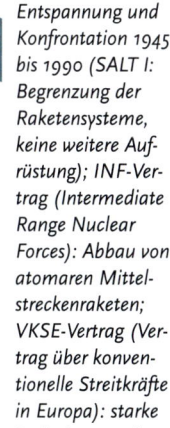

Entspannung und Konfrontation 1945 bis 1990 (SALT I: Begrenzung der Raketensysteme, keine weitere Aufrüstung); INF-Vertrag (Intermediate Range Nuclear Forces): Abbau von atomaren Mittelstreckenraketen; VKSE-Vertrag (Vertrag über konventionelle Streitkräfte in Europa): starke Reduzierung aller Streitkräfte in Europa

Aus der KSZE-Schlussakte von Helsinki vom 1. August 1975:

I. Souveräne Gleichheit

Die Teilnehmerstaaten werden gegenseitig ihre souveräne Gleichheit achten, einschließlich des Rechts eines jeden Staates auf rechtliche Gleichheit, auf
5 territoriale Integrität sowie auf Freiheit und politische Unabhängigkeit. Sie werden das Recht jedes Teilnehmerstaates achten, sein politisches, soziales, wirtschaftliches und kulturelles System frei zu wählen.

10 **II. Enthaltung von der Androhung von Gewalt**

Die Teilnehmerstaaten werden sich in ihren gegenseitigen Beziehungen der Androhung oder Anwendung von Gewalt enthalten.

III. Unverletzlichkeit der Grenzen

15 Die Teilnehmerstaaten betrachten gegenseitig alle ihre Grenzen als unverletzlich und werden deshalb jetzt und in der Zukunft keinen Anschlag auf diese Grenzen verüben …

Zit. nach www.osce.org/de/mc/39503 (Stand: 06. 02. 2017).

V. Friedliche Regelung von Streitfällen

20 Die Teilnehmerstaaten werden Streitfälle zwischen ihnen mit friedlichen Mitteln auf solche Weise regeln, dass der internationale Friede nicht gefährdet wird.

VI. Nichteinmischung in innere Angelegenheiten

25 Die Teilnehmerstaaten werden sich ungeachtet ihrer gegenseitigen Beziehungen jeder Einmischung in die inneren oder äußeren Angelegenheiten enthalten.

VII. Achtung der Menschenrechte und
30 **Grundfreiheiten**

Die Teilnehmerstaaten werden die Menschenrechte und die Grundfreiheiten ohne Unterschied der Rasse, des Geschlechts, der Sprache oder der Religion achten. Sie werden die wirksame Ausübung der zivi-
35 len, politischen, wirtschaftlichen, sozialen, kulturellen sowie der anderen Rechte und Freiheiten, die sich aus der dem Menschen innewohnenden Würde ergeben, fördern und ermutigen.

---

1 Gliedere die Zeit des Ost-West-Konflikts mithilfe von M2 und des Darstellungstextes in Phasen.

2 **a)** Fasse die wesentlichen Bestimmungen der KSZE-Schlussakte (M3) zusammen.
b) Erkläre, welche Bedeutung die Schlussakte für Oppositionsgruppen im Ostblock haben konnte.

Webcode: FG450099-185
Entspannungspolitik; NATO-Doppelbeschluss

3 Interpretiere die Karikatur M1 vor dem Hintergrund der Quelle M3.

4 **Wähle eine Aufgabe aus:**
Recherchiere über
a) einen Stellvertreterkrieg in Afrika,
b) den NATO-Doppelbeschluss in Deutschland.
Stelle dein Ergebnis in der Klasse vor.

Wie weit geht die Vereinigung Europas?

Eurokrise, Brexit… fast täglich hören wir von Konflikten zwischen den Staaten der Europäischen Union. Aber schon die ersten Schritte zur europäischen Zusammenarbeit während des Kalten Krieges waren kompliziert.
- Sammle Informationen über die unterschiedlichen Interessen der europäischen Staaten.
- Informiere dich über die Maßnahmen zur wirtschaftlichen und politischen Einigung Europas.

Europa – ein Projekt des Westens?

Ein erster Schritt zur Zusammenarbeit war die Gründung des Europarates im Jahre 1949 auf Initiative von westeuropäischen Politikern. Der Europarat hat heute wenig politisches Gewicht. Alle 48 Mitgliedsstaaten haben die Europäische Menschenrechtskonvention unterzeichnet, einen Vertrag zum Schutz der Menschenrechte, der Demokratie und der Rechtsstaatlichkeit. Neben den EU-Ländern sind auch Russland und die Türkei Mitglieder des Europarates.

Die stärksten Impulse für eine weitere Integration Europas ergaben sich aus wirtschaftlichen Notwendigkeiten: Nach dem Zweiten Weltkrieg vergaben die USA Hilfsgelder an die westeuropäischen Länder („Marshallplan", siehe S. 172). Diese mussten koordiniert und verteilt werden.

Auf dem Weg zur Europäischen Gemeinschaft

Gezielte Vorschläge für eine Integration der europäischen Einzelstaaten kamen aus der Wirtschaft. Der französische Unternehmer und Wirtschaftspolitiker Jean Monnet (1888–1979) entwickelte die Idee von einem Zusammenschluss der europäischen Industrien für Kohle und Stahl. Eine gemeinsame europäische Kontrolle über diese kriegswichtigen Rohstoffe sollte jede Form der militärischen Auseinandersetzungen in Westeuropa verhindern. Am 18. April 1951 gründeten deshalb sechs Staaten die „Montanunion" (Europäische Gemeinschaft für Kohle und Stahl = EGKS): Frankreich, Italien, die Bundesrepublik Deutschland, Belgien, Luxemburg und die Niederlande.

Die Mitgliedsländer machten schon bei der Gründung deutlich, dass die „Montanunion" nur ein Schritt auf dem Weg zur europäischen Einigung sein sollte. Weitere Zusammenschlüsse folgten: 1957 unterzeichneten die sechs Staaten die Römischen Verträge. Darin beschlossen sie die Gründung der Europäischen Atomgemeinschaft (EURATOM) zur friedlichen Nutzung der Atomenergie und die Europäische Wirtschaftsgemeinschaft (EWG). Ziel der EWG war es, einen gemeinsamen europäischen Markt zu schaffen – ohne Zölle zwischen den Mitgliedsstaaten. Außerdem sollte sie die Landwirtschaft regeln, um die Ernährung zu sichern. Zehn Jahre später schlossen sich EGKS, EWG und EURATOM zur Europäischen Gemeinschaft (EG) zusammen. In den folgenden Jahren traten weitere Staaten der EG bei: 1973 Dänemark, Großbritannien und Irland, 1981 Griechenland, 1986 Portugal und Spanien.

Die Europäische Union entsteht

Aus dem Brüsseler Pakt, einem Militärbündnis von 1948, entwickelte sich 1954 die WEU (Westeuropäische Union). Ihre Mitglieder waren gleichzeitig auch die Staaten der Montanunion. Nach langwierigen Verhandlungen wurde in Maastricht der Vertrag über die Europäische Union (EU) geschlossen, der 1993 in Kraft trat. Mit ihm übertrugen die Mitgliedsstaaten hoheitliche

Werbung für ein einiges Europa, Plakat von Reyn Dirksen, 1952

Aufgaben in der Wirtschafts- und Umweltpolitik, in der Innen- und Rechtspolitik sowie im Gesundheitswesen an die EU. 2002 wurde mit dem Euro eine gemeinsame Währung eingeführt, zunächst in elf Mitgliedsstaaten. Bis 2013 wuchs die EU auf 28 Staaten mit über einer halben Milliarde Einwohnern. Gleichzeitig kam es ab 2010 zu großen Problemen: Die Wirtschaftskrise, die Verteilung der Flüchtlinge und ein drohender Austritt Großbritanniens („Brexit") stellen die EU vor neue Herausforderungen.

Kriterien für eine Aufnahme als EU-Mitglied, festgelegt in Kopenhagen 1993:
Jedes europäische Land kann einen Aufnahmeantrag stellen, wenn folgende Vorgaben erfüllt werden:
- Verwirklichung demokratischer Grundsätze
- Achtung der Menschenrechte, Minderheitenschutz
- eine funktionierende und wettbewerbsfähige Marktwirtschaft
- Angleichung nationaler Rechtsvorschriften an die der Europäischen Gemeinschaft auf allen Gebieten.

Der französische Außenminister Robert Schuman in einer Rede am 9. Mai 1950:
Europa lässt sich nicht mit einem Schlage herstellen ... Die Vereinigung der europäischen Nationen erfordert, dass der jahrhundertealte Gegensatz zwischen Frankreich und Deutschland ausgelöscht wird ...
Die französische Regierung schlägt vor, die Gesamtheit der französisch-deutschen Kohle- und Stahlproduktion einer gemeinsamen Hohen Behörde zu unterstellen, in einer Organisation, die den anderen europäischen Ländern zum Beitritt offensteht. Die Solidarität der Produktion, die so geschaffen wird, wird bekunden, dass jeder Krieg zwischen Frankreich und Deutschland nicht nur undenkbar, sondern materiell unmöglich ist.
Zit. nach http://europa.eu/about-eu/basic-information/symbols/europe-day/schuman-declaration/index_de.htm (Stand: 19. 10. 2016).

Die vier Freiheiten im Binnenmarkt*

1 Welche Ziele und Stationen hatte die europäische Einigung? Erstelle eine Mindmap (Darstellungstext, M2, M3):

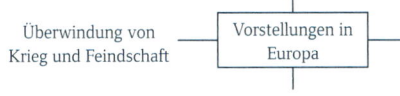

2 Begründe, warum der französische Plan bei der gemeinsamen Kontrolle über die Kohle- und Stahlproduktion ansetzte (M2 und Darstellungstext).

3 **Wähle eine Aufgabe aus:**
Erläutere als Kurzvortrag (M3):
a) den freien Waren-und Kapitalverkehr
b) den freien Personen- und Dienstleistungsverkehr.

4 **Partnerarbeit:** Diskutiert: Können Staaten einen Wirtschaftsraum bilden, ohne eine politische Gemeinschaft zu sein?
Tipp: Überlegt euch Voraussetzungen für eine Partnerschaft zwischen Staaten.

Zusatzaufgabe: siehe S. 323.

Deutschland und Frankreich – Motor der EU?

Die deutsch-französische Zusammenarbeit gilt als „Motor" für die Entstehung eines gemeinsamen Europas.
- Wie kam es, dass aus „Erbfeinden" Freunde wurden?
- Welche wichtigen Impulse gingen von diesen beiden Ländern aus?

Deutsche und Franzosen im Wandel der Zeit, Karikatur von Fritz Behrendt, 1988

Der Schatten der Vergangenheit

In drei Kriegen hatten Deutsche und Franzosen seit 1870 gegeneinander gekämpft. Nach dem Zweiten Weltkrieg kam es zu einer Fülle von Kontakten und Abmachungen, die das Zeitalter der deutsch-französischen Freundschaft einläuteten. Die gemeinsame Verwaltung der Kohle- und Stahlindustrie und die Bildung der EWG waren wichtige Meilensteine auf dem Weg zur europäischen Integration (siehe S. 186/187).

Erste Schritte zur Freundschaft

Der französische Staatspräsident General Charles de Gaulle (1890–1970, Präsident 1959–1969) hatte nach der französischen Kapitulation 1940 vom Londoner Exil aus den Widerstand gegen die deutsche Besatzung Frankreichs gesteuert. De Gaulle besuchte 1962 die Bundesrepublik und begeisterte dort seine Zuhörer mit der Vision einer deutsch-französische Versöhnung. Er forderte den Aufbau eines neuen Europas ohne Großbritannien als Macht zwischen Ost und West. Wichtige Schritte waren eine gemeinsame Versöhnungsmesse in der Kathedrale von Reims (siehe S. 19) und der Abschluss des Élysée-Vertrages 1963. Sie stellten die Beziehungen der beiden Länder auf eine neue Grundlage.

Der Élysée-Vertrag

Am 22. Januar 1963 unterzeichneten der deutsche Bundeskanzler Konrad Adenauer (1876–1967) und Charles de Gaulle den deutsch-französischen Freundschaftsvertrag. Benannt wurde er nach dem Amtssitz des französischen Präsidenten, dem Élysée-Palast in Paris. Ein wichtiger Bestandteil des Vertrages war die Förderung des Jugendaustauschs. Mehr Schüler sollten die Sprache und Kultur des anderen Landes kennenlernen. In der Innenpolitik der Bundesrepublik blieb der Vertrag umstritten. Es entbrannte ein Streit zwischen zwei Gruppen: den „Atlantikern", die für eine stärkere Anbindung an die USA eintraten, und den „Gaullisten", die de Gaulles Idee eines großen Europas mit Russland unterstützten. Frankreich lehnte einen Beitritt Großbritanniens zur EWG strikt ab, während die Bundesrepublik dafür war. Erst 20 Jahre später erwachte der Élysée-Vertrag zu neuem Leben, als man ihn durch zusätzliche Abmachungen ergänzte. Er entfaltete nun den symbolischen Charakter, den er heute genießt. Die beiden Länder stimmen heute ihre Außen-, Verteidigungs- und Wirtschaftspolitik eng ab, und es gibt regelmäßige Treffen auf allen politischen Ebenen.

Der französische Staatspräsident François Mitterand und Bundeskanzler Helmut Kohl in Verdun, 1984

Zusammenarbeit auf wirtschaftlichem Gebiet

Auf Initiative von Bundeskanzler Helmut Kohl (geb. 1930) und des französischen Staatspräsidenten François Mitterand (1916–1996) wurde 1988 der Deutsch-Französische Finanz- und Wirtschaftsrat geschaffen, in dem seither regelmäßig wirtschaftspolitische Maßnahmen abgestimmt werden. Frankreich und Deutschland erbringen zusammen 40 Prozent der Wirtschaftsleistung der EU und haben dadurch eine tragende Rolle innerhalb der Gemeinschaft. Durch diese Kooperation gelten beide Länder als Integrationsmotor der EU, weil sie die wichtigen Impulse für die Entwicklung und Durchsetzung der Wirtschafts- und Währungsunion und des Binnenmarktes setzen.

Das Verhältnis Deutschland-Frankreich nach 1990

Deutschland war bis 1990 in zwei Staaten geteilt (siehe S. 236). Nach der Wiedervereinigung kam es zu zahlreichen Unstimmigkeiten in den deutsch-französischen Beziehungen vor allem in Fragen der Energiepolitik und der Rolle der Europäischen Zentralbank. Während Deutschland seine außenpolitischen Schwerpunkte nach Osteuropa verlegte, plädierte Frankreich für eine „Mittelmeer-Union" mit den Staaten Nordafrikas. Erst die Bankenkrise seit 2009 hat Bundeskanzlerin Merkel und den französischen Präsidenten Sarkozy (seit 2012: Hollande, seit 2017: Macron) wieder zu einer intensiven Zusammenarbeit auf allen Gebieten gezwungen.

Frankreich und Deutschland als Friedensvermittler in der Ukraine-Krise. Von links: der russische Präsident Putin, der französische Ministerpräsident Hollande, die deutsche Bundeskanzlerin Merkel und der ukrainische Präsident Poroschenko, Foto, 2015

Europäische Währungskrise: der deutsche Bundeskanzler Helmut Schmidt (geb. 1918) und der französische Staatspräsident Valéry Giscard d'Estaing (geb. 1926) als Samariter, Karikatur aus der „Frankfurter Allgemeinen Zeitung" vom 31. Mai 1974

1 **a)** Erkläre typische Vorurteile in der Karikatur M1 und ordne die dargestellten Karikaturen in den passenden Zeithintergrund ein.
b) Zeige den Wandel im Bild vom jeweils anderen.
2 Erläutere die Bedeutung der Gesten zwischen den Staatsmännern in Verdun (M2).
3 **Wähle eine Aufgabe aus:**
Fasse die wichtigsten Inhalte für ein Kurzreferat zusammen (Darstellungstext/Internetrecherche):
a) Der Élysée-Vertrag – Basis für die deutsch-französische Partnerschaft.
b) Der Deutsch-Französische Finanz- und Wirtschaftsrat.
4 **Recherche:** Finde heraus, welche Themen derzeit zwischen Frankreich und Deutschland im Vordergrund stehen.

Webcode: FG450099-189
*Deutsch-Französisches Jugendwerk;
Film: Die deutsch-französische Freundschaft*

6 Der Ost-West-Konflikt spaltet die Welt

| 1945 | 1950 | 1955 | 1960 | 1965 |

1949 Gründung der NATO

1955 Gründung des Warschauer Pakts

1968 Prager Frühling

1960 Gründung 18 unabhängiger Staaten in Afrika („Afrikanisches Jahr")

1951 Gründung der Montanunion

1968 Atomwaffensperrvertrag

Der Ost-West-Konflikt spaltet die Welt

Von der Anti-Hitler-Koalition zur Blockbildung
Nach dem Zweiten Weltkrieg traten auf der Potsdamer Konferenz 1945 die ideologischen, politischen und wirtschaftlichen Unterschiede der Anti-Hitler-Koalition offen hervor. Die westlichen Siegermächte unter der Führung der USA wollten ihre Vorstellungen von Demokratie und einer kapitalistischen Wirtschaft in Europa verbreiten. Sie versuchten, die europäischen Staaten durch umfangreiche Wirtschaftshilfen an sich zu binden (Marshallplan). Auf der anderen Seite konnte die Sowjetunion ihren Einfluss auf die osteuropäischen Länder massiv ausweiten. Aus diesem Streben nach politischer, militärischer und ideologischer Vorherrschaft entwickelte sich der Ost-West-Konflikt. Die Teilung der Welt erhielt Ausdruck durch die Gründung der Militärbündnisse NATO (1949) und Warschauer Pakt (1955). Die UNO, 1945 als Organisation zur Friedenssicherung gegründet, konnte nur wenig zur Problemlösung beitragen, weil sich dort die USA und die Sowjetunion bei Abstimmungen gegenseitig blockierten.
Das politische Weltklima war fortan geprägt von gegenseitigem Misstrauen, Feindbildern, politischen und militärischen Provokationen. Die Phase zwischen 1947 und 1991 nennt man auch Kalter Krieg, da es nie zu einem direkten Krieg zwischen den Supermächten USA und der Sowjetunion kam.

„Gleichgewicht des Schreckens" – die Welt am Abgrund
Ein Merkmal des Kalten Krieges war die massive Aufrüstung und die Entwicklung von Atomwaffen. Die neue Waffenart in Kombination mit Langstreckenraketen machte es möglich, den Gegner vollständig zu vernichten und die Erde unbewohnbar zu machen. Die Supermächte wussten um dieses Zerstörungspotenzial. Dennoch bereiteten sie Strategien vor, um auf einen atomaren Erstschlag zu reagieren. Die massive Aufrüstung verhinderte aber letztlich einen großen Krieg. Nichtdestotrotz gab es Stellvertreterkriege, die „heiße" Kriege waren. Im Koreakrieg 1950–53 und später in Vietnam unterstützten die USA jeweils den Süden und China und die Sowjetunion den kommunistischen Norden, um ihre Einflusssphäre zu erhalten – und die Ausbreitung der feindlichen Ideologie zu verhindern.
1962 stationierte die Sowjetunion Raketen mit Atomsprengköpfen auf Kuba, was einer direkten Bedrohung der USA gleichkam. Die besonnene Haltung der beiden Staatschefs Chruschtschow und Kennedy konnte jedoch einen Atomkrieg verhindern. Die Kubakrise verdeutlichte dennoch das Gefahrenpotenzial des Kalten Krieges und des Wettrüstens.

Zwischen Entspannung und Konfrontation
Die Kuba-Krise war der Beginn einer Entspannungsphase. Ein erster Schritt war die Einrichtung einer direkten Fernschreiberverbindung zwischen den Supermäch-

Zusammenfassung

ten, um im Ernstfall direkt und schnell handeln zu können („Heißer Draht"). 1968 wurde der erste Atomwaffensperrvertrag unterzeichnet. Die SALT-Verträge 1972 und 1979 bedeuteten zwar keine Abrüstung, aber die weitere Aufrüstung wurde beschränkt. Ein wichtiger Schritt der Entspannungspolitik war die Konferenz für Frieden und Sicherheit in Europa (KSZE), die 1975 mit der Schlussakte von Helsinki beendet wurde. Die Schlussakte legte fest, dass die europäischen Grenzen nicht verletzt werden durften und die Unterzeichner die Menschenrechte achten mussten.

Trotz der Entspannungsversuche kam es in den 1970er und 1980er Jahren zu einem weiteren Rüstungswettlauf der Supermächte. Die Sowjetunion und die USA stationierten 1979 Raketen in Mittel- und Osteuropa und beide Staaten erhöhten ihre Rüstungsausgaben. Mit dem Einmarsch der Sowjetunion in Afghanistan 1979 und der Unterstützung islamischer Kämpfer durch die USA kam es zum letzten Stellvertreterkrieg.

Dekolonialisierung im Schatten des Kalten Kriegs
Schon seit dem Ende des Ersten Weltkriegs begannen europäische Kolonien nach Unabhängigkeit zu streben. Diese Entwicklung verstärkte sich nach dem Zweiten Weltkrieg noch – zunächst in Asien, ab Ende der 1950er Jahre auch in Afrika. Ursachen waren das wachsende Selbstbewusstsein der Kolonien, aber auch die Schwäche der europäischen Staaten, die die militärische und politische Kontrolle nicht mehr aufrechterhalten konnten. Sie entließen die Kolonien freiwillig oder nach gewalttätigen Auseinandersetzungen. Gleichzeitig beschleunigten auch die USA und die Sowjetunion den Prozess, indem sie Rebellengruppen oder neue Regime für ihre Zwecke einbanden. Es kam auch zu Stellvertreterkriegen zwischen den beiden Supermächten. Neue Grenzen wurden oft willkürlich gezogen, was zu ethnischen und religiösen Konflikten führte. Die Armut und Abhängigkeit vieler ehemaliger Kolonien ist heute noch immer groß.

Europa wächst zusammen
Während sich im Kalten Krieg eine globale Feindschaft der Blöcke herausbildete, wuchsen die ehemaligen Kriegsgegner in Europa auf wirtschaftlicher, politischer und gesellschaftlicher Ebene zusammen. Mit dem Ende des Krieges begann die Gründungsgeschichte der Europäischen Union (EU).
Auf wirtschaftlicher Ebene schlossen sich die westeuropäischen Staaten 1951 zur Kontrolle der Kohle- und Stahlindustrie zur Montanunion zusammen. Die Europäische Wirtschaftsgemeinschaft (EWG) schuf einen europäischen Binnenmarkt ohne Zölle und Handelsbeschränkungen sowie eine Regulierung der Landwirtschaft. Im Élysée-Vertrag von 1963 einigten sich Deutschland und Frankreich auf einen verstärkten Austausch der Kultur und Sprache, z. B. durch Schüleraustausche, und stimmten ihre Politik miteinander ab.
1993 wurde in Maastricht die Europäische Union gegründet. Sie übernahm fortan hoheitliche Aufgaben in der Wirtschafts- und Umweltpolitik von den Einzelstaaten. Seit 2002 gibt es mit dem Euro eine gemeinsame Währung. 2013 waren 28 Staaten Mitglied der EU. Doch die Wirtschaftskrise seit 2010, die Aufnahme von Flüchtlingen und das Streben einiger Mitgliedsstaaten zurück nach nationaler Selbstbestimmung stellen die EU vor große Herausforderungen.

Kompetenzen prüfen

6 Der Ost-West-Konflikt spaltet die Welt

In diesem Kapitel konntest du folgende Kompetenzen erwerben:

- die Teilung der Welt in zwei Blöcke erläutern
- Ursachen für die Gründung militärischer Bündnisse benennen
- die Gefahren eines Atomkrieges und die Folgen der neuen Waffentechnik bewerten
- historische Ursachen für heutige Konflikte in Afrika und Asien beschreiben
- Phasen der Entspannung und Eskalation des Kalten Krieges unterscheiden
- Stationen des deutsch-französischen Verhältnisses und der europäischen Einigung benennen
- **Methode:** Spielfilme auf Feindbilder untersuchen

Aus einer Rede des amerikanischen Präsidenten John F. Kennedy am 10. Juni 1963, kurz nach der Kuba-Krise:

Kein Regierungs- oder Gesellschaftssystem ist so übel gesinnt, dass die ihm angehörigen Menschen als tugendlose Wesen zu betrachten sind. Wir Amerikaner finden den Kommunismus zutiefst abstoßend,
5 weil in ihm persönliche Freiheit und Würde negiert werden. Trotzdem können wir den Russen aufgrund ihrer zahlreicher Errungenschaften zujubeln, in Wissenschaft und Raumfahrt, beim wirtschaftlichen und industriellen Wachstum, in der Kultur und bei muti-
10 gen Handlungen ...

Wir haben noch nie gegeneinander Krieg geführt .... Sollte heutzutage noch einmal ein totaler Krieg ausbrechen, egal wie, dann wären unsere beiden Länder die Hauptangriffsziele. Es ist ironisch und zugleich
15 wahr, das die zwei mächtigsten Staaten auch die sind, die am stärksten von Verwüstung bedroht sind. Alles, was wir aufgebaut haben, würde in den ersten 24 Stunden zerstört werden. ... Kurzum, sowohl die Vereinigten Staaten und ihre Alliierten als auch die
20 Sowjetunion und ihre Alliierten haben ein tiefes, auf Gegenseitigkeit beruhendes Interesse daran, dass ein gerechter und ehrlicher Friede herrscht und dem Wettrüsten Einhalt geboten wird.

https://www.jfklibrary.org/Asset-Viewer/BWC7I4C9QUmLG-9J6I8oy8w.aspx (Stand: 30.03.2017)

Comic-Titelbild einer kirchlichen Organisation in Minnesota, USA von 1947. Der Comic beschäftigt sich mit einer fiktiven Übernahme Amerikas durch Kommunisten.

Cartoon des amerikanischen Zeichners Rube Goldberg, New York Sun, 22. Juli 1947. Goldberg erhielt für diesen politischen Cartoon 1948 den Pulitzerpreis.

Herrschaft und Staatlichkeit

Der Historiker Bernd Stöver schildert verschiedene Erklärungen für den Kalten Krieg (2006):

In den neueren Nachschlagewerken ist ... nur der Begriff Ost-West-Konflikt für die Zeit nach 1946/47 in Gebrauch. ... Allerdings verschleiert der unbestimmte Begriff die spezifische Qualität der Auseinanderset-
5 zung. Konflikte gibt und gab es viele. Der Kalte Krieg war im Gegensatz zum Ost-West-Konflikt jedoch ein permanenter und aktiv betriebener „Nicht-Frieden" .... Dieser „Nicht-Friede" konnte binnen Stunden zu einem unbegrenzten atomaren Krieg werden und
10 einen Großteil der Menschheit vernichten. .... In der historischen Forschung wurden in den letzten 45 Jahren drei Hauptdeutungen präsentiert:
(1) Nach der *traditionellen Erklärung* ... war für die Entstehung und Forcierung [= Beschleunigung] des
15 Kalten Krieges die marxistisch-leninistische Ideologie¹ mit ihrem Anspruch an die Weltrevolution verantwortlich. Diese habe die Sowjetunion prinzipiell auf einen aggressiven Kurs gegenüber dem Westen festgelegt. ...

20 (2) Die *revisionistische* [= neu bewertende] *Erklärung* betont seit den sechziger Jahren die amerikanische Verantwortung für die Entstehung des Kalten Krieges. ... Die Ursache des Konfliktes müsse man daher vielmehr in der politisch-wirtschaftlichen Struktur der
25 USA sehen, die auf permanente Erschließung neuer Absatz- und Rohstoffmärkte ausgerichtet sei. ....
(3) Beide Positionen haben sich seit den 70er-Jahren in der *postrevisionistischen Interpretation* des Kalten Krieges angenähert. Sie geht davon aus, dass die
30 Fehlinterpretation beider Seiten für die rasante Entstehung der bedrohlichen Entwicklung ... maßgeblich war. ...
(4) Die nach 1991 ... entstandene *vierte* Erklärung unterstreicht dagegen, dass der Kalte Krieg von den
35 Hauptbeteiligten keineswegs als Missverständnis betrachtet wurde. Vielmehr wurde er von Beginn an und auf beiden Seiten bewusst und mit vollem Einsatz als ein „Krieg anderer Art" geführt. Er sollte zwar ... nicht zum Atomkrieg führen, aber er sollte
40 gewonnen werden.
Bernd Stöver: Der Kalte Krieg, München 2006, S. 9ff.

¹ *kommunistische Lehre von Karl Marx und Lenin.*

Sachkompetenz

1 **Partnerarbeit:** Erklärt euch abwechselnd folgende Begriffe, ohne sie zu nennen: Kalter Krieg, NATO, Warschauer Pakt, Stellvertreterkriege, „Gleichgewicht des Schreckens", Entspannungspolitik.

2 **Wähle eine Aufgabe aus:**
Stell dir vor, du beobachtest als neutraler Pressevertreter Verhandlungen der Supermächte. Verfasse einen Zeitungsartikel darüber. Gehe darauf ein, ob sie zur Sicherheit der Welt beitrugen:
a) die SALT-Gespräche 1972 (S. 182)
b) die KSZE-Konferenz 1975 (S. 184).

3 a) Skizziere die wesentlichen Ereignisse der europäischen Annäherung in einer Zeitleiste:

1945 ————————————————→ heute

b) Erläutere die Bedeutung der Europäischen Union für dein persönliches Leben.
Tipp: Beachte wirtschaftliche, politische und soziale Aspekte. Nutze S. 187.

Methodenkompetenz

4 Analysiere das Comictitelbild (M2).
Tipp: Beachte das Vorgehen der Sowjetunion in Europa nach Kriegsende. Nutze dein Wissen über Feindbilder von S. 180.

5 a) Analysiere den Cartoon M3.
b) Vergleiche seine Einschätzung von 1947 mit der eingetretenen Entwicklung im Kalten Krieg.

Urteilskompetenz

6 a) Fasse die Aussagen Kennedys in eigenen Worten zusammen (M1).
b) Bewerte die Bedeutung der Kuba-Krise für den weiteren Verlauf des Kalten Krieges. Beachte die Aussagen Kennedys.

7 a) Arbeite aus M4 die Erklärungen des Kalten Krieges heraus, die die Forschung geliefert hat.
b) Diskutiere die einzelnen Erklärungen.
c) Nimm Stellung zur Einschätzung Stövers über die Begriffsbezeichnungen (M4, Zeile 1–10).

8 Vergleiche die Weltsituation heute mit der Zeit des Kalten Krieges.

Webcode: FG450099-193
Selbsteinschätzungsbogen

7
Deutschland nach 1945: Zwei Staaten, eine Nation?

Sommer 1946 in Berlin: Seit einem Jahr ist der Krieg zu Ende. Die meisten deutschen Städte liegen in Schutt und Asche. Es fehlt noch immer an allem: Nahrungsmittel, Energie, Transportmöglichkeiten. Auf den „totalen Krieg" des NS-Regimes folgte die „totale Niederlage". Das Deutsche Reich hörte auf zu bestehen und wurde unter den Siegermächten aufgeteilt. Bald entstanden auf seinem Gebiet zwei neue, konkurrierende Staaten.

Beschreibt das Foto. Versetzt euch in die Lage der Frau und überlegt, was sie fühlen und hoffen könnte.

Frauen legen im abgeholzten Berliner Tiergarten vor dem Brandenburger Tor Gemüsebeete an. Foto, 1946

7 Deutschland nach 1945: Zwei Staaten, eine Nation?

| 1945 | 1950 | 1955 | 1960 | 1965 |

8./9. Mai 1945 Kapitulation der deutschen Wehrmacht

Teilung Deutschlands in vier Besatzungszonen

1947 Bizone
ab 1947 Marshallplan: Wirtschaftshilfe der USA

1948 Währungsreformen in West und Ost
1948–1949 Blockade Berlins durch die Sowjetunion

April 1949: Trizone
Mai: Gründung der BRD
Oktober: Gründung der DDR

„Wirtschaftswunder" der BRD

13. August 1961: Bau der Berliner Mauer

Deutschland nach 1945: Zwei Staaten, eine Nation?

Aus heutiger Sicht ist es schwer vorstellbar, wie aus dem kriegszerstörten und besetzten Deutschland zwei neue Staaten entstehen konnten: die Bundesrepublik und die DDR. Viele Städte waren Trümmerberge, die Wohnungen ausgebrannt, Straßen und Bahnlinien zerstört, Wasser- und Gasleitungen defekt. Gemeindeverwaltungen gab es nicht mehr. Verzweifelte Menschen suchten nach Angehörigen und Nahrung; Millionen waren auf der Flucht.

Die doppelte Staatsgründung lässt sich nicht ohne das Handeln der vier Siegermächte erklären. Die Teilung Deutschlands 1949 gehörte zunächst nicht zum Plan der Alliierten. So ist die Geschichte Deutschlands nach 1945 immer auch eine Geschichte der internationalen Entwicklung vor dem Hintergrund des aufkommenden Ost-West-Konflikts.

Am Ende dieses Kapitels kannst du folgende Fragen beantworten:

- Wie erlebte die deutsche Bevölkerung die Niederlage 1945 und die Nachkriegsjahre?
- Welche politischen Ziele verfolgten die Siegermächte mit Blick auf Deutschland?
- Wie entwickelte sich das gesellschaftliche Leben in den Besatzungszonen?
- Welche Ursachen führten zur Teilung Deutschlands und den Staatsgründungen der DDR und BRD?
- Wie entstand das Land Niedersachsen?

Deutschland unter den Besatzungsmächten (1945 bis 1949)

Herrschaft und Staatlichkeit, Wirtschaft und Umwelt, Gesellschaft und Recht

Orientierung im Kapitel 197

| 1970 | 1975 | 1980 | 1985 | 1990 |

1969–1974 Bundeskanzler Willy Brandt (SPD): Annäherung Ost und West

1972 Grundlagenvertrag zwischen BRD und DDR

wirtschaftlicher Niedergang der DDR

1989 Mauerfall

Obdachlose Familie in einer Stadt in Deutschland, Foto, 1945

Schaufenster nach Einführung der D-Mark in den Westzonen, Foto, 20. Juni 1948

„Ja, der hat's gut, der lebt unter einem besseren Himmel!" Titelbild der Zeitschrift „Ulenspiegel", Nummer 24 vom 2. November 1946, Karikatur von Karl Holtz

1 a) Betrachte die Karte M1 und zeige auf, wie das Deutsche Reich 1945 aufgeteilt wurde.
   b) Zähle weitere Gebietsänderungen auf, die du aus der Karte ablesen kannst.
2 a) Untersuche den Zeitstrahl und formuliere eine erste Antwort auf die Frage, wie es 1949 zur Teilung Deutschlands kam.
   b) Diskutiert, inwiefern ein Zeitstrahl dabei helfen kann, Geschichte zu verstehen.
3 Stelle Fragen zu M2 und M3, die du beantwortet haben möchtest.
4 Analysiere M4. Welche Aussagen über die Entwicklung im Nachkriegsdeutschland vermittelt die Karikatur?
   Tipp: Beachte die Entstehungszeit und vergleiche mit M1.

Der 8. Mai 1945 – Niederlage oder Befreiung?

Viele Nationen feiern bis heute den Tag der deutschen Kapitulation 1945. In Russland gilt er noch immer als wichtigster Feiertag. In der Bundesrepublik sprach erstmals Bundespräsident Richard von Weizsäcker in einer Gedenkrede 1985 vom „Tag der Befreiung" statt der totalen Niederlage.
- *Erforsche, wie die Zeitgenossen das Kriegsende und die Folgezeit in Deutschland erlebten.*

Die „Zusammenbruchsgesellschaft"

Mit der bedingungslosen Kapitulation Deutschlands endete in der Nacht vom 8. auf den 9. Mai der Zweite Weltkrieg in Europa. Bereits am 27. Januar hatte die sowjetische Armee die von Schwerstarbeit, Folter und medizinischen Versuchen gekennzeichneten Überlebenden des Konzentrationslagers Auschwitz befreit; wer noch nichts vom Ausmaß des Holocausts wusste, erfuhr nun davon. Viele Deutsche folgten bis zum Schluss den Durchhalteparolen der Nazis, leisteten Widerstand gegen den Vormarsch der Alliierten und verzögerten die deutsche Kapitulation. Andere, die sich den Alliierten anschlossen, wurden in den letzten Kriegswochen von deutschen Standgerichten ermordet. Der Bombenkrieg hatte viele Städte schon vor der Ankunft der alliierten Soldaten zerstört. In den riesigen Trümmerlandschaften schien Leben kaum noch möglich. Allein in Berlin lagen 15 Millionen Kubikmeter Schutt.

Zwei Drittel der deutschen Bevölkerung war auf der Flucht und auf der Suche nach Verwandten. Aus den östlichen Reichsgebieten strömten rund 15 Millionen Menschen nach Westen. Soldaten kehrten von der Front heim, Evakuierte zogen vom Land zurück in ihre zerstörten Heimatstädte. Die Alliierten befreiten Millionen Gefangene und Zwangsarbeiter, die nun als „Displaced Persons"* auf eine Rückkehrmöglichkeit in ihre Heimatländer warteten.

Während heutige Historiker eher von der „Zusammenbruchsgesellschaft" sprechen, bezeichneten viele Zeitgenossen das Kriegsende als „Stunde null".

M2 **Auswirkungen des Krieges auf die Bevölkerungszahlen:**

Soldaten (gefallen; vermisst)	≈ 4 Mio.
Soldaten in Gefangenschaft	≈ 7 Mio.
Kriegsversehrte (Soldaten u. Zivilisten)	≈ 2 Mio.
zivile Kriegstote	≈ 1,65 Mio.
Flüchtlinge/Vertriebene	≈ 15 Mio.
Evakuierte	≈ 10 Mio.
Displaced Persons	≈ 9–10 Mio.
Gesamtbevölkerung:	
1939	≈ 59,8 Mio.
1946	≈ 65,9 Mio.
davon Männer	≈ 29,3 Mio.
davon Frauen	≈ 36,6 Mio.
Einwohnerdichte je m²:	
1939	167,5
1946	184,6

Vom Verfasser aus Quellen zusammengestellt.

M1 „Trümmerfrauen" beim Bergen von Baumaterial, Foto, Berlin 1945. Solche Bilder dienen oft als Symbol der Nachkriegszeit. Tatsächlich wurden sie bewusst inszeniert und verbreitet.

Aus den Erinnerungen einer 18-jährigen Schülerin, die in das ländliche Sudentenland (heute Tschechische Republik) evakuiert wurde:

Kein Sirenengeheul schreckte uns hier [Sudetenland] aus dem Schlaf, es begann wieder eine Zeit mit geordneten Verhältnissen, eine Zeit der Ruhe ... Doch nur ein Jahr dauerte dies ... Flucht hieß das furchtbare Wort, Flucht vor den Russen ... Und weiter ging es auf der Straße, rechts und links an Feldern entlang, die bedeckt waren mit erschossenen Soldaten. Ein grauenhaftes Bild! ... Ein Stück weiter wurden dann andere Soldaten vollkommen nackt über spitze Glasscherben gejagt. Und auch die deutschen Frauen, was mussten sie ... alles erleiden ... Ich z. B. habe es selbst gesehen, wie junge Frauen von Russen vergewaltigt wurden. Obwohl ich damals erst sieben Jahre alt war, nie werde ich all das Erlebte vergessen ...

Doch dann waren wir nach über drei Monaten Wanderschaft endlich wieder zu Hause ... Keinen Löffel, gar nichts brachten wir mehr mit, unsere Wohnung in Bochum war zerstört, auf einem Zimmer mit zwei Betten hausten wir mit fünf Personen; aber wir waren wenigstens wieder zu Hause. Das tägliche Brot war zuerst einmal das Wichtigste. Wie glücklich war man damals, wenn man ein halbes Pfund Mehl oder ein Maisbrot erstand. Ungeheure Schätze waren das in dieser Zeit.

Zit. nach Alexander von Plato/Almut Leh, Ein unglaublicher Frühling. Erfahrene Geschichte im Nachkriegsdeutschland 1945–1948, Bonn (Bundeszentrale für politische Bildung) 2011, S. 210 f.

Auszug aus einem Brief einer Ehefrau an ihren Mann in amerikanischer Kriegsgefangenschaft:

Heinrich, wir müssen eben Geduld haben ... Außerdem weiß ich nicht, wie sie sich überhaupt Dir gegenüber als SS-Mann verhalten werden ... Wenn ich Dir schonungslos die Wahrheit sagen soll, so muss ich sagen, dass sie [Soldaten der Alliierten] Dich, wenn Du als gesunder Mensch zurückgekommen wärst, schon abgeholt hätten ... Im ganzen Leben wird keine Politik wieder getrieben, es kommt keine Fahne wieder aus dem Fenster. Deutschland ist ja leider sowieso erst mal fertig ... Lieber Heinrich, ich schreibe Dir das alles, weil Du darum batest, es hat ja keinen Zweck, dass Du Dich falschen Hoffnungen hingibst. Unsere Existenz ist auch hin.

Zit. nach Bernhard Gelderblom, Hameln zum Beispiel. Zusammenbruch und Neubeginn in einer deutschen Kleinstadt, in: Praxis Geschichte 2/2005, S. 20.

Soldatengräber und Badende an der Havel in Berlin, Foto, 1945

---

1 **Vorschlag für eine Gruppenarbeit:**
  a) Untersucht M1 und M3–M5. Beschreibt die jeweilige Situation und ordnet jedem Material Gefühle und Stimmungen zu.
  b) Entwerft eine Mindmap, welche die Probleme und den Alltag der Nachkriegsgesellschaft aufzeigt (M2, Darstellungstext).
  Tipp: Hilfe findet ihr auf S. 329.

2 Diskutiert auf Grundlage eurer Ergebnisse, welcher Begriff die Situation der Gesellschaft 1945 passend beschreibt: „Stunde null", „Befreiung", „Niederlage".
  Vorschlag: Ihr könnt die Diskussion auch mit der Kugellager-Methode gestalten (S. 328).

3 **Recherche:** Informiere dich im Internet über den „Mythos Trümmerfrauen" (M1).

Webcode: FG450099-199
8. Mai 1945

Was wird aus Deutschland?

Der sowjetische Staatschef Stalin sagte 1945 auf der Potsdamer Konferenz über Deutschland: „Das ist ein Land, das keine Regierung und keine festgelegten Grenzen hat. Es ist in Besatzungszonen aufgeteilt. Es ist ein zerschlagenes Land."
- *Untersuche, welche Pläne die Alliierten 1945 für Deutschland hatten, und welche Probleme sich daraus ergaben.*

Die Konferenz von Potsdam 1945

Bereits während des Krieges hatten die Vertreter der späteren Siegermächte USA, Sowjetunion und Großbritannien auf den Konferenzen von Teheran (Ende 1943) und Jalta (Februar 1945) entschieden, Deutschland nach der Niederlage in Besatzungszonen aufzuteilen. Außerdem hatten sie vereinbart, Deutschland gemeinsam zu regieren. Das Staatsgebiet Polens wollten sie auf Kosten Deutschlands bis an die Flüsse Oder und Neiße nach Westen „verschieben".

Vom 17. Juli bis zum 2. August 1945 trafen sich die „Großen Drei" in Potsdam zur ersten Nachkriegskonferenz; Frankreich wurde erst nach der Konferenz zur vierten Besatzungsmacht. Trotz der gemeinsamen Ziele, wie der Beseitigung des Nationalsozialismus und der Entmilitarisierung Deutschlands, wurden jedoch bald unterschiedliche Ansichten und Interessen der Besatzungsmächte deutlich.

Das Ergebnis der Konferenz, die Potsdamer Beschlüsse, war kein Friedensvertrag, sondern lediglich eine Übereinkunft zwischen den drei Siegermächten, die in der Folgezeit unterschiedlich interpretiert wurde und zu massiven Konflikten führte.

Ungelöste Fragen

Wo sollte die deutsche Ostgrenze künftig verlaufen? Wie viel Kriegsentschädigungen (Reparationen) sollten die Deutschen bezahlen? Die Sowjetunion forderte zunächst 20 Milliarden US-Dollar für sich. Am Ende einigten sich die Alliierten darauf, Reparationsleistungen aus ihren jeweiligen Zonen zu entnehmen. Die Sowjetunion erhielt aber wegen der hohen Kriegsschäden durch den deutschen Überfall zusätzliche Industrieanlagen aus den Westzonen zugesprochen. Angesichts fortschreitender Uneinigkeit der Besatzungsmächte war Mitte 1946 jede Zone zu einem eigenständigen Wirtschaftsraum geworden, in der die Bestimmungen von Potsdam unterschiedlich umgesetzt wurden.

Auch in der Grenzfrage erfolgte keine Einigung. Bis zu einer endgültigen vertraglichen Regelung kamen die deutschen Ostgebiete unter polnische Verwaltung, das Gebiet um Königsberg unter sowjetische Kontrolle (siehe S. 196, M1). Polnische Flüchtlinge aus dem sowjetisch gewordenen Osten Polens wurden in die ehemaligen deutschen Gebiete umgesiedelt. Die „ordnungsgemäße Aussiedlung" der Deutschen in diesen Gebieten geriet in den meisten Fällen zu einer unkontrollierten Vertreibung. Ein Friedensvertrag rückte in weite Ferne.

Großbritanniens Premierminister Churchill, US-Präsident Truman und der sowjetische Staatschef Stalin (von links) während einer Verhandlungspause vor Schloss Cecilienhof in Potsdam bei Berlin im Juli 1945, Foto. Nach der Niederlage Churchills bei den britischen Parlamentswahlen vertrat der neue Premierminister Clemens Attlee Großbritannien.

Auszug aus dem Protokoll der Potsdamer Konferenz vom 2. August 1945:

III: ... Es ist nicht die Absicht der Alliierten, das deutsche Volk zu vernichten oder zu versklaven. Die Alliierten wollen dem deutschen Volk die Möglichkeit geben, sein Leben auf einer demokratischen und friedlichen Grundlage von Neuem aufzubauen ...
1. Entsprechend der Übereinkunft ... wird die höchste Regierungsgewalt in Deutschland durch die Oberkommandierenden der Streitkräfte [USA, UdSSR, GB, Frankreich] ... ausgeübt, und zwar von jedem in seiner Besatzungszone, sowie gemeinsam in ihrer Eigenschaft als Mitglieder des Kontrollrates in den Deutschland als Ganzes betreffenden Fragen.
2. Soweit dies durchführbar ist, muss die Behandlung der deutschen Bevölkerung in ganz Deutschland gleich sein.
3. Die Ziele der Besetzung Deutschlands ... sind:
(I) völlige Abrüstung und Entmilitarisierung ...
(II) Das deutsche Volk muss überzeugt werden, dass es ... sich seiner Verantwortung nicht entziehen kann ... für das, was seine eigene mitleidslose Kriegführung ... Chaos und Elend unvermeidlich gemacht haben.
(III) Die nationalsozialistische Partei mit ihren angeschlossenen Gliederungen ... ist zu vernichten ...
(IV) Die endgültige Umgestaltung des deutschen politischen Lebens auf demokratischer Grundlage ... [ist] vorzubereiten ...
5. Kriegsverbrecher und alle ..., die an ... nazistischen Maßnahmen, die Gräuel und Kriegsverbrechen nach sich gezogen ... hatten, teilgenommen haben, sind zu verhaften und dem Gericht zu übergeben ...
12. In praktisch kürzester Frist ist das deutsche Wirtschaftsleben zu dezentralisieren ...
14. Während der Besatzungszeit ist Deutschland als eine wirtschaftliche Einheit zu betrachten ...
IV. 6. Die Entnahme der industriellen Ausrüstung soll so bald wie möglich beginnen ...
XIII. ... Die Überführung der deutschen Bevölkerung ..., die in Polen, der Tschechoslowakei und Ungarn zurückgeblieben ist, [muss] ordnungsgemäß und human durchgeführt werden ...

Zit. nach www.documentarchiv.de/in/1945/potsdamer-abkommen.html (Stand: 13. 01. 2017).

Der Historiker Rolf Steininger urteilte 1988:

Keiner der „Großen Drei" sprach in Potsdam von der Zerstückelung Deutschlands in Einzelstaaten; diese Frage galt als erledigt. Dennoch, als das Thema Reparationen von Stalin angeschnitten wurde, stand für Churchill fest, dass die Idee eines einheitlichen Deutschlands nicht mehr existierte. Die Sowjets hatten seiner Meinung nach ihre Zone ausgeplündert und erwarteten nun, dass die Briten und Amerikaner in ihren Zonen dasselbe tun würden; in einem offiziellen amerikanischen Bericht hieß es, das russische Vorgehen komme organisiertem Vandalismus gleich, der sich nicht nur gegen Deutschland, sondern auch gegen die amerikanische Besatzungsmacht richte ... Am 31. Juli waren sich Truman und Stalin einig, auch Attlee stimmte der Vereinbarung schließlich zu. Auch wenn sich möglicherweise nicht alle Konferenzteilnehmer der Tatsache bewusst waren: An diesem Tag wurde de facto die Teilung Deutschlands beschlossen. Deutschland wurde in ein westliches und ein östliches Reparationsgebiet geteilt ...

Rolf Steininger, Deutsche Geschichte 1945–1961, Bd. 1, Frankfurt a. M. (Fischer) 1988, S. 61ff.

---

1 Die Ziele der Potsdamer Beschlüsse werden häufig mit den 5 Ds beschrieben: Demilitarisierung, Denazifizierung, Dezentralisierung, Demokratisierung, Demontage. Untersuche M2 und ordne die Begriffe passenden Textpassagen zu.

2 **Wähle eine Aufgabe aus:**
a) Entwirf ein Schaubild zu den Zielen, Maßnahmen und möglichen Auswirkungen der Potsdamer Beschlüsse (M1–M3, Darstellungstext, Karte S. 196).
b) Du bist Reporter. Berichte den deutschen Lesern oder Zuhörern über die Inhalte und möglichen Auswirkungen der Potsdamer Beschlüsse für die deutsche Bevölkerung (M1–M3, Darstellungstext, Karte S. 196).
Tipp: Achte darauf, die Perspektive der Zeitgenossen einzuhalten.
c) Untersuche M1 mithilfe der Arbeitsschritte auf S. 333. Welche Botschaft vermittelt das Bild?

3 **Methode:** Analysiere M3 nach den Arbeitsschritten auf S. 147.

Webcode: FG450099-201
Potsdamer Konferenz

Arbeiten im Archiv – Beispiel: Flüchtlinge und Vertriebene

Archive sind ein wichtiger Ort für die Geschichtsforschung. Dort findest du originale Quellen (Dokumente), die es erlauben, historische Ereignisse und Vorgänge zu rekonstruieren. Auf dieser Doppelseite lernst du, wie man einen Archivbesuch plant, geeignete Quellen findet und auswertet.

Flucht und Vertreibung aus den Ostgebieten

Schon während des Zweiten Weltkriegs gab es Vertreibungen in enormem Ausmaß (siehe S. 158). Im Potsdamer Abkommen wurde die „Überführung" der restlichen deutschen Bevölkerung aus dem Osten angeordnet
5 (siehe S. 200/M2, Z. 42 ff.). Zwischen 1944 und 1948 ließen über zwölf Millionen Menschen ihr Zuhause, ihren Besitz und damit ein Stück ihrer Identität zurück, um im zerstörten und besetzten Deutschland eine neue Heimat zu finden. Die Verteilung auf die verschiedenen
10 Zonen fiel dabei jedoch sehr unterschiedlich aus. Auch wenn dieser enorme Zuwachs der Bevölkerung mit Blick auf die spätere wirtschaftliche Entwicklung Deutschlands von den meisten Historikern positiv bewertet wird, so führte er zunächst zu einer deutlichen Verschär-
15 fung der Probleme.

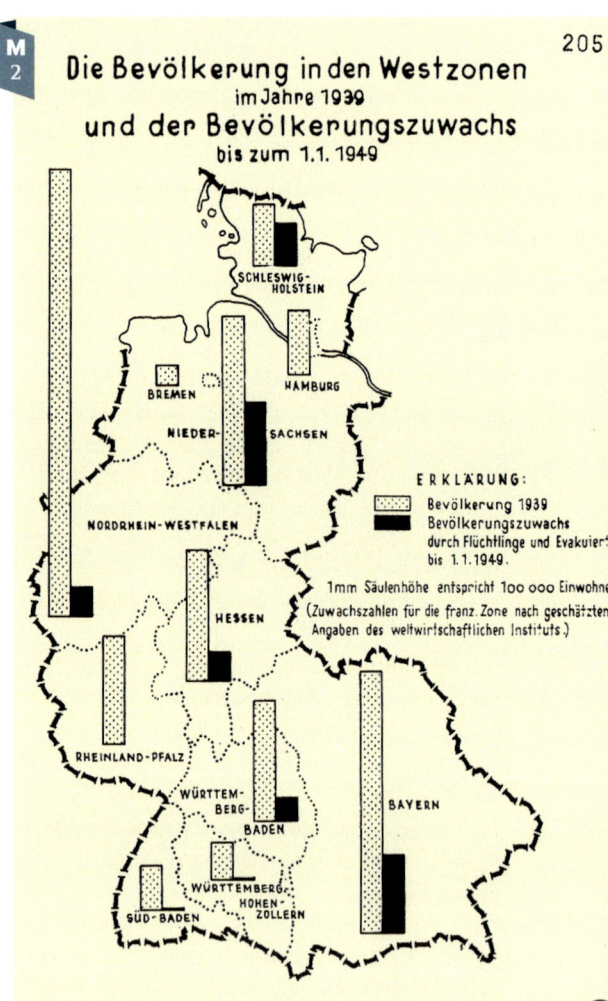

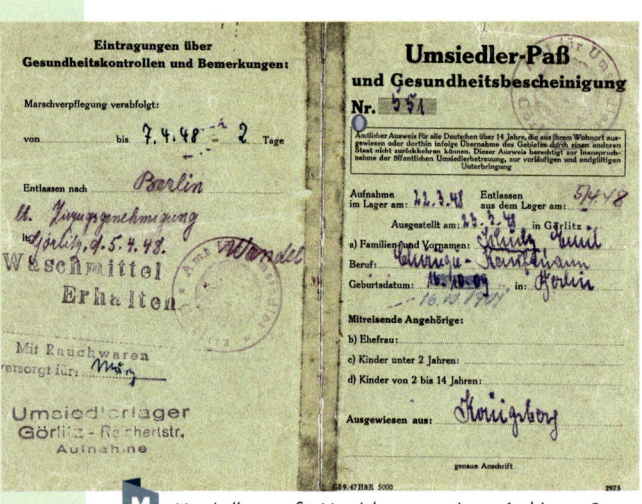

M1 Umsiedlerpass für Vertriebene aus einem Archiv, 1948

Dokument aus dem Landeshauptarchiv Koblenz, Bestand 860, Nr. 84.

---

1 Bereitet einen Archivbesuch und eine Ausstellung zum Thema „Flüchtlinge und Vertriebene in Niedersachsen" vor. Bildet dazu Gruppen und formuliert Fragen, die euch interessieren. Nutzt M1.

2 Für Historiker ist es interessant, die Ergebnisse der Quellenarbeit mit den Erinnerungen von Zeitzeugen zu vergleichen. Sucht in eurem Familien- und Bekanntenkreis nach möglichen Zeitzeugen und befragt diese zu eurem Thema (siehe S. 257).

Arbeitsschritte „Arbeiten im Archiv"

Thema und Fragestellung(en) formulieren

1.	Um welchen Gegenstand geht es? Welcher Zeitraum soll untersucht werden?	• *Legt fest, welches Thema ihr untersuchen wollt. Besonders hilfreich ist es, wenn ihr erste Fragen formuliert, die ihr untersuchen und klären wollt. Was erscheint euch interessant und fragwürdig? So lassen sich bereits Überlegungen anstellen, welche Dokumente hier besonders interessant sein könnten.*

Ein geeignetes Archiv finden

2.	Welche Archive gibt es in meiner Nähe und welches ist für unser Thema besonders interessant (z. B. Landeshauptarchiv, Stadtarchiv, Zeitungsarchiv)?	• *Recherchiert in eurer Umgebung nach Archiven.* • *Holt telefonisch oder per Internet Informationen über die Archive ein (Bestände zur Thematik, Öffnungszeiten, Anmeldeverfahren), vereinbart einen Termin, notiert evtl. vorher schon Fragen.*

Archivalien sichten und analysieren

3.	Wie finde ich geeignete Materialien?	• *In vielen Archiven suchen die Mitarbeiter geeignete Bestände/einzelne Dokumente zu einem verabredeten Termin heraus. Ansonsten könnt ihr mithilfe der Findbücher gewünschte Dokumente in den Lesesaal bestellen. Plant für diesen Schritt entsprechend Zeit ein.*
4.	Originale: Was ist im Umgang mit Originalen zu beachten? Wie kann ich Wichtiges festhalten?	• *Archivalien sind einmalige Schriftstücke. Geht entsprechend sorgsam mit ihnen um. Fragt, ob ihr kopieren oder fotografieren dürft.* • *Notiert für eure Fragestellungen interessante Inhalte oder schreibt wichtige Passagen vollständig ab. Schreibt immer die vollständigen Quellenangaben und den Fundort (Signatur/Dokumenttitel) auf.*
5.	Welche Schwierigkeiten erwarten mich?	• *Die Arbeit mit Originalquellen birgt häufig Schwierigkeiten der Lesbarkeit (alte Schrift oder schlechte Qualität) und Verständlichkeit (veraltete Begrifflichkeiten oder fehlender Zusammenhang). Hier können euch Archivmitarbeiter weiterhelfen.*

Ergebnisse auswerten und präsentieren

6.	Wie und wo können wir die gesammelten Informationen und Auswertungen präsentieren?	• *Tragt eure Fragen, Quellen und Ergebnisse nach dem Archivbesuch zusammen und bereitet eine Ausstellung im Klassenraum oder an einem anderen geeigneten Ort in der Schule vor (Wandzeitung, Stellwände, Vitrinen).*

---

3 Auch heute stellen die Aufnahme und Integration von Flüchtlingen enorme Herausforderungen dar. Recherchiert zur gegenwärtigen Flüchtlingsproblematik und vergleicht mit euren Ergebnissen.

Webcode: FG450099-203
Arbeiten im Archiv

Gesellschaft und Alltag im Nachkriegsdeutschland

Welche Sorgen und Nöte hatten die Deutschen nach dem Krieg? Vor welchen Problemen standen die Besatzer?

- Untersuche die Auswirkungen des Krieges auf die Bevölkerungsstruktur (A), das Alltagsleben in der Besatzungszeit (B) oder die Umerziehungsmaßnahmen der Amerikaner (C).

A

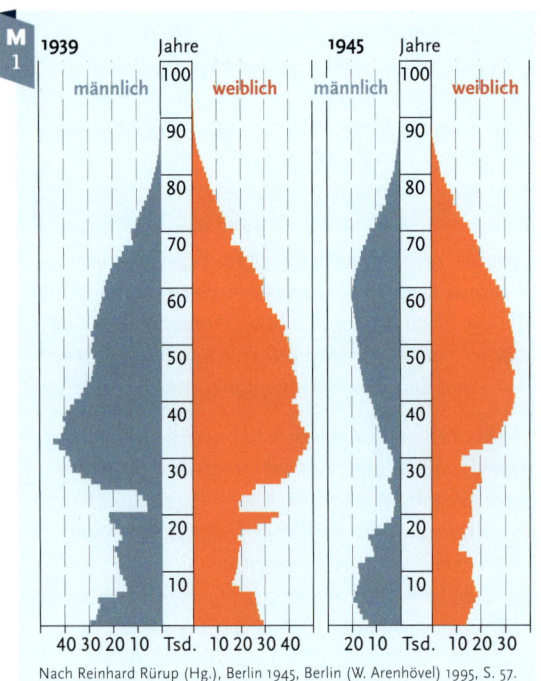

Nach Reinhard Rürup (Hg.), Berlin 1945, Berlin (W. Arenhövel) 1995, S. 57.

Auswirkungen des Krieges auf die Alters- und Geschlechterstruktur der Berliner Bevölkerung

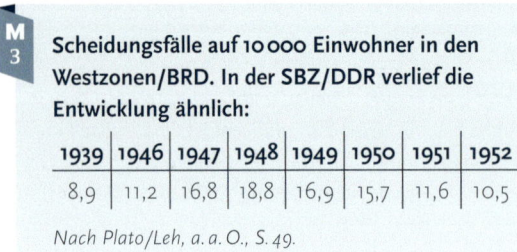

M3 Scheidungsfälle auf 10 000 Einwohner in den Westzonen/BRD. In der SBZ/DDR verlief die Entwicklung ähnlich:

1939	1946	1947	1948	1949	1950	1951	1952
8,9	11,2	16,8	18,8	16,9	15,7	11,6	10,5

Nach Plato/Leh, a. a. O., S. 49.

Grad der Zerstörung deutscher Städte 1945

1 a) Werte M1 und M3 aus. Halte deine Beobachtungen jeweils in wenigen Sätzen fest.
b) Suche nach Erklärungen für deine Beobachtungen. Unterscheide zwischen Behauptungen und Vermutungen.

2 Untersuche M2. Erläutere die möglichen Folgen auf das alltägliche Leben der Menschen.

B

In den Jahren nach dem Zweiten Weltkrieg litten die Menschen unter großer materieller Not. Viele Dinge waren nur auf dem Schwarzmarkt* und im Tauschhandel zu bekommen.

Tagesration eines Normalverbrauchers im Oktober/November 1946/47: Die durch eine Lebensmittelkarte (im Bild rechts unten) zugeteilte Menge pro Tag bestand aus 350 g Brot, 5 g Butter, 14 g Fleisch, 52 g Käse, 43 g Gemüse, 2 Kartoffeln und 1/8 l Magermilch. Dies entsprach etwa 1550 Kalorien.

M5 Preise 1946/47 (in Reichsmark):

Ware 1 kg	offizieller Preis	Schwarzmarktpreis
Fleisch	2,20	60–80
Brot	0,37	20–30
Kartoffeln	0,12	4–12
Zucker	1,07	120–180
Butter	4,00	350–550
Magermilchpulver	nicht im Angebot	140–160
1 Glühlampe	nicht im Angebot	40
1 Paar Schuhe	nicht im Angebot	500–800

Nach Karl-Heinz Rothenberger, Die Hungerjahre nach dem Zweiten Weltkrieg. Ernährungs- und Landwirtschaft in Rheinland-Pfalz 1945–1950, Boppard (Boldt) 1980, S. 140.

Zum Vergleich: Ein Arbeiter verdiente in der Zeit von 1945 bis 1948 zwischen 150 und 200 RM im Monat.

1 Werte M4 und M5 aus. Erläutere die möglichen Folgen auf das alltägliche Leben der Menschen.

2 Gib kurz wieder, welche Bedeutung der Schwarzmarkt für die Nachkriegszeit hatte (M5, Lexikon).

C

Plakat der amerikanischen Militärregierung, um 1947

1 Das Plakat (M6) soll im besetzten Deutschland verbreitet werden. Erstelle eine Übersetzung.
2 **Methode:** Analysiere M6 nach den Arbeitsschritten zu „Propagandaplakate untersuchen" (siehe S. 61).
   Tipp: Finde heraus, was die Deutschen lernen sollten.
3 Formuliere mögliche Ziele, die hinter der Plakataktion der Amerikaner stehen. Lies auch im Lexikon unter „Reeducation" nach.

Aufgabe für alle:
Erstellt aus den gewonnenen Informationen eine Mindmap, in der ihr die unterschiedlichen Aspekte des Alltags in der Nachkriegszeit aufzeigt.

Entnazifizierung und Nürnberger Prozesse

Unmittelbar nach dem Zusammenbruch des Dritten Reichs im Mai 1945 begannen die Besatzungsmächte mit dem Prozess der Entnazifizierung*.
- *Wie unterschieden die Alliierten zwischen Tätern und Opfern, Mitläufern und überzeugten Nationalsozialisten?*
- *Wie bestimmten sie das Maß von Schuld oder Verstrickung?*

Die Einwohner der Neunburg vorm Wald in der Oberpfalz/Bayern werden an den Leichen ermordeter KZ-Insassen vorbeigeführt. Foto, 1945

Abrechnung mit dem Nationalsozialismus

Die Alliierten wollten den Militarismus und das nationalsozialistische Denken so schnell wie möglich beseitigen. So wurden zum Beispiel Schulbücher der NS-Zeit eingezogen und größtenteils entsorgt. Die Erwachsenen
5 mussten Filme ansehen, die die Verbrechen der Nazis dokumentierten.
Die Entnazifizierung in den Besatzungszonen verlief unterschiedlich: In der Sowjetischen Besatzungszone wurden bis 1948, dem offiziellen Ende dieser Aktion,
10 etwa 520 000 Personen aus ihren Stellen entfernt, darunter 85 Prozent aller Juristen. Unbedeutende ehemalige NSDAP-Mitglieder verschonte man, wenn sie sich zum kommunistischen System bekannten. Oft wurde die Entnazifizierung auch dazu genutzt, politische Gegner
15 auszuschalten.
In den Westzonen mussten die zwölf Millionen ehemaligen Mitglieder der NSDAP einen umfangreichen Fragebogen zu ihrer Tätigkeit im NS-Regime ausfüllen. Spruchkammern stellten den Grad der Verstrickung fest.
20 Etwa zehn Prozent der Angeklagten wurden verurteilt. Dabei kam es auch zu Fehlentscheidungen in Bezug auf die Schuld und das Strafausmaß. Unbeteiligte gerieten in die Mühlen der Strafgerichtsbarkeit, Schuldige beschafften sich „Persilscheine"*, indem ihnen Dritte politische
25 Harmlosigkeit und Unbedenklichkeit bescheinigten.
Im Zuge des sich verschärfenden Ost-West-Konflikts und der Schwierigkeiten der Verfahren kam der Entnazifizierungsprozess im Laufe des Jahres 1948 auch in den Westzonen langsam zum Erliegen. Hinzu kam, dass
30 Wirtschaft und Verwaltung unter einem Mangel an Fachkräften litten. Dadurch endeten die noch anstehenden Prozesse gegen Nationalsozialisten abrupt. Viele von ihnen konnten trotz ihrer NS-Vergangenheit hohe Ämter in Industrie und Verwaltung der Bundesrepublik
35 besetzen und die westdeutsche Politik der Nachkriegszeit mitbestimmen. Zahlreiche, ehemals hohe NS-Funktionäre hatten sich in den Wirren des Kriegsendes nach Südamerika oder in arabische Länder abgesetzt und wurden in den meisten Fällen nie mehr angeklagt.

Blick auf die Anklagebank im Prozess gegen die Hauptkriegsverbrecher in Nürnberg, Foto, 1946. Vorne sitzen die Verteidiger, dahinter in zwei Reihen die Angeklagten.
In dem Gerichtssaal 600 finden bis heute Prozesse statt.
Im Dachgeschoss des Gerichtsgebäudes ist seit 2010 eine Informations- und Dokumentationsstätte eingerichtet.

Die Nürnberger Prozesse

Am 20. November 1945 begann in Nürnberg – der Stadt der NSDAP-Reichsparteitage – das Verfahren der vier Siegermächte gegen führende Nationalsozialisten. Es war der erste Kriegsverbrecherprozess der Geschichte und daher ein weltweites Medienereignis. Angeklagt waren 24 deutsche Hauptkriegsverbrecher, darunter führende Mitglieder von Partei, Staat und Wehrmacht. Die Vorwürfe lauteten wie folgt: 1. Verschwörung, 2. Verbrechen gegen den Frieden, 3. Kriegsverbrechen, 4. Verbrechen gegen die Menschlichkeit.

In nachfolgenden Prozessen wurden zwischen 1946 und 1949 weitere 177 hochrangige Mediziner, Juristen, Industrielle, SS- und Polizeiführer, Militärs, Beamte und Diplomaten angeklagt. Insgesamt wurden in Nürnberg 24 Täter hingerichtet und weitere zu Haftstrafen verurteilt.

Auszug aus einem Gerichtsverfahren gegen einen Zugführer der Reichsbahn (1945):
Ankläger: Ist es wahr, dass bei dem sechstägigen Bahntransport von Nordhausen nach Belsen ... zweiundvierzig Menschen tatsächlich an Durst gestorben sind?
Angeklagter: Wir hatten eine Portion Tote, aber mich ging es nichts an. Ich war nicht Dienstältester.
Ankläger: Es ist überhaupt nicht zu verstehen, dass Sie die Gefangenen verdursten ließen ... Sie konnten doch den Zug halten und Wasser holen lassen.
Angeklagter: Ich meine, das geht ja nicht, dass jeder über einen Zug bestimmen kann, wie er will. Es ist doch so, dass der Zugführer seinen bestimmten Plan hatte, nach dem er fahren musste ... Die Gefangenen hatten es auf dem Transport ganz gemütlich. Je hundert Stück Häftlinge auf einem Waggon.
Ankläger: Warum haben Sie auf den Bahnhöfen kein Wasser für die Gefangenen geholt?
Angeklagter: Diese Bahnhöfe, dieses Wasser ... es gibt da Bestimmungen, das ist nur für die Lokomotiven da. Auch hatte ich ja gar nicht das Kommando.

Zit. nach Hanna Lévy-Hass, Vielleicht war das alles erst der Anfang, Tagebuch aus dem KZ Bergen-Belsen 1944 bis 1945, hg. v. Eike Geisel, Berlin (Rotbuch), 1982. Text auf dem Umschlag.

„Schwarz wird weiß oder mechanische Entnazifizierung", Karikatur von Max Radler, Westdeutschland 1946

1 „Umerziehung durch Anschauung der Verbrechen" (M1). Bewerte die Absichten der Amerikaner.
2 Beschreibe die mögliche Wirkung der Aussagen in M3 auf einen Überlebenden des Transports und bewerte die Aussagen des Zugführers.
3 Beschreibe M4. Wie stellt der Karikaturist den Vorgang der Entnazifizierung dar? Vergleiche mit dem Verfahren in der SBZ und den westlichen Besatzungszonen (Darstellungstext).
4 **Wähle eine Aufgabe aus:**
Recherchiere zu einer der folgenden Biografien:
  a) Hermann Josef Abs   b) Hans Filbinger
  c) Reinhard Gehlen   d) Kurt Säuberlich
  e) Ernst Großmann
5 Im Jahr 2016 begann der Prozess gegen den 94-jährigen Auschwitz-Wachmann Reinhold Hanning. Diskutiert, ob ihr solche Verfahren noch für sinnvoll haltet.

Zusatzaufgabe: siehe S. 324.

Webcode: FG450099-207
Entnazifizierung

Wie entwickelte sich die Ostzone?

Noch bevor die Siegermächte auf der Potsdamer Konferenz etwas beschließen konnten, begann die Sowjetische Militäradministration (SMAD), in ihrer Zone die Wirtschaft und Politik neu zu gestalten.
• Untersuche die Maßnahmen der sowjetischen Besatzer und ihre Folgen.

Die sowjetische Besatzungspolitik

Die Politik der Sowjetunion war darauf ausgerichtet, ein Deutschland zu schaffen, von dem keine erneute Bedrohung für die UdSSR ausgehen konnte. Noch während der letzten Kämpfe in Berlin kamen kommunistische Emigranten nach Deutschland zurück. Sie waren in sowjetischen Parteischulen auf ihre neue Aufgabe vorbereitet worden, eine „antifaschistisch-demokratische Ordnung" in Deutschland aufzubauen. An der Spitze der bekanntesten Gruppe stand der spätere Staatsratsvorsitzende der DDR, Walter Ulbricht. Neben den beiden Arbeiterparteien KPD und SPD entstanden die Christlich-Demokratische Union (CDU), die Liberal-Demokratische Partei Deutschlands (LDPD) und die National-Demokratische Partei Deutschlands (NDPD). Diese Parteien konnten sich nicht frei entfalten, da sie in der sogenannten „Einheitsfront antifaschistisch-demokratischer Parteien" zusammengefasst waren, in der die KPD die Führungsrolle innehatte. Nach dem Grundsatz „Es muss demokratisch aussehen, aber wir müssen alles in der Hand haben" (Anweisung von Walter Ulbricht, 1945) nahmen Kommunisten die entscheidenden Positionen ein.

Bodenreform und Verstaatlichungen

Zu den ersten Maßnahmen in der Sowjetischen Besatzungszone (SBZ) gehörte eine Neuverteilung der landwirtschaftlichen Flächen unter dem Motto „Junkerland in Bauernhand". Diese Bodenreform war sowohl eine Entnazifizierungsmaßnahme wie eine Strukturreform: Unter den Großgrundbesitzern („Junkern") befanden sich ehemalige NS-Größen, die nun enteignet wurden, um das Land an Kleinbauern, landlose Bauern und Umsiedler zu übergeben. Die Enteigneten wurden vertrieben, verhaftet, viele von ihnen in sowjetische Arbeitslager verschleppt. Wirtschaftlich war diese Bodenreform nicht erfolgreich. Die viel zu kleinen Betriebe konnten den Erfordernissen der modernen Landwirtschaft nicht genügen. Ab 1952 erfolgte daher der Zusammenschluss von Bauernhöfen zu Landwirtschaftlichen Produktionsgenossenschaften (LPG), die dann von den Bauern gemeinsam bewirtschaftet wurden.

Nach ähnlichem Muster erfolgte die Auflösung und Umwandlung der Industriebetriebe in „Volkseigene Betriebe" (VEB). Der wirtschaftliche Aufschwung ließ jedoch auf sich warten, da viele Industriebetriebe zerstört und funktionierende Produktionsanlagen demontiert und als Reparationen in die Sowjetunion transportiert wurden.

Plakat zur Bodenreform, 1945

M2 Demontage in Ost und West:

	SBZ	Westzonen
Wert der Industrieanlagen in Milliarden Reichsmark	6,1	2,7
Kapazitätsverlust	≈ 30 %	≈ 3 %
Betriebe	≈ 2400	≈ 800
Demontagestopp	Anfang 1954	Ende 1950

Zahlen vom Verfasser aus verschiedenen Statistiken zusammengestellt.

Die Gründung der SED

Gegen den Widerstand von Teilen der SPD erfolgte im April 1946 die Zwangsvereinigung der beiden Arbeiterparteien KPD und SPD zur neuen „Sozialistischen Einheitspartei Deutschlands" (SED), weil die KPD bei den bevorstehenden Länderwahlen mit einem schlechten Wahlergebnis rechnete. Otto Grotewohl (SPD) und Wilhelm Pieck (KPD) wurden zu gleichberechtigten Vorsitzenden gewählt.

Aufruf der West-Berliner SPD gegen die geplante Vereinigung mit der KPD zur SED (1946):

Werte Genossin! Werter Genosse!
Allen Machenschaften des Zentralausschusses zum Trotz hat sich die große Mehrheit der Berliner Parteigenossen für die Weiterführung einer
5 selbstständigen Sozialdemokratie entschieden. Unsere Organisation steht unerschüttert! Wir beugen uns nicht! Wir bleiben, wie wir waren! Vorkämpfer für Demokratie und Sozialismus, für den sozialistischen Aufbau Deutschlands!
10 Bist Du, Genossin oder Genosse, bereit, weiterhin mit uns zusammenzuarbeiten, dann gib diesen Schein mit Deiner Unterschrift versehen Deinem Bezirksführer zurück.
Im Auftrage der Funktionäre der 5. Abteilung ...
15 *Erklärung:* Ich bleibe weiterhin Mitglied der selbstständigen Sozialdemokratischen Partei.
Groß-Berlin, den ...
[Unterschrift]

Zit. nach Plato/Leh, a. a. O., S. 305. Quelle zur Verfügung gestellt von Rüdiger Thomas, Bonn.

Die Vereinigung von KPD und SPD aus der Sicht eines KPD-Experten (Februar 1946):

[Die Werktätigen werden] der Einheitspartei zweifellos in großen Massen zuströmen, weil diese wie ein Magnet auf all jene Arbeiter ... wirken wird, die ... auf der Seite der sozialistischen Bewegung
5 stehen, sich aber heute weder für die SPD noch für die KPD entscheiden können ... Das Positivste aber ist ... der wachsende Drang zur Schaffung der Einheitspartei der Arbeiter. Nur die Vereinigung der KPD und SPD ... kann die Garantie
10 schaffen, dass nicht das reaktionäre Großbürgertum, sondern die Arbeiterschaft ... den Gang der weiteren Entwicklung bestimmen ... Die Stunde drängt zur Entscheidung ... Denn die spätere Entwicklung dürfte mir kaum unrecht geben, wenn
15 ich feststelle: Auf welchem Wege und in welchem Tempo Deutschland künftig zum Sozialismus schreiten wird, das hängt ausschließlich davon ab, in welchem Tempo jetzt die Einheitspartei verwirklicht wird.

Zit. nach Merith Niehuss/Ulrike Lindner (Hg.), Besatzungszeit. Bundesrepublik und DDR 1945–1969 (= Deutsche Geschichte in Quellen und Darstellung, Bd. 10), Stuttgart (Reclam) 1998, S. 80ff.

---

1 **Methode:** Analysiere M1 mit Blick auf die Botschaft des Plakats.
Tipp: Nutze die Arbeitsschritte auf S. 61.
2 Antworte auf M4 aus der Sicht eines Skeptikers der Vereinigung von SPD und KPD.
3 **Recherche:** Präsentiere die Biografie Walter Ulbrichts. Konzentriere dich auf die Nachkriegsjahre.
4 **Wähle eine Aufgabe aus:**
Entwirf ein Schaubild oder eine Skizze
a) für die politische Entwicklung in der SBZ nach 1945 (M3–M5, Darstellungstext),
b) für die wirtschaftlichen Veränderungen in der SBZ nach 1945 (M1, M2, Darstellungstext).

Die Vorsitzenden Wilhelm Pieck (KPD, links) und Otto Grotewohl (SPD, rechts) beim symbolischen Händedruck zur Vereinigung beider Parteien zur SED am 22. April 1946 in der Berliner Staatsoper (vorne rechts: Walter Ulbricht, später Staatsoberhaupt der DDR), Foto

Webcode: FG450099-209
Sowjetische Besatzungszone

Wie entwickelten sich die Westzonen?

Nur 13 Monate nach der Potsdamer Konferenz, im September 1946, forderte der US-Außenminister Byrnes in einer Rede, man sollte dem deutschen Volk in ganz Deutschland wieder „die Hauptverantwortung für die Behandlung seiner eigenen Angelegenheiten" übertragen.

- Untersuche die unterschiedlichen Ziele der Alliierten und die Spannungen, die sich daraus ergaben.

Der Neubeginn des politischen Lebens im Westen

In den drei Westzonen ließen die Besatzer Parteien und Verbände zunächst nur auf örtlicher Ebene zu. Die SPD und KPD wurden wieder gegründet. Aber auch neue Parteien entstanden: die liberale FDP (Freie Demokratische Partei), die CDU (Christlich-Demokratische Partei) und die bayerische CSU (Christlich-Soziale Union). Um ein geordnetes politisches, gesellschaftliches und wirtschaftliches Leben zu ermöglichen, richteten die westlichen Alliierten Kommunalverwaltungen ein. An ihre Spitze beriefen sie nach Möglichkeit Gegner des NS-Regimes. Die Kommunalwahlen von 1946 waren ein erster Schritt zum Aufbau der Demokratie „von unten".

Mit der Gründung neuer Länder wie Niedersachsen 1946 (siehe S. 216) entstanden größere Verwaltungseinheiten. Die Bevölkerung stimmte in Wahlen über die Zusammensetzung der Länderparlamente und die Annahme der Länderverfassungen ab.

Die Amerikaner verfolgten in erster Linie das Ziel, eine deutsche Zentralregierung zu errichten. Sie sollte in das westliche Bündnissystem eingegliedert werden. Die Briten wollten dagegen Deutschland vor allem wirtschaftlich stabilisieren: Sie befanden sich selbst in wirtschaftlicher Not und wollten die Kosten für die Versorgung der Deutschen reduzieren. Frankreich blockierte zunächst jede wirtschaftliche und politische Zusammenarbeit der Deutschen über seine Zonengrenze hinweg – es hatte zu viele negative Erfahrungen gemacht. Dennoch waren sich die westlichen Alliierten darüber einig, ein demokratisches System auf der Grundlage freier Wahlen zu schaffen.

Wirtschaftliche Hilfe durch den Marshallplan*

Im „Hungerwinter" von 1946/47 konnten die Alliierten nur durch massive Lebensmittelhilfen das Sterben in Deutschland eindämmen. Den Westmächten war klar, dass eine stabile Versorgungslage und eine wachsende Wirtschaft nötig waren, damit die Deutschen Freiheit und Demokratie als Zukunftsmodell akzeptieren würden. Im September 1946 schlug der amerikanische Außenminister Byrnes in einer Rede in Stuttgart vor, dass alle Besatzungszonen eine wirtschaftliche Einheit bilden sollten. Da die Sowjetunion ablehnte und Frankreich zögerte, schlossen Anfang 1947 Amerikaner und Briten ihre Besatzungszonen 1947 zur sogenannten Bizone zusammen. Ein gemeinsamer Wirtschaftsrat verwaltete von Frankfurt am Main aus diese neu geschaffene Zone. Dem Wirtschaftsrat gehörten deutsche Abgeordnete aus Länderparlamenten beider Zonen an. Die französische Zone trat im April 1949 bei; aus der Bizone wurde eine Trizone. Der neu geschaffene Wirtschaftsraum sollte von dem amerikanischen Hilfsprogramm profitieren, das nach seinem Gründer, US-Außenminister George Marshall, Marshallplan oder auch ERP (European Recovery

M 1 SPD-Wahlplakat (links); Plakat der CDU (rechts). Plakate von Parteien, die 1946/47 bei Gemeinde- und Landtagswahlen um Wähler warben

M 2 Ergebnis der Landtagswahlen 1946/47 in den drei Westzonen (ohne Berlin und Saarland):

CDU/CSU	37,7 %
SPD	35,0 %
Liberale	9,5 % (ab 1948 FDP)
KPD	9,4 %

Nach Klaus Wasmund, Politische Plakate aus dem Nachkriegsdeutschland, Frankfurt a. M. (Fischer) 1986, S. 57.

Program) genannt wurde. Die USA stellten den europäischen Staaten Sach- und Geldmittel zur Verfügung, mithilfe derer sie den Wiederaufbau leisten sollten. Die sowjetische Besatzungsmacht deutete dies als „imperialistische Strategie" und untersagte der SBZ wie auch den osteuropäischen Ländern die Teilnahme an dem Hilfsprogramm.

Plakate zum Marshallplan in den Westzonen und in der Ostzone, 1947

Währungsreform und Berlin-Blockade

Der Konflikt verschärfte sich, als am 21. Juni 1948 eine Währungsreform in den Westzonen stattfand und die Deutsche Mark eingeführt wurde. Die neue Währung ermöglichte binnen Kurzem, dass sich die Geschäfte mit Waren füllten und der Schwarzmarkt bedeutungslos wurde (siehe S. 197/M3). Zugleich hatten die Westmächte die Gründung eines westdeutschen Staates ohne die SBZ noch stärker ins Auge gefasst. Die Sowjetunion antwortete mit einer eigenen Währungsreform in ihrer Zone. Außerdem blockierte sie ab dem 24. Juni 1948 alle Zufahrtswege der Westalliierten nach Berlin, das in vier Sektoren aufgeteilt war. Der Versuch, die separate Entwicklung in den Westzonen aufzuhalten, scheiterte jedoch. Die Amerikaner und Briten versorgten die 2,1 Millionen Westberliner bis zum Ende der Blockade im Mai 1949 über eine „Luftbrücke", die zum Freiheitssymbol wurde.

M4 Aus der Stuttgarter Rede des US-Außenministers James F. Byrnes vom 6. September 1946:

Die Vereinigten Staaten sind der festen Überzeugung, dass Deutschland als Wirtschaftseinheit verwaltet werden muss und dass die Zollschranken, soweit sie das Wirtschaftsleben und die wirtschaftliche Betätigung in Deutschland betreffen, vollständig fallen müssen.

Die jetzigen Verhältnisse in Deutschland machen es unmöglich, den Stand der industriellen Erzeugung zu erreichen, auf den sich die Besatzungsmächte als absolutes Mindestmaß einer deutschen Friedenswirtschaft geeinigt hatten ... Die Schranken zwischen den vier Zonen Deutschlands sind weit schwieriger zu überwinden als die zwischen normalen unabhängigen Staaten.

[Die amerikanische Regierung] hat offiziell die Absicht ausgedrückt, die Wirtschaft in ihrer eigenen Zone mit einer oder mit allen anderen zu vereinigen, die hierzu bereit sind. Bis jetzt hat sich nur die britische Regierung bereit erklärt, mit ihrer Zone daran teilzunehmen ... Selbstverständlich soll diese Vereinigungspolitik nicht jene Regierungen ausschließen, die heute noch nicht zum Beitritt bereit sind, die Vereinigung steht ihnen jederzeit frei ... Wir treten für eine wirtschaftliche Vereinigung Deutschlands ein. Wenn eine vollständige Vereinigung nicht erreicht werden kann, werden wir alles tun, was in unseren Kräften steht, um eine größtmögliche Vereinigung zu sichern ...

Das amerikanische Volk wünscht, dem deutschen Volk die Regierung zurückzugeben. Das amerikanische Volk will dem deutschen Volk helfen, seinen Weg zurückzufinden zu einem ehrenvollen Platz unter den freien und friedliebenden Nationen der Welt.

Zit. nach www.byrnes-rede.de/index-php?id=3271 (Stand: 21. 10. 2016).

---

1 Erarbeite aus dem Darstellungstext die unterschiedlichen Vorstellungen der Siegermächte. Wo konnte es zu Konflikten kommen?

2 **Methode:** Interpretiere die beiden Plakate (M1) mithilfe der Arbeitsschritte auf S. 61.

3 **a)** Verfasse zur Byrnes-Rede (M4) eine Zeitungsschlagzeile mit zwei Unterpunkten.
b) Erläutere, wie die sowjetische Haltung zu dieser Rede ausgesehen haben könnte.

4 **a)** Vergleiche die Aussagen der beiden Plakate (M3).
b) Recherche: Bereite einen Vortrag zu den Inhalten und der Bedeutung des Marshallplans vor.

5 Diskutiert folgende These: Die Gründung der Bi- und Trizone durch die Westmächte vertiefte die Spaltung Deutschlands.

Webcode: FG450099-211
Marshallplan

Die Gründung der Bundesrepublik Deutschland

Die Sowjetunion begann 1945, die Entstehung kommunistischer Staaten in Mittel- und Osteuropa zu fördern. Daraufhin beschlossen auch die drei Westalliierten, die Gründung eines westdeutschen Staates voranzutreiben.
• *Wie kam es zu der Gründung und welche Staatsform erhielt die Bundesrepublik?*

Die Westzonen werden zur Bundesrepublik
Die drei westlichen Besatzungsmächte schlossen 1949 ihre Zonen zur Trizone zusammen (siehe S. 210). Nun wurden erstmals die Umrisse eines künftigen westdeutschen Staates erkennbar. Dieser neue Staat sollte nach amerikanischen Vorstellungen ein „Bollwerk gegen den Kommunismus" werden. Seit der gescheiterten Außenministerkonferenz 1947 in London war die Sowjetunion nämlich nicht mehr an Gesprächen beteiligt. Auf der Sechsmächtekonferenz 1948 verhandelten die westlichen Alliierten und die Benelux-Staaten allein über die Gründung eines westdeutschen Teilstaates. Obwohl die französische Regierung Bedenken hatte, gab sie auf Druck der USA nach. Daraufhin übergaben die drei Westmächte am 1. Juli 1948 den Ministerpräsidenten ihrer Zonen die „Frankfurter Dokumente". Diese Schriftstücke enthielten den Auftrag, eine Verfassung für den neuen Staat auszuarbeiten. Die Abgeordneten des „Parlamentarischen Rats" (65 Vertreter der deutschen Länderparlamente) berieten über ein halbes Jahr lang über den Verfassungsentwurf der Experten. Sie hatten selbst Bedenken gegen die Schaffung eines westdeutschen Teilstaates und verstanden ihr Werk deshalb als eine vorläufige (provisorische) Verfassung. Um das zu unterstreichen, nannten sie sie „Grundgesetz". Alle Länderparlamente mit Ausnahme Bayerns stimmten dem Entwurf zu, die alliierten Militärgouverneure genehmigten ihn. So trat am 23. Mai 1949 das „Grundgesetz für die Bundesrepublik Deutschland" in Kraft. Vor den eigentlichen Verfassungstext platzierte man eine Präambel*: Darin formulierte man das Ziel, ganz Deutschland in Zukunft wieder zu vereinigen. Das Grundgesetz sollte dem

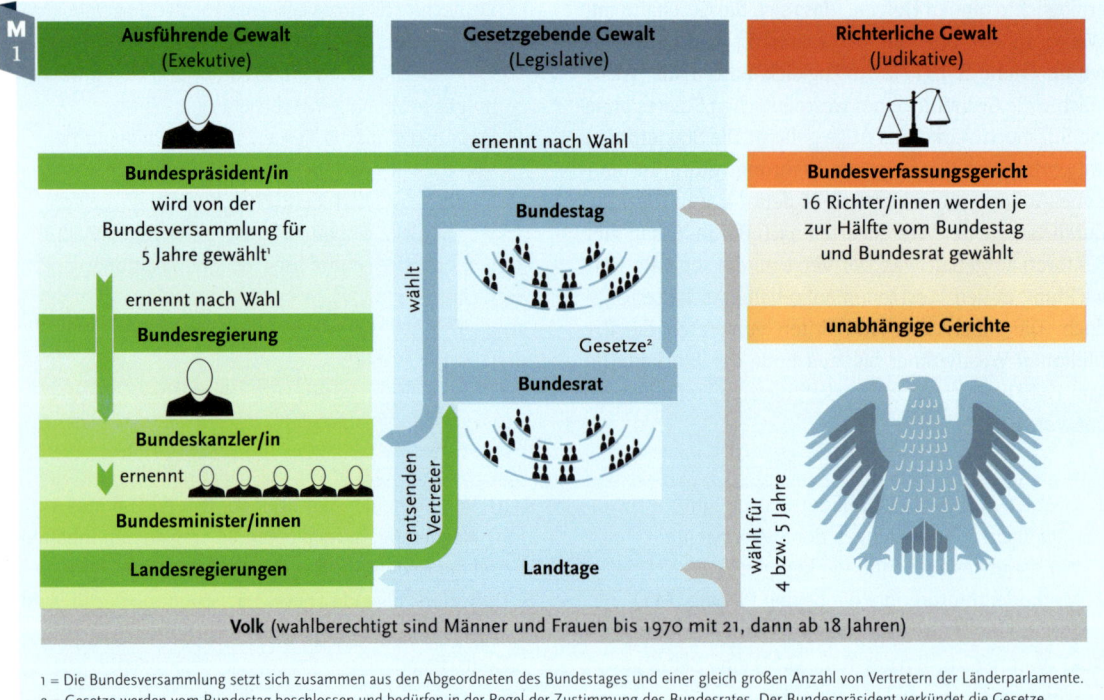

1 = Die Bundesversammlung setzt sich zusammen aus den Abgeordneten des Bundestages und einer gleich großen Anzahl von Vertretern der Länderparlamente.
2 = Gesetze werden vom Bundestag beschlossen und bedürfen in der Regel der Zustimmung des Bundesrates. Der Bundespräsident verkündet die Gesetze.

Staatsaufbau der Bundesrepublik Deutschland

„staatlichen Leben für eine Übergangszeit eine neue Ordnung geben". Bonn wurde mit knapper Mehrheit gegenüber Frankfurt zur neuen Hauptstadt bestimmt. Zum ersten Kanzler der Bundesrepublik wurde am 15. September 1949 Konrad Adenauer (CDU) gewählt; das Amt des ersten Bundespräsidenten übernahm Theodor Heuss (FDP). Die Bundesrepublik war damit aber noch kein souveräner Staat. Die westlichen Siegermächte behielten vorerst die oberste Kontrollaufsicht, besonders in der Außenpolitik. Das wurde im Besatzungsstatut festgeschrieben.

M2 *Die Gründung der BRD am 23. Mai 1949 in Bonn. Konrad Adenauer bei der Verkündung des Grundgesetzes. Links neben Adenauer: Helene Weber, Hermann Schäfer, rechts von ihm: Adolf Schönfelder und Jean Stock, alle Mitglieder des „Parlamentarischen Rats", Foto*

---

1 Gestalte einen Zeitstrahl für die Entwicklung der Westzonen bis zur Gründung der BRD (Darstellungstext). Nutze auch S. 210/211.
2 Zeige anhand von M1 auf, dass die Bundesrepublik als parlamentarische Demokratie gegründet wurde.
   Tipp: Nutze die Arbeitsschritte „Ein Verfassungsschaubild auswerten" (siehe S. 335).
3 **Wähle eine Aufgabe aus:**
   Verfasse einen Zeitungsartikel zur Regierungserklärung Konrad Adenauers (M3)
   a) aus der Sicht eines Befürworters,
   b) aus der Sicht eines Kritikers der Gründung der Bundesrepublik Deutschland.

Zusatzaufgabe: siehe S. 324.

M3 Aus der Regierungserklärung Konrad Adenauers (CDU) vom 20. September 1949:

Der Fortschritt gegenüber den Verhältnissen, die seit 1945 bei uns bestanden, auch gegenüber den Zuständen des nationalsozialistischen Reichs, ist groß. Zwar müssen wir uns immer bewusst sein, dass Deutschland und das deutsche Volk noch nicht frei sind, dass es noch nicht gleichberechtigt neben den anderen Völkern steht, dass es ... in zwei Teile zerrissen ist. Aber wir erfreuen uns doch einer wenigstens relativen staatlichen Freiheit ...
Niemand kann bei uns, wie das im nationalsozialistischen Reich der Fall war, und wie es jetzt zu unserem Bedauern in weiten Teilen Deutschlands in der Ostzone der Fall ist, durch geheime Staatspolizei ... der Freiheit und des Lebens beraubt werden ...
Wenn wir auch kein Ministerium des Auswärtigen haben, so bedeutet das keineswegs, dass wir damit auf jede Betätigung auf diesem Gebiete Verzicht leisten ... Deutschland ist infolge Marshallplan, Besatzungsstatut ... enger mit dem Ausland verflochten als jemals zuvor ...
Durch die Denazifizierung ist viel ... Unheil angerichtet worden. Die wirklich Schuldigen ... sollen mit aller Strenge bestraft werden. Aber im Übrigen dürfen wir nicht mehr zwei Klassen von Menschen ... unterscheiden: die politisch Einwandfreien und die nicht Einwandfreien ...
Und nun lassen Sie mich übergehen zu Fragen, die ... für unser gesamtes Volk Lebensfragen sind. Es handelt sich um ... die Oder-Neiße-Linie. Im Potsdamer Abkommen heißt es ausdrücklich ..., dass die endgültige Bestimmung der polnischen Westgrenzen bis zur Friedenskonferenz vertagt werden muss. Wir können uns daher unter keinen Umständen abfinden mit einer von Sowjetrussland und Polen später einseitig vorgenommenen Abtrennung dieser Gebiete ... Alles das soll im Rahmen der Europäischen Union – deren Mitglied wir möglichst bald zu werden wünschen – in Ordnung und Übereinstimmung gebracht werden.
Zit. nach www.konrad-adenauer.de/dokumente/erklaerungen/regierungserklaerung (Stand: 07. 02. 2017).

Webcode: FG450099-213
Entstehung der Bundesrepublik

Die Gründung der Deutschen Demokratischen Republik

Als die Führung der Sowjetunion davon erfuhr, dass die Westmächte die Gründung der Bundesrepublik planten, ließ ihre Reaktion nicht lange auf sich warten: Am 7. Oktober 1949 veranlasste sie die Umwandlung ihrer Besatzungszone in die Deutsche Demokratische Republik (DDR).

- Wie kam es zur Gründung der DDR und wie war die Herrschaft geregelt?

Staatsgründung im Osten

Die SED veranstaltete 1947 und 1948 zwei „Volkskongresse" zur Zukunft Deutschlands in Ostberlin. Mehr als 2000 ausgesuchte Delegierte nahmen daran teil, allerdings nur wenige aus den Westzonen. Weil sich abzeichnete, dass die Westmächte einen neuen Staat gründen wollten, beauftragte auch die SED 1948 einen „Volksrat" damit, eine Verfassung auszuarbeiten. Das Ziel war ein gesamtdeutscher Staat nach sozialistischem Vorbild. Dieser Wunsch entsprach der Sowjetunion, die ihren Einflussbereich vergrößern und eine „Pufferzone" gegen den Westen errichten wollte. Der Volksrat präsentierte seinen Verfassungsentwurf im Oktober 1948. Noch während er geprüft wurde, näherte sich im Westen bereits die Gründung der Bundesrepublik. Daraufhin rief man in der SBZ den „nationalen Notstand" aus: Eilig wurde mittels Wahlfälschung ein dritter Volkskongress einberufen, der die Verfassung verabschiedete. 1949 kam es so zur Gründung zweier Staaten: Am 23. Mai entstand im Westen die Bundesrepublik, am 7. Oktober im Osten die Deutsche Demokratische Republik. Aus dem Volksrat wurde eine Provisorische Volkskammer, das Parlament. Präsident wurde Wilhelm Pieck, Ministerpräsident Otto Grotewohl – beide SED-Vorsitzende. Wie in der Bundesrepublik entschied auch in der DDR die Besatzungsmacht über die zentralen Fragen der Politik. Und ähnlich wie das Grundgesetz war auch die DDR-Verfassung nur provisorisch gedacht. Sie sollte für ein vereintes Deutschland gelten.

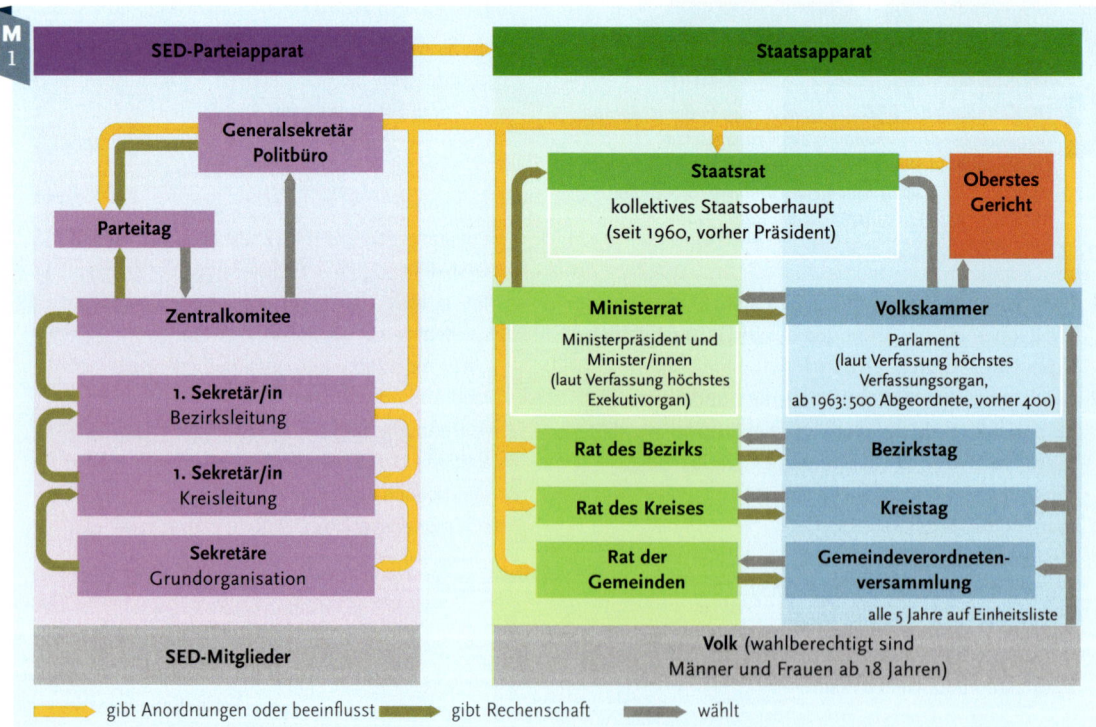

Staatsaufbau und Herrschaftsverhältnisse in der Deutschen Demokratischen Republik bis 1989

Die Verfassung der DDR – eine demokratische Ordnung?

Die DDR-Verfassung glich über weite Strecken denen der westlichen Demokratien. Sie garantierte z. B. die Grundrechte, allgemeine, gleiche, unmittelbare und geheime Wahlen von Abgeordneten und die Mitsprache der Länder. Das alles war jedoch nur Schein: In der Realität bezeichneten dieselben Begriffe völlig unterschiedliche politische Systeme. Die SED diktierte sämtliche Bereiche, ob politisch, wirtschaftlich oder gesellschaftlich. Wahlen erfolgten nach Einheitslisten, Kandidaten kamen ausschließlich von der SED oder der SMAD. Wähler konnten nur mit „Ja" oder „Nein" abstimmen. Das eigentliche Machtzentrum bildete das Politbüro der SED mit ihrem Generalsekretär Walter Ulbricht.

Die Gründung der DDR am 7. Oktober 1949 in Ost-Berlin. Wilhelm Pieck bei der Verlesung der Proklamation, Foto

---

1 a) Notiere Ereignisse und Daten zur Gründung der DDR auf dem Zeitstrahl von S. 213, Aufgabe 1.
b) Untersuche, wie die Gründung beider deutscher Staaten zusammenhängt.
2 Methode: Interpretiere M1 nach den Arbeitsschritten zur Methode „Ein Verfassungsschaubild auswerten" (siehe S. 335).
Tipp: Achte besonders auf die Vernetzung von SED-Partei- und Staatsapparat.
3 Wählt eine Aufgabe aus:
 a) Partnerarbeit: Vergleicht die Verfassungsschemata der DDR (M1) und der BRD (siehe S. 212, M1) und benennt die Unterschiede.
 b) Partnerarbeit: Vergleicht die Regierungserklärung Otto Grotewohls (M3) mit der von Konrad Adenauer (siehe S. 213, M3).

Webcode: FG450099-215
Gründung der DDR

Auszug aus der Regierungserklärung Otto Grotewohls (SED) vom 12. Oktober 1949:

Als die Sowjetregierung feststellen musste, dass infolge der systematischen Verletzung des Potsdamer Abkommens durch die Westmächte infolge der mit Bildung des separaten Weststaates vollzogenen Spaltung Deutschlands eine neue Lage entstanden war, die neue grundlegende Entscheidungen erforderlich machte, hat die Sowjetregierung nicht gezögert, ... dem deutschen Volke die im Potsdamer Abkommen zugebilligten Rechte zu gewähren ...
Die befreiende Tat der Sowjetunion, die uns die Bildung einer eigenen deutschen Regierung ermöglichte, verpflichtet uns, in Zukunft noch mehr als bisher für die Freundschaft mit der Sowjetunion einzutreten ...
Die Politik des Friedens und der Freundschaft zur Sowjetunion findet ihre Ergänzung im Verhältnis ... mit unseren Nachbarn, dem neuen Polen und der Tschechoslowakischen Republik ... Die Oder-Neiße-Grenze ist für uns eine Friedensgrenze, die ein freundschaftliches Verhältnis mit dem polnischen Volke ermöglicht ... Wer übrigens dem Besatzungsstatut zugestimmt und damit seine Bereitschaft bewiesen hat, ganz Deutschland als Kolonie an die imperialistischen Mächte auszuliefern, hat auch kein Recht, über Grenzfragen im Osten zu zetern ...
Die Größe der ... Gefahren, die das deutsche Volk bedrohen, erfordert eine neue Art der Beziehungen zwischen den Parteien ..., erfordert enge freundschaftliche Zusammenarbeit und Einmütigkeit in den Beschlüssen und Handlungen ... Die Zusammenfassung aller Kräfte des deutschen Volkes, ... die Politik des Blocks der demokratischen Parteien hat bereits große Erfolge gezeigt ...
Während sich in Westdeutschland die Anzeichen der herannahenden Wirtschaftskrise bemerkbar machen, ... Millionen Menschen ohne Arbeit und ausreichenden Verdienst leben müssen, ist es uns dank der Hilfe der Sowjetunion ... gelungen, unsere Wirtschaft von der krisenhaften Entwicklung der kapitalistischen Welt freizuhalten ... Wir sind an unseren Aufbau herangegangen, ohne uns durch Dollarkredite in die Abhängigkeit ausländischer Finanzkreise zu begeben.

Zit. nach Otto Grotewohl, Im Kampf um die einige Deutsche Demokratische Republik, Reden und Aufsätze, Bd. 1: 1945–1949, Berlin (Dietz Verlag) 1954, S. 521–526.

Die Gründung des Landes Niedersachsen

Am 1. November 2016 feierte das Land Niedersachsen seinen 70. Geburtstag. Doch bei seiner Gründung hielten es viele für ein „künstliches" Gebilde. Nach dem Zweiten Weltkrieg gehörte das Gebiet zunächst zur britischen Besatzungszone und wurde dann 1946 als Land neu geschaffen.
- Wie kam es zur Gründung Niedersachsens?
- Welche Probleme musste die Regierung anfangs bewältigen?

Die Gründung des Landes Niedersachsen

Auf der Potsdamer Konferenz beschlossen die Alliierten die Dezentralisierung der politischen Macht in Deutschland. Die Länder sollten im Vergleich zur Bundesregierung mit weitreichenden Kompetenzen ausgestattet werden. Die britische Militärregierung stellte in ihrer Besatzungszone zunächst die alten Länder Braunschweig, Oldenburg und Schaumburg-Lippe wieder her, erhob die ehemals preußische Provinz Hannover zum Land und bestimmte in den Ländern die Regierungen und Landtage (Parlamente). Die führenden Parteimitglieder, Verwaltungsbeamten und Gewerkschaftsmitglieder berieten die Briten im „Zonenbeirat", der sich mit der staatlichen Neugliederung ihrer Besatzungszone befasste. Der Vorschlag des hannoverschen Oberpräsidenten Hinrich Wilhelm Kopf (SPD), ein neues Land „Niedersachsen" zu gründen, fand bei der britischen Militärregierung Zustimmung: Durch die Verordnung Nr. 55 fassten sie die Gebiete zu einem Land zusammen. Rückwirkend zum 1. November 1946 entstand so das Land Niedersachsen.

Politischer Neubeginn

Nach der Absetzung der alten Landesregierungen bestimmten die Briten den hannoverschen Regierungschef Kopf zum ersten Ministerpräsidenten Niedersachsens und setzten einen Landtag ein. Das neue Landesparlament musste allerdings alle seine Beschlüsse von der Militärregierung absegnen lassen.

Bei den ersten Landtagswahlen am 20. April 1947 wurde die SPD vor der CDU stärkste Kraft und stellte mit Hinrich Kopf den Ministerpräsidenten. Dieser versuchte, alle gewählten Parteien an der Regierung zu beteiligen, was aber aufgrund unterschiedlicher Positionen zu Regierungsumbildungen führte. Die „Vorläufige Niedersächsische Verfassung" wurde 1951 verabschiedet. Angesichts der katastrophalen Lebensbedingungen und der hohen Zahl an Vertriebenen und Geflüchteten (1,8 Millionen, also 30% der Bevölkerung) trat der demokratische Neuanfang in den Hintergrund. Oberste Ziele wurden die Versorgung der Bevölkerung sowie der Aufbau der zerstörten Industrie.

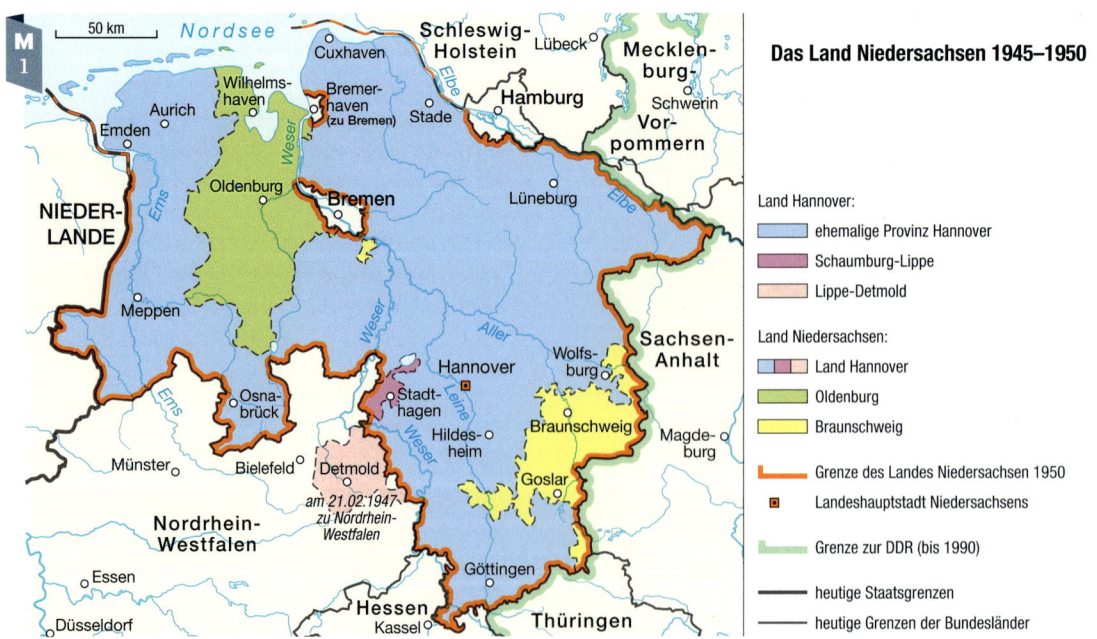

M1 Das Land Niedersachsen 1945–1950

Landesgeschichte

M2 Brian Robertson, der stellvertretende britische Militärgouverneur, sagte am 23. Oktober 1946 im Zonenbeirat in Hamburg:

In all Ihren Vorschlägen stellte ich eine wesentliche Übereinstimmung darüber fest, dass die Regierung in erheblichem Maße dezentralisiert werden muss. Wir stimmen im Prinzip darüber
5 überein ... Von den verschiedenen Vorschlägen, die wir über den territorialen Neubau der britischen Zone erhielten, waren drei von hervorragender Bedeutung. Der erste war der Vorschlag von Ministerpräsident Kopf, Hannover, der empfahl,
10 dass die Britische Zone neben dem Lande Nordrhein-Westfalen zwei weitere Länder, nämlich Niedersachsen und Schleswig-Holstein, enthalten, während Hamburg eine selbstständige Stellung als Hansestadt behalten solle. Der zweite war der
15 von Dr. Kurt Schuhmacher, der den Standpunkt vertritt, abgesehen vom Lande Nordrhein-Westfalen, den gesamten Rest der Zone in ein einziges Land zu verwandeln. ... Nach eingehenden Überlegungen sind wir zu dem Schluss gekommen,
20 dass die von Ministerpräsident Kopf vorgebrachte Lösung die beste Basis zu Befriedigung aller sei. Ein Land, das die gesamte Britische Zone mit Ausnahme der Provinz Nordrhein-Westfalen umfasst, würde sich über ein so großes Gebiet
25 erstrecken, dass eine wirkungsvolle Verwaltung sehr erschwert werden würde.

Zit. nach: Borchers, J.: Gründung des Landes Niedersachsen. Darstellung und Quellen, Hannover 1986, S. 62.

M3 Aus der Regierungserklärung des ersten Ministerpräsidenten Hinrich Wilhelm Kopf (SPD) vor dem Niedersächsischen Landtag, 9. Dezember 1946:

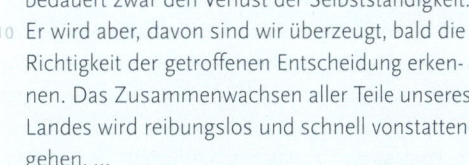

Das Land ist kein künstliches Gebilde, sondern durch die Stammesart seiner Bewohner, durch seine gleichartige Struktur, Traditi-
5 on und wirtschaftliche Geschlossenheit ein organisch gewachsenes zusammenhängendes Ganzes. Ein Teil der Bevölkerung bedauert zwar den Verlust der Selbstständigkeit.
10 Er wird aber, davon sind wir überzeugt, bald die Richtigkeit der getroffenen Entscheidung erkennen. Das Zusammenwachsen aller Teile unseres Landes wird reibungslos und schnell vonstattengehen. ...
15 Die mit der Bildung des neuen Landes zusammenhängende Fragen organisatorischer und verwaltungstechnischer Art treten indes ... zurück an Bedeutung gegenüber der alles überschattenden Sorge der Bekämpfung des Elends der Vertrie-
20 benen und Flüchtlinge, des Hungers, der Kälte, der Seuchen und der Obdachlosigkeit. ... Wir erkennen die Unterstützung an, die die Militärregierung uns leiht, erneuern jedoch auch an dieser Stelle unser dringendes Verlangen nach wirk-
25 samer Hilfe, insbesondere nach Einfuhr von hochwertigen Lebensmitteln und Schaffung von Lebensmittelreserven. ...
Im Interesse der Bereinigung unseres öffentlichen Lebens müssen wir die Entnazifizierung in kurzer Zeit zum Abschluss bringen.

Zit. nach: Borchers, J.: Gründung des Landes Niedersachsen. Darstellung und Quellen, Hannover 1986, S. 62.

M4 *Vertriebene in ihrer Unterkunft in Bothfeld (Hannover), 1946/1947*

1 Beschreibe den Gründungsvorgang des Landes Niedersachsen. Beachte die territorialen Veränderungen (M1, Darstellungstext).
2 **a)** Erarbeite die in M2 gemachten Vorschläge (Kopf und Schumacher) zum territorialen Umbau der britischen Besatzungszone.
b) Diskutiere Vor- und Nachteile der Vorschläge.
3 **a)** Untersuche die Regierungserklärung (M3) hinsichtlich der Probleme und Ziele Niedersachsens.
b) Vergleiche die Einschätzungen Kopfs mit der Situation Deutschlands 1945/46.
Tipp: Nutze M4 und den Darstellungstext.

Plan und Markt:
Zwei Wege zum Wohlstand?

Nach den Schrecken des Krieges und der bitteren Not der Nachkriegsjahre sehnten sich die Menschen nicht nur nach Frieden, sondern auch nach Wohlstand. Ob sie einer Regierung zustimmten, hing stark von der Wirtschaftspolitik ab. Wie sollte der Staat Arbeit und Einkommen sichern, Güter gerecht verteilen? In den beiden deutschen Republiken entstanden unterschiedliche Wirtschaftsmodelle.
- *Informiere dich über Voraussetzungen, Ansprüche und Ergebnisse von Plan- und Marktwirtschaft.*

Sozialistische Planwirtschaft im Osten

In der DDR wurde seit 1952 der „planmäßige Aufbau des Sozialismus" vorangetrieben. Noch bestehende Privatbetriebe wurden verstaatlicht und in „Volkseigene Betriebe" (VEB) umgewandelt; private Bauernhöfe oft
5 unter Zwang zu „Landwirtschaftlichen Produktionsgenossenschaften (LPG) zusammengefasst. Da fast alle Betriebe in Staatsbesitz waren, gab es keine Konkurrenz und damit auch keine Preisgestaltung nach dem Prinzip von Angebot und Nachfrage. Eine staatliche Planungs-
10 kommission legte jeweils für fünf Jahre fest, welche Güter in welchen Mengen gebraucht und produziert wurden. So sollten Rohstoffe geschont und Verschwendung vermieden werden. Für die DDR-Wirtschaft war die Ausgangslage schwieriger als im Westen, da nicht nur
15 viele Industriebetriebe abgebaut und in die Sowjetunion gebracht wurden, sondern auch hohe Reparationszahlungen an die Sowjetunion geleistet werden mussten. Vorrangig wurde der Bereich der Schwerindustrie auf Kosten der Leicht- und Konsumgüterindustrie ausge-
20 baut. Hier fand die Produktion meist in veralteten und technisch rückständigen Anlagen statt. Die DDR war innerhalb des Ostblocks Mitte der 1960er Jahre die zweitstärkste Wirtschaftsmacht und konnte auch international in einigen Sparten hohe Exporterfolge vorwei-
25 sen. Sie steigerte ihre Wirtschaftsleistung bis 1960 um das Zweieinhalbfache.

Mangelwirtschaft bei Konsumgütern

Zur Linderung der Wohnungsnot wurden große Wohnblocks aus vorgefertigten Teilen („Plattenbauten") er-
30 richtet. Mit den Gütern des Grundbedarfs war die Bevölkerung ausreichend versorgt und die Lebensmittelkarten konnten 1958 abgeschafft werden. Grundnahrungsmittel, Mieten und Fahrten mit öffentlichen Verkehrsmitteln waren im Vergleich zur Bundesrepublik sehr billig.
35 Doch kam es immer wieder zu Fehlplanungen, sodass bestimmte Produkte über längere Zeit nicht zu haben waren. Gekauft wurde nicht das, was man gerade brauchte, sondern das, was man bekommen konnte. Die Waren blieben über Jahre die gleichen. Einzelne Luxus-
40 produkte gab es nur gegen westliche Währungen (Devisen*) in speziellen Läden. Da Löhne und Preise staatlich festgesetzt waren und es praktisch für jeden eine Jobgarantie gab, war die Produktivität gering. Der geringen Produktivität mit oft schlechter Warenqualität und der
45 mangelnden Arbeitsmoral vieler Arbeitskräfte begegneten die Verantwortlichen in Partei und Betrieben mit Vergünstigungen aller Art für verdiente Arbeitskräfte. Das waren zusätzlicher und kostenloser Urlaub, die bevorzugte Zuteilung einer der begehrten Neubauwoh-
50 nungen oder die Auszeichnung als „Heldin" oder „Held der Arbeit".

Krise und Untergang der Planwirtschaft

Die vielen Sozialleistungen, die die DDR als ihr großes Plus gegenüber der Bundesrepublik herausstellte, waren
55 teuer und belasteten den Staatshaushalt. Seit dem Ende der 1970er Jahre geriet die DDR in eine anhaltende Wirtschaftskrise. Im Jahre 1982 stand das Land vor dem finanziellen Ruin. Zwei Milliardenkredite westdeutscher Banken, für die die Bundesregierung in Bonn bürgte,
60 retteten 1984 die Kreditwürdigkeit der DDR. Dennoch stiegen die Staatsschulden im Jahre 1989 auf 49 Milliarden Mark an.

Planwirtschaft
Wirtschaftsordnung, in der der Staat die Produktion und die Verteilung von Gütern und Dienstleistungen plant und steuert. Eigeninitiative und freien Wettbewerb gibt es nicht. Löhne und Preise sind staatlich festgelegt.

Webcode: FG450099-218
DDR/BRD – Wirtschaftsmodelle

Soziale Marktwirtschaft im Westen

In den Westzonen entstand seit 1946 eine liberale Marktwirtschaft. Der Markt sollte die Wirtschaft regeln. Kapital, Fabriken, Maschinen und Bauernhöfe blieben in Privatbesitz. Verschiedene Firmen konkurrierten mit einer Vielzahl von Produkten um die Gunst der Kunden. Zugleich sorgte der Staat dafür, dass – anders als z. B. in den USA – das freie „Wechselspiel der Kräfte" durch verschiedene Sozialgesetze eingegrenzt und überwacht wurde. Der Sozialstaat garantierte den Arbeitnehmern die Lohnfortzahlung im Krankheitsfall, Schutz bei Firmenpleiten und, ab 1957, die Anpassung der Renten an steigende Einkommen. Später kamen die Einführung eines Kindergeldes und die Mitbestimmung der Arbeiter in größeren Betrieben hinzu.

Der Marshallplan (siehe S. 210/211), die Einbeziehung der Bundesrepublik in die „Montanunion" und die EWG (siehe S. 186) sowie die steigende Nachfrage führten dazu, dass die deutsche Wirtschaft immer mehr exportierte. Die im Ausland begehrtesten Güter waren Kohle, Stahl, Maschinen und Autos. Aufgrund eines für die Abnehmer im Ausland günstigen Wechselkurses, niedriger Löhne in Deutschland und guter Qualität der westdeutschen Produkte boomte der Export, und die BRD wurde bald zum drittgrößten Industriestaat der Erde.

Aber nicht jeder in der Bundesrepublik konnte sich Konsumgüter wie Haushaltsgeräte, Autos oder Reisen leisten. Deshalb wurden gerade daran Armut und soziale Ungerechtigkeit deutlich, auch wenn der Sozialstaat mehr Bürgern als zuvor erlaubte, an der Konsumgesellschaft teilzuhaben.

Soziale Marktwirtschaft
Wirtschaftsordnung, bei der Produktionsmittel und Kapital im Besitz privater Unternehmen sind. Sie streben nach Gewinn. Angebot und Nachfrage bestimmen den freien Wettbewerb. Der Staat überwacht den Ablauf, schützt Lohnarbeiter durch Gesetze z. B. gegen Kündigung. Die soziale Marktwirtschaft wurde maßgeblich von Alfred Müller-Armack entwickelt und von Wirtschaftsminister Ludwig Erhard verwirklicht.

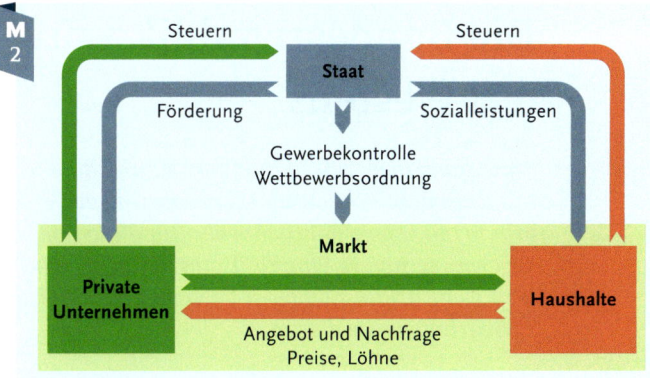

Modell: soziale Marktwirtschaft (Bundesrepublik)

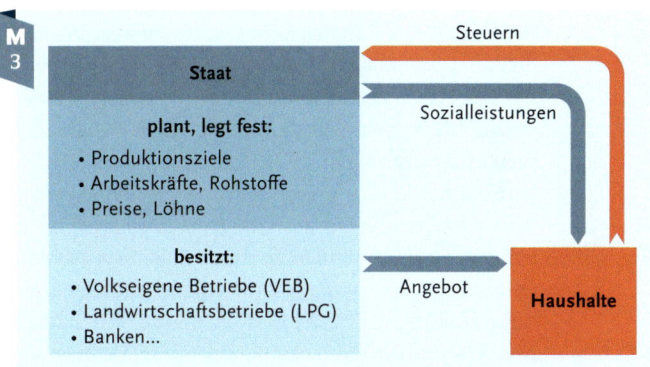

Modell: Planwirtschaft (DDR)

Ludwig Erhard, parteilos, Wirtschaftsminister der Bundesrepublik 1949–1963, Foto, 1957

1 **Wähle eine Aufgabe aus:**
Erläutere anhand der Doppelseite die
a) soziale Marktwirtschaft (M1, M2),
b) sozialistische Planwirtschaft (M3).

2 a) **Partnerarbeit:** Erstellt je eine Liste mit den Merkmalen der beiden Modelle. Notiert Unterschiede.
Tipp: Vergleicht Löhne, Angebot etc.
b) Diskutiert Vor- und Nachteile beider Modelle.

Die Bundesrepublik wird Bündnispartner des Westens

„Ära Adenauer" – so nennt man häufig die ersten anderthalb Jahrzehnte der Bundesrepublik. Konrad Adenauer war der erste Bundeskanzler (1949–1963) und prägte mit seiner Politik nachhaltig diese Zeit. Seine Ziele waren wirtschaftliches Wachstum, innere Stabilität und äußere Sicherheit.

- Welche grundsätzlichen Entscheidungen traf Adenauers Regierung und wie begründete sie diese?

Westintegration der Bundesrepublik

Bei ihrer Gründung war die Bundesrepublik weder innen- noch außenpolitisch souverän. Die alliierten Befehlshaber, die „Hohen Kommissare", bestimmten die Politik. Doch Konrad Adenauer, der am 15. September 1949 zum ersten Bundeskanzler gewählt wurde, strebte nach mehr Handlungsfreiheit: Er wollte die Bundesrepublik durch außenpolitische Verträge zum verlässlichen Partner in Europa machen. Im Petersberger Abkommen handelte er aus, dass Industrieanlagen nicht mehr demontiert werden durften. Außerdem konnte Deutschland nun wieder internationale Handelsbeziehungen anknüpfen. Adenauer orientierte sich schnell nach Westen. Die Westanbindung war ihm wichtiger als die Wiedervereinigung Deutschlands.

Verträge und Bündnisse der Bundesrepublik bis 1955

21. September 1949 Besatzungsstatut: Die drei westlichen Alliierten sichern sich die Kontrolle über die inneren und äußeren Angelegenheiten des westdeutschen Staates.

22. November 1949 Petersberger Abkommen: Die Bundesrepublik erhält die Erlaubnis zur Aufnahme konsularischer Beziehungen mit dem Ausland und zum Abschluss völkerrechtlicher Verträge.

25. Juli 1952 Europäische Gemeinschaft für Kohle und Stahl (= Montanunion, Vorläufer der EU): Deutschland wird neben Frankreich, Italien und den Benelux-Staaten Gründungsmitglied (siehe S. 186).

5. Mai 1955 Pariser Verträge: Die Bundesrepublik erhält die Souveränität und tritt der NATO bei (siehe S. 173). Die drei Westalliierten behalten sich das Recht vor, in Fragen entscheiden zu können, die ganz Deutschland betreffen (z. B. bei einem Friedensvertrag oder einer möglichen Vereinigung der beiden Staaten).

Konrad Adenauer (1876–1967)
Jurist, Mitglied der katholischen Zentrumspartei; ab 1917 Oberbürgermeister der Stadt Köln; von 1920 bis 1933 Präsident des preußischen Staatsrates; 1933 von den Nationalsozialisten aus dem Amt gedrängt. 1946 trat er der neu gegründeten CDU bei, deren Bundesvorsitzender er 1950 bis 1966 war; Adenauer bekleidete von 1949 bis 1963 das Amt des Bundeskanzlers.

Kurt Schumacher (1895–1952)
In der Spätphase der Weimarer Republik Mitglied des Reichstags für die SPD; zahlreiche KZ-Aufenthalte zwischen 1933 und 1945, die schwere gesundheitliche Beeinträchtigungen zur Folge hatten. 1946 bis 1952 Vorsitzender der SPD, ab 1949 Oppositionsführer.

M1 Konrad Adenauer (rechts) stellt den „Hohen Kommissaren" sein Kabinett vor. Dabei betritt er den Teppich, der laut Protokoll den Vertretern der Siegermächte vorbehalten war. Foto, 1949

Verhindert die Westintegration die Einheit?

Während des Koreakrieges (1950–1953) entschieden die Westmächte, dass sich die Bundesrepublik an einer Europäischen Verteidigungsgemeinschaft (EVG) beteiligten sollte. Noch während dieser Verhandlungen schlug Stalin im März 1952 den Westmächten vor, die beiden deutschen Staaten zu vereinigen und sie zu neutralem Gebiet ohne Mitgliedschaft in einem der Blöcke zu erklären. Adenauer lehnte solche Überlegungen ab. Die Opposition unter Kurt Schumacher (SPD) drängte darauf, die Vorschläge Stalins zu überprüfen. Bis heute streiten die Historiker über die Ernsthaftigkeit und Umsetzbarkeit der sowjetischen Vorschläge von 1952.

Die Pläne für eine europäische Verteidigungsgemeinschaft scheiterten an der Ablehnung Frankreichs. 1956 wurde die Bundesrepublik jedoch in die NATO aufgenommen. Trotz heftiger Proteste führte sie die allgemeine Wehrpflicht ein und baute die Bundeswehr auf. Damit war der Beschluss der Potsdamer Konferenz hinfällig geworden, Deutschland zu entmilitarisieren.

M2 Bundeskanzler Konrad Adenauer in seiner ersten Regierungserklärung im September 1949:

Es besteht für uns kein Zweifel, dass wir nach unserer Herkunft und nach unserer Gesinnung zur westeuropäischen Welt gehören. Wir wollen zu allen Ländern gute Beziehungen ... unterhalten, insbesondere aber zu unseren Nachbarländern ... Der deutsch-französische Gegensatz, der Hunderte von Jahren die europäische Politik beherrscht und so zu manchen Kriegen und Blutvergießen Anlass gegeben hat, muss endgültig aus der Welt geschaffen werden ...

Alle diese Interessen sollen in eine Ordnung und Übereinstimmung gebracht werden, die sich im Rahmen der Europäischen Union, deren Mitglied wir möglichst bald zu werden wünschen, finden lassen wird.

Zit. nach www.konrad-adenauer.de/dokumente/erklärungen/regierungserklärung (Stand: 26.10.2016).

M3 Der SPD-Abgeordnete Herbert Wehner (1906–1990) nahm im Bundestag im Juni 1957 Stellung zur Einbindung der BRD in das westliche Bündnissystem:

Aus Besatzungsfesseln werden Bündnisfesseln, und es ist mehr als fraglich, wie diese Bündnisfesseln, die unter dem Übergewicht der Besatzungsmächte geschmiedet worden sind, bei unseren Bemühungen um die Wiedervereinigung Deutschlands in Freiheit und mit friedlichen Mitteln fördern statt hemmen sollen ...

Nach der mehr oder weniger offen ausgesprochenen Ansicht westlicher Vertragspartner und ihrer Publikationsorgane und nach ihren Interessen ist unter Umständen das Fortbestehen der Teilung Deutschlands das „kleinere Übel".

Zit. nach http://dip21.bundestag.de/dip21/btp/01/01222.pdf (Stand: 26.10.2016).

Wahlplakat der CSU 1953 zur Wiederbewaffnung

---

1 a) Nenne mithilfe des Darstellungstextes die Hauptziele von Adenauers Politik.
b) Vergleiche die Ziele mit seinen Aussagen in M2.
c) Erläutere die Begründungen, die Adenauer in M2 für die Ausrichtung seiner Politik gibt.
d) Bewerte diese Begründungen kritisch, auch unter Verweis auf die Aussagen von Herbert Wehner (M3).

2 Selbstbewusstsein oder Provokation? Beurteile Adenauers bewussten Bruch des Protokolls (M1).

3 Diskutiert: Verhinderte die Westintegration eine Wiedervereinigung (M3 und Darstellungstext)?

4 **Methode:** Kläre die Intention des Plakats (M4). Berücksichtige dabei die bildlichen Darstellungen und Symbole, mit denen das Plakat arbeitet. Nutze dazu auch die Arbeitsschritte auf S. 61.

Webcode: FG450099-221
Konrad Adenauer/Kurt Schumacher

17. Juni 1953 – Volksaufstand in der DDR

Die SED erklärte 1952 den „Aufbau des Sozialismus" nach sowjetischem Vorbild zur grundlegenden Aufgabe bei der Umgestaltung des Landes. Sie ging gegen alle Personen und Gruppen vor, die sich gegen die Vorgaben des Marxismus-Leninismus auflehnten.

- Was war der Anlass für den Volksaufstand vom 17. Juni 1953 und wie verlief er?

Gelingt der „Aufbau des Sozialismus"?

Seit Juni 1952 wurden Bauern, Handwerker und Kaufleute durch hohe Steuern, Nötigung und Überredung gezwungen, ihre Selbstständigkeit aufzugeben. Allen Selbstständigen wurde der Sozialversicherungsschutz
5 entzogen. Im ersten Fünfjahresplan hatte sich die SED das Ziel gesetzt, eine von westlichen Importen unabhängige Volkswirtschaft aufzubauen. Ein Großteil der Investitionen floss in eine eigene Stahlindustrie, und für die Konsumgüterindustrie blieb wenig übrig. Die Versor-
10 gung der Bevölkerung mit Lebensmitteln verschlechterte sich. Das Land litt unter den Reparationen für die Sowjetunion und den Besatzungskosten von über zwei Milliarden Mark jährlich. Als 1953 durch die neuen Grenztruppen noch beträchtliche Militärausgaben hin-
15 zukamen, fehlte der Staatskasse weiteres Geld. Zugleich wurden mit dem „Gesetz zum Schutz des Volkseigentums" geringfügige Diebstähle oder Unterschlagungen hart bestraft. Innerhalb eines Jahres verdoppelte sich die Zahl der Häftlinge von 30 000 auf 60 000 Menschen. Die
20 Umgestaltung des Landes und die Unterdrückung führten dazu, dass viele Menschen in den Westen flüchteten. Weil sich die Situation im Alltag kaum verbesserte, wuchs der Flüchtlingsstrom immer mehr an.

Mehr arbeiten – für noch weniger?

25 Um die Planvorgaben zu erfüllen, führte die SED im März 1953 einen neuen Kurs ein, der den Arbeiterinnen und Arbeitern noch mehr abverlangte: Die Normen, das zu leistende Arbeitspensum, sollten um 10 Prozent, bei gleichem Lohn, erhöht werden. Das entsprach einer
30 Lohnkürzung von 20 bis 30 Prozent. Diese Ankündigung brachte das Fass zum Überlaufen. Am 17. Juni legten die Bauarbeiter der Stalinallee, einem Aushängeschild der Regierung für den Wiederaufbau der DDR, die Arbeit nieder und forderten den Rücktritt der Regierung
35 und freie Wahlen. Der Aufstand weitete sich auf viele Städte der DDR aus, besonders auf die Industriezonen Halle, Merseburg und Leipzig. Zwischen 500 000 und einer Million Menschen nahmen daran teil.

Demonstranten tragen Plakate, die Forderungen an die Regierung enthalten. Foto, Berlin, 17. Juni 1953

Die neue Führung der Sowjetunion nach Stalins Tod
40 forderte die SED auf, das Tempo der Normerhöhung zu drosseln, doch diese sah in den Protesten nur den Einfluss von Provokateuren aus dem Westen. Sie war nicht bereit, von ihrem Kurs abzuweichen. Der SED-Staat unter Walter Ulbricht stand am Rande des Zu-
45 sammenbruchs und rief in dieser Lage das sowjetische Militär zu Hilfe. Als die Protestmärsche und Aufstände am 17. Juni 1953 weiter zunahmen, wurden die Demonstranten mit Schüssen auseinandergetrieben. Am Ende des Tages gab es zahlreiche Tote und Tausende von
50 Verhaftungen. Gerichte verhängten langen Haftstrafen, verbunden mit Zwangsarbeit und sogar Todesurteile. Der Aufstand beunruhigte die SED-Führung sichtlich. Die Normerhöhungen wurden zurückgenommen, die Preise gesenkt und die Renten erhöht, zugleich wurde
55 aber auch die Überwachung durch den Staatssicherheitsdienst verstärkt.

M2 Aus einem Telegramm einer Streikleitung an die Regierung vom 17. Juni 1953:

Die Werktätigen des Kreises Bitterfeld fordern:
1. Sofortiger Rücktritt der Regierung, die durch Wahlmanöver an die Macht gekommen ist
2. Einsetzung einer provisorischen deutschen demokratischen Regierung
3. Freie demokratische, geheime und direkte Wahlen in 4 Monaten ...
5. Sofortige Freilassung der politischen Häftlinge ...
6. Sofortige Normalisierung des Lebensstandards ohne Lohnsenkung
7. Zulassung aller großen demokratischen Parteien Westdeutschlands in unserer Zone
8. Keine Repressionen [Strafmaßnahmen] gegen die Streikenden ...

Zit. nach Hubertus Knabe, 17. Juni 1953. Ein deutscher Aufstand, München, (= Ullstein TB) 2003, S. 215. © Propyläen

Auf dem Potsdamer Platz in Berlin fliehen Teilnehmer eines Protestzuges vor den herannahenden sowjetischen Panzern. Foto, 17. Juni 1952

M4 Der Aufstand aus Sicht der DDR:

II West-Berlin ... wurden systematisch Kriegsverbrecher, Militaristen und kriminelle Elemente in Terrororganisationen vorbereitet und ausgerüstet ... Der Gegner benutzte zur Auslösung seiner Provokation die Missstimmung in Teilen der Bevölkerung, die durch Folgen unserer Politik im letzten Jahr entstanden war ... Er warf seine ... mit Waffen ausgerüsteten Banditenkolonnen über die Sektorengrenzen mit der Aufgabe, die Arbeitsniederlegung ehrlicher Bauarbeiter durch Hetzlosungen in eine Demonstration gegen die Regierung umzufälschen ... So sollte in der DDR eine faschistische Macht errichtet und Deutschland der Weg zu Einheit und Frieden verlegt werden.

Beschluss des ZK der SED vom 21. Juni 1954, Dokumente der SED, Band IV, S. 438f.

Kundgebung der Berliner SED-Bezirksleitung, Foto, Berlin, 26. Juni 1953

---

1 **a)** Erläutere anhand des Darstellungstextes den Hintergrund und die Motive für die Proteste.
b) In der Bundesrepublik wurde bis 1990 der 17. Juni als „Tag der Deutschen Einheit" gefeiert. Leite aus M1 und M2 Gründe ab, die für diese Wahl entscheidend gewesen sein könnten.
2 Erkläre die Zielsetzung des ZK-Beschlusses (M4) und berücksichtige dabei besonders die Sprache des Textes.
3 **Diskussion:** Aufständische oder Provokateure? Teilt euch in drei Gruppen auf: Vertreter der DDR, der Bundesrepublik und neutrale Beobachter. Diskutiert, wie ihr die Demonstranten vom 17. Juni bezeichnen würdet. Nutzt M1–M5.

Zusatzaufgabe: siehe S. 324.

Webcode: FG450099-223
Volksaufstand 17. Juni 1953

1961 – Bau der Berliner Mauer

Am 13. August 1961 begannen Bauarbeiter in Ost-Berlin, Stacheldraht an der Grenze nach Westen zu verlegen. Unter dem Schutz von Volkspolizisten und Soldaten riegelten sie den sowjetischen Sektor ab. In den folgenden Wochen entstand eine Mauer quer durch die Stadt und rund um Westberlin. Bald waren die Sperranlagen unüberwindbar (siehe S. 234).
- *Warum beschloss die DDR-Führung den Mauerbau?*
- *Wie reagierte der Westen und der Osten?*

„Abstimmung mit den Füßen"

Der sowjetische Generalsekretär Nikita S. Chruschtschow (1894–1971) forderte im November 1958 die Westalliierten ultimativ auf, Berlin zu verlassen. Berlin solle eine „freie und entmilitarisierte Stadt" werden. An-
5 derenfalls werde die UdSSR einen separaten Friedensvertrag mit der DDR abschließen und ihr die Besatzungsrechte übertragen. Dieser Plan scheiterte am Widerstand der Westalliierten. Die DDR-Führung drängte auf eine Änderung des Status von West-Berlin, da sich
10 innerhalb Berlins der einfachste Fluchtweg für DDR-Bürger bot: Über die offenen Sektorengrenzen konnten Ausreisewillige aus dem Ostsektor ohne Kontrollen in den Westteil Berlins gelangen und von dort per Flugzeug in die Bundesrepublik weiterreisen. Tausende junge und
15 meist gut ausgebildete Arbeitskräfte verließen die DDR. Diese Abwanderung schlug sich spürbar in einem Rückgang der DDR-Wirtschaftsleistung nieder.
Obwohl die Errichtung der Mauer im August 1961 einen Bruch des Viermächtestatus von Berlin darstellte, nah-
20 men die Westmächte den Bau unter Protesten hin. Die DDR sicherte auch die innerdeutsche Grenze durch Minenfelder und Selbstschussautomaten gegen Fluchtversuche.

Titelseite des „Neuen Deutschland" vom 14. August 1961

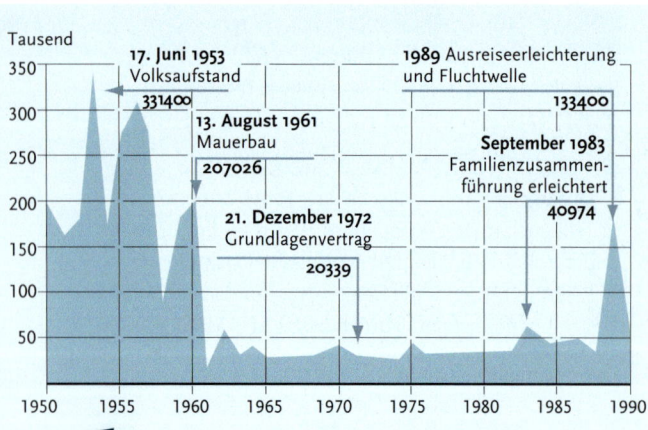
M1 Flüchtlinge aus der DDR in die Bundesrepublik 1950 bis 1990

Titelseite der „Bild-Zeitung" vom 16. August 1961

Nach dem Mauerbau gelang der DDR-Führung eine kurzfristige Stabilisierung der Wirtschaft. Ein vergleichbarer Lebensstandard wie im Westen konnte jedoch bis zum Ende der DDR 1989 nicht erreicht werden.

Albert Norden, der von 1958 bis 1981 Mitglied des Politbüros der SED war, erklärte 1963 vor Grenzsoldaten in Berlin:

Ich sage, jeder Schuss aus der Maschinenpistole eines unserer Grenzsicherungsposten zur Abwehr solcher Verbrechen rettet in der Konsequenz Hunderten von Kameraden, rettet tausenden Bürgern der DDR das Leben und sichert Millionenwerte an Volksvermögen. Ihr schießt nicht auf Bruder und Schwester, wenn ihr mit der Waffe den Grenzverletzer zum Halten bringt. Wie kann der euer Bruder sein, der die Republik verrät, der die Macht des Volkes antastet! Auch der ist nicht unser Bruder, der zum Feinde desertieren will. Mit Verrätern muss man sehr ernst sprechen, Verrätern gegenüber menschliche Gnade zu üben heißt, unmenschlich am ganzen Volk zu handeln.

Zit. nach Die Volksarmee, 1963, Nr. 41.

Die Journalistin Margret Boveri schrieb 1962:

Ebenso schlimm wie die Mauer aus Steinen, Mörtel und Zement, die am 13. August quer durch Berlin gebaut worden ist, scheint mir die Mauer zu sein, die sich im Laufe der letzten fünfzehn Jahre fast unmerklich in der Vorstellungswelt der Deutschen auf beiden Seiten der Trennungslinie gebildet hat. Vielleicht ist sie sogar noch schlimmer, weil die Steinmauer sich einmal, wenn die politischen Voraussetzungen gegeben sein werden, ... von einem Tag auf den anderen abtragen lässt ... Dagegen die immaterielle und doch so undurchdringliche Mauer, von der hier die Rede sein soll, kann nicht aufgrund von Beschlüssen der verantwortlichen Regierenden einfach abgebaut werden. Sie hat keinen geografischen Ort und ist doch in der Landschaft des Kalten Krieges in ihrer Doppelseitigkeit allgegenwärtig ... Es wird schwer sein, sie abzutragen ...

Zit. nach Christoph Kleßmann, Zwei Staaten, eine Nation, Bonn (Bundeszentrale für politische Bildung) 1988, S. 502 f.

Darstellung des Mauerbaus in einem DDR-Schulbuch:

In den ersten Augusttagen 1961 leiteten die Militaristen in der BRD die letzten militärischen Aggressionsvorbereitungen gegen die DDR ein. Anfang August weilte der BRD-Verteidigungsminister Strauß in den USA. Strauß erklärte dem USA-Präsidenten Kennedy und Vertretern des amerikanischen Kriegsministeriums, dass in der DDR ein „Volksaufstand" bevorstünde ... Die Bürger der BRD sollten glauben, die Mehrheit des Volkes der DDR sei gegen den Sozialismus ... Dementsprechend versuchte man durch Meldungen über einen angeblich bevorstehenden Umsturz in der DDR von den wahren Absichten des BRD-Imperialismus abzulenken und die Kriegsvorbereitungen zu tarnen ...
Als am 13. August die Sonne über Berlin aufging, waren die Sicherungsmaßnahmen im Wesentlichen abgeschlossen. Der Kriegsbrandherd West-Berlin war unter zuverlässige Kontrolle gekommen.
Die Errichtung des antifaschistischen Schutzwalls, die in schnellem Tempo erfolgte, hatte die Westmächte, die BRD-Regierung und den Berliner Senat völlig überrascht. Während die bestürzten Politiker in Bonn und in Washington von einer Beratung zur anderen hetzten, ging das Leben in der Hauptstadt der DDR normal weiter ... Die Mehrheit der Werktätigen der DDR begrüßte und unterstützte die Sicherungsmaßnahmen.

Geschichte 10, Berlin (Volk und Wissen) 1983, S. 162.

---

1. Erläutere mithilfe des Darstellungstextes und M1 die Ausgangslage vor dem Bau der Mauer.
2. **Wähle eine Aufgabe aus:**
    a) Beschreibe den Aufbau der beiden Zeitungstitelseiten (M2 und M3). Wie werten die beiden Zeitungen das Ereignis?
    b) Suche aus dem Schulbuchtext (M5) alle Wertungen des Mauerbaus aus DDR-Sicht heraus.
3. Beurteile die Haltung der DDR-Führung zu den Fluchtversuchen (M4).
4. **Recherche:** Nach dem Ende der DDR kam es zu Prozessen gegen „Todesschützen" entlang der Grenze. Informiere dich und berichte darüber.
5. Fasse die Folgen des Mauerbaus zusammen (M6 und Darstellungstext).

Webcode: FG450099-225
Die Berliner Mauer

Neue Ost- und Deutschlandpolitik

Ab Herbst 1969 regierte erstmals eine sozial-liberale Regierung aus SPD und FDP in der Bundesrepublik. Bundeskanzler Willy Brandt (SPD) hatte im Exil Widerstand gegen die Nationalsozialisten geleistet und genoss daher in vielen Ländern hohe Achtung. Zusammen mit Außenminister Walter Scheel (FDP) plante er eine neuen Ostpolitik. Beide wollten das angespannte Verhältnis zur Sowjetunion, zu Polen, der Tschechoslowakei und zur DDR lockern.

- Welche Ziele verfolgte Willy Brandts Regierung mit ihrer Ostpolitik und was erreichte sie?

„Wandel durch Annäherung"

Unter den Kanzlern Adenauer, Erhard und Kiesinger beanspruchte die Bundesrepublik das Vorrecht, alle Deutschen in Ost und West außenpolitisch zu vertreten (Hallstein-Doktrin*). Doch immer mehr Staaten – vor allem in Asien und Afrika – knüpften auch diplomatische Kontakte zur DDR. Die sozial-liberale Koalition änderte deshalb die außenpolitische Strategie: Das neue Motto wurde „Wandel durch Annäherung". Architekt dieser neuen Ostpolitik wurde Egon Bahr (1922–2015), der Staatssekretär Willy Brandts. In enger Absprache mit den westlichen Verbündeten plante die BRD Verträge zur Zusammenarbeit mit der Sowjetunion, Polen, der Tschechoslowakei und besonders mit der DDR. Mit Polen und der Sowjetunion vereinbarte sie zum Beispiel den Verzicht auf gewaltsame Grenzverschiebungen. Das sollte die Beziehungen stabilisieren. Allerdings bedeutete es auch, dass Deutschland auf jene Ostgebiete verzichtete, die es durch den Krieg verloren hatte. Besonders die deutschen Flüchtlingsverbände empfanden das als Verrat.

Willy Brandt (1913–1992)
Geboren in Lübeck (ursprünglicher Name Herbert Frahm). Als Schüler Mitglied der Sozialistischen Arbeiterjugend, seit 1930 SPD-Mitglied; emigrierte 1933 nach Norwegen, wo er als Journalist unter dem Schriftstellernamen Willy Brandt arbeitete. Er gehörte dem ersten deutschen Bundestag an (1949 bis 1957 und ab 1969), war von 1957 bis 1966 Regierender Bürgermeister Berlins und von 1969 bis 1974 Bundeskanzler. 1971 erhielt Willy Brandt für seine Entspannungspolitik den Friedensnobelpreis.

Der Grundlagenvertrag mit der DDR 1972

Ein weiterer Baustein der Ostverträge war der 1972 zwischen der Bundesrepublik und der DDR geschlossene Grundlagenvertrag. Beide Länder erkannten darin die staatliche Souveränität des anderen an und betrachteten sich als gleichberechtigte Partner. Vorbereitet wurde der Grundlagenvertrag durch das 1971 geschlossene Vier-Mächte-Abkommen* der Siegerstaaten des Zweiten Weltkrieges. Dadurch wurde der zuvor oft von der DDR willkürlich verzögerte Verkehr zwischen West-Berlin und der Bundesrepublik erheblich erleichtert. Dennoch hatten West-Berliner weiterhin einen eigenen Pass und junge West-Berliner durften nicht zum Wehrdienst in die Bundeswehr eingezogen werden.

M1 Bundeskanzler Willy Brandt am Mahnmal im Warschauer Getto, Foto, 1970. Brandt würdigte mit einem Kniefall bei seinem Besuch in Polen die Toten vom Aufstand im Warschauer Getto im Frühjahr 1943. Diese spontane Geste löste weltweit Aufmerksamkeit aus und sorgte in Deutschland für eine scharfe innenpolitische Kontroverse.

Vertrag über die Grundlagen der Beziehungen zwischen der Bundesrepublik Deutschland und der Deutschen Demokratischen Republik vom 21. Dezember 1972:

Artikel 1 Die Bundesrepublik Deutschland und die Deutsche Demokratische Republik entwickeln normale gutnachbarliche Beziehungen zueinander auf der Grundlage der Gleichberechtigung.

Artikel 2 Die Bundesrepublik Deutschland und die Deutsche Demokratische Republik werden sich von den Zielen und Prinzipien leiten lassen, die in der Charta der Vereinten Nationen niedergelegt sind, insbesondere der souveränen Gleichheit aller Staaten, der Achtung der Unabhängigkeit, Selbstständigkeit und territorialen Integrität, dem Selbstbestimmungsrecht, der Wahrung der Menschenrechte und der Nichtdiskriminierung.

Artikel 3 Entsprechend der Charta der Vereinten Nationen werden die Bundesrepublik Deutschland und die Deutsche Demokratische Republik ihre Streitfragen ausschließlich mit friedlichen Mitteln lösen und sich der Drohung mit Gewalt oder der Anwendung von Gewalt enthalten. Sie bekräftigen die Unverletzlichkeit der zwischen ihnen bestehenden Grenze jetzt und in der Zukunft und verpflichten sich zur uneingeschränkten Achtung ihrer territorialen Integrität[1].

Artikel 4 Die Bundesrepublik Deutschland und die Deutsche Demokratische Republik gehen davon aus, dass keiner der beiden Staaten den anderen international vertreten oder in seinem Namen handeln kann ...

Artikel 6 Sie respektieren die Unabhängigkeit und Selbstständigkeit jedes der beiden Staaten in seinen inneren und äußeren Angelegenheiten.

Artikel 7 Die Bundesrepublik Deutschland und die Deutsche Demokratische Republik erklären ihre Bereitschaft, im Zuge der Normalisierung ihrer Beziehungen praktische und humanitäre Fragen zu regeln. Sie werden Abkommen schließen, um auf der Grundlage dieses Vertrages und zum beiderseitigen Vorteil die Zusammenarbeit auf dem Gebiet der Wirtschaft, der Wissenschaft und Technik, des Verkehrs, des Rechtsverkehrs, des Post- und Fernmeldewesens, des Gesundheitswesens, der Kultur, des Sports, des Umweltschutzes und auf anderen Gebieten zu entwickeln und zu fördern. Einzelheiten sind in dem Zusatzprotokoll geregelt.

Artikel 8 Die Bundesrepublik Deutschland und die Deutsche Demokratische Republik werden ständige Vertretungen (Botschaften) austauschen ...

Zit. nach Bulletin des Presse- und Informationsamtes der Bundesregierung vom 8. November 1972, Nr. 155, S. 1842 ff.

[1] *Anerkennung der festen Grenzen*

---

1 **Wähle eine Aufgabe aus:**
Fasse die wesentlichen Veränderungen der Deutschland- und Ostpolitik zusammen (Darstellungstext, Lexikon „Hallstein-Doktrin"):
a) in einer Tabelle
b) in einem Schaubild.

2 a) Interpretiere, was Brandt wohl mit seinem Kniefall ausdrücken wollte (M1).
b) **Recherche:** Ermittle, wie sich Brandt später zu dem Ereignis geäußert hat.

3 Begründe, warum Willy Brandts Politik und auch sein „Kniefall" sowohl tiefe Bewunderer als auch erbitterte Gegner fand (M1, M3 und Darstellungstext).
Tipp: Lies die Texte auf den Transparenten.

4 Analysiere M2. Kläre, wie sich beide Staaten annäherten.
Tipp: Inwiefern unterschieden sie sich von „normalen" Nachbarländern?

Webcode: FG450099-227
Neue Ostpolitik

Demonstration gegen die Ostverträge, Foto, 1972

Die deutsch-deutschen Beziehungen nach Unterzeichnung des Grundlagenvertrages

Die neue Ostpolitik der sozial-liberalen Koalition führte auch zu einer Annäherung zwischen der BRD und der DDR.
- Welches Verhältnis entwickelten die beiden deutschen Staaten zueinander?

Die DDR unter Erich Honecker

1971 wurde Walter Ulbricht von Erich Honecker als Generalsekretär der SED und Staatsratsvorsitzender abgelöst. Die meisten DDR-Bürger hofften nun auf mehr persönliche Freiheiten. Doch an den Lebensbedingungen im Alltag änderte sich wenig – für Güter des täglichen Bedarfs musste man weiter Schlange stehen. Erfolge erzielte die DDR-Regierung dagegen in der Sozialpolitik. Allerdings waren die Sozialleistungen teuer und belasteten den Haushalt des Landes. 1973 kam noch die Ölkrise* hinzu, die im Westen und Osten die Wirtschaft schädigte und die industrielle Produktion verlangsamte. Die DDR musste den Export in den Westen einschränken. Ihr fehlten nun dringend benötigte Einnahmen.

Die Umsetzung des Grundlagenvertrages

1972 schlossen die beiden deutschen Staaten den Grundlagenvertrag (siehe S. 227). Er führte zur Einrichtung von „Ständigen Vertretungen" in Bonn und Ost-Berlin – trotz heftiger Proteste der CDU. Der Begriff „Botschaften" wurde vermieden, um den besonderen Charakter der deutsch-deutschen Beziehungen zu unterstreichen.

Dennoch blieben die Ziele der beiden Staaten unterschiedlich: Die westdeutsche Regierung betonte in ihrem „Brief zur deutschen Einheit", dass sie die Wiedervereinigung anstrebe. Alle Deutschen – ob West oder Ost – galten nach Artikel 116 des Grundgesetzes als Staatsbürger der BRD. Jeder DDR-Bürger konnte deshalb auch einen westdeutschen Pass erhalten.

Die DDR beharrte dagegen auf ihrer staatlichen Souveränität. Sie interpretierte den Grundlagenvertrag anders: nämlich als völkerrechtliche Anerkennung durch die Bundesrepublik. Darum verstärkte sie auch ihre Anstrengungen, weltweit als eigener Staat wahrgenommen zu werden. Auch die DDR-Hymne wurde nicht mehr gesungen, weil dort vom „Deutschland einig Vaterland" die Rede war. Beide deutschen Staaten wurden am 18. September 1973 in die UNO aufgenommen.

Entspannung durch Abkommen

Bis 1989 wurden 30 Abkommen in verschiedensten Bereichen geschlossen: Erleichterungen im Reiseverkehr und bei Post- sowie Telefonverbindungen, der Ausbau von Autobahnen und Kanälen, Sporttreffen, Kulturaustausch und Familienzusammenführungen. Die Bewohner der Grenzregionen im Westen erhielten Bewilligungen für Tagesbesuche in die DDR. Aus der DDR durften nur sehr wenige Menschen zu Verwandtenbesuchen in den Westen reisen; erst als Rentner war die Fahrt in die Bundesrepublik gestattet. Seit 1973 berichteten erstmals westdeutsche Journalisten – wenn auch oft behindert durch DDR-Organe – aus der DDR.

Karikatur von Josef Blaumeiser, 1973

Finanzhilfen für die DDR

Wichtig für die DDR-Wirtschaft war der Aufschwung des deutsch-deutschen Binnenhandels. Westdeutsche Unternehmer entdeckten die DDR als billigen Produktionsstandort. Die Bundesrepublik zahlte hohe Summen u. a. für den Ausbau und die Nutzung der Verkehrswege nach Westberlin und für den Freikauf von „politischen" Häftlingen.

Die DDR benötigte dringend westliche Zahlungsmittel wie D-Mark oder Dollar („Devisen"), um damit im westlichen Ausland einkaufen zu können. Die Währungen der Ostblockstaaten waren nicht konvertierbar, d. h. sie besaßen im Westen keine Gültigkeit. Wichtig war daher der Verkauf von Industriegütern mit „Weltniveau" in westliche Staaten oder der Verkauf von wertvollen Antiquitäten im Westen. Heute wissen wir, dass die DDR ab 1982 vor dem Staatsbankrott stand und nur dank westdeutscher Kredite in Milliardenhöhe und Transferzahlungen wirtschaftlich bis 1989 überlebte.

Von Brandt zu Schmidt und zu Kohl
Bundeskanzler Willy Brandt trat 1974 zurück, als ein enger Mitarbeiter als Spion der DDR enttarnt wurde. Der Nachfolger im Bundeskanzleramt war Helmut Schmidt (SPD). Er setzte den Kurs der sozial-liberalen Koalition fort: Reformen im Innern, Entspannungspolitik nach außen. Seine Koalitionsregierung mit der FDP zerbrach jedoch 1982. Schuld war ein Streit über Maßnahmen gegen die Wirtschaftskrise und die Stationierungen amerikanischer Mittelstreckenraketen in Deutschland (siehe S. 184). 1982 kam es zu einem konstruktiven Misstrauensvotum gegen den regierenden Bundeskanzler Schmidt – die Mehrheit der Abgeordneten im Bundestag entzog ihm das Vertrauen. Neuer Bundeskanzler wurde Helmut Kohl (CDU), der bis 1998 regierte.

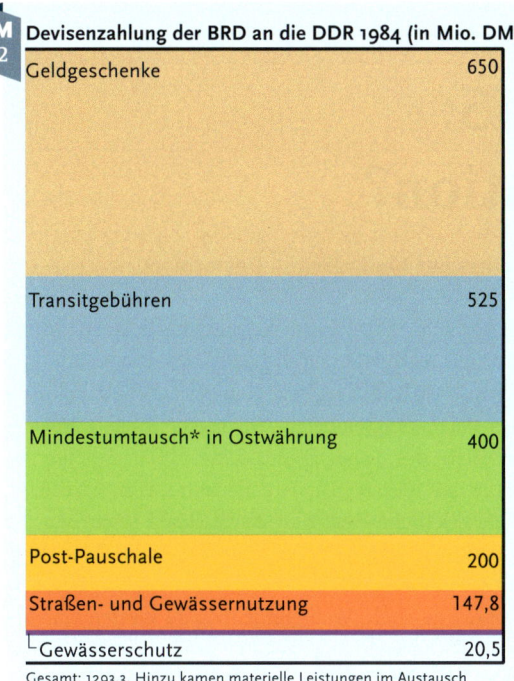

Gesamt: 1293,3. Hinzu kamen materielle Leistungen im Austausch gegen politische Häftlinge.

* DDR-Besucher mussten pro Tag 25 D-Mark in 25 Ost-Mark umtauschen, obwohl letztere nur 1/4 wert war.

Bundeskanzler Kohl schreitet mit dem Staatsratsvorsitzenden Honecker am 7. September 1987 die militärische Ehrenformation vor dem Kanzleramt in Bonn ab. Foto

Kommt die Wiedervereinigung?
Umfrageergebnis in Westdeutschland (in Prozent):

Jahr	Wiedervereinigung wird erfolgen	Wiedervereinigung erfolgt nicht
1951	39	41
1953	61	28
1956	66	23
1961	48	45
1965	58	37
1970	18	72
1975	8	83
1980	17	82
1985	11	86
1987	3	97

Deutschland Archiv 10/1989, S. 1139f.

1 **Partnerarbeit:** Fasst die Veränderungen im deutsch-deutschen Verhältnis durch den Grundlagenvertrag zusammen – aus Sicht
   a) der DDR,   b) der Bundesrepublik.
   Nutzt Darstellungstext und Quellen.
2 Gib der Karikatur M1 eine Überschrift und begründe deine Entscheidung.
3 Entnimm der Grafik M2, wofür Devisen* von der BRD an die DDR gezahlt wurden.
4 Entwirf eine Schlagzeile zum Staatsbesuch Honeckers (M3) aus der Sicht des Westens und des Ostens.
5 Erläutere das Ergebnis der Umfrage in M4.

Zusammenfassung

7 Deutschland nach 1945: Zwei Staaten, eine Nation?

| 1945 | 1950 | 1955 | 1960 | 1965 |

1945: 8./9. Mai: Kriegsende in Europa
ab Juli: Potsdamer Konferenz
ab November: Nürnberger Prozesse

1947/1948: Marshallplan der USA

1949 Gründung der Bundesrepublik und der DDR

17. Juni 1953: Volksaufstand in der DDR

1961: Bau der Berliner Mauer

1949–1963 Bundeskanzler Adenauer (CDU)
„Wirtschaftswunder" der BRD

Deutschland nach 1945: Zwei Staaten, eine Nation?

Zusammenbruch und Besatzung 1945

Die Kapitulation der Wehrmacht am 8. und 9. Mai 1945 beendete zwar den Krieg in Europa, aber nicht das Leiden. Deutschland war massiv zerstört: Verkehrswege, Wasser- und Stromleitungen waren defekt, die Versorgung mit wichtigen Gütern gekappt. Der Mangel an Nahrungsmitteln, Kleidung und Wohnraum bestimmte das Leben der Menschen. Etwa zwei Drittel der Bevölkerung war vertrieben, evakuiert oder auf der Flucht. Trotzdem empfanden viele Zeitzeugen diese Zeit als „Stunde null". Historiker sprechen hingegen eher von einer „Zusammenbruchsgesellschaft".

Im Juli und August 1945 verhandelten Präsident Truman (USA), Josef Stalin (UdSSR) und Premierminister Churchill/Attlee (Großbritannien) in Potsdam über die Zukunft Deutschlands. In ihrem Abkommen formulierten sie die Pläne, die sie mit fünf „Ds" umschrieben: Demokratisierung, Denazifizierung, Dezentralisierung, Demilitarisierung und Demontage. Deutschland wurde in vier Besatzungszonen aufgeteilt, Berlin in vier Sektoren. Dort übernahm jeweils eine Besatzungsmacht die Regierungsgewalt (USA, UdSSR, GB, Frankreich). Sie bestimmte darüber, wie das Abkommen umgesetzt wurde. Konflikte zwischen den Besatzern entwickelten sich bald über die Höhe der Reparationen und die Ostgrenze Deutschlands. Die UdSSR hatte bereits Fakten geschaffen und die Oder-Neiße-Grenze festgesetzt.

Politischer Neubeginn in Deutschland

In den Westzonen entstanden schon 1945 wieder die ersten Parteien. Bei den ersten Kommunalwahlen etablierten sich CDU, SPD, FDP und KPD. Die Alliierten befürworteten auch die Gründung neuer Bundesländer als unabhängige Verwaltungseinheiten. So entstand am 1. November 1946 das Land Niedersachsen. Die Bevölkerung durfte bald auch die Länderparlamente selbst wählen.
Die sowjetische Besatzungsmacht hatte schon vor der Potsdamer Konferenz zur Gründung von Parteien in ihrer Zone aufgerufen. Das Personal dafür wurde in Moskau geschult. Während jedoch im Westen eine demokratische Ordnung entstand, wollte die UdSSR vor allem ihren Einfluss wahren. Deshalb erfolgte im April 1946 auch die Zwangsvereinigung der KPD und SPD zur SED (Sozialistische Einheitspartei Deutschlands). Unter dem Einfluss der UdSSR dominierte die SED die Politik und gestaltete später die DDR nach sowjetischem Vorbild um.

Besatzungspolitik in West und Ost

Die wirtschaftliche Not im zerstörten Europa war weiterhin groß. Die USA verabschiedeten deshalb 1947 den Marshallplan: Mit Geldmitteln und Sachleistungen unterstützten sie die europäischen Staaten beim Wiederaufbau, so auch die westdeutschen Besatzungszonen. Die Sowjetunion deutete dies als „imperialistische Strategie" und verbot den Ländern in ihrem Einflussbereich die Teilnahme. Sie begann stattdessen mit der Enteignung von Großgrundbesitzern und der Verstaatlichung

Zusammenfassung 231

| 1970 | 1975 | 1980 | 1985 | 1990 |

1971–1989 Erich Honecker Generalsekretär der DDR

1969–1974 Bundeskanzler Willy Brandt (SPD): Neue Ostpolitik

ab 1982 Bundeskanzler Helmut Kohl (CDU), wirtschaftlicher Niedergang der DDR

1972 Grundlagenvertrag zwischen BRD und DDR

1973 BRD und DDR gleichberechtigt in der UNO

von Industriebetrieben in der Ostzone. Ein Drittel der Industrieanlagen und Schienen wurden als Reparationen in die Sowjetunion verlagert.
In Nürnberg fanden ab November 1945 die Prozesse gegen die Hauptkriegsverbrecher statt. In den Besatzungszonen verlief die Entnazifizierung und Umerziehung der Deutschen unterschiedlich streng; besonders im Westen wurden zahlreiche Täter nicht belangt und gelangten in hohe Ämter zurück.

Die Spaltung Deutschlands in zwei Staaten
In den Westsektoren fand im Juni 1948 eine Währungsreform statt: Die D-Mark wurde eingeführt. Die UdSSR reagierte darauf mit einer eigenen Währungsreform und der Blockade der Westsektoren im geteilten Berlin. Eine einheitliche Deutschlandpolitik schien nun nicht mehr möglich. Die Befehlshaber der Westzonen beauftragten daraufhin die Ministerpräsidenten mit der Ausarbeitung eines Verfassungsentwurfs. Das Grundgesetz wurde am 23. Mai 1949 verkündet. Es markierte die Gründung der Bundesrepublik. Am 7. Oktober 1949 erfolgte mit der DDR die zweite Staatsgründung – Deutschland war nun geteilt.
Die beiden Staaten entwickelten sich unterschiedlich: Der erste Bundeskanzler Konrad Adenauer (CDU) strebte nach einer Anbindung an den Westen. Durch die Pariser Verträge vom 5. Mai 1955 erlangte die Bundesrepublik Souveränität und wurde Mitglied der NATO. Die DDR orientierte sich hingegen in Richtung Sowjetunion und übernahm die sozialistische Planwirtschaft. Produktionsstätten wurden zu „Volkseigenen Betrieben" und Genossenschaften zusammengefasst. Die Planungsbehörde legte Produktion, Preise und Löhne in Fünfjahresplänen fest. Die DDR richtete ihre Wirtschaft auf die Schwerindustrie aus, was zu einem Mangel an Konsumgütern und Wohnungen führte. In der Bundesrepublik setzte man dagegen auf die soziale Marktwirtschaft. Der Staat sorgte für die soziale Absicherung und legte die Rahmenbedingungen fest. Private Unternehmer wirtschafteten nach Angebot und Nachfrage. Das führte zu einem nie da gewesenen Wohlstand der Bevölkerung („Wirtschaftswunder").

Unzufriedenheit in der DDR und Flucht
Die politische Bevormundung und Mangelwirtschaft in der DDR führten zu immer mehr Unzufriedenheit. Am 17. Juni 1953 kam es zu Demonstrationen und Aufständen gegen die SED. Nach der gewaltsamen Niederschlagung durch die sowjetische Armee mit Toten und Verletzten kam es in der DDR zu Verhaftungen und Todesurteilen; viele Bürger flüchteten in die BRD. Die anhaltende Flucht gut ausgebildeter junger Menschen in den Westen wurde durch den Bau der Berliner Mauer und die Abriegelung der Grenze am 13. August 1961 gestoppt.

Neue Ost- und Deutschlandpolitik
Während Bundeskanzler Konrad Adenauer die Westintegration der Bundesrepublik vorangetrieben hatte und die DDR nicht anerkannt hatte, änderte sich die Politik unter Willy Brandt (SPD) und seiner Koalition aus SPD und FDP. Die neue Ostpolitik ab 1969 stand unter dem Motto „Wandel durch Annäherung". Der Grundlagenvertrag von 1972 regelte die Zusammenarbeit der Bundesrepublik und DDR. Die beiden Staaten erkannten sich an und die Beziehungen besserten sich. Bald glaubten nur noch wenige Menschen an eine Wiedervereinigung. Allerdings rettete sich die DDR nur noch durch Westkredite vor dem Staatsbankrott.

Kompetenzen prüfen — 7 Deutschland nach 1945: Zwei Staaten, eine Nation?

In diesem Kapitel konntest du folgende Kompetenzen erwerben:

- die Nachkriegssituation in Deutschland beschreiben
- das unterschiedliche Vorgehen der Siegermächte in ihren Besatzungszonen darstellen
- die Ursachen der Teilung Deutschlands in zwei Staaten erklären
- die politischen und wirtschaftlichen Systeme der Bundesrepublik und DDR erläutern und vergleichen
- die Politik der Westanbindung unter Adenauer erklären und bewerten
- Ursachen, Verlauf und Folgen der Krisen in der DDR 1953 und 1961 erklären
- den Wandel der Ostpolitik ab 1970 unter Willy Brandt beschreiben und bewerten
- **Methode:** Arbeiten im Archiv

M1

Umbenennung einer deutschen Straße unter Aufsicht von US-Soldaten, Mai 1945. Die Adolf-Hitler-Straße wird wieder zur Bahnhofstraße.

M2

Schwarzmarkt in Hamburg, Foto, 1947

M3

Aus der Rede des Bundespräsidenten Weizsäcker zum 40. Jahrestag des Kriegsendes im Bundestag (1985):

Viele Völker gedenken heute des Tages, an dem der Zweite Weltkrieg in Europa zu Ende ging. Seinem Schicksal gemäß hat jedes Volk dabei seine eigenen Gefühle. Sieg oder Niederlage, Befreiung von Unrecht und Fremdherrschaft oder Übergang zu neuer Abhängigkeit, Teilung, neue Bündnisse, gewaltige Machtverschiebungen. ... Der 8. Mai ist für uns vor allem ein Tag der Erinnerung an das, was Menschen erleiden mussten. Er ist zugleich ein Tag des Nachdenkens über den Gang unserer Geschichte. Je ehrlicher wir damit umgehen, desto freier sind wir, uns seiner Folgen verantwortlich zu stellen. Die meisten Deutschen hatten geglaubt, für die gute Sache des eigenen Landes zu kämpfen und zu leiden. Und nun sollte sich herausstellen: Das alles war nicht nur vergeblich und sinnlos, sondern es hatte auch den unmenschlichen Zielen einer verbrecherischen Regierung gedient. ... Der Blick ging zurück in einen dunklen Abgrund der Vergangenheit und nach vorne in eine ungewisse, dunkle Zukunft. ... Es gab keine „Stunde null", aber wir hatten die Chance zu einem Neubeginn. Wir haben sie genutzt, so gut wir konnten. An die Stelle der Unfreiheit haben wir die demokratische Freiheit gesetzt. ...

Zit. nach: http://www.bundespraesident.de/SharedDocs/Reden/DE/Richard-von-Weizsaecker/Reden/1985/05/19850508_Rede.html (Stand: 26.02.2017).

Herrschaft und Staatlichkeit, Wirtschaft und Umwelt, Gesellschaft und Recht

Aus dem „Lehrbuch für Geschichte der 10. Klasse der Oberschule", Berlin (Ost) 1960:

Das Beispiel des friedliebenden sozialistischen Aufbaus strahlte immer mehr auf Westdeutschland aus und die Anfangsschwierigkeiten sowie einige Mängel und Fehler beim Aufbau des Sozia-
5 lismus wurden überwunden. Die reaktionären Kräfte erkannten, dass die Einheit zwischen der Partei der Arbeiterklasse und den breiten Massen des Volkes sich immer enger gestaltete und dass damit ihre Absichten zur „Aufrollung" der Deut-
10 schen Demokratischen Republik immer aussichtsloser wurden. In dieser Situation versuchten sie am 17. Juni 1953 einen faschistischen Putsch anzuzetteln, der die Arbeiter- und Bauern-Macht stürzen sollte. Rowdys aus halbfaschistischen
15 Organisationen, arbeitsscheue und kriminelle Elemente wurden von den Westsektoren in den demokratischen Teil Berlins eingeschleust. Die Leitung lag in den Händen des amerikanischen Geheimdienstes und Bonner Regierungsstellen.
20 Der Putsch wurde von unseren Staatsorganen gemeinsam mit den klassenbewussten Werktätigen niedergeschlagen. Die in der Deutschen Demokratischen Republik stationierten Streitkräfte der UdSSR verhinderten, dass es zu einem
25 militärischen Überfall auf unseren Staat und damit zum Beginn eines neuen Krieges in Europa kam.

Zit. nach: Praxis Geschichte 6/1996: Der „Bonner Staat" – ein „militärisch-klerikales Regime", S. 51.

Sachkompetenz

1 Beschreibe ausgehend von M2 die Lebensverhältnisse in Nachkriegsdeutschland.
2 **a)** Erkläre ausgehend von M1 die Begriffe „Entnazifizierung" und „Reeducation". Benenne die Schwierigkeiten bei diesen Vorgängen.
3 **Wähle eine Aufgabe aus:**
Partnerarbeit: Erstellt ein Plakat, auf dem ihr das politische und wirtschaftliche System
a) der Bundesrepublik, **b)** der DDR erläutert.
Tipp: Hilfe zur Gestaltung von Plakaten findet ihr auf S. 328.
4 **Wähle eine Aufgabe aus:**
Erläutere Ursachen, Verlauf und Folgen des
a) Volksaufstandes am 17. Juni 1953 (S. 222 f.)
b) Mauerbaus am 13. August 1961 (S. 224 f.).
Tipp: Beachte beide deutsche Staaten.

Methodenkompetenz

5 Erkläre, worauf man bei der Arbeit in einem Archiv achten muss.
6 Analysiere den DDR-Schulbuchtext (M4) über den 17. Juni 1953.
Tipp: Beachte Adressat und Absicht der Darstellung.
7 Interpretiere die Karikatur zum Grundlagenvertrag 1972 (M5).
Tipp: Informiere dich auf S. 227 über seine Inhalte.

Urteilskompetenz

8 **a)** Untersuche die Rede Richard von Weizsäckers (M3) hinsichtlich der Bedeutung des 8. Mai für Deutschland und Europa.
b) Bewerte Weizsäckers Aussage „Es gab keine Stunde Null" (M3, Zeile 22).
9 **Wähle eine Aufgabe aus:**
Diskutiere: Welche Chance zur Wiedervereinigung Deutschlands gab es während…
a) der Westintegration der Bundesrepublik unter Konrad Adenauer,
b) der Politik des „Wandels durch Annäherung"?

„Kraft seiner starken Wurzeln wird er alle Mauern sprengen", Karikatur von Wolfgang Hicks zum Grundlagenvertrag 1972. Die Personen sind Willy Brandt (Bundeskanzler) und Egon Bahr (Unterhändler des Vertrages).

Webcode: FG450099-233
Selbsteinschätzungsbogen

8
Leben im geteilten Deutschland

Anwohner aus den Westsektoren Berlins blicken über eine Mauer in den östlichen Teil der Stadt. Die Mauer war zwei Tage zuvor, am 13. August 1961, von der DDR-Führung errichtet worden. Bald wird sie zum Symbol für zwei unterschiedliche politische Systeme und Lebenswelten.

Versetze dich in die Lage der Menschen auf beiden Seiten der Mauer. Was mag in ihren Köpfen vorgegangen sein?

Mauerbau in Berlin-Neukölln/Treptow, Foto, 15. August 1961

Orientierung im Kapitel — 8 Leben im geteilten Deutschland

| 1940 | 1950 | 1960 |

1948 Währungsreform

1949 Gründung der Bundesrepublik und der DDR

1950er Jahre „Wirtschaftswunder" im Westen

ab 1955 Anwerbung von Gastarbeitern

ab 1952 „Planmäßiger Aufbau des Sozialismus" in der DDR

1961 Mauerbau

Leben im geteilten Deutschland

Der Ost-West-Konflikt führte nicht nur zur Teilung Deutschlands, sondern vertiefte auch die Spaltung in Alltag und Gesellschaft. In der DDR und der Bundesrepublik entwickelten sich unterschiedliche Lebensbedingungen: Das betraf Schule und Beruf, aber auch Rollenbilder und Freizeitgestaltung. Viele Menschen aus Ost und West haben daher ganz unterschiedliche Erinnerungen an die Zeit vor 1989.

Das Kapitel hilft dir, folgende Fragen zu beantworten:

- Welche Auswirkungen hatte die Wirtschaftspolitik auf das Konsumverhalten und den Alltag in Ost und West?
- Welche Rolle spielte die Staatssicherheit (Stasi) bei der Überwachung der DDR-Bürger?
- Welche Chancen eröffneten sich Frauen in Ost und West? Wie unterschied sich ihr Alltag?
- Gab es unterschiedliche Lebensweisen von Jugendlichen in Ost und West?
- Warum entstand in der Bundesrepublik die RAF als Gruppe von Terroristen? Wie reagierte der Staat auf die Bedrohung?

M1 Bundesrepublik und DDR mit Transitautobahnen und Grenzübergängen nach Westen.

Orientierung im Kapitel   237

| 1970 | 1980 | 1990 |

1968–1970 Studentenproteste in vielen Ländern Europas
Terroraktionen der „Roten Armee Fraktion" in Deutschland

ab 1971 Machtwechsel in der DDR, Beginn der „Ära Honecker"

1972 Olympische Sommerspiele in München: DDR und BRD erstmals getrennte Mannschaften mit zwei Mannschaften

1989 Öffnung der innerdeutschen Grenzen

Westdeutsche Familie beim Urlaub am Gardasee, Foto, 1955

Junge Pioniere besuchen Soldaten in ihrer Kaserne am Tag der Nationalen Volksarmee, Foto, Ost-Berlin 1978

Ein „Stasi"-Mitarbeiter wertet Tonbänder aus, Foto, DDR, 1980er Jahre. Die Anlage zeichnete bis zu 20 Gespräche von Telefonen und Abhörgeräten gleichzeitig auf.

1 Beschreibe mithilfe von M2 die Veränderungen für die westdeutsche Gesellschaft im Vergleich zum Kriegsende.

2 a) Benenne mögliche Ziele, die die Nationale Volksarmee mit dem Tag der offenen Tür verfolgte (M3).
b) Stelle Hypothesen zur Aufnahmeabsicht des Fotos M3 zusammen.

3 **Recherche:**
a) Informiere dich über das Ministerium für Staatssicherheit (M4).
b) Informiere dich, welche Einsätze die „Stasi" in der Bundesrepublik durchführte.

Wirtschaft in Ost und West: Mangel gegen Wohlstand?

Planwirtschaft und soziale Marktwirtschaft – die Systeme der beiden deutschen Staaten unterschieden sich grundlegend.
- *Welche Folgen hatte die wirtschaftliche Entwicklung für die Bevölkerung?*

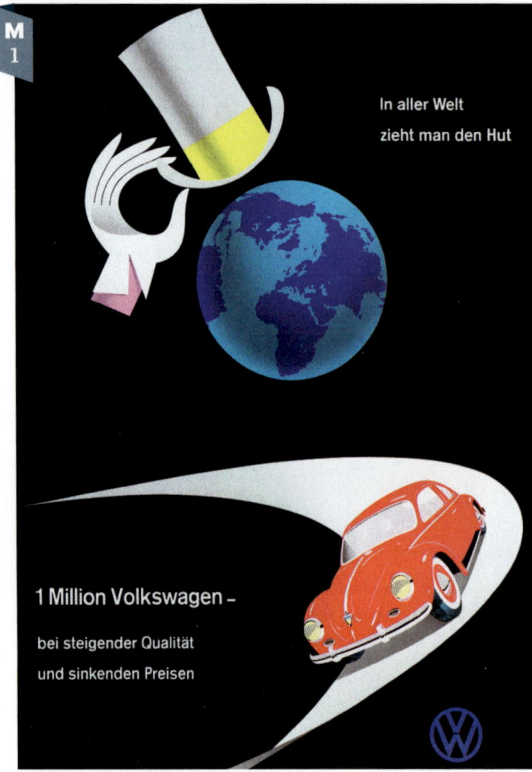

Westdeutsches Werbeplakat, 1955

Propagandaplakat für den Fünfjahresplan, 1951

„Wirtschaftswunder" im Westen

In den 1950er Jahren besserte sich die wirtschaftliche Lage in Westdeutschland. Die Westmächte erließen den Deutschen zwei Drittel ihrer Vorkriegsschulden und stellten im Marshallplan* viel Geld für den Wiederauf-
5 bau bereit. Der Aufschwung war aber auch dem hohen Leistungswillen der Bevölkerung zu verdanken. Ein regelrechtes „Wirtschaftswunder" setzte ein: In wenigen Jahren wurde aus einem zerstörten Land eine wohlhabende Industrienation. Es herrschte Vollbeschäftigung,
10 das Warenangebot wurde breiter, der „Wohlstandsbauch" zum Wahrzeichen jener Jahre. Autos galten als Statussymbol. Das meistverkaufte Fahrzeug war der „VW-Käfer". Es wurde zum weltweiten Exportschlager. Daneben linderten eine Rentenreform und der soziale
15 Wohnungsbau die schlimmste Not.

Fortdauer des Mangels in der DDR

Nach der Staatsgründung herrschte in der DDR Aufbruchsstimmung. Aus dem Westen siedelten über 100 000 Menschen freiwillig in den Osten über, da sie
20 die DDR als das „bessere Deutschland" betrachteten. Dort sei tatsächlich der Bruch mit dem NS-Regime erfolgt und beim Aufbau dieses Staatswesens wolle man mithelfen.
Dennoch blieben viele Produkte Mangelware und es
25 bildeten sich oft lange Schlangen vor den Geschäften. Zwar genossen die DDR-Bürger Anfang der 1980er Jahre den höchsten Lebensstandard im Ostblock, doch die meisten verglichen ihren Alltag nicht mit dem in der Tschechoslowakei oder Polen, sondern mit dem ihrer
30 Verwandten in Westdeutschland. Das Gegenstück zum „Käfer" war der in der DDR produzierte „Trabant", kurz

Trabi. Da die SED den Individualverkehr zugunsten des öffentlichen Verkehrs vernachlässigte, blieben Autos ein seltenes Luxusgut, auf das man nach der Bestellung viele Jahre warten musste. Die DDR belieferte vorrangig osteuropäische Staaten. Nur wenige Spitzenprodukte gelangten auf den westlichen Markt und brachten begehrte Devisen ein.

Der beim Werksverkehr des Eisenhüttenkombinats „EKO" beschäftigte Lothar Ritter erinnerte sich 1994 an die Parteisitzungen:
Ich war mehrere Jahre in der Zentralen Parteileitung im EKO, und der damalige Produktionsdirektor Kurt Schröder, der musste so am 25./26. jedes Monats über den Stand der Planerfüllung berichten. Ich saß als Vorzeigearbeiter mit da drin, damals war ich Lokführer und hab von der Ökonomie nicht allzu viel verstanden. Aber ich wusste: Wenn drei, vier Tage vor Ultimo noch 10 000 Tonnen Roheisen gefehlt hatten, und am 31. wurde dann Planerfüllung gemeldet, dann war da irgendwas manipuliert worden! Das hat sich dann permanent gesteigert, und nach dem Amtsantritt von Honecker[1], muss man sagen, noch potenziert [vervielfacht]. Da stimmte die gemachte Erfahrung nicht mehr mit dem überein, was die Ideologie verkündet hat.
Zit. nach Eisenhüttenstädter Lesebuch, hg. von Dagmar Semmelmann u. a., Berlin (edition bodoni) 2001, S. 95.

[1] *Generalsekretär der SED von 1971 bis 1989*

Tauschgeschäfte in der DDR:
Die Ware ist das wahre Zahlungsmittel des Landes. Wer etwas zu geben hat, hat Aussicht, etwas zu kriegen … Da Mangel an fast allem herrscht, ist fast alles Tauschobjekt. Ein Normalfall verläuft so: Ein Mann braucht eine Etagenheizung, der Heizungsinstallateur braucht einen Trabant (Auto). Der Mann hat eine Tiefkühltruhe zu bieten. Er sucht (über eine Zeitung) den Tauschpartner „Tiefkühltruhe gegen Auto" (bei Wertausgleich), tauscht dann „Auto gegen Etagenheizung" (bei Wertausgleich). Wer nur mit Geld zahlt, hat wenig Aussicht; Ware plus Geld hat Chancen. Dieser einfache Tausch kann von jedermann bewältigt werden. Die wirkliche Kunst ist, mit dem Warentausch zu spielen, Versorgungsketten aufzubauen, die neben den offiziellen verlaufen und funktionieren … Menschen, die „besorgen" können, sind angesehen. Ihr augenzwinkerndes Motto: „Es geht alles seinen sozialistischen Gang."
Irene Böhme, Die da drüben. Sieben Kapitel DDR, Berlin (Rotbuch) 1983, S. 72 ff.

Menschenschlange vor einem Laden in Weimar, Foto, 1983

1 a) **Methode:** Beschreibe die Plakate M1 und M2. **Tipp:** Nutze die Arbeitsschritte zu „Propagandaplakate untersuchen" (siehe S. 61).
b) Lege dar, weshalb sich in ihnen das jeweilige Wirtschaftssystem widerspiegelt.

2 **Wähle eine Aufgabe aus:**
a) Erarbeite anhand von M3 bis M5, weshalb die Menschen in der DDR häufig über zehn Jahre auf ein Auto warten mussten und weshalb sich meist lange Schlangen vor den Läden bildeten.
b) Erkläre das Motto „Es geht alles seinen sozialistischen Gang" (M4) anhand von Beispielen (M3 bis M5, siehe auch S. 218).
c) Erkläre die Aussage: „Da stimmte die gemachte Erfahrung nicht mehr mit dem überein, was die Ideologie verkündet hat." (M3–M5 und S. 218).

Webcode: FG450099-239
Wirtschaft BRD/DDR

Aus Gastarbeitern werden Einwanderer

Ab 1955 warb die Bundesrepublik dringend benötigte Arbeitskräfte aus dem Ausland an. Diese „Gastarbeiter" stammten oft aus Regionen mit hoher Arbeitslosigkeit und bitterer Armut. Eigentlich sollten sie nur für begrenzte Zeit in Deutschland arbeiten, doch viele blieben für immer und holten ihre Familien nach.
- *Informiere dich über das Leben der Gastarbeiter (A), den Umgang mit ihnen (B) oder darüber, wie sie heute in die Gesellschaft integriert sind (C).*

Migration nach West und Ost

Nach dem Zweiten Weltkrieg gab es zunächst sehr viel erzwungene Zuwanderung (Migration) von Flüchtlingen und Vertriebenen nach Deutschland. Als die Wirtschaft sich erholte, entstanden neue Formen der Zuwanderung: Von 1955 bis zur Wirtschaftskrise 1973 warb die Bundesrepublik gezielt ausländische Arbeiterinnen und Arbeiter an. Sie vereinbarte dazu Abkommen mit Ländern wie Italien, Griechenland, der Türkei, Marokko und Jugoslawien und wählte Menschen für bestimmte Branchen aus, in denen großer Bedarf herrschte. In dieser Zeit kamen rund 2,6 Millionen Menschen in die Bundesrepublik. Man nannte sie „Gastarbeiter", da ihr Aufenthalt nur vorübergehend sein sollte.

Auch die DDR warb Gastarbeiter aus sozialistischen „Bruderländern" wie Nordvietnam, Angola oder Mosambik an. Ihre Anzahl war verglichen mit der Bundesrepublik aber gering.

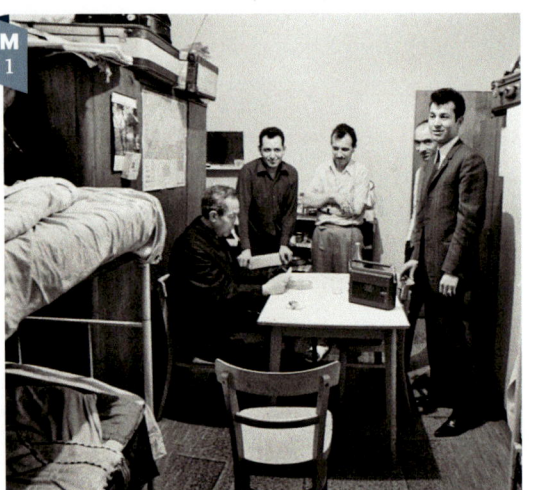

Türkische Gastarbeiter in ihrer Unterkunft in Frankfurt, Foto, 1969

M2 Ein türkischer Gastarbeiter berichtet:
Hüseyin A. und ein Kollege reisten 1969 mit dem Zug von Istanbul über München nach Koblenz, wo sie abgeholt wurden. Hüseyin A. hatte einen Jahresvertrag bei der Firma St. und wohnte im Zwei-Bett-Zimmer des angegliederten Arbeiterwohnheims. 1976 begann er die langwierige Suche nach einer eigenen Wohnung. Erst drei Jahre später erhielt er durch die Unterstützung eines italienischen Arbeitsmigranten eine Wohnung, die er mit seiner nachgereisten Familie bezog. Die knapp bemessene Freizeit verbrachte er vorwiegend mit seiner Frau und den fünf Kindern. Hüseyin A. hatte geplant, nur einige Jahre in Deutschland zu arbeiten. Schließlich war er bis zu seiner Rente, 32 Jahre lang, bei der Firma St. beschäftigt. Heute kommt die Rückkehr in die Türkei für das Ehepaar nicht mehr in Frage, da ihre Kinder und Enkelkinder hier leben. Dennoch verbringen sie jedes Jahr einige Monate in der alten Heimat.
Interview, geführt am 2. März 2010, zit. nach http://lebenswege.rlp.de/lebenswege/ (Stand: 02.11.2016).

1 Betrachte M1 und lies die Biografie M2. Versetze dich in die Lage eines Gastarbeiters von damals: Stelle seine Hoffnungen und Schwierigkeiten in Deutschland gegenüber.
2 **Recherche:** Informiere dich über Lebenswege von Gastarbeitern anderer Nationen und stelle sie der Klasse vor.

Webcode: FG450099-240
Arbeitsmigration in Niedersachsen

Der türkische Schriftsteller Nevzat Üstün, 1975:
Was die Deutschen wollten, steht in krassem Gegensatz zum Wesen des modernen Menschen. Als die Deutschen aus dem Ausland „ausländische Arbeitskräfte anforderten", dürften sie nicht
5 daran gedacht haben, dass es dabei um Menschen geht. Das heißt, die Arbeitskräfte sollten kommen, für sich allein existieren, die Straßen fegen, Häuser bauen, Maschinen bedienen, Beton aufbrechen, Elektroschweißen, dabei aber völlig
10 unsichtbar bleiben, sich nicht lieben. Der berühmte Schriftsteller Max Frisch hat es einmal so ausgedrückt: „Man hat Arbeitskräfte gerufen, und es kamen Menschen." ... Man zahlte ihnen Geld und hatte damit alles Nötige getan. Am liebsten hätte
15 man die Ausländer jeden Abend um fünf Uhr in ihre Heimatländer geschickt und sie morgens zurückgeholt.

Nevzat Üstün, „... Was die Deutschen wollten ...", in: Aytac Eryilmaz/Mathilde Jamin (Hg.), Fremde Heimat. Yaban Silan olur. Eine Geschichte der Einwanderung aus der Türkei, Essen (Klartext) 1998, S. 68.

Der Schriftsteller Günter Wallraff arbeitete als „Türke Ali" unerkannt in verschiedenen deutschen Firmen. Er schrieb danach ein Buch über seine Erfahrungen und schilderte Ausbeutung und Ausländerhass. Sein Werk erzielte eine Auflage von vier Millionen und rüttelte die deutsche Öffentlichkeit auf. Foto (Ausschnitt), 1985

1 Erläutere die Aussage: „Man hat Arbeitskräfte gerufen, und es kamen Menschen." (M3, M4)

Der Politikwissenschaftler Jan Hanrath zur Vielfalt der türkischstämmigen Bevölkerung in Deutschland, 2011:
Auch nach 50 Jahren Einwanderung werden türkeistämmige Menschen in Deutschland häufig als geschlossene Gruppe wahrgenommen. Nicht selten wird in der öffentlichen Diskussion nach wie vor
5 von „den Türken" gesprochen. Dabei ist diese Bevölkerungsgruppe in hohem Maße heterogen. Die Mitglieder unterscheiden sich hinsichtlich der Zeit ihrer Ankunft in Deutschland, den Gründen für ihre Migration – manche kamen beispielsweise zum Arbei-
10 ten oder Studieren, andere aufgrund von Familienzusammenführungen oder um Asyl zu beantragen – ihren ethnischen und religiösen Hintergrund ..., ihrer Staatsbürgerschaft oder ihrem Bildungsgrad. Manche haben Migrationserfahrungen gemacht,
15 andere sind hier geboren. So spiegelt die Vielfalt dieser Einwanderergruppe auf der einen Seite die Migrationsgeschichte Deutschlands ... Auf der anderen Seite reflektiert diese Vielfalt die Heterogenität der Bevölkerung in der Türkei sowie wirtschaftliche, ge-
20 sellschaftliche und politische Entwicklungen im Herkunftsland. Diese werden gleichsam immer wieder zu Bezugspunkten für die türkeistämmige Bevölkerung in Deutschland.

Zit. nach www.bpb.de/geschichte/deutsche-geschichte/ anwerbeabkommen/ 43240/vielfalt?p=all (Stand: 02. 12. 2016).

1 Analysiere M5:
  a) Erkläre, inwiefern die türkeistämmige Bevölkerung in Deutschland eine „heterogene" Gruppe ist.
  b) Nenne Gründe, die für die Einwanderung ausschlaggebend waren.

Aufgabe für alle:
Diskutiert in der Klasse, wie heute mit Zuwanderern in Deutschland verfahren wird (z. B. Flüchtlinge als Asylsuchende, Anwerbung von gesuchten Spezialisten).

Der Alltag in West- und Ostdeutschland

Nach der Teilung Deutschlands gingen die beiden Staaten politisch und wirtschaftlich getrennte Wege. So entwickelten sich ganz unterschiedliche Lebensstile.
- *Wie unterschied sich der Alltag in Ost und West?*

Westdeutsche Familie beim Kaffeetrinken, Foto, 1960er Jahre

Gemütliches Beisammensein im Garten einer Kleingartenanlage in Broda bei Neubrandenburg/DDR, Foto, 1978

Der Alltag in der Bundesrepublik nach 1949

Das „Wirtschaftswunder" legte mit Vollbeschäftigung und steigenden Löhnen den Grundstein für die moderne Konsumgesellschaft. Die meisten Familien konnten sich im Verlauf der 1950er Jahre einen Kühlschrank, eine
5 Waschmaschine und Elektroartikel leisten, die den Alltag erleichterten. Bald waren auch Fernsehgeräte und Autos auf Raten erschwinglich und wurden zum Statussymbol der jungen Bundesrepublik.
Konservative und traditionelle Einstellungen bestimm-
10 ten das Ehe- und Familienleben. Die Familie und das eigene Heim prägten nicht nur den werktäglichen Feierabend, sondern auch das Wochenende. Der gemeinsame Sonntagskaffee oder Ausflüge am Wochenende erfreuten sich großer Beliebtheit. Urlaubstage gab es zunächst
15 nur wenige im Jahr. Erst 1963 kam es zu einer gesetzlichen Regelung des Mindesturlaubs. Erste Urlaubsziele waren die Nordsee, der Schwarzwald und Bayern, schließlich wurden Urlaubsreisen ins Ausland nach Österreich und Italien immer beliebter.

Der Alltag in der DDR nach 1949
20 Der Sozialismus setzte auf Gemeinschaft statt auf Individualismus. Ein völlig selbstbestimmtes, freies Leben war deshalb weder erwünscht noch möglich. Die SED überwachte den Alltag der Menschen. Sie entschied
25 über Erziehung und Berufswahl, aber auch über die Zuweisung einer Wohnung und Freizeitgestaltung. Bereits im Kindergarten begann die Indoktrination für den Sozialismus. Dennoch fanden viele im Alltag Freiräume, um sich der Partei zu entziehen: im privaten Freundes-
30 kreis, in der „Datsche" oder durch Engagement bei den Kirchen. Bis 1961 standen viele Menschen in der DDR vor der Wahl, sich mit dem Regime abzufinden oder das Land nach Westen zu verlassen.
Für Werktätige gab es nur wenige Freizeitangebote.
35 Sogenannte „Kulturhäuser" wurden staatlich subventioniert. Für seine Mitglieder richtete der Freie Deutsche Gewerkschaftsbund kostengünstige Ferienplätze ein. Dies taten auch viele Betriebe und Institutionen. Die Angebote waren aber begrenzt, die Reiseziele lagen inner-
40 halb der DDR oder in den sozialistischen Bruderländern. Die sozialistische Neuordnung bot eine Vielzahl von Vorteilen: Es gab keine Arbeitslosigkeit, und fast alle Frauen waren berufstätig. Alle Schüler besuchten eine Einheitsschule, auf den Universitäten allerdings wurden
45 die Kinder von Bauern und Arbeitern bevorzugt.
Obwohl sich in der ersten Hälfte der 1960er Jahre die wirtschaftliche Situation etwas besserte, blieb der Lebensstandard der DDR weit hinter dem der Bundesrepublik zurück. Da in weiten Teilen der DDR Fernseh- und
50 Radioprogramme aus dem Westen empfangen werden konnten, waren die DDR-Bürger gut über Konsumverhalten, das Alltagsleben und die politische Entwicklung aus „Westsicht" informiert.

Im Osten bestimmten vor allem zwei Begriffe den Alltag: das Warten und das Kollektiv. Man wartete auf ein Auto, eine Wohnung, auf Baumaterial etc. Das Kollektiv, also die Gemeinschaft, bestimmte die Arbeitswelt der Menschen, aber auch ihre Freizeit. Man feierte gemeinsam mit der Arbeiterbrigade des eigenen Betriebs und fuhr oft auch zusammen in den Urlaub.

Aus einem Interview mit dem in der DDR aufgewachsenen Historiker Stefan Wolle:
Reporter: Ehemalige DDR-Bürger beschwören oft ein Land, in dem sich jeder um den anderen gekümmert habe.
Wolle: Das ist eine ganz gefährliche Halbwahrheit. Es stimmt zum Teil natürlich – und stimmt auch wieder nicht. Sicherheit des Arbeitsplatzes, Sicherheit des Kindergartenplatzes, all die Dinge, die immer so gerühmt wurden, die hingen auch stark mit politischer Repression [Unterdrückung] zusammen. Die Rolle des Kollektivs ist ein gutes Beispiel: Überall wimmelte es von Kollektiven, das Schülerkollektiv, das Lehrerkollektiv, das FDJ-Kollektiv, das Studentenkollektiv, das Arbeitskollektiv. Das schuf natürlich ein Gefühl von Gemeinsamkeit ... Aber zugleich war dieses Kollektiv ein Instrument der sozialen und politischen Kontrolle. Und jetzt kommt das Komplizierte hinzu: Das Kollektiv war auch Schutzraum. Unter den Kollegen wusste man, hier kann man offen sprechen, da sind sich alle einig, da kann man Witze erzählen, über Honecker oder Ulbricht, da passiert zumindest nichts. Und der Parteisekretär lacht gern mit. So war das in der Regel. Die DDR lässt sich nicht teilen in gute Seiten und schlechte Seiten – das eine bedingt das andere.
Zit. nach Geo Epoche. Das Magazin für Geschichte, Nr. 64: Die DDR. Alltag im Arbeiter- und Bauern-Staat 1949–1990, S. 160.

Ausstattung mit Konsumgütern in beiden deutschen Staaten 1969–1985:

Erzeugnis	Von 100 Haushalten besaßen					
	in der Bundesrepublik Deutschland			in der DDR		
	1969	1978	1985	1969	1978	1985
Pkws	45	62	83	11	34	48
Rundfunkgeräte[1]	83	99	80	89	98	65
Fernsehgeräte	74	94	125	60	87	118
Kühlschränke	85	98	165	37	99	138
Waschmaschinen	61	82	101	38	79	99

In den amtlichen Berichten der DDR wurde bis 1989 regelmäßig erwähnt, dass Schwierigkeiten und Ausfälle im Angebot von Obst und Frischgemüse auftraten. In Wirklichkeit gab es fast alle Produkte zu kaufen, allerdings nicht zu jeder Zeit und an jedem Ort.
Zusammengestellt nach Zahlenspiegel, hg. vom Bundesministerium für innerdeutsche Beziehungen, Bonn 1982, 1988.

[1] einschließlich in Kombination mit Tonbandkassettengeräten usw.

1 M1 und M2 sind sich sehr ähnlich. Dennoch gab es Unterschiede im Alltag der beiden deutschen Länder. Erläutere Gemeinsamkeiten und Unterschiede anhand der Quellen und des Darstellungstextes.
2 a) Erkläre, weshalb der Historiker die Aussage des Reporters für eine „gefährliche Halbwahrheit" hält (M3).
b) Erläutere, wie die unterschiedlichen Sichtweisen auf die DDR zustande kommen.
3 Erläutere anhand von M4 die Entwicklung des Lebensstandards in West- und Ostdeutschland.
4 **Recherche:** Befrage deine Großeltern oder ältere Menschen, wie und wo sie den Urlaub verbrachten und mit welchen Verkehrsmitteln sie reisten.

Webcode: FG450099-243
Alltag BRD/DDR

Die „Stasi" – das Machtinstrument der SED

Wie alle Diktaturen duldete die DDR keinen Widerstand. Deshalb schuf sie 1950 das Ministerium für Staatssicherheit („Stasi"). Vorbild war die sowjetische Geheimpolizei. Im Volksmund hieß die Stasi bald „Volkseigener Betrieb Horch, Guck und Greif".

Filmtipp:
„Das Leben der Anderen", Spielfilm 2006, Regie: Florian Henckel von Donnersmarck

- Welche Aufgaben hatten Menschen, die für die „Stasi" tätig waren? Wie gingen sie vor?

Das Spitzelsystem der Staatssicherheit

Das Ministerium für Staatssicherheit (MfS) sollte die Macht der SED-Regierung sichern sowie alle Gegner der Parteidiktatur überwachen und bekämpfen. Zudem baute es ein Spionagenetz im westlichen Ausland auf, vor
5 allem in der Bundesrepublik. Die Stasi war allein dem SED-Chef Rechenschaft schuldig. Sie beschäftigte eigene Verhörexperten und Staatsanwälte und betrieb eigene Gefängnisse, in denen auch gefoltert wurde.
Folgende Aufgabenbereiche waren definiert:
10 • Bestrebungen gegen die sozialistische Gesellschaftsordnung der DDR aufdecken, politisch aktive Personen überprüfen, überwachen und einschätzen
• „nicht legale" Gruppierungen ausspionieren, „unterwandern" und Aktivitäten in der Öffentlichkeit ver-
15   hindern
• „Straftaten gegen die Staatsgrenze" vereiteln, die Durchreise von Westbürgern durch die DDR nach West-Berlin überwachen
• die Volkswirtschaft gegen Sabotage und Kriminalität
20   schützen
• Pläne und Aktivitäten anderer Staaten und ausländischer Organisationen aufklären, wissenschaftlich-technische Informationen beschaffen
• Tätigkeiten fremder Geheimdienste unterbinden
25 • „faschistische Kriegsverbrechen" aufdecken.

Hatte die Stasi bei ihrer Gründung „nur" ca. 1000 hauptamtliche Mitarbeiter, so belief sich ihre Anzahl 1989 auf ca. 91 000. Somit kam in den letzten Jahren der DDR auf 180 Einwohner je ein hauptamtlicher Mitarbeiter der
30 Stasi. Außerdem gab es ca. 174 000 „Inoffizielle Mitarbeiter" (IM), die auch als „Augen und Ohren" bezeichnet wurden. Sie erhielten konkrete Bespitzelungsaufträge, oft im näheren Bekannten- oder Verwandtenkreis, und gaben auch sonst alles Verdächtige schriftlich an die
35 Zentrale weiter. Das Ministerium förderte das elitäre Bewusstsein seiner Mitarbeiter, indem sie bei der Versorgung von Konsumartikeln oder bei der Berufswahl bevorzugt wurden. Nicht alle von ihnen waren freiwillig für die Stasi tätig, sondern sie wurden zum Teil unter
40 Druck gesetzt und erpresst.

M1 Ehemalige Geruchsproben, ausgestellt im Leipziger Stasi-Museum, Foto, 2010
Mit der „Geruchskonservenmethode" wurde der Individualgeruch von Bürgern konserviert. Im Bedarfsfall konnten Spürhunde verdächtige Personen identifizieren, wenn sie an einer „Tatortgeruchskonserve" Witterung erhalten hatten.

Jeder DDR-Bürger wusste, dass die Stasi bei allen öffentlichen Veranstaltungen präsent war, dass die Telefone abgehört wurden und die Post vor der Zustellung geöffnet wurde. Zahlreiche Wohnungen unterlagen der Über-
45 wachung von Agenten.

Kritiker unerwünscht

Besonders im Visier der Stasi standen Personen des öffentlichen Lebens wie Schauspieler, Journalisten oder Schriftsteller, da diese die öffentliche Meinung beein-
50 flussen konnten.
Ein prominentes Beispiel ist der Schriftsteller und Liedermacher Wolf Biermann (geb. 1936). Er war freiwillig 1953 aus der Bundesrepublik in die DDR übergesiedelt. Im Laufe der Zeit kritisierte Biermann in seinen Texten
55 den DDR-Sozialismus und wies darauf hin, wie weit dieser sich von den ursprünglichen Zielen einer klassenlosen Gesellschaft entfernt hatte. Biermanns Konzerte waren oft ausverkauft, und diese Beliebtheit störte die SED. Er erhielt daher ein Auftrittsverbot. Anlässlich ei-
60 ner Konzertreise in die Bundesrepublik wurde er 1976 ausgebürgert. Die Ausbürgerung löste lang anhaltende öffentliche Proteste aus.

Aus einem Aktenvermerk des Ministeriums für Staatssicherheit:

Mit dem Ziel, die Mobilität von Pfarrer Eppelmann einzuschränken, wurde Zucker in den Tank von Eppelmanns Trabant gekippt und erfolglos der Versuch unternommen, zwei Reifen zu zerstechen. Ziel der geplanten Maßnahme war es, einen Unfall herbeizuführen, Verletzungen bzw. physische Vernichtung von Eppelmann wurden einkalkuliert. Hierzu wurden mehrere Varianten geprüft (Radmuttern lockern, in der Kurve Scheibe zerstören, vor der Kurve Spiegel aufstellen).

Zit. nach Christine Beil, „Land der Spitzel", in: Geo Epoche, Nr. 64: Die DDR. Alltag im Arbeiter- und Bauern-Staat 1949–1990, S. 104.

Die Sprache der Stasi:
Merkmale dieser Begriffe sind Geheimhaltung, Tarnung und Täuschung.
- **„Konspiration"**: bei Zusammentreffen „konspirativ" vorgehen, sich z. B. in einer getarnten Wohnung treffen
- **„herausbrechen"**: eine Person aus einer feindlichen Gruppe „herausbrechen", um Anknüpfungspunkte zur Auflösung der Gruppe zu schaffen
- **„abschöpfen"**: einer Person wird – ohne deren Kenntnis – Wissen abgenommen
- **„zersetzen"**: Maßnahmen gegen Einzelne oder Gruppen mit dem Ziel der Lähmung, Zersplitterung, Isolierung – bis hin zur Zerstörung der Persönlichkeit

Zit. nach Christian Bergmann, Die Sprache der Stasi, Göttingen (Vandenhoek & Rupprecht) 1999, S. 20ff.

Aus einem Interview von 1998 mit Robert P. (Name wurde geändert), Jahrgang 1966, der als IM tätig war:

Robert P.: Ich war seit der 9. Klasse bei der Jungen Gemeinde aktiv … Mit Staatsverdrossenheit hatte das damals noch nichts zu tun. Aber es führte zwangläufig zu dem, was man in der DDR „Politisierung" nannte. Denn es war ja alles, was kirchliche Arbeit war, schwierig …

Frage: Wann und wie hat die Staatssicherheit Kontakt aufgenommen zu dir?

Robert P.: Das fing an mit 17. Irgendwann hatten die bei meinen Eltern zu Hause gewartet, mit falschen Ausweisen und irgend'nem Vorwand. Sagten, sie seien von der Polizei; in der Schule sei etwas vorgefallen, und sie bräuchten mich als Zeugen … Das ging am Anfang eigentlich gar nicht um die kirchlichen Gruppen. Es ging eher um Stimmungsbilder in der Schule … Es war auch keine direkte Erpressung … Sie hatten mich über Tage hinweg beobachtet und mit allen möglichen Leuten fotografiert. Bei Öko-Tagen, bei Rockkonzerten, vor der Schule. Sie wollten die Namen wissen. Da konnte ich schlecht sagen, die kenne ich nicht … Ich weiß noch, dass das immer so'n Lavieren [Schwanken] war … Naja – vorher war das immer so: Stasi, das waren die anderen. Mein Kreis war der geschützte, die Stasi war außerhalb. Jetzt begriff ich: Wenn die zu mir kommen, zu wem dann noch?
Plötzlich fielen ganz viele Leute aus. Mit einem Mal konnte ich keinem mehr trauen.

Zit. nach Klaus Behnke u. Jürgen Wolf (Hg.), Stasi auf dem Schulhof, 2. erg. u. verb. Auflage, Bonn (Bundeszentrale für politische Bildung) 2012, S. 224ff.

---

1. Erkläre anhand des Darstellungstextes und der Quellen, welche Aufgaben das MfS hatte.
2. Erläutere anhand von M1 bis M4, wie die Stasi vorging, um Oppositionelle zu „zersetzen".
3. Überlege, welche Folgen die Stasi-Aktivitäten für den Umgang der Menschen untereinander haben konnten. Zähle Beispiele dafür auf.
4. Diskutiere, welche Bedeutung Quellen wie M1 heute haben „Stasi"
5. **Wähle eine Aufgabe aus:**
   Recherchiere zu einem der genannten Stasi-Opfer:
   a) Matthias Domaschk
   b) Jürgen Fuchs
   c) Rainer Eppelmann
6. **Wähle eine Aufgabe aus:**
   Recherchiere zu einem der Stasi-Mitarbeiter:
   a) Karl-Heinz Kurras
   b) IM „Donald"
   Berichtet darüber in der Klasse.

Zusatzaufgabe: siehe S. 325.

Frauenrollen in West und Ost

In den 1970er Jahren rebellierten in den USA und in Westeuropa Frauen gegen die Bevormundung durch Männer. „Man wird nicht als Frau geboren, man wird dazu gemacht" hieß eine These der französischen Schriftstellerin Simone de Beauvoir. Ihre Schrift „Das andere Geschlecht" wurde zum Kultbuch der Bewegung. Im Westen verwiesen viele auf die besseren Alltagsbedingungen für Frauen in kommunistischen Ländern.

- *Wie veränderte die Emanzipationsbewegung die Frauenrolle im Westen?*
- *Wie unterschieden sich die Lebensbedingungen der Frauen in der DDR?*

Werbeanzeige für Waschpulver, Bundesrepublik, 1959

Die „Neue Frauenbewegung" im Westen

Im Grundgesetz von 1949 heißt es knapp: „Männer und Frauen sind gleichberechtigt." Die Umsetzung dieses Anspruchs führte jedoch zu heftigen Konflikten. Das konservative Ehe- und Familienrecht der Bundesrepub-
5 lik sah vor, dass sich die Tätigkeit der Frau auf Haushaltsführung und Kindererziehung beschränkte. Nur mit Einwilligung ihres Ehemannes durften Frauen in der frühen Bundesrepublik arbeiten oder bestimmte Rechtsgeschäfte durchführen, z. B. ein eigenes Konto eröffnen.
10 Ein uneheliches Kind bedeutete Schande für die Frau; sie erhielt nicht einmal das Sorgerecht zugesprochen. Daher kämpften Anfang der 1970er Jahre überall in der Bundesrepublik entstehende Frauengruppen u. a. gegen das Verbot der Abtreibung im § 218 mit dem Slogan „Mein
15 Bauch gehört mir". Die prominenteste Anführerin der neuen Frauenbewegung war Alice Schwarzer (geb. 1942), die die Frauenzeitschrift „Emma" gründete und herausgab. Die Einführung der Anti-Baby-Pille und die sogenannte „sexuelle Revolution" in den 1960er Jahren
20 führten zu einer veränderten Einstellung gegenüber der Sexualität. Der Umgang mit Liebe und Leidenschaft wurde ungezwungener.

Als in den 1970er Jahren wissenschaftliche Untersuchungen in der Bundesrepublik nachwiesen, dass zu
25 wenige Abiturienten ausgebildet würden und viel zu wenige Mädchen weiterbildende Schulen besuchten, kam es zu einer umfassenden Bildungsreform. Auch der Arbeitsmarkt meldete Bedarf an: Die wachsende Wirtschaft benötigte dringend mehr Fachkräfte, insbeson-
30 dere nachdem durch den Bau der Mauer 1961 die Zuwanderung aus der DDR gestoppt wurde. Auch die angeworbenen ausländischen Arbeitnehmer konnten die Lücken nicht füllen. Die Zahl der Abiturientinnen stieg, eine größere Zahl von Jugendlichen aus allen so-
35 zialen Schichten bekam eine qualifizierte Ausbildung.

Frauenalltag im Osten

In der DDR entsprach die Wirklichkeit deutlich mehr der in Artikel 7 der DDR-Verfassung festgelegten Gleichberechtigung. Fast alle Frauen waren berufstätig, weil
40 nicht zuletzt wegen der Abwanderung nach Westen alle Arbeitskräfte gebraucht wurden. Im Vergleich mit westlichen Ländern fällt auf, dass viele Frauen in technischen, mathematischen und naturwissenschaftlichen Fachbereichen, also typischen Männerdomänen, tätig
45 waren. In Führungspositionen wie auch in der Politik waren Frauen allerdings kaum vertreten.

Auch in der DDR war der Haushalt überwiegend Frauensache. Um die Doppelbelastung der Frauen zu verringern, gab es den sogenannten Haushaltstag, einen
50 bezahlten arbeitsfreien Tag, an dem eine berufstätige Frau sich um Haushalt und Familienangelegenheiten

kümmern konnte. Kleinkinder wurden ab dem ersten Lebensjahr in die Kinderkrippe gebracht. Alle Kinder hatten einen Anspruch auf einen Platz in der Ganztagsbetreuung. Als Familie bekam man in der DDR leichter eine Wohnung zugewiesen. Die familienfreundliche Politik der SED trug maßgeblich zur Identifikation der DDR-Bürgerinnen mit ihrem Staat bei.

Einkommen von Frauen in Prozent der Männerverdienste:

Jahr	BRD: durchschnittlicher Verdienst in der Industrie		DDR: Nettoerwerbseinkommen
	Arbeiterinnen	Angestellte	78
1960	60	56	
1970	62	60	
1980	68	64	
1988	70	64	

Nach Bundesministerium für Jugend, Familie, Frauen und Gesundheit 1989, S. 35f., DDR: Einkommensstichprobe 1988

M4 DDR-Plakat, 1954
FDGB = Freier Deutscher Gewerkschaftsbund

Ergebnis einer Studie der Erziehungswissenschaftlerin Helge Pross über Mädchenbildung in der Bundesrepublik, 1969:

Mädchen und ihre Eltern ziehen den früheren [Schul-]Abschluss vor, weil der Beruf, zu dem er Zugang verschafft, lediglich als Übergang und nicht als lebenslängliche Tätigkeit angesehen wird.
Diese Auffassung ist realistisch und kurzsichtig zugleich. Sie ist realistisch, weil die Hauptlast der häuslichen Pflichten auch in absehbarer Zukunft von den Frauen getragen werden muss und der Beruf insofern tatsächlich ein Nebenberuf bleibt …
Denkbar ist freilich … die Rückkehr in die Erwerbssphäre, nachdem die Kinder herangewachsen sind … Dann widerspricht die heute so realistisch erscheinende Entscheidung für eine kurze Schul- und Lehrzeit dem individuellen Interesse. Soweit kurze Ausbildung schlechtere Ausbildung ist, erschwert sie die Rückkehr in den Beruf.

Zit. nach Elke Kleinau/Christine Mayer (Hg.), Erziehung und Bildung des weiblichen Geschlechts, Bd. 2, Weinheim (Deutscher Studienverlag) 1996, S. 139 f.

Emanzipation
Befreiung aus Abhängigkeit und Unmündigkeit hin zu einem selbstbestimmten Leben. Der Begriff wird für benachteiligte Gruppen benutzt, z. B. bei der Frauenemanzipation. Auch die Entwicklung unabhängiger Staaten aus Kolonien in Asien und Afrika im 20. Jahrhundert nennt man Emanzipation.

1 **Wähle eine Aufgabe aus:**
 Beschreibe das Frauenbild, das
 a) auf dem Plakat M1
 b) auf dem Plakat M4
 dargestellt wird.
 Beziehe M2 und den Darstellungstext mit ein.
2 Zählt Gründe für die unterschiedlichen Frauenleitbilder auf (M4, Darstellungstext).
3 Diskutiert in der Klasse, inwiefern die Frauenbewegung auch heute noch aktuell ist.
 Tipp: Wo sind Frauen eventuell benachteiligt?
4 **Recherche:** Suche im Internet nach Werbespots aus den 1950er bis 1970er Jahren, z. B. von Dr. Oetker, Maggi oder Frauengold (Westen) und Konsum (Osten). Vergleiche sie mit der heutigen Werbung.

Webcode: FG450099-247
Rolle der Frau BRD/DDR

Jugend in der DDR

Die SED bestimmte nicht nur über Ausbildung und Schule, sondern griff auch in die Freizeitgestaltung vieler Jugendlicher ein.
- *Wie sah der Alltag von Heranwachsenden in der DDR aus? Wie unterschied er sich von deinem heutigen Alltag?*

Erziehung im Sinne des Sozialismus

Die SED betrachtete die Jugend von Anfang an als wichtigen Baustein zum Aufbau des Sozialismus. Jugendliche sollten zu Staatsbürgern erzogen werden, die „den Ideen des Sozialismus treu ergeben" waren. Sie sollten ihn „stärken und gegen alle Feinde zuverlässig schützen" – so hieß es im Jugendgesetz von 1974. Schon 1946 wurde die „Freie Deutsche Jugend" (FDJ) gegründet, ein staatlicher Jugendverband, der als Einziger in der DDR zugelassen war. SED-Funktionäre führten dort die Aufsicht. Die FDJ war in Schulen, Betrieben und Hochschulen gut verankert. Ob jemand zu einer weiterführenden Schule, Ausbildung oder Universität zugelassen wurde, hing davon ab, wie die FDJ-Funktionäre über ihn urteilten. Wer Karriere machen wollte, war in der FDJ; wer sich verweigerte, musste Nachteile in Kauf nehmen. Die FDJ organisierte neben umfangreichen Ferien- und Freizeitangeboten den Jugendaustausch mit befreundeten sozialistischen Ländern, Aufmärsche und Kampfdemonstrationen. 1987 waren etwa 87 Prozent der DDR-Jugendlichen Mitglied der FDJ.

1978 wurde in der DDR das Fach „Wehrerziehung" mit vier Doppelstunden für die 9. und 10. Klasse eingeführt. Jeder Schüler musste an der vormilitärischen Ausbildung teilnehmen, die im Wehrdienstgesetz der DDR verankert war. Ergänzend dazu fand ein zweiwöchiges Wehrlager für die Jungen bzw. ein Lehrgang für Zivilverteidigung für die Mädchen statt. Der Wehrunterricht endete mit drei „Tagen der Wehrbereitschaft". Dort wurden die Jugendlichen erstmalig mit Schusswaffen vertraut gemacht.

1955 kam es in der DDR zur Einführung der Jugendweihe als Gegenstück zu Kommunion und Konfirmation. Sie fand am Ende des achten Schuljahres statt. Dabei bekannten sich die Jugendlichen in einem Gelöbnis zum Sozialismus und zur DDR. Die Feier wurde für viele Jugendliche zu dem am meisten erwarteten Ereignis.

Passten sich alle Jugendliche an?

Dem Staat gelang es nicht, die gesamte Freizeit der Jugendlichen zu kontrollieren. Viele Jugendliche nutzten jede Möglichkeit, um dem Alltag zu entfliehen. Besonders in der Musikszene entstanden Freiräume. Bekannte Bands der DDR waren die „Puhdys" oder „Karat". Gruppen, die westliche „Beatmusik" spielten, mussten jedoch immer mit einem Auftrittsverbot rechnen.

Viele Jugendliche orientierten sich auch modisch an den Trends im Westen. Galt das Tragen von Jeans in den 1950er und 1960er Jahren noch als Zeichen von Aufmüpfigkeit, begann die DDR in den 1970ern selbst mit der Produktion der Nietenhosen.

Ähnlich wie in der Bundesrepublik entstanden auch in der DDR „Jugend-Subkulturen": Punk, Metal, Skinheads und Grufties. Ihre Mitglieder wurden von der Staatssicherheit stets misstrauisch überwacht.

Die Kirche galt als „Fluchtraum" vor dem Anpassungsdruck des SED-Staates. Kirchliche Jugendgruppen erfreuten sich großer Beliebtheit.

M1 Kundgebung zum „Fest der Freundschaft". Anlässlich des 50. Jahrestages der Oktoberrevolution fand ein Aufmarsch statt. Die FDJ-Mitglieder halten Embleme von sowjetischen und DDR-Jungpionieren hoch. Foto, Leipzig, Oktober 1967

Motive für die Mitgliedschaft in der FDJ:
in Prozent (Mehrfachnennungen möglich)

1. Weil es für Schule und Beruf nötig war	76,0
2. Weil fast alle Mitglied waren	62,5
3. Weil ich keinen Ärger haben wollte	59,9
4. Weil ich gern unter Gleichaltrigen war	44,9
5. Weil hier eine interessante Freizeitgestaltung möglich war	30,4
6. Weil die FDJ meine Interessen vertrat	29,5
7. Weil interessante politische Diskussionen möglich waren	20,6

Zit. nach Jugend 92, Die neuen Länder. Rückblick und Perspektiven (= Shell-Jugendstudie, Red. Dieter Kirchhöfer), Opladen (Leske +Budrich) 1992, S. 63.

Lied „Die Partei":

1. Strophe:

Sie hat uns Alles gegeben. Sonne und Wind. Und sie geizte nie. Wo sie war, war das Leben. Was wir sind, sind wir durch sie. Sie hat uns niemals ver-
5 lassen. Fror auch die Welt, uns war warm. Uns schützt die Mutter der Massen. Uns trägt ihr mächtiger Arm.

Refrain: Die Partei, die Partei, die hat immer recht. Und, Genossen, es bleibe dabei. Denn wer kämpft
10 für das Recht, der hat immer recht gegen Lüge und Ausbeuterei. Wer das Leben beleidigt, ist dumm oder schlecht. Wer die Menschheit verteidigt, hat immer recht. So, aus leninschem Geist, wächst, von Stalin geschweißt, die Partei, die Par-
15 tei, die Partei!

Zit. nach www.mdr.de/damals/eure-geschichte/themen/ staat-politik/diktatur/arbeitsauftrag198.html (Stand: 03. 11. 2016).

Jugendweihe in der DDR, Werbeplakat, 1959

Der Historiker Stefan Wolle über Jugendkleidung in der DDR:

Nietenhosen waren in den Augen der SED-Obrigkeit seit 1953 ein zentrales Symbol für amerikanische Unkultur, Obszönität und ganz allgemein ein Zeichen mangelnden sozialistischen Bewusst-
5 seins. Seltsamerweise konnten und wollten die Funktionäre nicht einsehen, dass es gerade die Schikanen und Verbote seitens der Lehrer, Lehrmeister und FDJ-Funktionäre waren, die die Cowboyhose aus dem Wilden Westen so unwider-
10 stehlich machten. Formal verbieten konnten die Behörden das Kleidungsstück kaum. Sie machten es dadurch jedem Jugendlichen leicht, unterhalb der Schwelle der Rechtsverletzung Distanz zum sozialistischen Erziehungsideal zu demonstrieren.

Stefan Wolle, Der große Plan, a. a. O., S. 344.

---

1 Werte die Statistik M2 aus und nimm Stellung zu den Motiven für die Mitgliedschaft in der FDJ. Beziehe M1 und den Darstellungstext mit ein.

2 Das „Lied von der Partei" (M3) hörte und sang man in der DDR sehr oft, auch bei der FDJ. Gib wieder, wie die Partei gesehen werden wollte.

3 Zeige auf, in welcher Form und mit welchen Zielen der Alltag für die Jugend in der DDR geprägt wurde (M1–M4 und Darstellungstext).

4 Nenne Beispiele, wie Jugendliche versuchten, dem Druck der SED zu entgehen (M5, Darstellungstext).

5 Diskutiert in der Klasse, wie sich euer Alltag von dem in der DDR unterscheidet.

Webcode: FG450099-249
Jugend in der DDR

Zusatzaufgabe: siehe S. 325.

Jugend in der Bundesrepublik

Wenn du dir Bilder von Jugendlichen aus den 1950er und 1960er Jahren ansiehst, entdeckst du schnell Unterschiede in Kleidung, Frisur und Auftreten.
- *Wie wandelte sich die Jugendkultur in Westdeutschland in den 1950er Jahren?*
- *Welche Veränderungen brachte das für die Generation der Eltern?*

Jugend nach dem Krieg

Die meisten Jugendlichen in den 1950er Jahren hatten als Kinder die Grausamkeiten des Krieges erlebt. Viele Väter waren gefallen oder kamen traumatisiert aus dem Krieg oder der Gefangenschaft zurück. Angesichts des totalen Zusammenbruchs der nationalsozialistischen Gedankenwelt übten die Jugendlichen zunächst Distanz zur Politik. Dennoch setzten gerade die Politiker auf diese Jugend, um das zerstörte Land materiell und moralisch wiederaufzubauen. Sie forderten Disziplin, Pflichtgefühl, Opferbereitschaft und ein erhebliches Maß an Anpassung.

Rock 'n' Roll

In der zweiten Hälfte der 1950er Jahre jedoch entdeckten Jugendliche Möglichkeiten, gegen die Elterngeneration zu rebellieren und eine eigene Jugendkultur zu entwickeln. Zudem besserten sich die materiellen Lebensverhältnisse der Jugendlichen im Laufe der Jahre und machten den Weg frei für mehr Freizeit und größeren Konsum. Prägend für sie wurde der Rock 'n' Roll. Ihre Gründungshymne war der Song „Rock Around the Clock" des amerikanischen Sängers Bill Haley. Er versetzte Jugendliche in aller Welt „in Aufruhr" – und bot Gelegenheit, aus der als prüde und spießig empfundenen Erwachsenenwelt auszubrechen, um einmal „rund um die Uhr" Spaß zu haben. Trotz der Proteste der Erwachsenen war der Siegeszug der amerikanischen Unterhaltungskultur in Westdeutschland nicht aufzuhalten. Radiosender der amerikanischen und britischen Besatzungstruppen bestimmten den Musikgeschmack der Jugendlichen.

Jungenklasse einer Volksschule, Foto, um 1953. Die Prügelstrafe war noch in Gebrauch.

Jugendliche bei einem Rockkonzert in München, Foto, 1959

Titelbild der Zeitschrift „Bravo", erste Ausgabe, August 1956

Jugendkultur und Konsum

Nicht nur die Musik- und Filmindustrie, sondern auch die Mode und der Lebensstil beeinflussten einander und schufen in bisher nicht gekannter Weise Bedürfnisse von Jugendlichen, die befriedigt werden wollten. So entwickelten sich Jugendliche auch zu einer wichtigen Zielgruppe für die Wirtschaft. Teenager-Kosmetik und -Mode unterlagen steten Änderungen, Frisuren wurden für die Jugendlichen immer wichtiger. Jugendzeitschriften wie „Bravo" waren Sprachrohr für viele Modetendenzen und zugleich Ratgeber für unzählige Lebensfragen ihrer jungen Leser.

Wer waren die „Halbstarken"?

Gruppen von Jugendlichen trugen schwarze Lederjacken, Nietenhosen (Jeans) oder enge schwarze Hosen, bunte Hemden in Kombination mit Schlägermützen, Parallelos (Pullover mit durchgehend verlaufenden Rippen) oder großkarierte Sakkos. In ihrer Freizeit trafen sie sich allabendlich „an der Ecke", ließen ihre Mopeds im Stand aufheulen, fuhren zuweilen Rennen um die Häuserblocks oder zerstörten Mobiliar während Konzertaufführungen: „Halbstarke" wurden sie von den Erwachsenen genannt als Synonym für männliche Jugendliche. Aber nur ein relativ geringer Teil der Jugendlichen gehörte zu dieser Gruppe, die oft wegen Lärmbelästigung und Sachbeschädigungen mit der Polizei in Konflikt kam.

M4 Die Historikerin Susanne Zahn schrieb 1992 über den Einfluss des Rock 'n' Roll in den 1950er Jahren:

Lange Haare für Jungen und Jeans für Mädchen, das waren bereits Akte der Rebellion, die ein gewisses Maß an Mut erforderten in einer Zeit, in der die vorbehaltlose Anpassung an die Wertewelt der älteren Generation erwartet und jedes Aus-der-Rolle-Fallen sanktioniert [bestraft] wurde. Hinzu kam die Bevorzugung des Rock'n'Roll ... Der Rock 'n' Roll als ursprünglich „schwarze" Musik mit seinen mitreißenden, zur freien Bewegung auffordernden Rhythmen, die von den Stars auch mit viel Körpergefühl und zum Teil aggressiv-sexueller Ausdrucksweise präsentiert wurden, eignete sich vorzüglich, um die prüden Erwachsenen zu schockieren und durch Mitschwingen, Mitschreien, Mitsingen der Jugendlichen zum Ausdruck bringen zu lassen, dass sie hier eine Musik gefunden hatten, die ihrem Lebensgefühl entsprach ...

Susanne Zahn, „Außer Rand und Band". Die Halbstarken, in: Doris Foitzik (Hg.), Vom Trümmerkind zum Teenager: Kindheit und Jugend in der Nachkriegszeit, Bremen (Edition Temmen) 1992, S. 111ff.

---

1 **a)** Beschreibe die Zeitumstände, in der Jugendliche nach dem Krieg lebten (M1, Darstellungstext).
   b) Gib stichpunktartig wieder, wogegen die Jugendlichen in der Nachkriegszeit rebellierten (M1, M4 und Darstellungstext).
2 Zeige auf, **a)** worin sich der Protest der Jugendlichen widerspiegelte (M2, M3), **b)** wie er von der Erwachsenenwelt aufgegriffen wurde (M3, M5).
3 Finde Adjektive, die die Haltung der Jugend damals zutreffend beschreiben, z. B. „mutig", „aufmüpfig".
4 **Partnerarbeit:** Befrage deinen Partner: Welche Wünsche/Erwartungen hast du an die Gesellschaft?
5 **Vorschlag für eine Gruppenarbeit:**
   Bildet Kleingruppen und informiert euch über Jugendliche in den 1950er und 1960er Jahren.
   Tipp: Teilt euch auf. Einige sammeln Informationen
   – zur Musik (Bill Haley, Beatles ...),
   – zur Mode (Petticoat, Minirock ...),
   – zu Zeitschriften („Bravo", „Die Rasselbande" ...).
   Erstellt eine Collage mit Bildern und Texten.

Webcode: FG450099-251
Jugendkulturen

Besucher vor dem Münchner Filmtheater mit Plakaten zu dem Film „Die Halbstarken". Horst Buchholz spielt darin den Anführer einer Jugendbande, Karin Baal einen selbstbewussten weiblichen Teenager. Foto, 1956

„Wir-Gefühl" durch sportliche Großereignisse?

Filmtipp:
„Das Wunder von Bern", dt. Spielfilm 2003, Regie: Sönke Wortmann

9. Juni 2006: Anpfiff der Fußball-WM in Deutschland. Millionen Menschen verschiedener Hautfarbe und Religion feiern zusammen auf den Fanmeilen. Vier Wochen dauert das kollektive Rauscherlebnis, das man später als „Sommermärchen" bezeichnen wird. Auch früher gab es schon Sportereignisse, die die Menschen zusammenbrachten.
- Was bewegt Millionen Menschen, sich zu einem „Wir" zusammenzuschließen?
- Welche sportlichen Großereignisse förderten ein „Wir-Gefühl" in Deutschland?

M1 Fußballweltmeisterschaft 1954: Endspiel Deutschland – Ungarn im Berner Wankdorfstadion. Zu sehen ist das deutsche Team mit Trainer Sepp Herberger (im Bild links) und Kapitän Fritz Walter mit Pokal (zweiter von links).

1954: Das „Wunder von Bern"

Der deutsche Fußball litt an den Folgen des Zweiten Weltkrieges. 1940 hatte sich der Deutsche Fußballbund aufgelöst. Die Nationalmannschaft wurde von anderen Nationen boykottiert und war zur Fußball-WM in Brasilien 1950 noch nicht spielberechtigt. Der Sieg der deutschen Mannschaft in der WM 1954 kam daher völlig unerwartet. Endspielgegner der Deutschen waren die Ungarn, die damals als weltbeste Mannschaft galten. Das Endspiel fand am 4. Juli 1954 in Bern statt. Es endete mit einem 3:2-Sieg für die Bundesrepublik Deutschland. Die Spieler um Kapitän Fritz Walter und Bundestrainer Sepp Herberger gingen als die „Helden von Bern" in die deutsche Sportgeschichte ein. Der Titelgewinn löste in Deutschland einen großen Freudentaumel aus. Neun Jahre nach dem Zweiten Weltkrieg rüttelte der Erfolg ein ganzes Volk auf und machte die Entbehrungen und Depressionen der Nachkriegszeit vergessen.

1972: Olympische Sommerspiele in München

1966 verkündete das Internationale Komitee, dass die 20. Olympischen Spiele in München stattfinden sollten. Doch die Vergabe war an eine Bedingung geknüpft: Auch die DDR sollte mit einer eigenen Mannschaft antreten dürfen. Im internationalen Sport erkannte man also beide deutsche Staaten als gleichberechtigt an. Willi Daume, Präsident des Nationalen Olympischen Komitees, warb in der Weltöffentlichkeit für „heitere, offene Spiele ohne politischen Charakter". Er betonte damit den Gegensatz zur „NS-Olympiade" 1936 in Berlin (siehe S. 138). Die Spiele von München 1972 stellten neue Teilnehmerrekorde auf: Insgesamt 121 Mannschaften und 7170 Athleten traten an. Im Medaillenspiegel lag die UdSSR knapp vor den USA. Es folgten die beiden deutschen Mannschaften: die DDR auf Rang drei und die BRD auf Rang vier. Beide traten erstmals völlig eigenständig an.

M2 Empfang der Weltmeister in München, Foto, 9. Juli 1954

2006: Fußball-WM – ein „Sommermärchen"

Unter dem Motto „Die Welt zu Gast bei Freunden" feierte Deutschland die zweite WM-Endrunde nach 1974. Nach einem 3 : 1 im Spiel um Platz drei bejubelten allein eine halbe Million Menschen auf der Berliner Fanmeile die deutsche Nationalmannschaft als „Weltmeister der Herzen". Es war für viele Deutsche der emotionale Höhepunkt des vierwöchigen Großereignisses. Nach gedämpften Erwartungen im Vorfeld der WM schwappte eine ungeahnte Welle des Patriotismus durch das Land: Zu sehen waren schwarz-rot-gelbe Fahnen an Häuserfassaden, Autos und als Gesichtsbemalung. Freiwillige Helfer kümmerten sich um die Gäste, viele Deutsche stellten auch Privatunterkünfte zur Verfügung, um die Menschen aus aller Herren Länder zu beherbergen. Gemeinsam feierten die verschiedenen Nationen Seite an Seite und trösteten sich bei Niederlagen.

Der Sportexperte Albrecht Sonntag (1998):

Der Aufstieg des Fußballs sowie seine weltweite Verbreitung laufen parallel zur Verbreitung der Idee der Nation. Der Fußball wurde stets in einem nationalen Rahmen praktiziert und organisiert. Und als man begann, Weltmeisterschaften auszurichten, war es völlig selbstverständlich, dass Nationen und nicht Clubs oder andere Gemeinschaften gegeneinander spielen sollten.

Zit. nach Albrecht Sonntag, Le football, image de la nation, in: Pascal Boniface (Hg.): Géopolitique du football, Bruxelles (Édition Complexe) 1998, S. 34. Bearb. u. übers. v. Autor.

Auszug aus der „Frankfurter Allgemeinen Zeitung" zur Fußball-WM (2006):

Deutschland zeigt Flagge: verspielt, luftig, leicht bekömmlich. Ein Sommertraum in Schwarz, Rot und Gold – auch das gehörte zu den bleibenden Bildern von den ersten Tagen der weltgrößten Fußballsause ... Public Viewing heißt ein großes Tor zum gemeinsam gefeierten Blick auf die Arena ... Fußballfans von heute sind, ob in Deutschland oder aller Welt, längst nicht mehr so verbohrt, witzlos oder gar nationalistisch wie in der Vergangenheit ... Sollen doch die knurrigen Besserwisser und mäkelnden Fachleute allein zu Haus vor dem Fernseher hocken oder in ein Fernsehstudio eilen, um kritisch zu analysieren.

Roland Zorn, „Sause mit Witz", in: Frankfurter Allgemeine Zeitung vom 12. Juni 2006, S. 25.

Ein Historiker sagte 2010 über die Olympischen Spiele von 1972:

Im Ausland wurde die Eröffnungszeremonie überwiegend hoch gelobt. So stellte man fest, wie „wie gut die Bayern das alles gemacht haben. Keine Spur von Militarismus, nichts Bombastisches, keine feierliche germanische Erhabenheit". Auch der weitere Verlauf und die Konzeption der Münchener Spiele, die Stimmung im Publikum (mit Ausnahme der DDR-Touristen), dem Olympischen Dorf und in der Münchener Bevölkerung – das alles sorgte bis zu dem Terrorakt am 5. September für eine ausgelassene, tatsächlich heitere Atmosphäre.

Justus Meyer, Politische Spiele – Die deutsch-deutschen Auseinandersetzungen auf dem Weg zu den XX. Olympischen Sommerspielen 1972 und bei den Spielen in München, Dissertation, Köln 2010, S. 342. Leicht verändert.

---

1 a) Erläutere, warum sportliche Großereignisse ein „Wir-Gefühl" schaffen (M4, M5, Darstellungstext).
b) Untersuche, gegen welche Kritik sich der Autor in M4 richtet. Nimm Stellung.
2 Das „Wunder von Bern" nennt man auch „die eigentliche Geburtsstunde der Bundesrepublik Deutschland". Erkläre die Aussage.
3 Erfasse die Kernaussage des Sportsoziologen Sonntag (M3).

4 Wähle eine Aufgabe aus:
Recherchiere:
a) Olympia 1972: Geiselnahme und Ermordung israelischer Athleten.
Rekonstruiere die Ereignisse.
b) Die Entwicklung des modernen Fußballs zum Massensport. Ordne M4 in deine Ergebnisse ein.

Webcode: FG450099-253
„Wunder von Bern";
Olympische Spiele 1972;
Fußball wird Massensport

Die 68er: Ziviler Ungehorsam und Protestbewegung

Mit der 68er-Bewegung verbinden viele Menschen die Erinnerung an Revolten junger Erwachsener in Westeuropa. Aus der Rückschau erinnern sich die meisten an eine Zeit langer Haare, Bärte, freier Liebe, Musikfestivals und Drogen.
- *Warum kam es 1968 zu Studentenprotesten und Straßenkämpfen, und wogegen richteten sie sich?*

Protest – Aufbruch – Umbruch?

Im Jahre 1968 erschütterten Proteste und Revolten viele Länder der westlichen Welt und die Tschechoslowakei. In Frankreich solidarisierten sich im Mai 1968 die Arbeiter mit den Studenten. Ein mehrwöchiger Generalstreik legte das Land lahm, und es kam zu bürgerkriegsähnlichen Auseinandersetzungen. Staatspräsident de Gaulle flüchtete nach Baden-Baden ins Hauptquartier der dort stationierten französischen Truppen. In den USA starb Martin Luther King an einem Attentat. Er war die Symbolfigur der gewaltlosen Bürgerrechtsbewegung für Afroamerikaner. Es folgten gewaltsame Aufstände.

In der Bundesrepublik zeigte sich der Protest vor allem in der „Außerparlamentarischen Opposition" (APO)*. Sie entstand 1966 während der „Großen Koalition" von CDU/CSU und SPD, weil es keine starke Opposition im Parlament mehr gab. In der APO schlossen sich sozialistische Studenten- und Schülergruppen zusammen. Am bekanntesten wurde der „Sozialistische Deutsche Studentenbund" (SDS).

Mit politischen Aktionen und ihrer Antihaltung, die sich sowohl in Kleidung, Musik- und Drogenkonsum als auch in der Suche nach alternativen Lebensformen ausdrückte, wandten sich die 68er gegen die aus ihrer Sicht unerträgliche Erstarrung und Verkrustung der Gesellschaft. Sie strebten Veränderungen in der Kindererziehung und im Bildungswesen an. Frauen sollten selbstbestimmt leben können. Neue Wohnformen wie die Wohngemeinschaften entstanden. Schüler und Studenten protestierten mit Sitzstreiks und der Besetzung von Hörsälen gegen den „Muff" an Hochschulen und Schulen. Sie forderten Staat und Gesellschaft auf, die NS-Vergangenheit endlich konsequent aufzuarbeiten.

Ein wichtiges politisches Ziel der 68er war die Solidarität mit internationalen antikolonialen Befreiungsbewegungen. Am bedeutendsten war dabei der Protest gegen den von den USA geführten Krieg gegen das kommunistische Nordvietnam (Vietnamkrieg*). Die 68er kritisierten die vielen zivilen Opfer durch die amerikanischen Bombardements.

Wohngemeinschaft in Hamburg, Foto, 1968

Studentendemonstration in München mit Bildern von Karl Marx, Che Guevara und Ho Chi Minh, dem kommunistischen Führer Nordvietnams, Foto, 1968

Attentate auf Ohnesorg und Dutschke

Hauptgrund für die Studentenbewegung in der Bundesrepublik war die Verabschiedung der Notstandsgesetze im Mai 1968 mit den Stimmen der regierenden „Großen Koalition". Sie sollten die Bürgerrechte in besonderen Krisenzeiten einschränken und den Einsatz der Bundeswehr im Landesinneren erlauben. Die Studenten verglichen die Notstandsgesetze mit dem Ermächtigungsgesetz des Jahres 1933 (siehe S. 90).

Im Juni 1967 besuchte der Schah von Persien (Iran) Deutschland. Gegen das diktatorische Regime des Schahs protestierten neben Exil-Iranern auch die deutschen Studenten. Bei einer Demonstration in Berlin wurde der Student Benno Ohnesorg von einem Polizisten erschossen. Dies heizte die Straßenkämpfe zwischen der Polizei und den Demonstranten in mehreren deutschen Städten an. Im April 1968 wurde der Anführer der Studentenbewegung, Rudi Dutschke, bei einem Attentat durch einen Rechtsextremen schwer verletzt. In der Folge richteten sich die Proteste der Studenten gegen die aus ihrer Sicht völlig verdrehte Informationspolitik des Springer-Verlages mit seiner Tageszeitung „Bild".

Die Proteste endeten nach der Bundestagswahl 1969. Erstmals nach dem Zweiten Weltkrieg wurde mit Willy Brandt ein Sozialdemokrat und Widerstandskämpfer gegen das NS-Regime zum Bundeskanzler gewählt.

Auch in der DDR kam es zu einzelnen Versuchen, einen neuen Lebensstil zu finden, was jedoch angesichts des rigorosen Vorgehens der SED gegen nichtstaatliche Organisationsformen und Proteste weitaus schwieriger als im Westen war. Im August 1968 marschierten Truppen des Warschauer Pakts in die Tschechoslowakei ein, um den dort begonnenen Reformkurs für einen „Kommunismus mit menschlichem Antlitz" von Parteichef Dubček gewaltsam zu beenden. In der Tschechoslowakei kam es zu Massenaufständen gegen die Besatzer und in der DDR vereinzelt zu Solidaritätsaktionen.

Folgen der 68er-Bewegung

Die Ideen und Aktionsformen der 68er veränderten die bundesrepublikanische Gesellschaft langfristig: Aus den Protesten der Studenten formierten sich nun verschiedenste Bürgerbewegungen wie die Friedens- und Umweltbewegung der 1970er und 1980er Jahre. Die Partei „Die Grünen" entstand als Zusammenschluss von Bürgerinitiativen, die ihre politischen Ziele in dem bisherigen Parteiensystem nicht vertreten sahen. Ein kleiner Teil der 68er-Bewegung radikalisierte sich und erklärte dem westdeutschen Staat den bewaffneten Kampf (siehe S. 258/259).

Sprüche der Protestierenden, 1968:
- Willst du Krieg im Frieden führen, musst den Notstand du probieren!
- Keine Mark und keinen Mann für den Krieg in Vietnam!
- Kampf auf der Straße, Streik in der Fabrik, das ist unsere Antwort auf eure Politik!
- Bürger, lasst das Gaffen sein, kommt herunter, reiht euch ein.
- Make love not war!

Zusammenstellung des Autors.

Aus dem Lied „Macht kaputt, was euch kaputt macht" der Band „Ton Steine Scherben", 1970:

Bomber fliegen, Panzer rollen
Polizisten schlagen, Soldaten fallen,
Die Chefs schützen, Die Aktien schützen,
Das Recht schützen, Den Staat schützen.
Vor uns!
Macht kaputt, was euch kaputt macht!
Macht kaputt, was euch kaputt macht!

Zit. nach www.riolyrics.de/song/id:146 (Stand: 04.11.2016).

---

1 Beschreibe M1. Nenne Unterschiede zu Bildern aus den 1950er Jahren (siehe S. 249).
2 **Wähle eine Aufgabe aus:**
   a) Erarbeite Ziele und Verlauf der 68er-Bewegung (M1–M4 und Darstellungstext).
   b) Zähle die unterschiedlichen Formen des Protests auf.
3 **Recherche:** Befrage Erwachsene zur 68er-Protestbewegung. Frage nach Fotos. Berichte in der Klasse.
4 **Partnerarbeit:**
   a) Informiert euch über die Biografien der in M2 auf den Transparenten abgebildeten Personen.
   b) Stellt einen Zusammenhang zur 68er-Bewegung her.
   Tipp: Vergleicht die Ziele und die Mittel, um diese zu erreichen.
5 Ordne die Sprüche (M3) und das Lied (M4) in den politischen Zusammenhang des Jahres 1968 ein.

Webcode: FG450099-255
Die 68er

Zeitzeugen befragen

Es gibt zahlreiche Möglichkeiten, etwas über die Vergangenheit zu erfahren. Besonders spannend sind Gespräche mit Zeitzeugen – also Menschen, die bestimmte Ereignisse selbst erlebt haben. Doch wie führt man so eine Befragung durch und wertet sie aus?

Ein Zeitzeuge erzählt:
1964 kam ich in die 5. Klasse des Gymnasiums. Anders als auf der Grundschule gab es jetzt nur noch Jungen in der Klasse. Die Lehrer waren streng und viele zeigten ihre geheime Bewunderung für
5 die Erziehungsmethoden des NS-Regimes. Einige beklagten offen mehrjährige Berufsverbote während der Entnazifizierung. Der Erdkundelehrer – obwohl Kriegsinvalide – erzählte begeistert von seiner Teilnahme an den Panzerschlachten in Nordafrika.
10 1968 änderte sich die Stimmung an der Schule. Einige Lehrer kamen ohne Anzug und Krawatte in die Schule. Sie unterstützten die Forderungen der Studenten und machten den Vietnamkrieg und das Regime des Schahs in Persien zum Gegenstand
15 des Unterrichts. Mein Klassenlehrer in der 10. Klasse ging mit uns regelmäßig in den in unserer Stadt geführten Prozess gegen die Täter des KZ Treblinka, der uns Schülern das ganze Ausmaß der NS-Verbrechen zeigte. Im Geschichtsunterricht waren wir
20 nur bis zum Jahr 1933 gekommen. Die Unterrichtsmethoden der Lehrer wurden spürbar vielfältiger. Erste Fremdsprache war damals an Jungengymnasien Latein. Glücklicherweise wählte ich in der 9. Klasse Französisch statt Altgriechisch als dritte
25 Fremdsprache. So fuhr ich mehrfach für wenig Geld mit Unterstützung des neu gegründeten Deutsch-Französischen Jugendwerks nach Frankreich, wo uns das Alltagsleben viel freier und demokratischer vorkam als in Deutschland. Mit der Wahl Willy Brandts
30 zum Bundeskanzler 1969 änderte sich Deutschland grundlegend.
Die Abiturfeiern lehnten wir als „bürgerlichen Kitsch" ab, und aus meiner Klasse ging keiner hin. Die Abizeugnisse des Jahres 1972 ließen wir uns
35 mit der Post nach Hause schicken. Im selben Jahr begann dann auch an meiner Schule der gemeinsame Unterricht von Jungen und Mädchen ab der 5. Klasse.

Hans-Joachim Cornelißen, Fachlehrer Geschichte, 2015.

Oral History – Geschichte aus erster Hand?
Durch Zeitzeugenbefragungen können wir selber Quellen „erzeugen". Das nennen Wissenschaftler „oral history" (mündliche Geschichte). Zeitzeugen schildern, was sie erlebt haben und welche Gefühle sie dabei hatten,
5 wie Glück, Angst, Entsetzen, Enttäuschung, Trauer oder Wut. Die Aufnahmen von Interviews und Gesprächen müssen sorgsam ausgewertet werden. Die Analyse von Zeitzeugenberichten erfordert ein sehr gutes historisches Hintergrundwissen, denn aus der subjektiven Er-
10 fahrung einer einzelnen Person können wir nicht unbedingt schlussfolgern, dass deren Erlebnis typisch für die Zeit war. Oft können und wollen Zeitzeugen sich nicht mehr an alles erinnern, oder sie vermischen ihre Erinnerung mit Dingen, die sie erst später erfahren haben.

1 Zeitzeugenbefragung – Klärt vorab:
   Wie alt waren die Befragten damals?
   Warum waren sie „dabei"?
   Wie erlebten sie die Zeit?
   Wie sehen sie das Ereignis heute? Hätten sie aus heutiger Sicht anders reagiert?

Zeitzeugenbefragung in einer Schule, Foto, 2012

Arbeitsschritte „Zeitzeugen befragen"

Die Befragung vorbereiten/Rahmenbedingungen festlegen	Lösungshinweise
1. Worüber möchten wir mit einem Zeitzeugen sprechen? Was wollen wir erfahren?	• z. B. über die Ereignisse rund um das Jahr 1968 Welche Veränderungen/Werteauffassungen brachten die 68er-Reformen für die Schule/Jugend mit sich?
2. Wo können wir uns vorab über das Thema informieren?	• Schul- und Sachbücher, Internet
3. Wo finden wir Zeitzeugen zum ausgewählten Thema? Wie viele Personen laden wir ein?	• Familien- und Bekanntenkreis • Zeitzeugenbüros oder -agenturen • im Stadt-/Zeitungsarchiv nachfragen • bei Parteien, Gewerkschaften anfragen
4. Wo soll das Gespräch stattfinden? Wann? Wie lange soll es dauern?	• mit dem Zeitzeugen, dem Fachlehrer und der Schulleitung absprechen
5. Welche Fragen möchten wir stellen?	• Fragen vorbereiten; entscheiden, ob eher offene Fragen („Bitte erzählen Sie uns etwas über ...") gestellt oder nach einer festen Frageordnung vorgegangen werden soll. Reine Entscheidungsfragen („Ja" – „Nein") vermeiden. Nachfragen, wenn etwas nicht verstanden wurde. • Fragen evtl. vorher dem Zeitzeugen schriftlich übermitteln; ihn bitten, Bilder mitzubringen
Die Befragung durchführen	
6. Wer übernimmt welche Aufgaben?	• Befragung, Protokoll, Mitschrift, Fotos, Filmaufnahme (Erlaubnis des Zeitzeugen einholen) • Begrüßung, Bereitstellung von Getränken, Protokoll, Verabschiedung
Die Befragung nachbereiten	
7. In welcher Form und wo sollen die Ergebnisse präsentiert werden? (Erlaubnis des Zeitzeugen einholen)	• kurzer Abriss über den geschichtlichen Hintergrund, evtl. mit Bildern • erweiterter Lebenslauf mit Zitaten, Hervorheben einzelner Geschichten oder Anekdoten • Ausstellung in der Schulaula, Artikel in der Schülerzeitung oder im Jahresbericht, Wandzeitung
8. Wurden zum Thema neue Erkenntnisse gewonnen?	• Eindrücke in der Klasse austauschen • Kernaussagen herausarbeiten • Richtigkeit der Zeugenaussagen (Widersprüche, Erinnerungslücken, biografische Brüche) überprüfen • Informationen mit den bisherigen Kenntnissen vergleichen
9. Was lief gut? Was sollte besser gemacht werden?	• Gesprächsführung beurteilen

Webcode: FG450099-257
Zeitzeugengespräche

Terrorismus in Deutschland – die RAF

Anfang der 1970er Jahre entstand aus dem Umfeld der Studentenbewegung die „Rote Armee Fraktion", eine linksextreme Terror-Organisation, die den Staat herausforderte.
- Wer gehörte der RAF an und welche Ziele vertrat sie?
- Wie bekämpfte die Bundesregierung den Terrorismus*?

Webcode: FG450099-258
„Rote Armee Fraktion"

Krieg gegen Staat und Gesellschaft

Am 16. Mai 1974 wurde der Sozialdemokrat Helmut Schmidt von der Koalition aus SPD und FDP zum Kanzler gewählt. Wie schon die Vorgängerregierung unter Willy Brandt sah sich auch diese Regierung mit einem Problem konfrontiert, das es so bisher in der Bundesrepublik nicht gegeben hatte: mit dem Terrorismus der sogenannten „Roten Armee Fraktion" (RAF). Diese war aus dem Umfeld der „Außerparlamentarischen Opposition" (siehe S. 254) hervorgegangen. Die RAF sah die USA als imperialistische Macht, die überall auf der Welt Menschen unterdrücke. Die Bundesrepublik helfe ihr dabei und bediene sich „faschistischer" Methoden wie der Notstandsgesetze. Mit dem Dritten Reich habe sie nie wirklich gebrochen. Faschismus und Imperialismus bezeichnete die RAF als Folgen des kapitalistischen* Systems, das sie durch eine Revolution stürzen wollte. Mit Bomben und Maschinenpistolen attackierten RAF-Mitglieder deshalb aus dem Untergrund führende Repräsentanten aus Wirtschaft und Politik. Dabei orientierten sie sich an südamerikanischen Revolutionären als Vorbilder. Schulung im Waffengebrauch erhielten sie in den Palästinenserlagern in Jordanien. Geld beschafften sie sich durch Banküberfälle. Mehr als dreißig Menschen fielen im „heißen Herbst" 1977 ihren Mordanschlägen zum Opfer. Im April wurden der Generalbundesanwalt Siegfried Buback und im Juli der Vorstandssprecher der Dresdner Bank, Jürgen Ponto, ermordet. Einen traurigen Höhepunkt der Mordserie stellte die Entführung und spätere Ermordung des Arbeitgeberpräsidenten Hanns Martin Schleyer dar. Bei dem Überfall im September kamen Schleyers Fahrer und drei Sicherheitsbeamte ums Leben. Der Plan, die RAF-Gefangenen Andreas Baader, Gudrun Ensslin und Jan-Carl Raspe zusätzlich mit der Entführung der Lufthansa-Maschine „Landshut" durch ein palästinensisches Kommando freizupressen, scheiterte am Widerstand der Bundesregierung. Die Flugzeuggeiseln wurden befreit, die drei Inhaftierten nahmen sich das Leben.

Nach 1977 ging die Zahl der Anschläge deutlich zurück, die Gefährdung durch terroristische Akte blieb jedoch bis 1992 bestehen. 1998 erklärten die inhaftierten RAF-Mitglieder ihr „Projekt" für beendet. Die RAF erhielt zeitweise Unterstützung durch die SED-Diktatur. Sie bot den Terroristen einen Rückzugs- und Transitraum.

Im Zuge der Terrorismusbekämpfung kam es zu einer Verschärfung des bundesdeutschen Strafrechts und des Strafvollzugs. So wurde beispielsweise die sogenannte „Rasterfahndung" eingeführt, die es erlaubte, Personen aufgrund von zuvor eingegebenen Merkmalen aus öffentlichen und privaten Datenbanken herauszufiltern. Diese Vorgehensweise wurde jedoch von vielen Bürgern und Rechtsexperten scharf kritisiert, da sie in ihren Augen die verfassungsmäßigen Rechte einschränkte und damit den Rechtsstaat aushöhlte.

Entführter Arbeitgeberpräsident Hanns Martin Schleyer, Foto, 5. Oktober 1977

Filmtipp:
„Der Baader-Meinhof-Komplex", Spielfilm 2008, Regie: Uli Edel und Bernd Eichinger.

M2 **Das ehemalige RAF-Mitglied Silke Maier-Witt (geb. 1950) in einem Interview (2001):**

Frage: Wie fing bei Ihnen das Umdenken an?
Antwort: Im Knast, wo ich wieder anfing, mich mit der Frage auseinanderzusetzen, wieso bin gerade ich da reingekommen. Ich bin im Grunde aus einer Position der Schwäche in die RAF gekommen. Ich habe, als ich inhaftiert war, eine Frau kennengelernt, die war in einer Sekte, und da habe ich gemerkt: So unterschiedlich ist das gar nicht. In der RAF zu sein, hat mich immerhin der Notwendigkeit enthoben, mir immer wieder neu darüber klarzuwerden: Was mache ich? In welche Richtung geht das? Wen unterstütze ich? Es gab nur: Entweder du bist auf der richtigen Seite oder du bist vollständig auf der falschen. Dazwischen gab es nichts.
Frage: Ihre Abkehr von der Gewalt – war das ein abrupter Schnitt oder ein langwieriger Prozess?
Antwort: Es gab schon einen konkreten Anlass: nachdem eine unschuldige Frau 1979 in der Schweiz bei einem Banküberfall der RAF erschossen wurde. Aber damals habe ich die Politik der RAF noch nicht für völlig falsch gehalten. Erst später habe ich klargekriegt, dass da ein ganz grundsätzlicher Widerspruch besteht: Die Menschheit zu retten und Gewalt anzuwenden, das geht nicht.
Frage: Und bei der RAF heiligte der Zweck jedes Mittel?
Antwort: Das ist es, was ich mir im Nachhinein auch am meisten übel genommen habe. Dass ich sehr wohl gesehen habe, wie entsetzlich das war, gerade bei Schleyer, wo also wirklich brutalst diese vier Leute in einem Kugelhagel ermordet wurden. Auf die wurde im Grunde kein Gedanke verschwendet ... Dass es mir gelungen ist, für eine Ideologie so weit zu gehen, alle moralischen Bedenken fortzuwerfen, das war für mich dann schon eine entscheidende Selbsterkenntnis. Da habe ich auch verstanden, wie das in der Nazi-Zeit gewesen ist. Also wie gefährlich das ist, eine Ideologie und eine Gruppe zu haben, der man sich zugehörig fühlt und die einem das Denken dann ja auch abnimmt.

Silke Maier-Witt, „Die Menschheit zu retten und Gewalt anzuwenden, das geht nicht", in: fluter, Ausgabe 01 (Bundeszentrale für politische Bildung) Dezember 2001, S. 55. Interviewer: Werner Schulz.

M3 **Aus der Regierungserklärung Helmut Schmidts (1977):**

Jedermann hat Anspruch auf ein ordnungsgemäßes Gesetzesverfahren. Ein Sonderprozessrecht für Terroristen darf es nicht geben ... Wer einer falschen und verhängnisvollen Solidarisierung mit Desperados von großer krimineller Energie entgegenwirken will und wer die Täter von der Gemeinschaft total isolieren will, darf dabei nicht riskieren, dass die Freiheit der Person zu einem Ausstellungsstück wird, das nicht mehr berührt, sondern nur noch in der Vitrine besichtigt werden kann. Wir haben in Wahrheit zwei Aufgaben zu leisten: Zum Ersten den Terrorismus ohne Wenn und ohne Aber und ohne sentimentale Verklärung der Tätermotive zu verfolgen, bis er aufgehört haben wird, ein Problem zu sein. Aber die andere Aufgabe muss sein, die Meinungsfreiheit kämpferisch und entschlossen zu verteidigen und über jeden Zweifel klarzumachen, dass Kritik an den vielen Obrigkeiten nicht nur statthaft ist, sondern dass sie für jeden demokratischen Staat prinzipiell erwünscht ist.

Zit. nach Keesings Archiv der Gegenwart, 1977, S. 20968ff.

Personenkontrolle bei der Rasterfahndung nach den Mördern Schleyers, Foto, 1977

1 Erläutere, wie Maier-Witt ihre RAF-Mitgliedschaft begründet (M2). Hat sich ihre Sicht verändert?
2 Diskutiert, wie ein demokratischer Rechtsstaat auf Terror reagieren kann (M3, M4).
   Tipp: Darf er Grundrechte einschränken?
3 **Gruppenarbeit:** Erstellt Porträts von RAF-Mitgliedern (z. B. Andreas Baader, Ulrike Meinhof, Gudrun Ensslin). Sucht Gründe für ihre Mitgliedschaft.

Zusammenfassung — 8 Leben im geteilten Deutschland

|1945　　　　　　　　|1950　　　　　　　　|1955　　　　　　　　|1960|

1949 Gründung der Bundesrepublik und der DDR

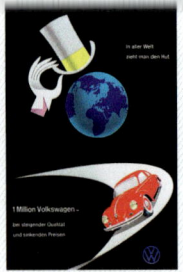

1950er Jahre „Wirtschaftswunder" im Westen, „Ära Adenauer"

ab 1952 „Planmäßiger Aufbau des Sozialismus" in der DDR

1954 Deutschland Fußballweltmeister

Leben im geteilten Deutschland

Planwirtschaft prägt den Alltag in der DDR

Nach 1945 entwickelten sich die beiden neu gegründeten deutschen Staaten im Schatten der weltpolitischen Auseinandersetzung zwischen Ost und West in verschiedene Richtungen. Die Planwirtschaft der DDR war zunächst auf die Schwerindustrie ausgerichtet. Die Produktion von Konsumgütern für den alltäglichen Bedarf musste dahinter zurückstehen. Viele Produkte, wie z. B. Autos, Elektrogeräte, aber auch Fleisch oder bestimmtes Obst, waren schwer zu bekommen und blieben Mangelware. Man musste lange darauf warten oder private Tauschgeschäfte betreiben.

Im Mittelpunkt des DDR-Alltags stand immer das „Kollektiv" als soziale Gemeinschaft. Der Zusammenhalt der Arbeiter in den einzelnen Betrieben war von zentraler Bedeutung. Häufig verbrachte man auch seine Freizeit und seinen Urlaub mit den Arbeitskollegen in einem der betriebseigenen Ferienheime oder Campingplätze. Reisen in sozialistische Bruderstaaten waren begehrt, aber teuer.

Die allgegenwärtige Staatssicherheit

Zur Machtsicherung ließ die SED alle potenziellen Gegner durch die Staatssicherheit überwachen. Der Überwachungsapparat wurde bis zum Ende der DDR konsequent ausgebaut; rund 260 000 Personen arbeiteten als Mitglieder oder berichteten als „Inoffizielle Mitarbeiter" (IM) aus dem Bekannten- oder Verwandtenkreis sowie von ihrer Arbeitsstelle für die Stasi. Die Stasi inhaftierte Regimekritiker, aber auch Menschen, die aus der DDR flüchten wollten, in speziellen Gefängnissen. Dort folterte sie sie zum Teil auch, z. B. durch Schlafentzug oder Isolation.

Leben mit sozialer Marktwirtschaft in der BRD

In der Bundesrepublik setzte sich das Konzept der sozialen Marktwirtschaft durch: Der Staat hielt sich bei Eingriffen in die Wirtschaft zurück, gewährte aber durch entsprechende Gesetze die soziale Absicherung aller Bürger. In den 1950er Jahren erlebten die Bundesbürger, wie die meisten Länder Westeuropas, einen stetigen Konjunkturanstieg, der mit dem Begriff „Wirtschaftswunder" verklärt wurde. Die hohe Nachfrage an Konsumgütern erlaubte einen bis dahin in Deutschland unbekannten Massenwohlstand. Autos, allen voran der VW-Käfer, wurden immer mehr zum Statussymbol, und die Westdeutschen erhielten bezahlten Urlaub, den sie zumeist im eigenen Land verbrachten. Lieblingsziele im Ausland wurden Italien und Österreich.

Angesichts des anhaltenden Wirtschaftsbooms wurden ab den späten 1950er Jahren „Gastarbeiter" aus Südeuropa und der Türkei angeworben. Obgleich anfangs nur auf eine begrenzte Zeit, ließen viele von ihnen ihre Familie nachkommen und blieben in Deutschland. Gastarbeiter übernahmen oft „schmutzige" und harte Berufe, die bei Deutschen unbeliebt waren. Sie wurden anfangs kaum in die deutsche Gesellschaft integriert und hatten mit vielen Schwierigkeiten und Diskriminierung zu kämpfen, etwa bei der Wohnungssuche.

Die soziale Ungleichheit in der Bevölkerung wurde durch das „Wirtschaftswunder" nicht abgebaut. Angesichts der Wirtschaftskrise („Ölkrise") fand ab 1973 keine Anwerbung von Gastarbeitern statt. Die Arbeitslosigkeit stieg deutlich an.

Lernfeld II.2. Die Welt nach 1945: Gesellschaft, Wirtschaft und Weltdeutungen

|1965　　　　　　　　|1970　　　　　　　　|1975　　　　　　　　|1980

1968–1970 „Außerparlamentarische Opposition"; Notstandsgesetze
Studentenproteste in vielen Ländern Europas
Terroraktionen der „Roten Armee Fraktion" in Deutschland

ab 1971 Machtwechsel in der DDR, Beginn der „Ära Honecker"

1972 Olympische Sommerspiele in München:
erstmals getrennte Mannschaften von DDR und BRD

1977 Entführung
Hanns Martin Schleyers
durch die RAF

Frauenrollen in Ost und West

Frauen waren in der DDR – staatlich erwünscht – fast alle erwerbstätig und bei Löhnen und Aufstiegschancen gleichberechtigter als im Westen. Dort kämpften die Frauen bis in die 1970er Jahre gegen veraltete Rollenerwartungen und um ihre im Grundgesetz festgeschriebene Gleichberechtigung. Durch den Wertewandel seit den 1970er Jahren verbesserte sich im Westen allmählich die Stellung der Frauen in der Gesellschaft. Verstärkt wurde auch die Ausbildung von Mädchen gefördert.

Jugend in Ost und West

Die Jugend sollte in der DDR den Staat mit aufbauen und die sozialistischen Ideale vertreten. Entsprechende Schulungen erhielten die Jugendlichen zwischen 14 und 25 Jahren in der „Freien Deutschen Jugend" (FDJ). Die SED setzte die Jugendweihe an die Stelle der Konfirmation und Firmung. Jugendliche, die sich an westlicher Mode und Musik orientierten, wurden oft staatlicher Unterdrückung ausgesetzt. In den 1980er Jahren engagierten sich zahlreiche Jugendliche in den Friedens- und Umweltgruppen unter dem Schutz der Kirche.

Viele Jugendliche in der Bundesrepublik gingen in den 1950er Jahren erst einmal auf Distanz zur Politik. Es entstand eine eigene Jugendkultur, die sich häufig amerikanische Mode-, Film- und Musiktrends zum Vorbild nahmen. Den Rock 'n' Rollern und „Halbstarken" galten ihre Eltern als prüde und spießig.

Die 68er-Bewegung: Wertewandel im Westen

Ab den frühen 1970er Jahren entstand in der Bundesrepublik eine Protest- und Aufbruchsstimmung, die verschiedenste Bereiche des Alltags grundlegend veränderte. Studentische Proteste gegen konservative Rituale einer als starr und verkrustet empfundenen Gesellschaft führten zu einem langsamen Wandel der Werte und zur Entstehung der Frauen-, Friedens- und Umweltbewegungen.

Der „Sozialistische Deutsche Studentenbund" zeigte sich solidarisch mit internationalen Befreiungsbewegungen in Ländern der Dritten Welt, verurteilte das amerikanische Eingreifen in Vietnam und forderte eine intensive Aufarbeitung der NS-Vergangenheit der Deutschen.

Die Proteste dieser 68er-Generation richteten sich als „Außerparlamentarische Opposition" insbesondere gegen die 1968 von der „Großen Koalition" beschlossenen Notstandsgesetze, die die Bürgerrechte in Notzeiten einschränkten und die der Bundeswehr ermöglichten, auch im Inneren einzugreifen.

Aus den Protestbewegungen ging die „Rote Armee Fraktion" (RAF) als zahlenmäßig kleine terroristische Vereinigung hervor, die den Kampf gegen die Regierung und Großindustrielle aus dem Untergrund heraus führte. Sie verübte Attentate, bei denen mehrere Persönlichkeiten aus Wirtschaft und Politik ermordet wurden. Im Zuge der Terrorismusbekämpfung kam es zu einer Verschärfung des Strafrechtes und des Strafvollzugs. Erst 1998 gab die RAF ihre Selbstauflösung bekannt.

Kompetenzen prüfen — 8 Leben im geteilten Deutschland

In diesem Kapitel konntest du folgende Kompetenzen erwerben:

- die Wirtschaftssysteme der Bundesrepublik und der DDR beschreiben und vergleichen
- Unterschiede in der Gesellschaft und im Alltag beider Länder beschreiben
- Gründe und Folgen von Zuwanderung in die BRD erläutern
- das System der Machtsicherung der SED in der DDR erklären und bewerten
- Protestformen gegen den Staat und gesellschaftliche Normen in der BRD aufzeigen
- die Funktion von sportlichen Großereignissen zur Legitimation von Staaten erläutern
- die Gefährdung der Demokratie und der rechtsstaatlichen Ordnung durch den RAF-Terrorismus beschreiben
- **Methode:** Zeitzeugen befragen

Karikatur von Erich Rauschenbach, Bundesrepublik 1980

Eine westdeutsche Familie besucht ihre Verwandtschaft in Weimar (DDR), 1968. Der Vater nimmt das Bild auf.

Kompetenzen prüfen 263

M3 Joachim Gauck über die Methoden der DDR-Staatssicherheit (2009):

Die Staatssicherheit verfügte über ein nahezu unbeschränktes Arsenal an Maßnahmen, um jeden beliebigen DDR-Bürger zu observieren und ihre Opfer zu entmutigen und zu „zersetzen". Sie
5 konnte einer öffentlichen Person ein Liebesverhältnis andichten oder das Foto eines oppositionellen Pastors vom FKK-Strand im Lebensmittelladen seines Dorfes aushängen. Sie konnte den beruflichen Aufstieg durch gezielte Kritik oder Verleumdung
10 seitens eines IM bremsen – ein besonders hinterhältiges Vorgehen, da die Einwände auf den ersten Blick vollkommen unpolitisch schienen und der Betroffene häufig Kollegenneid, aber keineswegs „sicherheitspolitische" Belange dahinter
15 vermutete, und sie konnte Gerüchte streuen und Nicht-Angepasste als Stasi-Spitzel verdächtigen lassen, was deren Ruf in einer Friedens- und Umweltgruppe zumeist vollständig ruinierte. Derartige „Zersetzungen" von Unbotmäßigen und oppositionellen Gruppen waren eines der Hauptziele der Stasi.

Joachim Gauck: Winter im Sommer – Frühling im Herbst: Erinnerungen, 12. Aufl., München 2009, S. 280.

M4

Zeugnis einer Polytechnischen Oberschule, DDR 1978

Methodenkompetenz

1. a) Analysiere M2 mithilfe der Arbeitsschritte „Eine Karikatur analysieren" auf S. 334.
   b) Entwickle einen Vorschlag, wie eine dritte Folgekarikatur aus heutiger Sicht aussehen könnte.
2. Befrage ein Mitglied in deiner Familie nach ihren Erfahrungen im oder mit dem jeweils „anderen Deutschland".
3. **Gruppenarbeit:** Tragt auf einer Placemat zusammen, was man bei einer Zeitzeugenbefragung beachten muss.
   Tipp: Hilfe findet ihr auf S. 329.

Sachkompetenz

4. Erkläre, inwiefern sich an M1 ökonomische Unterschiede in der Verwandtschaft ablesen lassen.
5. Veranschauliche anhand des Schulzeugnisses M4 zentrale Erziehungsziele der DDR.
6. Erläutere mithilfe von M3 die Aufgaben und Methoden des MfS.

Urteilskompetenz

7. Erörtere mithilfe von M3, ob die DDR ihre politische Stabilität der Staatssicherheit verdankte.
8. Beurteile, inwiefern die Proteste von 1968 die Bundesrepublik positiv verändert haben.
9. Nimm Stellung zur Gleichberechtigung von Frauen und Männern in der Bundesrepublik und DDR.
   Tipp: Lies nach auf S. 246/247.

Webcode: FG450099-263
Selbsteinschätzungsbogen

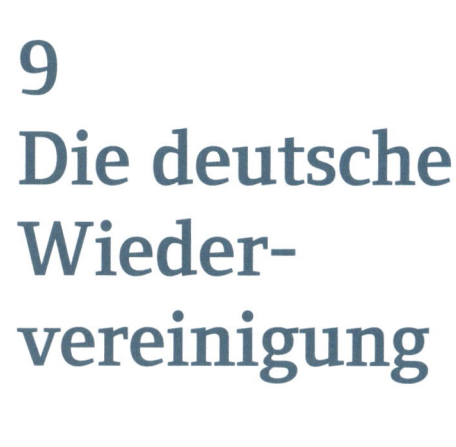

9 Die deutsche Wiedervereinigung

Am 4. November 1989 versammeln sich rund 500 000 Menschen in Ost-Berlin. Es ist die erste private Demonstration, die die DDR-Führung genehmigt hat. Ihr Motto lautet: „Gegen Gewalt und für verfassungsmäßige Rechte". Tausende NVA-Soldaten befinden sich in Alarmbereitschaft. Auf dem Alexanderplatz folgt eine dreistündige Kundgebung, bei der Prominente wie Gregor Gysi oder Jan Josef Liefers auftreten. Das DDR-Fernsehen überträgt die Veranstaltung live – ein Akt der Verzweiflung, wie später viele meinen.

Was könnte die DDR-Bürger 1989 auf die Straße getrieben haben? Untersuche die Transparente und stelle Vermutungen über ihre Forderungen an.

Demonstration am Berliner Alexanderplatz, Foto, 4. November 1989

266 Orientierung im Kapitel | 9 Die deutsche Wiedervereinigung

| 1970 | 1975 | 1980 | 1985 |

1971–1989 Erich Honecker Staatsratsvorsitzender der DDR

1961 Bau der Berliner Mauer

1982–1998 Helmut Kohl Bundeskanzler der BRD

ab 1981 Reformbewegung in Polen

ab 1982 wirtschaftlicher Niedergang der DDR

ab 1985 Reformpolitik in der UdSSR und in Osteuropa

Die deutsche Wiedervereinigung

28 Jahre lang, von 1961 bis 1989, teilte eine stark bewachte Grenze die beiden deutschen Staaten und verlief mitten durch Berlin. Mehr als 100 Menschen starben beim Versuch, sie zu überwinden. Doch seit Mitte der
5 1980er Jahre begann es im Ostblock zu kriseln: In der Sowjetunion stagnierte die Wirtschaft, und die von Präsident Gorbatschow angestoßenen Reformen verschärften die Probleme noch. Bald kam es auch in den angrenzenden Ostblockstaaten zu Protesten gegen Miss-
10 wirtschaft und fehlende Mitsprache. Als sich die Protestbewegung auf die DDR auszudehnen drohte, reagierte die SED-Führung starr und ablehnend. Daraufhin formierten sich große Demonstrationszüge in Städten wie Leipzig und forderten Dialoge und freie Wahlen. Gleich-
15 zeitig begann eine Massenflucht von DDR-Bürgern über die Nachbarstaaten. Die Lage spitzte sich immer mehr zu, und am 9. November 1989 fiel die Mauer – für viele überraschend. Das Ereignis markierte den Beginn der Wiedervereinigung Deutschlands. Doch auch heute
20 noch, fast 30 Jahre danach, gibt es Unterschiede zwischen West und Ost in vielen Köpfen.

Nach Bearbeitung dieses Kapitels kannst du:
- Gründe für den Zusammenbruch des Ostblocks und der DDR erläutern
- die Haltung der europäischen Nachbarn gegenüber der deutschen Wiedervereinigung darstellen
- die wirtschaftlichen und sozialen Folgen der deutschen Einheit beschreiben
- Formen des Gedenkens an die Wiedervereinigung
30 diskutieren.

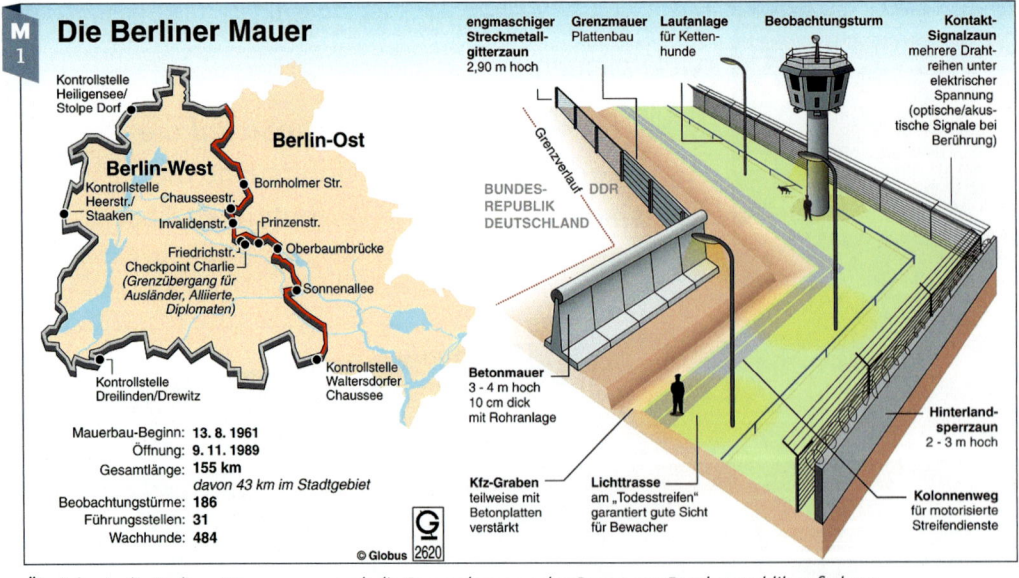

M1 Die Berliner Mauer

Ähnlich wie die Berliner Mauer waren auch die Sperranlagen an der Grenze zur Bundesrepublik aufgebaut.

Herrschaft und Staatlichkeit, Gesellschaft und Recht, Wirtschaft und Umwelt

Orientierung im Kapitel 267

| 1990 | 1995 | 2000 |

1985–1991 Michail Gorbatschow Generalsekretär der KPdSU
    1989/1990 Revolutionen in Osteuropa
    Frühjahr/Sommer 1989 Massenflucht von DDR-Bürgern, Montagsdemonstrationen
    9. November 1989 Fall der Mauer
        12. September 1990 Vertrag zur deutschen Einheit
        3. Oktober 1990 Beitritt der DDR-Länder zur BRD

M2 Mahnwache in der Gethsemanekirche, Ost-Berlin, 18. Oktober 1989, Foto

M4 „Wir haben wieder eine Mauer", Karikatur von Dieter Hanitzsch, 1992

M3 Brandenburger Tor, Berlin, 9./10. November 1989, Foto

1. Beschreibe die Berliner Grenzanlagen (M1).
2. Untersuche M2–M4. Notiere Fragen, die dir dazu einfallen.
3. Ein Bericht der „Stasi" von 1989 nennt als Gründe für die Unzufriedenheit der DDR-Bürger die Medienpolitik der SED, Bürokratie und „Herzlosigkeit" der Behörden. Finde weitere mögliche Gründe (Darstellungstext, S. 238, S. 244).
4. **Wähle eine Aufgabe aus:**
Befrage Familienmitglieder und Bekannte:
  a) nach ihren Erfahrungen mit der Grenze (M1),
  b) wie sie die Grenzöffnung erlebt haben (M3).
Berichte vor der Klasse.

Umbruch in Osteuropa

Auf der KSZE-Konferenz 1975 in Helsinki hatte die Sowjetunion allen abhängigen Staaten Freiheit und Selbstbestimmung garantiert. Doch Osteuropa blieb weiter unter kommunistischer Herrschaft. Bald regte sich Widerstand, besonders in Polen.

- Wie gelang es der polnischen Opposition, Reformen durchzusetzen und eine demokratische Staatsform einzuführen?

Die Reformbewegung in Polen

Im Sommer 1980 kam es zu Arbeiterunruhen und Streiks in den Werften von Gdańsk (Danzig) und Gdynia (Gdingen). Auslöser war eine drastische Erhöhungen der Fleischpreise und ein Mangel an wichtigen Konsumgütern. Hinzu kam die politische Unzufriedenheit.

Die Organisatoren des Streiks gründeten die unabhängige Gewerkschaft Solidarność (Solidarität). Sie forderte mehr Mitbestimmung und gesellschaftliche Freiheit und prangerte die staatliche Misswirtschaft im kommunistischen System an. Innerhalb kürzester Zeit hatte die Protestbewegung zehn Millionen Mitglieder. Die Regierung antwortete im Dezember 1981 mit dem Verbot der Solidarność und der Verhängung des Kriegsrechts. Führende Gewerkschafter und Oppositionelle wurden verhaftet, die Gewerkschaft verlagerte ihre Arbeit in den Untergrund. Der Zuspruch in der Bevölkerung blieb aber bestehen, sodass die Regierung 1989 unter dem Druck der Öffentlichkeit und nach Vermittlung der Kirche Verhandlungen mit dem Arbeiterführer Lech Wałęsa (geb. 1953) aufnahm. Vereinbart wurden die Anerkennung der Solidarność und Parlamentswahlen am 4. Juni 1989. Bei diesen Wahlen traten erstmals auch Kandidaten der Oppositionsparteien an, die einen Sieg davontrugen. So konnte im August 1989 mit dem Solidarność-Berater Tadeusz Mazowiecki (1927–2013) der erste nichtkommunistische Ministerpräsident vereidigt werden. Damit war der Weg frei für eine parlamentarische Demokratie, einen Rechtsstaat, Gewaltenteilung und eine marktwirtschaftliche Ordnung. Lech Wałęsa wurde im Dezember 1990 zum Staatspräsidenten der neuen Republik Polen gewählt.

Die Rolle des Auslands und der Kirche

Die Oppositionsbewegung Solidarność wurde im Ausland aufmerksam beobachtet. 1983 bekam Lech Wałęsa den Friedensnobelpreis verliehen. Der Westen brachte damit seine Unterstützung für den polnischen Freiheitskampf zum Ausdruck, auch wenn Wałęsa den Preis nicht persönlich entgegennehmen durfte. In der DDR löste die Entwicklung hingegen Angst vor Nachahmern aus. Der Transit nach Polen wurde eingeschränkt.

Einen großen Unterstützer fand die polnische Oppositionsbewegung im Krakauer Erzbischof Karol Wojtyła (1920–2005), der 1978 zum Papst Johannes Paul II. gewählt wurde. Er besuchte wiederholt seine Heimat und unterstützte den politischen Aufbruch. Die polnische Kirche trat, gestärkt durch den Rückhalt des Papstes, als Vermittler zwischen Opposition und Staat auf.

Arbeiterführer Lech Wałęsa spricht in Danzig vor Anhängern der Gewerkschaft Solidarność, Foto, Herbst 1988. Übersetzung des Transparents: „Keine Freiheit ohne Gott und Solidarność"

Streikende am Eingang zur Danziger Lenin-Werft im August 1980, vor dem Tor die Angehörigen der Streikenden. Am Tor hängt eine Fotografie von Papst Johannes Paul II. Foto, August 1980

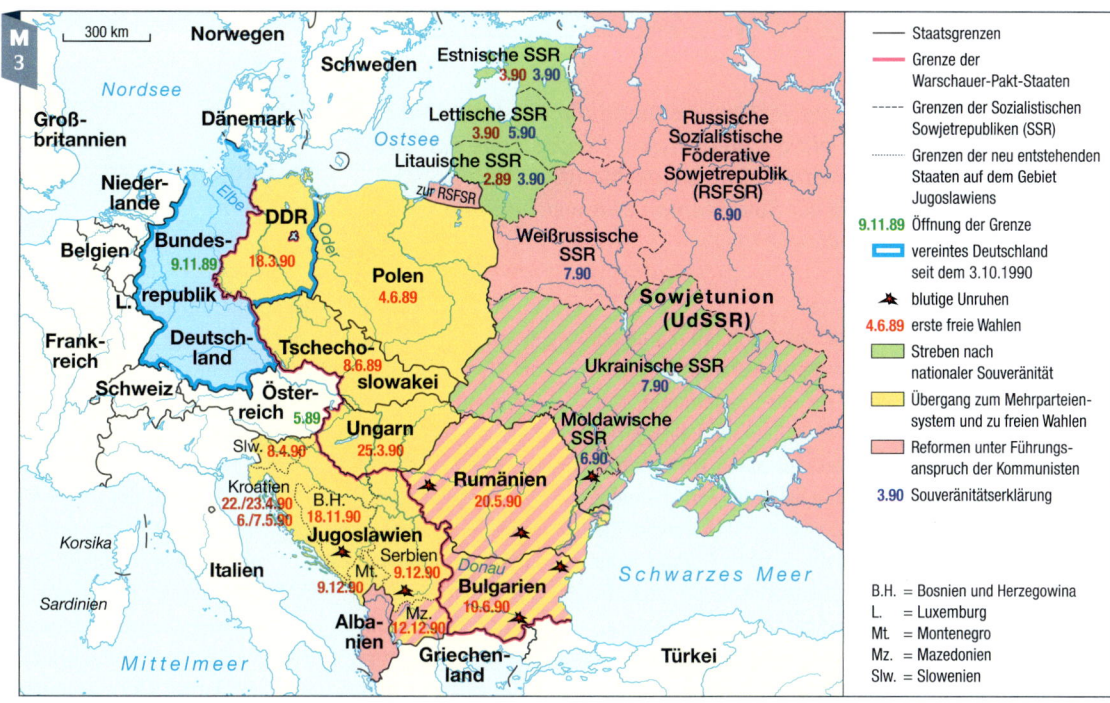

Wandel in den Staaten Ostmitteleuropas bis 1990

M4 Aus dem Programm der polnischen Gewerkschaft Solidarność (Oktober 1981):

Die ... „Solidarność" vereint viele gesellschaftliche Strömungen, vereint Menschen mit unterschiedlichen politischen und religiösen Überzeugungen und Menschen unterschiedlicher Nationalität.
5 Uns verbindet der Protest gegen die Ungerechtigkeit, gegen den Missbrauch der Macht und die Monopolisierung des Rechts, im Namen der gesamten Nation zu sprechen und zu handeln. Uns verbindet der Protest gegen den Staat, der die
10 Bürger wie sein Eigentum behandelt ... Wir verurteilen, dass unbedingter politischer Gehorsam anstelle von Eigeninitiative und Selbstständigkeit belohnt wird ... Grundlage des Handelns muss die Achtung des Menschen sein. Der Staat muss
15 dem Menschen dienen und darf nicht über ihn herrschen, die Organisierung des Staates muss der Gesellschaft dienen und darf nicht von einer einzigen politischen Partei monopolisiert werden.
Zit. nach Barbara Büscher u. a. (Hg.), Solidarność, Köln (Bund Verlag) 1983, S. 297.

1 **Partnerarbeit:**
   a) Beschreibt die Ziele und Aktionen der Gewerkschaft Solidarność (M1–M2, M4, Darstellungstext).
   b) Beurteilt die Bedeutung dieser Gewerkschaft für den Wandel in Polen.
2 Setze die Forderungen der Solidarność (M4) in Beziehung zur KSZE-Schlussakte (siehe S. 185/M3).
3 **Vorschlag für eine Gruppenarbeit:**
   a) Erstellt ein Schaubild über die Faktoren für den Umbruch in Polen. Verdeutlicht die Beziehungen der Faktoren untereinander.
   b) Beschreibt mithilfe der Karte M3 den Wandel in den Staaten Osteuropas.
   Tipp: Notiert Gemeinsamkeiten und Unterschiede.
4 **Recherche:** Wähle ein Ostblockland aus und untersuche seine Entwicklung in der Phase des Umbruchs (M3).

Zusatzaufgabe: siehe S. 326.

Webcode: FG450099-269
Demokratische Revolutionen in Osteuropa

Reformpolitik in der Sowjetunion

Das Ende des Kalten Krieges verbindet man häufig mit einem Namen: Michael Gorbatschow. Er gilt als Wegbereiter für das Ende der UdSSR und die friedliche Wiedervereinigung Deutschlands.
- *Wie kam es zum Zerfall der Sowjetunion und welche Rolle spielte Michael Gorbatschow dabei?*

Ein neuer Mann an der Spitze

1985 wurde Michael Gorbatschow (geb. 1931) neuer Generalsekretär der Kommunistischen Partei. Er übernahm damit das wichtigste Amt der Sowjetunion. Mit 54 Jahren war er vergleichsweise jung und tatkräftig. Gorbatschow stand vor großen, vor allem wirtschaftlichen Problemen: Das Wettrüsten hatte das Land beinahe in den Ruin getrieben, der Krieg in Afghanistan die Bevölkerung demoralisiert (siehe S. 184). Gorbatschow erkannte diese Probleme und benannte sie deutlich. Er wagte Reformen, um das kommunistische System zu bewahren und zu modernisieren. Seine Schlagworte waren „Glasnost"* (Offenheit) und „Perestroika"* (Umgestaltung). Als Erstes lockerte Gorbatschow schrittweise die Zensur und nahm Abrüstungsgespräche mit den USA wieder auf. Auch US-Präsident Ronald Reagan, der die UdSSR noch kurz zuvor als „Reich des Bösen" bezeichnet hatte, erkannte nun die Chance, um die Lage zu verbessern. 1987 vereinbarten beide Staaten, all ihre Mittelstreckenraketen in Europa zu vernichten und sprachen sich für ein Verbot dieser Waffen aus. Weitere Gespräche zur Rüstungsbegrenzung folgten. Gorbatschow veranlasste auch den Rückzug der erfolglosen sowjetischen Truppen aus Afghanistan bis 1988.

Innenpolitisch hatte Gorbatschow weitere Probleme zu lösen. Gleich zu Beginn seiner Amtszeit ereignete sich die Reaktorkatastrophe von Tschernobyl (1986). Die Regierung versuchte zunächst in gewohnter Weise, die Katastrophe zu verheimlichen, aber die neue Offenheit der Medien ermöglichte es der Bevölkerung, sich über das wahre Ausmaß der Katastrophe zu informieren. Gorbatschow wurde für diese Hinhaltetaktik heftig kritisiert, zugleich kam es zu Massenprotesten und Streiks wegen der wirtschaftlichen Lage. Der Übergang von der Planwirtschaft zur Marktwirtschaft brachte u. a. eine Geldentwertung und hohe Arbeitslosigkeit mit sich. Eine schlechte Ernte führte im Herbst 1990 zu einer wirtschaftlichen Notlage, die nur durch Hilfe aus dem Ausland gemildert werden konnte.

Die Schlussakte von Helsinki (siehe S. 185) und Gorbatschows Reformpolitik hatten einen Prozess ausgelöst, der immer größere Ausmaße annahm. Nicht nur die Staaten des Warschauer Pakts, sondern auch die Sowjetrepubliken wurden davon erfasst. Anfang 1990 erklärten sich Litauen, Estland und Lettland für unabhängig. Der Erfolg der baltischen Staaten bestärkte andere Sowjetrepubliken, ihre Unabhängigkeit zu erklären. Mit dem Zerfall der Zentralmacht brachen in den verschiedenen Ländern, vor allem im Kaukasus und in Zentralasien, viele Nationalitätenkämpfe aus.

Gipfeltreffen von Michael Gorbatschow und George Bush in den USA, Juni 1990. Beraten wurde über die Zukunft Deutschlands und seine Zugehörigkeit zu einem Bündnis.

Gorbatschow als Klavierspieler, Karikatur von Peter Leger, 1987

Die Sowjetunion zerfällt, der Kalte Krieg endet

Im August 1991 versuchte eine Gruppe überzeugter Kommunisten, Gorbatschow durch einen Putsch zu entmachten und setzte ihn unter Hausarrest. Der Präsident der russischen Teilrepublik, Boris Jelzin (1931–2007), organisierte den bewaffneten Widerstand und brachte den Putsch zum Scheitern. Gorbatschow wurde befreit, verlor aber alle seine Ämter. Jelzin verbot die Kommunistische Partei und betrieb die Bildung einer Gemeinschaft Unabhängiger Staaten (GUS) unter Führung Russlands. Die Gründung der GUS im Dezember 1991 war zugleich auch das Ende der 70-jährigen Geschichte der UdSSR. Auch das Militärbündnis des Ostblocks, der Warschauer Pakt, wurde aufgelöst. Der Kalte Krieg war endgültig zu Ende.

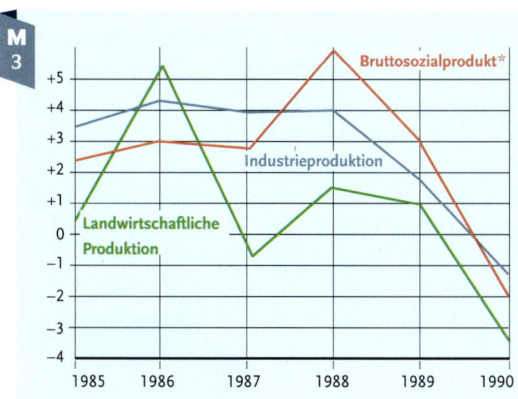

Wirtschaftsentwicklung in der Sowjetunion während der ersten fünf Jahre der Reformpolitik 1985 bis 1990

1 Entwirf eine Mindmap zur politischen und wirtschaftlichen Entwicklung der Sowjetunion bis 1991 (M1–M3, Darstellungstext).
2 **Partnerarbeit:** Erarbeitet aus M4 den Reformansatz Gorbatschows.
  a) Listet die Merkmale von „Glasnost" und „Perestroika" auf. Lest auch im Lexikon nach.
  b) Stellt zusammen, worin die wesentlichen Unterschiede zum bisherigen System liegen.
3 **Wähle eine Aufgabe aus:**
  a) Schreibe eine Rede, in der du Gorbatschows Politik würdigst.
  b) Verfasse einen Zeitungsartikel über das Ende der UdSSR. Nenne die wichtigsten Ursachen.
4 **Recherche:** Informiere dich über das Reaktorunglück von Tschernobyl und berichte vor der Klasse.

M4 Neues Denken in der Gesellschaft

Michail Gorbatschow beschrieb 1987 sein politisches Programm in einem Buch, das in viele Sprachen übersetzt und in der ganzen Welt bekannt wurde:

Umgestaltung heißt, dass wir uns auf das lebendige Schöpfertum der Massen stützen. Dass wir Demokratie und sozialistische Selbstverwaltung umfassend entwickeln, Entschlusskraft und Eigeninitiative fördern, Ordnung und Disziplin stärken. Umgestaltung heißt mehr Offenheit, mehr Kritik und Selbstkritik in allen Lebensbereichen der Gesellschaft, heißt, dass die Werte und die Würde der Persönlichkeit hohe Achtung genießen. Umgestaltung heißt, dass die sowjetische Wirtschaft umfassend intensiviert wird, dass die Prinzipien des demokratischen Zentralismus ... wieder zur Geltung gebracht und weiterentwickelt werden, dass nicht länger kommandiert und administriert wird und dass Schrittmachergeist und sozialistischer Unternehmungsgeist mit allen Mitteln gefördert werden ...
Das Wesen der Umgestaltung liegt ja gerade darin, dass in ihr Sozialismus und Demokratie zu einer Einheit verschmelzen, dass sie die Leninsche Konzeption vom Aufbau des Sozialismus in Theorie und Praxis wieder voll zum Tragen bringt. ... Nötig ist eine weitgreifende Demokratisierung des gesamten gesellschaftlichen Lebens. Ohne Offenheit (Glasnost) kann es keine Demokratie geben. Und ohne Demokratie kann es keinen zeitgemäßen Sozialismus geben.
Man muss den Massen die Wahrheit sagen ... Universale Sicherheit beruht in unserer Zeit auf der Anerkennung des Rechts jeder Nation, den Weg ihrer sozialen Entwicklung selbst zu bestimmen, auf dem Verzicht der Einmischung in die inneren Angelegenheiten anderer Staaten ... Nationen können und sollen ihr Leben nicht nach dem Muster der USA oder der Sowjetunion ausrichten. Politische Positionen sollen deshalb frei sein von ideologischer Intoleranz.

Zit. nach Michail Gorbatschow, Umgestaltung und neues Denken für unser Land und für die ganze Welt, Berlin (Dietz) 1987, S. 37f.

Webcode: FG450099-271
„Glasnost" und „Perestroika"

Warum brach die DDR zusammen?

Ostdeutschland, Ende der 1980er Jahre: Immer mehr deutet darauf hin, dass die DDR vor einer tiefen Wirtschafts- und Systemkrise steht. Doch die SED-Führung will von Reformen nichts wissen – sie setzt auf alte Rezepte.
- *Erforsche die Gründe für den Niedergang und Zerfall der DDR.*

Außenpolitische Gründe
Zwei Faktoren beschleunigten die Veränderungen in den Ostblockstaaten: die Schlussakte der Konferenz von Helsinki 1975 (siehe S. 185) und die Gründung der Gewerkschaft „Solidarność" in Polen 1980 (siehe S. 268).
5 Als Michail Gorbatschow Mitte der 1980er Jahre grundlegende Reformen in der Sowjetunion einleitete, reagierte die DDR-Führung ablehnend. Zeitweise verbot sie sogar den Verkauf sowjetischer Zeitschriften, wenn darin über die Notwendigkeit der Reformen diskutiert
10 wurde.

Wirtschaftlicher Niedergang
Ende der 1970er Jahre geriet die DDR in eine anhaltende Wirtschaftskrise, 1982 stand das Land schließlich vor dem finanziellen Ruin. Obwohl der Westen Milliarden-
15 kredite vergab, stiegen die Staatsschulden der DDR bis 1989 auf 130 Milliarden Mark. Gründe für den wirtschaftlichen Niedergang waren die Produktion mit veralteten und technisch rückständigen Anlagen, aber auch die enormen Staatsausgaben: Bedürftige erhielten hohe
20 Sozialleistungen, Mieten und Bedarfsgüter wurden vom Staat bezuschusst. Dadurch waren sie im Vergleich zum Westen extrem billig.

Zweifel am System
Immer mehr DDR-Bürger waren mit der wirtschaftlichen
25 Situation unzufrieden. Sie zweifelten an der „Überlegenheit des Sozialismus", die von der SED propagiert wurde. Viele empfanden die SED-Parolen als hohle Phrasen und kommentierten sie ironisch im Freundeskreis: etwa, wenn die Partei verkündete, man werde den Kapitalis-
30 mus „überholen". Die Distanz vieler Bürger zum Staat wuchs, weil Pressefreiheit und grundlegende Bürgerrechte fehlten. Auch die Bespitzelung durch die Staatssicherheit trug dazu bei. Da in weiten Teilen der DDR West-Radio und -Fernsehen zu empfangen waren,
35 konnten die Menschen den Lebensstandard direkt vergleichen. Ein Teil von ihnen gab jede Hoffnung auf eine Verbesserung der Lebensverhältnisse auf. Doch gerade junge Menschen waren unzufrieden, weil sie über Berufsausbildung und Studium nicht frei entscheiden
40 konnten. Die „bedarfsgerechte" Zuteilung der Plätze durch die Partei sorgte für Unmut. Die Zahl der Studierenden sank in den 1980er Jahren und viele junge Menschen fühlten sich um ihre Zukunft betrogen, weil ihnen ein Studium verweigert wurde.

Verfallende Infrastruktur und katastrophale Umweltbilanz
Die Infrastruktur war in vielen Bereichen marode: Über die Hälfte der Straßen wies große Mängel auf, und ein Fünftel der Verkehrswege war in so schlechtem Zustand,
50 dass sie kaum noch befahrbar waren. Telefonanschlüsse gab es nur wenige; die Anlagen waren fast alle älter als 30 Jahre. Die meisten Innenstädte verfielen, weil private Hausbesitzer aufgrund der geringen Mieten kein Geld für Reparaturen und Renovierungen hatten. Etwa ein
55 Fünftel der Wohnungen in der DDR war nicht mehr bewohnbar. Ganze Straßenzüge verfielen.

M1 Marode Häuser in einem Wohnbezirk in Gotha/Thüringen, Foto, 1989

Die Wirtschaft der DDR war auf die Schwerindustrie ausgerichtet. Weil man dort rücksichtslos Braunkohle als Energieträger verwendete, wurden in weiten Teilen des Landes Luft und Gewässer vergiftet. Millionen Menschen waren schwersten Umweltbelastungen ausgesetzt, die Zahl der Erkrankten wuchs stetig. Während im Westen die Lebenserwartung in den 1970er und 1980er Jahren stark zunahm, stagnierte sie in der DDR. Die Parteiführung verharmloste die katastrophalen Umweltbedingungen, denn für jede Investition in die Umwelt hätte sie Sozialleistungen kürzen müssen. Und gerade diese Leistungen wurden von der Parteibürokratie immer wieder als entscheidender Vorteil des Sozialismus gegenüber den „kapitalistischen" Staaten hervorgehoben.

Wachsende Unzufriedenheit

Seit Beginn der 1980er Jahre entstanden auch in der DDR Menschenrechts-, Umwelt- und Friedensgruppen. Ihre Mitglieder trafen sich meist in Räumen der Kirche, wo sie einigermaßen ungestört diskutieren konnten. Trotz der totalen Überwachung durch die Stasi waren immer mehr Menschen bereit, sich gegen die Willkür der Staatsorgane zur Wehr zu setzen. Als die DDR-Führung bei den Kommunalwahlen im Mai 1989 bekannt gab, dass 98,85 Prozent für die Einheitsliste gestimmt hätten, protestierten oppositionelle Gruppen gegen das gefälschte Wahlergebnis. Sie konnten die Fälschungen belegen und erzwangen eine öffentliche Diskussion. Die Staatsmacht versuchte erfolglos, die Oppositionsbewegung mit einer Verhaftungswelle zu unterdrücken.

Massenflucht

Ungarn baute im Mai 1989 seine Grenzbefestigungen zu Österreich ab. Zahlreiche DDR-Bürger nutzten das aus und flohen über Ungarn nach Westen. Im Sommer 1989 stellten 120 000 Menschen einen Ausreiseantrag. Tausende strömten in die Botschaften der Bundesrepublik in Prag, Warschau und Budapest, um so ihre Ausreise zu erzwingen. Nach zähen Verhandlungen in der UNO erreichte der bundesdeutsche Außenminister Hans-Dietrich Genscher, dass die DDR-Führung die Ausreise der Botschaftsflüchtlinge bewilligte.

Filmtipp:
„Zug in die Freiheit",
Regie: Sebastian Dehnhardt und Matthias Schmidt, deutsches Dokudrama, 2014

M2 Karikatur aus der „taz", September 1989

M3 Aus dem Aufruf zur Bildung einer sozialdemokratischen Partei in der DDR (SDP), Ende August 1989:

„So kann es nicht weitergehen!"
Viele warten darauf, dass sich etwas ändert. Das aber reicht nicht aus! Wir wollen das Unsere tun, die notwendige Demokratisierung der DDR hat die grundsätzliche Bestreitung des Wahrheits- und Machtanspruchs der herrschenden Partei zur Voraussetzung ... Unser Ziel: Eine ökologisch orientierte soziale Demokratie ... Rechtsstaat und strikte Gewaltenteilung, parlamentarische Demokratie und Parteienpluralität, relative Selbstständigkeit der Regionen, soziale Marktwirtschaft mit striktem Monopolverbot ..., Demokratisierung der Strukturen des Wirtschaftslebens, Freiheit der Gewerkschaften und Streikrecht.

Zit. nach Bernd Lindner, Die demokratische Revolution in der DDR 1989/90, Bonn (Bundeszentrale für politische Bildung) 2010, S. 66.

---

1 **Partnerarbeit:** Wiederholt folgende Ereignisse:
   a) Schlussakte von Helsinki und Gründung der Gewerkschaft Solidarność (S. 185 und S. 268)
   b) Reformen unter Gorbatschow in der Sowjetunion (S. 270).
2 Untersuche M2. Erkläre die Karikatur mithilfe des Darstellungstextes.
3 Erläutere die Forderungen in M3.
4 Fasse alle hier erwähnten Gründe für den Zusammenbruch der DDR in einer Mindmap zusammen.

Zusatzaufgabe: siehe S. 326.

Die „friedliche Revolution" in der DDR

Die SED-Führung zeigte sich unfähig, Lösungen für die Probleme der Bürger zu finden und ihre Unzufriedenheit mit dem System zu stoppen. Doch Massenflucht, wirtschaftlicher Bankrott und wachsende Proteste zwangen sie bald zum Nachgeben.
- *Wie kam es 1989 zur „friedlichen Revolution" in der DDR und welche Folgen hatte sie?*

Protestmärsche während der Staatsfeiern

Seit Mai 1989 wuchsen in der DDR die Proteste gegen die erstarrten politischen Verhältnisse und die schlechte Versorgung mit Konsumgütern. Am 25. September 1989 versammelte sich in Leipzig die erste Montagsdemonst-
5 ration. 6000 bis 8000 Menschen zogen mit dem Ruf „Keine Gewalt!" über den Leipziger Ring. Am Montag darauf, dem 2. Oktober, löste die Polizei bereits einen Zug von 20 000 Menschen auf. Die Furcht der Demonstranten war groß, denn kurz zuvor war in China eine
10 Demonstration von der kommunistischen Führung blutig niedergeschlagen worden (Tian'anmen-Massaker). Auch die Proteste gegen die Jubelfeiern zum 40. Jahrestag der DDR wurden von Stasi und Polizei gewaltsam aufgelöst. Am 9. Oktober 1989 ereignete sich dann die
15 größte Demonstration seit dem 17. Juni 1953: 70 000 Menschen zogen durch Leipzig. Die Lage war äußerst gespannt, doch bekannte Persönlichkeiten konnten sie noch einmal entschärfen. Weitere Demonstrationen folgten. Am 18. Oktober musste Erich Honecker zurück-
20 treten.

M 1 *Die ersten Trabis werden am Berliner Grenzübergang Checkpoint Charlie am Morgen nach der Maueröffnung von unzähligen Menschen begrüßt. Foto, 10. November 1989*

Die Mauer fällt

Die Mauer fiel am Abend des 9. November 1989. Ausgelöst wurde das Ereignis durch eine eher beiläufige Mitteilung: Günter Schabowski, Mitglied des SED-Polit-
25 büros, gab eine Pressekonferenz über neue Ausreisebestimmungen. Weil er falsch informiert war, verkündete er, alle DDR-Bürger dürften „ab sofort" über jeden Grenzübergang das Land verlassen. Blitzschnell verbreitete sich die Nachricht über westdeutsche TV-Sender
30 („DDR öffnet Grenze"). Noch am selben Abend stürmten Zehntausende durch die Grenzübergänge nach Westen. Jubelnd durchquerten sie die vormals unüberwindbare Barriere.

M 2 *Montagsdemonstration in Leipzig am 13. November 1989, Foto*

Demokratisierung durch den „Runden Tisch"*

35 Nach dem Fall der Mauer am 9. November 1989 liefen verschiedene Entwicklungen zeitgleich nebeneinander: Die SED-Führung unter dem Honecker-Nachfolger Egon Krenz (geb. 1937) versuchte ihre Machtposition zu erhalten. Zu entscheidenden Zugeständnissen war sie aber
40 nach wie vor nicht bereit. Währenddessen versuchte die Bundesregierung, geführt von Helmut Kohl (CDU) und Hans-Dietrich Genscher (FDP), Einfluss auf die weitere Entwicklung der DDR zu nehmen. Sie präsentierte am 28. November 1989 ein 10-Punkte-Programm, mit dem
45 beide deutsche Staaten zu einem Bundesstaat vereint werden sollten. Auf internationaler Ebene mussten nun die vier Siegermächte ihre Positionen zur Deutschen Frage klären. Dabei war zu bedenken, dass 1989 rund

300 000 sowjetische Soldaten in der DDR stationiert waren. Die Krise spitzte sich weiter zu. In dieser Situation wurden auf Initiative der DDR-Bürgerbewegung „Runde Tische" eingerichtet, an denen Vertreter oppositioneller Gruppen mit denen der SED über Reformen und Demokratisierung verhandelten. Die Gesprächsleitung übernahmen Vertreter der Kirche.

Zu den ersten Ergebnissen gehörte die sofortige Auflösung des Ministeriums für Staatssicherheit. Eine neue Verfassung und ein neues Wahlgesetz sollten erarbeitet werden. Auch auf regionaler und lokaler Ebene entstanden nun „Runde Tische". Ende Januar 1990 beschloss der zentrale „Runde Tisch" in Berlin für den 18. März 1990 die ersten freien Wahlen auf dem Gebiet der DDR.

Die Volkskammerwahl 1990

Anfang des Jahres 1990 waren wichtige politische Ziele der „friedlichen Revolution" erreicht. Die SED-Diktatur war gestürzt, die Mauer gefallen, das Land auf dem Weg zur Demokratie. Die ersten freien Wahlen am 18. März 1990 erbrachten eine Koalitionsregierung unter Ministerpräsident Lothar de Maizière (CDU). Unterdessen nahm der Einfluss der westdeutschen Politiker auf die weitere Entwicklung in der DDR zu. Durch den schnellen Verfall der Autorität des DDR-Staates entstand eine Hinwendung „nach Westen". Nach Meinungsumfragen waren Anfang Februar 1990 etwa 75 Prozent der DDR-Bürger für die Wiedervereinigung.

Ein Augenzeuge über den 9. Oktober 1989 in Leipzig:

Es galt uneingeschränkt der vom Vorsitzenden des Nationalen Verteidigungsrates, Erich Honecker, am 26. September erlassene Geheimbefehl Nr. 8/89, der im Hinblick auf zu erwartende „Krawalle" eindeutig formulierte: „Sie sind zu unterbinden." ... In Betrieben wurde davor gewarnt, nach 16 Uhr die Innenstadt zu betreten; Mütter sollten ihre Kinder bis 15 Uhr aus den Krippen und Kindergärten des Zentrums abholen ... In Krankenhäusern wurden Notbetten aufgestellt und vor allem die Chirurgischen und Intensivstationen verstärkt besetzt. Tausende von zusätzlichen Blutkonserven standen bereit ... Leipzig glich an diesem Tag einem Heerlager. Nach späteren Aussagen von Bereitschaftspolizisten war ihnen vormittags mitgeteilt worden, dass ein friedlicher Ausgang wenig wahrscheinlich sei und sie vorbereitet sein müssten, möglichen Gewalttätigkeiten zu begegnen. Dementsprechend trugen sie Kampfausrüstung ... Einzig die geballte Kraft der siebzigtausend angsterfüllten und dennoch nicht weichenden Menschen in der Innenstadt und auf dem Ring erzwangen um 18.25 Uhr den endgültigen Rückzug der bewaffneten Einheiten.

Zit. nach Wolfgang Schneider, Leipziger Demontagebuch, Leipzig/Weimar (Kiepenheuer) 1990, S. 7.

Der Schriftsteller Stefan Heym auf der Berliner Protestdemonstration am 4. November 1989:

Es ist, als habe einer das Fenster aufgestoßen, nach den Jahren der Stagnation, der geistigen, wirtschaftlichen, politischen, den Jahren ... von Phrasengewäsch und bürokratischer Willkür, von amtlicher Blindheit und Taubheit – welche Wandlung. Vor noch nicht vier Wochen die schön gezimmerte Tribüne um die Ecke [40-Jahr-Feier der DDR], mit dem Vorbeimarsch, dem bestellten, vor den Erhabenen. Und heute ihr, die ihr euch aus eigenem freien Willen versammelt habt für Freiheit und Demokratie und für einen Sozialismus, der des Namen wert ist ... Wir haben in diesen letzten Wochen unsere Sprachlosigkeit überwunden und sind jetzt dabei, den aufrechten Gang zu erlernen. Und das, Freunde, in Deutschland, wo bisher sämtliche Revolutionen danebengegangen sind ...

Zit. nach Stefan Heym, Einmischung. Gespräche, Reden, Essays. Ausgew. und hg. von Inge Heym und Heinfried Henninger, München (Bertelsmann) 1990, S. 257.

---

1 Erkläre die Forderungen auf den Transparenten in M2.
2 Demonstrieren oder besser nicht? Entwirf einen Stichwortzettel mit Argumenten für beide Positionen angesichts der Gefahren (M3).
3 Überlege, was Stefan Heym (M4) mit dem Bild des „aufrechten Ganges" ausdrücken möchte. Erkläre und bewerte seinen Schlusssatz.

Webcode: FG450099-275
Die „friedliche Revolution" in der DDR

Wie gelang die Einigung Deutschlands?

Die beiden deutschen Staaten konnten sich nicht so einfach zusammenschließen: die Siegermächte des Zweiten Weltkriegs mussten zustimmen. Sie besaßen nämlich immer noch Vorbehaltsrechte. Auf der Potsdamer Konferenz 1945 war Die Frage der deutschen Einheit auf unbestimmte Zeit vertagt worden.
- *Untersuche die Verhandlungen über die deutsche Einheit und ihre Ergebnisse.*

M1 Bundeskanzler Kohl (rechts) und Generalsekretär Gorbatschow (Mitte) bei den Verhandlungen zur deutschen Einheit. Links Außenminister Genscher. Foto, Juli 1990.
Die deutsche und die sowjetische Delegation trafen sich in Gorbatschows Heimat im Kaukasus. Dort gelang der diplomatische Durchbruch: Die Sowjetunion stimmte der deutschen Wiedervereinigung zu.

Die Haltung der europäischen Nachbarn

Die USA unterstützten von Beginn an die Bemühungen der Regierung Kohl um die deutsche Einheit. Frankreich und Großbritannien standen dem eher ablehnend gegenüber, weil sie ein neues, zu starkes Deutschland in
5 der Mitte Europas fürchteten. Erst nach langen Verhandlungen gaben sie ihre Bedenken auf. Die sowjetische Führung musste davon überzeugt werden, dass das vereinte Deutschland nicht neutral, sondern Mitglied der NATO sein werde. Dank vertrauensvoller Zusammen-
10 arbeit zwischen Bundeskanzler Kohl und dem sowjetischen Generalsekretär Gorbatschow akzeptierte die sowjetische Führung diese Position schnell. Die Bun-

M2

Währungsunion	Wirtschaftsunion	Sozialunion	
• D-Mark einzige Währung • Deutsche Bundesbank alleinige Zentralbank • Umtauschkurs DDR-Mark in D-Mark: 1:1 für Löhne und Gehälter, Renten, Mieten, Pachten, Stipendien, Privatguthaben (Höchstgrenze: 5000 Mark) 2:1 für alle übrigen Forderungen und Verbindlichkeiten	Die DDR schafft Voraussetzungen für die soziale Marktwirtschaft: • Privateigentum • freie Preisbildung • Wettbewerb • Gewerbefreiheit • freier Verkehr von Waren, Kapital und Arbeit • ein mit der Marktwirtschaft verträgliches Steuer-, Finanz- und Haushaltswesen • Einfügung der DDR-Landwirtschaft in das EG-Agrarsystem	Die DDR schafft Einrichtungen entsprechend denen in der Bundesrepublik: • Rentenversicherung • Krankenversicherung • Arbeitslosenversicherung • Unfallversicherung • Sozialhilfe	Die DDR schafft und gewährleistet nach dem Vorbild der BR Deutschland: • Tarifautonomie • Koalitionsfreiheit • Streikrecht • Mitbestimmung • Betriebsverfassung • Kündigungsschutz

Die Bundesrepublik unterstützt die neuen Sozialsysteme finanziell. Für die Sanierung des DDR-Haushalts stellt sie 115 Mrd. DM Fördergelder bereit.

Staatsvertrag zwischen der Bundesrepublik und der DDR vom 1. Juli 1990

Herschaft und Staatlichkeit, Wirtschaft und Umwelt, Gesellschaft und Recht

desrepublik sicherte der Sowjetunion großzügige Wirtschaftshilfe zu. Am 12. September 1990 unterzeichneten die Beteiligten in Moskau den „Vertrag über die abschließenden Regelungen in Bezug auf Deutschland". Man nennt ihn auch „Zwei-plus-Vier-Vertrag" nach seinen Unterzeichnern: die beiden deutschen Staaten plus die vier Siegermächte. Durch den Vertrag wurde die Bundesrepublik ohne Einschränkungen souverän. Am 3. Oktober 1990 traten die Länder der DDR der Bundesrepublik bei.

Stellungnahmen der Regierungschefs zur Frage der deutschen Einheit:

Margaret Thatcher (Großbritannien): Im Unterschied zu George Bush war ich von Anfang an gegen die deutsche Wiedervereinigung … Deutschland zu vereinigen hieß, es zur beherrschenden Nation in der Europäischen Gemeinschaft zu machen … Ich hielt es auch für falsch, dass Ostdeutschland, gegen das wir schließlich gekämpft hatten, sich als erstes [Land] der Europäischen Gemeinschaft anschließen sollte, während Polen und die Tschechoslowakei, für die wir in den Krieg gezogen waren, noch warten mussten …

George Bush (USA): Um ganz ehrlich zu sein: Wir hatten unsere Differenzen mit Lady Thatcher und François Mitterand, vielleicht weil Amerika weit entfernt ist … Aber ich hatte das Gefühl, die deutsche Wiedervereinigung wäre im fundamentalen Interesse des Westens … Ich war überzeugt, dass Helmut Kohl ein vereintes Deutschland nicht aus der NATO herausführen würde. Ich war mir sicher, dass er sich für den Westen und nicht für die Neutralität zwischen NATO und Warschauer Pakt entscheiden würde, wie Herr Gorbatschow es sich wünschte …

Michail Gorbatschow (Sowjetunion): Wie Kanzler Kohl nahmen wir ursprünglich an, es werde eine Art Assoziation deutscher Staaten geben, eine Konföderation vielleicht … Wir hatten den Kalten Krieg beendet … Sollte all das aufs Spiel gesetzt werden für den Versuch, das aufzuheben, was die Deutschen selbst wollten, indem wir Truppen einmarschieren ließen? Nein!

Zit. nach „Die Zeit" vom 8. März 1990.

Der Zwei-plus-Vier-Vertrag vom 12. September 1990 zwischen der BRD und der DDR sowie den USA, der UdSSR, Frankreich und Großbritannien:

Artikel 1

(1) Das vereinte Deutschland wird die Gebiete der Bundesrepublik Deutschland, der Deutschen Demokratischen Republik und ganz Berlins umfassen. Seine Außengrenzen werden die Grenzen der Deutschen Demokratischen Republik und der Bundesrepublik Deutschland sein und werden am Tage des Inkrafttretens dieses Vertrages endgültig sein. Die Bestätigung des endgültigen Charakters dieser Grenzen des vereinten Deutschlands ist ein wesentlicher Bestandteil der Friedensordnung in Europa.

(2) Das vereinte Deutschland und die Republik Polen bestätigen die zwischen Ihnen bestehenden Grenzen in einem völkerrechtlich verbindlichen Vertrag.

(3) Das vereinte Deutschland hat keinerlei Gebietsansprüche gegen andere Staaten und wird solche auch nicht in Zukunft erheben.

Artikel 2

Die Regierungen der Bundesrepublik Deutschland und der Deutschen Demokratischen Republik bekräftigen ihre Erklärungen, dass von deutschem Boden nur Frieden ausgehen wird.

Artikel 7

(2) Das vereinte Deutschland hat demgemäß volle Souveränität über seine inneren und äußeren Angelegenheiten.

Zit. nach: http://www.bpb.de/nachschlagen/gesetze/zwei-plus-vier-vertrag (Stand: 20. 03. 2017).

---

1 Erkläre die Schlagzeile im Foto M1 mithilfe des Darstellungstextes und der Bildunterschrift.
2 Erkläre die Vorbehalte der Siegermächte zur Wiedervereinigung (M3, Darstellungstext).
3 **Vorschlag für eine Gruppenarbeit:** Erläutert in drei Gruppen (Währung, Wirtschaft, Soziales) die Vereinbarungen des Staatsvertrags (M2).
4 Nenne die wesentlichen Punkte des Zwei-plus-Vier-Vertrages (M4).
5 **Recherche:** Stelle die Stationen zur deutschen Einheit im Verhältnis von Kohl und Gorbatschow dar.

Webcode: FG450099-277
„Wunder von Kaukasus"; Deutsche Einigung

Folgen der Wiedervereinigung

„Jetzt wächst zusammen, was zusammengehört", sagte der ehemalige Bundeskanzler Willy Brandt am Tag nach dem Mauerfall. Doch der Jubel über die kommende Wiedervereinigung wich schnell der Ernüchterung.
- Welche Probleme brachte die Wiedervereinigung?
- Bestehen diese Probleme immer noch?

Webcode: FG450099-278
Deutschland nach der Wiedervereinigung

„Spiegel"-Titelseite, September 1995.
© DER SPIEGEL 36/1995.

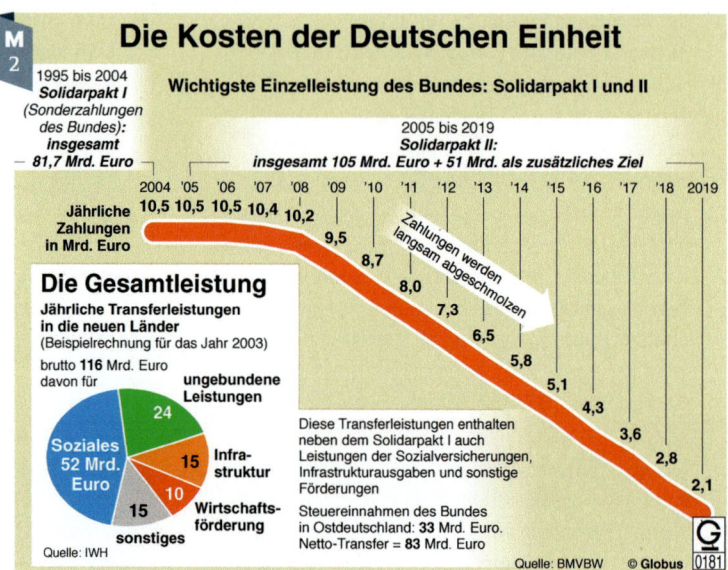

Leistungen für die fünf neuen Länder

Hohe Erwartungen an die Einheit

Mit großer Freude feierten die Deutschen am 3. Oktober 1990 ihren Einigungsvertrag. Bundeskanzler Kohl versprach „blühende Landschaften" in den neuen Bundesländern und eine rasche Angleichung an den Lebensstandard im Westen. Die Einführung der D-Mark und die mit Westprodukten gefüllten Läden steigerten diese Hoffnungen. Doch die Menschen fanden sich praktisch „über Nacht" in einem ganz anderen politischen, gesellschaftlichen und wirtschaftlichen System wieder und mussten erst die neuen „Spielregeln" des Alltags im Kapitalismus lernen.

Der Umbau der Wirtschaft

Die Industrie der DDR war marode und veraltet. Ihre Produkte konnten kaum mit der westlichen Konkurrenz mithalten. Wie sollte ein Übergang von der Plan- zur Marktwirtschaft gelingen? Dazu gründete die Bundesregierung im März 1990 die Treuhandanstalt. Sie übernahm die Privatisierung staatlicher Betriebe in der ehemaligen DDR. Rentable Unternehmen wurden verkauft, unrentable geschlossen. Millionen Ostdeutsche verloren dadurch ihren Arbeitsplatz. Sie wurden mit dem bisher unbekannten Problem der Arbeitslosigkeit konfrontiert. Die Sozialversicherungen der Bundesrepublik nahmen sie auf und linderten ihre Not. Viele Menschen suchten sich Arbeit in den alten Bundesländern. Insgesamt überwog im Osten eine skeptische Einstellung gegenüber der sozialen Marktwirtschaft. Viele fühlten sich als Verlierer der Einheit.

„Aufbau Ost" und die Frage des Eigentums

Eine zusätzliche Steuer, Solidaritätszuschlag genannt, sollte mit rund zehn Milliarden Euro jährlich den Um- und Aufbau im Osten unterstützen. Das meiste Geld floss in den Ausbau von Verkehrswegen, Kommunikationsnetzen und in die Sanierung der Städte. Auch die schlimmsten Umweltzerstörungen wurden beseitigt.
Streit gab es um die von der Bundesregierung beschlossene „Rückgabe statt Entschädigung". Damit gelangten Wohnungen, Häuser und Grundstücke wieder in den Besitz der Personen zurück, die vor Jahrzehnten aus der DDR geflohen waren und alles zurückgelassen hatten. Nun forderten sie ihr Eigentum zurück oder verlangten

hohe Mieten von den Bewohnern. In vielen Fällen blieben die Besitzverhältnisse lange ungeklärt, da in der DDR Unterlagen zu Privatbesitz in den Ämtern vernichtet worden waren.

Aufarbeitung der DDR-Vergangenheit

Nach der Wende waren viele Deutsche daran interessiert, das Unrecht des SED-Regimes aufzudecken, insbesondere die Bespitzelung, Verfolgung und Verhaftung durch die Stasi. Erst nach der Wiedervereinigung wurde deutlich, wie dicht das Netz der Beobachtung durch die Stasi gewesen war. Nachbarn, Verwandte, ja sogar Ehepaare hatten einander als „Informelle" Mitarbeiter (IM) bespitzelt und verraten. Nach der Enttarnung der IM waren die Wut und die Enttäuschung bei vielen Bespitzelten sehr groß. Es stellte sich die Frage, ob und wie die Stasi-Mitarbeit bestraft werden sollte. Nach DDR-Recht war es weder strafbar, dass der Staat seine Bürger bespitzelte, noch dass Grenzsoldaten auf Flüchtlinge schossen (siehe S. 225).

Nach 1990 entstanden viele Behörden, Stiftungen, Museen und Gedenkstätten zur Aufarbeitung und Dokumentation des SED-Regimes. Allein die „Bundesbehörde für die Unterlagen des Staatssicherheitsdienstes" (BStU) verwahrt Tausende von Akten. Dort kann jeder von der MfS-Überwachung Betroffene Einsicht in seine personenbezogenen Akten nehmen.

„Metamorphose des aufrechten Gangs", Karikatur von Peter Dittrich, 1990

M4 Frauen – die Verliererinnen der „Wende"?

Als die Wende kam, absolvierte Martina gerade eine Lehre als Wirtschaftshilfe im FDGB-Hotel und war schwanger. Die FDGB (die Gewerkschaft der DDR) wurde aufgelöst, das Hotel privatisiert, die neuen Westbesitzer entließen das gesamte Personal. Seitdem ist sie immer noch auf der Odyssee durch Aushilfsjobs, Umschulungen, Weiterbildungen. „Zertifikate und der ganze Quatsch, das hat alles nichts gebracht, weil es ja keine Arbeitsplätze gibt." ...

Seit der Wende hat Bettina B. beruflich vor allem Pech gehabt ... Der Thüringerin erging es wie vielen qualifizierten Frauen mit kleinen Kindern. Bei der Umstrukturierung der Betriebe landete sie auf der Straße und musste sich, um überhaupt Arbeit zu finden, mit Aushilfsjobs begnügen ...

Um der Arbeitslosigkeit zu entkommen, haben viele ostdeutsche Frauen ihren Arbeitsplatz selbst geschaffen. Ärztinnen, Rechtsanwältinnen, Architektinnen ... gründeten ihre eigene Existenz. Das Problem der Gründungswilligen ist bis heute: Die bescheidenen Einkommensverhältnisse verhindern die Anhäufung von Eigenkapital. Ohne Besitz, ohne Sicherheiten geben Banken keinen Kredit. So bleibt ein Teil des großen Potenzials ostdeutscher Frauen an Engagement, Fachwissen und sozialer Kompetenz – Schlüsselqualifikationen in der boomenden Dienstleistungsbranche – brachliegen.

Katrin Rohnstock, Die jungen Seniorinnen sind die Gewinnerinnen, in: „Freitag" vom 26. November 1999.

---

1 Wähle eine Aufgabe aus:
a) Nenne Erwartungen, die DDR-Bürger mit der Wiedervereinigung verbanden (M1, Darstellungstext).
b) Erläutere, warum nach der „Wende" viele DDR-Bürger enttäuscht waren (Darstellungstext, M3).
2 Erkläre die Schwierigkeiten und Folgen bei der Umwandlung der DDR-Wirtschaft in eine Marktwirtschaft. Erläutere dazu auch M2.
3 Zum Zeitpunkt der „Wende" waren in der DDR 92 % der Frauen berufstätig. Diskutiert, ob gerade sie zu den Benachteiligten der Vereinigung zählen (M4).

Zusatzaufgabe: siehe S. 327.

Staatliche Einheit – gespaltene Gesellschaft?

Offiziell hörte die DDR am 3. Oktober 1990 auf zu existieren. Doch in vielen Köpfen war die Trennung in Ost und West damit nicht aufgehoben. Untersuche die Sichtweise direkt nach der Wende (A), spätere Urteile (B) oder Meinungsumfragen (C).

Aufgabe für alle:
Diskutiert, ob die Gesellschaft heute immer noch „gespalten" ist. Was könnte dafür sprechen?

A

Die „Wende" brachte für viele Ostdeutsche ein faszinierendes Angebot an neuen Möglichkeiten, aber auch unbekannte Ängste und Sorgen. Einige feierten schnell berufliche Erfolge, andere fühlten sich durch Arbeits-
5 losigkeit und Verschuldung abgehängt. Mit der Unzufriedenheit wuchs auch die Kritik am „Ausverkauf" und der „Übernahme" durch den Westen. Heute haben sich durch die Abwanderung und den Generationenwechsel viele Grenzen verwischt. Doch immer noch gibt es Kon-
10 flikte und Debatten über Ost und West, etwa, als Bundespräsident Gauck 2015 in Hinblick auf den Rechtsextremismus im Osten von „Dunkeldeutschland" sprach.

Die erfundene „Zonen-Gaby" zierte im November 1989 das Titelbild der westdeutschen Satire-Zeitschrift Titanic.

M2 Ergebnisse einer Umfrage von 1990
Ostdeutsche halten Westdeutsche für…
überheblich 56 %
geltungssüchtig 49 %
konsumorientiert 42 %
rücksichtslos 35 %

5 *Westdeutsche halten Ostdeutsche für…*
obrigkeitshörig 61 %
bescheiden 50 %
leicht beeinflussbar 47 %
ausländerfeindlich 28 %

Zusammengestellt nach http://www.infratest-dimap.de/umfragen-analysen/bundesweit/umfragen/aktuell/manche-ost-west-vorurteile-halten-sich-hartnaeckig/ (Stand 29. 03. 2017).

1 Erarbeite die Sichtweise des Titanic-Magazin (M1). Beachte die wirtschaftliche Situation in der DDR.
2 Untersuche M2. Stelle Vermutungen an, wie die Meinungen zustande kamen.

Der westdeutsche Journalist Michael Jürgs (geb. 1945) meinte 2005:

Schon im ersten Jahr nach der Einheit begannen die Neufünfländer, unsere Republik madig zu machen und die ihre zu verklären. Vergaßen, … wie viel wir … von unserem Volksvermögen bereits
5 rübergeschaufelt hatten, damit ihre Straßen befahrbar wurden, ihre Luft sauber, ihre Städte beleuchtet … Mit vagen Vorstellungen von Freiheit habt ihr euer zweites Leben nach der Stunde null 1989 begonnen, aber dabei das erste nur ver-
10 drängt. Im Unterbewusstsein blubbert es jetzt herum, und die Blasen produzieren eine gemischte Sehnsucht: bisschen Zonenmief wie einst, bisschen Freiheitsluft, wie jetzt, bisschen Arbeit wie einst, bisschen Einheit wie heute. – So hättet
15 ihr es wohl gern, Ossis … Ihr verlangt, dass der Staat zuständig zu sein habe für das soziale Netz, das Wetter und einen sicheren Arbeitsplatz.

Zit. nach Michael Jürgs, Ihr habt Angst vor der Freiheit, Ossis, in: Spiegel special Nr. 4, 2005, S. 168.

Die ostdeutsche Fernsehmoderation Angela Elis (geb. 1966) schrieb 2005:

Wir hätten ihre Milliarden verplempert, stöhnen sie. Verdrängen, dass auch wir Ossis Solidaritätszuschlag zahlen. Übersehen, dass wir ihnen nicht nur jede Menge Baumarktkram, sondern vom
5 Auto bis zum Videorecorder alles abgekauft haben … Langsam aber vergeht selbst dem anderen Deutschen das Siegerlachen. Deshalb die neue Strategie. Der Wessi stellt sich als Opfer dar. Jetzt, da die Goldgräberstimmung bei uns im Osten
10 vorbei ist … und die Mieteinnahmen weniger werden, fällt euch nichts anderes ein, als über das Billionengrab Ost zu klagen und euch zu weigern, die Pflege zu verlängern … Mit uns ein Volk zu werden, muss für diese Wessis furchtbar gewesen
15 sein … Fakt ist: Der Jammer-Wessi hat den Besser-Ossi zwar nicht verdient, aber er könnte einiges von ihm lernen. Wenn er nicht so viel Angst hätte vor der Einheit.

Zit. nach Angela Elis, Ihr habt Angst vor der Einheit, Wessis, in: Spiegel special, Nr. 4, 2005, S. 168.

1 Erkläre die ironischen Kommentare über „Wessis" und „Ossis" in M3 und M4.

2 Erörtere, ob die jeweils erhobenen Vorwürfe heute noch aktuell sind.

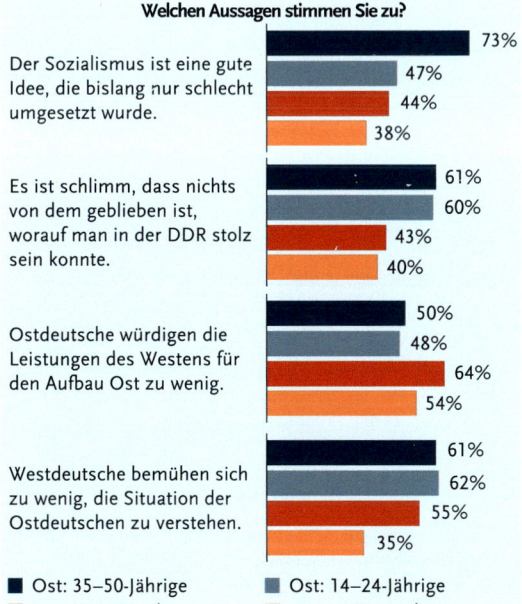

1 Formuliere Aussagen zur Meinungsumfrage M5.
2 Entwickle Vorschläge, wie man die Haltung der Menschen aus M5 verändern könnte.

Meinungsumfrage des Magazins „Der Spiegel" zur deutschen Einheit, 2007

Webcode: FG450099-281
Vorurteile Ost-/Westdeutsche

Die DDR – ein Unrechtsstaat?

Der Begriff „Unrechtsstaat" wurde 1946 vom Juristen Gustav Radbruch für das Dritte Reich geprägt. Seit den 1990er Jahren diskutieren Historiker, Politiker und Juristen, ob man ihn auch für die DDR verwenden sollte.
- *Untersuche, ob der Begriff „Unrechtsstaat" auf die DDR passt.*

Der westdeutsche Journalist Peter Klinkenberg (geb. 1934) bereiste 30 Jahre die DDR. Er schrieb 2012:

Auch mehr als zwei Jahrzehnte nach dem Untergang der DDR tun sich neben den ewig gestrigen Ex-Genossen insbesondere einige Politiker in Bund und Ländern noch immer schwer, den wahren Charakter des SED-Regimes zu beschreiben ... Dabei ist die Sache im Grund genommen ganz einfach: Die DDR war das lupenreine Gegenteil eines Rechtsstaates. In einem demokratischen Rechtsstaat, wie ihn die Bundesrepublik Deutschland verkörpert und dessen Segnungen seit 1990 nun auch alle ehemaligen Bürger der DDR ohne Abstriche tagaus tagein genießen, kann jeder, der glaubt, seine Rechte seien durch die Obrigkeit beeinträchtigt, vor Gericht ziehen und seine Rechte einklagen. Für alle Sparten des Lebens gibt es mehrstufig etablierte Gerichte. ... Dieses vielstufige differenzierte Rechtsstaatssystem ist das Fundament der Demokratie und die wichtigste Garantie gegen die schleichende Aushöhlung verfassungsrechtlich garantierter Bürgerrechte in Deutschland. Nichts von alledem besaß die DDR. Niemals konnte ein DDR-Bürger gegen eine von Staat oder Partei verfügte Maßnahme klagen. Es gab überhaupt keine dafür zuständigen Gerichte. Das Einzige, was ihm zur Verfügung stand, um gegen eine vom örtlichen Rat der Gemeinde, ... des Politbüros oder des Staatsrates getroffene Entscheidung vorzugehen, war die „Eingabe" mit der untertänigen Bitte, die getroffene Maßnahme noch einmal zu überprüfen. Diese an die rechtlosen Zeiten des Feudalismus und Absolutismus erinnernden „Bittschriften" an den Landesfürsten hatten nichts mit einer Beschwerde oder gar Klage gemein. Solche „Eingabe" beispielsweise an den DDR-Staatsratsvorsitzenden Erich Honecker landete außerdem üblicherweise exakt wieder auf dem Schreibtisch derjenigen Partei-Bürokraten, die diese vom Bürger als ungerecht empfundene Maßnahme zuvor verfügt hatten ... Wie perfekt der Unrechtsstaat DDR organisiert war, zeigt sich auch an dessen Justizsystem. Die Juristen waren allesamt willige Helfer der Machtinhaber. In der DDR waren sämtliche Richter SED-Mitglieder. Ebenso waren alle als Anwälte und Verteidiger zugelassene Juristen Angehörige der Staatspartei und damit ausnahmslos an die Weisungen der Machtinhaber gebunden ...

Peter Klinkenberg, Der lupenreine Unrechtsstaat, zit. nach www.zeitzeugenbuero.de/fileadmin/zzp/publications/Klinkenberg_Unrechtsstaat_DDR.pdf (Stand: 11. 11. 2016).

Aus einem Bericht der „Tagesschau" vom 30. September 2010:

Der letzte Ministerpräsident der DDR, Lothar de Maizière (CDU), hat anlässlich des 20. Jahrestags des Volkskammer-Beschlusses zum Beitritt der DDR zur Bundesrepublik Deutschland die Verwendung des Begriffs „Unrechtsstaat" für die DDR abgelehnt. „Ich halte diese Vokabel für unglücklich", sagte er der „Passauer Neuen Presse" ... „Die DDR war kein vollkommener Rechtsstaat. Aber sie war auch kein Unrechtsstaat. Der Begriff unterstellt, dass alles, was dort im Namen des Rechts geschehen ist, Unrecht war." Wenn die DDR ein Unrechtsstaat gewesen wäre, hätte im Einigungsvertrag nicht vereinbart werden können, dass Urteile aus DDR-Zeiten weiter vollstreckt werden können, sagte der CDU-Politiker. „Auch in der DDR war Mord Mord und Diebstahl Diebstahl", sagte de Maizière dem Blatt. „Das eigentliche Problem waren das politische Strafrecht und die fehlende Verwaltungsgerichtsbarkeit."

Zit. nach http://www.tagesschau.de/multimedia/sendung/ts22068.html (Stand: 11. 11. 2016).

Joachim Gauck (geb. 1940), Theologe und bis 2000 Bundesbeauftragter für die Stasi-Unterlagen, ab 2012 Bundespräsident:

Der Begriff trifft zu, weil es in der DDR keine Unabhängigkeit der Justiz gab, keine Gewaltenteilung. Es gab keine Herrschaft des Rechts, weil eine Instanz wie die herrschende SED in den
5 Bereich des Rechts eingreifen konnte. ... Zudem war es unmöglich, staatliches Handeln auf dem Gerichtsweg anzugreifen, man hätte dazu die Verwaltungsgerichte gebraucht. Aber die gab es ebenso wenig wie ein Verfassungsgericht. Man
10 konnte allerdings, wie im Feudalismus, Eingaben an die Herrschenden richten und appellieren: Hier geschieht Unrecht. Und dann hatte man vielleicht Glück. Oder eben nicht. Das spricht alles dafür, das Regime der DDR ein Unrechtsregime
15 zu nennen, auch wenn es im Land zum Beispiel ein Zivil- und ein Verkehrsrecht gegeben hat, was die Verteidiger der DDR immer wieder anführen.

Zit. nach Mitteldeutsche Zeitung vom 18. 04. 2009.

Der Jurist Thomas Claer meinte 2010:

Ein „Unrechtsstaat" muss aber etwas noch viel Gravierenderes sein als einfach nur kein Rechtsstaat. ... Wenn der Begriff „Unrechtsstaat" mehr sein soll als ein politischer Kampfbegriff, wenn er
5 überhaupt etwas aussagen soll, dann muss man ihn vom Begriff „Unrecht" her definieren. Ein Unrechtsstaat begeht nicht nur dauerhaft und systematisch Unrecht, es fehlen ihm nicht nur die rechtsstaatlichen Mechanismen, um das zu
10 verhindern, sondern all das erfolgt gezielt und bewusst als Umsetzung einer entsprechenden Unrechts-Staatsideologie.
Mit dem in der DDR begangenen Unrecht wurde weder die Rechtspersonalität[1] von Menschen
15 bestritten (im Gegensatz etwa zum „Dritten Reich"), noch erfolgte es willkürlich ... Um es mit Tony Judt zu sagen: „Es gibt einen elementaren Unterschied zwischen einem System, das Leute ermordet und ausgerottet hat, um seine Projekte durchzusetzen, und einem System, dessen Projekt es war, Leute zu ermorden und auszurotten."

Zit. nach http://www.justament.de/archives/1420 (Stand: 11. 11. 2016).

[1] Anerkennung als Person, die z. B. Grundrechte genießt

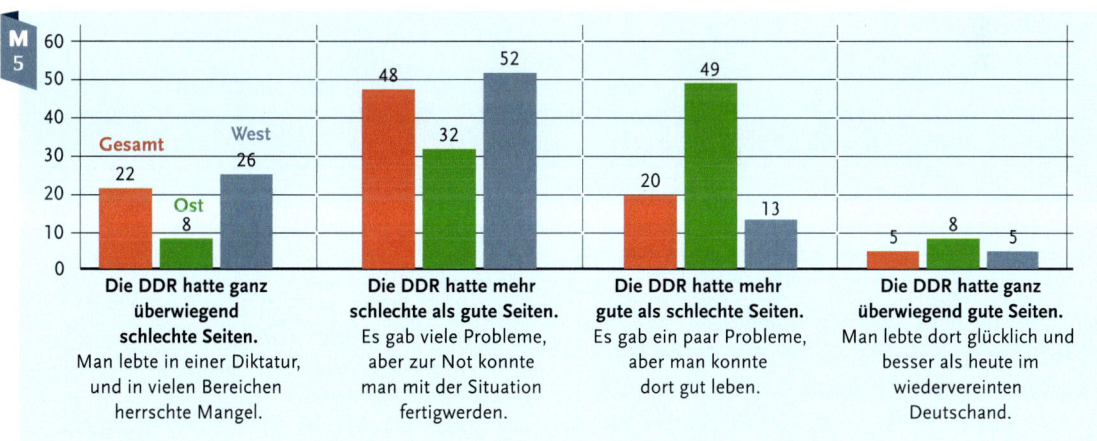

Beurteilung der Lebenssituation in der DDR, Meinungsumfrage aus dem Jahr 2009 (Quelle: TNS Emid)

1 Vorschlag für eine Gruppenarbeit:
 a) Analysiert arbeitsteilig M1–M5 unter der Fragestellung: „War die DDR ein Unrechtsstaat?"
 b) Sammelt die Ergebnisse in einer Übersicht.
 c) Formuliert eine kurze Stellungnahme zu der Frage in der Überschrift auf der linken Seite.

2 Diskutiert in einer gemeinsamen Gesprächsrunde, wie sich in den Texten historische Urteile erkennen und wiedergeben lassen. Nehmt Stellung zu den Urteilen.

Webcode: FG450099-283
Die DDR – ein Unrechtsstaat?

Nationalfeiertage: Warum feiern wir in Deutschland am 3. Oktober?

Nationalfeiertage sind Erinnerungstage. Franzosen gedenken am 14. Juli der Revolution von 1789, Amerikaner am 4. Juli ihrer Unabhängigkeitserklärung von 1774. Und Deutschland?
- *Informiere dich über den „Tag der Deutschen Einheit".*

Heute erinnern meist nur noch Hinweistafeln an den Verlauf der Berliner Mauer. Zum 25. Jahrestag des Mauerfalls 2014 errichtete die Stadt eine „Lichtgrenze" aus 8000 leuchtenden Ballons. Foto, 2014.

Der „alte" Tag der Deutschen Einheit

Bis 1990 beging die Bundesrepublik den „Tag der Deutschen Einheit" immer am 17. Juni. Dieser Feiertag wurde 1963 geschaffen. Er sollte an die Aufstände vom 17. Juni 1953 in der DDR erinnern, die von sowjetischen Panzern
5 niedergeschlagen wurden (siehe S. 222/223).
Nach der „friedlichen Revolution" in der DDR entstand eine Diskussion darüber, ob der 17. Juni als Nationalfeiertag beibehalten werden sollte. War der 9. November 1989 als Tag des Mauerfalls nicht viel besser geeignet?
10 Doch der 9. November war durch die deutsche Geschichte „vorbelastet". Er wurde daher als möglicher Feiertag verworfen.

Der 9. November in der Geschichte
1918 „Novemberrevolution", Abdankung des Kaisers, Ausrufung der Republik
1923 Putschversuch Hitlers und seiner Anhänger, gescheiteter Marsch auf die Feldherrnhalle
1938 „Reichspogromnacht", Zerstörung von Synagogen und jüdischen Geschäften
1939 missglücktes Attentat Georg Elsers auf Hitler
1989 Fall der Mauer in Berlin, Ende der SED-Diktatur

Der Historiker Heinrich August Winkler über den 3. Oktober in einem Interview (2004):

„SPIEGEL": Kritiker wenden ein, der 3. Oktober sei – im Gegensatz zum 9. November oder dem 17. Juni – ein rein verwaltungstechnischer Akt.

Winkler: Der 3. Oktober wird in Deutschland notorisch unterschätzt. Immerhin ist an diesem Tag ein Jahrhundertproblem gelöst worden – die deutsche Frage. Zusammen mit der deutschen Frage wurde durch die endgültige Anerkennung der Oder-Neiße-Grenze ein anderes Jahrhundertproblem, die polnische Frage, gelöst. Die zeitgleiche Lösung beider Punkte war von größter Bedeutung für Europa. Ohne den 3. Oktober gäbe es heute keine erweiterte EU, kein Zusammenwachsen Europas.

„SPIEGEL": Aber historisch aufgeladen ist der Tag für viele Menschen nicht.

Winkler: Mag sein, aber ich sehe das anders. An diesem Tag wurde endlich das Doppelziel der gescheiterten deutschen Revolution von 1848 erreicht – Einheit in Freiheit. Wenn es einen Anlass zum Feiern für alle Menschen in Deutschland gibt, dann an diesem Tag.

„SPIEGEL": Ist der 9. November – Mauerfall 1989, Pogromnacht 1938 und Ausrufung der ersten deutschen Republik 1918 – nicht als Feiertag sinnvoller, weil er die Brüche der deutschen Geschichte dokumentiert?

Winkler: Der 9. November ist ein deutscher Nachdenktag. Aber daraus einen deutschen Nationalfeiertag zu machen, halte ich für keinen guten Gedanken. Welcher Redner wäre nicht überfordert, der in ein und derselben Rede Freude und Trauer zum Ausdruck bringen müsste? Der 17. Juni ist ein denkwürdiger Tag der deutschen Freiheitsgeschichte. Aber er eignet sich nicht als Nationalfeiertag. Wollen wir denn wirklich, nachdem wir die Wiedervereinigung erlebt haben, jeden 17. Juni auf den Bildschirmen sehen, wie russische Panzer einen deutschen Arbeiteraufstand niederwalzen?

„SPIEGEL": Aber der Tag des Mauerfalls 1989 war ein wirklicher Tag der Freude, der noch heute, in den Erzählungen vieler Menschen, Emotionen auslöst.

Winkler: Das war er in der Tat. Doch ist der 9. November historisch gesehen nur eine Zwischenetappe zur deutschen Einheit gewesen. Es bedurfte zäher Verhandlungen, eines Höchstmaßes an diplomatischem Geschick, um dahin zu kommen – eben zu jenem 3. Oktober ... Ein weltlicher Staat wie die Bundesrepublik Deutschland bedarf auch eines verbindenden weltlichen Feiertagssymbols. Und ich bleibe dabei: Als Historiker wüsste ich keinen besseren Nationalfeiertag als den 3. Oktober.

Zit. nach www.spiegel.de/politik/deutschland/historiker-winkler-zur-feiertagsdebatte-der-3-oktober-wird-notorisch-unterschaetzt-a-326468.html (Stand: 10. 11. 2016). Das Interview führte Severin Weiland am 4. November 2004.

Wie kam es zum 3. Oktober als Feiertag?

Warum wurde ein Tag zum deutschen Nationalfeiertag, an dem eigentlich nichts historisch Bedeutendes geschah?

Angesichts der desolaten wirtschaftlichen Lage nach dem Zusammenbruch der DDR liefen die Verhandlungen für den Einigungsvertrag auf Hochtouren. In der Nacht vom 22. auf den 23. August 1990 beschloss die Volkskammer der DDR mit 294 Stimmen bei 64 Gegenstimmen den „Beitritt der DDR zum Geltungsbereich des deutschen Grundgesetzes". Da nach den Vereinbarungen am 2. Oktober 1990 die Außenministerkonferenz der KSZE über das Ergebnis der Zwei-plus-Vier-Verhandlungen zur deutschen Einheit informiert werden sollte, war der 3. Oktober der frühestmögliche Termin für die offizielle Besiegelung der deutschen Einheit.

1 Vergleiche die Anlässe für einen Nationalfeiertag am 17. Juni und 3. Oktober (M2, Darstellungstext).
2 Arbeite aus M2 die Wertungen des Historikers zu den Gedenktagen heraus. Nimm Stellung.
3 Eine Ausstellung im „Haus der Geschichte" 2015 in Bonn betonte, Deutschland habe einen „jungen Nationalfeiertag, der sich erst noch im Gedächtnis der Deutschen entwickeln müsse". Beurteile diese These.
4 Diskutiert, ob nationale Feiertage zugunsten eines einheitlichen Europatages am 9. Mai abgeschafft werden sollten.
Tipp: Welche Vorteile hätte das? Welche Kritik könnte es geben?
5 **Recherche:** Wann und wie feiern unsere Nachbarn ihren Nationalfeiertag? Stelle ein Beispiel vor.

Webcode: FG450099-285
Der Tag der Deutschen Einheit

9 Die deutsche Wiedervereinigung

|1980 | | | | |1985|

1971–1989 Erich Honecker Staatsratsvorsitzender der DDR

1982–1998 Helmut Kohl
Bundeskanzler der BRD

ab 1981 Solidarność-Bewegung in Polen

ab 1982 wirtschaftlicher Niedergang der DDR

1985
Gorbatschow
Generalsekretär
der KPdSU,
„Glasnost" und
„Perestroika"

Die deutsche Wiedervereinigung

Umbruch in der Sowjetunion und in Osteuropa
Die Sowjetunion befand sich Mitte der 1980er Jahre in einer schwierigen Lage: Die Wirtschaft stagnierte, Kriege und Wettrüsten hatten den Staatshaushalt ruiniert. In dieser Situation wurde Michail Gorbatschow 1985 zum Generalsekretär der UdSSR gewählt. Als Reformpolitiker versuchte er, die wirtschaftlichen, sozialen und politischen Probleme seines Landes zu lösen. Unter den Schlagworten „Glasnost" und „Perestroika" öffnete er die Wirtschaft und reduzierte die staatliche Kontrolle. Der von Gorbatschow eingeleitete Prozess förderte auch die demokratischen Bewegungen in anderen Ostblockländern: In Polen fanden im Juli 1989 erstmals freie Wahlen statt. Der Ostblock befreite sich von der sowjetischen Vorherrschaft, der „Eiserne Vorhang" zerbrach.

Die DDR am Ende?
Die DDR hatte sich jahrzehntelang durch hohe Sozialleistungen und Vergünstigungen die Zustimmung ihrer Bürger gesichert. Offiziell herrschte immer noch Vollbeschäftigung, und die SED-Führung propagierte weiterhin die Überlegenheit des Sozialismus. Tatsächlich war die DDR jedoch seit Anfang der 1980er Jahre von Milliardenkrediten aus der Bundesrepublik abhängig, ihre Industrie schwach und veraltet. Zum Unmut in der Bevölkerung führten folgende Faktoren:
- Überwachung durch die Staatssicherheit
- fehlende Freiheiten, z. B. Reisefreiheit, keine freie Wahl der Studien- und Ausbildungsplätze
- schlechte Versorgung mit Konsumgütern
- Umweltschäden durch Kohle und Chemie
- marode Infrastruktur, Zerfall der Innenstädte.

Als sich die Nachrichten vom Umbruch im Ostblock verbreiteten, begannen auch Gruppen in der DDR, Reformen zu fordern.

1989 – „friedliche Revolution" in der DDR
Das Ende des SED-Regimes kam für die meisten Menschen überraschend. Dennoch gab es Anzeichen für einen stetigen Niedergang im Laufe der 1980er Jahre. Ausschlaggebend waren mehrere Ursachen: Die SED-Führung wollte von den Reformen in der Sowjetunion und in Polen nichts wissen. Im Sommer 1989 öffneten die Ungarn ihre Grenze zu Österreich. Zahlreiche DDR-Bürger nutzten diese Situation zur Flucht in den Westen. Die Zahl der Ausreiseanträge stieg. Parallel dazu bildeten sich Oppositionsgruppen wie das „Neue Forum". Ab September 1989 kam es zu Demonstrationen – mit Unterstützung der evangelischen Kirche in der DDR. Leipzig wurde zum Zentrum der demokratischen Reformbewegung. Während die Flucht tausender DDR-Bürger in Botschaften der Bundesrepublik anhielt, feierte die Staatsspitze unter Anwesenheit zahlreicher internationaler Gäste am 7. Oktober 1989 das 40-jährige Jubiläum der DDR. Schon zwei Tage danach zogen 70 000 Bürgerinnen und Bürger durch Leipzig und riefen dort: „Wir sind das Volk!", um eine Gegenbewegung zu den offiziellen Feierlichkeiten zu bilden.

Zerfall der SED-Macht
Die Zahl der Demonstrationen in der DDR nahm 1989 stetig zu. Da die Fluchtwelle anhielt und die sowjetische Führung eine militärische Niederschlagung der Proteste ablehnte, geriet die SED-Führung weiter unter Druck.

Zusammenfassung

1989/1990 Revolutionen in Osteuropa

ab 1989 Massenflucht von DDR-Bürgern, Montagsdemonstrationen

9. November 1989 Fall der Mauer

31. August 1990 Staatsvertrag zur Währungs-, Wirtschafts- und Sozialunion

12. September 1990 Zwei-plus-Vier-Vertrag

3. Oktober 1990 Beitritt der DDR-Länder zur BRD

1991 Ende der Sowjetunion

Sie fälschte Wahlen, beschönigte Wirtschaftsdaten und verharmloste Umweltschäden – und beschleunigte so ihren eigenen Machtzerfall. Honecker trat am 18. Oktober 1989 zurück, am 7./8. November folgte ihm die gesamte SED-Führung; am 9. November wurde die Grenze nach Westen für Bürger der DDR geöffnet. Die Mauer, die seit 1961 das Land und die Stadt Berlin geteilt hatte, war gefallen.

Der Weg zur deutschen Einheit

Durch den Fall der Mauer traten die ursprünglichen Ziele der Oppositionsgruppen, nämlich den DDR-Sozialismus zu reformieren und menschlicher zu machen, in den Hintergrund. Neue Kräfte gewannen Zulauf, die eine rasche Vereinigung mit der Bundesrepublik und die Einführung der D-Mark anstrebten. Auf ihre Forderungen nach der deutschen Einheit reagierte Bundeskanzler Helmut Kohl am 28. November 1989 mit einem 10-Punkte-Programm, das eine enge Zusammenarbeit beider Staaten vorsah und sogar eine Wiedervereinigung ins Auge fasste. Ab Ende November entstanden überall in der DDR „Runde Tische", an denen Vertreter der Opposition, der SED, der Blockparteien und der Massenorganisationen das weitere Vorgehen besprachen. Am 1. Dezember strich die Volkskammer der DDR den Führungsanspruch der SED aus der Verfassung. Stasi-Gebäude als Symbole der Unterdrückung wurden besetzt. Die ersten freien Wahlen zur Volkskammer fanden am 18. März 1990 statt. Es siegten Parteien, die sich für eine Einheit aussprachen. Erster frei gewählter Ministerpräsident der DDR wurde Lothar de Maizière (CDU).

Mit Verträgen auf innerdeutscher und außenpolitischer Ebene wurde die deutsche Einheit vorbereitet: dem Staatsvertrag zur Währungs-, Wirtschafts- und Sozialunion (31. August 1990) und dem Zwei-plus-Vier-Vertrag (12. September 1990). Am 3. Oktober traten die neu gegründeten Länder der DDR der Bundesrepublik bei; Hauptstadt wurde Berlin.

Das Ende der Sowjetunion

Im Dezember 1991 wurde Michail Gorbatschow gestürzt. Sein Nachfolger Boris Jelzin veranlasste 1991 ein Verbot der KPdSU und die Auflösung der Sowjetunion. An ihre Stelle trat ein freiwilliger Zusammenschluss unabhängiger Staaten (GUS). Der Warschauer Pakt war bereits vorher aufgelöst worden, der Ostblock zerfallen. Der Ost-West-Konflikt war beendet. Er hatte die Welt von 1947 bis 1991 in zwei Lager geteilt und durch die atomare Bedrohung in Atem gehalten.

Folgen der deutschen Einheit

In Deutschland zeigte sich schon bald nach 1990, dass die Vereinigung mit der bankrotten und wirtschaftlich maroden DDR enorme finanzielle Folgelasten nach sich zog. Auch die Bevölkerung auf beiden Seiten musste die Folgen der Teilung – wie Vorurteile und feindselige Klischees – erst überwinden. Die Regierungen unter den Bundeskanzlern Helmut Kohl (bis 1998), Gerhard Schröder (bis 2005) und Angela Merkel (seit 2005) standen und stehen immer noch vor zahlreichen innen-, sozial- und wirtschaftspolitischen Herausforderungen.

9 Die deutsche Wiedervereinigung

In diesem Kapitel konntest du folgende Kompetenzen erwerben:

- den Umbruch in der Sowjetunion und im Ostblock erklären
- die Ziele der Oppositionsbewegung in der DDR erläutern
- den Verlauf der „friedlichen Revolution" in der DDR 1989 wiedergeben
- die Schwierigkeiten der Wiedervereinigung auf unterschiedlichen Ebenen erläutern und beurteilen
- den staatlichen Charakter der DDR aus heutiger Sicht bewerten
- die Bedeutung von Nationalfeiertagen am Beispiel des „Tags der Deutschen Einheit" diskutieren.

M1 „Osteuropäischer Geleitzug im Winter 1988/1989", Karikatur von Karl-Heinz Schoenfeld, Westdeutschland 1988. Auf den Schiffen steht: hinten links Polen, hinten rechts Ungarn, vorne von links nach rechts: Rumänien, DDR, ČSSR (Tschechoslowakei).

M3 Demontage des Lenin-Denkmals in Berlin-Friedrichshain (zuvor ein Teil Ostberlins), 1991. Anwohner protestierten erfolglos gegen den Abriss.

M2 Titelblatt des Magazins „Der Spiegel", März 1985

Herrschaft und Staatlichkeit

Aus dem Jahresbericht der Bundesregierung zur deutschen Einheit (2009):

Heute, 20 Jahre [nach dem Fall der Mauer] … können die Menschen in Ost und West stolz sein auf das, was seit … der Wiedervereinigung gemeinsam erreicht wurde. Der Verfall vieler Innenstädte ist aufgehalten. Die verheerende Umweltverschmutzung wurde gestoppt … und der Weg für eine nachhaltige, wirtschaftlich dynamische und ökologisch verträgliche Entwicklung geebnet. Das Verkehrsnetz wurde in großem Umfang saniert. Der Zugang zu Bildungsgängen richtet sich nach Eignung, Leistung und Neigung … Die gesamtwirtschaftliche Entwicklung verdeutlicht zudem, dass der Abstand in der Wirtschaftsleistung zwischen Ost und West noch immer beträchtlich ist. Die Ursachen liegen dabei auch in einigen strukturellen Defiziten. Dazu zählen u. a. eine … geringe Zahl großer kapitalkräftiger Unternehmen. Die ostdeutsche Wirtschaft ist nahezu ausschließlich durch kleine und mittlere Unternehmen … geprägt. Dies hat Konsequenzen z. B. im Bereich der industriellen Forschung. Weniger als 5 Prozent der industriellen FuE-Aufwendungen [FuE = Forschung und Entwicklung] in Deutschland werden in den neuen Ländern getätigt … Viele der wachstumsstärksten Unternehmen kommen aus dem Hightechbereich … Die Energie- und Umwelttechnologien entwickelten sich in den vergangenen Jahren besonders erfolgreich.

Jahresbericht der Bundesregierung zum Stand der deutschen Einheit 2009, S. 1ff.

 Ein Wechselspiel von Störungen? Aus einem Interview mit dem ostdeutschen Psychotherapeuten Hans-Joachim Maaz (2001):

Frage: Versuchen Sie eine grobe Diagnose: In welchem Zustand ist der Patient Deutschland elf Jahre nach der Vereinigung?
Maaz: Am wichtigsten scheint mir, dass die Distanz zwischen Ost und West noch stärker gewachsen ist. Dabei lassen sich auf ostdeutscher Seite drei Phasen unterscheiden: Der anfänglichen Aufbruchstimmung und Euphorie folgten Ernüchterung und Enttäuschung. Und jetzt stellen wir fest, dass der Osten nach seinem Selbstwert sucht, getreu dem Motto: „Wir sind auch wer". Darin liegt Trotz und darin liegt zugleich die Botschaft: Wir sind anders als die Westdeutschen – und wir wollen auch nicht werden wie die …
Mein Befund ist klar: Zwischen Ost- und Westdeutschland ist ein Wechselspiel von fast gleichwertigen Störungen zu beobachten. Im Osten existiert bis heute die Hoffnung, erlöst zu werden, in glücklichere Verhältnisse geführt zu werden. Das ist die Hoffnung des Untertanen. Dazu passt die Illusion im Westen, der Osten wäre tatsächlich zu beglücken. Man müsse nur Geld schicken, dann würden die Menschen frei, froh und dankbar.

Die Zeit vom 29. März 2001.

Methodenkompetenz
1. Interpretiere die Karikatur M1.
2. Erörtere, welche symbolische Bedeutung in Foto M3 gesehen werden kann.
3. Fasse die zentralen Aussagen von M4 zusammen.
4. Arbeite die Haltung des Sprechers in M5 heraus.

Sachkompetenz
5. Verfasse eine Rede über die Bedeutung der Reformbewegung in Polen (S. 268/269).
6. **Partnerarbeit:** Gestaltet ein Plakat über die Ursachen des Zusammenbruchs der DDR. Nutzt S. 272/273. Recherchiert Fotos im Internet.
   Tipp: Hilfe zur Gestaltung von Lernplakaten findest du auf S. 328.
7. Gib die Bedeutung des Zwei-plus-Vier-Vertrages in einem Kurzreferat wieder. Verwende die Begriffe „Besatzungsmächte", „Potsdamer Abkommen", „Ostverträge" und „Souveränität".
   Tipp: Lies nach auf S. 200, 226 und 276/277.

Urteilskompetenz
8. Diskutiere die Bedeutung Gorbatschows für das Ende des Ost-West-Konflikts. Nimm Bezug auf M2.
9. **Wähle eine Aufgabe aus:**
   a) Vergleiche M4 und M5. Verfasse anschließend einen eigenen „Jahresbericht" zur Deutschen Einheit.
   b) **Partnerarbeit:** War die Wiedervereinigung eine Erfolgsgeschichte? Gestaltet einen Dialog. Nutzt M4 und M5 und legt dar, anhand welcher Kriterien ihr bewertet.

Webcode: FG450099-289
Selbsteinschätzungsbogen

10
Die globalisierte Welt seit 1990: Eine Welt? Viele Welten?

Der Golfplatz der spanischen Stadt Melilla im Norden Afrikas. Flüchtlinge versuchen vom angrenzenden Marokko aus die über zehn Meter hohen Grenzbefestigungen aus Mauern und Stacheldraht zu überwinden. Ein spanischer Polizist will verhindern, dass sie nach Europa gelangen.
Im Jahre 2015 waren erstmals mehr Menschen auf der Flucht als im Zweiten Weltkrieg.

Was geht vermutlich in den Flüchtlingen, Golfern und Polizisten vor?
Gestalte Denkblasen.

Golfplatz in Melilla an der nordafrikanischen Mittelmeerküste, Foto, Oktober 2014

10 Die globalisierte Welt seit 1990: Eine Welt? Viele Welten?

1980	1990	
		1991 Ende der Sowjetunion; Gründung der Gemeinschaft Unabhängiger Staaten
		ab 1991 nach dem Zusammenbruch Jugoslawiens Bürgerkriege in den neu entstehenden Republiken
		1997–2009 Osterweiterung der NATO
	1990/91 Ende des Ost-West-Konflikts	
	1994 Völkermord in Ruanda	

Die Welt seit 1990: Eine Welt? Viele Welten?

Durch den Zusammenbruch der Sowjetunion endete die bipolare Welt des Kalten Krieges. Die USA blieben zunächst die einzige Weltmacht. Wurde die Welt seither friedlicher? Nach dem Ende des Wettrüstens hofften 1991 viele, dass ihre Staaten mehr Geld für Entwicklungshilfe, Friedensprojekte und die Bekämpfung des Hungers ausgeben würden. In Europa und Nordamerika erwartete man, dass sich mehr Länder zu Demokratien und Industrienationen mit einer breiten Mittelschicht entwickeln würden. Doch diese Hoffnungen erfüllten sich nicht. Kriege und Bürgerkriege dauern bis heute weltweit an. Trotz teurer Hilfsprogramme ist der Hunger nicht besiegt, und die Erderwärmung und der Klimawandel bergen unbekannte Risiken für die Zukunft.

In diesem Kapitel untersuchst du,
- welche Aufgaben die Vereinten Nationen seit dem Ende des Kalten Krieges übernommen haben,
- welche Folgen die NATO-Osterweiterung hatte,
- wie aus der bipolaren Welt nach 1991 eine multipolare Welt entstanden ist,
- warum die Durchsetzung von Menschenrechten so schwierig ist,
- welche Bedrohung der Terrorismus und autoritäre Regierungen darstellen,
- welche Ursachen und Folgen Migration hat,
- welche Chancen und Gefahren eine globalisierte Wirtschaft bringt.

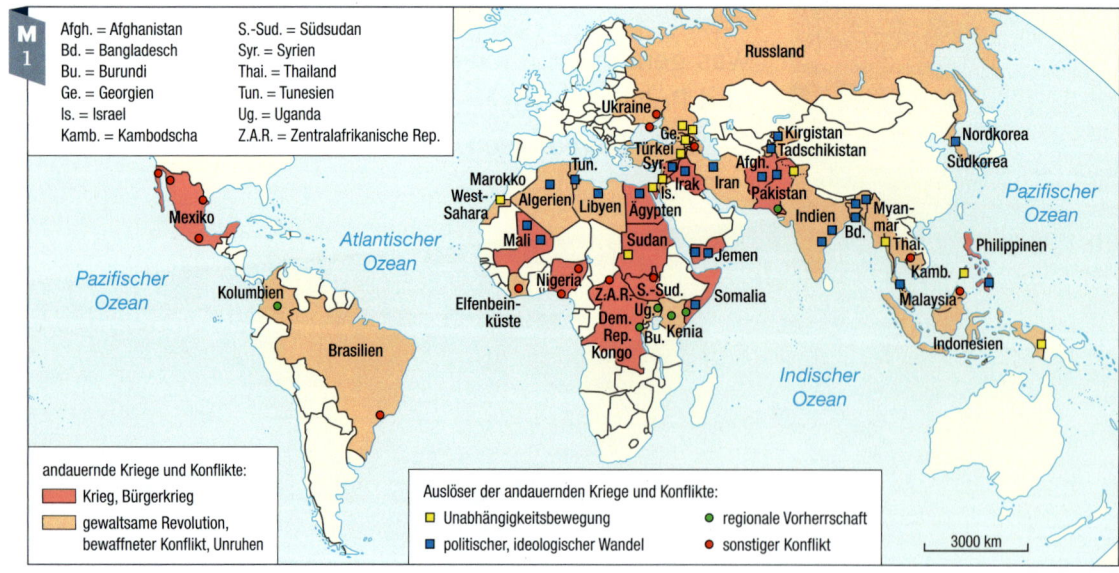

Kriege und Konflikte weltweit (2014)

Orientierung im Kapitel

2000	2010
11. September 2001 Anschlag auf das World Trade Center in New York	
	2010 Beginn des „Arabischen Frühlings"
	ab 2011 Bürgerkrieg in Syrien
	2014 russische Annexion der Halbinsel Krim; Krieg im Osten der Ukraine
2008 Weltwirtschaftskrise	
	2013 EU der 28

Zerstörung nach einem Taifun auf den Philippinen, Foto, 2013

UN-Soldaten versorgen bosnische Frauen und Kinder aus Srebrenica, Foto, Juli 1995. Die Männer und erwachsenen Söhne, an die 8000, wurden kurz zuvor ermordet.

Flüchtlingsboot aus Libyen vor der Küste der italienischen Insel Lampedusa, Foto, Mai 2011

Unter dem Motto „Mensch und Natur vor Profit" engagiert sich die Nichtregierungsorganisation „attac" in mehr als 50 Ländern für eine „andere" Globalisierung. Foto, Berlin, 2012

1 Schreibe zu jedem der Bilder (M2–M5) deine Eindrücke in Stichwörtern auf.
2 Suche aus dem Informationstext und aus dem Zeitstrahl die aktuellen Probleme und Konflikte der Welt im 21. Jahrhundert heraus. Ordne sie in einer Tabelle oder erstelle damit eine Mindmap.
3 Erläutere anhand der Karte M1, wo es heute zu großen kriegerischen Konflikten kommt.
4 **Recherche:** Wähle einen Konflikt aus und erkläre in einem Kurzreferat Gründe und Verlauf der Auseinandersetzungen.
Tipp: Nutze die Methode „Kurzvortrag" auf S. 328.

Kann die UNO Frieden schaffen?

Nach 1990 waren die Erwartungen groß, dass die UNO in Zukunft eine bedeutendere Rolle in der Weltpolitik spielen würde als während des Kalten Krieges.
- *Welche Funktionen hatte die UNO bislang in der Weltpolitik?*
- *Welche Probleme und Perspektiven hat die UNO?*

Die Rolle der UNO in der Weltpolitik

Die 51 Staaten, die im Zweiten Weltkrieg auf Seiten der Alliierten gekämpft hatten, gründeten 1945 in San Francisco die United Nations Organization. Sie war der Nachfolger des Völkerbundes (siehe S. 20) und sollte
5 internationale Konflikte schlichten. Ihr wichtigstes Entscheidungsgremium ist der Sicherheitsrat. Dort sitzen Frankreich, Großbritannien, China und die beiden Supermächte USA und Russland (früher die Sowjetunion). Entscheidungen im Sicherheitsrat müssen einstimmig
10 beschlossen werden. In den Jahrzehnten des Kalten Krieges war der Sicherheitsrat nicht sehr handlungsfähig, denn über 270-mal legte einer der fünf Staaten sein Veto ein und verhinderte damit einen Beschluss. Nach dem Ende des Kalten Krieges haben sich die Auf-
15 gaben der UNO vervielfacht. Finanzierungsprobleme und Korruptionsvorwürfe behindern die Arbeit. Weiterhin blockieren einzelne Mitglieder des Sicherheitsrates immer wieder Resolutionen (Beschlussvorlagen) durch ihr Veto.
20 In Konfliktfällen kann die UNO Verhandlungen fordern. Sind diese erfolglos, kann sie wirtschaftliche Sanktionen verhängen. In einer dritten Stufe können UN-Streitkräfte in Krisengebiete geschickt werden. Die UN-Friedenstruppen oder „Blauhelme" werden von verschie-
25 denen Mitgliedsstaaten an die UN „ausgeliehen". Seit 1990 wurden doppelt so viele Einsätze beschlossen wie in den Jahrzehnten davor.

Einsatz für den Weltfrieden

Heute greift die Friedenssicherung der UN vor allem bei
30 regionalen Konflikten, Bürgerkriegen und Menschenrechtsverletzungen durch Kriegsverbrechen. Neben der Überwachung des Friedens („peace keeping") erzwingen UN-Soldaten auch als kämpfende Truppen eine Einhaltung von UN-Beschlüssen. Obwohl die UN-Truppen zur
35 Neutralität verpflichtet sind, zwingt sie das Kriegsgeschehen oft dazu, Partei zu ergreifen. Im Ort Srebrenica in Bosnien geschahen Massentötungen unbewaffneter Männer und Jungen unter den Augen der UNO-Schutztruppen, deren Hilfe sich auf die Flüchtlinge beschränk-
40 te (siehe S. 293, M3). Auch den Völkermord in Ruanda konnte die UNO nicht verhindern.
Erfolgreich arbeiten heute zahlreiche Unterorganisationen der UNO, die sich für eine Verbesserung der Lebensbedingungen weltweit einsetzen. So formulierte die
45 UNO für den Zeitraum von 2000 bis 2015 acht Millenniumsziele. Im Jahre 2015 wurde ein neues Programm nachhaltiger Entwicklung für den Zeitraum 2015–2030 beschlossen.

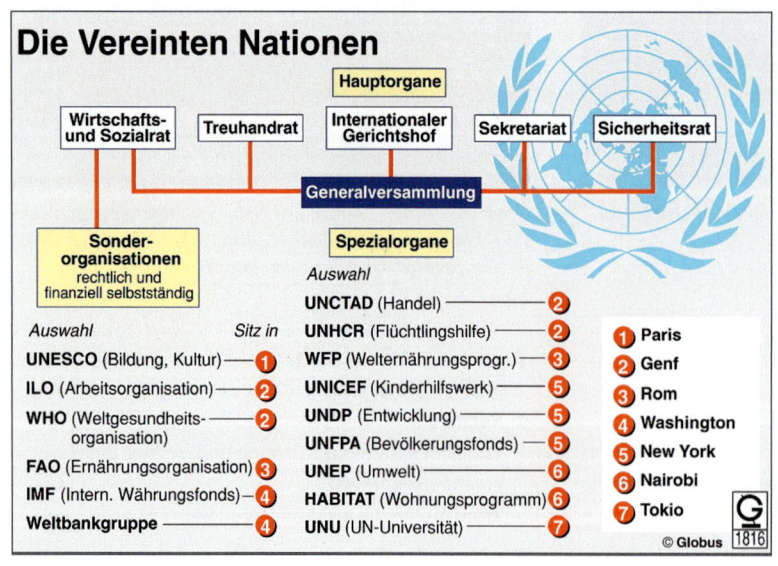

Die Organisation der UNO

M2 Zur Rolle der UNO im syrischen Bürgerkrieg schrieb das „Handelsblatt" am 12. März 2015:

Hilfsorganisationen haben dem Sicherheitsrat völliges Versagen in der Syrien-Krise vorgeworfen. Den UN sei es nicht gelungen, die Menschen in dem Land zu schützen ... [Sie] bewerteten ihren Syrien-Bericht als „katastrophales Zeugnis" für die Vereinten Nationen und die Konfliktparteien. Seit 2011 seien 220000 Menschen getötet worden. Die Helfer werfen dem Sicherheitsrat vor, dass keine seiner drei Resolutionen etwas bewirkt habe. Statt geschützt zu werden, hätten die Syrer das blutigste Jahr des Konflikts erlebt. 76 000 Menschen seien getötet worden, mehr als ein Drittel der Toten der vierjährigen Gewalt. Die Zahl der kaum zu erreichenden Hilfebedürftigen habe sich trotz einer UN-Resolution auf 4,8 Millionen mehr als verdoppelt. 5,6 Millionen Kinder seien auf Hilfe von außen angewiesen ... Den Helfern von UN und anderen Hilfsorganisationen könnte auch noch das Geld ausgehen ... Derzeit seien 3,7 Millionen Flüchtlinge aus Syrien in den Nachbarländern. „Allein in den Camps entlang der türkisch-syrischen Grenze leben über 250000 Flüchtlinge, die vollständig auf internationale Unterstützung angewiesen sind", erklärte das Welternährungsprogramm (WFP) dazu. „Die Zahl der Todesopfer und das Leid der Zivilisten haben untragbare Ausmaße erreicht" ...
Durch den vierjährigen Konflikt ist Syriens Gesundheitssystem zusammengebrochen ...

Zit. nach www.handelsblatt.com/politik/international/kritik-an-der-uno-weltsicherheitsrat-versagt-in-syrien/11492670.html (Stand: 10. 11. 2016).

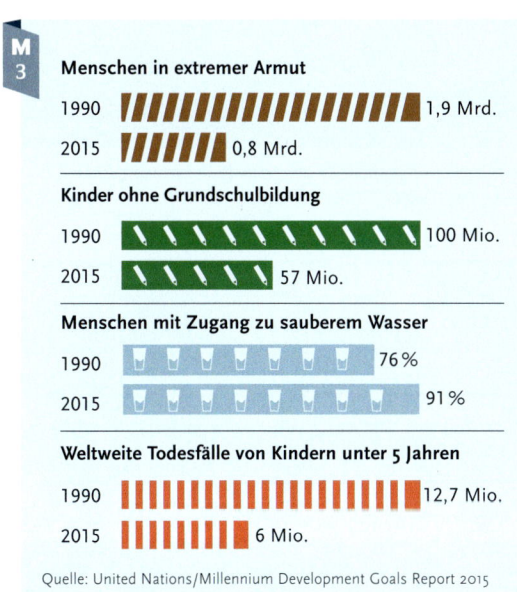

Die Bilanz der UN-Millenniumsziele nach Auslaufen des Programms im Jahre 2015 (Auswahl)

M4 UN-Ziele 2015–2030 (Auswahl):
- Hunger und Armut sollen überall auf der Welt beseitigt werden. Armut betrifft derzeit eine Milliarde Menschen weltweit, die mit weniger als 1 Euro pro Tag auskommen müssen. Die meisten von ihnen leben in Afrika und Asien.
- Zugang aller Menschen zu sauberem Wasser und einer vernünftigen Toilette
- Jungen und Mädchen sollen weltweit eine kostenlose Grundschulbildung erhalten.
- Eine Benachteiligung von Frauen und Mädchen soll es nicht mehr geben.
- Jeder Mensch soll Zugang zu verlässlicher, umweltschonender Energie bekommen.
- Die Ozeane sollen umsichtig genutzt und das Klima geschützt werden.

Zit. nach www.spiegel.de/politik/ausland/uno-will-armut-und-hunger-besiegen-bis-2030-a-1046441.html (Stand: 10. 11. 2016).

---

1 Fasse kurz zusammen,
   a) welche Rolle die UNO in der Weltpolitik spielt (M1 und Darstellungstext),
   b) auf welche Weise die UNO zur Sicherung des Friedens agieren kann (M1 und Darstellungstext).
2 Erläutere die Vorwürfe gegen die UNO in M2.
3 Untersuche die Grafik M3 und beurteile, ob das Ergebnis als Erfolg gewertet werden kann.

4 **Vorschlag für eine Gruppenarbeit:** Ordnet die einzelnen UN-Ziele in M4 nach ihrer Wichtigkeit. Diskutiert zu erwartende Schwierigkeiten bei der Umsetzung und sucht nach Lösungen.
5 **Wähle eine Aufgabe aus:**
   Recherchiere:
   a) die Gründe des syrischen Bürgerkrieges und das daraus resultierende Flüchtlingsdrama,
   b) das Massaker im bosnischen Srebrenica und die Rolle der UNO-Schutztruppe.

Webcode: FG450099-295
Die Vereinten Nationen; Syrien-Konflikt

Herausforderungen der EU:
Vom Kalten Krieg in die globalisierte Welt

1990 waren viele Europäer erleichtert über das Ende des Kalten Krieges auf ihrem Kontinent. Doch schon bald zeigte sich, dass die EU nun sogar stärker als zuvor von außenpolitischen Krisen betroffen war.
- *Welche außenpolitischen Konflikte wirkten nach 1990 auf Europa und welche innenpolitischen Folgen hatten sie?*
- *Wie sollen die Europäer mit ihrer neuen Rolle in der Welt umgehen?*

Die EU auf dem Weg ins 21. Jahrhundert

Der Abzug der beiden Supermächte USA und Sowjetunion am Ende des Kalten Krieges hatte zur Folge, dass sich Konflikte an den Grenzen des europäischen Raums stärker auf die EU auswirkten. In den 1990er Jahren kam es beispielsweise zu einem blutigen Bürgerkrieg in Jugoslawien. Hier zeigte sich, dass Europa nicht fähig war, einen militärischen Konflikt und grausame Massaker an der Zivilbevölkerung zu verhindern (z. B. Sebrenica 1995). Zwar wurden um die Jahrtausendwende neue Staaten des ehemaligen Ostblocks und einige Südländer in die EU aufgenommen, aber die EU besaß weiterhin keine einheitliche politische Ausrichtung. Die Interessen der Mitgliedsländer auf dem Gebiet der Wirtschaft und Sicherheit gingen auseinander. Diese Versäumnisse holten Europa zu Beginn des 21. Jahrhunderts ein. Zunächst zeigte sich, dass die nördlichen Staaten die sozialen Folgen der von den USA ausgehenden Bankenfinanzkrise 2008 deutlich besser auffangen konnten als Länder wie Griechenland und Spanien. Folgen hatten auch Konflikte in Afrika und vor allem der grausame Bürgerkrieg in Syrien seit 2011. Die zahlreichen Flüchtlinge, die nach Europa strömten, drohten die Einheit der Union zu gefährden: einige Länder nahmen Flüchtlinge bereitwilliger auf als andere. Rechtspopulistische Parteien gewannen in Frankreich, Holland, aber auch in Deutschland immer mehr Zustimmung. Das Vereinigte Königreich entschied sich 2016 in einer Abstimmung, die Union zu verlassen – hauptsächlich wegen der angeblich unkontrollierten Einwanderung. Die Zustimmung für die EU sinkt aber auch in anderen Ländern. Die entscheidende Frage des nächsten Jahrzehnts wird deshalb sein, wie die EU-Mitglieder ihre gemeinsame politische Struktur gestalten möchten.

Flüchtlingslager Idomeni an der griechisch-mazedonischen Grenze, Foto, 2016

Befürworter und Gegner des „Brexit" treffen bei einer Demonstration aufeinander, London 2016

Treffen der rechtspopulistischen Fraktion „Europa der Nationen und der Freiheit" (ENF) des EU-Parlamentes, Koblenz 2017

Die Totengräber von Europa
Der slowakische EU-Abgeordnete Richard Sulík schrieb 2017:

[Die Menschen in der EU] wollen nicht mehr zusehen, wie mit ihrem Steuergeld andere Länder gerettet, wie wichtige Regeln immer wieder gebrochen werden, wie die EU in den vergangenen
5 acht Jahren von Krise zu Krise taumelte. ... Die Reaktion ... ist immer die gleiche: Wir brauchen mehr Europa, mehr Integration, mehr Kompetenzen. Dabei hat es Brüssel ... nicht geschafft, mit den bisherigen Kompetenzen richtig umzugehen.
10 ... Die Totengräber werden versuchen, mit Britannien ein Exempel zu statuieren ... – wie in einer Mafia-Familie, wenn ein Mitglied sie verlassen will. Also werden sie versuchen, die britischen Bürger zu bestrafen, weil diese sich es geleistet
15 haben, für Freiheit zu stimmen. ... Die Totengräber werden nach dem Austritt Großbritanniens versuchen, noch mehr Kompetenzen nach Brüssel zu verlagern, womit sich die EU den eigenen Bürgern noch mehr entfremdet. Gleichzeitig
20 steigt die Wahrscheinlichkeit, dass ein weiteres Mitgliedsland aussteigt. Wenn nicht aus der EU, dann aus dem Euro. Italien und Finnland wären die heißesten Kandidaten, weil hier am deutlichsten zu sehen ist, wie der viel zu starke Euro die
25 heimische Industrie vernichtet. ... Bleiben die Migranten, das momentan größte Problem der EU. ... Der deutsche Innenminister hat kürzlich vorgeschlagen, die Asylanträge außerhalb der EU zu bearbeiten. Sollte es dazu kommen, könnte die
30 Anzahl der Migranten nachhaltig sinken, zumindest der aus Nordafrika. Es gibt auch Gutes. Der Krieg in Syrien könnte bald beendet sein. Da Trump keine Berührungsängste mit Putin hat, könnte es zu einer Einigung zwischen USA und
35 Russland kommen und so das derzeit größte außenpolitische Problem der EU gelöst werden. Das wird jedoch die Bürger nicht überzeugen, den Totengräbern wieder zu vertrauen.

Zit. nach https://www.tichyseinblick.de/gastbeitrag/die-totengraeber-von-europa/ (Stand: 27. 03. 2017).

Rede von US-Präsident Barack Obama in Hannover am 25.04.2016:

Wie anderswo haben barbarische Terroristen unschuldige Menschen in Paris und Brüssel abgeschlachtet, in Istanbul und in San Bernardino in Kalifornien. ... Langsames Wirtschaftswachstum
5 in Europa, besonders im Süden, macht Millionen Menschen arbeitslos, und eine Generation junger Leute ohne Jobs blickt mit schwindender Hoffnung in die Zukunft. All diese beständigen Herausforderungen bringen manche Leute dazu, zu
10 hinterfragen, ob die europäische Integration weiter fortbestehen kann; ob man sich nicht besser abspalten sollte, Grenzen neu ziehen und Gesetze ändern sollte, die im 20. Jahrhundert zwischen den Staaten bestanden. Ja, es sind beunruhigen-
15 de Zeiten. Und es scheint in der menschlichen Natur zu liegen, sich in die vermeintliche Geborgenheit und Sicherheit des eigenen Stammes, der Religion und Nationalität zurückzuziehen, wenn die Zukunft unsicher ist – zu Menschen, die aus-
20 sehen wie wir und klingen wie wir. Aber in der Welt von heute ... ist das eine falsche Geborgenheit. Sie spielt Menschen gegeneinander aus: aufgrund ihres Aussehens, ihrer Art zu beten oder der Tatsache, zu wem sie sich hingezogen fühlen.
25 Dabei wissen wir, wohin solch verdrehtes Denken führen kann: zu Unterdrückung, Diskriminierung und zu Internierungslagern, zur Shoah und zu Srebrenica. ... In Deutschland haben wir mehr als anderswo gelernt, dass die Welt mehr braucht als
30 Mauern. Wir können uns nicht über Grenzen definieren, die wir errichten, um Menschen draußen oder drinnen zu halten. An jedem Scheideweg in unserer Geschichte haben wir Fortschritte gemacht, wenn wir entsprechend den zeitlosen Idea-
40 len gehandelt haben, offen einander gegenüber zu sein und die Würde jedes Menschen zu achten.

Zit. nach: https://obamawhitehouse.archives.gov (Stand 18. 03. 2017), übers. v. Verf.

---

1 Fasse die Kritik an der EU in M4 zusammen.
2 Vergleiche die Position in M4 mit der in M5.

3 Gestaltet eine Diskussion zur Frage: „Wie soll die Europäische Union in der Zukunft aussehen?". Recherchiert dazu in Gruppen die Interessen und Vorstellungen verschiedener EU-Länder (z. B. Frankreich, Deutschland, Polen, Spanien, Griechenland).

Die NATO-Osterweiterung ein Vertragsbruch?

Nach dem Zerfall der Sowjetunion 1991 orientierten sich Polen, Tschechen, Slowaken, Ungarn und Slowenen rasch nach Westeuropa, mit dem sie sich historisch und kulturell stark verbunden fühlten. Sie erhofften sich Wirtschaftshilfe durch die EU und militärischen Schutz durch die NATO.
- *Untersuche hier die Folgen der NATO-Osterweiterung.*

Ehemalige Warschauer-Pakt-Staaten werden Mitglieder der NATO

Bei den Verhandlungen über die Wiedervereinigung Deutschlands (siehe S. 275/276) hatten die Westmächte der Sowjetunion versichert, dass sie keine Erweiterung des NATO-Gebiets nach Osten beabsichtigten. Auf eigenen Wunsch wurden 1997 Polen, Tschechien und Ungarn NATO-Mitglieder. Zwischen 2002 und 2009 traten weitere Länder des ehemaligen Ostblocks dem westlichen Verteidigungsbündnis bei. Der Eintritt dieser Länder wurde von Russland eher widerwillig akzeptiert.

Die Ukraine-Krise 2014

Die Ukraine, früher eine Teilrepublik der UdSSR, wurde 1991 ein unabhängiger Staat. Im kulturell und religiös westlich geprägten Teil der Ukraine sprachen sich viele Menschen für eine engere Anbindung an den Westen aus, während im durch Bergbau und Industrie geprägten Osten des Landes die meisten Einwohner Russisch als Muttersprache sprechen und daher für eine engere Anbindung an Russland eintraten. Präsident Janukowitsch (geb. 1950) beendete 2013 alle Spekulationen über eine Westorientierung seines Landes. Ein bereits mit der EU ausgehandeltes Abkommen über enge Wirtschaftsbeziehungen wurde nicht in Kraft gesetzt, da die Ukraine die lebensnotwendige Lieferung von Öl und Gas zu Vorzugspreisen aus Russland nicht gefährden wollte. Proteste gegen die autoritäre Herrschaft des Präsidenten, der sich und seine Familie auf Staatskosten erheblich bereicherte, weiteten sich im gesamten Land aus. Die Bürgerrevolution führte im Februar 2014 zur Absetzung von Janukowitsch, der nach Moskau flüchtete. Die nachfolgenden Regierungen übernahmen ein wirtschaftlich bankrottes Land.

Angesichts einer möglichen Westorientierung der Ukraine entsandte Russland Soldaten auf die zur Ukraine gehörende Halbinsel Krim. Dort befindet sich seit dem Ende der Sowjetunion der Hafen der russischen Schwarzmeerflotte, der vertraglich bis 2048 von der Ukraine an Russland verpachtet wurde. Mit großer Medienkam-

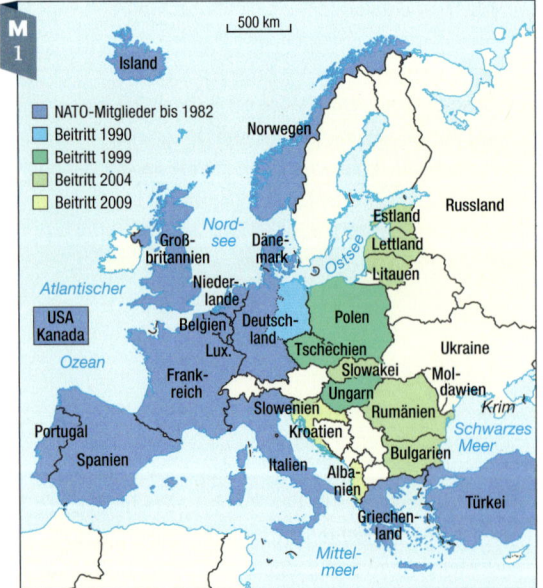

Die NATO in Europa (2015)

Pro-EU-Demonstranten errichten Barrikaden gegen die Polizei in Kiew (Ukraine), Foto, 2013

pagne warb Präsident Putin für die „urrussische" Krim (siehe S. 301/M2) und ließ eine Volksabstimmung organisieren, in der sich 2014 die große Mehrheit der Bevölkerung der Krim für einen Anschluss an Russland aussprach. In den ukrainischen Grenzregionen um die Städte Donezk und Luhansk begannen von Russland unterstützte Soldatenverbände (Separatisten) einen Krieg gegen die ukrainische Armee mit dem Ziel, diese Gebiete an Russland anzugliedern. Hunderttausende Zivilisten flohen, Hunderte starben. Das Waffenstillstandsabkommen von Minsk 2014 wurde immer wieder gebrochen. Die EU und die USA lehnen die gewaltsame Änderung der Grenzen als völkerrechtswidrig ab und verhängten Wirtschaftssanktionen gegen Russland. Russland reagierte u. a. mit einem Importverbot für viele westliche Produkte.

Gorbatschow kritisiert den Westen

3a) *Interview zum 20. Jahrestag des Mauerfalls am 11. Oktober 2009:*

Kohl, US-Außenminister James Baker und andere sicherten mir zu, dass die NATO sich keinen Zentimeter nach Osten bewegen würde. Daran haben sich die Amerikaner nicht gehalten, und den Deutschen war es gleichgültig. Vielleicht haben sie sich sogar die Hände gerieben, wie toll man die Russen über den Tisch gezogen hat. Was hat es gebracht? Nur, dass die Russen westlichen Versprechungen nun nicht mehr trauen ... Je länger man Russland nicht auf die Beine kommen lasse, desto leichter könne man sich ein paar weitere fette Bissen schnappen ... In Europa, in der EU, ist Deutschland das Schwergewicht, es steht an erster Stelle. Ich lege meine Hand dafür ins Feuer: Russland bleibt ein zuverlässiger Partner. Aber auch ein ebenbürtiger!

Zit. nach www.bild.de/politik/2009/interview-mit-der-bams-10060566.bild.html (Stand: 11. 11. 2016).

3b) *Zusammenfassung eines Interviews vom 8. November 2014:*

Bei den Feiern zum 25. Jahrestag des Mauerfalls in Berlin hat der frühere sowjetische Staatschef Michail Gorbatschow schwere Vorwürfe gegen den Westen erhoben, vor allem im Zusammenhang mit dem Ukraine-Konflikt. „Die Welt ist an der Schwelle zu einem neuen Kalten Krieg. Manche sagen, er hat schon begonnen." In den vergangenen Monaten habe sich ein „Zusammenbruch des Vertrauens" vollzogen. Die Ereignisse seien die Konsequenzen aus einer kurzsichtigen Politik. Es sei der Versuch, vollendete Tatsachen zu schaffen und die Interessen des Partners zu ignorieren.

Der 83-Jährige, der früher eher als Kritiker des russischen Präsidenten Wladimir Putin bekannt war, warb direkt am Brandenburger Tor um Verständnis für die aktuelle Moskauer Politik ...

„Lasst uns daran erinnern, dass es ohne deutsch-russische Partnerschaft keine Sicherheit in Europa geben kann." Außerdem müssten die von der EU und den USA verhängten Strafmaßnahmen schrittweise aufgehoben werden.

Der Friedensnobelpreisträger warf dem Westen und insbesondere den USA vor, ihre Versprechen nach der Wende 1989 nicht gehalten zu haben ... Gorbatschow nannte Beispiele, an denen sich die Geringschätzung Russlands durch den Westen ablesen lasse ... „Und wer leidet am meisten unter der Entwicklung? Es ist Europa, unser gemeinsames Haus."

Zit. nach www.sueddeutsche.de/politik/jahrestag-des-mauerfalls-gorbatschow-klagt-an-1.2211398 (Stand: 11. 11. 2016).

---

1 Wähle eine Aufgabe aus:
 a) Wiederhole, was du bisher über die NATO gelernt hast. Lies nach auf S. 174/175.
 b) Arbeite aus der Karte M1 die neuen NATO-Staaten in der Reihenfolge ihres Beitritts heraus.
2 Erkläre die Vorwürfe, die Michail Gorbatschow 2009 gegen den Westen erhob (M3a). Was kannst du dem Staatsmann aus westlicher Sicht antworten?

Webcode: FG450099-299
NATO-Osterweiterung; Ukraine-Krise

3 Sammle Argumente für ein Streitgespräch zwischen einem Anhänger Russlands und einem des Westens über die NATO-Osterweiterung (M3b, Darstellungstext).
4 Fasse die Entwicklung in der Ukraine in eigenen Worten zusammen (M1, Darstellungstext).
 Tipp: Schlage die Lage der im Darstellungstext genannten Orte in einem Atlas nach.
5 Recherche: Verfolge in den Medien die aktuelle Nachrichtenlage zur Politik Russlands gegenüber dem Westen und umgekehrt. Nenne Schwerpunkte.

Russland – zwischen Stagnation und neuer Stärke

Nach dem Ende der Sowjetunion büßte Russland seine Weltmachtstellung ein und durchlebte eine innere Krise. Seit 2000 versucht Präsident Putin, das Land wieder zu neuer Stärke zu führen. Dabei schreckt er auch vor Krieg nicht zurück.
- *Wie kann man Russlands neue Außenpolitik bewerten?*

Die Sowjetunion bis zu ihrer Auflösung 1991

Nach dem Tod Stalins 1953 wurden die Gulags* aufgelöst und über vier Millionen Häftlinge entlassen. Parteichef Chruschtschow (1958–1964) setzte in seiner Periode des „Tauwetters" neue Ziele: Statt mit Unterdrückung und brutaler Gewalt sollten die Bürger nun mit anderen Mitteln überzeugt werden, im besten Gesellschaftssystem zu leben. Die Löhne wurden verdreifacht und die überall entstehenden Plattenbauten linderten die Wohnungsnot. 1960 teilten sich die meisten Familien ein einziges Zimmer. Über 40 Prozent der Sowjetbürger besaßen in ihren Unterkünften weder fließendes Wasser noch eine Heizung. Trotz allmählicher wirtschaftlicher Verbesserungen blieb der Lebensstandard im Vielvölkerstaat Sowjetunion weit hinter dem Westeuropas zurück.

Generalsekretär Gorbatschow verfolgte ab 1986 eine Politik der neuen Offenheit, doch Ereignisse wie die Atomkatastrophe von Tschernobyl stellten ihn auf eine harte Probe. Weite Gebiete wurden radioaktiv verstrahlt, die Folgen sind bis heute spürbar.

Wirtschaftschaos nach dem Zerfall der Sowjetunion

Am 31. Dezember 1991 wurde die Sowjetunion aufgelöst. Die meisten der ehemaligen Teilrepubliken schlossen sich zur „Gemeinschaft Unabhängiger Staaten" zusammen, um ihre Wirtschaft aufrechtzuerhalten.

Unter Präsident Jelzin (1991–1999) kam es in Russland zu einer Vielzahl demokratischer Reformen. Die im Dezember 1993 verabschiedete Verfassung garantierte die Menschenrechte, doch wurden seither demokratische Grundrechte in der Praxis vielfach eingeschränkt. Die Wirtschaft wurde mithilfe westlicher Experten zum Teil privatisiert. Die Schocktherapie der übereilten Modernisierung führte zum Zusammenbruch vieler Industriezweige. Bis dahin unbekannte Arbeitslosigkeit, ein massiver Anstieg der Verbraucherpreise und die hohe Inflation ließen große Teile der Bevölkerung verarmen. Zugleich bildete sich eine neue Schicht von Superreichen („Oligarchen"). Die Geburtenrate sank drastisch und der Alkoholkonsum nahm dramatisch zu.

Die Auflösung der UdSSR und die Gemeinschaft Unabhängiger Staaten

Der wachsende Nationalismus in Teilen Russlands sorgte für weitere Destabilisierung – allein im ersten Tschetschenienkrieg* (1994–1996) kamen zehntausende Zivilisten ums Leben. Viele Russen sehnten sich angesichts der chaotischen Jahre unter Präsident Jelzin nach der Größe und Stabilität der alten Sowjetunion.

Aufstieg Russlands unter Präsident Putin
Nach dem Amtsantritt Präsident Wladimir Putins (2000–2008 und wieder ab 2012) begann eine allmähliche wirtschaftliche Erholung Russlands. Durch hohe Erlöse aus dem Verkauf der riesigen Rohstoffvorkommen wie Öl und Gas und eine wirksame Steuerreform verfügte der Staat wieder über solide Einnahmen. Sie sollten zur Finanzierung der sozialen Leistungen dienen, konnten aber die Armut und Perspektivlosigkeit in vielen Landesteilen nicht beseitigen. Innenpolitisch wurde Russland unter Putin zu einer „gelenkten Demokratie", in der der Präsident nahezu unumschränkte Macht erhielt und das Parlament seine eigenständige Rolle verlor. Seither wird Russland autoritär regiert. Oppositionelle werden verfolgt und die Medien zensiert. Wegen der Rückbesinnung auf russische Größe und der Wiederherstellung von Ordnung und Versorgung genießt der Präsident dennoch hohe Zustimmungswerte.

Präsident Putin 2014 zum Anschluss der Krim:
Über 96% der Wähler wollten die Wiedervereinigung mit Russland. ... Auf der Krim zeugt alles von unserer gemeinsamen Geschichte ... Dort liegt das alte Cherson, wo Prinz Wladimir [ein Großfürst der Rus] sich taufen ließ. Seine spirituelle Großtat, die Einführung des orthodoxen Glaubens, schuf die Grundlage unserer Kultur, unserer Zivilisation und Werte, die die Völker Russlands, der Ukraine und Weißrusslands einen. Dort liegt auch Sewastopol, der Ursprungsort der russischen Schwarzmeerflotte. ...
Auf der Krim leben heute 2,2 Millionen Menschen, davon 1,5 Millionen Russen, 350 000 Ukrainer mit überwiegend russischer Muttersprache und 300 000 Krimtataren. ...
In den Herzen der Menschen war die Krim immer untrennbar mit Russland verbunden. Sie fragten sich, warum sie plötzlich ein Teil der Ukraine wurde. ... Doch was undenkbar schien, wurde Realität: die UdSSR zerfiel. Viele hofften, dass die GUS, die damals geschaffen wurde, ein neuer gemeinsamer Staat sein würde. Man versprach ihnen eine gemeinsame Währung, einen Wirtschaftsraum und ein gemeinsames Heer; doch das blieben leere Versprechungen. ... Erst als die Krim Teil eines anderen Landes wurde, erkannte Russland, dass es nicht nur bestohlen, sondern ausgeraubt worden war. Zugleich müssen wir zugeben, dass Russland selbst zum Untergang der Sowjetunion beigetragen hat. .... Millionen Menschen legten sich im einen Land schlafen und wachten im Ausland wieder auf, als ethnische Minderheiten in ehemaligen Unionsrepubliken. ... Westeuropa und Nordamerika werfen uns vor, dass wir internationales Recht verletzen. ... Doch unsere westlichen Partner haben sich ganz ähnlich verhalten, als sie der Abspaltung des Kosovo von Serbien zustimmten. ... Was Kosovo-Albaner dürfen, dürfen Russen, Ukrainer und Krimtartaren anscheinend nicht.

Zit. nach http://en.kremlin.ru/events/president/news/20603 (Stand 20. 04. 2017), übers. v. Verf.

---

1 Arbeite aus M1 die neuen Staaten heraus und informiere dich: Welche sind ...
  a) Mitglieder der GUS,
  b) der EU,
  c) souveräne Staaten ohne Bündnis?

2 Vergleiche die Entwicklungen in der sowjetischen und russischen Geschichte (Darstellungstext):

1945–1991	Ära Jelzin	Präsidentschaft Putins

3 Partnerarbeit: Sammelt Artikel zur aktuellen
  a) politischen und **b)** wirtschaftlichen
  Lage Russlands.

4 a) Gib die Argumente wieder, mit denen Putin die Annexion der Krim rechtfertigt (M2).
  b) Bewerte seine Vorstellung von Russland als historischem Raum.

5 Erkläre die Haltung des Westens gegenüber der Annexion. Nutze S. 298/299.

6 Recherche: Finde heraus, unter welchen Umständen das Kosovo unabhängig wurde. Bewerte den letzten Satz in Putins Rede (M2).

Zusatzaufgabe: siehe S. 327.

China heute – führende Weltwirtschaftsmacht?

„Werkstatt der Welt",„Exportweltmeister" – so wird das moderne China heute oft genannt.
- Untersuche den Wandel Chinas zum Industriestaat und die Probleme, die mit dem chinesischen „Staatskapitalismus" verbunden sind.

China bis zum Tode Mao Zedongs 1976

1911 wurde der letzte Kaiser Chinas durch eine Revolution gestürzt. Es folgte ein Bürgerkrieg, aus dem die Kommunisten unter Mao Zedong als Sieger hervorgingen. Maos Herrschaft (1949–1976) war geprägt durch Terror, Rechtlosigkeit und Gewalt. Nach der Abkehr vom kommunistischen „Bruderstaat" Sowjetunion führte er das Land in die völlige Isolation. Landbesitz wurde kollektiviert*. Industrielle Mammutprojekte sollten China rasch auf das Niveau des Westens bringen („Großer Sprung nach vorn"). Die Folgen waren eine Wirtschaftskrise und 40 Millionen Tote.

Ein radikaler Kurswechsel

Maos Nachfolger Deng Xiaoping (1904–1997) läutete durch umfassende Wirtschaftsreformen eine grundlegende Wende ein. Die zentralistische Planwirtschaft wurde zur kommunistischen Marktwirtschaft umgebaut. Bauern erhielten Land zur Pacht; die Kollektive wurden aufgelöst. Die private Bewirtschaftung erbrachte höhere Erträge, Überschüsse konnten auf den neuen freien Märkten verkauft werden. Erstmals musste in China niemand mehr hungern. Betriebe durften nun privatwirtschaftlich arbeiten und ausländische Firmen in China investieren. Lenkung und Kontrolle der Wirtschaft verblieben aber beim Staat bzw. bei der Kommunistischen Partei. Mit großer Schnelligkeit verwandelte sich China in ein Industrieland. Heerscharen ehemaliger Bauern stampften als Wanderarbeiter Industriestädte und neue Wirtschaftszonen aus dem Boden. Niedrige Löhne, billige Rohstoffe und niedrige Abgaben führten dazu, dass chinesische Produkte auf den Weltmärkten konkurrenzlos billig waren. Im Jahre 2009 löste China die Deutschen als Export-Weltmeister ab.

In den letzten Jahren werden aber die Nachteile dieser einseitigen Politik immer deutlicher: Die Umweltbelastung ist in einigen Landesteilen unerträglich. Enteignungen und Zwangsumsiedlungen wegen großer Bauprojekte verbittern viele Bewohner. Mit dem Wirtschaftswachstum nahm auch die Korruption zu. Parteiführer bereicherten sich durch die Erhebung illegaler Abgaben oder durch Schmiergelder. Die sozialen Unterschiede zwischen armen Arbeitern und Bauern sowie der Schicht Neureicher wachsen stetig. Im Jahre 2015 galten 900 Millionen der 1,4 Milliarden Chinesen als arm.

Dynamische Wirtschaft – starre Politik?

Eine demokratische Entwicklung im westlichen Sinne hin zu einem Mehrparteiensystem und zur Gewaltenteilung wurde von der allmächtigen KP Chinas verhindert. Die Demokratiebewegung der Studenten 1989 wurde blutig niedergeschlagen. Betrachter aus dem Westen kritisieren die „Eiserne Faust" der Partei, die die Menschenrechte mit den Füßen tritt und die Medien zensiert. Viele Experten im Westen loben jedoch die außergewöhnliche wirtschaftliche Dynamik des Landes und vertrauen auf die Wirkung der Marktwirtschaft.

In den Städten ist eine neue konsumorientierte Mittelschicht entstanden, die ihre Kinder auf gute Schulen schickt und sie zu Höchstleistungen für die spätere Berufslaufbahn zwingt. Die „Einkind-Politik" hat China 2013 aufgegeben. Die meisten Familien wollen einen Jungen als Nachwuchs – Mädchen gelten als „weniger erwünscht".

Von Nationalitätenkonflikten hört man im Ausland selten. Etwa 90 Prozent der Bevölkerung bilden die Han-Chinesen. Die anderen zehn Prozent bevölkern aber zwei Drittel der Gesamtfläche des Landes. Konflikte gibt es mit den muslimischen Uiguren und mit Tibet, das China 1951 annektiert hat.

Außenpolitisch folgt China dem Prinzip „Verbirg deine Stärke und warte ab". Es steigert seine Militärausgaben und beunruhigt seine Nachbarn durch Gebietsansprüche. Die USA verlegten wegen dieser Spannungen Truppen aus Europa nach Asien. In Afrika engagiert sich China massiv in der Entwicklungshilfe und sichert sich im Gegenzug billige Rohstoffe und die Nutzung landwirtschaftlicher Produktionsflächen.

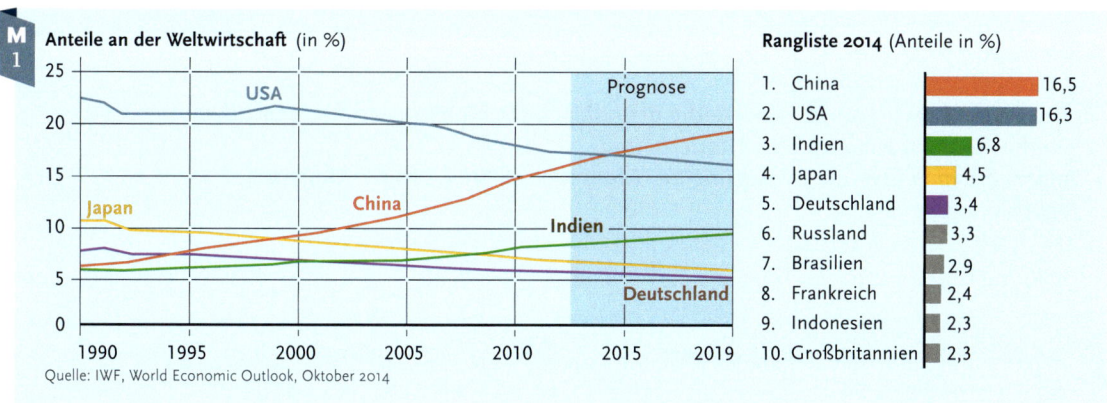

Anteile an der Weltwirtschaft (in %)

Rangliste 2014 (Anteile in %)
1. China — 16,5
2. USA — 16,3
3. Indien — 6,8
4. Japan — 4,5
5. Deutschland — 3,4
6. Russland — 3,3
7. Brasilien — 2,9
8. Frankreich — 2,4
9. Indonesien — 2,3
10. Großbritannien — 2,3

Quelle: IWF, World Economic Outlook, Oktober 2014

Chinas Wirtschaft im internationalen Vergleich

M2 Der Journalist Alexander Jung über die chinesische Wirtschaft, August 2015:

In den vergangenen zwei Jahrzehnten ist China zur Hightech-Macht aufgestiegen, systematisch vorangetrieben durch die Eliten der Partei. Die Funktionäre steuerten mit arithmetischer Präzision, wohin
5 sich das Land bewegen sollte. Wachstum, Inflation, Produktivität: Fast immer gelang eine Punktlandung. Chinas Führung lenkte, die Welt staunte. Jetzt wundern sich alle nur.

In den vergangenen sechs Wochen haben börsen-
10 notierte Unternehmen in Peking und Shanghai umgerechnet rund 3,5 Billionen Euro an Wert verloren ... Alle staatlichen Eingriffe halfen nur vorübergehend. Parteichef Xi Jinping ist das Schlimmste widerfahren, was einem Staatskapitalisten passieren kann: Er hat
15 die Kontrolle verloren ... Die Erkenntnis des Kontrollverlusts muss niederschmetternd sein für eine Führung, die sich bislang allmächtig gab ... und offenbart die Schwächen einer autoritären Wirtschaftsführung. Im Staatskapitalismus setzt sich
20 nicht die beste Idee durch, sondern jene, die eine Planungskommission als beste identifiziert hat. Was fehlt, ist der Wettstreit um die effizienteste Lösung, ein Ringen darum, genau das zu liefern, was nötig ist.
25 Auch die soziale Marktwirtschaft hat einen Hang zu Fehlanreizen. Doch hier steht der Staat neuen Ideen und Konzepten für Produkte nicht im Wege, indem er den Zugang zum Markt blockiert. Wenn nur akzeptiert und vor allem finanziert wird, was gerade in
30 den Plan passt, beraubt sich eine Volkswirtschaft der Möglichkeit, flexibel zu reagieren, wenn sich die Kundenwünsche ändern ...

Alexander Jung, Wohlstand nach Drehbuch, in: Der Spiegel 32 (2015), S. 62.

Die Stadt Shenzhen wuchs von 30 000 Einwohnern im Jahre 1972 auf zehn Millionen im Jahre 2010 an, Foto, 2011

1 Erkläre mit eigenen Worten, warum das moderne China als „Werkstatt der Welt" bezeichnet wird.
2 Stelle in einer Tabelle positive und negative Seiten der wirtschaftlichen Modernisierung Chinas nebeneinander (M1, M3 und Darstellungstext).
3 a) Wiederhole mithilfe der Grafiken auf S. 219 die soziale Marktwirtschaft und Planwirtschaft.
   b) Erkläre, wie ein Schema für Chinas „Staatskapitalismus" aussehen könnte.
   Tipp: Nutze dazu M2.
4 Nimm Stellung zu den Thesen des Journalisten in M2.
5 Beurteile, ob man China als „zweite Weltmacht" neben den USA bezeichnen kann.

Zusatzaufgabe: siehe S. 327.

Webcode: FG450099-303
Chinas Wirtschaft

Gelten Menschenrechte überall?

Täglich erfahren wir von der Verletzung grundlegender Menschenrechte, vor allem gegenüber Frauen, Kindern und Minderheiten.
- *Informiere dich über die Bedeutung der Menschenrechte (A) oder Menschenrechtsverletzungen (B).*

M1 Aus der Erklärung der Menschenrechte der Vereinten Nationen (1948):

Art. 1: Alle Menschen sind frei und gleich an Würde und Rechten geboren …

Art. 2: Jeder hat Anspruch auf alle in dieser Erklärung verkündeten Rechte und Freiheiten ohne irgendeinen Unterschied, etwa nach Rasse, Hautfarbe, Geschlecht, Sprache, Religion, politischer Idee oder sonstiger Anschauung, nationaler oder sozialer Herkunft, Vermögen, Geburt oder sonstigem Stand …

Art. 3: Jede Person hat das Recht auf Leben, Freiheit und Sicherheit.

Art. 4: Niemand darf in Sklaverei oder Leibeigenschaft gehalten werden …

Art. 5: Niemand darf der Folter… unterworfen werden.

Art. 7: Alle Menschen sind vor dem Gesetz gleich und haben ohne Unterschied Anspruch auf den gleichen Schutz durch das Gesetz …

Art. 9: Niemand darf willkürlich festgenommen, in Haft gehalten oder des Landes verwiesen werden.

Art. 13: Jeder hat das Recht, sich innerhalb eines Staates frei zu bewegen und seinen Aufenthaltsort frei zu wählen …

Art. 14: Jede Person hat das Recht, in anderen Ländern vor Verfolgung Asyl zu suchen …

Art. 16: Heiratsfähige Frauen und Männer haben ohne Beschränkung aufgrund der Rasse, der Staatsangehörigkeit oder der Religion das Recht, zu heiraten und eine Familie zu gründen.

Art. 18: Jeder hat das Recht auf Gedanken-, Gewissens- und Religionsfreiheit …

Art. 19: Jeder hat das Recht auf Meinungsfreiheit und freie Meinungsäußerung …

Art. 20: Alle Menschen haben das Recht, sich friedlich zu versammeln …

Art. 23: Jeder hat das Recht auf Arbeit, auf freie Berufswahl und günstige Arbeitsbedingungen sowie Schutz vor Arbeitslosigkeit.

Art. 26: Jede Person hat das Recht auf Bildung. Die Bildung ist unentgeltlich, zum mindesten der Grundschulunterricht …

Art. 29: Jeder hat Pflichten gegenüber der Gemeinschaft …

Zit. nach http://www.ohchr.org/EN/UDHR/Pages/Language.aspx?LangID=ger (Stand: 14.11.2016).

M2

1776	1789	1849	1948	1949	1989
USA	Frankreich	Deutschland	Vereinte Nationen	Deutschland	Vereinte Nationen
Unabhängigkeitserklärung	Erklärung der Menschen- und Bürgerrechte	Grundrechte des deutschen Volkes	Allgemeine Erklärung der Menschenrechte	Grundgesetz	Kinderrechte

Die Entwicklung der Menschenrechte von 1776 bis heute

1 Fertige eine Mindmap der allgemeinen Menschenrechte an und kommentiere ihre jeweilige Bedeutung.
2 Erläutere, welche Rechte besonders „anfällig" sind, verletzt zu werden. Beurteile, warum das so ist.
3 Wiederhole mithilfe des Schemas M2 die schrittweise Entwicklung der Menschenrechte.

Webcode: FG450099-304
Menschenrechte

Menschenrechte weltweit (2013)

M4 Aus dem Bericht vom Amnesty international (ai) zur Lage der Menschenrechte (2013):

In 112 Staaten dokumentierte die Organisation Folter und Misshandlung sowie in 101 Staaten Einschränkungen der Meinungsfreiheit ... Der Bericht dokumentiert auch zahlreiche Beispiele von
5 Menschenrechtsverletzungen und Kriegsverbrechen in bewaffneten Konflikten ... Dramatisch zugespitzt hat sich der Bürgerkrieg in Syrien. Beide Seiten begingen dort schwere Menschenrechtsverletzungen und Kriegsverbrechen ...
10 In Brasilien wurden wegen der Fußballweltmeisterschaft 2012 und der Olympischen Spiele 2016 zahlreiche Menschen aus ihren Wohnungen vertrieben, um der Welt im Zuge der Sportereignisse ein geschöntes Bild des Landes zu zeigen. 2012
15 dokumentierte Amnesty rechtswidrige Zwangsräumungen in 36 Staaten ...

Zit. nach www.amnesty.de/2013/5/22/amnesty-report-2013-zivilgesellschaft-global-staerken (Stand: 14. 11. 2016).

M5 Aus einem Artikel der „Zeit" (2015):

In Nigeria sind 800 000 Kinder auf der Flucht vor der Gewalt der islamistischen Terrorgruppe Boko Haram. Das berichtet das Kinderhilfswerk Unicef. Insgesamt habe sich die Zahl der Flüchtlinge in-
5 nerhalb eines Jahres auf 1,2 Millionen fast verdoppelt. Mehr als 200 000 Menschen suchten nach Angriffen oder Drohungen gegen ihre Dörfer Schutz in den Nachbarländern Niger, Tschad und Kamerun. Tausende Kinder aus Nigeria sind
10 demnach Opfer schwerer Menschenrechtsverletzungen. Mädchen und Jungen wurden getötet, entführt, zwangsverheiratet, als Kämpfer rekrutiert oder gezwungen, sich als Selbstmordattentäter in die Luft zu sprengen. Immer mehr Kinder
15 und Jugendliche seien auf sich allein gestellt, weil ihre Eltern tot oder auf der Flucht von ihnen getrennt worden seien.

Zit. nach http://www.zeit.de/politik/ausland/boko-haram-ueberblick (Stand: 09. 02. 2016).

1 Gib mittels M3 und M4 eine Einschätzung zur Lage der Menschenrechte heute.
2 Erläutere die Art der Menschenrechtsverletzungen laut M5.

Aufgabe für alle:
Gestaltet ein Plakat mit Beispielen zu Anspruch und Wirklichkeit der Menschenrechte heute.
Nutzt die Hilfe auf S. 328.

Warum gibt es Terroranschläge?

Politisch motivierten Terror gibt es seit dem 19. Jahrhundert in vielen Ländern und Formen. Doch seit dem 11. September 2001 ist ein „neuer" Terrorismus in unseren Alltag getreten. Er hat unsere Gewohnheiten verändert.
- *Untersuche Ursachen und Auswirkungen des „neuen" islamistischen Terrorismus.*

Terrorismus in der Geschichte

Der jüdisch-römische Historiker Flavius Josephus (37–97 n. Chr.) berichtet in seinen Werken von „Mördern neuen Typs", die es bis dahin noch nie gegeben habe: Als die Römer das heutige Palästina eroberten, töteten jüdi-
5 sche Attentäter heimlich Besatzer und Kollaborateure. Man nannte sie „Sikarier", nach ihrer Waffe, der „sica" (lat.: Dolch). Sie gelten als die ersten Terroristen.
In Europa tauchte der Begriff Terror erstmals in der radikalen Phase der Französischen Revolution 1793/94 auf.
10 Der „Wohlfahrtsausschuss" unter Maximilien de Robespierre verübte staatlichen Terror, indem er tatsächliche und vermeintliche Gegner der Revolution hinrichtete.
Nach dem Ende des Zweiten Weltkrieges machten in Westeuropa immer wieder Terrorakte Schlagzeilen. So
15 forderten z. B. die Basken einen unabhängigen Staat von Spanien und verübten Attentate. In den 1970er Jahren agierte in der Bundesrepublik die Terrorgruppe RAF (siehe S. 258/259).

11. September 2001 – der „neue Terror"

20 Am 11. September 2001 wurden die USA erstmals in ihrer Geschichte auf eigenem Boden angegriffen. Angehörige des Terror-Netzwerks Al-Kaida entführten drei Flugzeuge, zwei davon lenkten sie in die Türme des New Yorker World Trade Centers, eines auf das US-Ver-
25 teidigungsministerium Pentagon in Washington. Über 3000 Menschen kamen bei den Angriffen ums Leben. Die Selbstmordattentäter verkündeten in vorher aufgezeichneten Videos, dass sie im Namen eines radikalen Islam handelten. Darin heißt es: „Alle Verbrechen, die
30 von Amerikanern begangen wurden, sind eine offene Kriegserklärung an Gott, seinen Propheten und alle Muslime. Es ist die persönliche Pflicht eines jeden Muslim, überall und wo immer möglich die Amerikaner und deren Alliierte zu töten." Die Weltöffentlichkeit
35 reagierte mit Abscheu. Führende Vertreter muslimischer Verbände verurteilten die Tat als „unislamisch". Seitdem fanden sich immer wieder Anhänger des Al-Kaida-Anführers Osama bin Laden bereit, ihr Leben bei weiteren Anschlägen zu opfern. Zu den heute bekanntesten
40 Nachfolge-Organisationen von Al-Kaida wurden Boko

Das zweite Flugzeug prallt in den Südturm des World Trade Centers in New York – wenig später werden beide Türme zusammenbrechen. Foto, 11. September 2001

Haram in Nigeria (siehe S. 305, M5) und der „Islamische Staat" im Nahen Osten.

„Krieg gegen den Terror"

Als Folge des 11. September beschloss die UN zahlreiche
45 Maßnahmen, um weitere Anschläge zu verhindern. Es kam zu stärkeren Überwachungen, Grenzkontrollen und Abhörmaßnahmen, die die Bürgerrechte einschränkten. Die Amerikaner begannen mit der Tötung führender Terroristen. Als Rückzugsraum von Al-Kaida galt Afgha-
50 nistan, das von den radikal-islamischen Taliban regiert wurde. Die USA und ihre westlichen Verbündeten stürzten die Taliban in einer aufwendigen Militäraktion. Dabei kam es zu massiven Menschenrechtsverletzungen auf beiden Seiten. Osama bin Laden wurde erst 2011

von einem amerikanischen Spezialkommando getötet. Die westlichen Truppen zogen ab 2013 schrittweise aus Afghanistan ab, ohne einen dauerhaften Frieden hergestellt zu haben.

Der neue globalisierte Terror lässt keinen Raum für Verständigung, Verhandlungen oder Kompromisse. Er trifft Unschuldige, die sich zufällig am Ort des Geschehens aufhalten. Durch Entführungen westlicher Journalisten und Entwicklungshelfer erpressen die Terroristen hohe Lösegelder zur Finanzierung weiterer Anschläge. Sympathisanten finden sie vor allem in islamischen Ländern. Doch auch in Deutschland und anderen EU-Staaten ließen sich tausende junge Menschen anwerben, um z. B. in Syrien zu Terroristen ausgebildet zu werden und Anschläge in Europa zu planen. Seit November 2015 ereigneten sich weitere große Terrorakte in Paris, Brüssel, Nizza und Berlin mit mehreren hundert Toten und Verletzten. Sie heizten die Debatte über geeignete Gegenmaßnahmen weiter an.

Der Anführer von Al-Kaida, Osama bin Laden (1957–2011), in einem Interview im Mai 1996:

Wir Muslime sind selber das Ziel von Attentaten, Zerstörung und Grausamkeiten. Wir verteidigen uns nur. Das ist defensiver Dschihad[1]. Wir verteidigen unsere Leute und unser Land. Der Terrorismus, den wir ausüben, richtet sich nur gegen die Tyrannen, die uns terrorisieren. Terror und Strafe sind notwendige Mittel, die Dinge wieder in Ordnung zu bringen.

Zit. nach Ulrich Schneckener, Transnationaler Terrorismus – Charakter und Hintergründe des „neuen" Terrorismus, Frankfurt a. M. (Suhrkamp) 2006, S. 67.

[1] Dschihad = ursprünglich heiliger Kampf jedes Einzelnen für ein gottgefälliges Leben, heute Ausdruck für den „Heiligen Krieg" gegen die Ungläubigen aus Sicht der Islamisten.

Der französische Islamwissenschaftler Olivier Roy (2014):

Beim Dschihad geht es nicht um den Islam. Beim Dschihad gibt es Leute mit Maschinengewehren, du kämpfst, kannst jemanden umbringen, hast Geld, du bist ein toller Kerl, es gibt Mädchen ... Der Zulauf zu Terrororganisationen ist eine Jugendbewegung. Das hat mit dem Islam nichts zu tun. Da gibt es eine bestimmte Faszination der Gewalt ... Man sieht diese Faszination auch im amerikanischen Kino – weniger Sex, immer mehr Gewalt – das ist Horrorfilm, globale Jugendkultur.

Zit. nach https://www.pro-medienmagazin.de/gesellschaft/gesellschaft/2014/11/29/der-dschihad-ist-die-neue-revolution/ (Stand: 14. 11. 2016).

Der Islamwissenschaftler Michael Kiefer (2014):

Besonders anfällig für radikale Strömungen sind Menschen, die nicht auf der goldenen Seite des Lebens stehen und Diskriminierungserfahrungen hinter sich haben. Prediger der Salafisten[1] sagen den jungen Männern: Wenn ihr zu uns kommt, dann seid ihr auf der richtigen Seite. Wenn ihr gottgefällig handelt, nach Syrien reist und für Gottes Sache kämpft, ist euch das Paradies gewiss. Und die anderen kommen in die Hölle ... Dieses sehr einfache Modell der Weltdeutung erübrigt jedes weitere Nachdenken.

Zit. nach www.dw.com/de/rekruten-f%C3%BCr-den-dschihad/a-17482040 (Stand: 14. 11. 2016).

[1] Salafisten = extrem konservative Strömung des Islam

1 Wähle eine Aufgabe aus:
Arbeite aus dem Darstellungstext heraus:
a) Merkmale des historischen Terrorismus.
b) Merkmale des „neuen" Terrorismus.

2 Vergleiche Gemeinsamkeiten und Unterschiede des Terrors. Notiere offene Fragen.

3 Erkläre, was man unter dem „Krieg gegen den Terror" versteht. Bewerte seine Erfolgsaussichten (M1, Darstellungstext).

4 Nenne Gründe, warum sich Jugendliche aus Europa Terrorgruppen anschließen (M3, M4).

5 Diskutiert die Aussage von Olivier Roy, der Zulauf zum Dschihad sei Teil einer „globalen Jugendkultur" (M3).

6 Diskutiert, ob die Freiheit des Einzelnen zugunsten der Sicherheit eingeschränkt werden darf.

Webcode: FG450099-307
Terrorismus

Wohin führte der „Arabische Frühling"?

Im Jahr 2011 kam es in vielen arabischsprachigen Ländern Nordafrikas und des Nahen Ostens zu überraschenden politischen Umwälzungen. Verursacht wurden sie durch revolutionäre Bewegungen. Medien bezeichneten die Proteste und Demokratiebestrebungen als „Arabischen Frühling".

- Informiere dich über Ursachen und Verlauf des „Arabischen Frühlings" und beurteile die heutige Lage in ausgewählten Staaten.

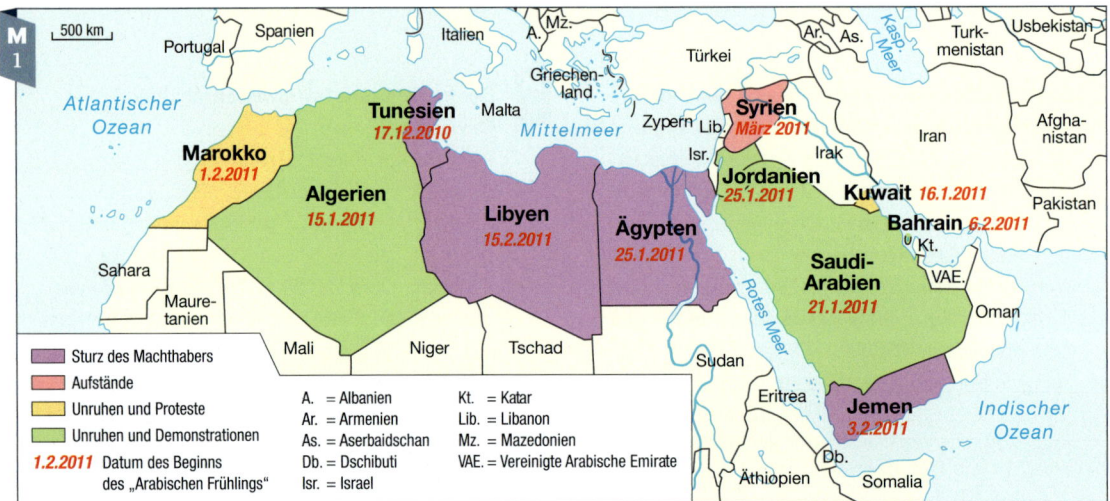

Veränderungen in der arabischen Welt (2011)

Revolution in Tunesien 2011

In Tunesien kam es ab Dezember 2010 zu landesweiten Protesten gegen die autoritäre Herrschaft von Präsident Ben Ali (geb. 1936). Entstanden waren sie aus lokalen Protesten gegen polizeiliche Willkür und steigende Lebensmittelpreise. Das Militär ergriff Partei für die Protestierenden, und Ben Ali floh mit seiner Frau nach Saudi-Arabien. 2011 gab es erstmals in Tunesien freie Wahlen, aus denen eine konservative islamische Partei als Sieger hervorging. Für das Gelingen der Revolution war entscheidend, dass die alten Machtverhältnisse beseitigt wurden. Deshalb berief eine Übergangsregierung eine verfassunggebende Versammlung ein. Nach dreijähriger Beratung trat im Januar 2014 eine neue, mit großer Mehrheit beschlossene Verfassung in Kraft. Sie garantiert die Grundrechte, insbesondere die Gleichstellung von Mann und Frau, sowie – eine Ausnahme in arabischen Ländern – die Freiheit der Religion. Dies war die Grundlage für den innenpolitischen und wirtschaftlichen Fortschritt. Doch die demokratische Entwicklung wurde bald bedroht: Islamistische Terroristen verübten 2015 Attentate auf Touristen, bei denen Dutzende starben. Sie schädigten den Tourismus als wichtige Einnahmequelle des Landes.

Proteste auch in Ägypten

Auch andere arabische Staaten wurden von der Protestbewegung erfasst. 2011 kam es in Ägypten zu Demonstrationen gegen die autoritäre Regierung, gegen Korruption und Jugendarbeitslosigkeit. Dabei spielten Aufrufe in den sozialen Netzwerken und Mobiltelefone eine wichtige Rolle. Sie halfen, die staatliche Zensur zu umgehen und Proteste zu organisieren. Nach mehrmonatigen Aufständen mit hunderten Toten trat der langjährige Staatschef Hosni Mubarak (geb. 1928) zurück. Es gab die ersten freien Wahlen. Sieger wurde die „Gerechtigkeitspartei" der Muslimbrüder, die unter Mubarak verboten gewesen war. Als der neu gewählte Präsident Mohammed Mursi (geb. 1951) zahlreiche Muslimbrüder auf wichtige Posten berief, geriet er in Konflikt mit dem mächtigen Militärrat. Mursi wurde von den Militärs verhaftet und 2015 wegen Landesverrats zum Tode verurteilt. Neuer Präsident wurde mit 96 Prozent der Stimmen der frühere General as-Sisi (geb. 1954). Ägypten wird nun wieder diktatorisch regiert und steht vor großen wirtschaftlichen Problemen.

Webcode: FG450099-308
„Arabischer Frühling"

Bürgerkriege in Libyen und in Syrien

Im ehemaligen Königreich Libyen herrschte seit 1969 der Diktator Muammar al-Gaddafi (1942–2011), der von westlichen Staaten lange als Unterstützer von Terroristen geächtet wurde. Gegen das Regime Gaddafis kam es 2011 zu landesweiten Protesten und bürgerkriegsähnlichen Auseinandersetzungen rivalisierender Clans. Kampfflugzeuge der NATO-Staaten griffen auf Seiten der Gaddafi-Gegner ein. Nach dem Sturz und dem Tod des langjährigen Diktators zerfiel das Land unter zwei sich bekämpfenden Regierungen. In einem Landesteil gibt die Terrororganisation „Islamischer Staat" den Ton an, im anderen spielt „Al-Kaida" eine entscheidende Rolle.

Syrien wurde jahrzehntelang von der Assad-Familie diktatorisch regiert. 2011 schien sich das zu ändern: Ein Teil des Militärs desertierte und bildete die neue „Freie Syrische Armee". Die Assad-Regierung ließ revoltierende Städte bombardieren und benutzte Giftgas gegen die eigene Bevölkerung. Über elf Millionen Syrer waren 2016 auf der Flucht, vier Millionen davon außer Landes (siehe S. 295/M2).

Die Rolle der Religion

Im „Arabischen Frühling" spielte auch die Religion eine Rolle. Besonders in Syrien und im Jemen kam es zu

Einwohner im zerstörten Aleppo/Syrien, Foto, 2015

Spannungen zwischen Sunniten* und Schiiten*, zwei großen Glaubensrichtungen des Islam. Immer wieder protestieren Anhänger der jeweiligen religiösen Minderheit, weil sie sich von der Mehrheit benachteiligt fühlen. Dahinter verbirgt sich auch ein Machtkampf der beiden großen Regionalmächte des Nahen Ostens: Saudi-Arabien unterstützt die Sunniten, der Iran die Schiiten.

Tagebuchauszug eines libyschen Fotografen aus Darna, 11. März 2015:

Maryam schwatzt fröhlich auf mich ein. Sie trägt eine schwarz-weiße Schuluniform. Mein Onkel Faruk hat mich gebeten, sie von der Schule abzuholen. Maryam ist elf Jahre alt. Wie ich warten hier viele andere männliche Verwandte, Brüder und Väter, bis die Mädchen aus der Schule kommen. Und wie immer fährt die Hisba, die Moral-Polizei des Islamischen Staates, in ihren weißen Vans Streife.

Früher lauerten in den Gassen Teenager darauf, die Aufmerksamkeit eines der älteren Mädchen auf sich zu lenken. Das traut sich niemand mehr. Die Aufpasser tragen lange Gewänder, wie in Afghanistan, und lange Bärte. Sie zwingen jetzt auch die Ladenbesitzer, ihre Geschäfte zu schließen, fünfmal am Tag, wie in Saudi-Arabien.

Die Schulen waren zwei Monate geschlossen. Die Lehrpläne wurden von unislamischen Inhalten gereinigt. Biologie, Physik, Sport und Musik gibt es nicht mehr. Für Maryam ist die Schule der einzige Ort, wo sie Freundinnen treffen kann. Mädchen dürfen das Haus kaum noch verlassen.

Wir hassten Gaddafi. Er und seine Söhne herrschten brutal. Und wir hatten Angst vor seiner prügelnden Polizei. Aber Islamisten gab es damals nicht.

Zit. nach www.spiegel.de/politik/ausland/islamischer-staat-in-libyen-tagebuch-aus-dem-fegefeuer-a-1045861.html (Stand: 15.11.2016).

---

1 Wähle eine Aufgabe aus:
a) Erstelle mithilfe der Karte M1 eine Zeitleiste über die Ausbreitung des „Arabischen Frühlings" 2011.
b) Erstelle eine Tabelle zum Verlauf und Ergebnis der Protestbewegungen in den im Text erwähnten Ländern.

2 Beschreibe die Veränderungen im Alltagsleben in Libyen durch die Machtkontrolle der Islamisten in M3. Finde eine Erklärung dafür, warum gerade die genannten vier Schulfächer abgeschafft wurden.

3 Recherche: Suche Informationen zur weiteren Entwicklung in der Region und beurteile aus heutiger Sicht die Ergebnisse der Leitfrage in der Überschrift.

Migration: Viele Gründe, viele Grenzen

Zu allen Zeiten der Geschichte gab es freiwillige oder erzwungene Wanderungen. Im 19. Jahrhundert wanderten z. B. über 50 Millionen Europäer nach Nordamerika aus. 2016 befanden sich weltweit mehr Menschen auf der Flucht als während des Zweiten Weltkrieges und der Nachkriegsjahre.
- *Welche Gründe gibt es für die heutige Migration?*

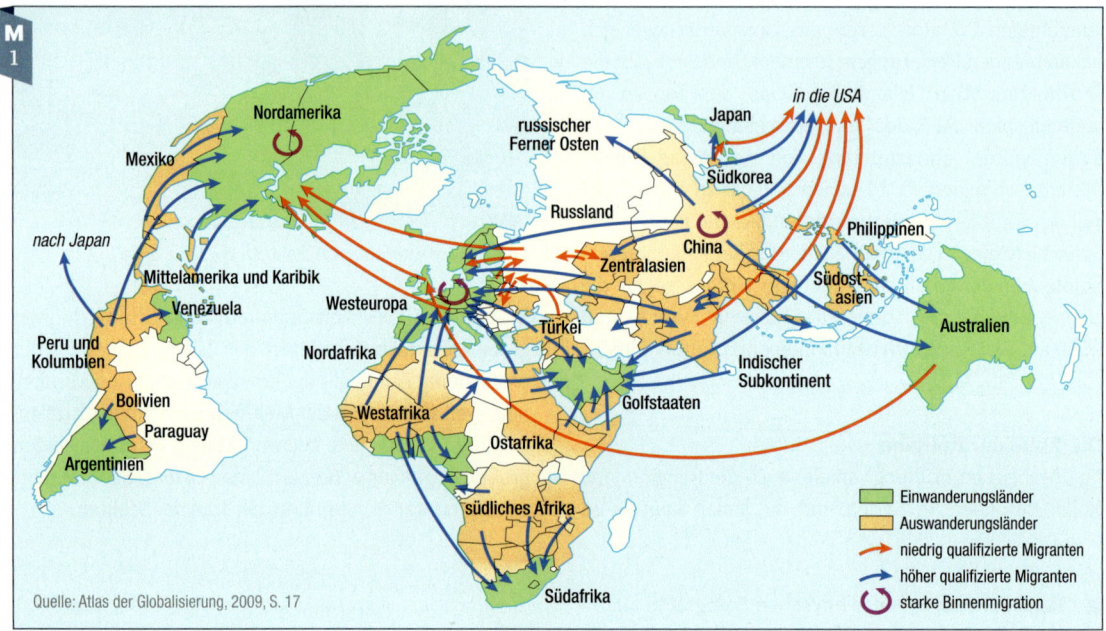

Wanderungsbewegungen heute

Arbeits- und Armutsmigration

Nach dem Ende des Kalten Krieges erhofften viele Menschen eine neue Zeit des Friedens und Wohlstands. Doch diese Hoffnung wurde enttäuscht. Seit den 1990er Jahren haben die Wanderungsbewegungen von Menschen auf der Suche nach Arbeit und besserem Leben fast alle Länder der Erde erfasst: als Herkunfts-, Aufnahme- oder Transitland. Hauptgrund für diese Armuts- und Arbeitsmigration sind die großen Unterschiede in Einkommen und Vermögen zwischen reichen und armen Ländern. Etwa 200 Millionen Menschen waren im Jahre 2015 als Arbeitsmigranten in anderen Ländern tätig und schickten monatlich Geld an ihre Verwandten zu Hause. Diese Migranten sind als billige Arbeitskräfte zu einer wichtigen Stütze der globalisierten Wirtschaft geworden. Die Summe der Geldüberweisungen der Migranten ist für viele Entwicklungsländer heute bedeutender als die von den Industrieländern gezahlte Entwicklungshilfe. Die Hälfte der weltweiten Migration findet heute zwischen den Ländern der Südhalbkugel statt. Die begehrtesten Ziele auf der Nordhalbkugel sind die Europäische Union, die USA und Kanada.

Flucht vor Krieg und Unruhen

Kriege in Afghanistan, im Irak und in Syrien sowie in einigen Teilen Afrikas verstärkten ab 2014 die Flucht nach Europa. Das Mittelmeer wurde zum Grab für Tausende, die die Überfahrt auf kaum seetüchtigen Booten mit dem Leben bezahlten. Die Außengrenzen der Europäischen Union sind an vielen Stellen durch Mauern und Stacheldraht immer undurchdringlicher geworden (siehe S. 290/291). Auch die Vereinigten Staaten haben ihre 3000 Kilometer lange Südgrenze nach Mexiko mit Mauern und Zäunen gegen illegale Einwanderer aus Lateinamerika gesichert. Flüchtlinge erhoffen sich in Europa Schutz vor Verfolgung. Doch ein Bleiberecht (Asyl) erhalten nur Menschen, die aus rassischen, politischen oder religiösen Gründen verfolgt werden. Armut und

Arbeitssuche sind keine Asylgründe. In vielen Aufnahmeländern werden Zuwanderer von einem Teil der Bevölkerung als Bedrohung angesehen. Rechtsnationale
40 Medien prangern „Überfremdung" an und fordern mehr Grenzkontrollen und die schnelle Abschiebung der Flüchtlinge. Zugleich engagieren sich jedoch viele Menschen ehrenamtlich, um den Flüchtlingen einen neuen Start zu ermöglichen.

M2 Migranten berichten

2a) Evarista aus den Philippinen, 25 Jahre:
Mein Mann starb bei einem Arbeitsunfall. Wie sollte ich mit zwei kleinen Kindern allein überleben? Einige Monate konnte ich bei Verwandten wohnen, dann
5 unterschrieb ich einen Vertrag bei einer Agentur, die Hausmädchen in die Vereinigten Arabischen Emirate vermittelt. Dort kümmere ich mich um die Kinder, wasche, koche und putze. Freie Zeit habe ich kaum. Aber ich werde nicht geschlagen wie andere Haus-
10 mädchen. Ich überweise regelmäßig Geld an meine Eltern, die sich um meine Kinder kümmern. Einmal im Jahr erhalte ich meinen Reisepass zurück und darf für vier Wochen nach Hause fliegen und die Kinder in die Arme schließen.

15 **2b) Amadou aus Mali, 20 Jahre:**
In meinem Land herrscht Krieg. Mit Freunden bin ich abgehauen. Drei Monate haben wir durch die Sahara bis nach Marokko gebraucht. Über Monate haben wir immer wieder versucht, über die Grenz-
20 zäune von Marokko ins spanische Melilla zu gelangen. Da musst du auf selbst gebauten Holzleitern hoch bis in den Himmel klettern, um über Mauer und Stacheldraht zu kommen. Viele haben sich dabei schwer verletzt, einige sind gestorben. Bei
25 einem Massenansturm 2014 habe ich es geschafft rüberzukommen. Jetzt sitze ich in einem Heim für Asylbewerber auf dem spanischen Festland. Ob ich abgeschoben werde, weiß ich nicht.

2c) Amir aus Afghanistan, 16 Jahre:
30 Meine Eltern starben bei einem Angriff der Taliban in Kabul. Mit meinem Onkel machte ich mich auf die Flucht nach Großbritannien, wo ein Teil unserer Familie bereits lebt. Zwei Jahre waren wir illegal im Iran, wo die Sprache der unseren ähnelt und mein
35 Onkel Gelegenheitsjobs fand.
Ein LKW-Fahrer versteckte uns für 100 Dollar hinter seiner Ladung und brachte uns über die Grenze in die Türkei. Eine Woche später wateten wir durch den Grenzfluss zwischen der Türkei und Griechenland.
40 Dort zahlten wir unser letztes Geld an Schlepper, die uns auf ein völlig überfülltes Boot Richtung Italien setzten. Das Boot kenterte kurz vor der italienischen Küste – die im Innern des Bootes Eingeschlossenen schrien um Hilfe. Über 50 Menschen ertranken. Wir
45 klammerten uns an Holzteile im Wasser und wurden von einem Boot der Küstenwacht aufgefischt. Nach vielen Schwierigkeiten erreichten wir vor drei Monaten Calais in Nordfrankreich. Unser Geld ist aufgebraucht. Das Rote Kreuz versorgt uns mit Essen in
50 unserem primitiven Zeltlager. Jeden Abend wandern wir eine Stunde zum Terminal des Kanaltunnels, um unbemerkt auf einen Lastwagen zu springen – bislang vergeblich. Dabei ist das Ziel so nah – am Tage kann man die englische Küste sehen.

Vom Verfasser nach Zeitungsberichten aus den Jahren 2014 und 2015 zusammengestellt und gekürzt.

Migration
Vorübergehende oder dauerhafte Verlegung des Wohnsitzes in ein anderes Land. Man unterscheidet z. B. Arbeits-, Flucht- und Bildungsmigration. Die Erfolgschancen von niedrig- und hochqualifizierten Migranten gehen oft weit auseinander.

Webcode: FG450099-311
Migration; Flüchtlingsschicksale

---

1 **Vorschlag für eine Gruppenarbeit:**
Bearbeitet in Gruppen je einen der Berichte M2a)–c). Erläutert dann in einem Vortrag die jeweiligen Gründe für Migration. Zeigt die Wege anhand der Karte M1 auf. Stellt Vermutungen an, wie ihre weitere Zukunft aussehen könnte.

2 Benenne mithilfe der Karte M1 wichtige Herkunfts-, Durchgangs- (Transit) und Zielländer der Migranten.

3 **Recherche:** Finde heraus, wer in Deutschland Anspruch auf Asyl hat. Stelle zwei Fallbeispiele von Migranten in Deutschland vor.

4 Diskutiert die Aussage: „Migration ist für eine Gesellschaft eine Chance und eine Herausforderung".

Globalisierung – Segen oder Fluch?

„Globalisierung" bedeutet die zunehmende Vernetzung der Welt auf unterschiedlichen Gebieten. Die „erste Globalisierung" entwickelte sich durch die Entdeckungsreisen der Portugiesen und Spanier im 15. Jahrhundert, die „zweite" durch Industrialisierung und Imperialismus im 19. Jahrhundert. Raum und Zeit wurden immer schneller durch Telegrafen, Eisenbahnen, Automobile und Flugzeuge überwunden.
- *Welche Auswirkungen hat die heutige, „dritte Globalisierung"?*

Veränderungen durch die heutige Globalisierung
Voraussetzung für die heutige Globalisierung war die Entstehung eines weltweiten Internets und der Ausbau der Satellitentechnik seit den 1990er Jahren. Dank der Geschwindigkeit neuer Kommunikationstechniken gibt es seitdem eine immer schneller wachsende internationale Verflechtung in Wirtschaft, Politik, Kultur und Umwelt. Touristen schicken digitale Fotos aus entfernten Weltgegenden an ihre Verwandten zu Hause, oder Studenten besorgen sich Fachliteratur in den Datenbanken amerikanischer Universitäten. Obst, Gemüse und Blumen, die früher saisonbedingt nur wenige Wochen im Handel waren, sind nun ganzjährig in den Geschäften zu finden.

Der Welthandel ist stark gewachsen, weil in den bevölkerungsreichsten Ländern der Welt, Indien und China, Millionen Menschen durch höheren Lebensstandard zu Konsumenten wurden. Der Preis vieler Waren sank durch Standardisierung der Massenproduktion. Auf der anderen Seite verlagern international tätige Unternehmen („Global Player") immer häufiger Arbeitsplätze aus Ländern mit starken Arbeitnehmerrechten ins Ausland, wo es weniger strenge Schutzvorschriften, geringere Löhne und Steuern und kaum Umweltauflagen für diese Unternehmen gibt. Durch ihre beherrschende Marktstellung können sie politische Entscheidungen beeinflussen oder steuern. Die Wirtschaftszweige der industriellen Revolution wie Kohle und Stahl sind aus den europäischen Industrieländern fast völlig verschwunden. Die neue Wirtschafts- und Geschäftslogik setzt das Profitstreben an die oberste Stelle. Die Herrschaft der Märkte ist in vielen Gebieten der Erde bedeutender, als es die politischen Entscheidungen einzelner Regierungen sind. Englisch wurde überall zur Firmensprache. Heute befinden sich die meisten Unternehmen in einem ständigen Prozess der Umstrukturierung. Der Begriff „Rationalisierung" steht für die Entlassung von Mitarbeitern und die Verdichtung der Arbeit zur Senkung der Kosten. Unternehmensberatungen beschleunigen diesen Prozess.

Heute fragen sich viele Menschen, ob die Chancen oder die Risiken der Globalisierung überwiegen. Werden wir irgendwann alle das Gleiche essen und die gleichen Freizeitangebote wahrnehmen? Lässt es sich verhindern, dass Menschen für Hungerlöhne arbeiten, damit wir günstig einkaufen können? In Deutschland achten verschiedene Organisationen darauf, dass für Produkte aus Billiglohnländern faire Preise gezahlt werden. Diese Produkte sind mit besonderen Siegeln gekennzeichnet. Damit wird garantiert, dass die Arbeiter und Bauern einen festen Mindestlohn erhalten, der die Kosten einer nachhaltigen Produktion deckt. Kinderarbeit, Zwangsarbeit und Diskriminierung sind verboten und im Umweltschutz müssen bestimmte Mindeststandards eingehalten werden. Durch den Kauf „fair" gehandelter Produkte können Konsumenten in den reichen Ländern zur Bekämpfung von Ausbeutung und Armut beitragen.

**Fallbeispiel für Globalisierung:
Die Produktion eines Smartphones**
Viele Menschen nutzen täglich ein Smartphone, ohne sich Gedanken über dessen Herstellung zu machen. Das Gerät besteht aus einer Reihe von Bauteilen (Gehäuse, Akku, Display, Mikrofon, Leiterplatte, Mikrochip usw.). Zu deren Herstellung werden rund 60 Stoffe benötigt: Kunststoffe, Metalle, Glas und Keramik. Unter den Metallen befinden sich Kobalt, Palladium, Gold und Silber. Hinzu kommen seltene Metalle wie Tantal (aus dem Erz Coltan), Indium und Gallium.

Die Bauteile der Smartphones werden an vielen Stellen der Welt hergestellt und in einem Werk zu Ende montiert. Neben den äußerlich sichtbaren Bauteilen wie dem Gehäuse enthalten Smartphones auch zahlreiche kleinste Bauteile der Hochtechnologie (Hightech-Komponenten). Alle Smartphones müssen vor der Auslieferung mit Software programmiert werden. Die nötigen Hightech-Komponenten stammen oft aus Deutschland.

Die Konzerne, unter deren Markennamen Smartphones verkauft werden, konzentrieren sich nur auf die Produktentwicklung, die Werbung und den Verkauf. Der weltweite Markt ist stark umkämpft und verspricht gute Gewinne.

Webcode: FG450099-312
Globalisierung

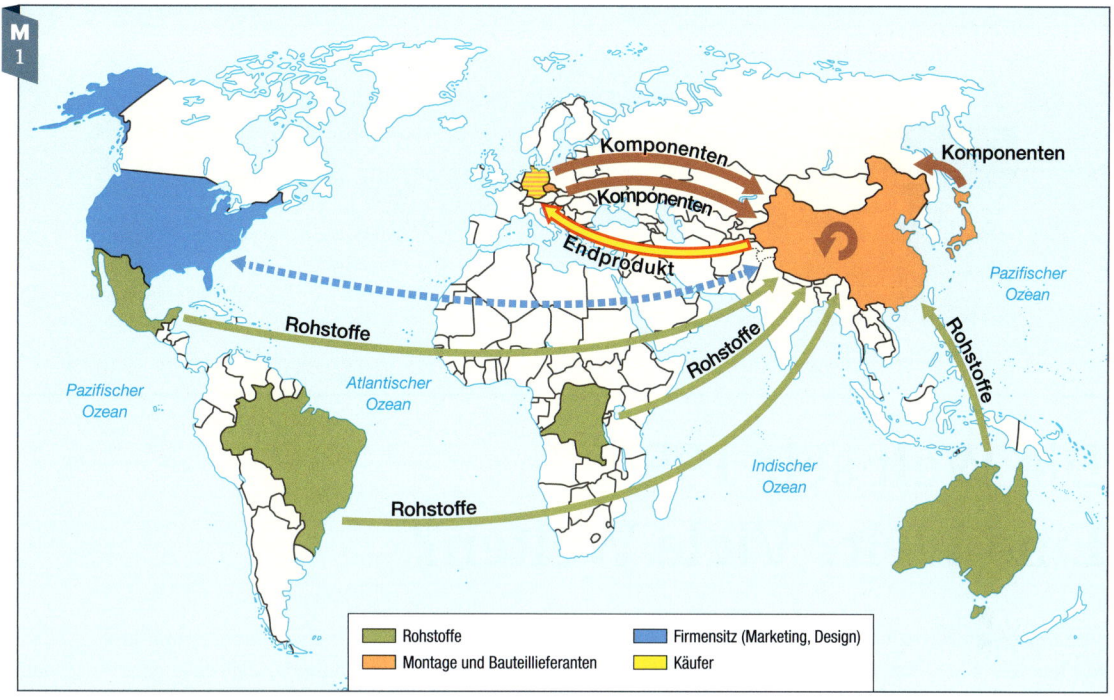

Die weltweite Produktionskette eines Smartphones

Abbau von Kupfer und Kobalt in der Demokratischen Republik Kongo, Foto, 2011

Montage von Smartphones in einer Fabrik in Wuhan, China, Foto, 2013

Globalisierung

Prozess der zunehmenden Vernetzung der Welt zu einem „globalen Dorf". Weltumspannende Telekommunikation (Telefon, Internet) ermöglicht einen Informationsaustausch in Sekunden. Die Globalisierung erfasst viele Bereiche: Sport verbindet international, Wissenschaftler teilen über Kontinente hinweg ihre Forschungsergebnisse. Kritiker verweisen auf die „Schattenseiten" der Globalisierung: ein ruinöser Wettbewerb um den billigsten Produktionsstandort, Lohndumping und Verlagerung von Arbeitsplätzen. Globalisierte Wertvorstellungen und Denkweisen verdrängen immer öfter nationale Eigenheiten.

1 Wiederhole die allmähliche Vernetzung der Welt in der „ersten" und „zweiten" Globalisierung. Welche Fortschritte kannst du feststellen (Moderationstext)?
2 Arbeite aus dem Darstellungstext deiner Meinung nach positive und negative Aspekte der Globalisierung heraus. Begründe deine Wertung.
3 Beschreibe die Herstellung eines Smartphones anhand von M1 bis M3. Beurteile, ob es ein typisches Produkt der Globalisierung darstellt.
4 Erläutere anhand von Beispielen, woran sich „fair" produzierte Waren erkennen lassen.
5 Gib ein Urteil zur Leitfrage dieser Seite ab.

Zusammenfassung

10 Die globalisierte Welt seit 1990: Eine Welt? Viele Welten?

1990 | **1995** | **2000**

- **1991–1999** Boris Jelzin russischer Präsident
- **1991** Ende der Sowjetunion; Gründung der Gemeinschaft Unabhängiger Staaten (GUS)
- **ab 1991** nach dem Zusammenbruch Jugoslawiens Bürgerkriege in den neu entstehenden Republiken
- **1995** UN-Soldaten können Massaker im bosnischen Srebrenica nicht verhindern
- **1997–2009** Osterweiterung der NATO
- **2000–2008 und ab 2012** Wladimir Putin russischer Präsident
- **11. September 2001** Terroranschlag auf das World Trade Center in New York
- **2000–2015** Millenniumsziele der UNO

Die Welt seit 1990: Eine Welt? Viele Welten?

Von der bipolaren zur multipolaren Welt

Mit dem Zerfall der Sowjetunion 1991 endete die Konfrontation der Supermächte USA und UdSSR und damit der Kalte Krieg. In den folgenden Jahrzehnten stieg die Volksrepublik China dank eines gewaltigen wirtschaftlichen Aufschwungs zur neuen Regionalmacht auf, die nun auf vielen Gebieten die verbliebene Supermacht USA herausfordert. In China folgte auf die Liberalisierung der Wirtschaft jedoch keine Liberalisierung der Politik. Bis heute regiert die Kommunistische Partei allein, freie Wahlen gibt es nicht. Die Demokratiebewegung der Pekinger Studenten wurde 1989 blutig niedergeschlagen. Ausländische Beobachter kritisieren zahlreiche Menschenrechtsverletzungen.

Die Hoffnung, dass es nach dem Ende des Kalten Krieges weniger Kriege und bewaffnete Konflikte geben würde, hat sich nicht erfüllt. Nach dem Zerfall Jugoslawiens und der Sowjetunion entzündeten sich auf dem Balkan und im Kaukasus Nationalitätenkonflikte, die zehntausende Menschenleben kosteten. Im „Arabischen Frühling" 2011 kam es zu Unruhen, als hunderttausende Demonstranten ein Ende der Diktaturen und demokratische Wahlen forderten. Nur in Tunesien entstand auf der Grundlage einer neuen Verfassung eine Demokratie. Libyen und Syrien versanken dagegen im Bürgerkrieg und in Ägypten übernahm das Militär die Macht. Radikal islamische Gruppen bleiben weiter eine Bedrohung für die Region.

Die Vereinten Nationen

Die UNO wurde 1945 gegründet, um als Weltorganisation den Frieden zu sichern. Seit dem Kalten Krieg hat sie an Gewicht gewonnen, doch in Konflikten fehlt es ihr nach wie vor an politischer Durchsetzungskraft. Außerdem bekam sie im Laufe der Zeit viele neue Aufgaben. Dabei fehlt es ihr aber oft an Personal und Geld. Während der Kriege und Bürgerkriege der letzten beiden Jahrzehnte konnte die UNO nur selten mäßigend auf die Kriegsparteien einwirken. Immer wieder verhinderte eine der fünf Vetomächte eine einstimmige Entscheidung. Die UNO errichtet auch Lager für Kriegsflüchtlinge und hat große Probleme, von ihren Mitgliedsbeiträgen die steigende Zahl der Vertriebenen mit dem Lebensnotwendigen zu versorgen.

Erfolgreicher arbeiten heute viele UN-Organisationen, die sich mit der Verbesserung der weltweiten Lebensbedingungen befassen. Ihre Millenniumsziele des Jahres 2000 erfüllten sich: Im Bereich der Armutsbekämpfung, der Grundschulbildung und beim Zugang zu sauberem Wasser gab es spürbare Fortschritte. Die neuen UN-Ziele für 2015 bis 2030 verdeutlichen aber, dass es immer noch große Defizite gibt.

Die NATO-Osterweiterung und Russlands Großmachtstreben

Nach dem Ende des Kalten Krieges drängten viele Staaten des früheren Ostblocks in die NATO. Sie waren jahrzehntelang Zwangsmitglieder im Warschauer Pakt und hofften nun, dass das westliche Bündnissystem ihre Selbstbestimmung und Unabhängigkeit garantieren würde. Russland musste die NATO-Osterweiterung angesichts eigener Probleme hinnehmen. Insbesondere die katastrophale russische Wirtschaftslage nach dem Zerfall der Sowjetunion verhinderte jede Gegenmaßnahme. Erst unter Präsident Wladimir Putin regte sich Wider-

Zusammenfassung 315

| 2005 | 2010 | 2015 | 2020 |

2009 China löst Deutschland als Exportweltmeister ab

ab 2011 „Arabischer Frühling",
Bürgerkriege in Libyen und Syrien

ab 2014 verstärkt Flüchtlingswellen
von Afrika und Asien nach Europa

2014 Wunsch der Ukraine nach Westorientierung
führt zu Spannungen mit Russland;
russische Annexion der Halbinsel Krim im Osten
der Ukraine

2015–2030 neue Ziele der UNO

stand. Er wollte Russland wieder zu seiner einstigen Größe zurückführen, indem er versuchte, die ehemaligen Sowjetrepubliken enger an sein Land zu binden. Erst dann entstand der Vorwurf des „Vertragsbruchs" in Bezug auf die Osterweiterung.

Die Auseinandersetzungen um eine Westorientierung in der Ukraine führten nicht nur zu russisch-ukrainischen Spannungen, sondern auch zu kriegerischen Konflikten zwischen der ukrainischen Armee und von Russland unterstützten Kämpfern (Separatisten) im Osten der Ukraine. Die Separatisten wollen einzelne Gebiete der Ostukraine in eine von ihnen bestimmte „Unabhängigkeit" führen.

Der „neue" Terror

Im Jahre 1998 erließ der saudische Millionär Osama bin Laden einen Aufruf zur Bildung einer islamischen „Weltfront zum Kampf gegen Juden und Kreuzfahrer". Das von ihm gegründete Terrornetzwerk Al-Kaida steht für Hass auf Israel, die USA und ihre westlichen Verbündeten. Bei Anschlägen von Al-Kaida-Terroristen in New York und Washington am 11. September 2001 kamen über 3000 Menschen ums Leben. Der von den USA und ihren Verbündeten ausgerufene „Krieg gegen den Terror" führte zur Besetzung Afghanistans, wo sich die Rückzugsräume Al-Kaidas befanden. Bin Laden wurde 2011 von einer amerikanischen Spezialeinheit in Pakistan getötet. Die westlichen Truppen verließen Afghanistan, ohne der Region Frieden und Sicherheit gebracht zu haben. Neue Terrororganisationen wie Boko Haram in Nigeria und der „Islamische Staat" (IS) im Nahen Osten haben das Erbe Al-Kaidas angetreten. Besonders im Namen des IS verübten Attentäter weitere Terroranschläge wie in Paris 2015 und Brüssel 2016.

Wirtschaftliche Globalisierung

Der schnelle Ausbau von Internet und Satellitentechnik ermöglichte ab den 1990er Jahren eine zunehmende internationale Verflechtung von Wirtschaft, Politik und Kultur, aber auch u. a. eine engere Zusammenarbeit in Wissenschaft und Sport.

China wurde zur „Werkstatt der Welt". Kohle und Stahl als Schlüsselindustrien der Nachkriegszeit verschwanden fast völlig aus den alten Industrieländern Europas. Neue Konsumentenschichten entstanden in den einst bitterarmen bevölkerungsreichsten Ländern der Erde, Indien und China. Wachsende Rationalisierung und Standardisierung der Produktionsabläufe verbilligten die Waren.

Um noch höhere Gewinne zu erzielen, verlagern international tätige Unternehmen Arbeitsplätze aus Ländern mit starken Arbeitnehmerrechten und hohen Schutzvorschriften in Billiglohnländer mit geringen Steuern und fehlenden Umweltauflagen. Oft produzieren „Gobal Player" in autoritär regierten Ländern, wo Menschenrechtsverletzungen an der Tagesordnung sind. Gegen die Auswüchse der wirtschaftlichen Globalisierung kämpfen Nichtregierungsorganisationen wie „attac". Sie verlangen z. B. ein Verbot bestimmter Börsengeschäfte, eine Spekulationssteuer auf internationale Finanztransaktionen, eine strengere Kontrolle der Banken und einen Schuldenerlass für die ärmsten Länder. Teile dieser Forderungen wurden nach dem Zusammenbruch der Finanzmärkte 2008 in die Tat umgesetzt.

Die Globalisierung bewirkt auch, dass die Kluft zwischen Arm und Reich immer breiter wird. Als Folge davon sind immer größer werdende Migrationsbewegungen festzustellen.

10 Die globalisierte Welt seit 1990: Eine Welt? Viele Welten?

In diesem Kapitel konntest du folgende Kompetenzen erwerben:

- den Übergang von der bipolaren Welt des Kalten Krieges zur heutigen multipolaren Welt erläutern
- die Rolle der UNO bei der Friedenssicherung in aktuellen Konflikten erklären und bewerten
- die Bedeutung der Menschenrechte einordnen und an Beispielen untersuchen
- Gründe für heutige Migrationsbewegungen benennen und ihre Folgen erläutern
- Chancen und Bedrohungen einer globalisierten Wirtschaft beschreiben und bewerten
- die Entstehung des „neuen" Terrorismus beschreiben

M1 **Der Historiker Hans-Ulrich Wehler (2009):**
Weltpolitisch bleibt die Auflösung der Sowjetunion im Jahre 1991, der Kollaps [Zusammenbruch] einer Weltmacht ohne Krieg, ein markanter Einschnitt ... Seither hat mächtepolitisch ein neues
5 Zeitalter begonnen, da an die Stelle der Bipolarität die amerikanische Vorherrschaft getreten ist. Das Ende dieser Vorrangstellung ist jedoch abzusehen, da Chinas Aufstieg zur neuen Weltmacht voranschreitet. Ihm werden sich Indien
10 und Russland nach einer Erholungsphase anschließen.
Mit der neuen Globalisierungswelle ist die Herausforderung verbunden, dass der weltweit agierende Turbokapitalismus auf eine Weise
15 rechtlich gebändigt werden muss, wie den westlichen Nationalstaaten die Zähmung des Privatkapitalismus im ausgehenden 19. Jahrhundert durch Sozialgesetze gelungen ist ...
Zuerst in Amerika und Großbritannien in den
20 1980er Jahren, dann auch in der Bundesrepublik gab es eine gesellschaftliche Polarisierung [Spaltung], in deren Folge die oberen fünf bis zehn Prozent der Erwerbstätigen an Vermögen und Einkommen deutlicher hinzugewonnen haben,
25 während die Lage der Mittelklassen und erst recht der Unterschichten durch Stagnation und Rückgang gekennzeichnet ist. Damit werden die Gleichbehandlungsideale der modernen Demokratie auf dramatische Weise in Frage gestellt ...
30 Seit den 1990er Jahren verkörpert der militante Islamismus eine politische Pest, wie sie das kurze 20. Jahrhundert in Gestalt des Nationalsozialismus und des Bolschewismus erlebt hat.
Hans-Ulrich Wehler, Deutsche Gesellschaftsgeschichte 1949 bis 1990, München (C. H. Beck) 2009, S. XI ff.

M2

Titelseite des „Spiegel", 30/2001. © DER SPIEGEL

M3
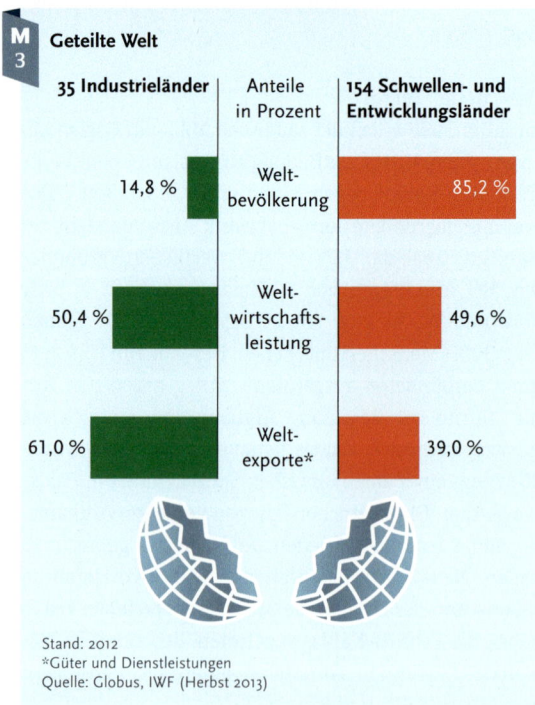
Stand: 2012
*Güter und Dienstleistungen
Quelle: Globus, IWF (Herbst 2013)

Weltbevölkerung = mehr als 7 Milliarden Menschen (2015)
Schwellenländer = Länder auf dem Weg zu einem Industrieland, z. B. Brasilien

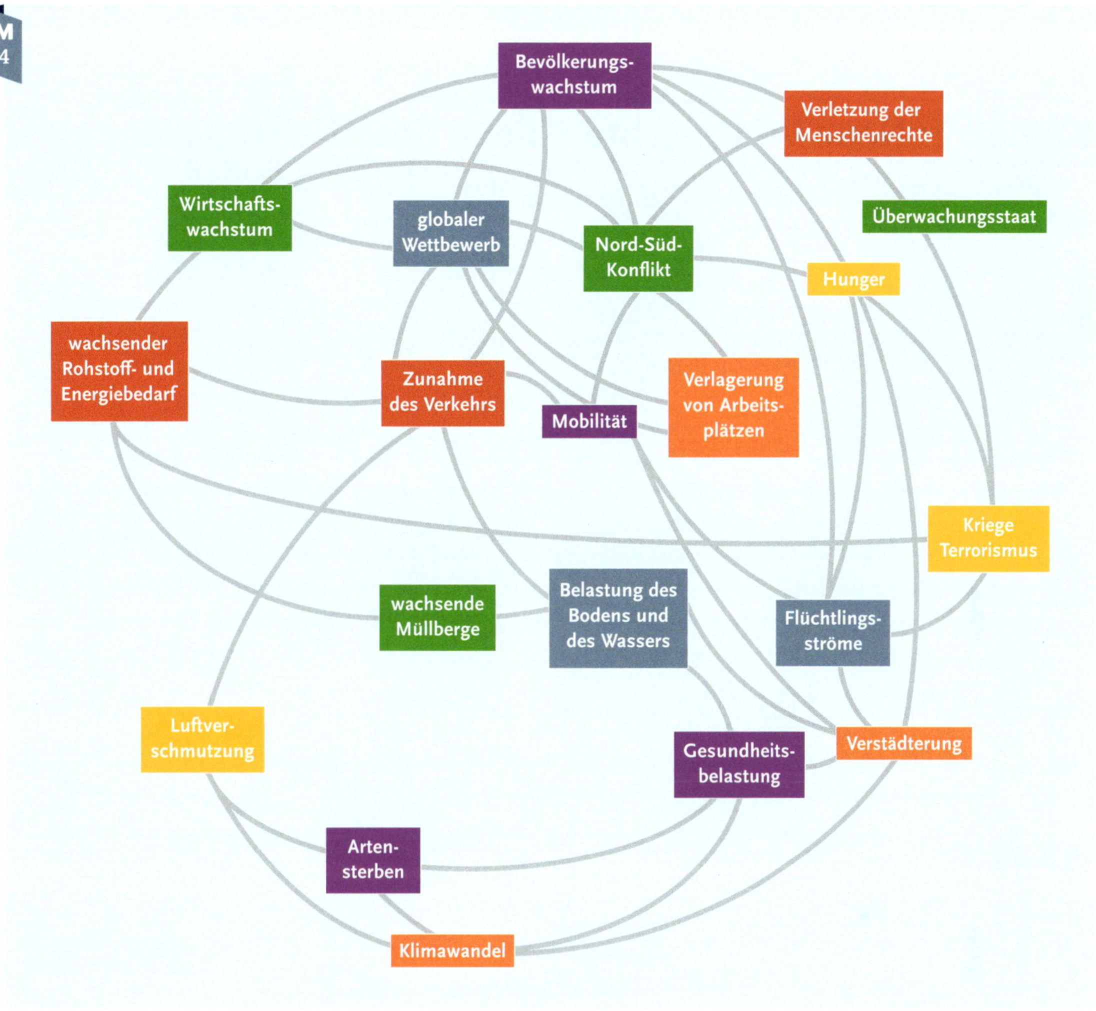

Problemnetz der Erde

Methodenkompetenz

1 Bearbeite den Text des Historikers Wehler (M1) und formuliere seine Aussagen zu kurzen Thesen um.

Sachkompetenz

2 a) Erkläre den Übergang von der bipolaren zur multipolaren Welt.
b) Erläutere dabei die Bedeutung der neuen Großmacht China (siehe S. 302/303).
3 a) Erkläre deinem Nachbarn – ohne die Begriffe zu nennen – „Globalisierung" und „Migration".
b) Stelle Beispiele heutiger Migration vor und benenne die jeweiligen Gründe.
4 Korrigiere die Aussagen und vervollständige den Satz:
  • Die Organisation „attac" setzt sich für den Schutz der Kinder in Afrika ein …
  • Der „Arabische Frühling" ist eine besondere Jahreszeit …
  • Die Menschenrechte wurden in Europa erstmalig 1948 erklärt …

Urteilskompetenz

5 a) Entwirre das Geflecht im Problemgitter M4, indem du die einzelnen Punkte in eine Mindmap umgestaltest.
b) Wähle zwei Problemfelder aus und zeige Lösungsansätze auf.
6 Bewerte die Vor- und Nachteile der wirtschaftlichen Globalisierung anhand gut gewählter Beispiele. Versuche eine Antwort auf die Frage auf der Titelseite des „Spiegel" (M2) zu finden. Beziehe M3 mit ein.

Webcode: FG450099-317
Selbsteinschätzungsbogen

Zusatzaufgaben

Kapitel 1: Neue Weltmächte – neue Gesellschaftsordnungen

zu S. 24/25:

M 4 Sieg des Proletariats?
Georgi W. Plechanow (1856–1918), der Führer der Menschewiki, sagte am 28. Oktober 1917 zu den Petrograder Arbeitern:

Von der Bevölkerung unseres Staates bildet das Proletariat ... die Minderheit. ... Die Arbeiterklasse kann zwar damit rechnen, dass sie von den Bauern, die heute in Russland die Mehrheit der Bevölkerung ausmachen, unterstützt wird. Doch die Bauernschaft braucht Land ... Die wirtschaftliche Tätigkeit der Bauern, in deren Hände das Gutsbesitzerland übergeht, wird nicht auf den Sozialismus, sondern auf den Kapitalismus* gerichtet sein ...
Die Bauern sind also für den Arbeiter beim Aufbau der sozialistischen Produktionsweise ein sehr unzuverlässiger Bündnispartner ... Hieraus folgt unvermeidlich: Würde unser Proletariat nach der Eroberung der politischen Macht dazu übergehen wollen, die „soziale Revolution" durchzuführen, so würde es durch die Wirtschaft unseres Landes selbst zu einer vernichtenden Niederlage verurteilt werden.
Zit. nach Wladislaw Hedeler u. a. (Hg.), Die Russische Revolution 1917, Berlin (Dietz) 1996, S. 403.

4 a) Arbeite die Vorhersagen heraus, die Georgi Plechanow über die Zukunft trifft (M4).
   b) Setze M4 in Beziehung zu Lenins Aussagen in M3 (S. 25). Welche Folgen könnten sich ergeben?

zu S. 30/31:

Stalin (Mitte) und Geheimpolizeichef Nikolai Jeschow (rechts) am Ufer des Moskau-Wolga-Kanals, unbekannter Fotograf; links Originalfoto von 1937, rechts die nach 1940 verbreitete Version.

4 Untersuche M3 mit den Arbeitsschritten von S. 31. Recherchiere dazu über Nikolai Jeschow.

Kapitel 2: Die Weimarer Republik

zu S. 48/49:

6 Schreibe auf Grundlage von M3 und M4 einen Dialog zwischen Philipp Scheidemann und Karl Liebknecht über ihre Vorstellungen einer künftigen Republik.

zu S. 54/55:

Aus einem Leserbrief der „Braunschweigischen Landeszeitung" von 1923:
Aber nachgerade erstirbt auch hier das Großstadtleben ... Schon zwischen 8 und 9 sieht man, wie das Licht eins nach dem anderen in den Häusern erlischt. Die Treppenhäuser der großen Mietskasernen und die besseren Wohnhäuser sind unbeleuchtet, und in vielen Straßen kommt man schon in den frühesten Abendstunden vor verschlossene Haustüren, weil man sein Eigentum gegen Diebstahl auf jede mögliche Art und Weise schützen muss ... Not und Elend überall ... Die Konzertsäle sind leer, die Kunst geht betteln und mit ihr der Mittelstand ... In den letzten Wochen sind schon wieder über 20 Selbstmorde vorgekommen, die ihre Ursache in Hunger, Kummer, Not, Elend, Unzufriedenheit und Verzweiflung haben!
Braunschweigische Landeszeitung vom 27. 10. 1923. Zit. nach Praxis Geschichte, H. 2, 1992, S. 29.

4 Fasse die Aussagen in M5 zusammen. Überlege dir weitere mögliche Folgen für die Menschen.

zu S. 60/61:

4 Untersuche M3 mithilfe der Arbeitsschritte von S. 61.
   Tipp: Hinweise zu den Parteien in der Weimarer Republik findest du auf S. 51.
5 **Recherche:** Suche im Internet ein modernes Wahlplakat, z. B. der Parteien SPD, CDU oder Die Grünen.
   a) Vergleiche mit den Plakaten der Weimarer Zeit.
   b) Überlege dir mögliche Gründe für die Unterschiede in der Gestaltung damals und heute.

Wahlplakat der DDP, 1919

Kapitel 3. Eine Ideologie setzt sich durch: Der Nationalsozialismus

zu S. 80/81:

4 a) Beschreibe M4 und erläutere, welche Denkweisen der NS-Ideologie sich auf dem Plakat wiederspiegeln.
b) Vergleiche die Darstellung in M4 mit der von Hitler auf S. 80 (M3).

„Der ewige Jude", Plakat von H. Stalüter zu einer nationalsozialistischen Ausstellung, 1937

zu S. 90/91:

Aus der Regierungserklärung Hitlers vom 23. März 1933:

Männer und Frauen des Deutschen Reichstags! ... Im November 1918 rissen marxistische Organisationen durch eine Revolution die vollziehende Gewalt an sich. Die „Errungenschaften der Revolution" waren im Gesamten genommen nur für kleinste Teile unseres Volkes angenehm ... Die nationalsozialistische Bewegung ... hat im Verein mit den anderen nationalen Verbänden nunmehr innerhalb weniger Wochen die seit dem November 1918 herrschenden Mächte beseitigt ... Ihr [Reichsregierung] Ziel muss die Konstruktion einer Verfassung sein, die den Willen des Volkes mit der Autorität einer wirklichen Führung verbindet ... [Die Regierung] bietet den Parteien des Reichstags die Möglichkeit einer ruhigen deutschen Entwicklung und einer sich daraus in der Zukunft anbahnenden Verständigung; sie ist aber ebenso entschlossen und bereit, die Bekundung der Ablehnung und damit die Ansage des Widerstands entgegenzunehmen. Mögen Sie, meine Herren, nunmehr selbst die Entscheidung treffen über Frieden oder Krieg.

Verhandlungen des Reichstags. VIII. Wahlperiode. Berlin, 1934, S. 25ff. Zit. nach Erhard Klöss (Hg.), Reden des Führers, München (dtv) 1967, S. 93ff.

6 a) Analysiere die Rede Hitlers (M5). Arbeite seine Absichten heraus.
b) Vergleiche die Aussagen Hitlers (M5) mit denen von Otto Wels (S. 91, M4).
Tipp: Nutze deine Ergebnisse aus Aufgabe 4 von S. 91.

Kapitel 4: Leben im Nationalsozialismus

zu S. 110/111:

7 Untersuche den Ausschnitt aus dem Kinderbuch (M6). Erläutere, inwiefern es sich dabei um Propaganda handelt.

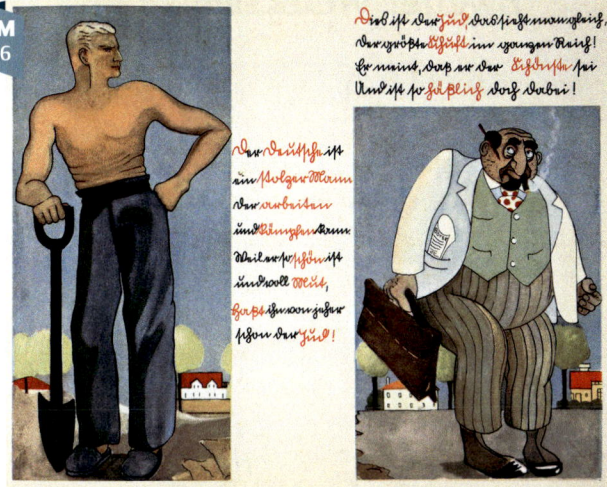

Seite aus einem nationalsozialistischen Kinderbuch von 1936. Im Text heißt es: „Der Deutsche ist ein stolzer Mann, der arbeiten und kämpfen kann. Weil er so schön ist und voll Mut, haßt ihn von jeher schon der Jud'!" / „Dies ist der Jud', das sieht man gleich, der größte Schuft im ganzen Reich. Er meint, dass er der schönste sei und ist so häßlich doch dabei!"

zu S. 120/121:

Ruth Wertheim über ihre Zeit als jüdische Schülerin bis 1934:
Ich hatte immer gute Freundinnen, nahm bis zuletzt an Wandertagen teil, obwohl ich mich erinnere, dass ich mich bei einem der letzten Ausflüge zur Ludwigsburg sehr schlecht fühlte, weil ich wusste,
5 dass ich als Jüdin dort unerwünscht war ... Rassenkunde wurde bei uns noch nicht so unterrichtet, dass es mir unangenehm war.... Auch im Deutschunterricht gab die Lehrerin uns immer auch ein allgemeines Thema, über das auch ich schreiben
10 konnte. Mein Klassenlehrer war voller Verständnis ... Meine Klasse war anständig bis zuletzt ... Ich verließ die Schule ohne Druck, aber weil ich wusste, dass man mich doch nicht zum Abitur zulassen würde.
Zit. nach Wolfgang Benz (Hg.), Die Juden in Deutschland 1933–1945, 4. Aufl., München (C. H. Beck) 1996, S. 334f.

7 Untersuche M5. Vergleiche die Erfahrungen Ruth Wertheims mit denen von Otto Jehuda Reiter (S. 121, M2).

zu S. 126/127:

Alfred Ploetz (1860–1940), ein Vertreter der „Rassenhygiene", schrieb 1895:
[Es] wird eine Prüfung der einzelnen Jünglinge und Mädchen vorgenommen, die sich besonders auf die intellectuellen und moralischen Qualitäten bezieht ... Die Censuren dieser Prüfung lauten ... [derjenige]
5 darf keine, eins, zwei, drei oder mehr Kinder zeugen in der Ehe, ... Stellt es sich ... heraus, dass das Neugeborene ein schwächliches oder missgestaltetes Kind ist, so wird ihm von dem Ärzte-Collegium ... ein sanfter Tod bereitet, sagen wir durch eine kleine
10 Dosis Morphium ... „[H]umane Gefühlsduseleien", wie Pflege der Kranken, der Blinden, Taubstummen, überhaupt aller Schwachen, hindern oder verzögern nur die Wirksamkeit der natürlichen Zuchtwahl.
Zit. nach Jürgen Reyer, Alte Eugenik und Wohlfahrtspflege, Freiburg i. B. (Lambertus) 1991, S. 52f.

5 Arbeite aus M7 die Vorstellungen des „Rassehygienikers" heraus. Nimm kritisch Stellung.

Kapitel 5. Nationalsozialistische Außenpolitik und Zweiter Weltkrieg

zu S. 144/145:

Die Gefangenen Alfred Wetzler und Rudolf Vrba flohen 1944 aus Auschwitz und berichteten über ihre Erlebnisse:

Wir wurden da sofort in eine große Baracke geführt. An der einen Seite mussten wir hier das ganze Gepäck abgeben, an der anderen Seite uns völlig nackt ausziehen und unsere Kleider und Wertsachen ab-
5 führen. Nackt begaben wir uns dann in eine benachbarte Baracke, wo unser Kopf und Körper rasiert und durch Lysol desinfiziert wurde. ... Die Aufnahme bestand daraus, dass uns die ... erhaltene Nummer auf eine äußerst brutale Art ... an die linke Brust
10 tätowiert und unsere Personalien aufgenommen wurden. ... Zu Essen bekamen wir zu Mittag 1 Liter Suppe aus Steckrüben und am Abend 300 Gramm schlechtes Brot. Die Arbeitsbedingungen waren von einer unvorstellbaren Härte, sodass die meisten von
15 uns, durch das Hungern und durch das ungenießbare Essen geschwächt, es nicht aushielten. ... Wir hatten täglich ... 30–35 Tote. Sehr viele wurden von den Aufsehern „die Capos", ohne dass sie sich eine Schuld zukommen ließen, während der Arbeit ein-
20 fach erschlagen. ... Zweimal wöchentlich ... bestimmte der Lagerarzt die Zahl jener Häftlinge, die durch Vergasung getötet und dann verbrannt werden sollen. Die Selektierten wurden in Lastautos verladen und in den Birkenwald geführt. Jene, die dort noch
25 lebend ankamen, wurden in einer ... großen Baracke vergast und dann in die Grube geworfen und verbrannt. Über die Selektierten wurde ein Buch mit der Bezeichnung „SB" (Sonderbehandlung) geführt.

Zit. nach: http://germanhistorydocs.ghi-dc.org/pdf/deu/German45.pdf (Stand: 13. 03. 2017).

7 Beschreibe die Prozedur, die die Gefangenen durchlaufen mussten (M5). Erläutere den Zweck der einzelnen Schritte im nationalsozialistischen System.

zu S. 156/157:

Verhaltensvorschriften für Deutsche in einer Chemiefabrik (1940–1945):

Haltet klaren Abstand von den Polen. Kein deutscher Mann und keine deutsche Frau darf ... vergessen, dass die Vermischung von deutschem Blut und polnischem Blut ... mit dem Stolz auf das deutsche
5 Volkstum unvereinbar ist. ... Laßt Polen nicht mit an Eurem Tische essen. ... Bei Feiern und Festen haben die Polen nichts zu suchen. ... Wenn Ihr glaubt, durch Geschenke ihre Arbeitsfreudigkeit zu steigern,
15 irrt Ihr Euch. Jede weichliche Behandlung schwächt erfahrungsgemäß ihren Willen zur Arbeit. ... Seid stolz auf Eure Überlegenheit in jeder Beziehung. Die Polen sind nicht nach Deutschland geholt worden, damit sie hier ein besseres Leben führen als in den
20 primitiven Verhältnissen ihrer Heimat ... Erfüllt auch sonst keine kleinen Gefälligkeiten. Führt keine unnötigen Unterhaltungen mit Polen, die Deutsch verstehen, sondern sprecht kurz und dienstlich mit ihnen.

Zit. nach: http://www.lzt-thueringen.de/files/wangsarbeit_in_th_ringen.pdf (Stand: 13. 03. 2017).

5 Fasse die Vorschriften zusammen (M6). Nimm Stellung zu Sprache und Inhalt der Verordnung.

Kapitel 6: Der Ost-West-Konflikt spaltet die Welt

zu S. 172/173:

Aus der Charta der Vereinten Nationen vom 26. Juni 1945:

Art. 1 Die Vereinten Nationen setzen sich folgende Ziele:
1. den Weltfrieden und die internationale Sicherheit zu wahren ...
2. freundschaftliche, auf der Achtung vor dem Grundsatz der Gleichberechtigung und Selbstbestimmung der Völker beruhende Beziehungen zwischen den Nationen zu entwickeln ...

Art. 2 Die Organisation und ihre Mitglieder handeln nach folgenden Grundsätzen:
1. Die Organisation beruht auf dem Grundsatz der souveränen Gleichheit aller ihrer Mitglieder...
3. Alle Mitglieder legen ihre internationalen Streitigkeiten durch friedliche Mittel ... bei. ...
4. Alle Mitglieder unterlassen ... jede gegen die territoriale Unversehrtheit oder die politische Unabhängigkeit eines Staates gerichtete ... Androhung oder Anwendung von Gewalt.

Zit. nach http://www.unric.org/de/charta (Stand: 28. 03. 2017).

4 a) Fasse die Ziele der Vereinten Nationen in eigenen Worten zusammen (M4).
b) Sowohl die NATO als auch der Warschauer Pakt beriefen sich in ihren Gründungsdokumenten auf die Ziele der Vereinten Nationen. Bewerte dies in Bezug auf M4 und S. 172/173.

zu S. 182/183:

Die 1979 in den SALT-II-Gesprächen vereinbarten Ziele für die Rüstung:

	1979		1985	
	USA	UdSSR	USA	UdSSR
Interkontinentalraketen	550	300	464	820
Raketen mit einfachen Sprengköpfen	664	1798	504	984
ballistische Raketen auf U-Booten	496	96	736	352
Bomber mit Cruise Missiles	0	0	120	0
Bomber ohne Cruise Missiles	348	150	225	90
Gesamt	**2058**	**2344**	**2049**	**2246**

Vom Autor zusammengestellt nach https://www.state.gov/t/isn/5195.htm (Stand: 14. 03. 2017).

5 Analysiere M5 und beurteile die in den SALT-II-Gesprächen vereinbarten Ziele.

zu S. 186/187:

5 a) Die Türkei ist seit 1999 EU-Beitrittskandidat, doch bisher kein Mitglied. Informiere dich, warum.
b) Diskutiere anhand der Kriterien im Darstellungstext S. 187 (Z. 65 ff.), welche Gründe einem EU-Beitritt der Türkei im Weg stehen könnten.

Kapitel 7. Deutschland nach 1945. Zwei Staaten, eine Nation?

zu S. 206/207:

Der Historiker Konrad von Zwehl über die Entnazifizierung in der US-Zone (1986):
Insgesamt verfehlte das von den Amerikanern aufgenötigte Verfahren sein Ziel, einen Gesinnungswandel herbeizuführen. Die Spruchkammern bearbeiteten mit Vorrang die „kleinen" Fälle, da die
5 schwebenden Verfahren für die Betroffenen ... eine große Härte bedeuteten; die „großen" Fälle kamen, wenn überhaupt, erst in einer Zeit zur Verhandlung, als die Besatzungsmacht die Zügel lockerte, um den Aufbau des Weststaates nicht zu gefährden. Die
10 Spruchkammern wurden so zu „Mitläuferfabriken", die am Fließband niedrige Einstufungen hervorbrachten. Außer den strafrechtlich Verurteilten kamen die meisten Angeklagten wieder in ihren alten Positionen unter.
Begleitheft zur Ausstellung anlässlich des 40. Jahrestages der Bayerischen Verfassung, hg. von Susan Boenke u.a., München 1986, S. 66.

6 Arbeite heraus, wie der Historiker die Entnazifizierung bewertet. Nimm Stellung.

zu S. 222/223:

Der Schriftsteller Bertolt Brecht war 1949 freiwillig in die DDR übergesiedelt. 1953 verfasste er sein Gedicht „Die Lösung":
Nach dem Aufstand des 17. Juni
Ließ der Sekretär des Schriftstellerverbands
In der Stalinallee Flugblätter verteilen,
Auf denen zu lesen war, daß das Volk
5 Das Vertrauen der Regierung verscherzt habe
Und es nur durch verdoppelte Arbeit
Zurückerobern könne. Wäre es da
Nicht einfacher, die Regierung
Löste das Volk auf und
10 Wählte ein anderes?
Bertolt Brecht, Gesammelte Werke, Bd. 10, Frankfurt a. M. (Suhrkamp) 1967, S. 1009f.

4 a) Analysiere, wie Bertolt Brecht die Ereignisse vom 17. Juni 1953 bewertet (M6).
Tipp: Untersuche die sprachlichen Mittel.
b) Stelle Vermutungen an: Welche Adressaten könnte das Gedicht haben?

Kapitel 8: Leben im geteilten Deutschland

zu S. 244/245:

7 Arbeite die Aussage des Plakates in M5 heraus. Nimm Stellung zur Verwendung des Begriffs „Stasi".

Demo gegen die Vorratsdatenspeicherung, 2009. Sie wurde 2007 beschlossen und erlaubte die Speicherung von E-Mail- und Telefondaten zur Verbrechensbekämpfung. Auf dem Plakat der damalige Innenminister Wolfgang Schäuble.

zu S. 248/249:

6 Beschreibe M6. Vergleiche mit den Bildern auf Seite 248/249.

DDR-Jugendliche bei einem Kirchenfest in Borna/ Sachsen, 1986.

Kapitel 9: Die deutsche Wiedervereinigung

zu S. 268/269:

Auf dem Weg zur Demokratie?
Der polnische Regimekritiker Jacek Kurón berichtete 1980:
Der Lebensstandard sinkt schon seit langem ... Allenthalben fehlt es an Waren und Gütern, und die Waren, die vorübergehend einmal vorhanden sind, werden immer teurer ... Im Bereich des Gesundheitswesens, der Versorgung mit Medikamenten, ja in allen Lebensbereichen ist durch die fortschreitende Planlosigkeit und Inkompetenz ein solches Desaster entstanden, dass dem Durchschnittspolen seine Verhältnisse unerträglich erscheinen ... Die Führung hat total versagt ... Der einzige Ausweg, den ich sehe, ist, schnellstens die Möglichkeit zu schaffen, dass sich die Arbeiter aus freiem Willen organisieren können ... Die jetzige Protestbewegung ist eben deshalb so wichtig, weil sie der Anfang einer Neuorientierung der Arbeiter ist. Deshalb sage ich, dass wir heute in Polen schon in einem anderen Land sind. Dies ist der einzige Weg zur Rettung für unser Land, ein Weg zu Demokratie und zur Überwindung der Krise zugleich: Nur eine in freien Wahlen organisierte Gesellschaft ist in der Lage, ein vernünftiges Programm anzunehmen.
Der Spiegel vom 4. August 1980, S. 98 ff.

5 a) Formuliere, welche Position der Autor zur Lage in Polen 1980 bezieht (M5).
b) Vergleiche mit den in M4 und im Darstellungstext genannten Gründen.

zu S. 272/273:

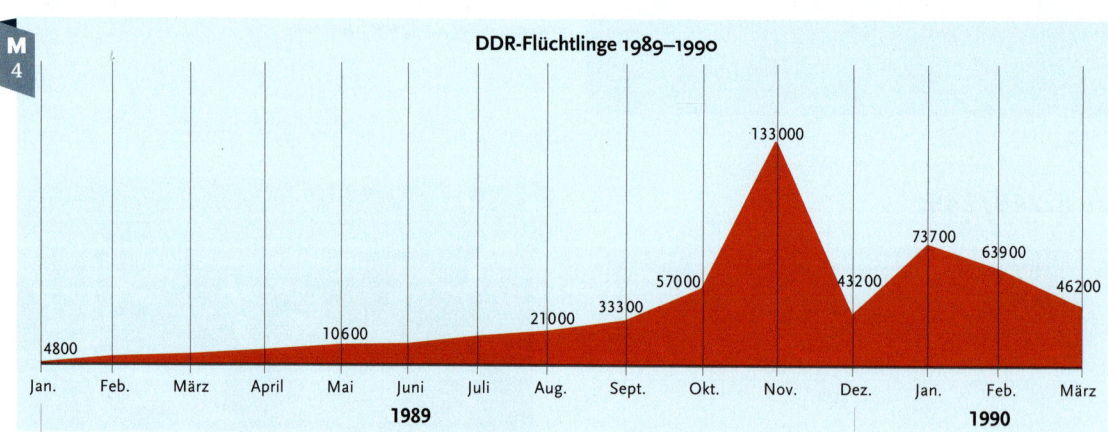

5 Analysiere M4. Setze die Informationen in Bezug zu im Darstellungstext genannten Ereignissen.

zu S. 278/279:

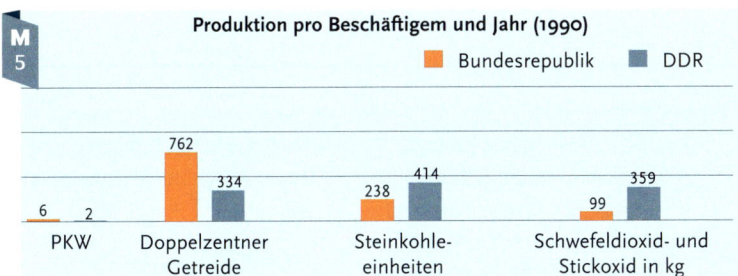

M5 Produktion pro Beschäftigtem und Jahr (1990)
Bundesrepublik / DDR
- PKW: 6 / 2
- Doppelzentner Getreide: 762 / 334
- Steinkohleeinheiten: 238 / 414
- Schwefeldioxid- und Stickoxid in kg: 99 / 359

4 Formuliere Aussagen zur „Bestandsaufnahme" der beiden deutschen Staaten 1990 (M5).

Kapitel 10: Die globalisierte Welt nach 1990: Eine Welt? Viele Welten?

zu S. 300/301:

7 Deute die Aussage von M3. Nimm Stellung dazu.

Wladimir Putin, Pappmachéfigur bei einem Karnevalsumzug in Düsseldorf, 2014

zu S. 302/303:

M4 Auf dem Weg zur Mehrparteiendemokratie?
Der chinesische Staatspräsident Jiang Zemin in einem Interview (2002).

Reporter: Müssen die wirtschaftlichen Umwälzungen nicht notwendigerweise auch Veränderungen im politischen System nach sich ziehen?
Zemin: Wir haben bereits in der Vergangenheit viele Reformen verwirklicht. In Form und Inhalt entsprechen sie allerdings nicht immer den westlichen Vorstellungen.
Reporter: Ist das Einparteiensystem wirklich unabdingbar für die Entwicklung Ihres Landes?
Zemin: Denken Sie daran, dass China mehr als 1,2 Milliarden Einwohner hat. Unser Land ist arm. Wir müssen geschlossen für Wohlstand kämpfen. Nur die KP ist in der Lage, das Volk dazu zu führen ...
Reporter: Sie haben sich stets gegen Mehrparteiensystem und Gewaltenteilung ausgesprochen. Brauchen Menschen, die relativ frei wirtschaften dürfen, nicht politische Rechte und unabhängige Gerichte?
Zemin: Die Welt zeichnet sich durch Vielfalt aus. Es hat sich doch längst gezeigt, dass es schnell zu sozialen Erschütterungen kommen kann, wenn Entwicklungsländer ohne Rücksicht auf die heimischen Bedingungen politische Systeme anderer Länder kopieren ... Dass in unserer Partei Diskussionen geführt werden, zeigt doch nur, wie demokratisch die KP ist.

Der Spiegel vom 8. März 2002, S. 159 ff., gekürzt.

6 Setze dich mit den Aussagen Zemins (M4) auseinander. Achte auf seine Auffassung über Opposition und Demokratie.

Unterrichtsmethoden

Die Kugellager-Methode

- Setzt oder stellt euch paarweise in einem Innen- und Außenkreis gegenüber.
- In einem vorher festgelegten Zeitrahmen tauscht ihr euch mit eurem Gegenüber über ein vorher festgelegtes Thema aus.

- Auf ein vereinbartes Zeichen der Lehrkraft dreht sich der Innenkreis im Uhrzeigersinn zwei Plätze weiter. Dort findet der Austausch mit dem neuen Partner statt.
- Für einen erneuten Partnerwechsel dreht sich auf das Signal der Lehrkraft der Außenkreis gegen den Uhrzeigersinn zwei Plätze weiter.

- Nach mehreren Runden könnt ihr eure Ergebnisse gemeinsam auswerten.

Tipp: Schafft Platz, sodass ihr genug Abstand zu den anderen Paaren habt. Ihr könnt Tische und Stühle an den Rand schieben oder vielleicht auf den Schulhof gehen.

Einen Kurzvortrag halten

- Vorbereitung: Sammle und ordne alle Informationen zu deinem Thema (z. B. in einer Mindmap).
- Entwickle eine Ordnung für deinen Vortrag: Lege zu jedem Hauptpunkt eine Karteikarte mit den wichtigsten Informationen an und nummeriere die Karteikarten in einer sinnvollen Reihenfolge.

- Überlege dir einen interessanten Einstieg und Schluss für deinen Vortrag.
- Versuche, möglichst frei vorzutragen. Sprich laut, deutlich und nicht zu schnell.

- Schau dein Publikum an. So siehst du auch, wenn es Zwischenfragen gibt.
- Unterstütze deinen Vortrag durch Anschauungsmaterial (Bilder, Grafiken, Gegenstände).

Ein gutes Lernplakat gestalten

- Verwende für das Plakat mindestens die Größe DIN A2, besser DIN A1 (= 8 DIN A4-Blätter).
- Beschränke dich auf die wesentlichen Informationen.
- Die Informationen auf dem Plakat müssen sachlich stimmen (z. B. richtige Jahreszahlen).

- Das Thema des Plakats muss deutlich zu lesen sein.
- Schreibe in Stichpunkten oder in kurzen Sätzen.
- Unterstreiche Schlüsselbegriffe oder rahme sie ein.
- Verwende für die Schrift einen schwarzen oder dunkelblauen Stift. Andere Farben eignen sich für Pfeile, Linien oder Hervorhebungen.

- Achte auf die Lesbarkeit der Schrift (Größe und Ordnung). Du kannst Hilfslinien mit Bleistift zeichnen und später wegradieren.
- Gliedere deine Informationen durch unterschiedliche Schriftgrößen. Verwende Ordnungszahlen, wenn du eine bestimmte Reihenfolge darstellen möchtest.

4 Eine Mindmap anfertigen

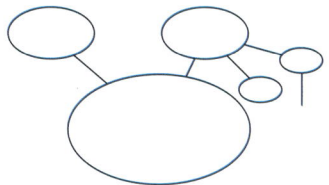

- Werte Materialien (Bilder, Texte) zunächst aus, bevor du mit der Mindmap anfängst. Sammle deine Ergebnisse in Stichpunkten.
- Schreibe das Thema in die Mitte des Blattes.
- Überlege dir eine Struktur für die Mindmap: Finde zunächst Schlüsselbegriffe, die du auf die großen Äste schreibst.

Tipp: Mindmaps werden meist im Uhrzeigersinn gelesen. Bedenke das bei deinem Aufbau.

- Gruppiere die zugehörigen Stichpunkte, Wörter und Namen. Gehe vom Abstrakten zum Konkreten.
- Beschränke dich auf 4–6 Hauptäste, um die Mindmap übersichtlich zu halten.
- Mache Verbindungen innerhalb der Mindmap mit Pfeilen deutlich.
- Arbeite mit Symbolen (z. B. Blitz für Konflikte). Gib den Ästen unterschiedliche Farben.

5 Ein Placemat gestalten (Gruppenarbeit für 4 Personen)

- Findet euch in Vierergruppen zusammen.
- Nehmt ein DIN A2- oder DIN A3-Blatt und zeichnet folgendes Schema darauf:

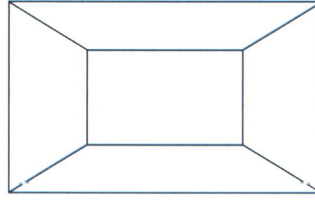

- Legt es auf den Tisch. Vor jeder weißen Fläche sitzt einer aus eurer Gruppe.
- Es wird ein Thema gestellt. Jeder notiert in der festgelegten Zeit (ca. 5 min), was er darüber weiß, wissen möchte und welche Ideen er dazu hat.
- Dreht das Blatt, sodass jeder lesen kann, was die anderen aufgeschrieben haben. Stellt Fragen zum Verständnis (ca. 5 min).
- Entscheidet am Ende als Gruppe, welche der Notizen ihr als Ergebnis in die Mitte des Blattes schreiben wollt. Einigt euch auf 4–6 Stichpunkte (ca. 10 min).
- Präsentiert euer Ergebnis anschließend der Klasse.

6 Ein Schreibgespräch führen

- Geht zu zweit zusammen.
- Verteilt Filzstifte und Papierbögen in der Klasse (DIN A3 oder A2). Immer zwei Partner erhalten ein „Set".
- Eine Frage oder ein Thema wird vorgegeben.
- Schreibt abwechselnd eure Ideen oder Statements zum Thema links und rechts untereinander auf das Blatt.
- Lest die Aussagen des anderen und reagiert schriftlich darauf.
- Während der ganzen Zeit wird nicht gesprochen (ca. 10 min.).
- Nach dem Ende diskutiert ihr euer Ergebnis.

Tipp: Ihr könnt in dieser Form auch eine Mindmap zusammen gestalten oder eine Stichwortliste zum Wiederholen anlegen.

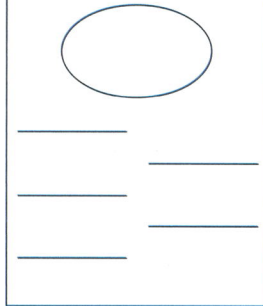

Übersicht der Fachmethoden aus Band 5 bis 9/10

Informationen beschaffen und Orte erkunden

Seitenzahlen in diesem Band

Das Internet nutzen	330
Eine Exkursion durchführen	330
Ein Denkmal interpretieren	331
Kriegerdenkmäler erkunden	331
Eine biografische Recherche durchführen	150
Arbeiten im Archiv	202
Zeitzeugen befragen	256

Texte, Bilder, Filme, Karten, Kunstwerke untersuchen

Einen Sachtext lesen und verstehen	331
Eine schriftliche Quelle analysieren	332
Schriftliche Quellen vergleichen	332
Philosophische Textquellen erarbeiten und vergleichen	332
Kontroverse Texte untersuchen	332
Lebenserinnerungen auswerten	84
Eine Bildquelle auswerten	333
Bilder vergleichen	333
Ein Kunstwerk entschlüsseln	333
Eine Flugschrift untersuchen und deuten	334
Eine Geschichtskarte auswerten	334
Historische Karten lesen und vergleichen	334
Eine Karikatur analysieren	334
Eine historische Fotografie analysieren	335
Manipulierte Fotos untersuchen	30
Propagandaplakate untersuchen	60
Instrumentalisierte Kunst analysieren	96
Spielfilme untersuchen (Propaganda/Unterhaltung)	112
Spielfilme auf Feindbilder untersuchen	180

Informationen auswerten und darstellen

Ein Schaubild verstehen	335
Ein Verfassungsschaubild auswerten	335
Eine Statistik auswerten	335
Werturteile erkennen	336
Informationen präsentieren	336
Historische Ereignisse bewerten	146

Fachmethoden aus Band 5, 6 und 7/8

• Das Internet nutzen

Suche beginnen
1. Welche Suchmaschine wähle ich aus?
2. Welche Internethinweise gibt das Schulbuch?

Suchabsicht festlegen
3. Welche Suchwörter helfen mir zur Beantwortung meiner Fragen weiter?

Überblick über das Suchergebnis bekommen
4. Welche Links sind interessant und brauchbar?
5. Welche Links stammen von glaubwürdigen Anbietern?

Ergebnisse ordnen
6. Wie gehe ich mit den Informationen einer Webseite um?

Informationen sichern und auswerten
7. Wie halte ich die gefundenen Informationen fest?

• Eine Exkursion durchführen

Informationen beschaffen
1. Besorgt euch Infomaterial von der Sehenswürdigkeit, z. B. bei der Verwaltung.

Organisieren
2. Ermittelt Termin, Fahrzeiten und Preise und stellt die Gesamtkosten zusammen.

Themen in der Schule vorbereiten
3. Sichtet Informationsmaterial und entscheidet über die Arbeitsschwerpunkte.
4. Teilt die Themen auf und bereitet sie vor der Fahrt vor, z. B. in Gruppen.
5. Überlegt euch Fragen zur Sehenswürdigkeit.

Vor Ort Entdeckungen machen
6. Verschafft euch einen Überblick (z. B. Führung).
7. Fertigt Notizen, Skizzen, Fotos oder Videos an oder führt ein Interview mit Museumsmitarbeitern.

Befunde auswerten und dokumentieren
8. Wertet eure Ergebnisse aus und präsentiert sie.
9. Dokumentiert eure Ergebnisse: z. B. Exkursionsbuch, Wandzeitung, Reportage für die Schülerzeitung, Film.

• Einen Sachtext lesen und verstehen

Ersten Überblick verschaffen
1. Welche Überschrift hat der Text?
2. Wie ist der erste Eindruck vom Inhalt und Aufbau?

Fragen stellen
3. Was weiß ich schon über das Thema?
4. Wer kommt im Text vor?
5. Wo und wann findet das Dargestellte statt?
6. Worum geht es?
7. Welche Fragen bleiben offen?

Schlüsselwörter klären
8. Welche schwierigen Wörter oder Unklarheiten muss ich klären?
9. Welche Schlüsselwörter hat der Text?

Textaufbau erfassen
10. In welche Abschnitte lässt sich der Text gliedern?
11. Welche Überschriften passen dazu?

Inhalt wiedergeben
12. Gib mithilfe der Überschriften und Schlüsselwörter den Inhalt des Textes wieder.

• Ein Denkmal interpretieren

Beschreiben
1. Was für eine Art von Denkmal ist es? (z. B. Kriegerdenkmal, Heldendenkmal, Mahnmal)
2. Aus welchen Bestandteilen besteht es?
3. Wie groß ist das Denkmal und aus welchem Material besteht es?
4. In welchem Kunststil ist es gestaltet?
5. Welche Elemente, Symbole und Inschriften hat es?

Historisch einordnen
6. Aus welcher Zeit stammt das Denkmal?
7. Woran soll das Denkmal erinnern?
8. Ist etwas über den Auftraggeber und die Finanzierung bekannt?
9. War die Errichtung des Denkmals umstritten?
10. Wie wurde die Einweihung gestaltet?

Aussage deuten
11. Welche Absicht hatte der Erbauer bei der Wahl des Standortes?
12. Welche Funktion hatte das Denkmal bei seiner Errichtung?
13. Welche Aussageabsicht haben die einzelnen Elemente und Inschriften?
14. Wie wurde das Denkmal im Lauf der Zeit wahrgenommen? Wie beurteilt man es heute?
15. Gibt es weitere Quellen, die die Auswertung des Denkmals unterstützen?

• Kriegerdenkmäler erkunden

Denkmal beschreiben
1. Wie ist das Denkmal gestaltet (Statue, Statuengruppe, Inschriften, Namenstafeln …), welchen ersten Eindruck vermittelt es?
2. Welche Einzelheiten und Symbole werden verwendet (Waffen, Adler, Stahlhelme, Ölzweig, Taube)?
3. Welche Haltung nehmen die dargestellten Personen ein (nachdenklich, trauernd, betend, sterbend) bzw. welche Form hat das Objekt?
4. Nach welchen Gesichtspunkten wurde der Standort ausgewählt (Schlachtfeld, Friedhof, Kirchengarten, Ortskern, außerhalb, Höhenlage)?
5. Welches Material wurde verwendet (Naturstein, z. B. Granit, Sandstein, Mauerwerk, Eisen, Bronze)?

Aussage deuten und Bedeutung klären
6. Zu welchem Zweck wurde das Denkmal errichtet (Heldenverehrung, Totentrauer, Mahnung gegen den Krieg)? Von wem wurde es in Auftrag gegeben?
7. Welche Aussage kann man aus Form und Materialien ableiten?
8. Welche Information erhält man aus den Inschriften?
9. Wurde das Denkmal nach seiner Errichtung verändert, restauriert oder umgesetzt?
10. Welche Bedeutung hat das Denkmal heute? Wer kümmert sich um die Denkmalpflege?

Bewerten
11. Hat sich die öffentliche Einstellung heute gegenüber damals verändert?
12. Wie denkst du über die Aussage des Kriegerdenkmals?
13. Wie dokumentierst du deine Ergebnisse?

• Eine schriftliche Quelle analysieren

Quelle und Verfasser einordnen
1. Wann und wo wurde die Quelle geschrieben? (zeitlicher und örtlicher Abstand zum Ereignis)
2. Wer ist der Autor? War er Augenzeuge? In welcher Beziehung steht er zu beschriebenen Personen oder Ereignissen?
3. An wen ist der Text gerichtet?

Textinformationen entnehmen
4. Welche Begriffe muss ich klären?
5. Wie ist die Quelle aufgebaut? Finde Abschnitte und gib ihnen Überschriften.
6. Welche Schlüsselbegriffe werden verwendet?
7. Was ist die Hauptaussage? Fasse sie in ein bis zwei Sätzen zusammen.

Tatsachen von Meinungen unterscheiden und selbst Stellung nehmen (urteilen)
8. Welche Aussagen des Textes sind historisch zuverlässig, welche sind individuelle Meinungen des Autors? Prüfe Textaussagen mithilfe anderer Informationsquellen (z. B. Schulbuch, historisch zuverlässige Texte im Internet, Fachbücher).
9. Welche Meinung vertrittst du zum Thema der Quelle? Wie erscheint dir das Ereignis aus heutiger Sicht?

• Schriftliche Quellen vergleichen

Ersten Eindruck festhalten
1. Wie ist dein Eindruck nach dem ersten Lesen beider Quellen?

Informationen zu Verfassern und Texten sammeln
2. Wann wurden die Texte geschrieben?
3. Wie groß ist der zeitliche Abstand zwischen Ereignis und Bericht?
4. Waren die Autoren Augenzeugen? Wenn nicht: Wen geben sie als Informanten an?

Inhalt vergleichen
5. Gib Hauptaussagen und Schlüsselbegriffe der Texte wieder und vergleiche sie im nächsten Schritt.
6. Welche Informationen stimmen überein?
7. Gibt es Einzelheiten, die nicht in den Texten erscheinen, die unterschiedlich genau oder ausführlich wiedergegeben werden?
8. Was wird berichtet, ist es logisch oder enthält es Unstimmigkeiten?
9. Ist ein Urteil oder eine Meinung der beiden Verfasser zu erkennen?

Weitere Informationen sammeln
10. Ziehe weitere Informationen hinzu, z. B. aus Sachbüchern, dem Schulbuch oder dem Internet.

Ergebnisse formulieren
11. Vergleiche die Notizen aus den einzelnen Arbeitsschritten miteinander. Formuliere eine eigene Meinung.

• Philosophische Textquellen erarbeiten und vergleichen

Leitfrage formulieren
Welche Leitfrage möchtest du anhand des Textes/der Texte beantworten?

Formale Aspekte
1. Wer sind die Autoren?
2. Wann und wo sind die Texte veröffentlicht worden?
3. Um welche Textarten handelt es sich?
4. Wovon handeln die Texte?
5. An wen richten sich die Texte?

Inhalt erschließen
6. Was sind die wesentlichen Textaussagen?
7. Wie antworten beide Texte auf die Leitfrage?

Aussagen vergleichen
8. Welche Unterschiede und Gemeinsamkeiten lassen sich feststellen?

Beurteilen (sich in die Menschen der Zeit hineinversetzen und ein Urteil bilden)
9. Welche Ziele verfolgten die Autoren?
10. Welche Wirkung sollten die Texte erzielen?

Bewerten (ein Urteil aus heutiger Sicht mit Blick auf die Leitfrage bilden)
11. Wie kann man die Ideen der Autoren aus heutiger Sicht bewerten?

• Kontroverse Texte untersuchen

Thema benennen und Vorwissen aktivieren
1. Was sind kontroverse Texte?
2. Um welches Thema handelt es sich? Welches Vorwissen habe ich dazu?

Texte analysieren
3. Wann wurden die Texte verfasst?
4. Welche Behauptungen werden dort aufgestellt (z. B. über Merkmale des Kaiserreichs)?
5. Wie werden bestimmte Behauptungen und Einschätzungen begründet?

Wertungen und Interessen in den Texten erkennen und beurteilen
6. Wie wird der Leser durch die Texte beeinflusst?
7. Aus welchen Gründen wird das Thema so beurteilt?
8. Lässt sich die Beurteilung auf Sachwissen zurückführen oder ist sie unsachlich?

Zu einem eigenen Urteil gelangen
9. Welche Fragen bleiben offen?
10. Wie beurteile ich selbst den Gegenstand der Texte?

• Eine Bildquelle auswerten

Einzelne Elemente beschreiben
1. Was ist dargestellt (Personen, Gegenstände)?
2. In welchen Haltungen oder Bewegungen sind sie zu sehen?
3. Wie lässt sich die Situation beschreiben?
4. Was erscheint merkwürdig?

Zusätzliche Informationen hinzuziehen und Bedeutung der Bildelemente entschlüsseln
5. Welche Hinweise gibt die Bildunterschrift?
6. Welche Bedeutung würdest du heute der entsprechenden Geste, Gebärde, Handlung oder dem Gegenstand zuordnen?
7. Recherchiere Hintergrundinformationen zu den Symbolen (Bibliothek, Internet …).
8. Welche Einzelaussagen ergeben sich aus den Symbolen und Gesten?

Bildaussage formulieren
9. Welche Gegenstände oder Handlungen scheinen besonders wichtig für die Aussage des Bildes? Woran erkennst du das?
10. Welche Gesamtaussage lässt sich formulieren? Gibt es mehrere Deutungen?

• Bilder vergleichen

Einzelheiten der zu vergleichenden Bilder erfassen
1. Welche Personen sind dargestellt?
2. Welches Verhältnis zwischen den Personen wird angedeutet?
3. Ist es eine naturgetreue, eine stilisierte oder eine vereinfachte Darstellung?
4. Beschreibe Kleidung, Aussehen, Hintergrund, Bildrahmen.

Zusätzliche Informationen heranziehen
5. Ist der Titel der Bilder bekannt? Gibt es eine Bildunterschrift?
6. Wann sind die Bilder entstanden?
7. Wer sind die Künstler?
8. Sind Auftraggeber bekannt?

Bildaussage erkennen
9. Welchen Zweck verfolgt die Darstellung (z. B. Erinnerung, Erhöhung, Kritik, Veranschaulichung, Verschleierung …)?

Bilder vergleichen
10. Welche Gemeinsamkeiten lassen sich erkennen?
11. Wie unterscheiden sich die Bilder in Aufbau, Farbgebung, Gestaltung?
12. Wie lassen sich besondere Unterschiede, aber auch besondere Gemeinsamkeiten erklären?

• Ein Kunstwerk entschlüsseln

Einzelne Elemente beschreiben
1. Welche Art von Kunstwerk liegt vor?
2. Was ist dargestellt (Personen oder Gegenstände)?
3. Welche Einzelheiten sind zu erkennen? (z. B. Körperhaltung, Gesichtsausdruck, Kleidung, Frisur …)
4. Was erscheint dir merkwürdig oder fremd?

Bildunterschrift auswerten und weitere Informationen hinzuziehen
5. Welche Hinweise gibt die Bildunterschrift?
6. Welche Kenntnisse habe ich bereits über Entstehungszeit, -ort und das Dargestellte?
7. Welche weiteren Informationen brauche ich?

Das Kunstwerk deuten
8. Um wen handelt es sich bei den dargestellten Personen? Welche Bedeutung haben die Gegenstände?
9. Welche Gesamtaussage lässt sich formulieren?
10. Welche Fragen bleiben offen?

• Eine Flugschrift untersuchen und deuten

Einzelheiten des Bildes erfassen
1. Wer wird dargestellt?
2. Wie wird die Person dargestellt (Kleidung, Gesichtsausdruck, Körperhaltung, Farbgebung)?
3. Wie sind Umgebung und Hintergrund gestaltet?
4. Gibt es einen Titel, eine Bildunterschrift, einen Flugschrifttext?
5. Wie sind die Einzelheiten des Bildes aufeinander bezogen?

Symbole deuten und auf den historischen Hintergrund Bezug nehmen
6. Welche Symbole werden zu welchem Zweck eingesetzt (z. B. Darstellung von Personen als Tiere, Dämonen, Heilige)?
7. Welchem Zweck dienen die Symbole?
8. Auf welche Ereignisse oder Entwicklungen spielt die Karikatur an?

Aussageabsicht des Künstlers deuten
9. Ist der Künstler bekannt?
10. Wo wurde die Flugschrift hergestellt?
11. Wie hat die Flugschrift wohl auf Zeitgenossen gewirkt? Wie wirkt sie auf dich?
12. Welchem Zweck diente die Flugschrift?

• Eine Geschichtskarte auswerten

Den Kartentitel auswerten
1. Welche Informationen liefert der Kartentitel?

Die Kartenlegende entschlüsseln und den Maßstab feststellen
2. Wofür stehen die Symbole der Legende?
3. In welchem Maßstab ist die Karte angefertigt?

Die Karte lesen
4. Was ist die Hauptaussage der Karte?
5. Welche weiteren Fragen ergeben sich?

• Historische Karten lesen und vergleichen

Formale Aspekte
1. Wann und wo sind die Karten entstanden und veröffentlicht worden?
2. Wer sind die Kartografen?
3. Ist ein besonderer Anlass für die Zeichnung der Karten bekannt? War es eine Auftragsarbeit?
4. Woher stammt das Wissen der Kartografen?

Inhalt erschließen
5. Was ist das Thema der Karten? Gibt es eine Bildunterschrift?
6. Was ist dargestellt?
7. Ist die Welt maßstabgetreu dargestellt?
8. Welche Besonderheiten sind in den Karten eingezeichnet (z. B. Symbole, Beschriftungen, landschaftliche Merkmale wie Flüsse, Berge …)?
9. Wie sind die Karten eingerahmt?
10. Welches Weltbild kann man aus der Kartendarstellung herauslesen?

Gemeinsamkeiten und Unterschiede im Vergleich zu anderen Karten
11. Welche Gebiete/Kontinente werden dargestellt?
12. Wie unterscheiden sie sich in Symbolik und Einrahmung?
13. Welcher Unterschied besteht in der Gesamtaussage?

• Eine Karikatur analysieren

Ersten Eindruck festhalten
1. Wie wirkt die Karikatur auf dich?

Einzelne Text- und Bildelemente beschreiben
2. Welche Personen, Gegenstände und anderen Details lassen sich erkennen? Achte auf den Gesichtsausdruck, die Kleidung und die Körperhaltung. Beziehe Beschriftungen mit ein.

Zusätzliche Informationen heranziehen und erste Deutung vornehmen
3. Wer ist der Zeichner?
4. Wann und wo ist die Karikatur entstanden?
5. Gibt es einen Titel?
6. Welches Thema hat die Karikatur?
7. Welche Bedeutung haben die Personen und Gegenstände?
8. Auf welches Ereignis bezieht sich die Karikatur?

Aussage formulieren
9. Was ist die Botschaft?
10. Was wird kritisiert?
11. Welche Wirkung könnte die Karikatur haben?

• Eine historische Fotografie analysieren

Entstehung der Fotografie
1. Wann ist das Foto entstanden?
2. Was stellt es dar?
3. Wer hat in wessen Auftrag fotografiert?
4. Für welchen Adressaten ist die Fotografie angefertigt worden?
5. Welche Bildtechnik ist zu erkennen (Perspektive, Brennweite, Entfernung, Ausschnitt)?

Aussage und Deutung
6. Was ist der erste Eindruck?
7. Welche Gesamtaussage lässt sich formulieren?
8. Welche Fragen bleiben offen?

• Ein Schaubild auswerten

Einzelne Elemente des Schaubildes erfassen
1. Welche Fachbegriffe werden verwendet, wie sind sie zu klären?
2. Welche Bedeutung haben Farben und Pfeile?

Den Aufbau des Schaubildes untersuchen
3. Wie ist das Schaubild zu lesen?

Inhalt erschließen und bewerten
4. Welche Aussagen werden im Schaubild getroffen?
5. Sind die Aussagen historisch korrekt?

Historischen Zusammenhang einbeziehen
6. Welche weiteren Informationen zur Einordnung und Bedeutung des Schaubildes sind notwendig?

• Ein Verfassungsschaubild auswerten

Einzelne Elemente der Abbildung erfassen
1. Welche Fachbegriffe werden genannt?
2. Welche Bedeutung haben Farben, Pfeile etc.?

Formale Aspekte
3. Wie ist das Schaubild zu lesen (von unten nach oben, von links nach rechts)? Verändert sich die Aussage, wenn ich einen anderen Einstieg nutze?

Inhalt erschließen
4. Welche Verfassungsorgane sind dargestellt?
5. Wie ist die Gewaltenteilung umgesetzt?
6. Wer kontrolliert wen?
7. Wer darf wen wie oft wählen?
8. Um welche Staatsform handelt es sich?

Aussagen überprüfen
9. Sind die Angaben im Verfassungsschema historisch richtig?

Urteilen
10. Erkennt man Stärken und Schwächen dieser Verfassung?
11. Welche Fragen stellst du dir nach dem Untersuchen des Schaubildes? Was ist unklar?

• Eine Statistik auswerten

Formale Aspekte
1. Gegenstand: Zeitabschnitt; historisches Ereignis, das dargestellt wird
2. Fundstelle: Ort, Zeit, Urheber der Daten (Institution oder Person, politische/öffentliche Stellung)
3. Adressatenbezug: Wer wird angesprochen?
4. Wie wird das Zahlenmaterial präsentiert? (Tabelle oder Diagramm? Säulen-, Balken-, Linien-, Kurven-, Kreis- oder Stapeldiagramm?)

Inhaltliche Aspekte
5. Jahreszahlen, Spalten oder Achsenbezeichnungen, Strukturierungshilfen
6. Legende, z. B. die Zuordnung von Farben zu bestimmten Staaten
7. Aussageart des Diagramms: Wird ein Vergleich angestrebt oder eine Entwicklung aufgezeigt? Gibt es Auffälligkeiten?

Aussagekraft bewerten
8. Gib der Statistik zunächst eine Überschrift: Worum geht es überhaupt?
9. Fasse die Kernaussagen zusammen und erläutere sie jeweils kurz.
10. Setze die Aussagen in ihren historischen Zusammenhang.
11. Bewerte die Aussagekraft der statistischen Daten: Ist die grafische Darstellung angemessen? Wird der Sachverhalt zu sehr vereinfacht?

• Werturteile erkennen

Klären, worauf sich das Urteil des Verfassers oder der Verfasserin bezieht
1. Welche Haltungen werden beurteilt?
2. Welche Handlungen werden beurteilt?

Den Maßstab erkennen
3. Lässt sich das Werturteil auf Sachwissen zurückführen oder ist es unsachlich?
4. Wird deutlich, welche Kriterien für die Bewertung verwendet werden? (z. B. religiöse Sicht, Standpunkt der Menschenrechte, tolerante Grundeinstellung …)
5. Lassen sich Informationen dazu finden, warum ein bestimmter Standpunkt vertreten wird?

Zu einem eigenen Urteil gelangen
6. Wie bewerte ich selbst den Sachverhalt?
7. Wie ist meine Position gegenüber dem Werturteil, das ich erkenne?
8. Wie urteilen andere Menschen darüber?

• Informationen präsentieren

Referat vorbereiten
1. Informationen aus Büchern und Internet sammeln
2. Quellenmaterial bei der Vorbereitung auswählen; überlegen, an welcher Stelle des Referats es eingebaut werden soll
3.
4. Zeitvorgabe beachten

Bild-/Textquelle aufbereiten
5. Zuerst nach dem Inhalt, dann erst nach den Einzelheiten fragen; die Zuhörer Vermutungen anstellen lassen, z. B. „Was ist zu erkennen?"
6. Was sagt das Bild über das Thema aus? Aussagen visualisieren/Präsentation vorbereiten
7. Wie stelle ich mein Referat vor? Welches Medium nutze ich dafür?

Präsentieren
8. Liegen alle Materialien vor, die ich für den Vortrag brauche?

Lösungshilfen zu den Seiten „Kompetenzen prüfen"

Kapitel 1: Neue Weltmächte – neue Gesellschaftsordnungen (S. 42/43)

1 a) Russland bis 1917 wirtschaftlich und gesellschaftlich rückständig; 1917 Februarrevolution: Abdankung des Zaren, provisorische Regierung; Oktoberrevolution, bis 1921 Bürgerkrieg, Sieg der Bolschewiki, Gründung der Sowjetunion; ab 1927 Alleinherrschaft Stalins, Kollektivierung* und gewaltsame Industrialisierung, Errichtung von Gulags*. M5: Adlige, Bürger und Großbauern werden auf dem Weg zur klassenlosen Gesellschaft „abgeschafft".
b) USA: Voraussetzung: parlamentarische Demokratie und Kapitalismus; Einwanderung, Ressourcen und „Market Revolution" führen zum Aufstieg zur größten Wirtschaftsmacht der Welt; 1929 Wirtschaftskrise und Massenarbeitslosigkeit; teilweise Erholung durch Präsident Roosevelts „New Deal".

2 a) Nach dem Ersten Weltkrieg Wirtschaftsboom in den USA durch Rückzahlungen aus Europa; Banken vergeben Millionen Kleinkredite an Privatkunden; dadurch Überproduktion, Platzen der „Spekulationsblase"; Ruin zahlloser Firmen, Massenarbeitslosigkeit und Elend. Durch geplatzte Kredite Ausbreitung der Krise auf Europa.
b) USA: „New Deal" Präsident Roosevelts: Investitionen des Staates zur Ankurbelung der Wirtschaft, Arbeitsbeschaffungsprogramme; GB: Konjunkturprogramme, keine Kürzung der Sozialleistungen; F: durch starke Landwirtschaft weniger betroffen; UdSSR: kaum betroffen, da wenig Industrie und kommunistisches System; D: Massenarbeitslosigkeit, keine wirkliche Lösung bis 1933.

3 a) M1: Rechts ein Bauer mit Sense und roter Fahne, links ein Schmied (Vertreter der Arbeiter), der die Zarenkrone zertritt; sie symbolisieren den „neuen sozialistischen Menschen". Im Hintergrund ein mit roten Bändern geschmücktes Tor, darauf steht „Proletarier aller Länder – vereinigt euch!". Die Verheißungen des Sozialismus: blühende (Industrie-)Städte und zufriedene Menschen. Das Bild verdeutlicht das Ziel der „klassenlosen" Gesellschaft.
b) M2: in der Mitte US-Präsident Wilson auf der „Freiheitsglocke". Soldaten symbolisieren die Ergebenheit des Militärs zum Präsidenten und den Werten „Freiheit – Gleichheit – Recht". Unten: Kongressgebäude, hinten: Porträts von George Washington und Abraham Lincoln. Die Betonung der Freiheit entspricht dem amerikanischen Gesellschaftsmodell, bei dem jeder individuell sein Glück suchen soll, ohne staatliche Fürsorge.

4 a) Kinder, Frauen und Männer stehen vor einem Tisch, an dem Essen verteilt wird; ärmliche, altertümliche Kleidung (Felle), die Männer tragen Bärte; viele sind barfuß, die Kinder schmutzig ….
b) Das Bild ist Ende des 19. Jahrhunderts in Russland aufgenommen. Auch in den USA gab es während der Weltwirtschaftskrise große Armut; theoretisch wäre also beides möglich.

5 Ein Arbeiter, ein Bauer und ein ehrlicher Geschäftsmann verlangen von Spekulanten, dem Big Business und von korrupten Politikern, dass die Karten neu gemischt werden. Damit macht der Karikaturist Letztere für den Börsenkrach verantwortlich. Die Figuren stehen für gesellschaftliche Gruppen in der Zeit der Wirtschaftskrise. Der Comic spielt mit der doppelten Bedeutung von „New Deal" (siehe Aufgabe 1).

6 Individuelle Lösungen; nutzt S. 38–39. Ihr solltet z. B. staatliche Bauprogramme, Arbeitsdienste, Duldung der Gewerkschaften und Aufbau von Renten- und Arbeitslosenversicherungen nennen. Grenzt euch in der Rede z. B. von Präsident Hoover ab und begründet euer Handeln.

7 Die USA erhofften sich Demokratie, Selbstbestimmung der Völker, Freihandel und Abrüstung, um Kriege zu vermeiden. Allerdings wurde dies in europäischen Staaten nicht überall umgesetzt. Auch die USA selbst zogen sich aus dem Völkerbund zurück.

8 Dafür sprechen große politische Veränderungen: Revolutionen in Russland und später in Deutschland, Aufstieg der neuen Mächte USA und UdSSR, Bedeutungsverlust Europas, Entstehung autoritärer Staaten. Ausbreitung neuer, gegensätzlicher Ideologien (Kommunismus, Kapitalismus).

Kapitel 2: Die Weimarer Republik (1918–1933) (S. 74/75)

1 Düstere Farbgebung, gebeugte Personen; ins Auge fallende Verlustdarstellung; Hintergrund: Plakat der rechtskonservativen DNVP zum Versailler Friedensvertrag, 1919. Aussage: drastische Darstel-

lung der durch den Versailler Vertrag drohenden Verluste, Aufruf an die konservative, kaisertreue Bevölkerung Deutschlands, zu protestieren.

2   Titelblatt S. 74: Darstellung der französischen Soldaten als besonnen, abwartend; deutsche Arbeiter empört, trotzig; hinten mächtige Industrieanlagen. Anspielung auf die Ruhrbesetzung, die das rechtmäßige Handeln der französischen Nation betont. Gegensatz dazu S. 55: Frankreich als wilde Bestie, die gewaltsam das Ruhrgebiet rauben will.

3   Erster Eindruck: Vertreter unterschiedlicher gesellschaftlicher Gruppen verhelfen Hitler zur Macht: Bürokratie, Nationalismus; Armut (Weltwirtschaftskrise), Ohnmacht der alten Eliten, Versailler Vertrag, Revanchebedürfnis, Opportunismus einzelner Politiker (hier: von Papen); Hintergrund: Karikatur entstand etwa 40 Jahre nach dem Ende der Weimarer Republik; Deutung: Darstellung der vielfältigen Ursachen für die NS-Diktatur; diskussionswürdig ist die Gewichtung der Faktoren: War z. B. die Bürokratie wirklich so entscheidend?

4   Beispiele für Modernität: industrielle Entwicklung, Arbeitsprozesse, Ausbau der Infrastruktur, Wohnungsbau, Technik, Kunst, Literatur, Unterhaltungsangebot für die Massen, Rolle der Frau.

5   Anbindung an Aufgabe 3 ist möglich; siehe dort.

6   Zusammenhang mit der Besetzung: kein Abbau der hohen Staatsverschuldung möglich, Protest der deutschen Bevölkerung gegen die Reparationen; Sabotageakte und Streiks im Ruhrgebiet, dadurch weitere Beschränkung der deutschen Produktion; rasanter Anstieg der Staatsverschuldung durch Finanzierung des Generalstreiks.

7   Winkler meint, einerseits sei die junge Demokratie als ein von den Siegermächten aufgezwungenes System empfunden worden. Andererseits habe die Demokratie einen Anspruch der breiten Bevölkerung auf politische Teilhabe begründet, den die NSDAP als Sammlungspartei ausnutzen konnte.

8   Siehe S. 50, 52, 59, 60 und Lexikon. Arbeite die Rolle und Bedeutung des Politikers heraus und erkläre, inwiefern sein Handeln die Geschichte beeinflusst hat.

9   M3 entstand in der Weimarer Republik. Beschreibe Kleidung, Frisur, Haltung, Gegenstände und die Wirkung des Bildes. Lies dann nach auf S. 64/65. Beachte die Lebenssituation vieler Frauen in der Weimarer Zeit. Finde Pro- und Kontra-Argumente, ob das Gemälde eine „typische" Frau von damals repräsentiert.

Kapitel 0. Eine Ideologie setzt sich durch: Der Nationalsozialismus (S. 100/101)

1   Erster Eindruck: starke Farb- und Lichtgebung, marschierende SA-Truppen, wehende Hakenkreuzfahnen. Gerahmt wird die Szene durch Lichtkegel und das angestrahlte Brandenburger Tor (Symbol vergangener Größe und neuer Macht). Die Perspektive macht den Betrachter zum Teil der begeisterten Menschenmenge, die Stimmung soll sich auf ihn übertragen („verführerische" Absicht des Bildes).

2   Lebenserinnerungen vermitteln oft den Eindruck, alles wäre so passiert, wie die Erzähler es darstellen. Sie enthalten aber nur eine ganz persönliche Wahrnehmung. Erinnerungen können „verblassen", werden verformt oder mischen sich mit der Darstellung von Ereignissen in Medien. Sie sind subjektiv und vom gegenwärtigen Standpunkt der Person abhängig. „Richtige" Quellen sind sie nur für den Zeitpunkt des Erzählens, nicht für das historische Ereignis selbst.

3   Nennen solltest du z. B. „Führer", „Lebensraum", „Volk", „Rasse", „Arier". Nutze das Lexikon.

4   Schritte der „Gleichschaltung": 1) „Ermächtigungsgesetz", 2) „Gesetz zur Gleichschaltung der Länder mit dem Reich", 3) „Gesetz zur Wiederherstellung des Berufsbeamtentums", 4) Verbot und Auflösung der Gewerkschaften, Gründung der DAF, 5) Ausschaltung und Verhaftung politischer Gegner, 6) Verbot und Selbstauflösung der Parteien; NSDAP wird einzige Partei, 7) Gleichschaltung der Literatur und Kunst, Bücherverbrennung, 8) Neuausrichtung von Erziehung und Schule. Strategie der „Gleichschaltung": Kombination von Scheinlegalität (Gesetze und Verordnungen) mit Propaganda, Terror und Gewalt.

5   a) Mögliche Argumente: kurzfristige Zustimmung Hindenburgs zur Ernennung Hitlers, chaotische Zustände am Vormittag des 30. Januar. Hindenburg hätte seine Zustimmung verweigern können. Die NSDAP war in einer ungünstigen Lage (sinkende Wählerzahlen; innerer Streit), eine Ablehnung hätte eventuell die Krise verstärkt und künftigen Erfolg verhindert. These: Antidemokratische „alte Eliten" (Hindenburg, Papen, Hugenberg) ermöglichten freiwillig die Diktatur.
b) individuelle Lösung möglich

6   a) In M4 wird deutlich, dass sich die Abgeordneten der Partei auf die Weimarer Verfassung (Gewaltenteilung, Unabhängigkeit) und den Liberalismus (Freiheit des Individuums) berufen. Maiers

Haltung ist demokratisch, er fürchtet um die Grundrechte. Dennoch stimmen er und die Abgeordneten für das Gesetz, mit der Begründung, im „Interesse von Volk und Vaterland" zu handeln. Sie hoffen auf die Regulierung im demokratischen Sinne.

b) c) Hinweise zur Diskussion: Die DDP war lediglich mit fünf Abgeordneten im Reichstag vertreten, also politisch bedeutungslos. Eingeschüchtert durch das Auftreten der SA, hatten ihre Mitglieder wahrscheinlich nur die Alternative gesehen, für das „Ermächtigungsgesetz" zu stimmen.

7 **a)** siehe Lexikon S. 341
b) Das NS-Regime entsprach den Kriterien eines totalitären Staates – die Theorie des „totalitären Staates" wurde auch am Beispiel der NS-Diktatur entwickelt.

Kapitel 4: Leben im Nationalsozialismus (S. 130/131)

1 Nutze die Arbeitsschritte auf S. 113.
2 M2 zeigt den Reichsparteitag in Nürnberg 1934. Einheit und Stärke des Volks wurde durch die Idee der „Volksgemeinschaft" propagiert. Der Einzelne sollte sich als Teil des Ganzen fühlen. Die Menge ist in M1 auf den „Führer" Hitler ausgerichtet.
3 Das Plakat zeigt einen sitzenden, offenbar behinderten Mann und einen hinter ihm stehenden Pfleger. Die Absicht wird durch die Schrift deutlich: Behinderte und unheilbar Kranke sollten aus der „Volksgemeinschaft" ausgegrenzt werden – ähnlich wie Juden, Roma und andere. Ihr Tod erspare gesunden „Volksgenossen" viel Geld.
4 Das Versprechen einer großen Gemeinschaft ohne Klassengegensätze trug wesentlich zur Attraktivität des Nationalsozialismus bei. Perfekt organisierte Massenveranstaltungen faszinierten und attraktive staatliche Freizeitangebote zogen viele an, die Propaganda verbreitete die Ziele der NSDAP in Film und Funk.
5 siehe S. 106f., 116, 118, 124, 126 und Lexikon.
6 Napolas waren Eliteschulen, die begeisterte Nationalsozialisten erziehen sollten. Der Erziehungsstil war streng und autoritär. Sport und vormilitärische Ausbildung waren Teil des Programms, faszinierten aber auch viele Jugendliche. Die Kinder sollten zu Kameradschaft, Disziplin und Mut erzogen werden. Versagen wurde streng bestraft.
7 Inszenierter Boykotttag (April 1933): Deutsche wurden aufgerufen, keine jüdischen Geschäfte, Ärzte und Anwälte zu besuchen; „Nürnberger Gesetze" (1935): Grundlage für die völlige Entrechtung und Ausgrenzung der Juden (Eheverbot zwischen Deutschen und Juden, Verlust des Wahlrechts …); Berufsverbote raubten Juden systematisch ihre Existenzgrundlage. Der Ausschluss aus Vereinen oder das Verbot des Betretens von Restaurants und ganzen Ortschaften nahm ihnen jede Möglichkeit, am öffentlichen Leben teilzunehmen. Es bedeutete für sie eine persönliche Katastrophe.
8 Hinweis: Die Propaganda der NSDAP war dank neuer Medien allumfassend und zeigte Wirkung. Wenn man die Deutschen aber nur als „verführte Opfer" sieht, erklärt man sie für unschuldig. Man übersieht ihre Mitwirkung und Mitverantwortung an späteren Verbrechen der Diktatur.
9 Der Pogrom vom 9. November war ein erster Gipfel des staatlichen Antisemitismus. Die Ausschreitungen waren von der NSDAP organisiert, die die Diskriminierung und Verfolgung der Juden seit 1933 systematisch vorantrieb. Bis zur Pogromnacht waren die Unterdrückungsmaßnahmen vorwiegend rechtlicher Natur, danach kam es immer häufiger zu Gewalt.
10 Der NS-Staat wollte durch die Zwangseuthanasie die „Volksgemeinschaft" reinigen und verwies auf die hohen Kosten der Kranken für den Staat. Beide Vorstellungen sind aus heutiger Sicht abzulehnen, weil sie den Menschen das Recht auf Leben und Unversehrtheit absprechen. Eine Kosten-Nutzen-Rechnung über Menschen ist ethisch verwerflich.

Kapitel 5: Nationalsozialistische Außenpolitik und Zweiter Weltkrieg (S. 166/167)

1 M3 kritisiert die Appeasement Politik Frankreichs und Englands in den 1930er Jahren. Hitler erscheint als Teufel mit Säbel. Die Karikatur spielt mit der doppelten Bedeutung von „Karte" als „Landkarte" und „Speisekarte": Hitler kann jedes Land einfordern und wird von den anderen Nationen „bedient" (Anspielung auf den Anschluss Österreichs und der Tschechei).
2 Individuelle Lösung. Nutze Seite 151.
3 Individuelle Lösung. Nutze Seite 148/149. Zu **a)**: Begründet, warum ihr die Widerstandsgruppe ausgesucht habt. Zu **b)**: Überlege dir, warum ein Pfarrer die NS-Diktatur ablehnen könnte (z. B. Euthanasie, Terror …) und auf welche Werte er sich beruft.
4 Verdeutliche, dass Ideologie und Realität nicht immer in Einklang standen (z. B. Einsatz der Frauen im Krieg), und beschreibe die Rücksichtslosigkeit,

mit der die Ziele verfolgt wurden (Diskriminierung, „Arisierung").

5 **a)** Achte auf den Verbleib der Menschen oder ihren Sterbeort. „Heilanstalt" weist auf Euthanasie hin, „Flucht" deutet an, dass derjenige wohl ein Regimegegner oder jüdischer Deutscher war, die anderen Steine verweisen auf die Ghettos im Osten, Auschwitz, ein frühes KZ und die Zwangsarbeit.

6 **b)** Hier solltest du die Idee der Volksgemeinschaft, Antisemitismus und Euthanasie nennen. Anhand der Steine kannst du die Stufen der Verfolgung (Flucht – Konzentrationslager – Vernichtungslager) nachvollziehen. Behinderte und Zwangsarbeiter aus dem Osten galten als minderwertig.

7 Analysiere, an wen sich die Maßnahmen in M3 richten. Welche Funktion sollten diese Gruppen in der Ideologie des Nationalsozialismus übernehmen? Was sollte damit bezweckt werden? Wer war von den Maßnahmen ausgeschlossen? Überlege, ob, für wen und für welche Zeit der Begriff „Wohlfühldiktatur" passt.

8 Nutze deine Ergebnisse aus Aufgabe 2. Hinweis: Tresckow ist unter Historikern sehr umstritten. Er unternahm z. B. nichts gegen Massenerschießungen von Partisanen im Osten.

9 München untersagte z. B. Stolpersteine und berief sich dabei auf den Wunsch jüdischer Gruppen. Diese hatten die Steine teilweise als nicht angemessene Form des Gedenkens kritisiert.

10 Mögliche Argumentation: Der Krieg ging von Deutschland aus, das zuerst Menschen verfolgte, vertrieb und Städte bombardierte. Allerdings waren spätere deutsche Opfer oft nicht verantwortlich für diese Taten (z. B. Kinder); die wirklichen Täter des NS-Regimes kamen dagegen oft ungestraft davon.

Kapitel 6: Der Ost-West-Konflikt spaltet die Welt (S. 192/193)

1 Lies nach auf S. 174–175 und S. 183.
2 Individuelle Lösung; zu **a)**: Beachte, dass die SALT-Vereinbarungen nur Obergrenzen für die Bewaffnung festlegten und keine Abrüstung vorsahen. Zu **b)**: Beachte, dass trotz der KZSE-Schlussakte die NATO 1979 den Doppelbeschluss fasste.
3 **a)** Nennen solltest du Marshallplan, Élysée-Vertrag, KSZE-Konferenz, Europarat, Montanunion, die Römischen Verträge, die Gründung der EG und EU.
b) Beispiele: Reisefreiheit, Euro, Schüleraustausche, zollfreier Kauf von Waren aus Europa.

4 M2 zeigt die Gefahr einer angeblich bevorstehenden Übernahme der USA durch den Kommunismus (brennende US-Flagge). Im Vordergrund greifen Soldaten Menschen an, rechts arme, niedergeschlagene Personen. Die konservative Kirchenorganisation erzeugt Angst vor dem kommunistischen System und ruft die Amerikaner zum Widerstand auf. Der Comic entstand 1947, als die Sowjetunion in Osteuropa viele sozialistische Staaten miterrichtete.

5 **a)** Der Cartoon zeigt ein Wohnhaus mit Personen auf einer Atombombe. Sie schaukelt am Abgrund zwischen Kontrolle und Zerstörung der Welt. Aussage: Der Besitz von Atomwaffen durch die Supermächte sorgt nur für trügerische Sicherheit, jede Sekunde droht die totale Zerstörung.
b) Goldbergs Einschätzung deckte sich mit dem Empfinden vieler Zeitgenossen; tatsächlich kam es nach 1945 jedoch nie mehr zum Einsatz von Atomwaffen, auch wenn die Situation mehrmals „brenzlig" war (Kubakrise 1962).

6 **a)** Kennedy nennt den Kommunismus „abstoßend" (Z. 4 f.), differenziert aber zwischen den Menschen und dem Staat (Z. 1 ff.). Er erkennt die Leistungen der Russen an (Z. 6 ff.) und fordert einen „gerechte[n] und ehrliche[n] Frieden" (Z. 23 f.), weil ansonsten die totale Zerstörung drohe.
b) Die Kuba-Krise führte den Staatschefs und der Weltöffentlichkeit vor Augen, wie gefährdet der Weltfrieden durch die gegenseitige Bedrohung war. Ein atomarer Erstschlag gegen den Gegner hätte unweigerlich die eigene Zerstörung zur Folge gehabt (M1, Z. 17–19). Beide Seiten erkannten, dass diese Politik keinen Sieger haben würde.

7 **a)** In M4 werden vier Erklärungen genannt: die traditionelle, revisionistische, postrevisionistische und eine weitere Erklärung. Sie unterscheiden sich darin, wen sie als Verursacher des Kalten Kriegs sehen: die UdSSR (1), die USA (2), eine Fehlinterpretation beider (3) oder die gezielte Kriegführung beider (4).
b) Für die Erklärungen kannst du verschiedene Pro- und Kontra-Argumente anführen: Die Sowjetunion trieb nach 1945 die Ausbreitung des Kommunismus voran (1), allerdings führten auch die USA Stellvertreterkriege für ihren Einfluss, z. B. in Vietnam (2). Für die anderen Erklärungen spricht z. B., dass beide Supermächte gezielt ideologische Feindbilder schufen, die Rüstung vorantrieben und die Folgen eines Atomschlags einkalkulierten (4).

c) individuelle Lösung; z. B. war die Gefahr eines „echten" Kriegs nicht zu allen Zeiten gleich groß; es gab auch Phasen der Entspannung.

8   Im Kalten Krieg: Politik der Konfrontation und Abschreckung, Klima der Angst, verfeindete Blöcke und Systeme, Bedrohung durch Atomwaffen; die Supermächte versuchten ihren Einflussbereich auch durch Krieg auszudehnen. Interessen kleinerer Staaten wurden selten berücksichtigt. Heute ringt man international stärker um Konsens, auch wenn der Interessenausgleich nicht einfacher ist.

Kapitel 7: Deutschland nach 1945: Zwei Staaten, eine Nation? (S. 232/233)

1   M2 zeigt Jugendliche beim verbotenen Handeln in einem Hinterhof. Auffällig sind die Trümmer und die zusammengewürfelten Klamotten. Ausgebombte Städte und der Schwarzmarkt waren ein typisches Bild der Nachkriegszeit (siehe S. 198 und S. 204/205). Viele Waren gab es nur im Tauschhandel. Straßen, Schienen, Fabriken waren zerstört, Millionen Flüchtlinge strömten nach Deutschland. Gleichzeitig begannen Wiederaufbau und Entnazifizierung.

2   Straßen wurden unmittelbar nach Kriegsende umbenannt. Das Verbot von Symbolen und Organisationen beseitigte aber nicht das NS-Gedankengut. Deshalb griffen die Siegermächte zur „Reeducation" und Entnazifizierung*. Maßnahmen: z. B. Besuch von KZs, neue Schulbücher, Prozesse gegen NS-Täter. Schwierigkeiten: falsche Einstufung von Tätern und Mitläufern durch alliierte Behörden, ungerechte Urteile, Persilscheine*. In den Besatzungszonen verlief die Entnazifizierung unterschiedlich, was zu Unmut führte.

3   Individuelle Lösung; geht auf die Verfassung ein und beschreibt sie kurz, nennt wichtige Daten und Ereignisse (z. B. Gründung der Staaten, Gründung der SED). Beschreibt das wirtschaftliche System (Soziale Marktwirtschaft, Planwirtschaft). Zur Unterstützung könnt ihr Fotos wichtiger Persönlichkeiten heraussuchen, z. B. Adenauer, Ulbricht.

4   **a)** Ursachen: Unzufriedenheit über die wirtschaftliche Lage und fehlende politische Mitsprache, Erhöhung der Arbeitsnormen; Verlauf: Massenstreiks und Demonstrationen, niedergeschlagen von der sowjetischen Armee. Folgen: Zurücknahme der Arbeitsnormen, stärkere Überwachung durch die „Stasi".

b) Ursachen: steigende Abwanderung besonders junger Menschen aus der DDR in die Bundesrepublik, dadurch Fachkräftemangel, Schwächung der Wirtschaft; Verlauf: unangekündigte Absperrung der Grenzen nach Westen über Nacht, später Ausbau der Grenzanlagen. Folgen: Trennung von Familien, Beschränkung der Reisefreiheit, Tote durch Fluchtversuche.

5   In Archiven werden Dokumente und Quellen (Archivalien) gesammelt, aufbewahrt, geordnet und für Forscher zur Verfügung gestellt. Sie sind ein zentraler Ort für die historischen Untersuchungen, um originale Quellen zu finden und auszuwerten.

6   Der Text behandelt den Volksaufstand in der DDR 1953. Er räumt zunächst zwar „Fehler beim Aufbau des Sozialismus" ein (Z. 4), gibt die Schuld für den Aufstand aber „reaktionären Kräften" (Z. 5). Den Aufstand nennt er „faschistischen Putsch" (Z. 12), die Streikenden „Rowdys", die vom US-Geheimdienst „eingeschleust" worden seien. Die Niederschlagung habe einen neuen Krieg verhindert (Z. 22 f.). Adressat des Textes: Schulkinder, die von der Sichtweise der SED beeinflusst werden sollen. Vergleiche die Darstellung mit S. 222.

7   Bundeskanzler Willy Brandt und Egon Bahr stehen vor einer Mauer, die die DDR-Mauer darstellen soll. Sie blicken gespannt auf eine Blume (Aufschrift: „Grundlagenvertrag"), die sie sprengen soll. Tatsächlich scheint das äußerst unwahrscheinlich. Der Zeichner macht sich über die Ostverträge Willy Brandts lustig, denen er keinen Erfolg beimisst. Tatsächlich führten sie zur Annäherung beider deutscher Staaten (siehe S. 228), auch wenn die Mauer bis 1989 bestand.

8   **a)** Weizsäcker bezeichnet den 8. Mai aus seiner gegenwärtigen Perspektive als „Tag der Erinnerung" (Z. 8) und „des Nachdenkens" (Z. 10) und fordert zur kritischen Behandlung der NS-Verbrechen und zum Erinnern an die Opfer auf. Der Tag sei auch ein Tag der Befreiung gewesen (Z. 22 f.). Damals sei der Glaube an einen Kampf für die „gute Sache des eigenen Landes" (Z. 13 f.) mit den „unmenschlichen Zielen einer verbrecherischen Regierung" (Z. 17 f.) konfrontiert worden. Die Chance für einen positiven Neubeginn habe man genutzt.

b) Deutung: Man kann das Geschehene nicht aufheben, es wirkt fort, aber man habe die Chance zu einem Neuanfang genutzt. Mögliche Bewertung: Tatsächlich gab es in der Bundesrepublik einen erfolgreichen demokratischen Neuaufbau nach 1945, verbunden mit wirtschaftlichem Erfolg. Dennoch gab es Defizite, z. B. bei der Entnazifizierung.

9 a) Adenauer kämpfte für die staatliche Souveränität der Bundesrepublik. Sie sollte wieder allein über ihre Belange entscheiden können. Dazu schloss er außenpolitische Verträge mit Westeuropa und förderte den Beitritt zur NATO. Die Westintegration förderte aber die Spaltung Deutschlands in zwei Staaten und machte die Wiedervereinigung unwahrscheinlicher.
b) Brandts Ostpolitik führte zur Entspannung zwischen beiden deutschen Staaten (sie verpflichteten sich zur friedlichen Konfliktlösung, förderten den Grenzverkehr usw.), allerdings erschwerte sie auch die Einigung, weil die Bundesrepublik erstmals die DDR als eigenen Staat akzeptierte. Die DDR verstärkte daraufhin ihre Bemühungen, als souveränes Land anerkannt zu werden.

Kapitel 8: Leben im geteilten Deutschland (S. 262/263)

1 a) Die Karikatur verweist darauf, dass Jugendliche sich oft von der Elterngeneration unterscheiden möchten. Sie verdeutlicht, dass sich Werte und modische Trends wandeln. In beiden Bildern sieht man eine Familie: Im ersten Bild „provoziert" der Junge als Punk seine konservativ und schick gekleideten Eltern. Im zweiten Bild ärgern sich die leger gekleideten Eltern über ihren konservativen/biederen Sohn.
b) Individuelle Lösung
2 Nutze die Arbeitsschritte auf S. 257.
3 Wiederholt anhand von S. 257. Beachten sollte man z. B., Zeitzeugen passend für ein Ereignis oder eine Zeit auszusuchen, sich Fragen vorher zu überlegen, nicht nur Ja/Nein-Fragen zu stellen, Ort und Zeit der Befragung gut zu planen, die Ergebnisse zu sichern (Mitschrift, Tonband, Video). Bei der Auswertung: Beachtet, dass die Erinnerung von Zeitzeugen verblassen, verfälscht sein können oder durch Darstellungen in den Medien überlagert werden.
4 Oben: Das Paar links ist eher einfach gekleidet, die Mutter und die Kinder rechts modebewusst und neuwertig. Unten: links das Auto der westdeutschen Familie (ein Audi oder Mercedes), rechts der Trabi der ostdeutschen Verwandtschaft. Man sollte jedoch vorsichtig sein: Unterschiede müssen nicht zwangsläufig auf den Wohnort DDR und BRD zurückzuführen sein.

5 Vergleiche mit deinem Zeugnis: Wo sind Unterschiede? „Russisch": Nähe zur UdSSR und zum System der Sowjetunion, „Einführung in die sozialistische Produktion", „Produktive Arbeit": praktischer Einsatz der Schüler in Industrie oder Landwirtschaft als Ziel des „Arbeiter- und Bauernstaats" DDR, „Staatsbürgerkunde": ideologische Beeinflussung der Kinder. Im Zeugnis wird nicht nur die Leistung der Schüler bewertet, sondern auch, ob sie „richtig" sozialistisch denken.
6 Nutze auch S. 245/246: „Zersetzung" von vermeintlichen Regimegegnern oder Flüchtlingen, „Abschöpfen" von Informationen, Spionage usw.
7 Mögliches Urteil: Die Angst vor Überwachung und Strafe sorgte für äußerlich „systemkonformes" Verhalten der Bürger, das die SED sich wünschte; fehlende Rechtsstaatlichkeit trieb jedoch auch viele in die Opposition. 1989 demonstrierten zahlreiche DDR-Bürger gegen die „Stasi".
8 Mögliches Urteil: Die 68er sorgten durch das Aufbrechen „verkrusteter" Sitten und Moralvorstellungen für eine Erneuerung der Gesellschaft. Sie sorgten für eine Demokratisierung (neue Protestformen und Bürgerbewegungen) und förderten die Emanzipation der Frauen.
9 Frauen und Männer waren laut Gesetz in der BRD und DDR gleichberechtigt. Die Realität sah jedoch besonders in der BRD anders aus: Hier herrschte oft die klassische Rollenverteilung (Männer: Arbeit, Frauen: Kinder und Haushalt). Da die DDR auf die Arbeitskraft der Frauen angewiesen war, baute sie die Kinderbetreuung stärker aus und es gab einen Haushaltstag. Beruf und Familie waren für Frauen in der DDR somit leichter zu vereinbaren.

Kapitel 9: Die deutsche Wiedervereinigung (S. 288/289)

1 M1 zeigt Dampfschiffe im Packeis. Sie tragen die Aufschriften „Perestroika" und die Namen von Ostblockstaaten. Deutung: Gorbatschows Perestroika bahnt den Weg durch das Eis (= Sinnbild für Stillstand), Ungarn und Polen folgen, die anderen Staaten bleiben stecken, weil sie keine Reformen durchführen.

2 individuelle Lösung; der Abriss soll einen Bruch mit der DDR und ihrer Ideologie (Marxismus-Leninismus) vollziehen.
3 Aussagen: Entwicklung seit der Wiedervereinigung ist positiv; Probleme der DDR wurden beseitigt (Umwelt, Verfall der Städte, Infrastruktur, Ungerechtigkeit); Unterschiede zwischen Ost und West bestehen aber immer noch (Wirtschaft). Im Osten kleinere Unternehmen und weniger Investition in Forschung, aber aufsteigender High-Tech-Sektor.
4 Der Sprecher meint, die Unterschiede in den Köpfen in Ost und West seien nach 1990 sogar gewachsen. Er spricht von „Störungen" und fordert indirekt ein Umdenken und mehr Verständnis.
5 Individuelle Lösung; Stichworte: Auswirkungen auf die Nachbarländer (DDR): Entstehung von Bürgerbewegungen; erste freie Wahlen im Ostblock; Beweis: weitgehend friedlicher Wandel war möglich.
6 Stichworte: Wirtschaftslage, Wandel im Ostblock, Unzufriedenheit der Bürger über die „Stasi", fehlende Freiheiten, schlechte Versorgung, Umweltschäden, Zerfall der Städte usw.
7 Hinweis: Beachte die außenpolitische Position der vier Alliierten und die Stellung der Sowjetunion unter Gorbatschow. Warum stimmten alle für die Einheit?
8 Gorbatschow erkannte die Notwendigkeit wirtschaftlicher Reformen. Er bemühte sich innenpolitisch um Erneuerung (Glasnost und Perestroika), weil er erkannte, dass das Land anders nicht mehr regierbar war. Allerdings brachten seine Reformen schwere wirtschaftliche und soziale Belastungen. Große Teile der Bevölkerung verarmten durch die rasche Geldentwertung und die notwendige Schließung von Fabriken, um am Weltmarkt konkurrenzfähig zu sein. Viele waren geschockt über den Bedeutungsverlust der Supermacht. Innenpolitische Spannungen führten zum Untergang der UdSSR.
9 Bei beiden Teilaufgaben kannst du positive und negative Aspekte aus M4 und M5 herausarbeiten und gegenüberstellen (siehe Lösungen zu Aufgabe 3 und 4). Ergänze weitere Aspekte von S. 278–281 und formuliere anschließend ein eigenes Urteil.

Kapitel 10: Die globalisierte Welt seit 1990: Eine Welt? Viele Welten? (S. 316/317)

1 Thesen: 1) Auflösung der Weltmacht Sowjetunion ohne Krieg war ein Einschnitt in der Weltgeschichte; 2) an die Stelle der Bipolarität trat kurz die US-Vorherrschaft; 3) China stieg zur Weltmacht auf; 4) die Auswüchse der Globalisierung müssen gebändigt werden; 5) seit den 1980er Jahren spaltet die neoliberale Wirtschaftspolitik die Gesellschaften: Reiche werden reicher, Arme ärmer; das bedroht das Gleichheitsideal als Fundament der modernen Demokratie; 6) der terroristische Islamismus wird zur neuen „politischen Pest" (Gefahr).
2 a) Machtverlagerung von den Supermächten USA und UdSSR (bipolar) zu Regionalmächten wie China, Indien, Brasilien (multipolar).
b) Unter Mao Zedong war China von der Außenwelt isoliert. Durch Wirtschaftsreformen unter seinem Nachfolger Deng Xiaoping wurde das rückständige China in kurzer Zeit zum Industrieland mit hohen Wachstumsraten und zur Großmacht. China wurde dank niedriger Löhne und vielen Arbeitskräften zur „Werkstatt der Welt". Demokratische Reformen blieben aber aus. Alle politischen Entscheidungen werden von der Kommunistischen Partei getroffen; Unterdrückung der Opposition, Menschenrechtsverletzungen. China erhöht ständig seine Militärausgaben und beunruhigt seine Nachbarn durch Gebietsansprüche.
3 a) Lies nach auf S. 312/313 und S. 310/311.
b) Flucht aus Ländern mit Bürgerkriegen und zusammengebrochenen staatlichen Einrichtungen, z. B. Syrien, Irak, Afghanistan, Somalia; Arbeitsmigration z. B. innerhalb von EU-Ländern von Süd nach Nord, aus Lateinamerika Richtung Nordamerika, aus Indien sowie Südostasien in Richtung Golfstaaten.
4 Korrigierte Aussagen: 1) „attac" setzt sich z. B. für fairen Handel und Schuldenerlass für die ärmsten Länder ein; 2) „Arabischer Frühling": Versuch, durch Massendemos und Streiks in Nordafrika und im Nahen Osten diktatorische Regime zu stürzen; 3) Die Menschenrechte wurden in Europa erstmals während der Französischen Revolution erklärt; 1948 Erklärung der allgemeinen Menschenrechte durch die UNO, seither stehen sie in den Verfassungen vieler Länder weltweit; es gibt immer noch Defizite bei der Umsetzung …
5 Orientiere dich bei der Mindmap an übergeordneten Begriffen wie „Krieg", „Globalisierung" und „Umweltfragen" und ordne dann die weiteren Aspekte zu.
6 Aus M3 wird deutlich, dass 15 % der Weltbevölkerung die Hälfte der Weltwirtschaftsleistung erbringen und mit 61 Prozent den Welthandel beherrschen. Vorteile z. B.: Waren werden billiger, da Produktionsabläufe optimiert werden …; Nachteile z. B.: Produktion in Billiglohnländern ohne soziale Absicherung der Arbeiter und Umweltschutz …

Lexikon

Im Lexikon findest du Fremdwörter, Personen, historische Begriffe und Ereignisse, die in den Texten dieses Buches vorkommen. Viele sind dort mit einem * versehen. Bei Fachbegriffen, die schon vorne im Buch erläutert werden, verweist das Lexikon auf die entsprechende Seite.

A

Achsenmächte, während des Zweiten Weltkrieges Bezeichnung für das Deutsche Reich und seine Bündnispartner, insbesondere Italien und Japan.

Antisemitismus, neue Judenfeindlichkeit seit dem 19. Jahrhundert. Sie knüpfte an die religiöse und soziale Judenfeindschaft des Mittelalters an. Neu war das völkisch-rassische Denken: Juden wurden mit scheinwissenschaftlichen Behauptungen als „minderwertig" und gefährlich diskriminiert. Der → rassistische Antisemitismus war Bestandteil der NS-Ideologie.

Appeasement (to appease = beschwichtigen), Politik der Beschwichtigung durch Nachgeben im Konfliktfall. Der Begriff meint besonders die britische Außenpolitik gegenüber Hitler. Großbritannien hoffte, durch Zugeständnisse den Frieden in Europa zu erhalten. Höhepunkte der Appeasement-Politik waren das Münchner Abkommen 1938 und die Hinnahme der deutschen Besetzung der Tschechoslowakei 1939.

Arbeiter- und Soldatenräte, Vereinigung von Arbeitern und Soldaten. Sie übernahmen während der Novemberrevolution ab 9. November 1918 die Macht in deutschen Fabriken und Kasernen. Mit dem Ende der Revolution lösten sie sich auf.

Arisierung, nationalsozialistischer Begriff: Verdrängung der Juden aus dem Berufs- und Wirtschaftsleben durch Gesetze. Durch die Verordnung zur „Arisierung" (26. April und 12. November 1938) wurde jüdisches Eigentum in „arische Hände" überführt. Es erfolgte ein Zwangsverkauf zu Niedrigpreisen oder entschädigungslose Enteignung. Nutznießer der Arisierung waren die Staatskasse und Nichtjuden.

Atlantik-Charta, am 14. August 1941 von dem britischen Premierminister Churchill und dem amerikanischen Präsidenten Roosevelt beschlossene Erklärung der gemeinsamen Kriegs- und Nachkriegspolitik, die zu einem Grunddokument der UNO wurde. Sie forderte u. a. Verzicht auf Gebietsgewinn, Anerkennung des Selbstbestimmungsrechts der Völker über ihre Regierungsform, Gleichberechtigung im Welthandel, Freiheit der Weltmeere, Verzicht auf Waffengewalt.

Autarkie, Selbstversorgung, Selbstgenügsamkeit. Ein autarkes Land erzeugt alles selbst, was es benötigt. Autarkie hat meist machtpolitische Gründe.

Außerparlamentarische Opposition (APO), Bezeichnung für verschiedene politische Gruppen der 1960er Jahre in Deutschland, die sich als Oppositionsbewegung außerhalb des Parlaments verstanden. In der APO waren hauptsächlich Studenten und junge Erwachsene aktiv. Sie entstand während der Großen Koalition unter Bundeskanzler Kiesinger (1966–1969). Damals gab es keine starken Oppositionsparteien. Die APO übte Kritik an der „Wohlstandsgesellschaft" und den Notstandsgesetzen, verurteilte den → Vietnamkrieg der USA und forderte die Aufarbeitung des Nationalsozialismus.

Autoritäres Regime, Regierungsform, bei der nicht der Wille der Mehrheit zählt, sondern der eines Einzelnen oder einer Gruppe. Anders als in einem → totalitären Staat gibt noch vom Staat unberührte – meist private – Bereiche. Konflikte werden nicht offen ausgetragen, sondern durch Anordnungen beseitigt oder verdeckt. Meist gibt es eine kleine privilegierte Gesellschaftsschicht (z. B. Offiziere, Unternehmer).

B

Bipolarität, Machtgefüge, in dem zwei feindliche Führungsmächte („Pole") allein das internationale Geschehen bestimmen und kontrollieren, wie z. B. die UdSSR und USA im Kalten Krieg. Der Gegensatz ist die Multipolarität, bei der es mehrere Machtzentren oder Führungsmächte gibt.

Bolschewiki und Menschewiki, russisch „Mehrheitler" und „Minderheitler", Fraktionen, die aus der Spaltung der Russischen Sozialdemokratischen Partei 1903 hervorgingen. Die Bezeichnungen sind irreführend, denn die Menschewiki waren viel zahlreicher. Sie wollten eine parlamentarische Demokratie. Die Bolschewiki unter Lenin wollten eine Revolution und waren strikt gegen die Zusammenarbeit mit anderen Parteien. Sie verstanden sich als „Kaderpartei" (Kader = geschulte Führungskräfte) mit strenger Hierarchie. Die Bolschewiki wollten alle Gesellschaftsbereiche durchdringen, um die Massen zum Sozialismus zu führen.

Bolschewismus, politisches System der Bolschewiki in der UdSSR. Kennzeichen: Diktatur einer Parteielite, Terror und ein Unterdrückungsapparat. Seit den 1930er Jahren war der Begriff „Bolschewismus" im Westen negativ besetzt. Man verwendete ihn im Dritten Reich, um den Kommunismus insgesamt zu verurteilen.

Breschnew-Doktrin, 1968 formulierte Leitlinie von Leonid Breschnew (1907–1982), dem Chef der Kommunistischen Partei der UdSSR: Bei Gefahr für die „sozialistische Gemeinschaft" sollte die Sowjetunion und ihre Verbündeten in allen Staaten des Warschauer Paktes militärisch eingreifen dürfen. Breschnew rechtfertige damit den Einmarsch in der Tschechoslowakei 1968 (→ Prager Frühling).

Bruttosozialprodukt, Summe aller Güter und Dienstleistungen eines Landes innerhalb eines Zeitraums – also das gesamte „Einkommen" eines Staates. Es steigt, wenn mehr Menschen Arbeit haben und Leistungen erwirtschaften. Deshalb ist es ein Messwert für wirtschaftlichen Erfolg.

C

containment → Eindämmungspolitik

D

Deportation, Zwangsverschleppung von ausländischen Arbeitskräften, politischen Gegnern oder feindlichen Bevölkerungsgruppen, etwa unter Stalin oder in der NS-Zeit.

Devisen, Zahlungsmittel in einer ausländischen Währung. Die DDR-Mark war im westlichen Ausland nicht als Währung akzeptiert. Für den Einkauf von Rohstoffen und Waren im Ausland benötigte die DDR deshalb dringend D-Mark oder US-Dollar.

Diktatur, siehe S. 27

Diskriminierung (lat. discriminare = abgrenzen, unterscheiden), Benachteiligung und Herabwürdigung von Gruppen oder Personen aufgrund von Hautfarbe, Geschlecht, Religion, Abstammung, politischer oder sexueller Orientierung, sozialer Herkunft usw. Diskriminierung geschieht z. B. durch Benachteiligung bei der Teilnahme am öffentlichen Leben, bei der Ausbildung, Berufsausübung oder Entlohnung.

Displaced Persons („verschobene Personen"), Begriff der Alliierten im Zweiten Weltkrieg, meint Zwangsarbeiter und KZ-Häftlinge, die 1939–1945 durch Deutschland und seine Verbündeten verschleppt oder zum Verlassen ihrer Heimat gezwungen wurden. Nach dem Krieg wanderten viele jüdische „DPs" nach Palästina aus.

Dritte Welt, alle industriell schwach entwickelten Länder in Afrika, Asien und Lateinamerika. Die Erste Welt bilden die industrialisierten Staaten Europas, die USA, Kanada, Australien, Neuseeland und Japan. Zur Zweiten Welt zählen die später industrialisierten sozialistischen Staaten des Ostblocks. Obwohl es den Ostblock nicht mehr gibt, spricht man weiter von der Dritten Welt. Die zugehörigen Länder fordern von den reichen Industriestaaten mehr Hilfe und Gleichberechtigung auf dem Weltmarkt (→ Nord-Süd-Konflikt).

Drittes Reich, nationalsozialistische Bezeichnung für Deutschland 1933–1945. Der Begriff soll eine Beziehung zu den zwei vorherigen Reichen herstellen: dem Heiligen Römischen Reich Deutscher Nation (962–1806) und dem Deutschen Kaiserreich (1871–1918). Das „Dritte" Reich sollte laut NS-Propaganda die deutsche Geschichte vollenden.

E

Ebert-Groener-Pakt, Vereinbarung zwischen Friedrich Ebert (SPD-Vorsitzender, Mitglied des Rates der Volksbeauftragten) und General Wilhelm Groener, Chef der Obersten Heeresleitung, während der Novemberrevolution 1918. Der Pakt regelte das gemeinsame Vorgehen gegen linksradikale Gruppen, die die Revolution fortsetzen wollten. Groener wollte die Armee schützen, sie möglichst rasch nach Deutschland zurückholen und integrieren. Die SPD wollte eine parlamentarische Demokratie schaffen.

Eindämmungspolitik (engl. containment policy), außenpolitisches Konzept, umgesetzt von US-Präsident Harry S. Truman ab 1947. Die USA wollten verhindern, dass die Sowjetunion ihren Einflussbereich ausdehnte und den Kommunismus verbreitete. Sie leisteten deshalb wirtschaftliche, finanzielle und militärische Hilfe an die Staaten der „freien Welt" und besonders an Europa (→ Marshallplan). Diese „Truman-Doktrin" wurde zum Grundprinzip der amerikanischen Außenpolitik im Kalten Krieg und führte zum Aufbau der NATO und zur Ausbreitung der antikommunistischen Haltung.

Einsatzgruppen, Sondereinheiten aus Polizei, → Gestapo und SS, unterstellt dem „Reichsführer SS" Heinrich Himmler. In Osteuropa ermordeten sie ab 1939 systematisch die jüdische Bevölkerung, Roma, polnische Intellektuelle, Kranke und Behinderte. Einsatzgruppen hatten eine Stärke von einigen hundert Mann und führten meist Erschießungen durch. Ab 1942 wurden sie durch Vernichtungslager „abgelöst".

Eiserner Vorhang, 1. symbolische Bezeichnung für die Abschottung des Ostblocks gegen den Westen im Kalten Krieg. Ideologisch unüberwindbare Grenze zwischen den liberalen Demokratien Westeuropas und den kommunistischen Ländern Osteuropas. 2. Die tatsächlichen Grenzschutzanlagen zwischen Ost und West, von Ungarn bis zur Ostseeküste; insbesondere zwischen Bundesrepublik und DDR, West- und Ost-Berlin. Sie bestanden aus Stacheldraht, Selbstschussanlagen, Minenfeldern und Wachtürmen und sollten verhindern, dass Menschen in den Westen flohen. Mit dem Zusammenbruch der kommunistischen Regierungen kam es zum Abbau des Eisernen Vorhangs. Den Anfang machte Ungarn mit der Grenzöffnung im Mai 1989, die Berliner Mauer fiel im November 1989.

Emanzipation, siehe S. 247

Entnazifizierung, Versuch der Siegermächte ab 1945, die deutsche Gesellschaft vom Nationalsozialismus zu „säubern". Maßnahmen: gerichtliche Verfolgung von Kriegsverbrechern (Nürnberger Prozesse), Entfernung von Nationalsozialisten aus einflussreichen Positionen, Umerziehung der Bevölkerung durch Schule und Medien (→ Reeducation). Mit Fragebögen untersuchten die Alliierten den beruflichen und politischen Werdegang der Deutschen während der NS-Zeit. Die Entnazifizierung verlief in den einzelnen Zonen unterschiedlich. Ihr Erfolg ist umstritten.

Entspannungspolitik, siehe S. 183

Entwicklungsländer, Länder, die gemessen an westlichen Industriestaaten „unterentwickelt" sind. Merkmale und Ursachen: Ein Großteil der Bevölkerung ist in der Landwirtschaft tätig, wenig Bildungsmöglichkeiten, niedriges Pro-Kopf-Einkommen, Kapitalmangel, ungenügende Infrastruktur, unzureichende medizinische Versorgung, einseitige Abhängigkeit von der Weltwirtschaft.

Ermächtigungsgesetz, das nationalsozialistische „Gesetz zur Behebung der Not von Volk und Reich" vom 23. März 1933. Es hob die Gewaltenteilung auf. Die NS-Regierung erhielt dadurch unumschränkte Macht und konnte selbst Gesetze erlassen. Sie war nicht mehr an das Parlament gebunden. Staatliche Willkür wurde möglich.

Erster Weltkrieg (1914–1918), unterschied sich grundlegend von bisherigen Kriegen durch die Zahl der Opfer, das Ausmaß der Zerstörung, die territoriale Ausdehnung, die Millionenheere und den gewaltigen Materialeinsatz. Unmittelbarer Kriegsanlass: Attentat auf den Thronfolger Österreich-Ungarns in Sarajewo. Ursachen des Krieges: machtpolitische Gegensätze und Interessenskonflikte der europäischen Staaten; Rivalitäten zwischen den imperialistischen Großmächten. Hauptkriegsgegner: Mittelmächte (Deutschland, Österreich, Osmanisches Reich) und Entente (Großbritannien, Frankreich, Russland). Der Eintritt der USA auf Seiten der Entente 1917 veränderte das Kräfteverhältnis. Der Krieg endete mit den Pariser Friedensverträgen von 1919/20.

Eugenik (griech. = Lehre von der guten Erbveranlagung), auch „Rassenhygiene" genannt, Theorie vom Ende des 19. Jahrhunderts. Ziel war es, die Fortpflanzung „Erbgesunder" zu fördern (positive Eugenik) und die Fortpflanzung „Erbkranker" zu verhindern (negative Eugenik). Sie wurde von den Nationalsozialisten während der → Euthanasie umgesetzt.

Euthanasie (griech. = leichter, schöner Tod), Sterbehilfe, bei den Nationalsozialisten: bewusste Herbeiführung des Todes, Vernichtung angeblich „lebensunwerten" Lebens von Behinderten und Kranken. Während der „Aktion T4" ermordeten deutsche Ärzte über 70 000 Menschen, bis die Tötungen 1941 aufgrund von Kirchenprotesten gestoppt wurden. Im besetzten Osteuropa gingen die Morde an kranken KZ-Häftlingen, auch an Kindern, bis zum Kriegsende weiter.

F

Faschismus, ursprünglich Bezeichnung für das Herrschaftssystem Italiens unter Benito Mussolini; „fasces" = Rutenbündel mit einem Beil, Machtsymbol der höchsten römischen Beamten. Merkmale des Faschismus: antidemokratische, antisozialistische, antikirchliche und nationalistische Einstellung. Die Nationalsozialisten bezeichneten sich selbst nicht als Faschisten, weil sie eine deutsche und keine internationale Bewegung sein wollten. In sozialistischen Ländern nannte man dagegen alle antikommunistischen Parteien und Regierungen „faschistisch".

Freikorps, Freiwilligenverbände ehemaliger Frontsoldaten des Ersten Weltkrieges. Sie sahen durch Kriegsende und Revolution keine Chance für eine gesicherte Zukunft. Freikorps bekämpften im Auftrag des „Rates der Volksbeauftragten" und der Reichsregierung die linksradikalen Aufstände von 1923. Ihre Mitglieder wurden allmählich in die Reichswehr überführt.

Friedliche Koexistenz, außenpolitische Leitlinie der UdSSR, geprägt vom russischen Ministerpräsidenten Nikita Chruschtschow (1894–1971) auf dem 20. Parteitag der KPdSU 1956. Er forderte ein gewaltloses Nebeneinander der UdSSR und der kapitalistischen Staaten. Der Gedanke entsprang eher taktischen als ideologischen Überlegungen: Er sollte der UdSSR größeren Handlungsspielraum verschaffen. Das Prinzip hatte innerhalb des sowjetischen Machtbereichs keine Geltung.

Führer, vom → Faschismus und Nationalsozialismus geprägter Begriff, meint im Dritten Reich die Person Adolf Hitlers. Der „Führer" vereint in sich die oberste vollziehende, gesetzgebende und richterliche Gewalt und kennt keine Gewaltenteilung; er bedarf keiner Legitimation und verlangt unbedingten Gehorsam. Seine Person wird kultisch verehrt. Der „Führerstaat" funktioniert nach dem „Führerprinzip": Autorität wird in der Staats- und Parteiorganisation von oben nach unten ausgeübt, Verantwortung nach oben abgegeben.

G

Generalstreik, schärfste Form des Streiks. Ein Großteil der Arbeitnehmer legt die Arbeit nieder und stoppt so das wirtschaftliche Leben eines Landes. Dadurch wird der Streik zum wirkungsvollen politischen Druckmittel.

Gemeinschaft Unabhängiger Staaten (GUS), loser Zusammenschluss von zunächst zwölf Teilrepubliken der ehemaligen Sowjetunion 1991. Die GUS wollten einen gemeinsamen Markt schaffen, um ihre Probleme beim Übergang zur Marktwirtschaft und Unabhängigkeit zu mildern. Geplant waren Absprachen zu Außenpolitik, Umweltschutz und Kriminalitätsbekämpfung. Die baltischen Staaten (Estland, Lettland, Litauen) schlossen sich nicht an, Georgien trat 2008 aus. Die GUS hat heute praktisch keine Bedeutung mehr, da es eine Fülle einzelner Abkommen zwischen den Mitgliedern gibt. Die Ukraine ließ ihre Mitgliedschaft angesichts der Spannungen mit Russland seit 2014 ruhen.

Gestapo, Geheime Staatspolizei, nationalsozialistische Behörde zur Verfolgung von Regimegegnern, Juden und anderen Opfern, gegründet 1933. Sie war maßgeblich auf Spitzel und Verräter in der Bevölkerung angewiesen und beteiligte sich ab 1941 an den Massenmorden der → Einsatzgruppen.

Glasnost und Perestroika, Schlagworte der Reformpolitik in der Sowjetunion ab 1986, geprägt vom russischen Ministerpräsidenten Gorbatschow. „Glasnost" (Offenheit): Transparenz der Entscheidungen in Staats- und Parteiorganen, öffentliche Diskussionen über Probleme und Aufgaben. „Perestroika" (Umbau): Ursprünglich geplante Modernisierung der Führungsrolle der Kommunistischen Partei; sie führte, verschärft durch Machtkämpfe, Wirtschaftsprobleme und Nationalitätenkonflikte, zum Zerfall der Sowjetunion.

Gleichschaltung, siehe S. 95
Globalisierung, siehe S. 313
Gulag (russ. Abkürzung), Netz von Arbeitslagern in der Sowjetunion, der Geheimpolizei unterstellt. Von 1929 bis zu Stalins Tod 1953 waren insgesamt 18 Millionen Menschen dort inhaftiert, von denen mehrere Millionen starben, meist an Erschöpfung, Kälte, Krankheiten und Hunger.

H

Hallstein-Doktrin, außenpolitischer Grundsatz der Bundesrepublik 1955–1969, benannt nach Walter Hallstein, dem Staatssekretär im Auswärtigen Amt. Die Bundesrepublik erhob den Anspruch, der einzig legitime Vertreter aller Deutschen zu sein, also auch der DDR-Bürger, weil diese nicht frei wählen konnten. Die damalige Bundesregierung erklärte, sie wolle mit keinem Land diplomatische Beziehungen aufnehmen, das die DDR als Staat anerkenne.

Handelsembargo (span. embargo = Beschlagnahmung), von einem Staat oder einer Staatengemeinschaft verhängtes Verbot, mit einem anderen Staat Handel zu treiben. Ein Embargo betrifft z. B. den Verkauf von Rohstoffen an ein Land. Es kann mit militärischen Mitteln durchgesetzt werden.

Hindenburg, Paul von (1847–1934), im Ersten Weltkrieg Generalfeldmarschall, übte ab 1916 die oberste Regierungsgewalt aus; in der Weimarer Republik 1925 zum Reichspräsidenten gewählt. Er entschied mit Notverordnungen am Parlament vorbei und ernannte 1933 Adolf Hitler zum Reichskanzler. Seine militärischen Erfolge sind umstritten, er gilt als Wegbereiter der Diktatur.

Hitler-Stalin-Pakt, Nichtangriffspakt vom 23. August 1939 zwischen dem Deutschen Reich und der Sowjetunion. Hitler wollte damit die Sowjetunion als Kriegsgegner ausschließen. Die Sowjetunion sagte zu, wichtige Erze und Rohstoffe zu liefern, die Deutschland für die Kriegsführung benötigte. In einem geheimen Zusatzprotokoll verständigten sich beide Länder über die Aufteilung Polens im Kriegsfall.

I

Ideologie, Denkrichtung und umfassende Deutung gesellschaftlich-politischer Verhältnisse und historischer Entwicklungen. Die Deutung ist einseitig und verzerrt; sie dient den Interessen bestimmter Gruppen und soll bestehende Verhältnisse begründen und rechtfertigen.

Imperialismus, Herrschaft eines industrialisierten Staates über weniger entwickelte Länder. In der Epoche des Imperialismus (1880–1914) betrieben die Großmächte aggressiven Nationalismus und Expansion. Imperiale Herrschaft wurde direkt oder indirekt ausgeübt, also durch Besetzung oder Kontrolle von einheimischen Regierungen.

Inflation, siehe S. 54

Institution, staatliche oder kirchliche Einrichtung, die einen bestimmen Bereich regelt, z. B. Bildung. Institutionen können Behörden, Gerichte oder Schulen sein.

Investition (lat. investitio = „Einkleidung"), Einsatz von Kapital (Geld, sonstige Werte) für eine bestimmte Sache. Der Staat kann z. B. in Straßenbau investieren, um die Wirtschaft anzukurbeln.

K

Kalter Krieg, siehe S. 173

Kapitalismus, Wirtschafts- und Gesellschaftsordnung, bei der private Unternehmer nach Gewinn streben. Ihnen gehören Fabriken oder Land. Der → Markt bestimmt über Angebot und Nachfrage, Preise und Löhne. Anders in der → Sozialen Marktwirtschaft: Hier greift der Staat regulierend ein.

Koalition (lat. = Vereinigung), politischer Zusammenschluss von zwei oder mehr Parteien, um gemeinsam zu regieren. Sie ist nötig, wenn eine Partei allein keine Mehrheit erreicht.

Kolchose (russ.), Zusammenschluss mehrerer Höfe oder Gemeinden, die gemeinsam landwirtschaftliche Güter erzeugen. Der Staat bestimmt über Arbeitszeit, Produktion und Verwaltung. Kolchosen wurden während der Kollektivierung in der Sowjetunion meist unter Zwang eingeführt.

Kollektivierung, Zusammenschluss von Bauernhöfen zu Produktionsgemeinschaften (→ Kolchosen), wie in der Sowjetunion 1928–1932.

Kolonialismus, Errichtung von Handelsstützpunkten und Siedlungskolonien in wenig entwickelten Ländern, vor allem außerhalb Europas, seit dem Ende des 15. Jahrhunderts; später Inbesitznahme der Länder durch die überlegenen Staaten. Der Kolonialismus hatte vor allem wirtschaftliche und militärische Ziele.

Kolonien, auswärtige, abhängige Gebiete eines Staates ohne eigene politische und wirtschaftliche Macht. Im Zeitalter des → Imperialismus war die Gründung von Kolonien ein wesentliches Instrument zur Machtausdehnung europäischer Staaten.

Kommunismus, siehe S. 25

konservativ (lat. conservare = bewahren), Bezeichnung für politische und soziale Bewegungen seit dem 19. Jahrhundert. Konservative wollen den gegenwärtigen Zustand der Gesellschaft erhalten oder einen älteren wiederherstellen. Sie glauben an Autorität, Traditionen, Privateigentum und akzeptieren oder rechtfertigen Ungleichheit. In der Weimarer Republik galt z. B. die DNVP als konservativ (siehe S. 51), in der Bundesrepublik die CDU. Gegensätzliche Bewegungen sind → Liberalismus und → Sozialismus.

Kriegskommunismus, Wirtschaftspolitik der Bolschewiki im russischen Bürgerkrieg 1918–1921. Merkmale: Planwirtschaft, Arbeitspflicht und Zwang zur Ablieferung der Erzeugnisse. Sie führte zum Verfall der Wirtschaft und großer Not.

KSZE (Konferenz für Sicherheit und Zusammenarbeit in Europa), Reihe von Konferenzen zwischen Ostblock, NATO und neutralen Staaten 1973–1975. Ergebnis: die von 35 Staaten unterzeichnete Schlussakte von Helsinki. Darin bekannten sich alle zu Gewaltverzicht, friedlicher Konfliktlösung, Nichteinmischung in innere Angelegenheiten und Anerkennung der Menschenrechte; außerdem zur Zusammenarbeit in Wissenschaft und Technik. Die KSZE hatte mehrere Nachfolgekonferenzen und wurde zur festen Einrichtung, um den Frieden in Europa zu sichern. 1990 unterzeichneten die KSZE-Staaten die Charta von Paris, in der sie sich zu Demokratie, Marktwirtschaft, sozialer Gerechtigkeit und Menschenrechten bekannten. Seit 1993 gehören der KSZE 53 Staaten an.

L

liberal, Liberalismus (lat. liber = frei), politische Bewegung seit dem 19. Jahrhundert. Liberale legen Wert auf Freiheit in Staat und Gesellschaft. Der individuelle Mensch und seine Rechte stehen im Vordergrund. Der Staat soll die Bürger nur schützen und die Ordnung aufrechterhalten, aber nicht in das Leben eingreifen. Liberale wollen Gewaltenteilung, Rechtsstaat und Pressefreiheit; in der Wirtschaft privates Unternehmertum und freie Märkte (Wirtschaftsliberalismus). In der Weimarer Republik galt z. B. die DDP als liberal (S. 51), heute die FDP. Siehe auch → konservativ, → Sozialismus.

M

Markt, Ort, an dem Waren und Dienstleistungen (z. B. Friseurbesuch, Taxifahrt) gegen Zahlungsmittel getauscht werden. Angebot und Nachfrage bestimmen Preise und Löhne. Der Staat kann regulierend eingreifen, indem er z. B. Höchstpreise oder Mindestlöhne festsetzt.

Marshallplan (European Recovery Program = ERP), wirtschaftliches Hilfsprogramm der USA zum Wiederaufbau Europas 1948–1952; benannt nach dem US-Außenminister George Marshall. Die USA wollten Europa nach dem Zweiten Weltkrieg wirtschaftlich stärken und wieder zum Partner im Welthandel machen. Das sollte die politischen Verhältnisse stabilisieren und weniger anfällig für den Kommunismus machen. Stalin verbot den osteuropäischen Ländern die Teilnahme am Programm.

Menschenrechte, Idee seit der Aufklärung im 18. Jahrhundert, dass jeder Mensch unantastbare Rechte besitzt: Recht auf Leben, Glaubens-, Meinungs- und Versammlungsfreiheit, freie Wahl des Wohnorts, persönliche Sicherheit und

Eigentum; Recht auf Widerstand bei Verletzung der Grundrechte. Im 20. Jahrhundert kamen soziale Rechte wie das Recht auf Arbeit und Bildung hinzu.

Menschewiki, → Bolschewiki und Menschewiki

Migration, siehe S. 311

Militarismus, Vorrang militärischer Werte und Ideale in einer Gesellschaft: Glaube an das „Recht des Stärkeren" und die Unvermeidbarkeit von Kriegen als Mittel der Politik. Rüstungs- und Verteidigungspolitik haben Vorrang. Militärische Tugenden wie Gehorsam und Disziplin bestimmen die Erziehung.

Mobilität, siehe S. 311

N

Nation (lat. natio = Volk, Stamm), ursprüngliche Idee: große Gruppe von Menschen mit gemeinsamer Sprache, Tradition oder Abstammung. Seit dem 18. Jahrhundert entstand die Idee des Nationalstaats, bei dem die Nation und der Staat deckungsgleich sein sollen (Gegensatz: Vielvölkerstaat, z. B. die USA). Der übersteigerte Glaube an die eigene Nation führte im 19. Jahrhundert zur Konkurrenz der Nationalstaaten und zum Nationalismus. Er ist häufig mit der Ausgrenzung religiöser oder ethnischer Minderheiten verbunden.

Nationalsozialismus, rechtsradikale politische Bewegung und Ideologie, die 1933 in Deutschland zum Aufbau einer Diktatur und zum Verlust demokratischer Freiheiten führte. Kennzeichen: extremer Nationalismus, Streben nach „Lebensraum" für die Bevölkerung, Glaube an einen „Führer", Rassismus und Antisemitismus.

NATO (North Atlantic Treaty Organization = Nordatlantik-Vertrags-Organisation) 1949 gegründete Verteidigungsgemeinschaft mit Sitz in Brüssel. Ursprünglich von Großbritannien, Frankreich und den USA als Bündnis gegen eine erneute deutsche Aggression gegründet, wandelte sie sich im Kalten Krieg schnell zum Gegenpol gegen den → Warschauer Pakt. Aktuell gehören der NATO 28 Staaten an, die Bundesrepublik (Westdeutschland) trat ihr 1955 bei.

NATO-Doppelbeschluss, diplomatisches Ereignis während des atomaren Wettrüstens im Kalten Krieg 1979. Die NATO kündigte erstens an, atomare Mittelstreckenraketen in Westeuropa zu stationieren und forderte zweitens Verhandlungen über die Begrenzung der Rüstung. In der Bundesrepublik demonstrierten Hunderttausende gegen die Stationierung, doch der Bundestag stimmte ihr 1983 zu.

Nord-Süd-Konflikt, Konflikt zwischen den Industrieländern der Nordhalbkugel und den → Entwicklungsländern der Südhalbkugel wegen ungerechter Einkommensverteilung. Die Entwicklungsländer werfen den Industrieländern vor, dass sie ihre wirtschaftliche Macht nutzen, um die Abhängigkeit der Entwicklungsländer zu festigen und dort Preise und Gehälter zu drücken.

O

Ölkrise/Ölpreiskrise, starke Erhöhung der Erdölpreise 1973 durch arabische Länder. Sie war eine Reaktion darauf, dass der Westen Israel im Krieg gegen arabische Staaten unterstützte. Folgen: in der Bundesrepublik Anstieg der Arbeitslosigkeit, „autofreie Sonntage"; in der DDR: Umstieg auf Braunkohle, dadurch wachsende Umweltverschmutzung.

P

Parlamentarische Demokratie, Republik mit einem gewählten Präsidenten als Staatsoberhaupt. Die Gesetzgebung liegt beim Parlament. Die Regierung wird vom Präsidenten ernannt, muss aber im Parlament Mehrheiten gewinnen, um ihre Politik umzusetzen.

Perestroika → Glasnost und Perestroika

Persilschein, spöttische Bezeichnung aus der Zeit der → Entnazifizierung, die auf das Waschmittel „Persil" zurückgeht. „Persilscheine" waren Zeugnisse der Alliierten, die eine Person entlasteten (z. B. durch positive Aussagen von Opfern). Die Person war dadurch von Schuld „reingewaschen".

Planwirtschaft, siehe S. 218

Pogrom (russ. = Krawall, Zerstörung), ursprünglich Judenverfolgungen in Russland; heute gewaltsame Ausschreitung gegen jede Minderheit, besonders gegen Juden, oft verbunden mit Plünderung und Mord.

Präambel (lat. = das Vorausgehende), Einleitung eines Gesetzes oder einer Verfassung. Dort kann der Gesetzgeber seine Absicht zum Ausdruck bringen. Oft nimmt sie Bezug auf Gott, wie unser Grundgesetz.

Prager Frühling, Reformversuch in der Tschechoslowakei 1968 unter Alexander Dubček, dem dortigen Parteichef der Kommunisten. Er propagierte einen „Sozialismus mit menschlichem Antlitz". Politische und wirtschaftliche Reformen wurden eingeleitet, die Zensur aufgehoben, Gewerkschaften erhielten mehr Mitspracherechte. Der Führungsanspruch der Kommunistischen Partei blieb jedoch unangetastet. In den Augen der Sowjetunion stellte die Reformbewegung eine Gefahr für die Einheitlichkeit des Ostblocks dar. Sie wurde daher im selben Jahr mithilfe der Truppen des Warschauer Paktes niedergeschlagen.

R

Rassismus/Rassenlehre, Einteilung und Bewertung von Menschen aufgrund ihrer äußeren biologischen Merkmale (Hautfarbe) oder ihrer Abstammung. Bestimmten „Rassen" werden bestimmte Eigenschaften zugeschrieben. Sie gelten als höher- oder minderwertig. Die eigene „Rasse" wird verherrlicht, andere werden aggressiv abgelehnt. Rassisten schüren Angst vor der „Vermischung" oder „Überfremdung" der Bevölkerung. Seinen Höhepunkt fand der Rassismus im nationalsozialistischen Rassenwahn.

Reeducation, Ziel der Westalliierten nach 1945: Umerziehung des deutschen Volkes zu demokratischen Werten. Maßnahmen: Auflösung und Neuordnung des kompletten Kulturbereichs; Abschreckung durch Konfrontation mit den Gräueltaten der Nazis, Plakate, Zwangsseminare. Schulbücher aus der NS-Zeit wurden durch neue ersetzt; Filmproduktion, Rundfunk und Presse im demokratischen Sinne gefördert. Weil die Maßnahmen nicht die gewünschte Wirkung zeigten, ersetzte man „Reeducation" durch „Reorientierung": Die Alliierten versuchten nun die Bevölkerung von der Notwendigkeit demokratischer Umgangsformen zu überzeugen. Dies gelang, weil es verknüpft war mit Wirtschaftshilfe im Zuge des Marshallplans.

Reichsarbeitsdienst (RAD), halbjährlicher Arbeitsdienst in der NS-Zeit, ab 1935 für alle Männer zwischen 18 und 25 Jahren verpflichtend; ab 1939 auch für Frauen. Die Männer dienten meist in Bau- und Instandsetzungstrupps für die Wehrmacht, die Frauen übernahmen karitative Aufgaben oder halfen in der Landwirtschaft.

Reichsnährstand, nationalsozialistische Organisation; darin wurden im Zuge der → Gleichschaltung alle Bauern, Landwirtschaftsbetriebe und -verbände zwangsvereinigt. Als oberste Behörde regelte sie alle Bereiche der Landwirtschaft, z. B. Produktion, Vertrieb und Preise. Die Bauern sollten so viel produzieren, dass das Reich nicht von Einfuhren aus dem Ausland abhängig war (→ Autarkie).

Religionen, Sammelbegriff für eine Vielzahl unterschiedlicher Weltanschauungen. Gemeinsames Merkmal: Glaube an eine überirdische Kraft, deren Existenz nicht wissenschaftlich beweisbar ist. Der Begriff Religion bezeichnet soziale und kulturelle Phänomene, die das menschliche Verhalten, Denken und Fühlen prägen und Wertvorstellungen beeinflussen. Religion kann auch politischen Zwecken dienen (religiöse → Ideologien). Die größten Religionen sind Christentum, Islam, Hinduismus, Buddhismus, Daoismus, Sikhismus, Judentum, Bahaitum und Konfuzianismus.

Reparationen (lat. reparare = wiederherstellen), Entschädigung in Form von Geld oder Sachleistungen, die ein Staat einem anderen zahlen muss, z. B. nach einem verlorenen Krieg.

Republik (lat. res publica = Staat), Staatsform, in der eine Verfassung die Herrschaft regelt. Man verwendet den Begriff in Abgrenzung zur Monarchie, bei der die Erbfolge den Herrscher bestimmt. Eine Republik muss keine Demokratie sein. Es gibt verschiedene Formen der Republik, in denen z. B. das Parlament oder der Präsident mehr Macht haben.

Runder Tisch, Diskussionsforum, das einvernehmliche Lösungen für politische Probleme erarbeiten soll. Dort sitzen Vertreter gesellschaftlicher Gruppen. „Runde Tische" gab es oft während des Zerfalls des Ostblocks und danach. Im Januar 1989 in Polen eingeführt, dienten sie zur Verständigung zwischen Opposition und kommunistischer Regierung. „Runden Tische" kennzeichneten auch die Zeit zwischen der Auflösung der DDR und dem Beitritt der neuen Länder zur Bundesrepublik.

S

SA (Sturmabteilung), nationalsozialistische Kampforganisation, 1920 von der NSDAP zur Sicherung ihrer Parteiveranstaltungen gegründet. Vorbilder der SA kamen aus dem faschistischen Italien. Sie rekrutierte ihre Mitglieder überwiegend aus → Freikorps und Bürgerwehrverbänden. Nach 1921 wurde sie zur paramilitärischen Organisation umgeformt. Nun übte sie Gewalt und Terror gegen politischer Gegner und Juden aus. Nach der Machtübernahme Hitlers wurden SA-Männer als Wachpersonal in den ersten Konzentrationslagern eingesetzt.

Schiiten, zweitgrößte Glaubensrichtung des Islam. Sie führt sich zurück auf Ali, den Schwiegersohn Mohammeds. Er gilt als erster Imam, also Vorbeter (Schia = die Partei, Schia-t-Ali = die Partei Alis). Schiiten bilden im Iran und im Irak eine Mehrheit.

Schutzhaft, beschönigende Bezeichnung der Nationalsozialisten für die unrechtmäßige Inhaftierung von Gegnern in Konzentrationslagern ab 1933. SA und SS verwendeten die „Schutzhaft" als Instrument des Terrors gegen so genannte „Volksfeinde".

Schwarzmarkt, unerlaubter Handel mit Waren, die auf einem illegalen Markt angeboten werden. In der Nachkriegszeit konnten sich viele Deutsche kaum ausreichend mit Lebensmittelmarken und Bezugsscheinen versorgen. Deshalb versuchten sie, Geschirr, Schmuck oder Zigaretten gegen lebensnotwendige Güter zu tauschen, oft auf „Hamsterfahrten" bei Bauern in der Umgebung.

SD (Sicherheitsdienst), Geheimdienst der NSDAP, unterstand dem „Reichsführer SS" Heinrich Himmler. 1931 als Spionagedienst gegründet, beteiligte er sich ab 1939 aktiv an den Morden der → Einsatzgruppen.

Selbstbestimmungsrecht der Völker, Grundsatz des Völkerrechts: Anspruch einer Nation oder Bevölkerungsgruppe auf Unabhängigkeit. Das Selbstbestimmungsrecht wurde 1918 von US-Präsident Woodrow Wilson in seinem 14-Punkte-Programm formuliert und später von der UNO aufgegriffen.

Shoa (Holocaust), siehe S. 145

souverän, Souveränität, ein Souverän besitzt die oberste Herrschafts- und Entscheidungsgewalt in einem Staatsgebiet. Ursprünglich bezeichnete man Landesfürsten und Monarchen als Souverän, seit der Aufklärung und der Entstehung von Republiken spricht man von „Volkssouveränität".

Sowjet (russ. = Rat), Bezeichnung für spontan gewählte Arbeiter- und Soldatenräte. Das Rätesystem ist eine Herrschaftsform der direkten Demokratie. Ein Arbeiterrat einer Stadt fasst z. B. Beschlüsse und setzt sie selbst durch. Bewaffnete Arbeitermilizen und Polizisten dienen als ausführendes Organ. Eine Gewaltenteilung gibt es nicht. Das Rätesystem hatte mit dem Bolschewismus ursprünglich nichts zu tun. Erst durch Lenins Motto „Alle Macht den Räten" benutzten die Bolschewiki die Räte zum Aufbau der „Diktatur des Proletariats".

Soziale Marktwirtschaft, siehe S. 219

Sozialismus, siehe Seite 25

SS (Schutzstaffel), nationalsozialistische Kampforganisation, gegründet 1925 als kleine Eliteeinheit zum Schutz Hitlers und anderer NSDAP-Funktionäre. 1934 übertrug Hitler ihr die alleinige Zuständigkeit für alle Konzentrationslager. Sie wurde zum Instrument des NS-Terrors. Später stellte sie mit der „Waffen-SS" eigene Truppenverbände auf – als Gegenpol zur Wehrmacht. Die SS war verantwortlich für eine Vielzahl grausamer Kriegsverbrechen in besetzten Ländern.

Stellvertreterkriege, kriegerische Auseinandersetzungen während des Kalten Krieges. Sie wurden nicht direkt zwischen den Supermächten USA und Sowjetunion ausgetragen, sondern über Drittländer, die als Stellvertreter dienten und auf deren Territorium die Auseinandersetzungen stattfanden. Die Großmächte unterstützten die Kriegsparteien indirekt, z. B. durch Waffen oder Geld, aber auch direkt durch den Einsatz eigener Soldaten.

Sunniten, größte Glaubensrichtung des Islam. Sie führt sich zurück auf Abu Bakr, den Schwiegervater Mohammeds. Die Sunniten stellen in den meisten Ländern die Mehrheit der Muslime, z. B. in Saudi-Arabien und Ägypten. Eine radikale und rückwärtsgewandte Richtung innerhalb des sunnitischen Islams ist der Salafismus.

T

Terrorismus (lat. terror = Schrecken), Verbreitung von Angst durch Gewalt oder ihre Androhung. Er richtet sich gegen Personen oder Objekte, die einen Staat oder eine Religion repräsentieren. Mittel sind Sprengstoffanschläge, Erpressungen, Geiselnahmen, Hinrichtungen, Brandstiftungen und Flugzeugattentate. Terror zielt auf emotionale Reaktionen ab und will politisch und wirtschaftlich schaden. Ziel: Veränderung der bekämpften Politik. Terrorismus kann von Einzelnen, Gruppen oder Diktaturen ausgeübt werden. Der „neue" Terrorismus verfügt über keine feste Struktur, sondern besteht aus internationalen Netzwerken kleiner Gruppen („Zellen").

Tschetschenienkriege, zwei grausam geführte Kriege zwischen Russland und tschetschenischen Unabhängigkeitskämpfern 1994–1996 und 1999–2009. Nach dem Ende der Sowjetunion kam es in verschiedenen Regionen zu Unabhängigkeitserklärungen nationaler Bewegungen. 1994 marschierte die russische Armee in Tschetschenien ein und nahm nach zweimonatigem Artilleriebeschuss mit 25 000 Toten die Hauptstadt Grosny ein. Es folgte ein erbitterter → Guerillakrieg, bei dem ausländische islamische Kämpfer die Tschetschenen unterstützten. Bei Kriegsende 1996 zählte man 80 000 Tote. Der ungeklärte politische Status Tschetscheniens führte zum zweiten Krieg. Tschetschenische Kämpfer verübten Terrorangriffe und Geiselnahmen in russischen Städten mit hunderten Toten. Beide Seiten begingen schwere Menschenrechtsverletzungen. Tschetschenien blieb im russischen Staatsverband.

Totaler Krieg, Vernichtungskrieg, der sich auch gegen die Zivilbevölkerung des Feindes richtet. Dafür werden alle Kräfte und Mittel des gesamten Volkes mobilisiert.

Totalitärer Staat/Totalitarismus, wissenschaftlicher Begriff: eine totalitäre Herrschaft hebt die Trennung von Staat und Gesellschaft auf; der Staat greift in alle Bereiche des öffentlichen und privaten Lebens ein. Eine Ideologie benennt die Ziele des Staates, denen sich alle Individuen unterordnen müssen. Eine Einheitspartei kontrolliert sämtliche Lebensbereiche und steuert zentral die Wirtschaft. Widerstand wird gewaltsam unterdrückt. Als totalitäre Staaten gelten das Dritte Reich und die Sowjetunion unter Stalin. Die Theorie des Totalitarismus wird von manchen Forschern kritisiert, weil sie aus ihrer Sicht zwei ganz unterschiedliche Regime gleichsetzt und ihre Funktionsweise nicht ausreichend erklärt.

U

UNO (United Nations Organization), Vereinte Nationen, internationale Organisation mit Sitz in New York. Ihr gehören aktuell fast alle Staaten der Welt an (193 Mitglieder). Die UNO wurde 1945 gegründet, um Weltfrieden und Menschenrechte zu schützen. Sie leistet auch humanitäre Hilfe. Wichtige Organe sind der Sicherheitsrat und der Internationale Gerichtshof.

Urbanisierung (lat. urbs = die Stadt), Verstädterung, Wachstum der Städte, oft verbunden mit Landflucht. Ursachen: Industrialisierung, geringe Erwerbsmöglichkeiten und hohe Geburtenzahlen auf dem Land.

V

Vertrag von Lissabon, 2009 in Kraft getretener Vertrag zwischen den 27 EU-Mitgliedsstaaten zur Reform der EU-Institutionen. Er soll für mehr Demokratie, Transparenz und Wirksamkeit innerhalb der europäischen Gemeinschaft sorgen. Die EU wird von einem Vorsitzenden geführt (Amtsdauer: 2 ½ Jahre). Ein EU-Außenminister koordiniert die Außenpolitik. Er ist zugleich Vizepräsident der Europäischen Kommission. Neue Abstimmungsregeln werden eingeführt. Das EU-Parlament erhält mehr Mitsprache in Haushaltsfragen, bei der Zusammenarbeit der Justizbehörden und bei der inneren Sicherheit. Der Vertrag enthält die im Jahr 2000 geschaffene Grundrechtscharta. Erstmals haben Mitglieder die Möglichkeit, aus der EU auszutreten.

Vier-Mächte-Abkommen, auch Berlinabkommen, Regelung der vier Alliierten (F, GB, UdSSR, USA) 1972 im Zuge der Entspannungspolitik. Ziel: Verbesserung der Beziehungen zwischen BRD und DDR in Bezug auf Berlin. Die Sowjetunion erreichte die Anerkennung der DDR durch die Westmächte und die Bundesrepublik. Sie akzeptierte ihrerseits die enge Bindung West-Berlins an die Bundesrepublik. Die Vertragspartner verpflichteten sich, die Kommunikations- und Reisemöglichkeiten zwischen West- und Ost-Berlin zu verbessern. Zudem garantierte die DDR den unbehelligten Zugang nach West-Berlin auf den Transitrouten.

Vietnamkrieg (1955–1975), Krieg in Südostasien, zunächst Unabhängigkeitskrieg der französischen Kolonien; dann Bürgerkrieg zwischen dem kommunistischen Norden und dem westlich orientierten Süden; ab 1964 Eingreifen der USA für den Süden, Unterstützung des Nordens durch China und die Sowjetunion (→ Stellvertreterkrieg). Der massive Einsatz von Napalm und giftigen Entlaubungsmitteln durch die USA („Agent Orange") forderte hunderttausende zivile Opfer und führte international zu Kritik.

Volksgemeinschaft, zentraler Begriff der Nationalsozialisten. Sie verstanden darunter eine „Blut- und Schicksalsgemeinschaft", in der alle Standesgegensätze, Parteien und Einzelinteressen aufgehoben werden sollten. Die Gemeinschaft sollte sich dem Willen des „Führers" unterordnen. Ausgeschlossen von der „Volksgemeinschaft" waren politische Gegner (Sozialisten, Kommunisten) und alle, die aus ideologischen und rassistischen Gründen ausgegrenzt wurden, z. B. die Juden.

Volksgerichtshof, Sondergericht der Nationalsozialisten für die Verurteilung politischer Gegner. Es sprach Urteile im Sinne der NS-Ideologie, ohne objektive Beweise und ohne angemessene Verteidigung für die Angeklagten.

W

Warschauer Pakt, Warschauer Verträge, Militärbündnis des sozialistischen Ostblocks unter Führung der Sowjetunion 1955–1991, Gegenstück zur → NATO. Die Mitgliedsstaaten verpflichteten sich zu gegenseitigem Beistand im Kriegsfall. Truppen des Warschauer Paktes griffen auch im Inneren gegen Aufstände und Protestbewegungen ein, z. B. 1968 in Prag.

Weltkrieg, → Erster Weltkrieg, → Zweiter Weltkrieg

Weltwirtschaftskrise, Krisenjahre nach 1929 und ihre wirtschaftlichen und politischen Folgen. Auslöser: geplatzte Börsenspekulationen von Kleinanlegern in den USA. Auswirkungen: hohe Arbeitslosigkeit, Elend und Not, politische Radikalisierung in der Weimarer Republik. Die Krise wurde durch soziale Reformen und Beschäftigungsmaßnahmen unter US-Präsident Roosevelt teilweise gelöst („New Deal").

Z

Zweiter Weltkrieg (1939–1945), Auslöser war Hitlers aggressive Expansionspolitik und sein Ziel „Lebensraum im Osten". Der Krieg begann am 1. September 1939 mit dem Überfall auf Polen und endete sechs Jahre später mit der Kapitulation Deutschlands am 8./9. Mai 1945 bzw. am 2. September mit der Kapitulation Japans. Der Zweite Weltkrieg war der verlustreichste Krieg in der Geschichte der Menschheit. Circa 65 Millionen Menschen starben, unter ihnen viele Zivilisten. Zu den schlimmsten Verbrechen gehörte der Holocaust, der sechs Millionen Juden das Leben kostete.

Register

Begriffe mit einem Sternchen*
werden im Lexikon erklärt.

9. November 48, 121, 124, 274, 284
68er-Bewegung 254 ff.

A

Abrüstung 19, 21, 138, 182 ff., 201, 270
Absatzmärkte 34, 68
Achse Berlin-Rom 138, 140
Achsenmächte* 134, 145
Adenauer, Konrad (1876–1967) 175, 188, 213, 220 f., 226
Adolf-Hitler-Schulen 120, 166
Afghanistan 171, 183, 185, 270, 308, 310
Afrika 16, 140, 176, 184, 189, 247, 302, 308 ff.
Ägypten 21, 176, 308 f.
Al-Kaida 306, 309
Alliierte 21, 112, 134, 152 ff., 20, 196 ff., 204 ff., 210, 216, 220, 224
Angestellte 26, 65, 70, 247
Anti-Hitler-Koalition 145, 152
Antisemitismus* 80 f., 110, 130, 162
Außerparlamentarische Opposition* (APO) 254
Appeasement* 139
Arabischer Frühling 308 f.
Arbeiter 15, 22 ff., 35 ff., 48, 54 ff., 62, 94, 116, 142, 148, 156 f., 209, 218, 222, 239 f., 254, 268, 302, 312
Arbeiter- und Soldatenräte* 24, 48
Arbeitsbedingungen 23, 28, 156, 304
Arbeitslager 28, 41, 145, 146, 208
Arbeitslosigkeit 36 ff., 66 ff., 94, 136, 240, 242, 270, 281, 300, 304, 308

Architektur 62 f., 66, 96, 121
Arier/Arisierung* 80 f., 99, 124
Asien 23, 27, 152 f., 176 f., 226, 247, 270, 295, 302 f., 310
Asyl 241, 304, 310 f.,
Atlantik-Charta* 152, 176
Atombombe 152, 174 f., 184 f.
Atomwaffensperrvertrag 182
Attlee, Clement (1883–1967) 200 f.
Aufrüstung 136 ff., 169 f., 179, 182, 190 f.
Auschwitz 135, 144 f., 162, 198, 207
Autoritäre Regime* 22, 46, 70, 78, 83, 176, 298, 303, 308

B

Baden, Max von (1867–1929) 49, 72
Balkan 19, 140, 314
Banken 26, 34 ff., 51, 55, 68, 189, 218, 281
Bauern 17, 22 ff., 36, 43, 114 f., 208, 218, 222, 242, 302, 312
Bayerische Volkspartei (BVP) 60, 90
Beamte 26, 56, 61, 70 f., 94, 122 f., 142, 148, 166, 207, 216
Belgien 58, 78, 140 f., 145, 149, 170, 176 f., 186, 298
Benelux-Staaten 212, 220
Berlinblockade (1948) 211
Berlinkrise (1958) 171 f.
Berliner Mauer 185, 224 ff., 234 f., 246, 266
Besatzungsmächte 196 ff., 200 f., 206, 211 f., 221
Besatzungsstatut 213, 215, 220
Besatzungszonen 196, 200 f., 206, 208, 210, 214, 216
Bipolarität* 174 f., 292, 314, 316
Bizone 196, 210
Blauhelme 294
Blitzkrieg 140
Blockbildung 170, 172 f.

Bodenreform 39, 208
Boko Haram 305
Bolschewiki* 24 f., 26 f.
Bombenkrieg 152, 154 f., 198
Börsenkrach 36, 68
Brandt, Willy (1913–1992) 226, 229, 255, 258, 280
Breschnew, Leonid (1906–1982) 182, 185
Breschnew-Doktrin* 182
Brest-Litowsk 26
Brüning, Heinrich (1885–1970) 71, 86
Brüsseler Pakt (1948) 186
Bücherverbrennung 94, 101
Bündnis(system) 85, 134, 138, 170, 172, 179, 186, 210, 220 f., 228, 271, 298, 314
Bürger(tum) 22, 39, 48 ff., 66, 71, 83, 98, 104 f., 122, 130, 146 ff., 183, 209, 244 ff., 256, 272, 297
Bürgerbewegung 184, 254 f., 275, 298
Bürgerkrieg 20, 26, 34, 72, 292, 294 ff., 302 ff., 309, 314
Bürgerrechte 41, 122, 254 f., 261, 272, 282 f., 305, 306
Bund Deutscher Mädel (BDM) 84 f., 118 f.
Bundeswehr 221, 226, 255

C

Carter, Jimmy (*1924) 182 f.
Castro, Fidel (1926–2016) 178
CDU (Christlich-Demokratische Union) 208, 210, 213, 216, 220, 228 f., 274 f., 282, 254
China 134, 153, 174, 182, 274, 294, 302 f., 310, 312 f., 327
Chruschtschow, Nikita (1894–1971) 178 f., 185, 224, 300
Churchill, Winston (1874–1965) 152, 171, 173, 200 f.
containment 172
CSU (Christlich-Soziale Union) 210, 220 f., 254

D

Dawesplan (1924) 58, 73
DDP (Deutsche Demokratische Partei) 51, 59f. 70, 101, 319
Dekolonialisierung 176f., 191
Demilitarisierung 200f., 230
Demokratisierung 200f., 230, 271, 273, 274f.
Demontage 179, 200f., 208, 230
Deportation* 26ff., 142, 144f., 149, 156, 158f.
Deutsche Arbeitsfront (DAF) 99, 104, 107, 116, 128
Deutsche Frage (Wiedervereinigung) 285
Deutsch-französischer Freundschaftsvertrag (1963) 188f.
Deutsches Reich (1871–1945) 19, 50f., 134, 140f., 142f., 195
Dezentralisierung 201, 216
Diktatur* 25ff., 30, 39ff., 46, 51, 78, 83, 94ff., 110, 139f., 148, 160, 164, 244, 255, 275, 283, 308
Diskriminierung* 22, 106ff., 122, 128f., 227, 297, 307, 312
Displaced Persons* (DPs) 198
D-Mark 197, 228f., 276ff., 287
DNVP (Deutschnationale Volkspartei) 50f., 59f., 74, 87
Dolchstoßlegende 52
Dritte Welt* 184
Drittes Reich* 140, 162, 282
Dubček, Alexander (1921–1992) 182, 255
Duma 23f.
Dutschke, Rudi (1940–1980) 255
DVP (Deutsche Volkspartei) 50f., 59f., 70, 87

E

Ebert, Friedrich (1871–1925) 48ff., 60
Ebert-Groener-Pakt* 50
Eindämmungspolitik* 172
Einheitsliste 87, 214f., 273
Einigungsvertrag (1990) 278, 282ff.
Einsatzgruppen* 142f.
Einwanderung 240f., 296, 310
Eiserner Vorhang* 170, 286

Elsass-Lothringen 19f., 46
Emanzipation* 64f., 244f., 254
Endlösung 134, 144f., 165
England → Großbritannien
Enteignung 26f., 51, 124, 129, 178, 208, 226, 302
Entmilitarisierung 200f.
Entnazifizierung* 201, 206ff., 213, 217, 256
Entwicklungshilfe 176, 292, 302, 310
Entwicklungsländer* 176, 310f.
Erhard, Ludwig (1897–1977) 219, 226
Ermächtigungsgesetz* 79, 90ff., 101, 255
Erster Weltkrieg* 15, 24, 41, 48, 54
Eugenik* 126
EURATOM 186
Euro (Währung) 187, 189
Eurokrise 186, 296f.
Europäische
– Integration 186ff.
– Union (EU) 186f., 296f., 310
Europarat 186
Euthanasie* 126f., 131, 148
Expansion 23, 138

F

Faschismus* 46, 258
FDJ (Freie Deutsche Jugend) 242, 248
FDP (Freie Demokratische Partei) 74, 210, 213, 226, 229, 258
Feindbilder 169, 180, 190
Flucht/Flüchtlinge 96, 116, 152, 158f., 162, 198f., 200ff., 217
– aus der DDR 187
Flüchtlingskrise 273, 293, 310f.
Frankfurter Dokumente 212
Frankreich 16ff., 20ff., 35ff., 48, 52f., 58f., 69, 78, 134, 138ff., 145, 149, 153, 176, 186ff., 196ff., 210, 220f., 254ff., 276f., 294ff.
Frauen 28f., 50, 62ff., 75, 108f., 128, 136, 143f., 152, 156ff., 162, 198, 242ff., 254, 258, 279, 295

Frauenbewegung → Emanzipation
Frauenwahlrecht 50f., 64, 212, 214
Freikorps* 56, 72
Friedensgruppen 273
Friedensnobelpreis 59, 226, 268, 299
Friedliche Koexistenz* 175, 184
Führer* 51, 80f., 99, 120
Fünf D's 201
Fünfjahresplan
– der Sowjetunion 26
– der DDR 222, 238

G

Gastarbeiter 234f., 260
Gaulle, Charles de (1890–1970) 188, 254
Generalstreik* 48, 54, 72f., 254
Genscher, Hans Dietrich (1927–2016) 273f., 275
Gestapo* 121, 125, 148ff., 165
Glasnost* 270f.
Gleichberechtigung 162, 246f., 260
Gleichschaltung* 87, 94f., 98, 108, 116, 122
Globalisierung* 307, 310ff.
Germanisierung 166
Gewerkschaft 22, 25, 38f., 48, 56, 63, 90ff., 99, 116, 142, 148, 184, 216, 242, 247, 268f., 272f., 281
Goebbels, Joseph (1897–1945) 82, 88, 94f., 110ff., 115, 152
Goldene Zwanziger 62f.
Gorbatschow, Michail (*1931) 33, 183, 270ff., 276f., 299f.
Göring, Hermann (1893–1946) 77, 82f., 144, 155
Great Depression 36f., 38f.
Großbritannien 18ff., 35ff., 48, 69, 134ff., 154ff., 164ff., 171f., 176, 182ff., 200, 230, 276f., 294ff., 303
Große Koalition (1966–1969) 254
Großgrundbesitzer 26, 37, 178, 208, 230
Grotewohl, Otto (1894–1964) 209, 214f.

Grundgesetz 212f., 214, 228, 246, 285, 304
Grundlagenvertrag (1972) 224, 226f., 228f., 233
Grundrechte 24, 27, 39, 51, 90, 101, 184, 215, 259, 282f., 300, 304f., 308
Guevara, Che (1928–1967) 254
Gulag* 26, 27, 41
GUS* 300f.

H

Halbstarke 250f., 261
Hallstein-Doktrin* 226
Handel 18, 34, 38, 68f., 81, 178, 186f., 205, 220, 228, 312f.
Harmel-Report (1967) 182
Heimatfront 152
Heißer Draht (1963) 179, 185, 191
Heuss, Theodor (1884–1963) 213
Hindenburg*, Paul von (1847–1934) 52, 60, 70f., 82, 88f., 90, 94, 98f.
Hiroshima 153, 174
Hitler, Adolf (1889–1945) 47, 56f., 70, 75ff., 80ff., 102ff., 110ff., 118, 120ff., 134ff., 148ff., 152ff., 164ff., 232
Hitlerjugend (HJ) 102f., 118f., 152
Hitlerputsch (1923) 56f., 70, 96, 114
Hitler-Stalin-Pakt* (1939) 140
Ho Chi Minh (1890–1969) 254
Holocaust 144ff., 155, 160ff., 198
Honecker, Erich (1912–1994) 228f., 239, 243, 274f., 267, 282
Hoover, Herbert (1874–1964) 38, 58
Hunger/Hungersnot 22, 26, 37, 39, 44f., 68f.

I

Ideologie*
– des Nationalsozialismus 80f., 96, 99, 104ff., 114ff., 120, 138, 145ff., 152
– im Kalten Krieg 172, 190, 239, 257, 271, 283
Imperialismus* 23, 183, 225, 258, 312
Industrie 26ff., 34f., 40f., 48ff., 56, 62, 68, 271, 292, 297ff., 310ff.
– der DDR 200ff., 208ff., 216ff., 222, 228f., 236, 273, 278, 289
– im Dritten Reich 83, 126, 136f., 140, 148ff., 156f., 176, 186ff.
Inflation* 54f., 59, 300, 303
Inoffizielle/Informelle Mitarbeiter (IM) 244f., 263, 279
Integration 240
Irak 21, 292, 308f., 310
Iran 21, 255, 308f., 311
Islamischer Staat (IS) 308f.
Islamismus 184, 305ff., 316
Israel 122, 176, 253, 315
Italien 19f., 46, 78, 137f., 140, 186, 220, 240, 242, 297, 311

J

Japan 16, 20ff., 134, 137, 152f., 164f., 174ff., 303, 310
Jelzin, Boris (1931–2007) 271, 300
Juden 22, 81, 92, 106, 122ff., 128f., 130, 134f., 138, 142ff., 165, 315
Jugendliche 35, 66f., 84, 102f., 105, 118ff., 128f., 148, 152, 162f., 188, 246ff., 258, 261, 307f.
Jugendweihe 248f.
Jugoslawien 19, 78, 141, 153, 172, 221, 240, 269

K

Kaiserreich, Deutsches (1871–1918) 18, 48ff., 61, 64, 72f., 88, 107, 122
Kalter Krieg* 169ff., 271, 314
Kapitalismus* 25, 37f., 49, 170, 172, 190, 215, 258, 272f., 278, 302f., 316, 318
Kapitulation (1945) 152f., 198
Kapp-Putsch (1920) 56f.
Kennedy, John f. (1917–1963) 178f., 192, 225
Kerenski, Alexander (1881–1970) 24
Kinderrechte 304
Kirche 22, 26, 29, 41, 66,
– im Nationalsozialismus 88f., 90, 129, 144, 146f.
– in der DDR 242, 248, 261, 267, 268, 273, 275, 286, 325
Kissinger, Henry A. (*1923) 183
Kohl, Helmut (*1930) 189, 229, 274, 276f., 280, 299
Kolchose* 26f.
Kollektivierung* 26ff., 33, 48f., 243, 302
Kolonialismus*/Kolonien 20, 34, 80f., 176f., 191, 215, 247, 254
Kommunismus* 24ff., 46, 170ff., 192, 212, 254
Kommunistische Partei
– Chinas 302, 314
– Deutschlands → KPD
– der UdSSR → KPdSU
Konferenz
– von Jalta (1945) 200
– von Teheran (1943) 171, 200
konservativ* 59, 61, 82f., 94, 98f., 242, 244, 261, 308
Konzentrationslager (KZ, KL) 92ff., 99, 144, 129, 135, 144f., 149, 157, 160, 165, 198, 206, 256
Kopf, Hinrich Wilhelm (1893–1961) 216f.
Koreakrieg (1950–1953) 174, 185, 190, 221
KPD (Kommunist. Partei Deutschlands) 48f., 51, 56, 60, 66, 70ff., 90, 98, 208ff., 230
KPdSU (Kommunist. Partei der Sowjetunion) 26, 41, 170, 271, 287
Kraft durch Freude 104, 116f., 128
Krenz, Egon (*1937) 274
Kriegsgefangene 92, 116, 142, 152, 165
Kriegskommunismus* 26, 41
Kriegsschuld/-frage 52

Kriegswirtschaft 48, 134, 136
Kriterien von Kopenhagen 187
KSZE* (1975) 184f., 268f., 285
Kubakrise (1962) 178f., 182, 185, 190, 192

L

Landwirtschaft 24ff., 34ff., 40f., 65, 68, 83, 152, 156, 176, 186, 208, 218, 260, 271, 276, 302
Lebensmittelkarten 205, 218
Lebensraum im Osten 80f., 134, 142, 164
Lenin, Wladimir Iljitsch (1870–1924) 15, 24ff., 40ff., 193, 222, 249, 271, 288
Libyen 134, 176, 292f., 308f.
Liebknecht, Karl (1871–1919) 48f., 72
Locarno, Vertrag von (1925) 58, 73
LPG (Landwirtschaftliche Produktionsgenossenschaft) 208, 218f., 260
Luftbrücke 211
Luther King, Martin (1929–1968) 254
Luxemburg, Rosa (1871–1919, KPD) 48

M

Machtergreifung 82f., 87, 101, 120, 122, 138
Mao Zedong (1893–1976) 302
Marshallplan* 172, 186, 210f., 213, 217, 238
Marxismus 25, 33, 81, 137, 193, 222, 254, 320
Marx, Wilhelm (1863–1946) 60
Massenmedien 62, 110
Matrosenaufstand 48, 52, 72
Mauerfall (1989) 267, 274, 278, 284f., 289, 299
Menschenrechte* 148, 185, 186f., 191, 227, 300ff.
Merkel, Angela (*1954) 189
Migration*/Migranten 156f., 208, 240f., 296f., 310f., 315

Militarismus*/Militärherrschaft 46ff., 51, 56, 66, 78, 82f., 88, 111, 118, 136f., 148, 206f., 223, 225, 248, 253, 308
Minderheit 18, 58, 98, 104, 126, 187, 301, 304, 309
Mittelmächte 24, 41
Monarchie 24, 46ff., 51f., 57, 72f., 78
Montagsdemonstration 274
Mudschaheddin 184
Müller, Hermann (1876–1931) 70
Münchner Abkommen (1938) 139f.
Mussolini, Benito (1883–1945) 139f., 148

N

Nahost 306f., 308
Napola 120f., 140, 166
Nation* 18, 40, 130, 316
Nationalismus 46, 59, 83, 148, 253, 301
Nationalsozialismus* 76ff., 84f., 96f., 102ff., 110ff., 126ff., 132ff., 160ff., 200ff., 316
Nationalversammlung (1919) 48ff., 59, 72
NATO 170ff., 182ff., 220f., 276f., 309
– Doppelbeschluss* (1979) 184f.
– Osterweiterung 298f., 301, 314
New Deal 38ff., 43
Nichtangriffspakt, deutsch-polnischer (1934) 140
Niedersachsen 76f., 92f., 124f., 154f., 157, 161, 196, 210, 216, 230
Nikolaus II., Zar (1868–1917) 23
Nord-Süd-Konflikt* 176
Notstandsgesetze (1968) 255, 258
Notverordnungen 70f., 90f., 98
NSDAP (Nationalsozialistische Deutsche Arbeiterpartei) 51, 68ff., 73ff., 87, 94f., 98, 104, 106, 114, 118ff., 148, 166, 206
Nürnberger
– Gesetze (1935) 122, 145
– Prozesse 206f.

O

Oberste Heeresleitung (OHL) 48, 52
Oder-Neiße-Grenze 194, 200f., 215, 230, 285
Österreich 18, 20, 53, 78, 105, 138, 196, 242, 273, 285
Olympische Spiele 135, 138, 252
Osmanisches Reich 19, 21
Ostblock 172f., 184, 218, 228, 238, 266ff., 286, 296ff., 314
Ostpolitik 226, 228, 231
Ostverträge (1972) 226f.
Ost-West-Konflikt 169ff., 196, 206, 287

P

Papen, Franz von (1879–1969) 71, 82f.
Parlamentarische Demokratie* 18, 46, 50f., 71, 74f., 78, 171f., 212, 268, 272
Parlamentarischer Rat 212f.
Partisanen 142f., 149
Pearl Harbor 152f.
Perestroika* 270f., 286
Pieck, Wilhelm (1876–1960) 209, 214f.
Planwirtschaft* 26, 37, 218f., 231, 238, 270, 302
Pogrom* 122f., 124f.
Polen 19f., 58, 73, 78, 124, 134f., 140ff., 153ff., 164, 172, 184, 196, 200f., 213, 215, 226, 268f., 277, 286, 298
Potsdamer Konferenz (1945) 200f., 216, 221, 276
Prager Frühling* (1968) 182
Präsidialkabinette (1930–1933) 71, 73, 75, 98
Preußen 71, 79, 83, 88f., 90, 92, 158, 196, 216, 220
Propaganda 28f., 55, 60f., 70, 80, 82, 88, 94ff., 103ff., 110ff., 122, 126ff., 131ff., 139, 150, 180, 238
Protektorat Böhmen u. Mähren 140
Putin, Wladimir (*1952) 32f., 189, 297, 299, 300f., 314, 327

R

RAF (Rote Armee Fraktion) 258 f.
Rapallo, Vertrag von (1922) 58
Rassismus*, Rassenlehre 56, 78 f., 99, 106 f., 110, 118 ff., 126, 129 f., 142 ff., 148, 156 ff., 165, 310
Rassenschande 122, 144
Rat der Volksbeauftragten 48
Räte(-diktatur) 24, 48, 51
Rationalisierung 312, 315
Reagan, Ronald (1911–2004) 183, 184, 270
rechtsextrem 56, 61, 162 f., 280
Rechtsprechung 50, 56 f., 149, 212, 214 f., 222, 279, 282 f., 304 f.
Reeducation* 205, 206 f.
Reichsarbeitsdienst* 136
Reichserntedankfest 76 f., 114 f.
Reichskanzler 48, 50, 56, 61, 68 f., 72, 77, 82 ff., 89 f., 94 f., 98, 103
Reichskulturkammer 94, 99
Reichspropagandaminister 82, 89, 95, 96, 110, 112, 152
Reichsnährstand* 114
Reichspogromnacht/-kristallnacht (1938) 124, 129, 144, 284
Reichspräsident 50 f., 60 f., 70 f., 72 f., 82, 86, 89 f., 94, 98, 103
Reichsregierung 48, 70, 90
Reichstag 48 ff., 56, 58, 70 ff., 75, 82, 88 ff., 132 f., 139, 144
Reichstagsbrand 90, 98
Reichstagswahlen 46, 50, 70 f., 78
Reichswehr 50, 56, 72, 94, 99
Religion* 18, 123, 177, 185, 252, 297, 304 ff.
Rentenmark 54, 58
Reparationen*
– nach dem Ersten Weltkrieg 52, 54, 58, 72 f., 74
– nach dem Zweiten Weltkrieg 157, 200 f., 208, 218, 222, 230 f.
Revisionismus 59, 193

Revolutionen:
– Februarrevolution (Russland 1917) 16, 24
– Friedliche Revolution (DDR 1989) 274 f., 286
– Novemberrevolution (Deutsches Reich 1918) 48, 72, 284
– Oktoberrevolution (Russland 1917) 16, 24, 40 ff.
Röhm, Ernst (1887–1934) 94, 99
Roosevelt, Franklin D. (1882–1945) 38 ff., 152, 171
Rote Armee 26, 30, 40, 152, 158
Rote Armee Fraktion → RAF
Ruhrgebiet 54 f., 74, 196
Ruhrkrise (Besetzung) 54 f., 56, 58, 68, 74
Runder Tisch* 275
Rüstungswettlauf → Wettrüsten
Russland 22 f., 41, 81, 140 ff., 156, 186 f., 198, 271, 294 ff., 300 f., 314
Rüstung 109, 136 ff., 152, 156 f., 164, 169, 174, 179, 182 ff., 190 f.

S

SA* (Sturm-Abteilung) 70, 79, 87, 89, 91 f., 94, 101, 114, 122 ff.
Saargebiet 54, 138, 196
SALT-Gespräche 182 ff., 191
Saudi-Arabien 21, 308 f.
Scheidemann, Philipp (1865–1939) 49, 52, 72
Schleicher, Kurt von (1882–1934) 71, 99
Schmidt, Helmut (1918–2015) 189, 229, 258 f.
Scholl, Geschwister 148, 150 f.
Schutzhaft* 90, 92
Schule 22, 28, 51, 66, 161, 188, 191, 206, 250, 254 ff., 302, 309
– im Nationalsozialismus 80, 95, 109, 120 ff., 126 ff., 166
– in der DDR 233, 242 ff., 248, 263
Schumacher, Kurt (1895–1952) 217, 220 f.

Schwarzer Freitag (1929) 36
Schwarzmarkt* 205, 211, 232
SDS (Sozialistischer Deutscher Studentenbund) 254
SED (Sozialistische Einheitspartei Deutschlands) 209, 214 f., 222 ff., 239 ff., 255 ff., 266, 272 ff., 279, 282 f., 286 f.
Selbstbestimmungsrecht* 18, 40, 51, 139, 152, 176, 227
Selektion 135, 144
Serbien 19, 145, 269
Shoa* → Holocaust
Sinti u. Roma 106, 126, 142, 160
Solidarność 184, 268 f., 272
Sowjetische Besatzungszone (SBZ) 196, 204, 207 ff., 214
Sowjets* (Räte) 24 f.
Sozialdemokraten → SPD
Soziale Marktwirtschaft* 218 f., 231, 238, 273, 276, 303
Sozialgesetze 39 f., 219, 316
Sozialversicherung 39, 41, 70, 222, 278
SPD (Sozialdemokratische Partei Deutschlands) 25, 48 ff., 70 f., 87, 91, 208 ff., 216 f., 220 f., 226, 229, 254, 258
Spartakusbund 48
Sportpalast-Rede 152
SS* (Schutzstaffel) 70, 89 ff., 140 ff., 149, 207
Staatssicherheit („Stasi") 244 f., 263, 273 ff., 279
Staatsvertrag BRD-DDR (1990) 276
Stalin, Josef W. (1878–1953) 26 ff., 41, 140, 164, 171, 200 f., 221 f., 230, 249, 300, 318
Stalingrad 150, 152
Stauffenberg, Graf Schenk von (1907–1944) 148 f., 167
Stellvertreterkrieg* 170, 173 f., 176, 182, 184, 190 f.
Stinnes, Hugo (1870–1924) 48
Streik 23, 47 f., 52, 54, 56, 72, 223, 254 f., 268, 270, 273, 276

Stresemann, Gustav (1878–1929) 58f., 73
Studenten 22, 122, 148, 254, 256, 258, 302, 312
Swing-Jugend 148
Syrien 21, 145, 176, 292ff., 305ff., 310

T
Tag der Deutschen Einheit 284, 223
Tag von Potsdam 88f.
Terrorismus* 15, 25, 33, 41, 87, 92, 99, 302, 305, 306ff., 315
Totaler Krieg* 152, 155
totalitär* 83, 101, 128
Trizone 196, 210, 212
Trotzki, Leo (1879–1940) 24ff., 30
Truman, Harry S. (1884–1972) 151, 172ff., 200f.
Truman-Doktrin 172, 185
Trümmerfrauen 198
Tschechien/Tschechoslowakei 19, 78, 135, 139f., 158, 164, 172f., 182ff., 199ff., 215, 226, 238, 254f., 269, 277, 288, 298
Tschernobyl 270, 300
Türkei 21f., 172, 178, 186, 240f., 292, 298, 310f.

U
Ulbricht, Walter (1893–1973) 208f., 215, 222, 228, 243
UN-Charta (1948) 227
Ungarn 18f., 78, 151, 145, 153, 172f., 201, 252, 269, 273, 298
Universität 18, 64, 108, 122, 150f., 174, 242, 248, 312
UNO 173f., 228, 273, 294f., 314
Unternehmen Barbarossa 140, 142
USPD (Unabhängige Sozialdemokrat. Partei) 48ff., 50ff.

V
Vereinte Nationen → UNO
Verfassung
– der BRD → Grundgesetz
– der DDR 214f., 228, 246, 275, 282f., 287
– der Weimarer Republik 48ff., 64ff., 70ff., 82, 90, 122
– im Nationalsozialismus 57, 90
– Niedersachsens 214f.
Verkehr 27, 34, 62, 136, 187, 218, 226ff., 239, 272, 276, 280, 317
Vernichtungskrieg 140ff., 164
Vernichtungslager 144f., 149
Versailler Vertrag (1919) 46, 52ff., 56, 58, 74, 137ff., 140
Vertriebene 158f., 198f., 202, 216f.. 238, 314
Vierjahresplan 136f.
Vier-Mächte-Abkommen* 226
Vietnamkrieg* 176, 182, 254, 256
Völkerbund 18ff., 40, 52, 58f., 138, 164
Völkermord (Genozid) 78, 144f., 147, 165, 177, 294
Volksabstimmung/-entscheid 50, 94, 103, 138, 299,
Volksaufstand (DDR) 222ff.
Volkseigene Betriebe (VEB) 208, 218f., 260
Volksempfänger 104, 110
Volksgemeinschaft* 56, 92, 97, 104ff., 114ff., 122, 128ff., 162
Volksgerichtshof 148f., 165
Volkskammer 214, 275, 282, 285

W
Währungsreform 54, 68, 187, 211, 231
Walesa, Lech (*1941) 268
Wannseekonferenz (1942) 144, 165
Warschauer Getto 149, 226
Warschauer Pakt 170ff., 182ff., 190, 255, 269ff., 277, 287, 298, 314
Wehrmacht 92, 108, 114f., 137f., 142ff., 149, 152, 162ff., 166, 207, 230
Wehrpflicht 136, 138, 221, 246, 248
Weimarer Koalition 72
Weimarer Republik 45ff., 82, 94, 118, 122
Weiße Rose 148, 150f.
Weizsäcker, Richard von (1920–2015) 198, 232
Wels, Otto (1873–1939) 91
Weltanschauung 80f., 116, 142
Weltwirtschaftskrise* 17, 36ff., 40f., 68f., 70, 73
Westintegration 220f., 231
Wettrüsten 172ff., 182, 270, 292
Wiedervereinigung 189, 220f., 228f., 231, 264f., 275ff., 285ff., 298
Wilhelm II. (1859–1941) 48, 72
Wilson, Woodrow (1856–1924) 18ff., 42
Winterhilfswerk 105f.
Wirtschaftsliberalismus 37, 40
Wirtschaftswunder (BRD) 238, 242, 260
Wohnungsnot 218, 300

Y
Youngplan (1929) 58

Z
Zentrum (Partei) 50f., 56, 59f., 70f., 87, 90, 220
Zwangsarbeit 29, 92, 116, 148, 152ff., 161, 165, 198, 222, 312
Zwei-plus-Vier-Vertrag (1990) 277, 285

Bildquellen

Abbildungsverzeichnis

S. 3 o. re.: vgl. S. 24 **M1**: mauritius images/United Archives; **S. 3 u. re.**: S. 48 **M1**: bpk/Kunstbibliothek, SMB/Dietmar Katz/ Thomas Theodor Heine © VG Bild-Kunst, Bonn 2017; **S. 4 o. re.**: vgl. S. 79 **M2**: picture-alliance/dpa; **S. 4 u. re.**: vgl. S. 120 **M1**: ullstein bild/Süddeutsche Zeitung Photo/Scherl; **S. 5 o. re.**: vgl. S. 136 **M2**: Deutsches Historisches Museum Berlin; **S. 5 u. li.**: vgl. S. 182 **M1**: Cornelsen/Punch Limited; **S. 6 o. re.**: vgl. S. 229 **M3**: picture-alliance/dpa; **S. 6 u. li.**: vgl. S. 239 **M5**: action press/Uwe Gerig; **S. 7 o. re.**: vgl. S. 274 **M1**: picture-alliance/dpa; **S. 7 u. re.**: vgl. S. 293 **M5**: epd-bild/Rolf Zöllner; **S. 10 o. li.**: vgl. S. 102/103, o. re.: vgl. 266/267, u.: S. 12 o.: vgl. 96/97, u.: vgl. S. 216/217; **S. 13 o.**: vgl. S. 42/43, u.: vgl. S. 72/73; **S. 14/15**: bpk; **S. 17 M2**: picture-alliance/dpa; **M3**: akg-images; **S. 18 M2**: akg-images; **S. 20 M1**: INTERFOTO/Granger, NYC; **S. 21 M3**: bpk/Bayerische Staatsbibliothek; **S. 22 M1**: akg-images; **S. 23 M2**: ullstein bild/Archiv Gerstenberg; **S. 27 M1**: ullstein bild/Nowosti; **S. 28 M1**: akg-images; **S. 29 M3**: picture-alliance/RIA Nowosti; **S. 29 M6**: mauritius images/Alamy/PARIS PIERCE; **S. 30 M1 li.**: akg-images; **M1 re**: akg-images/Universal Images Group; **M2**: Fotofinder/Voller Ernst; **S. 32 M2**: imago/ITAR-TASS; **S. 33 M5**: SPIEGEL SPECIAL Geschichte 4/2007; **S. 34 M1**: mauritius images/Alamy/American Photo Archive; **S. 35 M3**: akg-images/Universal Images Group/Universal History Archive; **re (Andrew Carnegie)**: action press; **S. 36 M1**: akg-images; **M2**: picture-alliance/United Archive; **S. 37 M3**: Bridgeman Art Library; **S. 38 M1**: bpk/The Metropolitan Museum of Art/Walker Evans; **S. 40 o. li.**: mauritius images/United Archives; **o. re.**: mauritius images/Alamy/PARIS PIERCE; **S. 41 o. li.**: ullstein bild/Nowosti; **o. re.**: picture-alliance/Everett Collection; **S. 42 M1**: Fotofinder/UIG; **M2**: akg-images/Jean-Pierre Verney; **S. 42 M3**: ddp images/United Archives; **M4: bpk; S. 44/45**: akg-images/Hans Grundig, © VG Bild-Kunst, Bonn 2015; **S. 47 M2**: akg-images; **M3**: ddp images; **S. 49 M2**: akg-images; S. 50 re (Friedrich Ebert): INTERFOTO/Friedrich; **S. 52 M1**: bpk/Staatsbibliothek zu Berlin/Carola Seifert; **S. 53 M2**: bpk; **S. 55 M2**: akg-images; **M4**: imago/United Archives International; **S. 56 M1**: akg-images; **S. 58 M1**: akg-images/Karl Arnold, © VG Bild-Kunst, Bonn 2017; **S. 59 o. li.**: Gustav Stresemann: akg-images; **M4**: mauritius images/Alamy; **S. 60 M1**: VintageGermany/Slg. Hasso Bräuer; **M2**: bpk/Kunstbibliothek, SMB/Dietmar Katz; **S. 62 M1**: akg-images/Otto Dix, © VG Bild-Kunst, Bonn 2017; **S. 63 M3**: picture-alliance/ZB; **M5**: SZ Photo/Scherl; **M6: bpk; S. 65 M3**: Deutsches Historisches Museum/S. Ahlers; **M4**: akg-images; **S. 66 M1**: bpk; **S. 67 M3**: ullstein bild; **S. 68 M1**: akg-images; **S. 69 M4**: SZ Photo/Scherl; **S. 70 M1**: action press/ullstein/Archiv Gerstenberg; **S. 72 o. li.**: INTERFOTO/Friedrich; **o. re.**: akg-images; **S. 73 o. li.**: bpk/Kunstbibliothek, SMB/Dietmar Katz; **o. re.**: SZ Photo/Scherl; **S. 74 M1**: Fotofinder/UIG; **M2**: INTERFOTO/Thomas Höfler; **M4**: © Karikatur Fritz Behrendt; **S. 75 M3**: akg-images/André Held/Otto Dix, © VG Bild-Kunst, Bonn 2017; **S. 76/77**: akg-images; **S. 79 M3**: akg-images; **M4: bpk; S. 80 M2**: akg-images; **S. 82 M2**: picture-alliance/ZB; **S. 83 M5**: bpk/Bayerische Staatsbibliothek/Heinrich Hoffmann; **S. 84 o. re.**: dtv/Melita Maschmann: Fazit - Mein Weg in der Hitler-Jugend/Coverfoto: Süddeutsche Zeitung Photo; **S. 86 u.**: picture-alliance/dpa; **S. 87 M2**: TOPICMedia; **S. 88 M2**: akg-images; **S. 89 M3**: akg-images; **M4**: ullstein bild; **S. 91 M3**: akg-images, M4: akg-images; **S. 92 M1**: picture alliance/Everett Collection; **S. 93 M5**: bpk/Bayerische Staatsbibliothek/Archiv Heinrich Hoffmann; **S. 94 M1**: bpk; S. 96 M1: akg-images/Paul Herrmann, M2: akg-images/Erich Lessing; **S. 98 o.**: akg-images; **S. 100 M1**: akg-images/Arthur Kampf; **S. 102/103**: SZ Photo/Scherl; **S. 104 M1**: imago/United Archives International; **S. 105 M3**: bpk/Kunstbibliothek, SMB/Phothek Willy Römer/Willy Römer, M4: bpk/Germin, M5: akg-images; **S. 106 M1**: bpk; **S. 107 M2**: picture alliance/Heritage-Images, M3: INTERFOTO/Sammlung Rauch; **S. 108 M1**: bpk/Staatsbibliothek zu Berlin/Dietmar Katz; akg-images; **S. 110 M1: bpk; M2**: akg-images; **S. 111 M3**: SZ Photo/Scherl; **S. 112 M1**: picture-alliance/Keystone; **M2**: INTERFOTO/Friedrich; **S. 114 M1**: bpk; **S. 115 M4**: bpk/Bayerische Staatsbibliothek/Heinrich Hoffmann; **S. 116 M1**: INTERFOTO/Pulfer; **S. 117 M2**: bpk/Kunstbibliothek, SMB/Knud Petersen, M3: Dokumentationszentrum Prora

(Baugilde, Heft 28/1936); **M4:** picture-alliance/ZB, M5: bpk/Kunstbibliothek, SMB/Knud Petersen; **S. 118 M1/M2:** akg-images; **S. 121 M3:** INTERFOTO/awkz; **S. 122 M1:** Bridgeman Art Library; **S. 124 M1:** action press/ullstein/Archiv Gerstenberg; **M2:** © Historisches Museum Hannover; **S. 126 M1:** Liselotte Orgel-Köhne/Deutsches Historisches Museum Berlin; **M2:** imago/PEMAX; **S. 128 o. li.:** INTERFOTO/Pulfer; **o. re.:** akg-images; **S. 129 o. li.:** imago/PEMAX; **o. re.:** action press/ullstein/Archiv Gerstenberg; **S. 130 M2: bpk; M3:** Courtesy Everett Collection; **S. 131 M5:** Deutsches Historisches Museum Berlin/A. Psille; **S. 132/133:** akg-images/Voller Ernst/Khaldej; **S. 135 M2:** Deutsches Historisches Museum Berlin/A. Psille; **M3:** picture-alliance/dpa; **M4:** SZ Photo/Scherl; **S. 138 M1:** akg-images; **M2:** KEYSTONE-FRANCE/laif; **S. 141 M1:** akg-images; **S. 143 M4:** SZ Photo/Scherl; **M5:** akg-images; **S. 144 M2:** bpk; **S. 146 M2:** Staatsarchiv Hamburg/Bestand 213-12, Sign. 0021 Band 045, Bild 17; **S. 148 M1:** akg-images; **S. 149 M3:** picture-alliance/AP Photo; **S. 150 M2:** akg-images/George (Jürgen) Wittenstein; **S. 152 M1:** SZ Photo/Scherl; **S. 153 M2:** mauritius images/United Archives; **M3:** SZ Photo/Rue des Archives; **S. 154 M2:** Museum Industriekultur Osnabrück, Fotografische Sammlung; **S. 156 M1:** epd-bild/Hans-Jürgen Bauer; **M2: SZ Photo/dpa; M3:** Deutsches Historisches Museum, Berlin; **S. 157 M4:** akg-images; **S. 158 M2:** akg-images; **S. 161 M3:** Thomas Langreder/VISUM; **M4:** picture alliance/Schroewig/Eva Oertwig; **M5:** ddp images/Nigel Treblin; **S. 163 M4:** Reuters; **M5:** SZ Photo/snapshot/Future Image/Golejewski; **S. 164 o. li.:** akg-images; **o. re.:** picture-alliance/dpa; **S. 165 o. li.:** akg-images; **o. re.:** bpk; **S. 166 M2:** INTERFOTO/Mary Evans; S. 167 M4 v. l. n. r.: FOTOFINDER/CHROMORANGE/Klaus Willig, F1online/Imagebroker RM/David Davies; F1online; INTERFOTO/imageBROKER/David Davies; action press/imageBROKER; akg-images/Dr. Enrico Straub; **S. 168/169:** akg-images; **S. 171 M2:** INTERFOTO/Argam; **M3:** SZ Photo/Süddeutsche Zeitung Photo; **M4:** INTERFOTO/Archiv Friedrich; **S. 174 M1:** bpk/Dietmar Katz; **S. 175 M3:** Your_Photo_Today/YPT/UIG/Underwood_Archives; **S. 177 M2:** Shutterstock/neftali; **S. 178 M2:** akg-images/AP; **S. 180 M1 o.:** action press/Courtesy Everett Collection; **u.:** Allstar/United Artists; **S. 184:** Hanns Erich Köhler/Wilhelm Busch Gesellschaft e.V.; **S. 186 M1:** FOTOFINDER.COM/LEEMAGE/Reyn Dirksen, © VG Bild-Kunst, Bonn 2017; **S. 188 o. re.:** Cornelsen/Ministère des Affaires étrangères, Paris; Auswärtiges Amt, Berlin; **S. 189 M2:** picture-alliance/dpa; **S. 189 M3:** Cornelsen/BAS, M4: Reuters; **S. 190 o. li.:** INTERFOTO/Argam; **o. re.:** picture-alliance /dpa; **S. 192 M2:** picture alliance/dpa/The Advertising Archives; **M3:** INTERFOTO/Granger, NYC; **S. 194/195:** Süddeutsche Zeitung Photo; **S. 197 M2:** Interfoto/Friedrich; **M3: akg-images; M4:** W. Schütte/Karl Holtz Karikaturist; **S. 198 M1:** bpk/Herbert Hensky; **S. 199 M5:** akg-images; **S. 200 M1:** Interfoto/awkz; **S. 202 M1:** akg-images, M2: Cornelsen/Fritz Behrendt; **S. 205 M4:** akg-images, M6: Cornelsen/Haus der Geschichte, Berlin; **S. 206 M1:** Süddeutsche Zeitung Photo; **M2:** F1online; **S. 207 M4:** bpk-images; **S. 208 M1:** Deutsches Historisches Museum, Berlin; **S. 209 M5:** akg-images/Bildarchiv Pisarek; **S. 210 M1 li.:** Interfoto/Pulfer, re.: Bundesarchiv Koblenz; **S. 211 M3 li.:** action press/ullstein - Archiv Gerstenberg, re.: Haus der Geschichte, Berlin; **S. 213 M2:** akg-images; **S. 215 M2:** akg-images; **S. 216 o. re.:** SZ Photo/Peter Probst; **S. 217 M3:** Hinrich Wilhelm Kopf: SZ Photo, M4: bpk; **S. 219 M4:** Süddeutsche Zeitung Photo/picture-alliance/dpa/ap; **S. 220 M1:** picture-alliance/dpa, Kurt Schumacher: akg-images, Konrad Adenauer: INTERFOTO/Granger, NYC; **S. 221 M4:** Interfoto/Pulfer; **S. 222 M1:** akg-images; **S. 223 M3:** akg-images/Gert Schütz, M5: Bundesarchiv Koblenz; **S. 224 M2:** bpk-images, M3: epd-bild/BILD-Zeitung; **S. 226 M1:** Süddeutsche Zeitung Photo/Sven Simon; **S. 227 M3:** SZ Photo/ap/dpa/picture alliance; **S. 228 M1:** Josef Blaumeister; **S. 230 o. li.:** Interfoto/awkz; **o. Mi.:** action press/ullstein - Archiv Gerstenberg, o. re.: Cornelsen/Haus der Geschichte, Berlin; **S. 231 o. li.:** Süddeutsche Zeitung Photo/Sven Simon; **S. 232 M1:** Süddeutsche Zeitung Photo/Amerika Haus; **M2:** Vintage Germany/Alice O'Swald-Ruperti; **S. 233 M5:** Haus der Geschichte, Bonn/Wolfgang Hicks; **S. 234/235:** ullstein bild/Jung; **S. 237 M2:** bpk/Hanns Hubmann, **M3:** picture alliance/ZB/ddrbildarchiv, M4: BStU, MfS, HA III, Fo, 313; **S. 238 M1:** Haus der Geschichte, Bonn/Volkswagen, M2: akg-images; **S. 240 M1:** bpk/Abisag Tüllmann; **S. 241 M4:** Patrick PIEL/GAMMA-RAPHO/laif; **S. 242 M1:** Süddeutsche Zeitung Photo/Georg Schödl, M2: picture-alliance / Benno Bartocha; **S. 244 M1:** epd-bild/Uwe Winkler;

S. 246 M1: Interfoto/TV-Yesterday; **S. 247 M2:** Deutsches Historisches Museum, Berlin; **S. 248 M1:** akg-images/ddrbildarchiv.de; **S. 249 M4:** Deutsches Historisches Museum, Berlin; **S. 250 M1:** Süddeutsche Zeitung Photo/Berthold Fischer; **M2:** SZ Photo/Hannes Betzler; **M3:** Interfoto /Wolfgang Maria Weber; **S. 251 M5:** bpk/Felicitas Timpe; **S. 252 M1:** SZ Photo/dpa, M2: akg-images; **S. 254 M1:** bpk/Günter Zint, M2: action press/ullstein bild - R. Dietrich; **S. 256 M2:** ddp images/dapd/Frank Hormann; **S. 258 M1:** SZ Photo/ap/dpa/picture alliance; **S. 259 M4:** imago/Sven Simon; **S. 260 o. li.:** Haus der Geschichte, Bonn/ Volkswagen, o.Mi.: SZ Photo/dpa, o. re.: akg-images; **S. 261 o.:** bpk/Günter Zint; **S. 262 M1:** Vintage Germany, M2: Erich Rauschenbach; **S. 263 M4:** picture alliance/ZB/ddrbildarchiv; **S. 264/265:** action press/Ralf Succo; **S. 266 M1:** picture-alliance/dpa-infografik; **S. 267 M2:** epd-bild/Bernd Bohm; **M3:** picture alliance/dpa; **M4:** (c) Dieter Hanitzsch; **S. 268 M1:** picture-alliance/dpa; **M2:** picture-alliance/dpa; **S. 270 M1:** picture alliance/dpa/Yuri Abramochkin; **M2:** Haus der Geschichte/Peter Leger; **S. 272 M1:** picture-alliance/dpa; **S. 273 M2:** TAZ, Berlin; **S. 274 M2:** picture-alliance/ZB; **S. 276 M1:** picture alliance/dpa, Mi.: Axel Springer Syndifcation GmbH; **S. 278 M1:** DER SPIEGEL/1995, M2: picture-alliance/Globus Infogram; **S. 279 M3:** Peter Dittrich; **S. 280 M1:** TITANIC 11/1989; **S. 284 M1:** picture alliance/dpa; **S. 286 o. li.:** picture-alliance/dpa; **S. 287 o. re.:** picture-alliance/dpa; **S. 288 M1:** Karl-Heinz Schoenfeld; **M2: Der Spiegel; M3:** Pierre Adenis/laif; **S. 290/291:** Reuters/Springer; **S. 293 M2:** Didier Ruef/VISUM, M3: Andy Johnstone/Panos Pictures/VISUM; **M4:** epd-bild/Alexander Stein/JOKER; **S. 294:** picture-alliance/Globus Infogramm; **S. 296 M1:** SZ Photo/est&ost/JOKER/Tomislav Georgiev; **M2:** action press/Shutterstock/REX/Ben Cawthra; **M3:** picture alliance/abaca; **S. 298 M2:** ddp images/n-ost/K. Chernichkin; **S. 303 M3:** Philipp Engelhorn/laif; **S. 306 M1:** Reuters/Sean Adair; **S. 309 M2:** Reuters/Hosam Katan; **S. 313 M3:** imago/China Foto Press, M2: Meinrad Schade/laif; **S. 314 o. li.:** Corbis/Sygma/Patrick Robert; **S. 315 o. re.:** epd-bild/Alexander Stein/JOKER; **o. li.:** Philipp Engelhorn/laif; **S. 316 M2:** Spiegel Titelseite 30/2001; **S. 318 M3:** FOTOFINDER/voller Ernst/David King; **S. 319 M3:** INTERFOTO/Pulfer; **S. 320 M4:** picture alliance/CPA Media Co.; **S. 321 M6:** akg-images; **S. 325 M5:** imago/Hoffmann; **M6:** F1online/Imagebroker RM/Michael Nitzschke; **S. 327 M5:** action press/imageBROKER

Illustrationen und Karten
Carlos Borrell Eiköter, Berlin:
S. 16 M1; S. 19 M3; S. 21 M2; S. 46 M1; S. 78 M1; S. 134 M1; S. 141 M2; S. 145 M3; S. 170 M1; S. 172 M2; S. 176 M1; S. 178 M1; S. 196 M1; S. 204 M2; S. 216 M1; S. 236 M1; S. 266 M1; S. 269 M3; S. 292 M1; S. 298 M1; S. 300 M1; S. 305 M3; S. 308 M1; S. 310 M1; S. 313 M1
Elisabeth Galas, Bad Breisig:
S. 25 M2; S. 43 M5; S. 50 M1; S. 51 M3; S. 54 M1; S. 62 M2; S. 71 M2; S. 136 M1; S. 144 M1; S. 155 M5
Erfurth Kluger Infografik GbR:
S. 149; S. 175; S. 183; S. 185; S. 187; S. 204; S. 212; S. 214; S. 219; S. 224; S. 271; S. 276; S. 281; S. 283; S. 295; S. 303; S. 304; S. 316; S. 317; S. 326; S. 327

Arbeitsauftrag = Operator (alphabetisch) AFB	Das tust du:	Tipps und Formulierungsvorschläge:
nennen I	Du trägst in knapper Form und unkommentiert einzelne Begriffe und Informationen aus einem Material zusammen, z. B. als Liste oder in einer Tabelle.	*Folgende Gründe werden im Text genannt:* *–* *–* *…*
recherchieren III	Du suchst gezielt nach Informationen über ein historisches Ereignis oder einen Sachverhalt (Schulbuch, Sachbücher, Internet).	**Tipp:** Nutze die Methodenhinweise S. 151 und 332.
ein Rollenspiel durchführen III	Ihr spielt eine historische Situation in einer Szene nach und wertet sie aus.	
ein Standbild entwerfen III	Ihr stellt einen historischen Sachverhalt in einem „lebendigen Bild" dar und wertet ihn aus.	
Stellung nehmen III	Du formulierst deine eigene Position zu einem historischen Sachverhalt. Siehe auch **beurteilen** und **bewerten**	*Ich finde, dass … richtig/falsch gehandelt hat.* *Mich überzeugt (nicht), …* *Meiner Meinung nach …*
ein Streitgespräch entwerfen III	Du versetzt dich in zwei historische Personen hinein, indem du ihre damaligen Möglichkeiten, Ziele, Rechte und Pflichten prüfst. Formuliere in direkter (= wörtlicher) Rede.	**Tipp:** Notiere zu Beginn die möglichen Argumente der Personen. *Was du sagst/was Sie sagen, überzeugt mich nicht, weil ….* *Da gebe ich dir/Ihnen Recht, aber …*
überprüfen III	Du stellst anhand eines Materials fest, ob eine Aussage oder eine Behauptung zu einem bestimmten historischen Sachverhalt passt oder nicht.	*Diese Behauptung widerspricht/ passt zu der Aussage im Darstellungstext.*
untersuchen II, III	siehe **analysieren**	
vergleichen II	Du stellst Gemeinsamkeiten und Unterschiede gegenüber und formulierst ein Ergebnis. Wichtig: Nenne die Gesichtspunkte, unter denen du vergleichst.	**Tipp:** Du kannst eine Tabelle anlegen. *Im Vergleich mit …* *Die Entwicklung verlief ähnlich wie/anders als in …*
wiedergeben I	Formuliere einen Sachtext oder eine Textquelle in deinen eigenen Worten. Berücksichtige alle wichtigen Textaussagen.	
zusammenfassen I	Du gibst die wesentlichen Informationen aus einem Text knapp und mit eigenen Worten wieder.	*In dem Text geht es um …* *Die wichtigsten Gründe waren …* *Der Verfasser/die Verfasserin nennt …*

Mitteleuropa 1949–1989

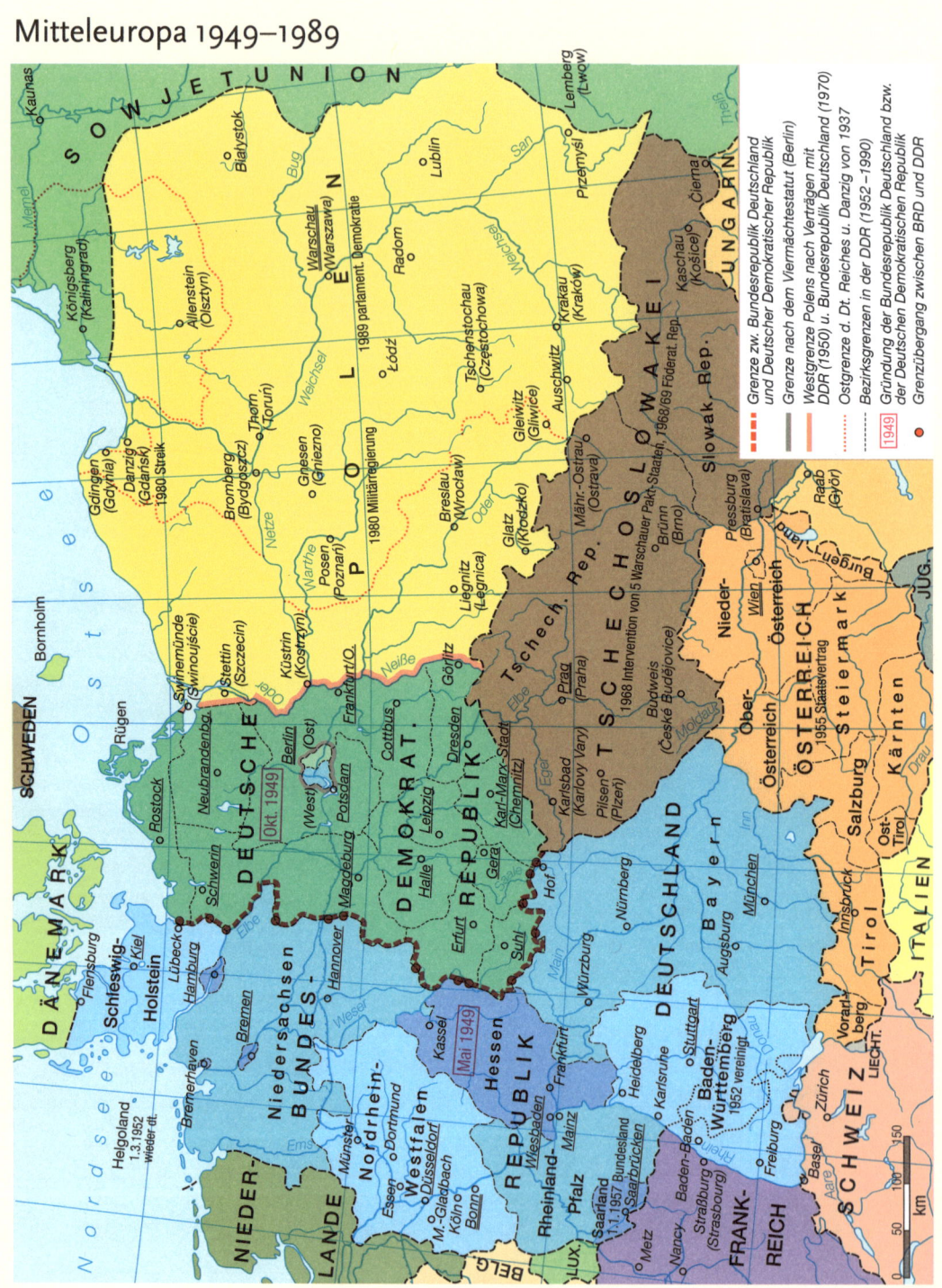

Karte 3

NS-Gedenkstätten und Zentren jüdischen Lebens in Niedersachsen

○ NS-Gedenkstätten und -Museen ✡ Synagogen und Austellungen über jüdisches Leben

Karte 4

So löst du die Arbeitsaufträge in diesem Buch:
(Fortsetzung der vorderen Umschlagklappe)

Arbeitsauftrag = Operator (alphabetisch) AFB	Das tust du:	Tipps und Formulierungsvorschläge:
deuten II, III	Du untersuchst eine Quelle (z. B. Text, Bild, Denkmal) hinsichtlich ihrer Aussage und erklärst, welchen Sinn du ihr beilegst. siehe **analysieren** und **herausarbeiten**	
diskutieren III	Du notierst zu einer bestimmten Fragestellung Argumente (pro und kontra) und gewichtest sie innerhalb einer schlüssigen Argumentationskette. Am Ende formulierst du eine eigene begründete Bewertung.	*Gegen diese Argumentation spricht …* *Am meisten/Am wenigsten überzeugt mich …*
einordnen zuordnen II	Du arbeitest Informationen aus Materialien heraus und setzt diese miteinander oder mit anderen Sachverhalten in Beziehung.	
erklären II	Du stellst einen historischen Sachverhalt oder einen Fachbegriff in einen schlüssigen Zusammenhang.	*Besonders diese beiden Ereignisse führten zu …* *Deshalb spricht man von …*
erläutern II	Du verdeutlichst einen historischen Sachverhalt mithilfe von Beispielen oder Belegen aus einem Material.	*An dieser Stelle des Briefes wird deutlich …* *Wie der letzte Satz der Rede zeigt, …*
erörtern III	Du formulierst zu einer vorgegebenen These oder Problemstellung eine eigene Stellungnahme, nachdem du Pro- und Kontra-Argumente miteinander verglichen hast.	*Dafür/Dagegen spricht …* *Insgesamt gesehen …*
gestalten III	Du versetzt dich in eine Person hinein, die in der Vergangenheit gelebt hat. Überlege, wie die Person in ihrer Zeit vermutlich gedacht, gehandelt, gefühlt oder gesprochen haben könnte. Erstelle aus ihrer Sicht z. B. einen Brief, ein Flugblatt, eine Rede.	**Tipp:** Berücksichtige die Lebensumstände der Person, in die du dich hineinversetzt (Geschlecht, Alter, Wohnort, Beruf, arm/reich, frei/unfrei, gebildet/ohne Schulbildung).
herausarbeiten II	Du entnimmst einem Material (Text, Abbildung) alle Informationen, die zu einer vorgegebenen Fragestellung passen. Manchmal musst du etwas nachschlagen oder berechnen.	*Zu den wichtigsten Ergebnissen gehörte …* *Die Hauptaussage des Verfassers lässt sich so wiedergeben: …*
interpretieren I, II, III	Du analysierst einen historischen Sachverhalt und bewertest ihn auf der Grundlage deiner Ergebnisse.	